贵州省文物考古研究所学术丛书

夜郎青铜文明探微
贵州战国秦汉时期青铜器研究

张合荣 著

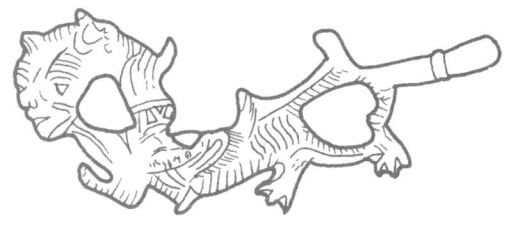

上海古籍出版社

本书研究受贵州省委宣传部2014年"甲秀文化人才"课题资助（课题编号：2014A06）。

本书系《贵州夜郎考古工作规划（2018—2022年）》学术成果，出版得到国家文物局资助。

彩版一　青铜容器

1. 提梁鼎（务川大坪）　2～4、6. 铜釜（赫章可乐）　5. 提梁壶（兴仁交乐）

彩版二　青铜兵器
1~3. 铜戈（赫章可乐、辅处）　4、5. 铜剑（赫章可乐）　6、11. 铜柄铁剑（赫章可乐）
7. 铜剑（普安铜鼓山）　9. 铜柄铁剑剑茎（赫章可乐 M274）　8、10. 铜钺（普安铜鼓山）

彩版三 青铜装饰器

1. 曲棒形带钩 2. 琵琶形带钩 3. 牛头形带钩 4、9. U形发钗 5. 人面形扣饰 6、11. 铜铃
7、8. 手镯 10. 簧首发钗(3威宁中水出土,4普安铜鼓山遗址出土,余皆赫章可乐出土)

彩版四 青铜杂器

1. 铜车马(兴义万屯 M8) 2. 铜驾车俑(兴仁交乐 M14) 3. 负罐鸟(清镇 M1)
4. 树形灯(兴仁交乐 M6) 5. 树形灯座(兴仁交乐 M6) 6. 鎏金铺首衔环(兴仁交乐 M6)
7. 日光镜(赫章可乐 M178) 8. 凤鸟饰(兴仁交乐 M6)

彩版五　贵州汉墓青铜器出土情况

1. 赫章可乐 M274（取自《赫章可乐二〇〇〇年发掘报告》）　2. 兴仁交乐 M14（黔西南州文物局供图）

彩版六　青铜器出土情况

1. 安龙2008年出土青铜器（可能系一窖藏）　2. 务川大坪汉墓底部朱砂与钱币共出

序

贵州地处我国云贵高原东部，这里自古以来是多民族聚居区。由于文献资料的缺失，我们对这些古代民族的历史缺乏了解。我国是一个统一的多民族国家，这些古代民族的历史是中国古代历史的一部分，对他们的历史也应认真研究。

司马迁在《史记》中曾有一些记载，《西南夷列传》中说："西南夷君长以什数，夜郎最大；其西靡莫之属以什数，滇最大；自滇以北君长以什数，邛都最大。此皆魋结，耕田，有邑聚。"

从司马迁的叙述中，我们知道在"西南夷"中，夜郎是一个大国，位于滇的东面，为定居的农耕民族，还提到夜郎有精兵十余万，后臣服于汉，被封为夜郎王，并受王印。司马迁的叙述是可信的，他在《史记·太史公自序》中说："于是迁仕为郎中，奉使西征巴、蜀以南，南略邛、笮、昆明，还报命。"他是到过"西南夷"地区的，《西南夷列传》的记述应是他目睹耳闻的记录。他按头饰的不同将他们分为魋结和编发，按经济形态的不同将他们分为农耕民族和游牧民族，这在当时也是科学的。但是这些记载毕竟过于简略，对于研究古代夜郎的历史是远远不够的，因此考古学的研究就显得十分重要。夏鼐先生指出："考古学和历史学，是历史科学（广义历史学）的两个主要组成部分，犹如车的两轮，不可偏废。"（《考古学》，《中国大百科全书·考古学》，中国大百科全书出版社，1986年）因此在文献记载缺少的情况下，研究古代夜郎的历史，就成为考古学的重要课题。

数十年来，贵州的几代考古学家踏遍了贵州的山山水水，做了大量田野考古调查和发掘工作，积累了丰富的资料，发现了大量旧石器时代、新石器时代和相当于中原商周时期的遗存，证明从旧石器时代起，就有人们生活、繁衍在贵州的土地上。战国秦汉时期遗址、墓葬的发现在探讨夜郎历史方面十分重要。

我所知道的如李衍垣先生、宋世坤先生、席克定先生、熊水富先生、梁太鹤先生等，他们对赫章可乐墓地、威宁中水墓地、普安铜鼓山遗址等进行科学地发掘和研究，付出了辛勤的劳动，为研究夜郎文化打下了基础。在夜郎历史的探索中，他们以及更多的考古工作者是做出了贡献的，这一点必须提及。

张合荣先生在贵州从事考古工作近三十年，参加过许多夜郎时期重要遗址、墓葬的调查和发掘工作，积累了大量的第一手资料，加之其具有丰富的田野工作经验，先前已经发表并出版了不少有关夜郎文化的论著，他的新著《夜郎青铜文明探微——贵州战国秦汉时期青铜器研究》就是在这一基础上完成的。

威宁中水的鸡公山文化的发现和研究，是一个很重要的成果，应引起我们的注意。这是相当于我国商周时期分布在黔西北、滇东北地区的一个颇具特色的考古学文化，结合

"中水遗址群"的发掘,对研究夜郎文化有着十分重要的意义。

进入战国秦汉时期,从考古材料看,是夜郎文化发展的高峰时期,从物质文化上反映了这个"西南夷"大国的面貌。《史记·西南夷列传》:"滇王与汉使者言曰:'汉孰与我大。'及至夜郎侯亦然。"从此留下一个"夜郎自大"的典故,这个带有贬义、讽刺的成语一直流传下来。诚然,夜郎不知汉之大,两者根本不能比。夜郎侯之所以提出这个问题,正是夜郎是"西南夷"中之大国,连"南越以财物役属夜郎,西至同师,然亦不能臣使也"。考古发掘的上述墓地和遗址独具特色,出土了众多的青铜器,还出土有铁器及其他质地的器物,证明了战国西汉早期夜郎社会经济的发展、社会结构的性质都呈现出了一个高峰时期。所谓"夜郎旁小邑"应该就是依附夜郎的小国,夜郎臣服汉王朝以后,汉王朝在这里设置郡县,但仍然封夜郎的君长为夜郎王,并赐以王印。滇王的"滇王之印"金印已在云南晋宁石寨山滇文化墓中出土,在"西南夷"中,只有滇和夜郎的君长被封为王,"滇王之印"的出土,证明司马迁之言不虚。这些都证明了夜郎是一个大国,所以"夜郎侯"可能自视甚高,因而才有"底气"与汉比大小,实际上却是"以道不通故,各自以为一州主,不知汉广大",才留下了这个笑话。

既设置郡县,又封夜郎的君长为王,大约是汉王朝中央政府为了缓和与夜郎族群的矛盾,笼络其上层的策略。蒙文通先生指出:"《史记·李斯列传》说'秦无尺土之封,不立子弟为王,功臣为诸侯'。但秦对蜀却是几次反,又几次封,这是很难理解的。秦既置蜀相,又置蜀国守,这在当时的制度上也很特殊。""这就可见秦汉对少数民族的政策,和内地不同,虽设置郡县,但邑君侯王依然存在。"(《巴蜀史的问题》,《巴蜀古史论述》,四川人民出版社,1981年)蒙先生此论甚是。

夜郎既为"西南夷"中大国,其位置所在,自然是人们关心的问题。根据司马迁的记述,夜郎在滇以东,又说"西南夷"在巴蜀的西南,而夜郎被称为"南夷",邛筰被称为"西夷",在探讨夜郎故地时,人们自然要把目光落在今日之贵州省境内。但是夜郎的具体位置,尤其是中心区域究竟在哪里,却有不同意见,众说纷纭,当然这些说法也各有其道理。根据数十年的考古发掘和研究,已经有条件从考古学的角度来探讨夜郎故地之所在。

通过对贵州赫章可乐墓地、威宁中水墓地和普安铜鼓山遗址的发掘,学者发现一种青铜文化遗存,根据对出土器物的分析,可断定它们的时代为战国秦汉时期。特别是可乐墓地发掘出30多座"套头葬"的墓葬,这种葬制不仅不见于全国其他地方,就是在贵州省内,目前也仅发现于可乐墓地。这种现象是值得注意和认真研究、思考的。"滇王之印"的出土,可以确定滇的位置在云南以滇池为中心的地区,位于滇以东、巴蜀以南的贵州西部的乌蒙山地区,可能还包括相邻的云南昭通地区,极大可能就是夜郎故地所在。赫章可乐一带也极大可能就是夜郎的中心地区,当然,目前尚无文字材料发现,仅是一种推测,但是这种推测是以考古学研究为依据的,希望有一日能发现"夜郎王印"。

夜郎文化是以国名或族称命名的,虽然对以夜郎文化来命名贵州西北部这个青铜文化尚有不同意见,其实大家都在探索,若是在这个探索过程中,在条件具备的时候我们裹足不前,对夜郎历史的研究也是有影响的。我国二里头文化目前也没有发现有关"夏"的文字资料,但是二里头文化属夏文化,已为大多数人接受,只不过对二里头文化的哪些阶段为夏文化,尚有不同意见。这个夏文华的命名是根据二里头文化的年代介于河南龙山文化和商文化之间,二里头文化分布的地区又是文献记载中夏的活动区域,也就是说其时空概念和夏是符合的。在贵州西部发现的这一文化遗存,在时代上和地域上,与文献记载中的夜郎也是符合的。再者进入历史时期,我国的考古学文化也往往以朝代或族称、国名命名,如"商文化"、"周文化"、"巴蜀文化"、"秦文化"、"楚文化"等,所以将这一文化命名为夜郎文化,还是可以的。

今日之贵州居住着许多兄弟民族,在古代这一地区也是个多民族聚居区。所谓"夜郎旁小邑"可能和夜郎是同族,可能不同族,也可能是一些相对独立的小国,从文献记载来看,他们应是依附于夜郎的。在物质文化方面有其共同面貌,考古学上夜郎文化应涵盖他们。不同的民族,处在同一地区,在经济、生活各方面近似的情况下,他们所遗留的物质文化也会近似而很难区分,所以从考古学文化方面看,有时一个考古学文化可能包含不同的民族。蒙文通先生指出:在古代蜀国境内有许多小诸侯,"蜀就是这些戎伯之雄长。古时的巴蜀,应该只是一种联盟,巴蜀不过是两个霸君,是这些诸侯中的雄长"(《巴蜀史的问题》)。在以成都平原为中心的川西地区,发现了许多从商周时期到战国时期的遗址和墓葬,他们的文化面貌都相同,称为蜀文化,这中间可能有一些就是那些"小诸侯"的遗存。考古学文化和民族对应的问题不能简单处理,尤其是在古代民族众多的地区,这个问题更为复杂,需要进一步探索和研究。徐苹芳先生在《夏鼐与中国现代考古学》一文中指出:"夏鼐先生在《再论考古上文化的定名问题》中特别强调考古学文化是一个族的共同体,我们当时都不太注意这个提示。其实这个提示具有极深刻的学术意义,他把考古学研究与族的共同体概念联系在一起,是根据中国古史的特点设定的,这是把中国史前考古上升到中国古史研究的一条途径。"(《考古》2010年第2期)夜郎文化已进入历史时期,但尚无文字,这一提示也是适用的,我们应好好地学习和领会。

夜郎文化虽然处于群山之中,交通不便,也并不是封闭的,尤其是和巴蜀、滇的交往较多,在夜郎文化中发现他们的文化因素也很正常。关于这种文化传播,夏鼐先生指出:"这可能是生产物成品被输入,也可能是生产品的形式或生产方法作为观念被传播而为当地仿制。"(《再论考古上文化的定名问题》,《夏鼐文集》,社会科学文献出版社,2000年)这两种文化传播途径,在夜郎文化中都是存在的,如可乐出土的柳叶形扁茎无格铁剑,明显是模仿巴蜀式青铜剑,而在巴蜀文化中,这种剑都是青铜剑,至今未有铁剑出土,只能是夜郎模仿巴蜀文化的青铜剑在本地制造。夜郎文化吸收外来文化因素的器物而为本地制造,在弄清楚它们的来源之后,应把它们视为夜郎文化的构成部分,因为这些已为夜郎文化所接受而融入其中,就像三星堆文化中的玉牙璋来自中原地区,十二桥文化中尖底陶器来自长江中游地区,但他们都成为了三星堆文化、十二桥文化的组成部分。

战国西汉早期，夜郎文化虽然吸收了一些外来的文化因素，但自身特色十分鲜明。从西汉中期开始，夜郎文化大量吸收了汉文化的因素，这是西汉王朝开发"西南夷"的结果。唐蒙说服夜郎归附汉王朝，在这里设置郡县，就会派一些官员到这里来，还有一些移民随之而来，这样一些先进的生产技术、生活方式、风俗习惯甚至一些思想意识都会随之而来，必然会对夜郎原居民产生影响。在可乐墓地，土著人的墓葬和汉人的墓葬同处在一个不大的山间盆地，虽然还不能说是共处一个墓地，但也反映了这两种居民毗邻而居的情况。土著居民墓中既出土本民族的器物，也出土了一些"汉式"器物，这也和既推行郡县制又保留了当地邑君的统治地位有关。如滇归附汉王朝后，"于是以为益州郡，赐滇王王印，复长其民"，夜郎同滇的情形一样，"上以为夜郎王"并授王印，大约是保留了他们原来的社会结构。虽如此，民族融合的趋势已露出端倪。

不同民族的人们长期生活在一起，相互交往、影响，最后融合，是必然的结果，不仅在物质生活方面，也包括精神生活方面。西汉末年东汉时期，夜郎文化固有的文化因素逐渐消失，汉文化因素强势增长。如"套头葬"已不存在，砖室墓、石室墓大量发现，随葬品方面"汉式"器物取代了夜郎文化的器物，这种变化显示了夜郎不但在物质生活方面，在精神生活方面也接受了汉文化。尤其是出土的"明器"更说明这种情况——对逝者的处理、安排，反映了人们的信仰、风俗、习惯等各个方面。东汉时期夜郎基本上完全融入汉民族中。这里讲的虽只是西南的某一个地区，但可看到我国统一的多民族国家、中华民族"多元一体"格局形成、发展的过程。考古材料证明在我国北方草原地区也经历过大致相同的过程，这些显现出了"多元一体"的中华民族几千年来相互交流和融合的历史。

季羡林先生指出："从先秦春秋战国的形势来看，中国本来很有可能走欧洲以后走的路子。但是，为什么竟没有走上去，原因就在于我们有统一的文化背景。"（《长江上游的巴蜀文化》总序，湖北教育出版社，2004年）蒙文通先生说："中国地广人众，而能长期统一，就因为有一个共同的传统文化。欧洲较中国小，人口较中国少，反而长期是个分裂局面，就因没有一个共同的传统文化。中国这个传统文化，说到底就是儒家思想。"（蒙默编：《蒙文通学记》，三联书店，1993年，第2页）可见统一的文化背景、共同的传统文化，对一个统一的多民族国家、对一个"多元一体"的民族来说是多么的重要。

考古发现的遗迹和遗物就是这个传统文化的一部分，它们是从物质方面表现出来的。可乐墓地出土的印章，印文为"敬事"，就反映出了儒家思想。"敬事"一词源出《论语·学而》。《汉书·王嘉传》载西汉哀帝时宠幸董贤等，丞相王嘉上封事，其中提到"孔子曰：'道千乘之国，敬事而信，节用而爱人，使民以时。'孝文皇帝备行此道，海内蒙恩，为汉太宗。孝宣皇帝赏罚信明，施与有节，记人之功，忽于小过，以致治平。"王嘉引用孔子的话就是要哀帝以儒家思想来治理国家。所引《论语》这一段话，颜师古注："《论语》载孔子之言也。道，治也……"说明儒家思想已传播到夜郎地区，这一现象是很重要的，也就是季先生说的"统一的文化背景"的内容之一，考古材料就是这统一文化背景的实物见证。

《夜郎青铜文明探微》是从考古学的角度探讨夜郎的历史。从分析夜郎故地出土的战国秦汉时期青铜器入手,探讨夜郎系统青铜器的形成和周邻地区青铜器的关系,进而探讨夜郎历史的发展和演变以及夜郎文化融入汉文化的进程。这一成果在夜郎历史的研究中,无疑是很重要的。成果是在前一辈人研究的基础上取得的,同时也为后来者提供了研究的基础,对夜郎历史的研究,需一代一代学人通过不懈的努力,薪火相传地坚持下去。

宋治民

2018年5月6日于川大农林村寓所

目 录

序 …………………………………………………………………………（ i ）
第一章 青铜器的发现与研究概况 ……………………………………（ 1 ）
　第一节 发现概况 ……………………………………………………（ 1 ）
　　一、夜郎系青铜器发现概况 ………………………………………（ 1 ）
　　二、汉系青铜器发现概况 …………………………………………（ 6 ）
　　三、其他青铜器发现概况 …………………………………………（ 12 ）
　　四、贵州战国秦汉时期青铜器的地域分布特征 …………………（ 13 ）
　第二节 研究述略 ……………………………………………………（ 15 ）
　　一、综合研究 ………………………………………………………（ 15 ）
　　二、专门研究 ………………………………………………………（ 18 ）
　第三节 研究对象和创新 ……………………………………………（ 21 ）
　　一、研究对象 ………………………………………………………（ 21 ）
　　二、方法创新 ………………………………………………………（ 22 ）
　　三、存在不足 ………………………………………………………（ 24 ）
第二章 青铜器的型式划分和比较分析 ………………………………（ 26 ）
　第一节 青铜容器 ……………………………………………………（ 26 ）
　　一、铜鼎 ……………………………………………………………（ 27 ）
　　二、铜盉 ……………………………………………………………（ 30 ）
　　三、铜簋 ……………………………………………………………（ 32 ）
　　四、铜豆 ……………………………………………………………（ 35 ）
　　五、铜釜 ……………………………………………………………（ 36 ）
　　六、铜锅 ……………………………………………………………（ 59 ）
　　七、铜鍪 ……………………………………………………………（ 59 ）
　　八、铜瓶 ……………………………………………………………（ 62 ）
　　九、铜洗（盘） ……………………………………………………（ 64 ）
　　十、铜提梁罐 ………………………………………………………（ 71 ）
　　十一、铜耳杯 ………………………………………………………（ 73 ）
　　十二、铜甑 …………………………………………………………（ 75 ）

十三、铜奁(樽) …………………………………………………………（77）

十四、铜壶 ……………………………………………………………（78）

十五、铜鐎壶 …………………………………………………………（88）

十六、铜碗 ……………………………………………………………（89）

十七、铜匜 ……………………………………………………………（91）

十八、铜鐎斗(或称铜熨斗) …………………………………………（92）

一九、铜量杯 …………………………………………………………（93）

二〇、铜盂 ……………………………………………………………（93）

第二节　青铜兵器 …………………………………………………………（94）

一、铜戈 ………………………………………………………………（95）

二、铜剑 ………………………………………………………………（107）

三、铜柄铁剑 …………………………………………………………（125）

四、铜矛 ………………………………………………………………（128）

五、铜钺 ………………………………………………………………（131）

六、铜环首刀 …………………………………………………………（134）

七、铜镞 ………………………………………………………………（135）

八、铜兵器附件 ………………………………………………………（138）

九、铜弩机 ……………………………………………………………（139）

第三节　青铜生产工具 ……………………………………………………（140）

一、铜斧 ………………………………………………………………（141）

二、铜锛 ………………………………………………………………（142）

三、铜锄 ………………………………………………………………（143）

四、铜削刀 ……………………………………………………………（146）

五、铜鱼具 ……………………………………………………………（148）

六、铜锥等 ……………………………………………………………（149）

第四节　青铜乐器 …………………………………………………………（150）

一、铜鼓 ………………………………………………………………（150）

二、铜甬钟 ……………………………………………………………（152）

三、铜管耳状钟 ………………………………………………………（153）

四、铜钲 ………………………………………………………………（156）

五、铜羊角钮钟 ………………………………………………………（157）

六、铜虎钮錞于 ………………………………………………………（160）

第五节　青铜装饰器 ………………………………………………………（161）

  一、铜带钩 ……………………………………………………………（161）
  二、铜扣饰 ……………………………………………………………（175）
  三、铜挂饰 ……………………………………………………………（180）
  四、青铜发饰器 ………………………………………………………（182）
  五、铜手镯 ……………………………………………………………（186）
  六、铜铃 ………………………………………………………………（196）
 第六节　青铜模型器与杂器 ………………………………………………（201）
  一、铜车马和铜人俑 …………………………………………………（201）
  二、青铜摇钱树 ………………………………………………………（205）
  三、负罐(瓶)铜鸟 ……………………………………………………（211）
  四、凤鸟饰件 …………………………………………………………（214）
  五、青铜鎏金饰 ………………………………………………………（215）
  六、铜灯具 ……………………………………………………………（220）
  七、铜博山炉 …………………………………………………………（224）
  八、铜温炉 ……………………………………………………………（226）
  九、铜器座 ……………………………………………………………（227）
  十、青铜印章 …………………………………………………………（228）
  十一、铜镜 ……………………………………………………………（231）
第三章　青铜器出土情境及地域特征观察 ………………………………………（237）
 第一节　夜郎系青铜器出土情境及地域特征 ……………………………（237）
  一、出土情境 …………………………………………………………（237）
  二、地域特征 …………………………………………………………（246）
 第二节　汉系青铜器出土情境及地域特征 ………………………………（260）
  一、出土情境 …………………………………………………………（260）
  二、地域特征 …………………………………………………………（270）
  三、贵州汉代遗存的层级 ……………………………………………（278）
第四章　青铜器阶段性特征和社会现象观察 ……………………………………（285）
 第一节　商周时期青铜器特征 ……………………………………………（285）
  一、商周时期青铜器发现概况 ………………………………………（286）
  二、商周时期青铜器冶铸 ……………………………………………（288）
  三、反映的社会现象 …………………………………………………（290）
 第二节　战国至西汉中期青铜器特征 ……………………………………（292）
  一、战国早中期青铜器 ………………………………………………（292）

二、战国晚期至西汉中期青铜器 ……………………………………………（294）
　　三、战国至西汉中期青铜器特征 ……………………………………………（300）
　　四、战国至西汉中期青铜器铸造技术 ………………………………………（301）
　　五、反映的社会现象观察 ……………………………………………………（311）
　第三节　西汉中晚期至东汉时期青铜器特征 …………………………………（312）
　　一、西汉中晚期青铜器特征 …………………………………………………（313）
　　二、东汉时期青铜器特征 ……………………………………………………（316）
　　三、反映的社会现象 …………………………………………………………（318）
　第四节　两晋南朝时期青铜器特征 ……………………………………………（320）
　　一、两晋南朝时期墓葬清理概况 ……………………………………………（321）
　　二、青铜器的器类和器形特征 ………………………………………………（324）
　　三、反映的社会现象观察 ……………………………………………………（324）
第五章　夜郎青铜文化区的形成及其通道作用 …………………………………（329）
　第一节　夜郎青铜文化区的形成 ………………………………………………（329）
　　一、夜郎文化区典型青铜器 …………………………………………………（329）
　　二、夜郎青铜文化区的分布范围 ……………………………………………（333）
　　三、夜郎青铜器与周边族群青铜器的关系 …………………………………（333）
　第二节　夜郎与南越的商贸 ……………………………………………………（341）
　　一、西汉初期"西南夷"地区的政治形势 …………………………………（341）
　　二、夜郎与南越之间的商贸通道 ……………………………………………（341）
　　三、可能经夜郎到南越的巴蜀式青铜器 ……………………………………（343）
　第三节　南夷道与海上丝绸之路 ………………………………………………（345）
　　一、"南夷道"开通的意义 …………………………………………………（345）
　　二、南方（西南）丝绸之路的交通走向 ……………………………………（346）
　　三、南夷道在南方丝绸之路和海上丝绸之路的节点作用 …………………（348）
第六章　结语 ………………………………………………………………………（352）
　　一、夜郎系遗存的地域文化个性 ……………………………………………（352）
　　二、汉遗存分布的线性特征 …………………………………………………（353）
　　三、"西南夷"遗存的对应问题 ……………………………………………（355）
　　四、关于"朱提夷"及其遗存 ………………………………………………（357）
参考资料 ……………………………………………………………………………（361）
后记 …………………………………………………………………………………（372）

插 图 目 录

图1-1	贵州战国秦汉时期青铜器分布地域示意图	（14）
图2-1	贵州出土汉代铜鼎	（27）
图2-2	邻近地区出土相似铜鼎	（29）
图2-3	贵州出土汉代铜盉	（30）
图2-4	邻近地区出土相似铜盉	（31）
图2-5	贵州汉墓出土铜簋	（33）
图2-6	邻近地区出土相似铜簋	（34）
图2-7	贵州汉墓出土铜豆	（35）
图2-8	邻近地区出土相似铜豆	（36）
图2-9	贵州出土A型铜釜	（37）
图2-10	贵州出土B型铜釜	（38）
图2-11	贵州出土C型铜釜	（38）
图2-12	贵州出土D型铜釜和相似的铁釜	（39）
图2-13	贵州出土E型铜釜	（40）
图2-14	贵州出土F型铜釜	（41）
图2-15	贵州出土G型铜釜	（42）
图2-16	贵州出土H型铜釜（或称鍪、刁斗等）	（44）
图2-17	贵州出土I型铜釜及相近的铜铁釜比较	（45）
图2-18	云南出土A型相似釜	（46）
图2-19	云南、四川出土同B型相同或相似的铜釜	（47）
图2-20	邻近地区同C型相似铜釜	（49）
图2-21	昆明羊甫头M113腰坑内铜釜等随葬品出土情况	（50）
图2-22	四川盆地出土与D型相似的铜釜	（51）
图2-23	邻近地区出土D型铜釜形甑和铁釜	（52）
图2-24	邻近地区出土同E型相似铜釜	（53）
图2-25	邻近地区出土同F型铜釜（有的简报称铜鍪）	（54）
图2-26	贵州及邻近地区出土同F型铜釜相近的陶釜和铁釜	（55）
图2-27	邻近地区发现的G型铜釜	（56）
图2-28	邻近地区出土同H型相似铜釜	（57）
图2-29	贵州及邻近地区出土青铜锅	（59）

图 2-30　贵州出土战国秦汉时期铜鍪 ……………………………………（60）
图 2-31　邻近地区出土相似铜鍪 …………………………………………（61）
图 2-32　贵州出土汉代铜瓶 ………………………………………………（62）
图 2-33　其他地区出土相似铜瓶 …………………………………………（63）
图 2-34　贵州出土 AaⅠ式铜洗 …………………………………………（64）
图 2-35　贵州及重庆出土 AaⅡ式铜洗 …………………………………（65）
图 2-36　贵州出土 AaⅢ式铜洗（铜盘） ………………………………（65）
图 2-37　贵州出土 AbⅠ式铜洗 …………………………………………（65）
图 2-38　贵州出土 AbⅡ式铜洗（铜盘） ………………………………（66）
图 2-39　贵州出土 BⅠ式铜洗 ……………………………………………（66）
图 2-40　贵州及邻近地区出土 BⅡ式洗 …………………………………（67）
图 2-41　贵州及邻近地区出土 C 型铜洗 …………………………………（67）
图 2-42　邻近地区出土 AaⅠ式铜洗 ……………………………………（68）
图 2-43　邻近地区出土 AaⅢ式铜洗（铜盘） …………………………（68）
图 2-44　邻近地区相似 AbⅠ式铜洗 ……………………………………（69）
图 2-45　邻近地区出土 AbⅡ式铜洗 ……………………………………（69）
图 2-46　邻近地区出土相似 BⅠ式洗 ……………………………………（70）
图 2-47　西南地区出土汉代朱提堂狼造铜洗铭文举例 …………………（70）
图 2-48　贵州出土三足提梁铜罐 …………………………………………（72）
图 2-49　邻近地区出土相似三足提梁罐 …………………………………（73）
图 2-50　贵州出土铜耳杯 …………………………………………………（74）
图 2-51　邻近地区出土相似铜耳杯 ………………………………………（74）
图 2-52　贵州出土铜甗 ……………………………………………………（75）
图 2-53　邻近地区出土相似铜甗 …………………………………………（76）
图 2-54　贵州出土铜奁（樽） ……………………………………………（77）
图 2-55　邻近地区相似铜奁（樽） ………………………………………（78）
图 2-56　贵州及云南出土 Aa 型铜壶 ……………………………………（79）
图 2-57　贵州及四川出土 Ab 型铜壶 ……………………………………（79）
图 2-58　贵州出土 B、C 型铜壶 …………………………………………（80）
图 2-59　贵州出土 D 型铜壶 ………………………………………………（80）
图 2-60　贵州出土 E 型铜壶 ………………………………………………（81）
图 2-61　贵州出土 F 型铜钫壶 ……………………………………………（82）
图 2-62　邻近地区出土相似 B 型铜壶 ……………………………………（83）
图 2-63　邻近地区出土相似 C 型铜壶 ……………………………………（84）
图 2-64　邻近地区出土 D 型铜壶（锤） …………………………………（85）

图2-65	邻近地区出土部分相似E型壶	(86)
图2-66	邻近地区出土相似铜钫壶	(87)
图2-67	贵州及邻近地区出土汉代铜鐎壶	(89)
图2-68	"西南夷"族群仿制的鐎壶等三足青铜器	(89)
图2-69	贵州出土铜碗	(90)
图2-70	邻近地区出土相似铜碗	(90)
图2-71	贵州及邻近地区出土铜匜	(91)
图2-72	贵州及邻近地区出土A型铜鐎斗	(92)
图2-73	贵州及邻近地区出土的B型铜鐎斗	(93)
图2-74	贵州出土铜量杯	(93)
图2-75	贵州出土铜盉	(94)
图2-76	贵州及邻近地区出土A型及相似青铜戈	(96)
图2-77	贵州出土B型青铜戈及冶铸戈范	(97)
图2-78	贵州出土C型铜戈	(98)
图2-79	贵州出土D型铜戈	(98)
图2-80	贵州及邻近地区出土E型铜戈	(99)
图2-81	其他地区出土B型相似铜戈	(101)
图2-82	可乐出土C型戈内	(103)
图2-83	云南出土与D型相似铜戈	(103)
图2-84	四川盐源地区出土同EⅠ式相似铜戈	(104)
图2-85	四川盆地出土同EⅡ式相近的铜戈	(105)
图2-86	滇文化墓地出土铜戈柲安装使用情况	(106)
图2-87	贵州出土Aa型、Ab型和云南出土相似柳叶形剑(或称铍)	(107)
图2-88	贵州出土的Ac型柳叶形剑	(109)
图2-89	贵州出土B型铜剑	(110)
图2-90	贵州出土C型与云南相似青铜剑	(112)
图2-91	贵州出土D型铜剑	(113)
图2-92	贵州与四川出土T形柄剑	(113)
图2-93	贵州出土F型与邻近地区出土相似铜剑	(114)
图2-94	贵州出土G型铜剑	(115)
图2-95	贵州出土H型与邻近地区出土相似铜剑	(116)
图2-96	威宁中水征集I型铜剑	(117)
图2-97	周边地区出土部分Ac型柳叶形铜剑	(118)
图2-98	越南北部出土柳叶形剑和三角援铜戈	(119)
图2-99	C型铜剑蛇头茎首观察	(120)

图 2-100　云南、广西和越南北部出土相似 D 型铜剑 ………………………（121）
图 2-101　湘西出土宽格铜剑及其装饰图案 …………………………………（123）
图 2-102　云贵高原出土部分汉代铁剑 ………………………………………（124）
图 2-103　贵州出土 A 型及其他地区相似铜柄铁剑 …………………………（126）
图 2-104　贵州出土 B 型及云南滇文化墓地相同铜柄铁剑 …………………（127）
图 2-105　贵州出土青铜矛 ……………………………………………………（129）
图 2-106　四川和云南出土部分相似铜矛 ……………………………………（130）
图 2-107　云南师宗大圆子墓地一字格曲刃剑与曲刃矛的随葬品组合 ……（131）
图 2-108　贵州出土青铜钺 ……………………………………………………（132）
图 2-109　贵州邻近地区及越南北部出土铜钺 ………………………………（134）
图 2-110　贵州及邻近地区出土铜环首刀 ……………………………………（135）
图 2-111　贵州出土铜镞（含铁铤者）…………………………………………（137）
图 2-112　贵州出土铜兵器附件 ………………………………………………（138）
图 2-113　贵州出土汉代铜弩机 ………………………………………………（140）
图 2-114　贵州清水江流域河床淘出青铜斧 …………………………………（141）
图 2-115　贵州及云南出土的铜锛 ……………………………………………（142）
图 2-116　贵州出土青铜锄 ……………………………………………………（144）
图 2-117　云南滇青铜文化遗存中出土同 A、B 型相似铜锄 ………………（145）
图 2-118　贵州出土铜削刀 ……………………………………………………（146）
图 2-119　邻近地区出土相似铜削刀 …………………………………………（147）
图 2-120　贵州出土青铜叉和鱼钩（范）………………………………………（148）
图 2-121　贵州及岭南出土相似三叉形器和鱼钩 ……………………………（149）
图 2-122　普安铜鼓山遗址出土青铜工具 ……………………………………（150）
图 2-123　贵州与云南、越南出土相似铜鼓 …………………………………（151）
图 2-124　贵州及四川地区出土铜甬钟 ………………………………………（153）
图 2-125　贵州出土管耳状铜钟 ………………………………………………（154）
图 2-126　云南出土相似管耳状铜钟 …………………………………………（155）
图 2-127　贵州出土铜钲 ………………………………………………………（156）
图 2-128　贵州出土羊角钮钟 …………………………………………………（157）
图 2-129　楚雄万家坝 M1 腰坑内出土羊角钮组钟 …………………………（158）
图 2-130　云南、广西和越南北部地区出土部分羊角钮钟 …………………（159）
图 2-131　贵州出土虎钮錞于 …………………………………………………（160）
图 2-132　贵州出土 A 型铜带钩 ………………………………………………（163）
图 2-133　贵州出土 B 型铜带钩 ………………………………………………（164）
图 2-134　贵州出土 C 型铜带钩 ………………………………………………（165）

图 2-135	贵州出土 D 型铜带钩	(166)
图 2-136	贵州出土 E 型铜带钩	(167)
图 2-137	贵州出土 F 型铜带钩	(167)
图 2-138	邻近地区出土同 A 型相似铜带钩(一)	(169)
图 2-139	邻近地区出土同 A 型相似铜带钩(二)	(170)
图 2-140	邻近地区出土 B 型铜带钩	(171)
图 2-141	邻近地区出土 C 型铜带钩	(172)
图 2-142	邻近地区出土 D 型相似铜带钩或腰扣	(173)
图 2-143	邻近地区出土 F 型相似铜带钩	(174)
图 2-144	贵州出土部分带钩	(175)
图 2-145	贵州出土铜扣饰	(177)
图 2-146	云南、四川出土相似铜扣饰	(179)
图 2-147	贵州出土铜挂饰	(181)
图 2-148	云南、四川出土相同或相似铜挂饰	(182)
图 2-149	贵州出土铜发钗	(183)
图 2-150	贵州出土铜簪等	(184)
图 2-151	邻近地区出土部分发饰器	(185)
图 2-152	贵州出土 A、B、C 型铜手镯	(187)
图 2-153	贵州出土 D 型铜手镯	(188)
图 2-154	贵州出土 E 型铜手镯	(190)
图 2-155	贵州出土 F 型铜手镯	(191)
图 2-156	云南出土同 A、B、C 型相似铜手镯	(191)
图 2-157	云南出土 D 型相同或相似铜手镯(钏)	(193)
图 2-158	云南出土 E 型相同或相似铜手镯	(194)
图 2-159	云南出土 F 型相同或相似铜手镯	(195)
图 2-160	贵州出土铜铃	(198)
图 2-161	邻近地区出土相似铜铃	(200)
图 2-162	贵州出土铜车马、车马残件及人俑	(202)
图 2-163	贵州与邻近地区出土铜马比较	(205)
图 2-164	贵州出土摇钱树座	(206)
图 2-165	贵州出土摇钱树树干残件	(208)
图 2-166	贵州出土摇钱树部分枝叶	(209)
图 2-167	邻近地区出土摇钱树树干及枝叶图案举例	(210)
图 2-168	贵州出土负罐(瓶)铜鸟	(211)
图 2-169	邻近地区出土负罐(瓶)铜鸟	(213)

图2-170	云南昭通出土部分负罐(瓶)铜鸟	(214)
图2-171	贵州及邻近地区出土铜凤鸟饰	(215)
图2-172	贵州出土A型鎏金铜泡钉饰件	(216)
图2-173	贵州出土B、C、D型青铜饰件	(217)
图2-174	贵州出土鎏金铜铺首饰	(218)
图2-175	邻近地区出土各种相似鎏金铜棺饰举例	(219)
图2-176	贵州出土A～D型青铜灯具	(221)
图2-177	贵州出土E、F型青铜灯具	(222)
图2-178	邻近地区出土相似铜灯	(224)
图2-179	贵州及邻近地区出土铜博山炉	(225)
图2-180	贵州及其他地区出土相似铜温炉	(226)
图2-181	贵州出土铜底座	(227)
图2-182	贵州出土铜印章	(228)
图2-183	云南出土部分铜印章及封泥	(230)
图2-184	四川出土同可乐M274相同或相似铜印章	(231)
图2-185	贵州出土部分汉代铜镜	(233)
图2-186	云南出土部分汉代铜镜	(236)
图3-1	赫章可乐夜郎系墓(乙类墓)A组青铜器出土观察(一)	(239)
图3-2	赫章可乐夜郎系墓(乙类墓)A组青铜器出土观察(二)	(240)
图3-3	赫章可乐夜郎系墓(乙类墓)B、C组青铜器出土观察	(242)
图3-4	中水红营盘墓地出土青铜器观察	(244)
图3-5	中水银子坛(78年梨园)墓地青铜器出土观察	(245)
图3-6	出土青铜锄比较	(247)
图3-7	赫章可乐夜郎系墓地出土的青铜容器	(248)
图3-8	威宁中水银子坛墓地出土青铜容器	(249)
图3-9	赫章可乐夜郎系墓地出土青铜兵器	(250)
图3-10	中水红营盘(78年独立树)墓地出土青铜兵器	(251)
图3-11	银子坛(78年梨园)墓地出土青铜兵器	(252)
图3-12	普安铜鼓山遗址及周边地区出土青铜兵器	(253)
图3-13	可乐M341出土铜手镯	(255)
图3-14	可乐M373出土铜编铃	(255)
图3-15	可乐夜郎系墓葬出土部分青铜装饰器	(256)
图3-16	红营盘墓地出土青铜装饰器	(257)
图3-17	中水银子坛墓地出土部分青铜装饰器	(258)
图3-18	铜鼓山遗址出土冶铸扣饰、铜铃和戒指范模	(259)

插 图 目 录

图 3-19	赫章可乐汉系土坑墓青铜器出土情境观察	（262）
图 3-20	赫章可乐M8青铜器出土情况	（263）
图 3-21	务川大坪M23随葬品（含青铜器）出土情况	（264）
图 3-22	习水土城黄金湾M11	（265）
图 3-23	黔西汉代土坑墓青铜器出土观察	（266）
图 3-24	清镇平坝汉土坑墓出土青铜器观察	（267）
图 3-25	贵州汉代砖室墓出土青铜器观察	（268）
图 3-26	贵州汉代石室墓出土青铜器观察	（271）
图 3-27	务川大坪汉墓出土部分青铜器	（272）
图 3-28	赫章可乐汉墓出土部分青铜器	（273）
图 3-29	习水土城黄金湾出土部分青铜器	（274）
图 3-30	黔西汉墓出土部分青铜器	（275）
图 3-31	清镇、平坝至西秀宁谷一带汉墓群出土部分青铜器	（276）
图 3-32	黔西南兴仁交乐等汉墓出土部分青铜器	（277）
图 3-33	可乐粮管所遗址出土瓦当	（279）
图 3-34	清镇、平坝至西秀区宁谷汉代遗存出土部分遗物	（281）
图 4-1	鸡公山文化遗存出土青铜器	（286）
图 4-2	江东溪口遗址出土青铜器	（287）
图 4-3	沿河洪渡中锥堡遗址出土青铜器	（288）
图 4-4	毕节青场瓦窑遗址出土石范	（289）
图 4-5	贵州铜仁锦江流域先秦时期遗址分布示意图	（291）
图 4-6	红营盘墓地出土青铜器	（293）
图 4-7	赫章可乐战国中期或中期偏早青铜器	（295）
图 4-8	赫章可乐出土战国晚期至西汉前期部分青铜器	（296）
图 4-9	威宁中水银子坛墓地出土部分战国晚期至西汉中期青铜器	（298）
图 4-10	铜鼓山类遗存出土战国至西汉时期部分青铜器及冶铸范模	（299）
图 4-11	赫章可乐出土青铜器锡含量示意图	（308）
图 4-12	西汉中晚期夜郎系青铜器	（314）
图 4-13	西汉中晚期汉系青铜容器	（316）
图 4-14	赫章可乐出土西汉中晚期青铜杂器和车马器	（317）
图 4-15	贵州出土东汉时期青铜器	（319）
图 4-16	贵州汉文化遗存及汉晋时期"牂柯大姓"可能分布的地区	（321）
图 4-17	平坝马场镇（现属贵安新区）周边汉晋南朝时期墓葬分布图	（322）
图 4-18	马场清理的M35平剖面图	（323）
图 4-19	贵州出土两晋南朝时期青铜器	（325）

图4-20	马场南朝墓葬出土的铜、金银装饰器	(326)
图4-21	马场南朝墓葬出土头饰	(327)
图4-22	册亨出土宽沿深腹铜釜	(327)
图5-1	夜郎青铜文化区典型兵器	(331)
图5-2	赫章可乐出土的合瓦状铜铃	(332)
图5-3	安宁河大石墓出土邛都青铜器	(337)
图5-4	广西西部"骆越"族群部分青铜器	(338)
图5-5	湘西、清水江宽格剑与贵州西部铜剑比较	(340)
图5-6	西汉初期"西南夷"政治形制	(342)
图5-7	岭南出土部分可能来自巴蜀地区青铜器	(344)
图5-8	广州南越王墓出土青铜鍪及铁三脚架	(345)
图5-9	赫章可乐出土与岭南地区相同青铜器	(345)
图5-10	赫章可乐M373出土部分外来产品	(347)
图5-11	东南半岛发现的可乐文化因素	(349)
图5-12	兴仁交乐汉墓出土琥珀饰品	(349)
图5-13	马场汉晋墓葬出土琥珀等外来产品	(350)
图6-1	"西南夷"活动地域示意图	(356)
图6-2	会泽水城汉墓出土地方风格陶器	(358)

第一章 青铜器的发现与研究概况

第一节 发现概况

战国秦汉时期是云贵高原青铜文化得到较大发展、地域性青铜文明得以确立的重要时期,比起中原地区、四川盆地和两湖平原,云贵高原青铜文化的发展表现出明显的滞后性。虽然在贵州毕节青场、威宁中水鸡公山和云南剑川海门口、鲁甸野石山等一些遗存中发现有一定数量的商周时期青铜器,但均是小型生产工具和装饰器之类,数量少而单一,难以反映青铜文化的特点和青铜文明的技术水平,只有到了战国秦汉时期,云贵高原才发展出以"西南夷"族群为主体的地域性青铜文明。尽管这些青铜文明自西汉中期以后在汉文化大潮的冲击下迅即衰落甚至消失,但它在中原青铜文明已然衰落之际发展起来,是中国古代青铜文明在边疆地区的延展和重要组成。

贵州出土的战国秦汉时期青铜器地域上主要集中在中西部地区,发展上可大致分为前后相连的两个阶段:前一阶段从战国时期至西汉中期,这一阶段即文献记载的古夜郎族群活动时期,出土青铜器地域特征鲜明,可称之为夜郎系青铜器;后一阶段从西汉中期至东汉晚期,随着汉中央王朝对"西南夷"地区的开发,大量汉移民涌入,夜郎系青铜器迅即衰退,汉文化系统青铜器取代夜郎系青铜器成为主体,出土青铜器同周邻地区体现出基本相同的一致特征,可称之为汉系青铜器。不过,夜郎系青铜器在形成和发展过程中,就不断吸收和融入包括汉文化系统在内的其他青铜器因素,且它与汉系青铜器在一定时期内形成相互并存、相互吸收的格局,汉系青铜器取代夜郎系青铜器经历了较长过程。

近年来,还陆续在贵州东部与湖南基本相连的如松桃、铜仁、天柱、锦屏等地区零星出土有一些青铜器,这些青铜器来源比较复杂,同贵州中西部地区出土的青铜器地域分隔明显,可能反映的是巴蜀、楚、百越等其他族群系统青铜器在湘西黔东一带的相互交流情况,因而这些青铜器虽多零星出土,但也是很重要的发现。

一、夜郎系青铜器发现概况

贵州境内发现的夜郎系青铜器主要分布在贵州西部乌蒙山脉的周边地区,并以赫章可乐、威宁中水和普安铜鼓山等遗存出土数量最多也最有地域特色。粗略统计,目前已在贵州西部地区发现夜郎系青铜器千余件,包括容器、兵器、生产工具、乐器、装饰器等,以兵器和装饰器数量最多也最有特色,大致反映了夜郎族群尚武又爱美的族群特点。

1. 赫章可乐墓地

赫章县可乐乡政府所在的山间小坝子地既是贵州夜郎考古的最重要地区,也是汉墓等汉文化遗存集中分布区,迄今为止,贵州文物考古部门已在该地域进行了大小不同规模的10次发掘,其中对夜郎系地方族群墓葬(报告称乙类墓,有的研究者称"南夷"墓或地方土著墓葬)的发掘取得重要成果,清理墓葬320余座,出土1000余件遗物,其中青铜器600余件(组),以兵器和装饰器为最多。

1977年至1978年,在赫章可乐坝子南侧的祖家老包、锅落包和罗德成地发掘夜郎系地方族群墓葬168座,墓葬皆土坑墓,以"套头葬"墓最有特色①。出土物包括陶器、铜器、铁器、玉石器、骨器、漆器、竹木器、水晶等300余件,其中铜器207件,有锄1件、戈2件、镞3件、洗5件、釜19件(其中1件称鐎斗)、鍪3件、鼓1件、镜1件、带钩10件、发钗10件、扣饰10件、手镯22件、铜铃40件、戒指3件、铺首和泡钉等31件、车饰6件、钱币40余枚,尽管青铜器种类较多,有生产工具、兵器、容器、乐器、装饰器、钱币等,但除装饰器外,其他各类青铜器数量均较少,如生产工具类仅铜锄1件,兵器类仅铜戈2件、镞3件。

1980年和1981年,分别在可乐猪市包和祖家老包东侧清理乙类墓30余座,出土包括青铜器等各类文物100余件,但资料未整理刊发。

2000年9月至11月,在可乐罗德成地发掘墓葬108座,出土陶器、青铜器、铁器、玉石器、骨器、漆器和木器等500余件,其中青铜器354件,包括容器、兵器、装饰器、印章等②。青铜容器有釜6件、洗10件、鍪2件、匜1件,青铜兵器有镂空牌形茎首铜剑3件、镂空牌形茎首铜柄铁剑3件、柳叶形剑11件、蛇头形茎剑1件、戈22件、镞1件,铜兵器附件柲冒3件、柲套饰2件、铜皮管饰1件,青铜装饰器有发钗31件、发簪2件、铃43件、挂饰3件、手镯46件、戒指1件、带钩8件、扣饰156件,印章1件。大型容器铜釜均出土在套头葬墓中,铜洗亦用于垫头、盖脸或垫脚、垫臂等,在墓中用途特殊。

2012年8月,在可乐祖家老包东侧清理了两座墓葬(编号M373、M374),其中M373为套头葬墓,M374虽被盗扰但墓底残存有井字形棺椁痕,是可乐继M274后清理的两座大型地方族群墓葬③,出土陶器、青铜器、铁器、骨器、漆器、海贝、玛瑙、绿松石串饰等百余件(组),其中青铜器52件(组),包括釜1件、鍪1件、铃17件、发钗2件、人面形扣饰1件、挂饰27件、器物附件2件和环形饰1组(18件)。

2. 威宁中水墓地

威宁县中水镇位于贵州西北端,地处云贵两省交界处,自20世纪50年代考古工作者

---

① 贵州省博物馆考古组、贵州省赫章文化馆:《赫章可乐发掘报告》,《考古学报》1986年第2期。
② 贵州省文物考古研究所编:《赫章可乐二〇〇〇年发掘报告》,文物出版社,2008年。
③ 贵州省文物考古研究所、赫章县文物局:《贵州赫章县可乐墓地两座汉代墓葬的发掘》,《考古》2015年第2期。

在中水进行调查以来,已在中水山间盆地中发现史前至汉代各个时期遗存10余处,其中战国秦汉时期遗存包括梨园(后改称银子坛)墓地、红营盘墓地、后寨墓地等,梨园墓地和红营盘墓地进行过数次发掘,出土有300余件青铜器,其中装饰器最有特色。

1977年,何凤桐在中水调查时,从村民家中征集到青铜器45件,包括剑、刀、矛、镞和弩机等兵器17件,扣饰、手镯和飞鸟形带钩等装饰器23件,铜釜等容器5件①,他还在村民农田基本建设挖出的断壁中采集到部分陶器、青铜器残件,发现中水战国秦汉时期墓地。

1978年在中水梨园、张狗儿包和独立树三个工区共发掘战国秦汉时期墓葬36座,其中梨园27座、张狗儿包3座、独立树6座,墓葬皆长方形竖穴土坑墓,葬式复杂,出土陶器、青铜器、铁器、玉石器等各类遗物270余件,其中青铜器146件,包括容器、兵器、装饰器、印章等②。容器有釜3件、洗3件、碗2件,兵器有戈2件、剑5件、弩机3件、镞5件,装饰器有发钗9件、扣饰22件、带钩13件、手镯72件、贮贝器2件、钟1件、铃4件、泡钉1件、铜管饰1件、印章1枚和各式钱币120余枚。

1979年又在梨园工区清理墓葬22座(编号M28～M49),除M48为东汉时期残砖室墓外,余皆为竖穴土坑墓,出土陶器、青铜器、铁器、骨器、玉石器、料器等150余件,其中青铜器45件,主要是兵器、装饰器和钱币。兵器有戈1件、剑5件、矛1件、镞7件、铠甲片22片、臂甲1件,装饰器有扣饰4件、发钗2件、带钩4件、手镯9件、耳环1件、戒指5件、铃1件、帽饰1件、管状饰1件、泡钉1件和钱币9枚等③。

2004年,在中水银子坛(原梨园工区)发掘墓葬82座,出土陶、铜、铁、骨和玉石器等300余件,其中青铜器近百件,除戈、剑、矛、弩机、镞等兵器和釜、洗、碗等日用器外,还有发钗、手镯、带钩、铃等装饰器和钱币④。

2004年,在中水银子坛墓地东北侧约400米处的红营盘勘探清理小型土坑墓26座,出土陶器、青铜器、玉石器等54件,其中铜器24件,包括剑5件、削刀1件、镞4件、手镯4件(一组)、指环8件、细铜管饰2件等。此外,还调查到该墓地及邻近水果站等地出土的铜钺2件、铜手镯1件、铜锛1件和铜帽形饰1件⑤。

3. 普安铜鼓山遗址

普安铜鼓山遗址位于普安县青山镇东北侧,地处贵州西南部南、北盘江流域区,其地理区位被认为是最符合夜郎族群的活动空间。自20世纪70年代末至今,已在铜鼓山遗址周边发现战国秦汉时期遗址11处,遗址均分布在石灰岩小山顶上,面积不超过1万平

---

① 何凤桐:《威宁中水"西南夷"公共墓地调查与发掘》,《贵州社会科学》1983年第4期。
② 贵州省博物馆考古组、威宁县文化局:《威宁中水汉墓》,《考古学报》1981年第2期。
③ 贵州省博物馆考古组:《贵州威宁中水汉墓第二次发掘》,《文物资料丛刊》1987年第10辑。
④ 贵州威宁中水联合考古队:《贵州威宁中水发掘取得重要收获》,《中国文物报》2005年1月5日第1版;李飞:《贵州威宁银子坛墓地分析》,四川大学硕士学位论文,2006年。
⑤ 贵州省文物考古研究所、四川大学历史文化学院考古系、威宁县文物管理所:《贵州威宁县红营盘东周墓地》,《考古》2007年第2期。

方米,地层堆积薄,其中铜鼓山遗址经过正式发掘,出土近百件青铜器,以装饰器、生产工具和兵器最有特色。

1977年底至1978年初,考古队员在普安县青山区废品站收集到"靴形钺"和"一字格曲刃短剑"等青铜器,并以此为线索调查发现了铜鼓山遗址。1979年对该遗址进行复查时在遗址西北边缘开4×2米探沟进行试掘,出土铜、铁、陶、骨器和冶铸青铜钺的石范,青铜器有铜锄、铜镞、铜削刀和钱币各1件①。

1980年对铜鼓山遗址进行了第一次正式发掘,发掘面积1 500余平方米,清理出房址1座、灶2座、窑1座和较多柱洞,出土各类遗物千余件,包括玉石器293件、骨角器28件、陶器643件(皆残片)、铜器45件、铁器17件等②。铜器有铜削刀11件、剑1件、钺3件、凿2件、刻刀和铜钻等9件、铁铤铜镞5件、锄2件、三叉形器3件、鱼钩1件、铜簪(简报称铜条)4件、铜环23件和大小不等的铜渣20余粒。此外,遗址中还出土大量的剑茎模、剑茎范、剑身范、戈内模、戈援范、刀范、铃范、戒指范、鱼钩范、镯范、凿范、宽刃器范、浇口范等冶铸范模和泥心、陶坩埚等冶铸工具。

2002年对普安铜鼓山遗址进行了第二次发掘,发掘面积800余平方米,清理出活动面、柱洞、火塘等遗迹,出土各类遗物500余件,陶器碎片万余片。出土的铜器有兵器铜钺、铜镞、铜弩机、铁铤铜镞等,生产工具有铜镬(锄)、铜刀、铜雕刀、铜锥、铜钩等,装饰器有手镯、发钗等。出土的范模包括戈内模、剑茎范、剑身范、铃范和陶坩埚等。发掘者"初步推断铜鼓山遗址是一处铸造铜器(以兵器为主)的手工作坊遗址,其北半区可能主要是铸造铜器的作坊区,南半区为生活区,遗址时代上限可到战国或稍早,下限为西汉晚期"③。

4. 北盘江遗址群青铜器

北盘江流域一直是贵州进行夜郎考古的最重要区域,因为多数学者认为北盘江就是文献记载的古牂柯江,而夜郎就是临牂柯江的农业定居族群。2005年至2009年,为配合红水河龙滩电站和北盘江董箐、马马崖等电站建设,贵州考古工作者在北盘江干流区进行了多次考古调查和发掘工作,并分别在贞丰天生桥遗址、坡们遗址、拉它遗址和浪更燃山汉晋石板墓发现一些青铜器。贞丰天生桥遗址主要是在第3层战国秦汉时期地层中出土铜器2件,包括铜刀1件和不对称刃形器1件④。拉它遗址主要是在第5层战国秦汉时期

---

① 程学忠:《普安铜鼓山遗址首次试掘》,贵州省博物馆考古研究所编著:《贵州田野考古四十年》,贵州民族出版社,1993年。
② 刘恩元、熊水富:《普安铜鼓山遗址发掘报告》,贵州省博物馆考古研究所编著:《贵州田野考古四十年》,贵州民族出版社,1993年。
③ 张元:《普安铜鼓山遗址》,国家文物局主编:《2002中国重要考古发现》,文物出版社,2003年;贵州省文物考古研究所:《普安铜鼓山战国秦汉遗址考古新发现》,《贵州文物工作》2002年第4期(内刊)。
④ 张兴龙:《天生桥遗址发掘为北盘江流域史前文明研究提供新资料》,《中国文物报》2008年11月21日第5版。

地层中出土条形手镯1件①。坡们遗址在第4层战国秦汉时期地层中出土铜器4件,包括铜耳坠、铜发簪、铜手镯和铜三刃形器各1件②。贞丰浪更燃山汉晋石板墓随葬品虽包括陶器、青铜器和铁器、银器等,但数量少而单一,青铜器有手镯6件、带钩1件、铃2件、牌饰器2件和钱币2枚③。几处遗址出土的青铜器数量均很少,且主要是手镯、削刀、扣饰、带钩等装饰器,没有青铜容器、生产工具和乐器,但也丰富了贵州战国秦汉时期青铜文化内涵。

5. 贵州西部地区零星出土青铜器

在贵州西部地区包括黔西南州的兴义市、安龙县、兴仁县、普安县和望谟县,六盘水市的盘县、水城县和六枝特区,毕节市的赫章县和威宁县等古夜郎族群活动地域内,不断有零星青铜器出土,少则1件,多则数件,粗略统计总数已达百余件④,器类有铸"▽"符号的风字形铜钺、舌形铜钺、靴形铜钺、一字格曲刃短剑、曲刃铜矛、直内人物图案戈、铜锄、羊角钮钟、蛇头形剑、管状铜铃、舌形铜铃等,部分青铜器与铜鼓山遗址所出器物相同,或在铜鼓山遗址出土有铸造这一类器物的范、模,极有可能产自铜鼓山。

1958年,在赫章县辅处乡罗戈寨出土1件石寨山型铜鼓和数件青铜兵器,2012年又在罗戈寨附近出土青铜戈2件。

1975年考古人员在兴义市供销社仓库拣选青铜器5件,有铜锄1件、铜犁1件、铜钺3件,分别来自兴义、兴仁等地。

1982年在水城黄土坡出土1件龙首柄铜釜。1999年,在黄土坡一岩溶洞穴中清理出石器、陶器、骨器、铜器和银器等遗物,其中铜器有釜和箭镞各1件⑤。2012年,考古人员又在黄土坡清华洞调查采集到青铜镞1件⑥。

1982年,贵州省博物馆在兴义市巴结镇调查时,在该镇供销社征集到铸有"▽"符号的铜钺1件,并于该镇安寨采集帆船形铜钺1件。同年还在兴义市下纳灰乡征集铜钺1件,在安龙县五台乡簸箕寨征集单耳铜矛1件,在兴义市顶效镇征集青铜钺3件,其中1件铜钺上铸有"▽"符号。

1982年10月,在兴义土产公司驻安顺转运站废品仓库中,检拾到带"▽"符号青铜钺3件、铜剑格1件。

---

① 贵州省文物考古研究所、贞丰县文物管理所:《贵州贞丰县拉它先秦时期遗址发掘简报》,《四川文物》2012年第1期。
② 刘文科整理:《贞丰坡们遗址考古发掘报告》,未刊稿。
③ 贵州省文物考古研究所、贞丰县文物管理所:《贵州贞丰县浪更燃山汉代石板墓》,《考古》2013年第6期。
④ 宋世坤《夜郎考古综述》和黄理中《黔西南州发现的夜郎青铜器》,两文皆载《夜郎研究》,贵州民族出版社,2000年。
⑤ 贵州省文物考古研究所:《黄土坡汉代遗存清理》,《贵州田野考古报告集(1993~2003)》,科学出版社,2014年。
⑥ 贵州省文物局、贵州省文物考古研究所、六盘水市文物局编著:《夜郎寻根——六盘水市史前至夜郎时期考古新发现》,贵州人民出版社,2013年。

1983年,安龙县招堤纪念碑后的溶洞中出土一字格曲刃剑1件。

1984年,安龙县化力镇木科丫口岩石夹缝中发现羊角钮钟1件。1987年,安龙县城关镇大鱼塘侧一农民在修建房屋挖地基时,又发现羊角钮钟1件,形制与化力镇木科丫口所出相似,只是稍小。

1986年10月,兴义市威舍乡光辉村坝子组一村民在老祖碑开山取石中,获得青铜直内戈3件,其中2件内首端呈卷云状,内上饰一人头或三人图案,援上有一"胡桃"形纹,戈内、戈援上图案与铜鼓山所出范模相同。

1989年,在六枝特区抵籤寨村斗逢山一洞穴中出土管状耳铜铃7件。

1993年,兴义市马岭镇龙井村一农民在开荒中,于岩石夹缝中挖出曲刃铜矛1件。

1997年,黔西南州文物科分别于兴义市顶效镇绿荫村大寨后山和郑屯、鲁屯两镇交界处乱石中征集一字格曲刃铜剑2件。

1999年,安龙县龙广镇扳拉寨一农民在修建房屋挖地基中,获得一字格曲刃铜剑1件,该镇七星村农民在清理枯井时,发现一字格铜剑和蛇头形茎一字格铜剑各1件。

1998年,贵州省社会科学院通过李发耀征集到据说出土于望谟县石屯镇巧散村的一批青铜器66件,计有铜铃54件、铜手镯10件、铜链1件、铜飞鸟1件①。

2003年,普安县文物管理所在青山镇下吉河村大园子组征集到青铜戈、钺各1件。

2008年8月,安龙县城关西南侧一基建工程,挖出青铜器8件,计有铜釜2件、羊角钮钟1件、铙3件、铜洗2件,其中一大型铜釜被从肩部切割,其他青铜器被装盛在铜釜内,形成一小型青铜器窖藏②。

2017年,贵州省博物馆先后两次征集到据传可能出自黔西南州望谟县和册亨县南盘江附近的青铜器数十件,器类有风字形铜钺、靴形斜刃钺、一字格曲刃短剑、带胡铜戈、铜矛、铜削和铜铃等,部分铜器刻有羽人、竞渡等图案,具有浓烈的越南东山文化铜器特征。

二、汉系青铜器发现概况

汉系青铜器出土范围宽,涵盖贵州东北部、北部、中部、西部和西南部广大地区,行政区域包括铜仁市、遵义市、贵阳市、安顺市、毕节市、六盘水市和黔西南布依族苗族自治州(以下简称黔西南州),少量零星征集和出土于居址中,绝大多数出土在汉文化系统的土坑墓、砖室墓、石室墓和崖墓中,出土地域可大致划分为下列几个地区:

1. 以务川大坪为代表的黔北地区

在贵州北部由南向北流往重庆和四川的乌江(包括支流洪渡河)和赤水河流域,发现有较多的汉文化遗存,包括沿河洪渡、务川大坪、务川镇南、道真旧城、习水土城黄金湾、仁怀合马等,其中务川大坪进行过较大规模发掘,出土青铜器数量和种类最多,是该区域代

---

① 张元:《望谟出土的夜郎青铜器》,《夜郎研究》,贵州民族出版社,2000年。
② 李飞:《贵州安龙新出铜器——兼论贵州西南地区的青铜文化》,《四川文物》2009年第3期。

表遗存。

务川大坪是贵州汉代重要的文化遗存富集区,包含有遗址、窑址和墓葬等,自20世纪60年代以来,就不断有铜蒜头壶、铜扁壶、铜鼎、铜釜、铜洗、铜钱等青铜器出土。20世纪80年代,贵州省博物馆考古队陆续派人在大坪的江边、官学一带清理了数座土坑、砖室墓和石室墓①,出土有铜耳杯、铜钵、铜耳环、陶罐、钱币和朱砂等各类遗物,之后这一地区在村民建房和耕地等生产过程中,又不断挖出铜蒜头壶、铜鈁壶和铜洗等②。2007年至2010年,贵州省文物考古研究所配合务川石丫子水电站工程建设,对分布在江边洪渡河两岸淹没区汉墓群进行了大规模抢救性发掘,共清理汉代墓葬47座、汉代窑址2座,出土各类遗物500件(套),其中青铜器包括铜蒜头壶1件(M23∶6)、铜蒜头口扁壶1件(M31∶7)、铜洗1件(M9∶1)、铜鼎1件(M16出土,已残破)、铜鍪5件(出自不同墓葬,均残破)、铜镜1件(M32出土)、铜印章3枚(其中两枚为桥钮方印、一枚为桥钮圆印)、摇钱树多件(包括陶质树座、青铜树干和枝叶等等)和大量的钱币③,相当部分墓葬中钱币和朱砂共出,是相当独特而重要的发现,可能表明朱砂在当地具有等同钱币的重要性。

洪渡河与乌江交汇处的沿河县洪渡镇原政府所在地(现已被乌江彭水电站淹没)周边地区,分布着汉代窑址和汉墓等较为丰富的汉代遗存,窑址位于乌江西岸一级阶地,1989年调查发现,2005年10至12月进行了抢救性发掘,清理砖瓦窑6座和工作面、灰坑、沟等遗迹,出土物主要是砖和瓦,也有少量陶纺轮和青铜镊子等④。汉墓分布在原洪渡镇政府周边的四方石、金竹林、桐子堡等地,2005年和2008年,先后在这一带清理汉代土坑墓、砖室墓和石室墓15座,墓葬破坏严重,残存随葬品以陶器为主,有少量青铜器,包括铜釜、铜耳杯、铜泡钉、铜指环和半两、五铢等钱币⑤。

1990年至1991年在仁怀市合马发现2座汉墓,1座土坑墓,1座砖室墓,土坑墓中出土有釜、甑、碗等青铜器和数量较多的钱币。

2014年至2017年,在习水土城黄金湾遗址发现重要的汉代遗存,清理出房址、灰坑、灶坑、沟、墓葬等各类遗迹百余处,出土物包括陶器、石器、铜器、铁器、银器和漆器等,青铜器包括铜釜、铜镜、铜带钩、铜手镯、铜指环和印章等,部分铜釜和铜洗锈蚀严重,此外还出土大量半两、五铢等钱币⑥。

2. 以平坝为中心的黔中地区

从贵阳市往西南方向的清镇市(原清镇县)、平坝区(原平坝县)到西秀区(原安顺市)

---

① 程学忠、朱祥明:《务川县汉砖室墓清理简报》,《贵州文物》1986年第1期(内刊);贵州省博物馆考古队:《务川沙坝石室汉墓》,《贵州省博物馆馆刊》1985年创刊号(内刊)。
② 宋先世、程学忠:《略说贵州务川新出两汉铜器》,《考古与文物》1991年第2期。
③ 李飞:《务川大坪汉墓》,贵州省文物考古研究所编著:《2003~2013贵州基建考古重要发现》,科学出版社,2015年。
④ 刘文锁、张合荣:《沿河洪渡汉代窑址》,贵州省文物考古研究所编著:《2003~2013贵州基建考古重要发现》,科学出版社,2015年。
⑤ 贵州省文物考古研究所、贵州省博物馆编:《沿河洪渡汉墓》(未出版资料)。
⑥ 张改课:《贵州习水黄金湾遗址》,国家文物局主编:《2015中国重要考古发现》,文物出版社,2016年。

基本呈东北至西南走向的黔中地带,以平坝为中心形成贵州境内分布地域最宽、数量最多的汉墓区,这一汉墓区北隔乌江同位于黔西城关周边汉墓群和金沙、遵义、仁怀等地汉墓群相连,南隔北盘江同黔西南州境内汉墓群相连,具有地域上的节点作用,另外,这一区域也是目前贵州境内发现两晋南朝时期遗存最丰富的地区,具有文化发展上的延续性。

1954年至1956年在配合羊昌河水利工程中,就在平坝县金家大坪等地发现汉墓,并清理出土铜洗、铜釜、铜豆等青铜器①。

1956年至1958年在清镇县的琊珑坝、苗坟和平坝县的平庄、老鸡场等地发掘了地表残存高低不一封土堆的汉墓28座,包括土坑墓18座、砖室墓8座和石室墓2座,出土陶器、青铜器、银器、漆器和料器等300余件,其中青铜器约60件,有洗6件、壶3件、豆8件、耳杯4件、簋1件、盘(洗)3件、釜13件、盉2件、镞斗2件、灯2件、瓶1件、带钩1件、镜1件、人像1件、马1件、兔1件、负瓶鸟1件、铜矛(曲刃短剑)1件、斜刃钺1件、铜刀1件和残鎏金璧形饰、摇钱树残枝和钱币等②。

1958年1月至1959年4月又在清镇县和平坝县交界处的尹关、琊珑坝、芦荻哨、余家龙滩、牧马场等地发掘汉至宋墓140座,其中汉墓约占26%(36座),全系土坑墓,随葬品包括陶器、青铜器、铁器、漆器、料珠、银器等,其中青铜器有碗8件、锅4件、釜11件、镜1件、带钩3件、印章3件和较多的钱币等③。

1966年在平坝县天龙镇清理了6座土坑竖穴墓,出土陶器、青铜器、铁器、漆器和钱币等随葬品60余件,其中青铜器12件,有铜釜5件、铜簋1件、铜洗1件、铜手镯1件、铜泡饰4件等④。

2014年3至4月,在平坝县夏云镇母猪龙滩清理了4座汉代土坑墓(M77～M80),出土陶器、青铜器和铁器等20余件,其中青铜器有釜和钱币等⑤。

1971年在安顺市宁谷公社大寨大队(现为西秀区宁谷镇大寨村)兴修农田水利和平整土地时,发现一座石室墓,出土有陶器、青铜器、金银器和琥珀等随葬品,其中青铜器有壶3件、洗1件、釜3件、镜1件和钱币74枚⑥,钱币包括大泉五十、"剪轮五铢"等,时代在东汉晚期。

1972年在宁谷徐家坟山发掘了6座汉墓,包括土坑墓和石室墓两类,随葬品包括陶器、青铜器、铁器、漆器、钱币和琥珀饰等,其中青铜器有铜镜1件、带钩1件、鎏金圆盘饰3件、釜1件(残)、洗1件(残)、摇钱树残枝、柿蒂纹棺饰和圆饼形饰等⑦。

1976年,对宁谷汉墓进行了再次调查,发现两处汉代遗址和有封土汉墓120余座,并

---

① 熊水富:《羊昌河灌溉工程中发现了一批古文物》,《文物参考资料》1956年第4期;熊水富:《贵州平坝金家大坪古墓清理简报》,《考古通讯》1958年第1期。
② 贵州省博物馆:《贵州清镇平坝汉墓发掘报告》,《考古学报》1959年第1期。
③ 贵州省博物馆:《贵州清镇平坝汉至宋墓发掘简报》,《考古》1961年第4期。
④ 贵州省博物馆考古组:《贵州平坝天龙汉墓》,《文物资料丛刊》1983年第4辑。
⑤ 贵州省文物考古研究所、平坝县文化局:《贵州平坝县夏云镇汉墓的发掘》,《考古》2017年第1期。
⑥ 李衍垣:《贵州安顺宁谷发现东汉墓》,《考古》1972年第2期。
⑦ 严平:《贵州安顺宁谷汉墓》,《文物资料丛刊》1983年第4辑。

清理了14座汉晋时期古墓,包括土坑墓1座、砖室墓7座、石室墓5座、砖室混合墓1座,出土陶器、青瓷器、青铜器、铁器、金银器和料器等118件①,其中青铜器11件,有釜1件、铺首2件、泡钉6件、矛1件和摇钱树残树干1件(残断为四截)。

1990年至1996年,贵州文物部门先后对宁谷龙泉寺遗址、瓦窑堡汉窑址和跑马地汉墓进行了钻探、试掘和清理,龙泉寺遗址出土的青铜器有镞1件、环2件和钱币3枚,跑马地汉墓(M28)清理出陶器、青铜器、金器等随葬品11件,其中青铜器8件,有环首刀1件、釜3件、洗1件、弩机1件、灯1件和马模型器1件②。

1994年至2007年,陆续在宁谷龙滩清理了4座被盗的汉墓(M29~M32),包括石室墓和砖室墓各2座,出土陶器、青铜器、铁器和钱币等随葬品数十件,其中青铜器有龟盂1件、灯1件、残鸟1件、圆饼形饰1件、泡钉8件、铺首2件和摇钱树树干一截、枝叶残片数件,还有钱币21枚,包括有五铢、半两和货泉3种③。

2015年至2017年,在宁谷配合安宁公路等建设,又在宁谷砖厂附近清理汉晋南朝时期墓葬8座(M33~M40),墓葬分砖室墓和土坑墓等,被盗严重,顶均不存,残存陶瓷器、铁器和青铜器等,青铜器有铜耳杯、五铢钱等④。

1972年3月,在黔西县林泉区(现为林泉镇)野坝和罗布垮等地清理了汉墓7座,包括土坑墓1座、砖室墓1座和石室墓5座,出土陶器、青铜器、铁器、琉璃器、钱币等数十件,其中青铜器有铜镜2件、铜耳杯1件、铜豆1件、铜釜1件、铜戒指3件和钱币18枚⑤。

1973年10月,在黔西县甘棠清理汉墓10座,包括土坑墓3座和砖室墓7座,出土有陶器、青铜器、铁器、银器、料珠和琥珀饰等,其中青铜器有釜1件、洗2件和钱币数十枚,钱币有剪轮五铢和大泉五十等⑥。

2004年2月,在黔西绿化乡大海子村清理了1座汉砖室残墓(M27),出土陶器、青铜器和铁器等,其中青铜器有釜1件和钱币14枚⑦。

2005年5~6月,为配合黔西火电厂工程建设,贵州文物考古部门在黔西县的甘棠乡和城关镇等地发掘汉墓10座,包括土坑墓4座和石室墓6座,出土陶器、青铜器、铁器、银器和石器等120余件,其中青铜器有釜3件(简报分为鍪2件、釜1件)、碗1件、铺首2件、泡钉4件、带钩2件、夹子1件、顶针2件、铜饰片1件、铜钩形器1件、铜镜1件(残存半圆形镜钮)、摇钱树残枝叶数根、货泉13枚、五铢数百枚⑧。

---

① 刘恩元:《安顺宁谷古墓》,《贵州文物》1983年第3、4合期(内刊)。
② 贵州省文物考古研究所:《贵州安顺市宁谷汉代遗址与墓葬的发掘》,《考古》2004年第6期。
③ 贵州省文物考古研究所、安顺市博物馆、西秀区文物管理所:《贵州安顺宁谷龙滩汉墓清理简报》,《考古与文物》2012年第1期。
④ 2015年—2017年安顺宁谷汉晋南朝时期墓葬清理资料现在贵州省文物考古研究所。
⑤ 贵州省博物馆:《贵州黔西县汉墓发掘简报》,《文物》1972年第11期。
⑥ 唐文元:《黔西甘棠汉墓群》,《贵州文物》1982年第1期(内刊)。
⑦ 贵州省文物考古研究所、黔西县文物管理所:《黔西绿化乡汉墓发掘简报》,《贵州田野考古报告集(1993~2013)》,科学出版社,2014年。
⑧ 贵州省文物考古研究所、黔西县文物管理所:《贵州黔西县汉墓的发掘》,《考古》2006年第8期。

3. 以赫章可乐为核心的黔西北地区

以赫章可乐为核心的黔西北乌蒙山地，是贵州战国秦汉时期遗存最丰富的地区，不仅发现大量的夜郎系族群文化遗存，还发现有大量遗址、墓葬和窑址等汉文化遗存，它们犬牙交错，相互重叠，在汉文化遗存尤其是汉墓中也出土有相当数量的青铜器。

1960年11月至1961年1月，在可乐官山、园田等地清理了7座汉墓，除M7扰乱严重外，其余6座包括铲形土坑墓1座(M5)、铲形单室砖墓4座(M1、M2、M4、M6)和双室砖墓1座(M3)，出土有漆器、青铜器、铁器、陶器和钱币等随葬品，其中青铜器有车饰残件13件（皆出自M5）、碗2件、盘1件、釜1件、灯2件、带钩2件、孔雀1件、铃1件、鎏金泡钉2件和摇钱树残片、耳杯残件、铜扣残件等①。

1976年至1978年，贵州文物考古部门在可乐河北侧发掘汉墓共39座(报告称为甲类墓)，包括水营村的雄所屋基16座、区医院2座、赫章三中1座、营盘3座、燕家坪子1座、马家包2座和岔河村的锅落包14座，锅落包14座汉墓几乎与地方族群墓葬(报告称乙类墓)相重叠。39座汉墓地表均残存封土堆，除2座为砖室墓外，余皆为土坑墓，多数墓葬残存棺椁朽痕，出土随葬品较丰富，包括陶器300余件、青铜器300余件、铜钱6000余枚、铁器120余件、漆器可辨器形者20余件和金银器、玉石器、玛瑙、绿松石珠等数十件(套)，其中出土的300余件青铜器按报告统计有鼎1件、壶7件、钫1件、釜33件、镳斗10件、盉2件、甑5件、熏炉盖1件、钵12件、碗2件、勺4件、簋4件、鍑2件、熨斗3件、烹炉1件(套)、耳杯1件、豆2件、博山炉2件、灯3件、鉴1件、洗16件、盘6件、盒2件、奁1件、瓶2件、杵臼1套、唾壶1件、带钩15件、镜15件、勺形器1件、量杯1件、印章3枚、泡钉40余件、铺首及环2件、铃1件、铃形器2件、弩机11件、矛4件、镞6件、蒺藜1件、削刀1件、镦3件、刀鞘尾1件、剑格1件、车饰50余件、摇钱树残片40余片等，另外33座汉墓出土的6000余枚钱币，包括五铢、大泉五十两种，出土时成堆成串者居多，如M10钱币用棕绳编串，棕绳尚存，M18铜钱用麻织品包裹②。

2000年9~11月，在锅落包清理了3座汉墓，皆土坑墓，随葬品主要是陶器，青铜器仅7件，包括釜2件、剑格1件、带钩1件和铃3件，此外各墓还有少量的铜五铢钱③。

可乐西南侧的辅处河两侧（包括赫章县的辅处乡和威宁县的羊街镇等地）时常有汉代青铜器出土，20世纪70年代曾进行调查，发现辅处河两侧有汉墓分布，墓坑形制有土坑墓和砖室墓，并征集到石器、陶器、青铜器、铁器等文物，其中青铜器有戈、矛、刀、剑等④。

地处贵州西北端与云南东北部昭通相接的威宁中水盆地是除可乐外贵州境内另一重

---

① 贵州省博物馆：《贵州赫章县汉墓发掘简报》，《考古》1966年第1期。
② 贵州省博物馆考古组、贵州省赫章文化馆：《赫章可乐发掘报告》，《考古学报》1986年第2期。
③ 贵州省文物考古研究所编：《赫章可乐二〇〇〇年发掘报告》，文物出版社，2008年。
④ 殷其昌：《辅处汉墓》，贵州省文物考古研究所编著：《贵州田野考古四十年》，贵州人民出版社，1993年。

要战国秦汉时期遗存分布区,但这里的汉文化遗存不如可乐丰富。1978年在张狗儿老包发现3座墓(有封土堆),出土物也多是汉式器物,如铜釜、洗、碗、带钩、印章、弩机、铜镞、环首铁刀、五铢钱等①。1979年在梨园墓地发掘墓葬22座,其中M48是东汉中晚期砖室墓,但因被盗,墓内基本没有随葬品②。

2004年10月至2005年1月在梨园(改称银子坛)发掘墓葬82座,部分墓葬是墓坑宽大的汉式合葬墓,随葬品亦主要以汉式青铜器和钱币为主③。不过,中水盆地的汉式墓葬发现较少,汉文化风格的随葬品亦不如赫章可乐丰富,地方族群的文化特征自早到晚都比较明显。

4. 以兴仁交乐和兴义万屯为主体的黔西南地区

位于黔西南州的兴仁交乐和兴义万屯汉墓群,汉墓分布基本相连,可视为贵州最南部汉文化遗存集中区。这里发掘的部分汉墓,残存封土比其他地区汉墓高大,墓室结构如交乐M14、M19等也较其他地区复杂。这一区域还是目前贵州境内唯一集中出土铜车马模型的地区,在墓群的周边,不仅分布着贞丰者相汉代城址、镇宁小河口等汉代聚落遗存,还分布着大量稍早或同时的普安铜鼓山、兴义阿红和安龙龙广等地方族群文化遗存,是汉开发"西南夷"的一个重要地区。

1975年10月至1976年1月,在兴义万屯和兴仁交乐发掘汉墓12座,包括砖室墓4座、石室墓7座、砖石混合墓1座,墓葬虽被盗,仍出土青铜器、陶器、铁器、漆器和玉石器等100余件,青铜器有车马一套、提梁壶1件、豆2件、耳杯7件、洗2件、盘6件、釜1件、盒1件、碗1件、镜2件、斗1件、带钩3件、顶针1件、环首刀1件、跪人灯1件、人饰残件1件、铺首2件、鸡1件、盘形器1件、泡钉15件和大量的摇钱树残片④。

1987年2月至5月,在兴仁交乐清理了汉墓13座,包括土坑墓2座、石室墓10座、多室砖墓1座(M14),出土陶器、青铜器、铁器、金银器、漆木器、玉石器和琥珀等600余件。其中青铜器不仅数量多,而且器形高大精美,完整或可复原者100余件,有车马2件(套)、人俑5件、摇钱树3件(包括树座、树干和枝叶残片)、灯3件、釜6件、豆6件、镳斗4件、洗3件、碗4件、耳杯11件、奁1件、镜3件、甑1件、提梁壶1件、量1件、瓶1件、簋1件、臼1件、案1件、器盖3件、器座1件、勺1件、带钩1件、指环1件、铺首10件、泡钉18件、扣饰3件、鸟形饰件4件、负瓶鸟1件、半两1枚、货泉1枚、"巨王千万"印一枚、"巴郡守丞"印一枚,此外还出土五铢钱数百枚⑤。

1988年,兴仁交乐汉墓被盗,公安部门追缴回来一批青铜器,计有铜甑1件、铜釜2

---

① 贵州省博物馆考古组、威宁县文化局:《威宁中水汉墓》,《考古学报》1981年第2期。
② 贵州省博物馆考古组:《贵州威宁中水汉墓第二次发掘》,《文物资料丛刊》1987年第10辑。
③ 李飞:《贵州威宁银子坛墓地分析》,四川大学硕士学位论文,2006年。
④ 贵州省博物馆考古组:《贵州兴义、兴仁汉墓》,《文物》1979年第5期。
⑤ 贵州省文物考古研究所:《贵州兴仁交乐汉墓发掘报告》,《贵州田野考古四十年》,贵州民族出版社,1993年。

件、铜洗1件、铜镳壶1件和铜鼎1件①。

1999年8月,兴仁交乐19号汉墓被盗,公安部门追缴回一批重要文物。同年9月,省考古所对其进行了清理发掘,该墓为十字形多室砖墓,顶已不存,室壁垮塌严重,室内残存陶器、青铜器、铁器、银器和琥珀饰30余件,其中青铜器有簋1件、耳杯2件、簪1件、镜1件、泡钉2件、鎏金饰1件、车马器1套(含驾车俑1件、伞盖1件、盖弓帽1件、车轮条辐7根、车害2件、铜马1件仅存耳及尾部)、摇钱树残枝、五铢钱60余枚②。

2005年10月至12月,为配合北盘江董箐水电站工程建设,贵州省文物考古研究所联合地方文物部门发掘了贞丰小河口和镇宁田脚脚遗址,出土有一定数量的汉晋时期青铜器③。田脚脚遗址出土青铜器81件,包括弩机9件、镞31件、蒺藜1件、扣饰7件、泡钉1件、带扣1件、手镯10件、顶针2件、指环1件、耳环4件、簪3件、铃1件、砝码1件、凿1件、销钉1件、器柄3件、漆杯铜耳2件、铜镜1件和其他铜饰件等。小河口遗址出土青铜器16件,有镞7件、扣饰1件、手镯4件、顶针1件、簪1件、刻刀1件、鸟形器残件1件等。两遗址出土青铜器皆是小型装饰器和器物残件,没有大型青铜容器之类。

粗略统计,目前贵州境内出土的汉系青铜器达千余件(不含数量巨大的钱币),只是相当部分青铜器锈蚀、破损严重,出土后未能修复,另外还有相当数量的汉文化遗存发掘资料未整理刊发,这给我们从总体上分析贵州汉系青铜器造成一定困难。

三、其他青铜器发现概况

在贵州东部地区,包括东北部的松桃、万山和东部地区的锦屏、天柱等地,尤其是天柱县的清水江河床,历年来零星出土不少战国秦汉时期青铜器,包括有乐器、兵器、生产工具和装饰器等,这些青铜器整体风格既不同于贵州西部地区出土的夜郎系青铜器,也不同于贵州各地汉文化遗存出土的汉系青铜器,它包括有巴、楚和百越等其他族群系统的青铜文化特征,在一定程度上反映出这些相连地带的青铜文化交流情况。

1. 清水江流域河床淘出青铜器

清水江流域是沅水上游重要支流,是沟通云贵高原与荆楚之地的重要通道。该流域锦屏到天柱段盛产黄金,因而每到冬季枯水期,清水江干流及其支流河床中便汇集着大量的淘金者,他们在淘洗黄金时,也从河床中淘出较多的青铜兵器和装饰器,除部分被贵州省博物馆征集收藏外,多数保存在当地一些文物爱好者手中或被商贩转卖到各地。

1988年,在清水江支流的亮江深约6米的河床岩隙中出土8件青铜器,包括剑3件、矛1件、镞1件、钺2件和锄1件④。

---

① 王燕子:《交乐汉墓出土铜器补》,《贵州田野考古四十年》,贵州民族出版社,1993年。
② 贵州省文物考古研究所:《贵州兴仁县交乐十九号汉墓》,《考古》2004年第3期。
③ 贵州省文物考古研究所编著:《贵州董箐考古发掘报告》,文物出版社,2012年。
④ 熊水富:《锦屏亮江出土一批战国青铜器》,《贵州田野考古四十年》,贵州民族出版社,1993年。

2003年至2005年,贵州省博物馆从凯里市民叶常明处征集到青铜器83件,据调查这些青铜器多出自清水江流域天柱段河床中,系当地村民于枯水期于河床中淘金所得。83件青铜器包括钺16件、矛23件、镖1件、镞10件、戈1件、剑4件、斤7件、斧2件、凿1件、带钩5件、铃1件、鱼钩4件、簪2件、残饰件2件等①。

2004年,贵州考古工作者在清水江流域进行托口、挂治等水电站工程文物调查时,在当地村民中征集到青铜矛、钺等数件。2010年在清水江支流的鉴江出土青铜斧3件。2011年在进行天柱辞兵洲遗址发掘时,考古人员对这些青铜器和收藏在当地文物爱好者杨作义、杨光浪、罗康彬等处的青铜器进行了初步统计和资料收集,共收集青铜器221件,包括剑36件、矛57件、钺32件、斧6件、箭镞58件、带钩23件、铃1件、镜2件、印章3件、铲1件、戈2件等②。

据了解,清水江河床历年出土的青铜器,除上述文物部门了解到的外,还有相当部分被当地文物贩子所贩卖流失到贵州、湖南和广西等地,其数量有学者认为有数千件之多③,有学者认为达千余件④。尽管这样的估计数据不准确,且都是零星出土,至今仍未有正式考古发掘出土者,但如此多的青铜器出土,说明清水江作为古代文化通道应是不争的事实。

2. 松桃等地零星出土青铜器

1962年,松桃苗族自治县长兴区木树乡出土青铜器7件,包括虎钮錞于5件、钲1件、甬钟1件⑤,可能是一处小型窖藏青铜器。

1982年,铜仁市(现为碧江区)滑石乡出土虎钮錞于1件,通高51厘米,器顶盘中立一虎。

1992年,施秉县修建黄磷厂职工宿舍楼时挖出大小不一的青铜编钟2件,但残损严重。

1996年,正安县杨兴上湾山间石隙出土铜甬钟1件,通高70厘米,铣口34厘米。另该县文物管理所还收藏有1件据说2001年出土于小雅镇的虎钮錞于,通高55厘米,器顶盘中立一虎,器形完整。

四、贵州战国秦汉时期青铜器的地域分布特征

就出土地域来说,目前贵州发现的战国秦汉时期青铜器主要集中出土在贵阳以西乌

---

① 程学忠:《贵州天柱出土青铜器调查征集报告》,南京师范大学文博系编:《东亚古物(B卷)》,文物出版社,2007年,第295~310页。
② 胡昌国:《清水江水下出土部分文物资料汇编》,贵州省文物局、贵州省文物博物馆学会编:《文博与发展——贵州文化遗产保护文集(二)》,贵州大学出版社,2014年。
③ 程学忠:《贵州天柱出土青铜器调查征集报告》,南京师范大学文博系编:《东亚古物(B卷)》,文物出版社,2007年,第295~310页。
④ 胡昌国:《清水江水下出土部分文物资料汇编》,贵州省文物局、贵州省文物博物馆学会编:《文博与发展——贵州文化遗产保护文集(二)》,贵州大学出版社,2014年。
⑤ 李衍垣:《贵州省松桃出土的虎钮錞于》,《文物》1984年第8期。

蒙山区,具体说以安顺市、毕节市和黔西南州等地为最多最集中,其次是遵义市偏北部和贵阳市西南侧,而在贵阳以东包括铜仁市、黔南州和黔东南州在内的广大地区,目前仅在铜仁东北部、黔东南州东部等与重庆、湖南相连地带零星出土有一些青铜器,绝大部分区域还是空白区(图1-1)。

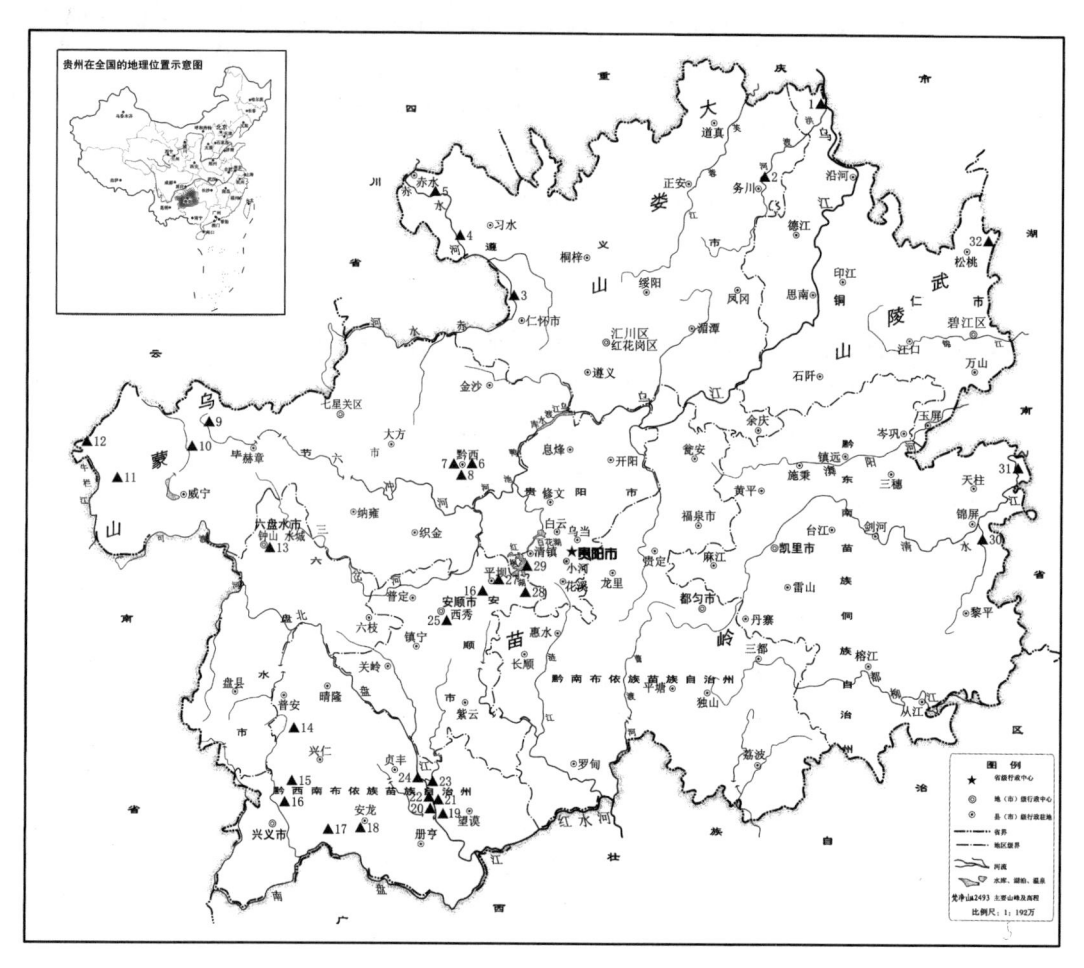

图1-1 贵州战国秦汉时期青铜器分布地域示意图①

1. 沿河洪渡 2. 务川大坪 3. 仁怀合马 4. 习水土城 5. 赤水复兴 6. 黔西甘棠 7. 黔西林泉
8. 黔西绿化 9. 赫章可乐 10. 赫章辅处 11. 威宁观风海 12. 威宁中水 13. 钟山区黄土坡
14. 普安铜鼓山 15. 兴仁交乐 16. 兴义万屯 17. 安龙龙广 18. 安龙城关 19. 望谟水打田
20. 贞丰浪更燃山 21. 贞丰蛮们 22. 贞丰天生桥 23. 镇宁田脚脚 24. 贞丰小口河
25. 西秀宁谷 26. 平坝天龙 27. 平坝夏云 28. 平坝马场(今属贵安新区)
29. 清镇琊珑坝 30. 锦屏亮江 31. 天柱白市清水江 32. 松桃木树

夜郎系青铜器主要出土在贵州最西部与云南省相连地带,贵州西北端乌蒙山脉东西两侧分别发现有赫章可乐和威宁中水墓地,贵州西南部与广西、云南接近地区则发现有铜鼓山遗址群和北盘江遗址群。就出土青铜器的数量和种类来说,以赫章可乐为最多,但就

---

① 底图取自徐圻主编:《图说贵州六百年》,贵州人民出版社,2014年。

出土青铜器的遗存数量和分布范围来看,则黔西南地区又更宽泛,只是黔西南地区包括铜鼓山遗址在内的每个遗址出土青铜器数量和种类均少而单一,这也许同遗存的类别有一定关系,不一定说明黔西南铜鼓山类遗存的青铜文化没有黔西北可乐和中水类遗存发达。

汉系青铜器分布范围比夜郎系青铜器宽广许多,但除却黔东北、黔北与重庆相连地区的沿河洪渡和务川大坪外,其他绝大多数亦分布在贵州中西部地区,部分地区如赫章可乐等地两种系统青铜器共出,显示着汉文化与地方族群文化相互交流和共存的实际。

除位于贵州西北端的赫章可乐和威宁中水等外,偏中部地带的汉文化遗存基本由北向南呈线状分布,这可能与汉文化传入的交通走向有关,在今贵阳市西北侧的黔西、西南侧的清镇和安顺市东南侧的宁谷等广大地区形成最为密集的分布区,这种分布格局无疑对探讨牂柯郡治地理位置具有重要的标识意义。

在贵州最北端的务川大坪和习水土城等四川盆地南部边缘地区,清理出一批西汉早中期土坑墓,出土有一定数量的西汉早中期青铜器;在赫章可乐则清理出一批西汉中晚期土坑墓葬,出土有一批西汉中晚期青铜器;清镇平坝一带则清理有西汉晚期至东汉时期的各种墓葬,出土的青铜器种类亦比较多;兴仁交乐和兴义万屯清理的墓葬则主要在东汉晚期以后。贵州高原汉文化遗存这种北早南晚的分布格局应该同汉中央王朝在开发"西南夷"过程中,采取以四川盆地(当时称巴蜀)为支点,由北向南推进的方略和郡县设置的先后次序有关。

当然,目前发现的青铜器分布情况尚不能反映贵州战国秦汉时期青铜器使用的全部实际,从中东部空白区域尤其是最东部与湘西相连成片的锦江、清水江等河流零星出土有较多各种文化类型青铜器的情况看,这些河流在古代可能还是巴、楚、百濮和百越等许多族群相互交往的重要文化通道,这一地域范围内也应该存在非常重要的战国秦汉时期遗存,只不过发现尚需艰苦细致的田野考古工作。

第二节 研 究 述 略

自 20 世纪 50 年代清镇平坝汉墓中出土了一批较为珍贵的青铜器后,学术界尤其是考古学界便开始关注贵州境内出土的战国秦汉时期青铜器,他们或进行综合观察,或对某种青铜器类进行专门研究,取得了一些重要成果,为我们从整体上对贵州出土的战国秦汉时期青铜器进行分析奠定了一定基础。

一、综 合 研 究

1. 西南或云贵高原范围内青铜器的综合研究

贵州出土战国秦汉时期青铜器同周边地区尤其是西南地区的青铜器具有异常密切的

联系,因而这些青铜器出土后,许多学者便将其纳入云贵高原甚或西南地区战国秦汉时期青铜器的总体进行观察。

童恩正《我国西南地区青铜戈的研究》①和《我国西南地区青铜剑的研究》②两文在西南地区空间范围全面考察了包括贵州境内出土的青铜剑、青铜戈两类兵器,将当时西南地区出土的青铜剑和青铜戈分为巴蜀和"西南夷"两大系统,每一系统出土的青铜戈、剑被分为若干型、式,贵州出土的青铜戈被划分为AⅡ型a式和BⅢ型a式,作者认为这些青铜戈带有蜀戈的特点,可能是蜀文化影响下的产物。对当时贵州境内清镇汉墓出土的青铜短剑(原报告称为矛),他认为"是当地少数民族的用品,也许可以视为夜郎文化的孑遗"③。由于当时贵州境内发现的战国秦汉时期遗存少,出土器物少而单薄,因而对贵州青铜剑、戈等兵器的认识也异常简略,但将出土青铜器放在西南地区时空范围内考察并将使用这些青铜器的族属与"西南夷"中的夜郎相对应,为以后从考古材料角度探讨夜郎青铜文明奠定了一定基础。

宋世坤《我国西南地区铜柄铁剑研究》④对西南地区包括四川岷江上游、凉山地区和云南洱海、滇池地区以及贵州赫章可乐出土的铜柄铁剑进行了类型和年代分析,据此考察了汉代"西南夷"地区使用铁器的时代和文化交流问题。

吴小平《战国秦汉时期云贵高原地区青铜炊具的考古学研究》⑤对云贵高原战国秦汉时期主要青铜炊具鼎、釜、双耳锅、釜甑和鍪等进行了形制和时代分析,指出战国秦汉时期云贵高原青铜炊具具有本土、川渝和岭南等不同的文化因素,青铜炊具分布格局变化包括三个时期:第一阶段在战国末期至西汉早期,第二阶段在西汉中期到东汉早期,第三阶段在东汉中晚期,这种变化同汉开"西南夷"的背景相关。

彭长林《云贵高原的青铜时代》⑥依地层和墓葬打破关系分别对黔西北赫章可乐、威宁中水和黔西南铜鼓山遗址出土的青铜器进行了综合考察,将中水墓地分为五期,赫章可乐墓地分为四期,普安铜鼓山遗址分为三期,在此基础上,分别勾勒出了滇东北至黔西北、黔西南地区青铜文化发展的年代序列。

杨勇《战国秦汉时期云贵高原考古学文化研究》⑦将赫章可乐、赫章辅处和普安铜鼓山等遗存归入贵州高原的土著青铜文化,威宁中水遗存归入昭鲁盆地土著青铜文化,然后分别梳理了这些土著青铜文化的埋葬制度与丧葬习俗、出土器物、年代、社会经济与社会生活、族属、同周边其他文化的联系等,出土青铜器成为考察上述地区青铜文化内涵的重要支撑。

---

① 童恩正:《我国西南地区青铜戈的研究》,《考古学报》1979年第4期。
② 童恩正:《我国西南地区青铜剑的研究》,《考古学报》1977年第2期。
③ 童恩正:《我国西南地区青铜剑的研究》,《考古学报》1977年第2期。
④ 宋世坤:《我国西南地区铜柄铁剑研究》,《中国考古学年会第三次年会论文集》,文物出版社,1984年。
⑤ 吴小平:《战国秦汉时期云贵高原地区青铜炊具的考古学研究》,《考古》2015年第3期。
⑥ 彭长林:《云贵高原的青铜时代》,广西科学技术出版社,2008年。
⑦ 杨勇:《战国秦汉时期云贵高原考古学文化研究》,科学出版社,2011年。

杨勇《云贵高原出土青铜扣饰研究》①关注对象以云南滇池地区滇文化墓地出土的各种青铜扣饰为主体，但对贵州赫章可乐、威宁中水等墓地出土的青铜扣饰亦有涉及。

余淼《云贵高原战国秦汉时期的兵器研究》②较为全面地收集了云贵高原出土的战国秦汉时期的兵器资料，运用考古类型学方法对出土兵器进行了类型划分，以探讨兵器的演变特征，并根据不同区域兵器的器形特征，将云贵高原战国秦汉时期兵器划分为洱海—盐源区、川西南区、滇东北—黔西北区、贵州区、滇池区这五个区域，各区域兵器的发展都经历了青铜兵器阶段与铁兵器阶段，初步构建起云贵高原战国秦汉时期兵器的发展脉络。此外，作者还结合历史文献对兵器呈现出如此发展脉络的历史因素进行了初步探讨，认为兵器的区域差异和阶段特征与云贵高原地区民族的构成、部族之间的交流以及汉人移民的进入有密切的关系。

张勇和万靖均分别对云贵高原发现的汉墓进行了综合研究，将云贵高原发现的汉墓按土坑墓、砖室墓、石室墓和崖墓等进行分类分析，对出土的部分重要青铜器包括鼎、壶、釜、盉、簋、鍪、洗、甑、刁斗、钵、灯、带钩等进行了类型学考察，勾勒典型青铜器演变趋势，在此基础上，对云贵高原汉墓进行了初步分期与分区研究③。

张伟琴《"西南夷"地区曲刃铜兵器研究》④收集并分析了"西南夷"地区包括川西石棺葬文化、滇西青铜文化、滇池地区青铜文化和夜郎地区青铜文化四个区域中出土的戈、矛、剑等曲刃青铜兵器，认为这些曲刃兵器时代在春秋到西汉晚期，曲刃方式有曲腰式、束腰式和束峰式三种。四个区域曲刃兵器各有特色，川西为鱼尾形扁圆銎曲刃戈和曲援弯内戈，滇西为曲刃戈，滇池地区为双钺形戈、有胡曲援戈和异形矛，夜郎地区则为"T"形首一字格曲刃短剑、曲刃矛。

2. 贵州区域内青铜器的综合研究

宋世坤《贵州古夜郎地区青铜文化初论》和《贵州古夜郎地区青铜文化再论》⑤两文将贵州西部地区发现的战国秦汉时期具有独特地域特征的古文化遗存命名为"贵州古夜郎地区青铜文化"，典型青铜器物包括有生产工具、兵器、生活用具、乐器、装饰器等几大类，作者依据这些典型器物分别对这种青铜文化的分布地域与中心地区的文化特征、文化性质、族属及其他相关问题进行了概括。

宋世坤《夜郎考古综述》⑥对新中国成立50年来贵州古夜郎地区青铜文化遗存的发现、分布情况进行了综合回顾，对1997年正式实施"夜郎考古调查"课题以来在黔西南州

---

① 杨勇：《云贵高原出土青铜扣饰研究》，《考古学报》2011年第3期。
② 余淼：《云贵高原战国秦汉时期兵器研究》，贵州大学硕士论文，2011年。
③ 张勇：《云贵高原汉墓研究》，中山大学博士学位论文，2014年；万靖：《云贵高原汉墓研究》，四川省文物考古研究院编：《四川省文物考古研究院青年考古文集》，科学出版社，2013年。
④ 张伟琴：《"西南夷"地区曲刃铜兵器研究》，《夜郎研究》，贵州人民出版社，2000年。
⑤ 宋世坤：《贵州考古论文集》，贵州人民出版社，2000年。
⑥ 宋世坤：《夜郎考古综述》，《贵州民族研究》2000年第1期。

进行的考古调查情况及其新发现进行介绍,并依据目前已发现的考古实物资料概括贵州古夜郎地区青铜文化的特征、典型器物和性质等。

梁太鹤《贵州夜郎考古观察》[①]分别介绍和比较了贵州赫章可乐、威宁中水、普安铜鼓山及各地出土的战国秦汉时期具有地域特征的各类青铜器,并由这些青铜器的异同对夜郎青铜文明的特征及贵州夜郎考古工作提出系列思考。

唐文元《从夜郎青铜器的埋藏特点试析夜郎民族葬俗及考古对策》[②]分析夜郎青铜器出土的四个特点:一是除剑和矛是墓葬出土多于零星采集的外,其他器物均是采集多于墓葬出土;二是墓葬出土的青铜器,多集中出土于黔西北的赫章和威宁两县;三是黔西北墓葬出土的青铜器,其中有一部分具有某些滇文化和巴蜀文化的特点;四是采集的青铜器大多具有较强的地方特点。作者并依据这些青铜器特点和夜郎民族独特的葬俗如"套头葬"等,对贵州夜郎考古工作提出相应对策。

李飞《贵州安龙新出铜器——兼论贵州西南地区的青铜文化》[③]在介绍和分析2008年6月于安龙县城西南郊出土的8件青铜器的基础上,梳理并讨论贵州西南部历年出土的青铜器,提出在战国至秦汉时期,存在一个以贵州西南为中心,包括桂西北、滇东南部分地区在内的一个青铜文化圈,这个文化圈可以普安铜鼓山遗存为代表,暂称之为铜鼓山类遗存。

程学忠《务川出土青铜器与先秦遗风》[④]主要对务川大坪一带汉墓中历年出土的青铜器包括鼎、釜、洗、甑、鍪、蒜头口长颈壶、蒜头口扁壶、钫、耳杯等进行考察,指出大坪一带出土青铜器具有鲜明的地域特征,许多器形不见或少见于贵州其他地区汉墓中,是中原秦文化系统典型器物,该文化系统器物集中出现在务川一带,这可能同战国晚期秦楚争夺黔中郡的背景有关。

程学忠《天柱出土青铜器探源》[⑤]对在天柱等地清水江流域河床中淘捡出的数十件青铜器尤其是青铜兵器进行了考察,指出这些青铜器的年代在战国至西汉之际,包括有巴蜀、楚和夜郎等不同族属青铜兵器风格,而这种不同族系青铜器在清水江流域大量出现的原因可能同"庄蹻王滇"历史事件有关。

二、专 门 研 究

对贵州战国秦汉时期出土青铜器的专门研究主要集中在兵器、装饰器、杂器等方面,虽还较单薄和零碎,但涉及的对象较多,近年来对青铜器铸造工艺尤其是具有地域特色青铜器铸造工艺的研究也取得了重要进展。

---

① 梁太鹤:《贵州夜郎考古观察》,《贵州文物工作》2004年第2期(内刊)。
② 唐文元:《从夜郎青铜器的埋藏特点试析夜郎民族葬俗及考古对策》,《夜郎研究》,贵州人民出版社,2000年。
③ 李飞:《贵州安龙新出铜器——兼论贵州西南地区的青铜文化》,《四川文物》2009年第3期。
④ 程学忠:《务川出土青铜器与先秦遗风》,《贵州文史丛刊》2003年第6期。
⑤ 程学忠:《天柱出土青铜器探源》,《贵州文史丛刊》2006年第3期。

1. 青铜兵器研究

宋世坤《贵州青铜戈、剑的分类和断代》①主要对70年代末至80年代初在贵州西部地区出土的青铜戈、剑进行了类型划分，并推断各类型戈、剑的年代。

李飞《贵州夜郎时期青铜兵器综述》②对20世纪在贵州西部地区出土和征集的战国秦汉时期青铜兵器剑、戈、钺、矛、镞等进行类型划分和年代分析，探讨这些青铜兵器组合情况、铸造技术及其与巴蜀、滇等周邻文化的关系。

梁太鹤《贵州夜郎地区出土的巴蜀式铜兵器》③通过对赫章可乐墓地出土的巴蜀式青铜兵器的研究，指出从战国早期开始，巴蜀铜兵器就不断传入到可乐地区，逐渐发展为古夜郎地区的代表性器类，作者并探讨了传输线路对南夷道开通的重要意义。

吴晓秋《初探铸 ⌵ 符号的铜钺》④收集在贵州黔西南地区普安铜鼓山遗址和兴义等地出土和征集的銎下铸"⌵"形符号的铜钺，认为它是夜郎民族针对钺在古代征战中所具有的特殊意义而铸造的，在汉文化和巫文化的影响下，铸在铜钺銎下方的"⌵"符号，有可能就是夜郎民族带有巫色彩的图像符号。

2. 青铜装饰器研究

赵小帆《试论贵州出土的铜带钩》⑤参照王仁湘先生对中国出土青铜带钩的类型划分模式，将贵州境内出土的68件青铜带钩分为Ⅰ式水禽式、Ⅱ式兽面式、Ⅲ式曲棒式、Ⅳ式琵琶式、Ⅴ式全兽式、Ⅵ异形等，分析了各式带钩的使用年代，推测贵州青铜带钩的使用功能包括束带、配器和作为祥瑞之物三种，并对贵州境内出土的一些仿生形带钩进行了重点介绍。

周儒凤《夜郎文化与滇文化青铜手镯的初步研究》⑥考察了贵州西部古夜郎地区出土青铜手镯的形制特征、分布范围和年代等，并将这些青铜手镯与云南滇文化墓地出土的青铜手镯进行了初步比较。

张元《贵州秦汉时期的铜铃》⑦分类介绍了贵州出土的战国时期铜铃，并对这些铜铃进行型式划分，然后结合相关材料探讨了这些铜铃的功能。

张元《望谟出土的夜郎青铜器》⑧介绍了在黔西南州望谟县巧散村出土的60余件青

---

① 宋世坤：《贵州青铜戈、剑的分类和断代》，《中国考古学会第四次年会论文集》，文物出版社，1985年。
② 李飞：《贵州夜郎时期青铜兵器综述》，《夜郎研究》，贵州人民出版社，2000年。
③ 梁太鹤：《贵州夜郎地区出土的巴蜀式铜兵器》，《中华文化论坛》2008年第2期。
④ 吴晓秋：《初探铸 ⌵ 符号的铜钺》，《夜郎研究》，贵州人民出版社，2000年。
⑤ 赵小帆：《试论贵州出土的铜带钩》，重庆中国三峡博物馆等编：《长江文明》第17辑，重庆出版社，2014年，第11～20页。
⑥ 周儒凤：《夜郎文化与滇文化青铜手镯的初步研究》，载贵州省文物与博物馆学会编《文博与发展——贵州文化遗产保护文集（一）》，贵州科技出版社，2010年。
⑦ 张元：《贵州秦汉时期的铜铃》，《贵州文史丛刊》1998年第5期。
⑧ 张元：《望谟出土的夜郎青铜器》，《夜郎研究》，贵州人民出版社，2000年。

铜器,包括铜铃 54 件、铜镯 10 件、铜飞鸟 1 件,并对这些青铜器的年代及其与周邻地区青铜器进行了简单比较。

3. 其他青铜器研究

熊水富《"同劳澡盘"刻铭考释》[①]对 1977 年可乐 M8 出土的 1 件口沿带铭文的铜盘(或称铜洗)进行了专门考释,认为刻铭内容为"元始四年十月,同劳(地点在曲靖南到陆良一带)制造的洗水盆(盘),周长接近五尺左右"。同劳青铜器在可乐墓地的出土,不仅表明当时"西南夷"各地之间有密切的经济文化交流,还表明当时在云贵高原,除朱提(今昭通一带)、堂狼(今会泽、东川一带)等地生产青铜器外,还有其他青铜器产地。

刘明琼《贵州出土的古代灯具》[②]对贵州出土的古代灯具尤其是汉代青铜灯具进行了初步研究,将贵州出土的 11 件青铜灯具分为连枝灯、提梁灯、铜龟灯、跪人灯、三足带柄灯和豆形灯等六型,对使用铜灯的墓主族属和身份等进行了推测,认为使用铜灯墓主应是外来的汉族官吏之类,不是原地土著族群。

张合荣《贵州出土汉代灯具与郡县地理考察》[③]从分析贵州汉墓出土青铜灯具的地域、灯具类型着手,指出贵州汉代青铜灯具尤其是多枝灯具有明显的地域特征,多枝灯在秦汉时期多为贵族或统治阶层的陈设,推测出土青铜灯具的赫章可乐、安顺至清镇以及义龙新区交乐、万屯(原兴仁交乐、兴义万屯)等地即可能是汉代设置的郡、县等行政中心所在地。

刘明琼《贵州铜镜研究》[④]对贵州出土的铜镜的年代、纹饰、使用民族作了初步分析,指出贵州使用铜镜的时代大约始于两汉中期前后,西汉晚期以降开始盛行,铜镜除大量出土在各地汉移民墓内外,赫章可乐等地方土著族群墓葬内也有少量出土。

宋先世《贵州兴仁汉墓出土的"巨王千万"和"巴郡守丞"印》[⑤]指出兴仁汉墓出土的一私一官两枚青铜印章虽然形制差别较大,但使用时代和地域相同,显示着汉代贵州与四川政治、经济上的密切联系。

罗二虎《略论贵州清镇汉墓出土的早期佛像》[⑥]辨识出铸造在贵州清镇汉墓摇钱树树干上的人像为汉代早期佛像,并对该佛像所在的青铜钱树、出土钱树的墓葬年代、墓葬与钱树的文化性质、墓主身份、佛像传入路线等问题进行了初步讨论。他认为佛教至迟在东汉末期前后已经以某种变相的形式传入贵州地区,其传入方向很可能是通过四川传入贵州地区的,但当时贵州地区的人们对佛像的理解似乎比四川地区更为肤浅。佛像最初传入贵州地区可能是通过当时盛行的钱树这一媒介物,其背景当与升仙思想的流行有密切关系。

---

① 熊水富:《"同劳燥盘"刻铭考释》,《贵州省博物馆馆刊(创刊号)》(内部资料)。
② 刘明琼:《贵州出土的古代灯具》,《贵州文史丛刊》1998 年第 1 期。
③ 张合荣:《贵州出土汉代灯具与郡县地理考察》,《中国历史文物》2011 年第 5 期。
④ 刘明琼:《贵州铜镜研究》,《贵州民族研究》1997 年第 4 期。
⑤ 宋先世:《贵州兴仁汉墓出土的"巨王千万"和"巴郡守丞"印》,《四川文物》1991 年第 6 期。
⑥ 罗二虎:《略论贵州清镇汉墓出土的早期佛像》,《四川文物》2001 年第 2 期。

刘恩元《贵州松桃出土錞于与巴文化的关系》[1]认为1962年在松桃县木树公社出土的5件虎钮錞于和同出的残编钟、残铜铎可能是一组军乐信号指示器，其出土时由大到小排列，可能是巴人用于祭祀窖藏下来的遗物，松桃錞于的出土表明战国秦汉时期贵州东北部一带已是巴人活动的地方。

4. 青铜器冶铸工艺研究

万辅彬等《古夜郎国铜釜的铅同位素考证》通过对赫章可乐等墓地出土铜釜和冶铸遗址铜渣的铅同位素比值检测，指出古夜郎国铸造铜釜的矿料来自滇黔交界地区，并大致推断"夜郎国应在现今贵州西部的毕节、六盘水和黔西南、云南的昭通、曲靖以及与之相邻的地区"[2]。

刘恩元《贵州古代青铜冶铸工艺技术研究》[3]结合历史文献及相关资料，对贵州历年出土的商周至秦汉时期青铜器和青铜冶铸范、模及青铜冶铸遗存进行考察，提出贵州古代青铜冶铸技术大体采用了"浑涛法"和"复合范（分铸法—铸接）"两种工艺，并对两种工艺生产的青铜器展开分析。

近年，贵州省文物考古研究所与北京科技大学冶金史研究所合作，对贵州西部地区战国秦汉时期考古遗存出土青铜器进行了系统检测与分析，已刊发了部分成果。其中赵凤杰、李晓岑和张合荣《贵州红营盘墓地铜器技术研究》对贵州威宁中水红营盘墓地出土的17件青铜器进行了金相观察和扫描电镜能谱分析[4]。李晓岑、赵凤杰、李飞和张合荣《贵州银子坛墓地出土铜锡器的初步分析》对贵州银子坛墓地出土的13件青铜器和2件锡器进行了金相观察和化学成分分析[5]。赵凤杰、李晓岑和张元《贵州可乐墓地出土铜器技术研究》对可乐墓地2000年出土的33件铜器进行了金相观察和扫描电镜能谱分析[6]。贵州战国秦汉时期青铜器的矿料来源、合金配比和铸造工艺等的研究取得一定成果。

第三节　研究对象和创新

一、研究对象

本书研究的贵州战国秦汉时期青铜器，其来源有三：一是经过考古发掘清理出土的

---

[1] 刘恩元：《贵州松桃出土錞于与巴文化的关系》，《贵州民族关系》1982年第2期。
[2] 万辅彬等：《古夜郎国铜釜的铅同位素考证》，《夜郎研究》，贵州人民出版社，2000年。
[3] 刘恩元：《贵州古代青铜冶铸工艺技术研究》，《中国科技史料》2002年第4期。
[4] 赵凤杰、李晓岑、张合荣：《贵州红营盘墓地铜器技术研究》，《中原文物》2012年第3期。
[5] 李晓岑、赵凤杰、李飞、张合荣：《贵州银子坛墓地出土铜锡器的初步分析》，《中国文物科学研究》2013年第2期。
[6] 赵凤杰、李晓岑、张元：《贵州可乐墓地出土铜器技术研究》，《中国文物科学研究》2012年第3期。

青铜器,这是研究的主体对象,因为经过较为规范的考古清理,所得到的青铜器有出土时间、地点和其他伴出物等全面而准确的信息,资料刊发也相对较为科学,因而这一部分青铜器科研价值最大,构成贵州出土青铜器物群的主体;二是各地零星出土被全省各地文博单位收藏的青铜器,这一类青铜器尽管相当分散,但整体数量不少,有些青铜器还透露出相当重要的信息;三是零星出土但还收藏在个人手中的部分青铜器,在贵州境内,个人手中收藏青铜器数量最多者主要集中出土在黔东南地区的天柱县、锦屏县清水江一带河床,这些青铜器虽非科学出土,但对了解古代族群经济文化交流的通道走向等提供相当重要的信息和线索,因而也将其视为研究对象。

从青铜器类型来看,贵州出土的战国秦汉时期青铜器包括有容器、兵器、工具、乐器、装饰器、模型器、杂器和钱币等,不同地域不同发展阶段的遗存中出土的青铜器器类各有侧重,如战国至西汉前期的夜郎系地方遗存出土青铜器以兵器和装饰器为主,西汉中晚期至东汉早期的汉文化遗存中出土的青铜器则以容器、钱币和铜镜为主,东汉中晚期以后模型明器则成为青铜器的一大亮点。通过对这些不同类别青铜器的综合观察,可大致反映出贵州战国秦汉时期青铜器的发展与交流情况。

战国秦汉时期贵州高原是青铜器使用和发展的最主要时期,但依现有考古材料,早在商周时期青铜器已开始在人们的生活中被使用,而且东汉以后的两晋南朝时期,青铜器并未消失,仍在发挥重要作用。因而探讨贵州古代青铜器发展的阶段性特征,实离不开这两个时段出土的青铜器材料,他们也是本课题研究关注的对象,尽管已不是主体对象。

在贵州周邻的四川盆地、云南高原、岭南丘陵甚至越南北部,也出土大量与贵州战国秦汉时期青铜器相同或相近的器类,这些地区的青铜文化对贵州高原古代青铜文化产生过较大影响,反映着相互之间有密切的经济文化交流。因而本书在分析贵州出土的青铜器时,还收集周邻地区相同或相似的青铜器进行综合对比分析,以期在一个较大时空范围内对青铜器的来源、地域差异或器形发展轨迹等进行观察,因此周邻地区出土的相当部分战国秦汉时期青铜器也是本书关注和研究的对象。

二、方法创新

作为对贵州战国秦汉时期出土青铜器的综合研究成果,本课题在研究方法和科研成果的取得上具有下列创新:

1. 第一次较为系统地将贵州出土的战国秦汉时期青铜器作为一个整体进行比较全面的研究。贵州自1954年在清镇、平坝配合羊昌河水利工程发掘出土青铜器以来,数十年间已累计出土战国秦汉时期青铜器千余件,成为贵州古代文物中数量繁多、种类复杂的群体,是探讨夜郎文明和汉文化进入贵州的重要实物载体。通过上面对青铜器研究概况的简略回顾可知,过去对这些青铜器的研究一直比较零散,或在一个较大时空范围内(如西南地区)研究某一器类时涉及贵州出土的相关材料,或仅对贵州境内出土的某一类型青铜器如戈、剑等进行类型或年代分析,或仅对一个较小区域(如黔西南地区)出土的青铜器进行分析,等等,这些分析与研究虽取得了一些重要成果,但却比较零碎,无法展现贵州出土青铜器的全貌,外界对贵州出土青铜器也一直较为忽略。本研究将贵州出土的所有战国秦汉时期青铜器作了集中而全面的展示,力求从整体上把握贵州青铜文化的特征,弥补综合研究不足这一短板。

2. 采用类型学方法对贵州战国秦汉时期青铜器进行了全面系统的类型分析,可视为贵州出土战国秦汉时期青铜器的首份类型学综合研究成果。类型学分析法是考古学研究基本方法,通过对器物形态的观察分析以达到概括器形文化特征及发展演变趋势的目的。类一般以器类,如兵器中的戈、剑,装饰器的发钗、手镯和带钩等;型指同一器类下同时并存的几种不同形制,各型之间可以平行发展;式指各型内部的细微差异,可反映器物的发展变化轨迹。通过对器物形态划分及文化因素对比分析,既可将数量众多的青铜器系统化,亦可找寻青铜器发展变化的方向和变化规律,以推进青铜文化的分期研究。

3. 通过对周邻地区相同或相似青铜器的横向比较,从文化因素分析的角度对贵州出土的战国秦汉时期青铜器进行来源和相互影响方面的考察。本研究在对贵州境内各种青铜器进行型式的类型学划分后,还收集周邻地区相同或相近的青铜器材料进行文化因素的比较分析。众所周知,夜郎青铜文化是在吸收周邻地区如北部四川盆地的巴蜀青铜文化和西侧云南高原的滇青铜文化等的基础上发展起来的,汉开发"西南夷"更以巴蜀之地作为支撑,采取自北向南推进的方略,因而不管是地方族群文化遗存中出土的青铜器,还是汉文化遗存出土的青铜器,都大量存在于周邻地区大致同时的遗存中。通过与周邻地区相同或相似青铜器的比较分析,一方面可寻找各种青铜器的来源与使用范围,另一方面还可明了各地青铜器的借鉴和创新情况,尤其是地方族群在借鉴外来青铜器的基础上创造出极具地域特色的青铜文化的情况。

4. 对青铜器在墓葬中的出土情境进行了整体观察,以了解各区域青铜器的共性和个性特征。贵州战国秦汉时期青铜器以墓葬出土最多最集中,且多组合出土,对各种青铜器进行类型分析,等于将一群共存青铜器分解成单一的青铜器类,失去了其原来的出土情境及与其他青铜器的组合情况。因而对青铜器出土情景进行综合观察,进而了解各地域青铜器器类和组合上的异同,从实物遗存的角度反映出贵州青铜文化的共性与复杂性。

5. 通过对地方族群青铜器和汉文化系统青铜器的综合考察,以了解两种不同文化系统青铜器相互吸收和融合的历程。战国秦汉时期,今贵州境内生活着被称为"夜郎"的"西南夷"地方族群,尽管夜郎同其周边的众多"旁小邑"可能在族系构成上存在较大差异,甚至夜郎内部可能也同时存在几个不同的族群,考古发现的贵州西部青铜时代遗存各区域之间就有明显的不同,但由于"夜郎"在这一族系中具有的标杆性作用,我们可暂将这一时期发现的绝大多数地方青铜时代遗存都暂归夜郎遗存。夜郎系族群在战国晚期至西汉前期取得较大发展,形成具有独特文化个性的地方青铜文明。西汉中期以后,随着汉中央王朝掀起开发"西南夷"大潮,不仅在夜郎等"西南夷"地区推行郡县制,还将大量巴蜀或中原地区的汉移民迁入,随着汉移民的进入,汉文化迅速冲击着原地方族群的青铜文化,因而西汉中晚期以后,贵州等地原有的地方青铜器迅速减少甚至消失,中原汉文化系统的青铜器逐渐成为人们日常生活中的产品,将两个不同族群系统的青铜器放在同一框架体系内进行比较分析,既可彰显各自的文化个性,又可将双方互相吸收融合甚至逐步取代的历程反映出来。

三、存在不足

受出土资料和科研手段等限制,本书的研究也存在一些明显不足和缺憾,主要表现在:

1. 出土青铜器定名的不同给分类带来一定困难。由于青铜器器形存在地域差异,加之资料整理者观察角度不同等原因,使得不少形态比较接近的青铜器在定名上出现歧义,如铜釜有的称为铜鍪,带柄釜被称为铜鐎斗,铜盘被称为铜洗或铜盆,铜长颈壶又称为铜锺,铜剑被称为铜铍,铜手镯被称为铜钏等,甚至经常出现一些不常见的铜器命名,这样名称的不统一给分类研究带来一定困扰。因为要将各简报中不同器名的青铜器归入同一器类进行类型划分和比较分析,需先进行说明或作注解。

2. 材料未整理公布和青铜器未能修复给器物分析造成极大困难。一方面,由于各种原因,一些出土有较多重要青铜器的发掘资料如赫章可乐 1980 年在猪市包和 1981 年在祖家老包发掘的 20 余座墓葬、1988 年和 1992 年发掘的粮管所遗址、威宁中水银子坛 2004 年发掘的 82 座墓葬、务川大坪 2007 年至 2009 年发掘的 37 座墓葬资料、习水土城黄金湾 2015 年至 2017 年发掘汉墓资料等至今未能整理刊发,各地零星出土的许多青铜器也未能向外界公布,长期深藏柜中;另一方面,相当部分青铜器出土时锈蚀、残损严重,但由于经费和技术方面的种种原因,未能进行修复,成了无用的"破铜烂铁"并完全朽坏,这些都严重制约了对贵州出土青铜器的全盘把握和深度了解。

3. 相当部分青铜器在贵州境内出土很少,同周边地区相比严重失衡。在贵州的周边省份,青铜器数量相当庞大,但同样的器类在贵州却出土很少,如作为南方许多民族重器的石寨山型铜鼓在云南、广西都有大量出土,在贵州境内目前却只出土 2 件;作为农业生产工具的青铜锄等在云南亦大量出土,但在贵州境内只零星出土几件;青铜兵器中的基本配备戈、剑在贵州境内出土数量稍多,但也只有 100 件左右,还不及云南滇池周边地区一座大型墓葬所出。这种出土青铜器种类和数量均相当薄弱的状况同文献记载"夜郎"为"西南夷"最大的君长、夜郎是"耕田,有邑集"的农业定居族群的实际不符,相反倒给人以边缘化的感觉。

4. 墓葬被盗严重或资料刊发简略,难以提取到青铜器组合的详细信息。青铜器以墓葬出土为最多最重要,但中国自古盗墓之风盛行,尤其汉代砖室墓、石室墓和崖墓等,基本被盗掘一空,我们至今在贵州境内还未能发掘一座没有被盗的汉代砖室墓、石室墓等。被盗墓葬虽残存有青铜器,但数量已相当少,并且面对这些残存的少量青铜器,由于考古者自身条件的限制,刊发的简报还相当简略,不少青铜器没有线图、照片等资料,很难提取到出土青铜器物群组合的相关信息，更难了解到这些青铜器的功能。

5. 在贵州周边地区的四川、重庆、云南、广西、广东和湖南等省市区出土有大量战国秦汉时期青铜器，其中不少青铜器同贵州境内出土者器形相同，贵州青铜器正是在吸收周边地区青铜文化的基础上不断发展起来的，因而本研究尽力收集周边地区的青铜器进行文化因素的排比分析。但与四川、重庆、云南和广西等青铜器发现地域基本与贵州相连成片的情况不同，目前在贵州发现的青铜器主体集中在贵州中西部地区，它同湖南最西部地区中间仍有大片空白区，目前材料还无法了解湖南青铜器与贵州青铜器之间是否存在直接的文化联系。因而尽管湖南境内的汉墓中亦出土有大量同贵州基本相同的青铜器，但本研究在进行横向的比较分析时，更多收集的是四川、云南和广西等省区的资料，对湖南省境内的青铜器涉及较少，希望今后随着贵州中东部地区青铜器的发现，能弥补这一不足。

6. 学识的不足难以将资料悉数收入，深入考察和研究不够。一方面，由于战国秦汉时期青铜器研究涉及的专业知识领域较广，在对贵州出土的青铜器进行型式划分后，要寻找周边相同或相似的器物进行文化因素的比较分析，就要求在比较研究中尽可能将贵州周边地区各地出土的同类青铜器资料收集齐全，但这谈何容易；另一方面，要求研究者具有较为广博的考古、文物、历史和冶金等方面的专业知识，笔者在贵州从事田野考古20多个年头，几乎跑遍全省各青铜器出土地点，对青铜器资料较为熟悉，但在上述几个学科领域的知识储备却严重不足，对青铜器的总体分析难免挂一漏万或浅尝辄止，这些不足是要预先指出的。

本人在力所未能及的情况下大胆尝试对贵州战国秦汉时期的青铜器进行研究，目的更多是努力收集资料，为今后他人更深入研究提供检索和抛砖引玉式的方便，并不期许能取得多少突破性成果。

第二章 青铜器的型式划分和比较分析

相较周边其他省份,贵州战国秦汉时期出土青铜器应该说数量和种类都是比较少的,且以西汉时期数量最多也最有特色,西汉以前青铜器多为实用器,西汉以后青铜器除为实用器外,还有部分为模型器。

从使用功能方面划分,贵州战国秦汉时期青铜器大致包括容器类、生产工具类、兵器类、乐器类、装饰器类、模型类和杂器类等,以容器类、兵器类和装饰器类数量最多,尤其是兵器类和装饰品类青铜器,广泛出土在夜郎系地方族群墓葬中,形成地方青铜文化的代表性器类。

从族群文化交流的角度分析,贵州战国秦汉时期青铜器的来源是相当复杂的,战国到西汉时期青铜器除部分具有地方特征外,还有相当部分具有巴蜀、滇、百越、氐羌和楚的青铜文化基因。夜郎系青铜文明是在广泛吸收周边各族群青铜文明的基础上发展起来的,是一个复合青铜文明。西汉中期以后,随着汉文化的进入,大量中原汉文化系统青铜器进入贵州,它们或被进入贵州的汉移民广泛使用,或通过交流、馈赠的方式进入到地方族群文化中,成为地方青铜文明的新器类;同样,一些原使用在地方族群系统中的青铜器又被外来的汉移民所吸收利用,因而下面对贵州战国秦汉时期出土青铜器进行的类型划分和文化因素分析,便包含不同族群遗存出土的所有青铜器。

第一节 青 铜 容 器

贵州战国秦汉时期青铜容器以墓葬出土为多,只有少量为零星出土,居住遗址基本没有发现较完整或大型的青铜容器。在墓葬出土的青铜容器中,地方族群墓葬(或称夜郎系墓葬)出土者少而单一,主要是釜、洗和鍪等,部分青铜容器在墓中作用特殊,如赫章可乐出土的铜釜就主要作为套头用具,与普通汉墓中作为普通随葬品的功能不同。在普通汉移民墓葬(汉墓)中,青铜容器出土数量和种类较多,包括炊煮器、盛食器、盥洗器、酒器等,且以西汉中晚期至东汉早期的土坑墓最为集中,东汉中晚期的砖室墓、石室墓或崖墓因被盗扰严重,虽有一定数量的出土但数量和种类都要少许多。

贵州出土的鼎、簋、豆、釜、鍪、钫、壶、盒、洗(盘)、盉、耳杯、瓶、甗、鐎斗、锅等青铜容器，主要流行在战国秦汉时期尤其是西汉时期，以实用器为主，作为礼器的功能不明显，相比周边省份，数量和种类都比较少，这里将其作为一个大类进行类型划分，并结合周边相邻地区出土相同或相近的同类器物进行文化因素横向的比较分析。

一、铜　　鼎

1. 型式划分

5件。依鼎形体差异分为三型：

A型：3件。敛口带盖圆腹鼎，腹下三蹄足外撇，肩部附双立耳。依有无提梁可分为两式：

AⅠ式：2件。无提梁。赫章可乐M48和务川大坪M16各出土1件，大坪M16铜鼎残破严重。可乐M48鼎盖残破。敛口，鼎腹浑圆，腹上部一圈凸弦纹（图2-1,1）。

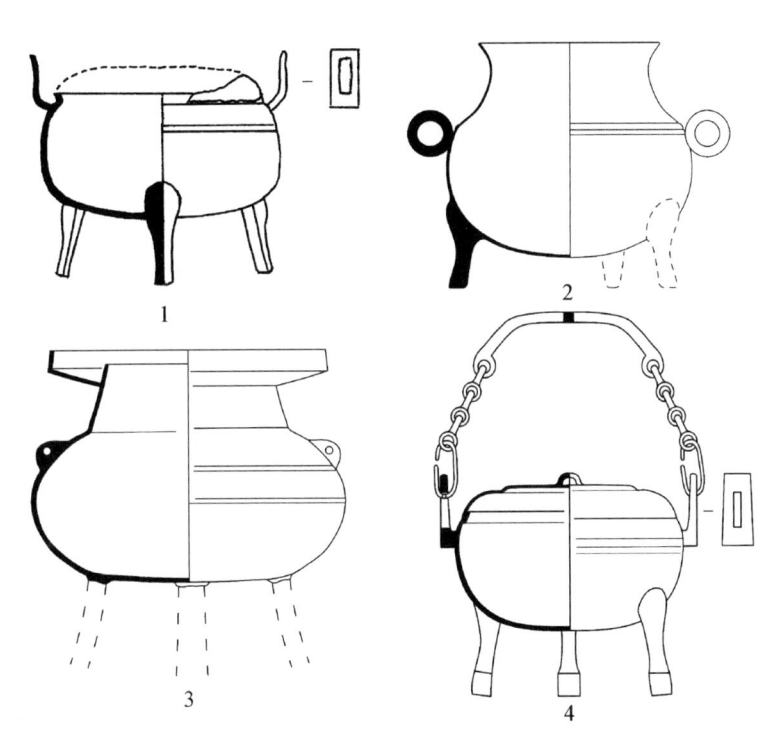

图2-1　贵州出土汉代铜鼎
1. AⅠ式鼎（赫章可乐M48:29）　2. B型鼎（赫章可乐M31:1）
3. C型鼎（兴仁交乐）　4. AⅡ式鼎（务川大坪M7:1）

AⅡ式：提梁鼎。1件。务川大坪出土，鼎盖正中一半环状钮，钮外饰柿蒂纹和两道凸弦纹。鼎身为子母敛口，腹下内收成盒形，肩部立双耳，耳上套桥形提梁，提梁与耳用铜环扣合，腹部三圈凸弦纹（图2-1,4;彩版一,1）。

B型：釜形鼎。1件。整体造型为一铜釜底加铸三蹄形足而成，通高11.5厘米。肩部对称环耳,残破严重,仅存一足(图2-1,2)。

C型:1件。盘口长颈扁鼓腹鼎。兴仁交乐出土。鼎双唇盘口,外唇盘状,内唇和颈相连,颈斜直,溜肩,扁鼓腹,底平,足残,肩部对称穿鼻一对(图2-1,3)。

2. 比较分析

鼎是重要的饪食器,先秦时期更是青铜礼器的代表性器类,贵州先秦时期遗存中很少有青铜容器出土。贵州铜鼎都出土在西汉时期及以后的墓葬中,数量少且形制单一,A型鼎均敛口圆腹圜底,这是秦鼎常见形制,应是受秦鼎的影响。同A型相近的铜鼎不仅在四川盆地有较多相似器,在云南个旧黑玛井①(图2-2,1)、广西合浦风门岭②(图2-2,2、4)、合浦凸鬼岭(图2-2,5)③和贵港深钉岭④等地汉墓中也有不少发现,且就器形而言,云南个旧、广西合浦等地出土者更接近贵州汉墓所出。因而从A型鼎的分布看,秦汉时期从成都经云贵高原至广西合浦等港口可能存在直接的文化和商贸通道,这些地区发现的A型鼎极有可能是从云贵高原南下的,甚至不排除部分为进入云贵高原的汉移民在当地仿制,因而出现鼎腹扁、口部加提梁等地方特征。

B型鼎出土于赫章可乐夜郎系地方族群墓葬中,相同器形仅在邻近的云南曲靖八塔台青铜文化墓地M69出土有1件(图2-2,6)⑤,云南昆明羊甫头M268和晋宁金砂山M117出土的鼎⑥也系铜釜下加铸三足而成,但昆明羊甫头的釜身呈盘口,底近平,三足呈马足蹄状且较高(图2-2,7),金砂山釜口沿宽且有短直颈,腹部浑圆(图2-2,8),三足也较高,造型同赫章可乐所出差异明显。

C型鼎目前仅见于同广西接界的黔西南地区,这种鼎可能受越式盘口鼎形制的影响,在云南个旧黑玛井墓地出土的铜甗由盘口鼎上扣一铜甑组成(图2-2,3),其盘口鼎形制同贵州C型鼎口沿分内外唇,内唇沿均为直口的特征非常接近,由是观察,贵州出土的C型鼎亦应是同铜甑套合使用的炊具。

3. 简单认识

A型鼎形制同中原地区的秦鼎接近,受战国秦汉时期四川盆地青铜鼎影响较大,系当地仿制或直接由巴蜀地区输入,因而A型鼎主要出现在贵州偏北部地区的赫章可乐和务川大坪等地;B型鼎则是夜郎系族群在吸收汉式铜器的基础上创造出来的极具地

---

① 云南省文物考古研究所等编著:《个旧市黑玛井墓地第四次发掘报告》,科学出版社,2013年。
② 广西壮族自治区文物工作队、合浦县博物馆:《合浦风门岭汉墓——2003~2005年发掘报告》,科学出版社,2006年。
③ 广西壮族自治区文物工作队、合浦县博物馆:《合浦县凸鬼岭汉墓发掘简报》,广西博物馆编:《广西考古文集》,文物出版社,2004年。
④ 广西壮族自治区文物考古研究所编:《广西文物考古报告集(1991~2010)》,科学出版社,2012年。
⑤ 王大道:《云南曲靖珠街八塔台古墓群发掘简报》,《云南考古文集——庆祝云南省文物考古研究所成立十周年》,云南民族出版社,1998年。
⑥ 蒋志龙、杨成武:《云南晋宁金砂山墓地发掘新获成果》,《中国文物报》2015年12月4日第8版。

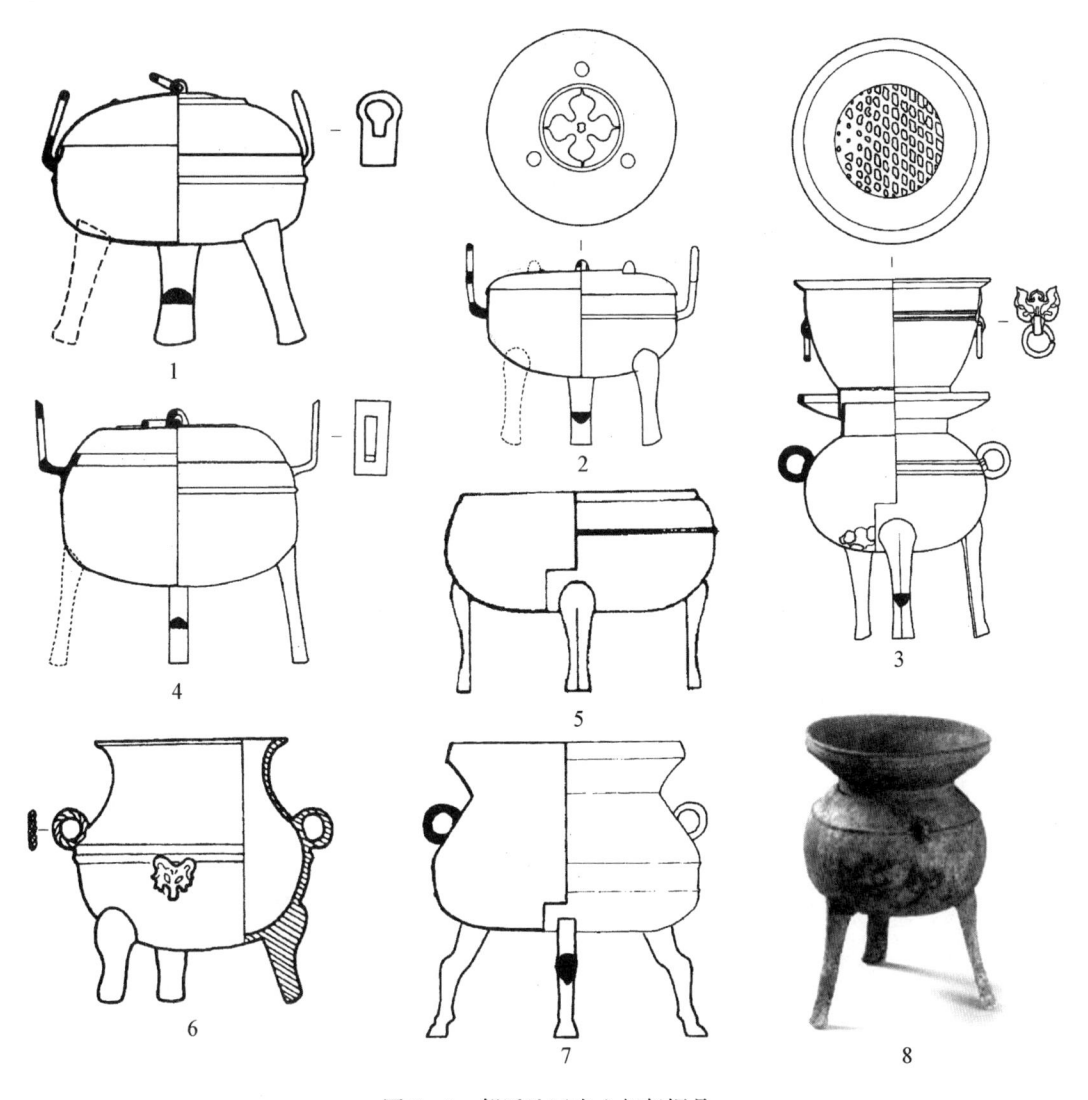

图 2-2 邻近地区出土相似铜鼎

1. 个旧黑玛井(95M8：17) 2. 合浦凤门岭(M23B：5) 3. 个旧黑玛井(M28：10)
4. 合浦凤门岭(M27：17) 5. 合浦凸鬼岭(M11：8) 6. 曲靖八塔台(M69：10)
7. 昆明羊甫头(M268：4-2) 8. 晋宁金砂山 M117

域特征的产物；C 型鼎出现在同百越地区接触的贵州西南部，受百越盘口鼎的影响。因而，目前贵州境内出土的铜鼎来源和使用族属都存在不同，它们之间没有器形的相互演变关系。

A 型鼎口沿内敛，有盖，有的还附加一提梁，B 型鼎则是在贵州汉代大量使用的铜釜下铸三足而成，C 型鼎分内外唇，常同铜甑组合使用，内唇口主要用于套合铜甑，各型之间不仅形体差异大，使用方法也迥然不同。

A 型鼎和 B 型鼎的使用年代主要在西汉中晚期，C 型鼎主要使用在东汉时期，尤其是东汉晚期及以后。

在楚系青铜鼎中,亦有同贵州 A 型鼎非常接近的形制,但由于贵州出土鼎等青铜器的地域与楚青铜文化区中间有较大空白,目前我们还无法将其与楚系青铜鼎进行比较。不过考虑到贵州东北部一带在战国晚期至秦时为黔中郡地,一直是楚秦之间争夺的重要通道,因而楚式鼎先传播交流到巴蜀地区,再由巴蜀影响到云贵高原也是有可能的。

二、铜 盉

1. 型式划分

4件,赫章可乐和清镇汉墓各2件。器形相似,皆直口,口上有盖,盖顶一环钮。盉身圆腹,圜底,腹部伸出一鸟首形流,与流基本呈直角的另一腹侧伸出一空长柄,柄横断面呈长方形。根据盉足不同分为两型:

A 型:柱形足。长方形柄较直,腹下三柱形足外撇。可分为两式:

A Ⅰ 式:赫章可乐 M8 出土。腹浑圆,三足微外侈,空心方柄直,鸟首状流无冠(图2-3,1)。

A Ⅱ 式:清镇 M12 出土。下腹内收,三足外撇,柄长而直,鸟首状流带冠(图2-3,2)。

B 型:矮兽蹄足。赫章可乐 M177 出土。腹浑圆,三蹄足较矮,鸟首状流,柄曲(图2-3,3、4)。

图2-3 贵州出土汉代铜盉
1. 赫章可乐(M8:5) 2. 清镇 M12 3、4. 赫章可乐(M177:11)

2. 比较分析

贵州青铜盉出土不多，但很有特色，且延续时间也较长，在与清镇汉墓紧邻的平坝马场南朝墓中还出有1件①。器形相近的汉代铜盉在重庆、四川、广西和云南等邻近地区也多有出土，除汉文化遗存外，一些"西南夷"墓地遗存中也有发现，云南晋宁石寨山墓地出土铜盉②就非常接近可乐铜盉(图2-4,1)。广西兴安石马坪③(图2-4,2)、合浦风门岭

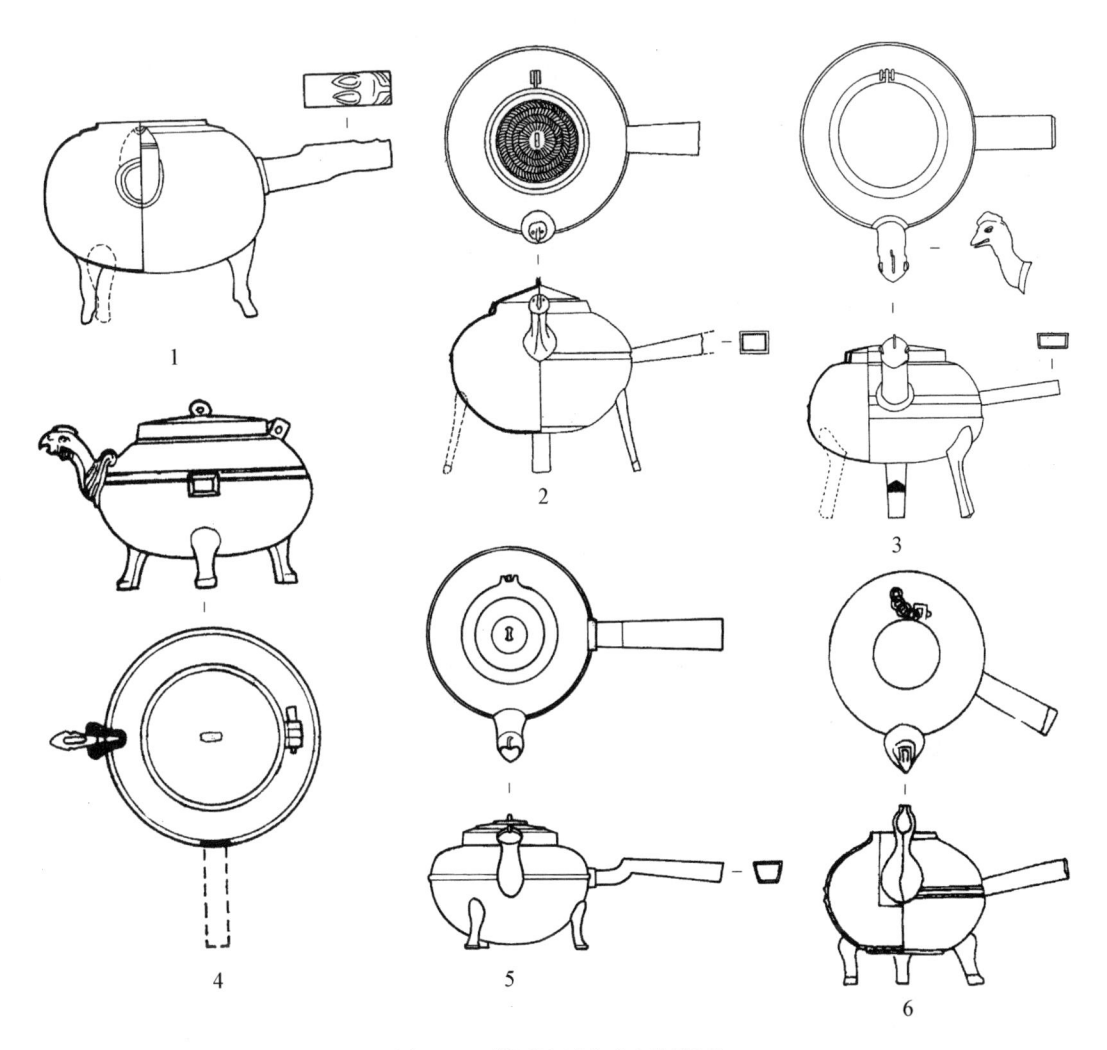

图2-4 邻近地区出土相似铜盉
1. 晋宁石寨山(M7∶76) 2. 兴安石马坪(M21∶7) 3. 合浦风门岭(M27∶43)
4. 巫山瓦岗槽(ⅡM44∶33) 5. 合浦七星岭(M3∶3) 6. 广州先烈南路(M6∶6)

---

① 贵州省博物馆考古组：《贵州平坝马场东晋南朝墓葬发掘简报》，《考古》1973年第6期。
② 云南省博物馆：《云南晋宁石寨山古墓群发掘报告》，文物出版社，1959年。
③ 广西壮族自治区文物工作队、兴安县博物馆：《兴安石马坪汉墓》，广西博物馆编：《广西考古文集》，文物出版社，2004年。

(图2-4,3)、合浦七星岭①(图2-4,5)、广州先烈南路(图2-4,6)和重庆巫山瓦岗槽②(图2-4,4)等汉墓出土的铜盉器形同贵州出土铜盉亦比较接近,但四川西昌杨家山③和合浦七星岭等地还出土有一种腹中部出宽沿、三足较高、流作鸡首形的铜盉,形状同贵州所出差异就较大。

3. 简单认识

综合贵州及邻近地区汉墓出土铜盉分析,铜盉的变化趋势是三足由矮变高,腹部由浑圆变成扁鼓状。贵州赫章可乐、云南晋宁石寨山、广西合浦风门岭和广州汉墓中出土的铜盉年代稍早,在西汉中晚期,而贵州清镇、广西合浦七星岭、四川西昌杨家山等地汉墓所出铜盉年代可能稍晚,在东汉早中期。

铜盉目前在贵州境内主要集中出现在赫章可乐和清镇平坝一带,赫章可乐被认为是西汉武帝时期设置的犍为郡汉阳县治所,而清镇平坝一带被许多考古学者认为是西汉中期灭夜郎等南夷后设置的牂柯郡郡治所在,邻近地区相似的铜盉亦多集中出土在西昌(汉越嶲郡)、合浦(汉合浦郡)和广州(汉南海郡)等行政中心附近,在一定程度上可能还是官吏或某些特权阶层的所有物。

三、铜 簋

1. 型式划分

10件。部分残破,有的简报称为豆。依簋足差异可分为两型:

A型:矮圈足簋。5件。皆敞口,颈略束,弧腹,矮圈足。可乐M8:74圈足略外侈,腹上部饰二辅首和凸棱一道(图2-5,1)。可乐M8:10腹上部三道凸弦纹(图2-5,2)。平坝天龙(M71:7),束颈,圈足矮直(图2-5,7)。

B型:喇叭状高圈足簋。5件。全部出自黔西南兴仁交乐、兴义万屯汉墓,依簋腹差异可分为两式:

BⅠ式:腹下部圆弧状,折棱不明显。万屯M8:9腹部有一凸棱和二辅首(图2-5,4)。交乐M6:9腹部有凸棱和二辅首(图2-5,5)。兴仁交乐M7:16腹部正中有凸棱(图2-5,6)。

BⅡ式:腹部有明显折棱痕。兴仁交乐M14和M19所出簋口沿上有盖,盖顶正中有饰蒂纹,腹部折棱清晰(图2-5,3、8)。

---

① 广西壮族自治区文物工作队:《广西合浦县禁山七星岭东汉墓葬》,《考古》2004年第4期;又载广西文物考古研究所编:《广西文物考古报告集(1991~2010)》,科学出版社,2012年。
② 武汉市文物考古研究所等:《巫山瓦岗槽墓地2001年发掘报告》,重庆市文物局、重庆市移民局编:《重庆库区考古报告集2001卷·上》,科学出版社,2007年,第170页。
③ 四川凉山彝族自治州博物馆:《四川西昌市杨家山一号东汉墓》,《考古》2007年第5期。

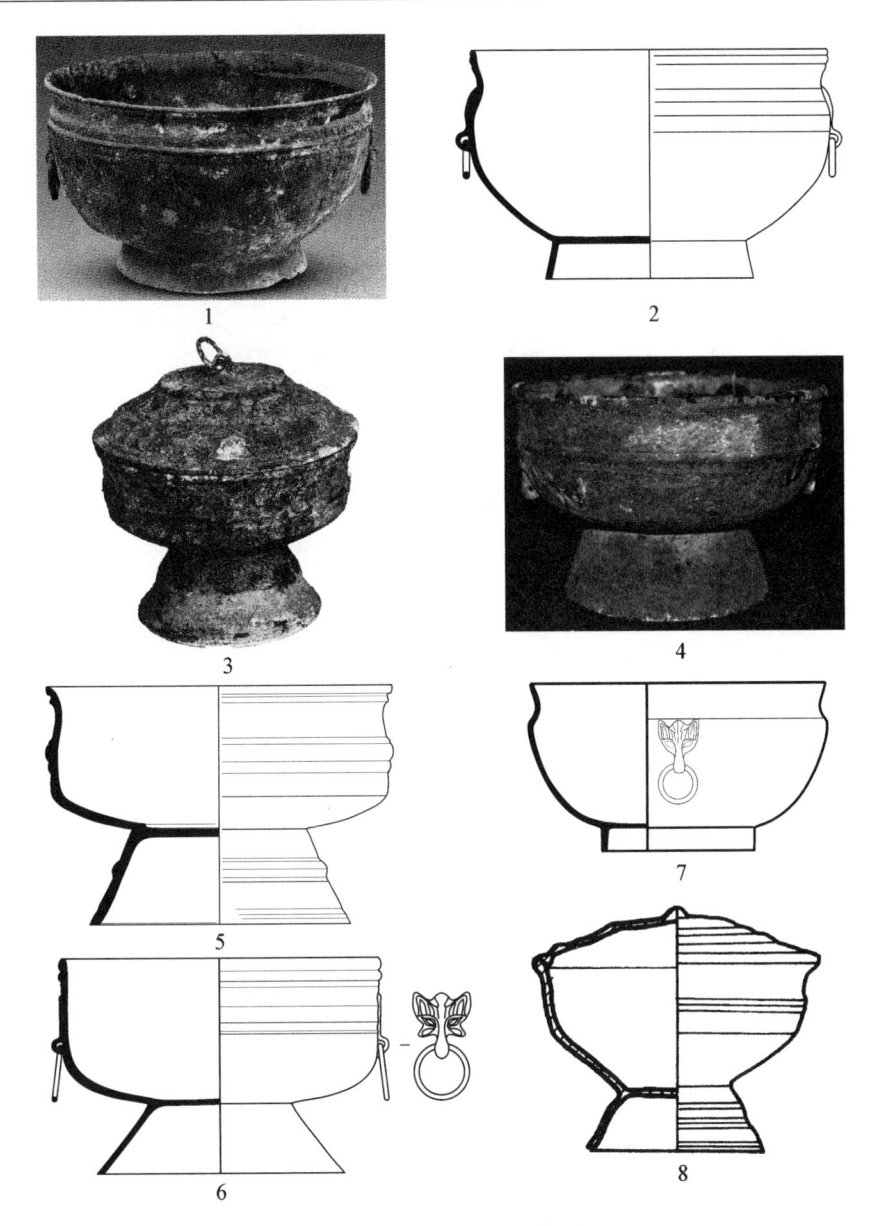

图 2-5 贵州汉墓出土铜簋
1. 赫章可乐(M8∶74) 2. 赫章可乐(M8∶10) 3. 兴仁交乐(M14) 4. 兴义万屯(M8∶9)
5、6、8. 兴仁交乐(M7∶16、M6∶9、M19∶1) 7. 平坝天龙(M71∶7)

2. 比较分析

周邻地区汉代遗存中也出土不少铜簋,云南曲靖八塔台 M69①(图 2-6,2)、个旧黑玛井 M16(图 2-6,3)和广西兴安石马坪 M10(图 2-6,4、5)等地出土的铜簋同贵州 A 型簋

---

① 云南省文物考古研究所编著:《八塔台与横大路》,科学出版社,2003 年。

非常接近,重庆巫山双堰塘M711①(图2-6,1)、四川西昌杨家山M1(图2-6,6)、广西贵港市孔屋岭M1②(图2-6,9)等所出接近贵州B型簋,重庆万州大坪M37③(图2-6,7)、巫山下西坪M14④(图2-6,8)等地出土铜簋呈宽折沿束颈,鼓腹,圈足高低不一,同贵州出土铜簋存在一定差异。

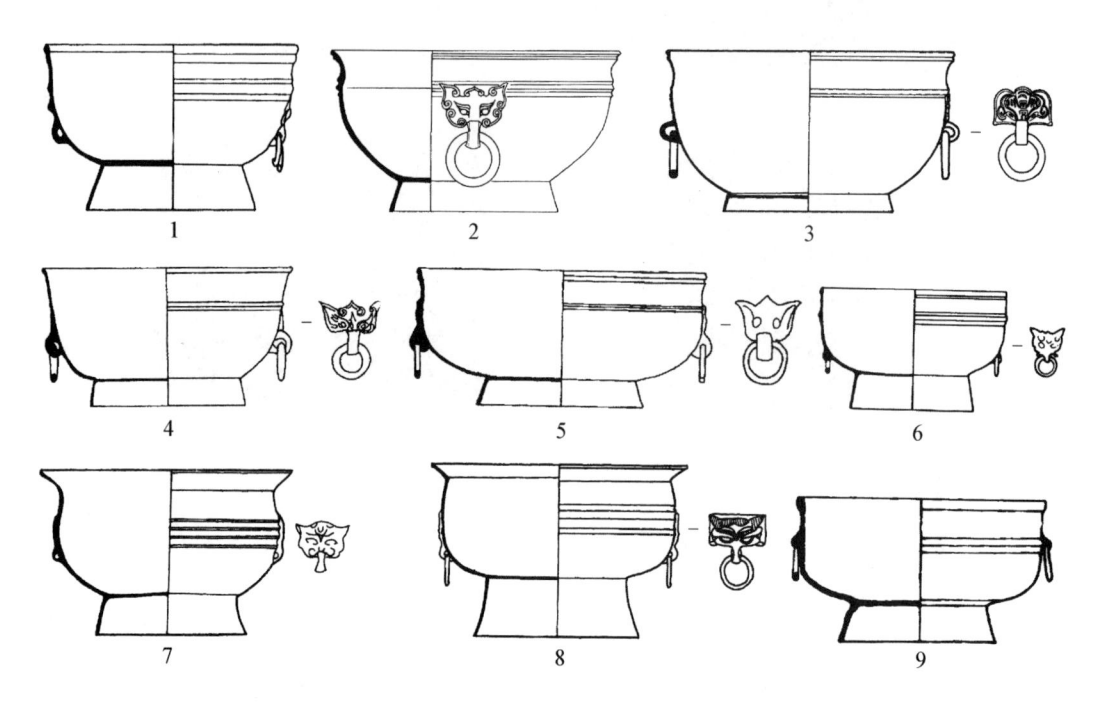

图2-6 邻近地区出土相似铜簋
1. 巫山双堰塘M711:2　2. 曲靖八塔台M69:11　3. 个旧黑玛井M16:15
4、5. 兴安石马坪(M10:19、M10:23)　6. 西昌杨家山M1:49
7. 万州大坪(M37:6)　8. 巫山下西坪(M14:1)　9. 贵港市孔屋岭(M1:22)

3. 简单认识

铜簋的变化主要体现在簋足和腹下部,簋足由矮直圈足向高喇叭状圈足发展,下腹部由无明显折痕向有折痕发展,即腹下部变细。

在地域上,滇东黔西乌蒙山核心区一直向广西延伸地带以A型簋较多,而贵州中部、西南部等地多使用B型簋。

---

① 中国社会科学院考古研究所长江三峡工作队、巫山县文物管理所:《巫山双堰塘遗址发掘报告》,重庆市文物局、重庆市移民局编:《重庆库区考古报告集1999卷》,科学出版社2006年,第129页。
② 广西文物考古研究所编:《广西文物考古报告集(1991～2010)》,科学出版社,2012年。
③ 重庆市文物局、重庆市移民局编:《万州大坪墓地》,科学出版社,2006年,第132页。
④ 湖南省文物考古研究所等:《巫山下西坪古墓群勘探发掘报告》,重庆市文物局、重庆市移民局编:《重庆库区考古报告集2001卷·上》,科学出版社,2007年,第235页。

年代上，A型簋主要使用在西汉晚期至东汉早期，B型簋主要流行在东汉中晚期。

四、铜 豆

1. 型式划分

报告中能统计者14件（部分同簋相混），依豆盘和圈足不同可分为两型：

A型：簋形豆。11件。多残破，呈敞口圆腹喇叭状圈足。兴仁交乐M6：7口沿略外侈，腹下部有折棱痕，腹部有弦纹，圈足有弦纹（图2-7,1）。兴仁交乐M14：4直口圆唇，圆腹，腹部饰弦纹（图2-7,2）

B型：镂空圈足豆。3件。依形体差异分三式：

BⅠ式：1件。赫章可乐M8出土。残破，全身镂空，豆盘与圈足底之间有一直柄（图2-7,3）。

BⅡ式：1件。兴义万屯M8出土。全身镂空，豆身与喇叭状底相连，底空，口沿下一环耳。豆身镂孔为三角形和长方形，底镂空呈长条形（图2-7,4）。

BⅢ式：1件。兴仁交乐M6出土。敞口，微弧形腹，腹下部有圆形和三角形镂孔，口沿下一环耳，腹部饰编织纹，圈足底残（图2-7,5）。

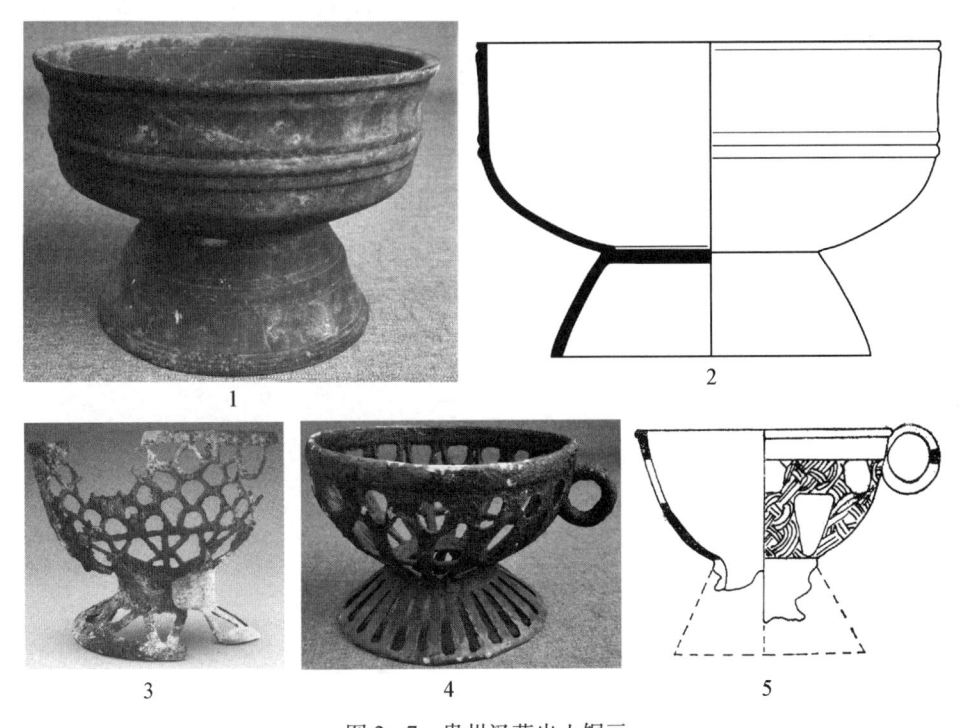

图2-7 贵州汉墓出土铜豆
1. 兴仁交乐（M6：7） 2. 兴仁交乐（M14：4） 3. 赫章可乐（M8：57）
4. 兴义万屯（M8：17） 5. 兴仁交乐（M6：29）

2. 比较分析

铜豆形态基本同簋,唯器形较小、腹部无铺首,一些简报将其称为碗或钵,或直称簋,其形体变化趋势同簋,圈足越来越高。

铜豆在相邻地区汉代遗存中亦发现较多,曲靖八塔台(图2-8,2)、昆明羊甫头(图2-8,6)[①]等地出土者圈足较矮,同贵州A形豆略有区别;西昌杨家山M1(图2-8,1)、成都南效汉墓[②]出土者(图2-8,4)同贵州A形豆基本相同;广西浦北[③](图2-8,5)出土的铜豆折腹明显,形态接近贵州出土BⅡ式簋。

贵州出土的B型豆形体特殊,全身上下分布三角形或圆形镂孔,有的还在口沿外侧饰一环耳,这种镂孔豆在邻近地区发现不多,个旧黑玛井M4所出(图2-8,3)与赫章可乐M8豆接近,但豆盘有一定地域差异。

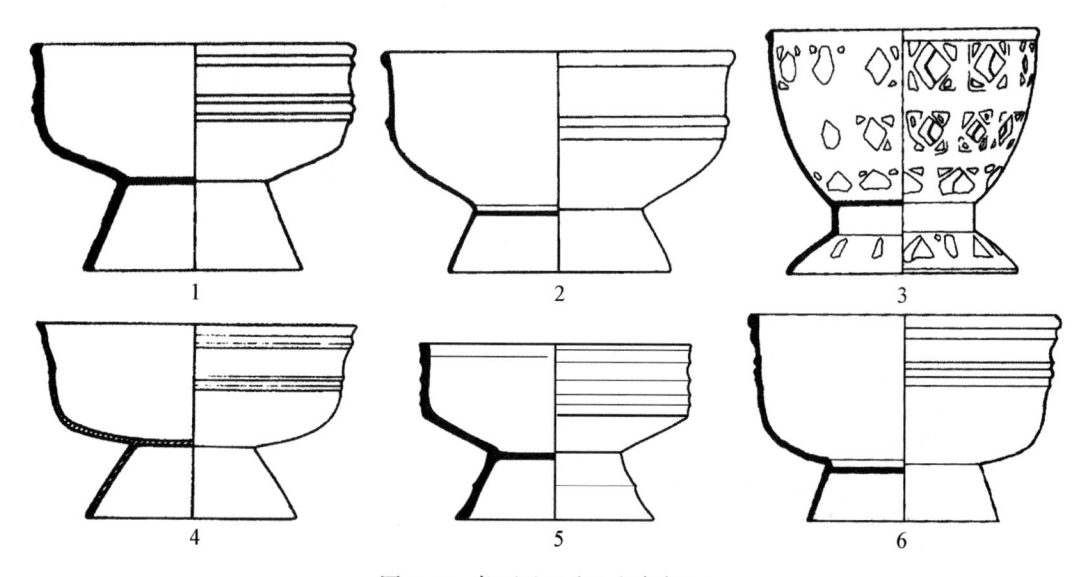

图2-8 邻近地区出土相似铜豆
1. 西昌杨家山(M1∶30) 2. 曲靖八塔台(M8∶2碗) 3. 个旧黑玛井(M4∶37)
4. 成都南效(M1∶4杯) 5. 广西浦北 6. 昆明羊甫头(采∶32钵)

五、铜　　釜

1. 型式划分

铜釜是贵州战国秦汉时期出土数量和形制都最多的青铜容器,出土时常置于几块锅

[①] 云南省文物考古研究所、昆明市博物馆、官渡区博物馆:《昆明羊甫头墓地》,科学出版社,2005年。
[②] 成都市文物考古工作队:《成都市南效勤俭村汉代砖室墓发掘简报》,成都市文物考古研究所编著:《成都考古发现(2001)》,科学出版社,2003年,第113页。
[③] 梁旭达、覃对敏:《广西浦北县出土的青铜器》,《文物》1987年第1期。

桩石或放置在铁三脚架上,有的铜釜上面还套一铜甑。粗略统计,目前已出土 120 余件,其中赫章可乐出土数量最多,达 60 余件,占全省出土总数的 1/2,其次清镇市、平坝县至西秀区一带汉墓中出土近 40 件,其他地区如兴仁交乐、务川大坪等地出土数量在 10 件以上。但因铜釜出土时多锈蚀朽坏,未能修复,许多简报中仅提及出土数量,未有相关的图片和文字资料,我们能提取相关信息者近 60 件,占发现总数的 1/2。这近 60 件铜釜依釜身形体差异可分为下列几型:

A 型:大喇叭形敞口束腰小平底双銴耳釜。出土 10 余件,多残破,除 2 件出自威宁中水墓地外,余皆出土于赫章可乐乙类墓地,依釜身和耳不同分为两式:

AⅠ式:10 件以上,多数未修复。全部出土于赫章可乐乙类墓中,且在墓中侧置,作套头葬具使用。釜身呈大喇叭形敞口,束腰,腹下部外鼓,小平底,腰部对称大双銴耳,整体形态"似倒置的铜鼓"①。可乐 M25:1 口沿略外卷(图 2-9,1)。可乐 M272:1 口沿外展,尤为宽大(图 2-9,2)。可乐 M277:1 口沿外侧有一 V 状凸钉(图 2-9,3)。可乐 M264:1 出土时近口沿处墓主头骨尚存,头下垫有竹席和纺织品,头顶置两根 U 形发钗(图 2-9,5;彩版一,3)。

AⅡ式:2 件。均出土于威宁中水墓地 M27 中。器形呈大喇叭口,腰部内束成弧状,双耳小而尖突,大平底,底中部有饼状垫块(图 2-9,4)。

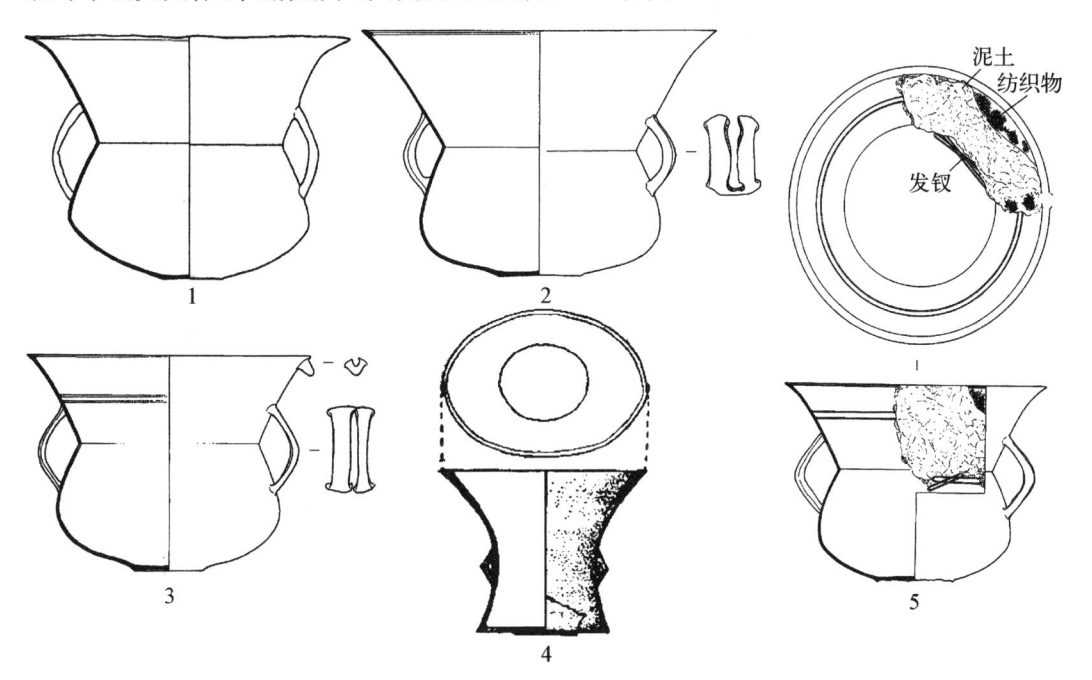

图 2-9 贵州出土 A 型铜釜
1. 赫章可乐 M25:1 2. 赫章可乐 M272:1 3. 赫章可乐 M277:1
4. 威宁中水 M27:1 5. 赫章可乐 M264:1

---

① 贵州省博物馆考古组、贵州省赫章文化馆:《赫章可乐发掘报告》,《考古学报》1986 年第 2 期。

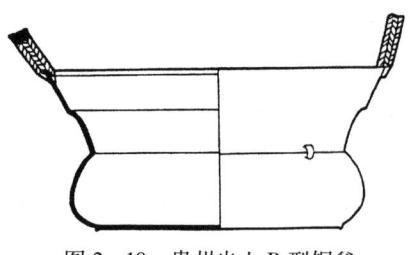

图2-10 贵州出土B型铜釜

B型：铜鼓形铜釜。1件。出自赫章可乐乙类墓地，在墓中侧置作套头葬具。整体形状就是在一倒置的素面铜鼓形器口沿加铸倾斜状的辫索纹对称立耳，鼓面、鼓胴、鼓腰和鼓足各段分明，腰部亦铸有铜鼓的鼓耳（图2-10；彩版一，2）。

C型：敞口束颈鼓腹双立耳釜。器形基本完整者5件，依釜底差异可分为两式：

CⅠ式：圜底。2件。赫章可乐乙类墓地和汉墓中皆有出土。可乐M8∶67宽折沿外撇形成大敞口，束颈，鼓腹圜底，口沿辫索纹立耳，耳上方铸花朵装饰（图2-11，5）。可乐M58∶5（图2-11，1）器形与M8∶67基本相同，在墓中作套头葬具使用，其功能同可乐出土的AⅠ式铜釜，但墓坑另一端还侧置一铁釜套脚，CⅠ式釜和铁釜出现在墓中后，AⅠ式铜釜就逐渐消失，它们之间可能存在相对早晚和一定的替代关系。

CⅡ式：平底。3件。形态有细小差异。威宁中水征集者口沿较宽，双立耳倾斜（图2-11，4）。赫章可乐和平坝天龙汉墓出土者则立耳较直，可乐釜底被分成数格，每格内各有一乳钉（图2-11，3）。平坝M66（图2-11，2）和清镇M56等汉墓出土者底部呈矮圈足状，圈内有四个小乳钉，立耳上各铸一小鸟或兽。

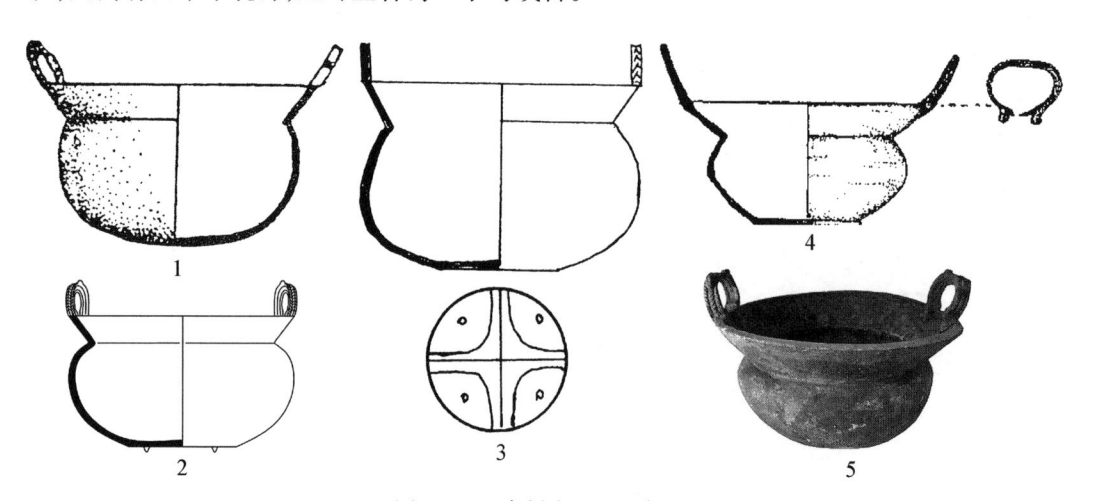

图2-11 贵州出土C型铜釜
1. 赫章可乐M58∶5 2. 平坝天龙M66∶8 3. 赫章可乐M49∶16 4. 威宁中水采∶40 5. 赫章可乐M8∶67

D型：侈口束颈鼓腹圜底釜。5件。全部出自赫章可乐墓地。依口沿不同可分为两式：

DⅠ式：4件。侈口，宽折沿较平。形态略有差异。可乐M274∶86肩部铸对称辫索纹环耳一对（图2-12，5）。可乐M274∶87肩部除对称辫索纹环耳外，另铸对称的青铜立虎一对（图2-12，2；彩版一，4）。可乐M273∶1肩部除对称辫索纹环耳外，另铸对称的衔环铺首一对（图2-12，1）。可乐M283∶1肩部对称环耳辫索纹已简化（图2-12，3）。

DⅡ式：1件。侈口，宽折沿抬伸。可乐M373∶68颈肩腹及圜底均同DⅠ式，唯口沿

第二章 青铜器的型式划分和比较分析

向上抬升明显(图2-12,4),与可乐M178出土的铁釜比较接近(图2-12,6)。

DⅡ式同DⅠ式可能存在演变趋势,DⅡ式年代应略晚于DⅠ式。

E型:盘口矮直颈鼓腹釜。3件。依盘口差异可分为两式:

EⅠ式:2件。宽折沿,矮直颈,溜肩,鼓腹,环耳,肩部两圈凸棱。可乐M8:5盘口沿略内敛,圜底,肩部对称环耳(图2-13,1)。黔西M31:6宽折沿,圜底近平,肩部对称环状绳耳(图2-13,3)。

EⅡ式:1件。兴仁交乐出土。呈内外唇盘口,高直颈,鼓腹平底,肩部鼻形耳,腹部两圈凸棱(图2-13,2)。

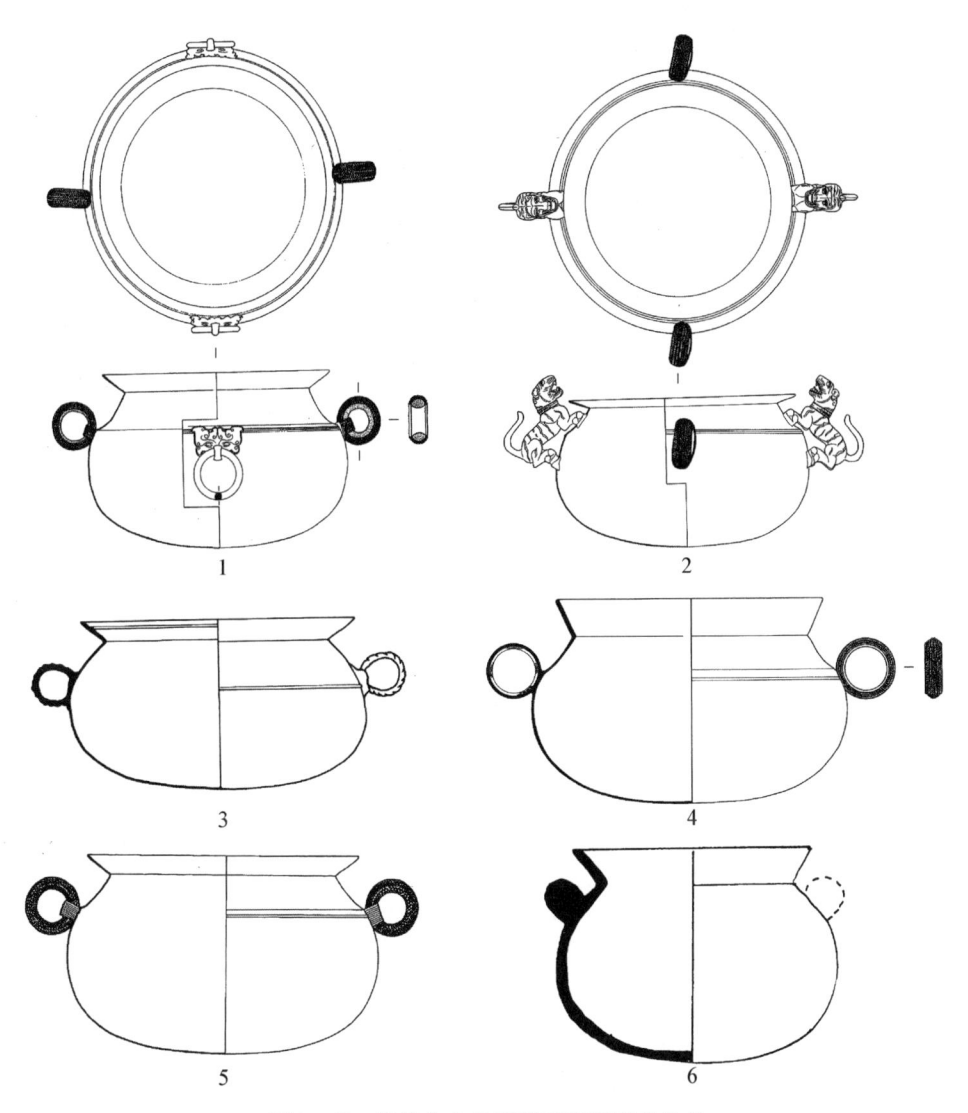

图2-12 贵州出土D型铜釜和相似的铁釜
1. 赫章可乐M273:1 2. 赫章可乐M274:87 3. 赫章可乐M283:1
4. 赫章可乐M373:68 5. 赫章可乐M274:86 6. 赫章可乐(M178:18铁釜)

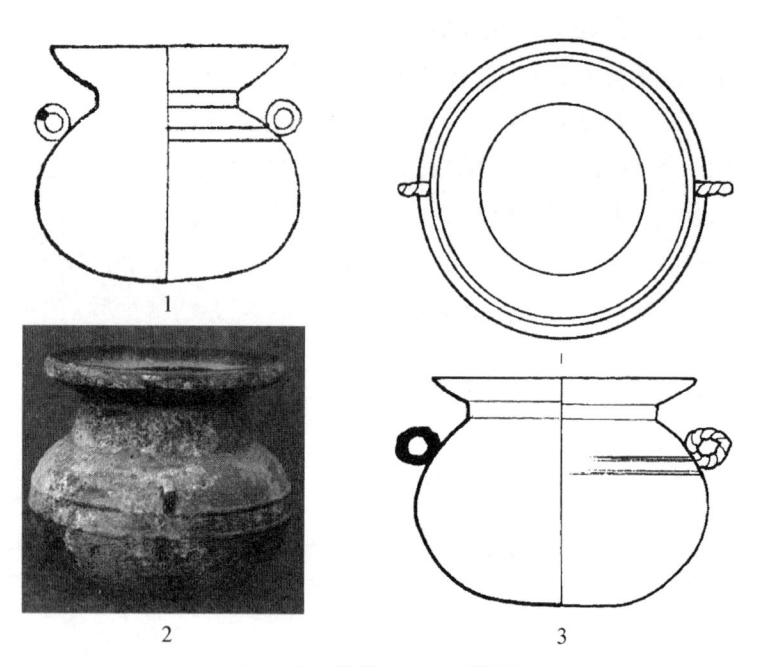

图 2-13　贵州出土 E 型铜釜
1. 赫章可乐 M8：5　2. 兴仁交乐　3. 黔西 M31：6

F 型：敞口束颈鼓腹釜。15 件。根据底部不同分为两个亚型：

Fa 型：圜底或圜底近平。依口颈不同分为三式：

Fa Ⅰ 式：敞口，颈部略内束，肩部有明显折痕。可乐 M22：6 口沿略外侈，腹部一凸棱，底近平（图 2-14,1）。可乐 M281：17 造型略同可乐 M22：6，底残，出土时置于铁三脚架上（图 2-14,14）。水城黄土坡 99ZH④：17 束颈，腹部折棱明显，双耳位于颈部（图 2-14,6）。

Fa Ⅱ 式：大敞口，束颈，肩腹折痕清晰，双耳位于肩部或颈部下方。习水土城黄金湾 M4 铜釜肩部数道凸棱和对称双环耳（图 2-14,3）。务川大坪 M2：2 双耳位于折肩上方，其下三道凸棱（图 2-14,4）。威宁中水 M24：7 颈内束严重，腹部折痕鲜明（图 2-14,5）。

Fa Ⅲ 式：肩腹部圆润无折痕。黔西 M12 出土釜溜肩上铸双耳，圜底（图 2-14,2）。兴仁交乐汉墓出土（公安追缴）釜肩部双环耳，并饰铺首一对，腹下部三圈凸棱（图 2-14,8）。兴仁交乐 M6：8 口沿内收成浅盘状，肩部对称环耳，腹部三周凸棱较粗（图 2-14,9）。平坝夏云 M78：12 颈上残①（图 2-14,13）。黔西 M37：11 肩部对称环耳，腹部二凸棱，圜底近平（图 2-14,15）。

Fb 型：平底。依口沿不同分两式：

Fb Ⅰ 式：口沿折成浅盘状。安顺宁谷 M28：6 肩部较宽，肩上双环耳，扁鼓腹，腹部二凸棱，平底（图 2-14,7）。兴仁交乐 M15：4 溜肩，肩上双环耳，腹下部二凸棱（图 2-14,11）。

---

① 贵州省文物考古研究所、平坝县文化局：《贵州平坝县夏云镇汉墓的发掘》，《考古》2017 年第 1 期。

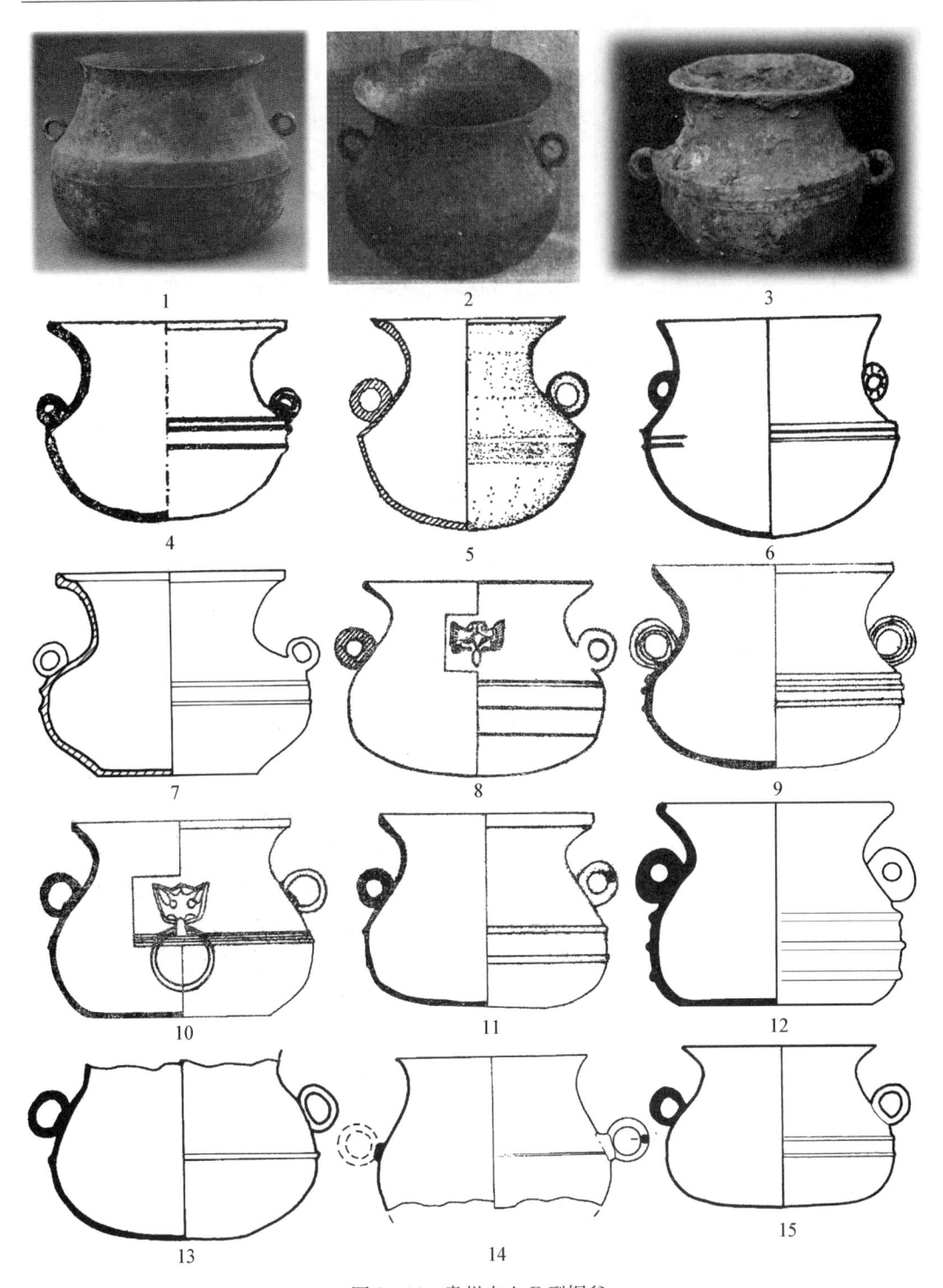

图 2-14　贵州出土 F 型铜釜

1. 赫章可乐 M22：6　2. 黔西 M12　3. 习水土城黄金湾 M4　4. 务川大坪 M2：2
5. 威宁中水 M24：7　6. 水城黄土坡 99ZH④：17　7. 安顺宁谷 M28：6
8. 兴仁交乐（公安追缴）　9～11. 兴仁交乐 M6：8、M7：3、M15：4　12. 盘县普古
13. 平坝夏云 M78：12　14. 赫章可乐 M281：17　15. 黔西 M37：11

FbⅡ式：口沿内收，大平底。兴仁交乐M7：3腹部饰铺首衔环（图2-14，10）。盘县普古出土釜腹部三圈凸棱（图2-14，12）。

从器形看，FaⅠ式釜呈敞口或口沿略侈，同鍪较为接近，但FaⅡ式、FaⅢ式和Fb型釜形制同鍪差异较大，出土时多置于铁三脚架上，底部有明显的烟炱痕，系实用炊器。

FaⅠ式、FaⅡ式釜主要出在西汉中晚期的土坑墓中，而且夜郎系族群墓葬和汉系墓葬中均有出土，FaⅢ式和Fb型釜主要出土在东汉时期的砖室墓、石室墓中，因而使用年代应该是FaⅠ式、FaⅡ式釜相对较早，主要流行在西汉中晚期至东汉早期，FaⅢ式和Fb型釜主要流行在东汉时期。

G型：盘口斜直腹平底立耳釜，一些简报和研究者称之为铜锅[①]。6件。均实用器，底有烟炱痕。依釜身差异可分为两式：

GⅠ式：浅腹，腹壁斜直或略鼓。5件。形态略有差异，黔西M27：1盘口略斜，腹浅而直，底平，出土时釜内盛有鸡骨（图2-15，1）。黔西M36：1锈蚀严重，器形与黔西M27：1基本相同。万屯M8：13盘口直，弧腹，环底近平，出土时釜内盛鸡骨残骸（图2-15，3）。交乐M6：4腹略鼓，假圈足平底，立耳底部有四道绳纹箍圈，耳饰辫索纹，腹上部二凸棱（图2-15，4）。交乐汉墓出土的另一件釜（公安追缴）盘口宽平，腹斜直，底平，口沿辫绳纹双立耳，腹中部三圈凸棱，凸棱下方周身有约8处大小补丁（图2-15，5）。

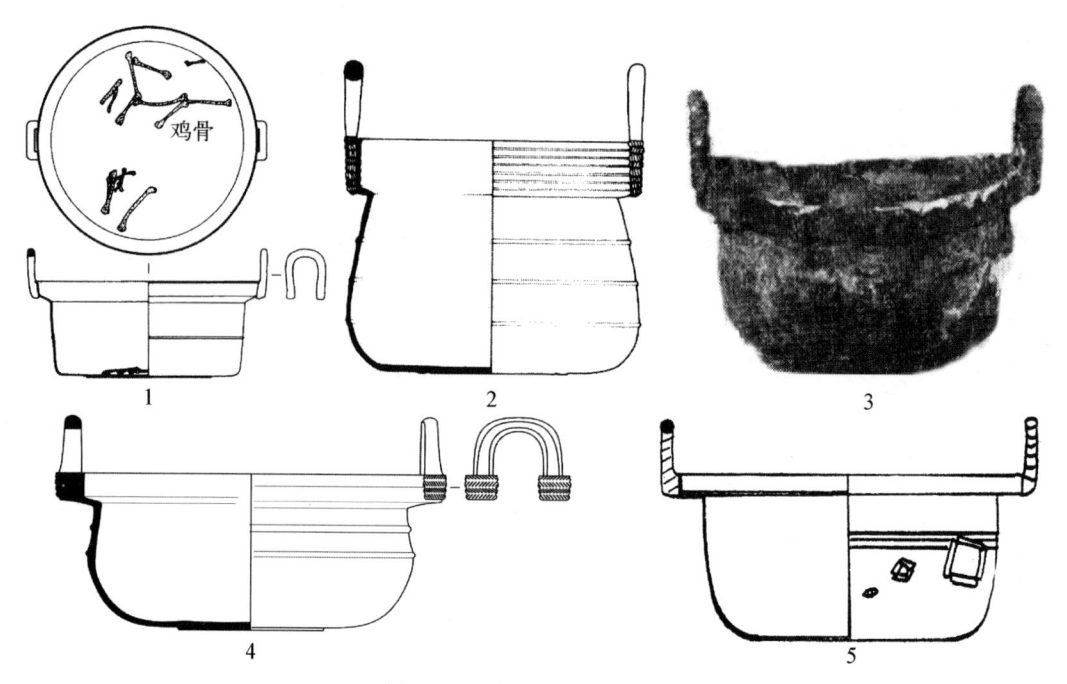

图2-15 贵州出土G型铜釜
1. 黔西M27：1 2. 08AX：1 3. 兴义万屯M8：11 4. 兴仁交乐M6：4 5. 兴仁交乐

---

① 云南、广西等地发掘报告多称为铜锅。

GⅡ式：深腹，腹下部外鼓。1件。安龙08AX：1盘口较高，口沿外侧饰弦纹6道，颈内束，弧腹下部外鼓，平底，口沿二立耳下部饰辫索纹，腹部三圈凸棱，内底有"延光元季朱提作"铭文，外底烟炱痕，合范铸造（图2-15，2）。

G型铜釜除08AX：1可能出自一窖藏外，余皆出自东汉中晚期的石室墓和砖室墓中，且08AX：1内底铸有确切的铸造年代（公元122年），同该铜釜同出的一件残铜洗内底亦铸有"延熹四年"（公元161年）铭文，因而G型铜釜是东汉中晚期流行的一种青铜炊器，从其盘状口沿的形态观察，其应有盖或同铜甑配合使用。

H型：带柄釜。共同特征是釜腹部伸出一长柄，有的发掘简报又称铜鐎斗（或刁斗、鍪），多残破，较完整者8件。根据釜柄不同分为两亚型：

Ha型：管状柄，断面呈梯形或长方形。4件。根据釜身差异可分为三式：

HaⅠ式：1件。赫章可乐M7：1大敞口，束颈，鼓腹平底，底有三个支垫。长柄从腹部伸出，断面呈梯形（图2-16，2）。釜身造型同CⅠ式接近，但CⅠ式釜为圜底，口沿有二立耳，HaⅠ式釜变成平底，且腹部伸出一长柄。两者皆出自赫章可乐，HaⅠ式釜可能是在CⅠ式釜基础上发展起来的。

HaⅡ式：1件。威宁中水M19：5敞口，束颈，鼓腹圜底，颈肩处折痕清晰。颈下部一侧伸出一柄，另一侧一环耳（图2-16，4）。该釜造型同FaⅡ式，只是FaⅡ式颈部为对称双环耳，HaⅡ式则在颈部伸出一长柄。皆出自威宁中水、务川大坪等西汉中晚期墓地，使用年代当以西汉晚期为主。

HaⅢ式：2件。皆出自赫章可乐。呈敞口，口沿略外侈，鼓腹，圜底造型，肩部有折痕和一圈凸棱。可乐M183：6肩部一侧一环耳，另一侧伸出短柄，柄上铸一环耳（图2-16，7）。可乐M8：8柱状柄较圆，柄上无耳（图2-16，8）。

HaⅢ式釜同FaⅠ式釜形体较为接近，差别是有无长柄，且都出自赫章可乐等西汉中晚期土坑墓中，因而其年代亦应比较接近。

Hb型：龙首形长柄。4件。根据釜身差异分为两式：

HbⅠ式：3件。釜身敞口，束颈，鼓腹圜底或圜底近平，腹部有凸棱，接近FaⅢ式釜。水城黄土坡出土者器身较高，龙首张开，柄下腹部铸三角形垫块（图2-16，1）。兴仁交乐M6：10龙首柄平伸，其高未超出釜口沿，龙首闭合，柄下腹部铸长弧形支撑垫块（图2-16，3）。兴仁交乐M7：4龙首高昂超出釜口沿许多，柄曲成近S形（图2-16，6）。

HbⅡ式：1件。洗形浅腹。兴仁交乐M14：10敞口，折沿，颈略束，弧腹圜底。龙形首柄长达14厘米（图2-16，5）。

I型：直口深腹釜。数量不详，多出自赫章可乐。器形呈直口深鼓腹圜底或圜底近平。根据肩部差异分为两式：

Ⅱ式：宽肩，腹上部两圈凸棱和对称环耳（图2-17，1），内底铸一鱼纹（图2-17，2）。

Ⅲ式：溜肩，肩部一管状短流和对称铺首衔环，腹部两圈凸棱，底部近平（图2-17，3）。

图 2-16 贵州出土 H 型铜釜（或称鍪、刁斗等）
1. 水城黄土坡　2. 赫章可乐 M7∶1　3. 兴仁交乐 M6∶10　4. 威宁中水 M19∶5　5. 兴仁交乐 M14∶10
6. 兴仁交乐 M7∶4　7. 赫章可乐 M183∶6　8. 赫章可乐 M8∶8

2. 比较分析

铜釜是战国秦汉时期重要炊器和容器，使用广泛，不仅贵州有大量发现，相邻的云南、四川、重庆、广西等地亦发现大量相同或相似的铜釜，可作简单的比较分析。

A 型铜釜主要流行在贵州西北部和云南偏北部地带的"西南夷"族群文化中。A I 式铜釜发掘报告称为"鼓形铜釜"，认为它似倒置的铜鼓，不过从整体形状观察，它与铜鼓区别还比较明显，鼓面、鼓胴、鼓腰和鼓足等特征还不具备，造型与先秦时期流行在黔西北、

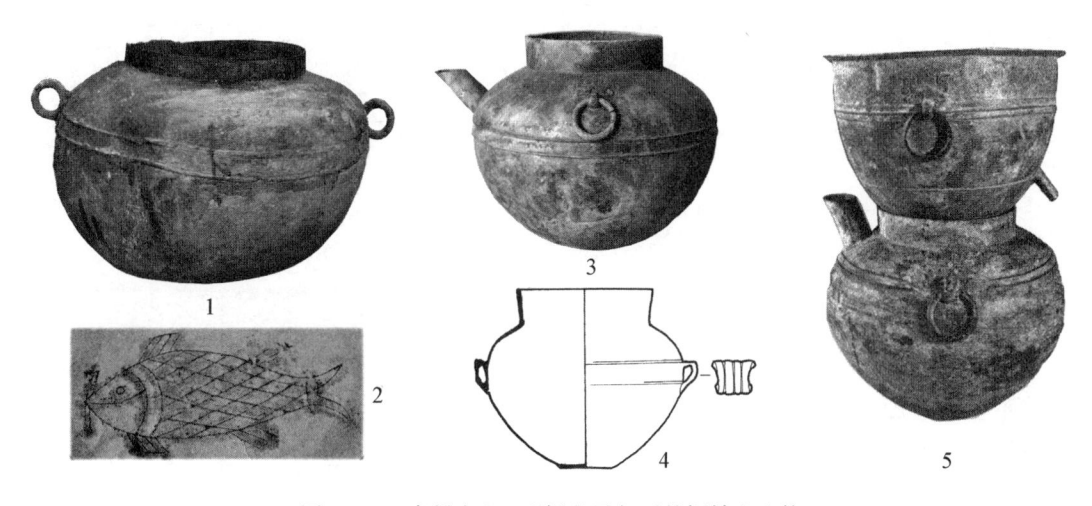

第二章　青铜器的型式划分和比较分析

图 2-17　贵州出土 I 型铜釜及相近的铜铁釜比较
1. 赫章可乐(M46:3)　2. 釜内底鱼纹　3. 可乐烟站出土　4. 黔西(M37:12 铁釜)
5. 上海博物馆收藏东汉青铜蒸馏器(取自陈剑《古代蒸馏器与白酒蒸馏技术》图一)

滇东北、滇西北至川西等广大地区的氐羌系喇叭口大双耳陶罐异常相近,可能是仿大双耳罐而来的极具地域特征的青铜容器。

AⅡ式铜釜在发掘报告中被称为"贮贝器",有学者则认为应是仿铜鼓生产的"鼓形器",并可能是明器[①]。将其称为贮贝器是仿云南滇池一带青铜贮贝器的命名方式,但该器出土时并没有装盛海贝,贮贝器显然不能表达该器特征。认为该器是仿铜鼓生产的鼓形器虽注意到了该器器形与铜鼓的某些联系,但它同 AⅠ式铜釜一样,皆呈大喇叭口,束腰,平底,腰部有双耳,从器形看,它更接近 AⅠ式铜釜,应是由 AⅠ式铜釜演变而来。

在云南曲靖、昆明、楚雄等滇文化系统墓地中,发现有数量较多的同 A 型釜相似的大喇叭口双耳铜釜,以羊甫头墓地出土数量最多,仅 M113 腰坑第四层即出土有数件。这些滇文化墓地出土的铜釜,有的腹部浑圆同赫章可乐乙类墓出土的 AⅠ式铜釜,如曲靖八塔台(图 2-18,5)和昆明羊甫头墓地(图 2-18,6~9)出土者;有的腹部不浑圆,折角明显,如楚雄万家坝(图 2-18,2)、呈贡天子庙(图 2-18,4)和昆明羊甫头(图 2-18,1)等墓地出土者。其中以呈贡天子庙所出腹部曲折最为厉害,但底仍是小平底,极有可能是 AⅠ式釜向 AⅡ式釜演变的中间形态,也就是说,A 型铜釜可能以威宁中水墓地出土者时代最晚。

目前发现的 A 型釜主要分布在贵州西北部和云南滇池北侧由东往西的曲靖八塔台、呈贡天子庙、昆明羊甫头、楚雄万家坝和祥云大波那等地,而在滇池以南的江川李家山、晋宁石寨山、澄江金莲山等滇文化典型墓地却不见或少见,其分布范围大致与氐羌系族群南下云贵高原的情况吻合,可能属"西南夷"氐羌系族群制造的重要青铜器类。

---

① 程学忠:《西汉青铜"贮贝器"之定名辨析》,《贵州文史丛刊》1999 年第 6 期。

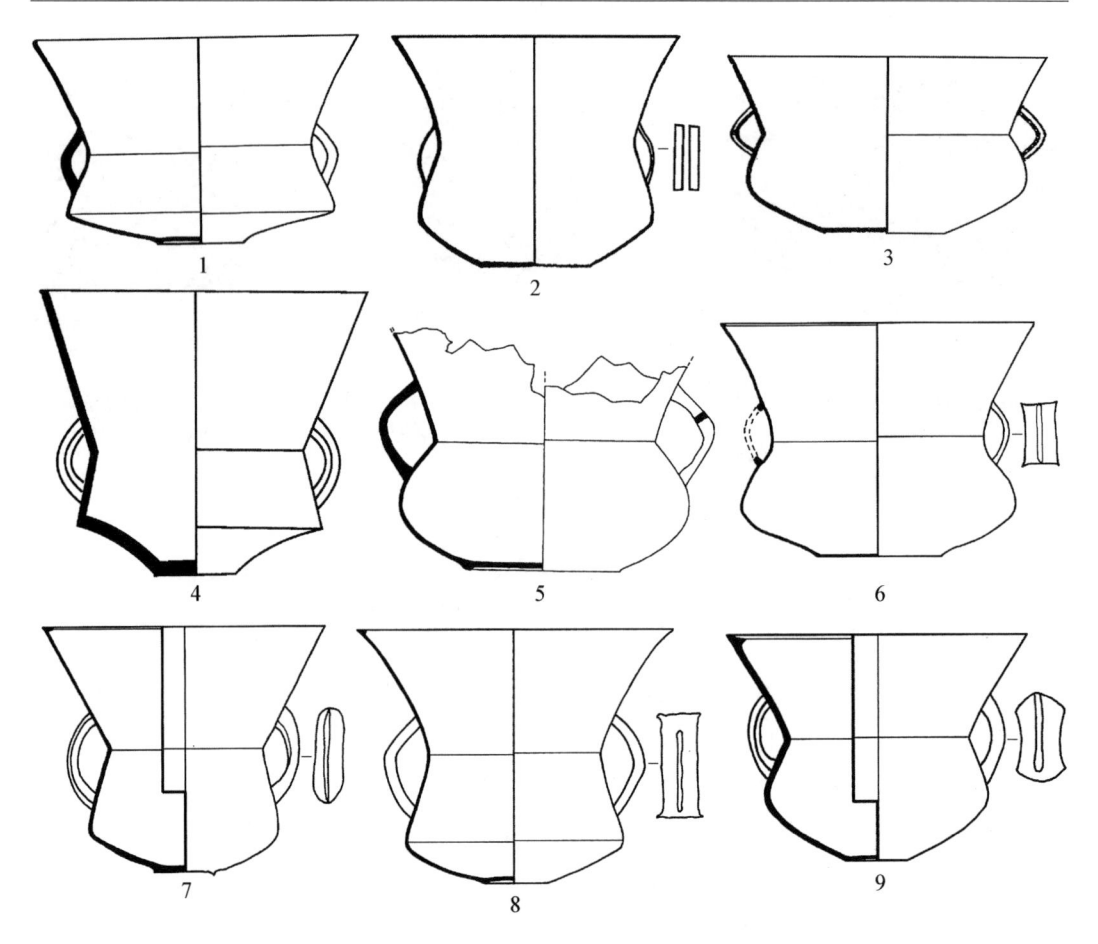

图 2-18 云南出土 A 型相似釜
1. 昆明羊甫头 M19：163 2. 楚雄万家坝 M1：4 3. 祥云大波那 M1 4. 呈贡天子庙 M41：81
5. 曲靖八塔台 M1：2 6. 昆明羊甫头 M150：10 7. 昆明羊甫头 M113：209
8. 昆明羊甫头 M113：207 9. 昆明羊甫头 M113：205

B 型铜釜在贵州虽仅发现 1 件，但在相邻的云南境内的晋宁石寨山、江川李家山、曲靖八塔台、宁浪干坝子①等以滇文化为主体的"西南夷"遗存中却有相当数量的发现。其形态也比较多样，如有的口沿不加铸双立耳，整体形态就如同一素面铜鼓（图 2-19，1、3、6、8、9），有的在口沿加铸立耳（图 2-19，2、5），有的还在底部加铸三足，形成"西南夷"较有特征的青铜器器类（图 2-19，4、7）。由此可见，B 型铜釜应主要是滇文化系统核心区使用的青铜器，贵州赫章可乐和四川盐源盆地出土者均可能从云南滇文化传入或仿制。

A、B 型铜釜在与赫章、威宁相接的滇东北昭通目前还没有发现，而主要发现在滇中至滇西北一带，尤其是羊甫头墓地出土最多，其南侧的江川李家山和晋墓石寨山墓地仅有少量发现，这些差异表明羊甫头墓地的墓主可能同石寨山等有所不同，而釜形制的差异也

---

① 万扬等：《云南宁蒗干坝子青铜时代墓地》，国家文物局主编：《2014 中国重要考古发现》，文物出版社，2015 年，第 59 页。

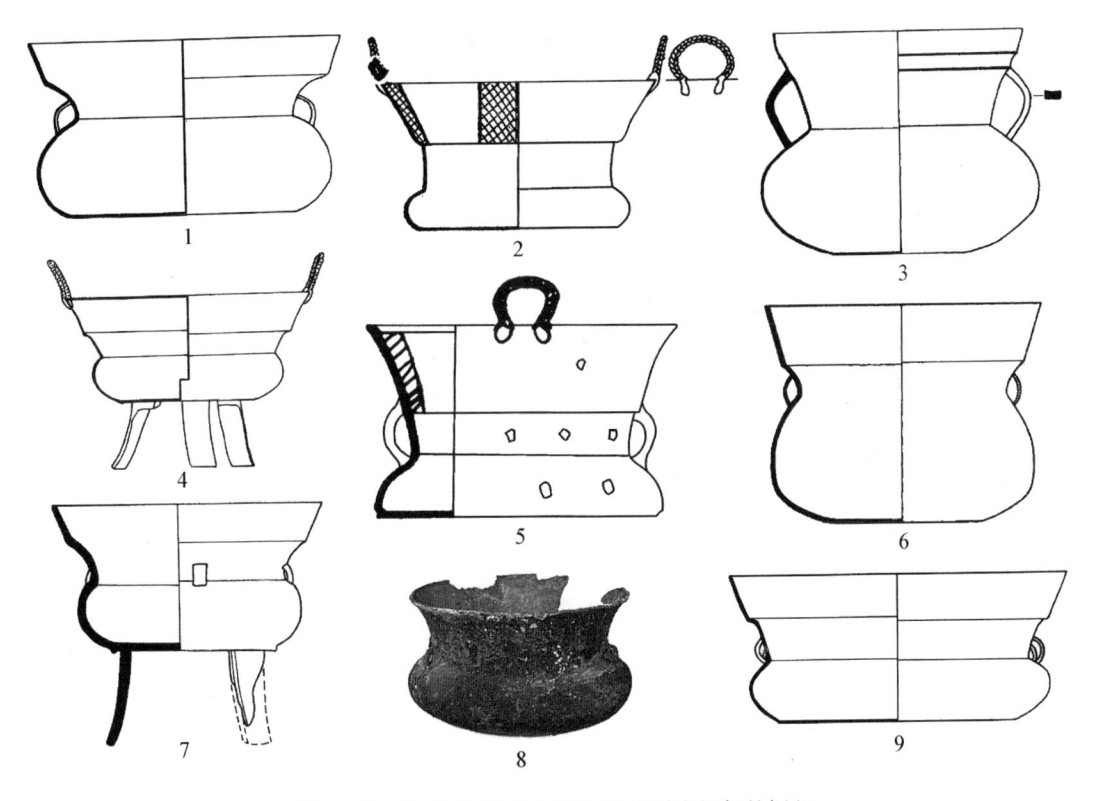

图 2-19 云南、四川出土同 B 型相同或相似的铜釜
1. 昆明羊甫头 M101∶42 2. 楚雄万家坝 M1∶2 3. 曲靖八塔台 M265∶1 4. 昆明羊甫头 M113∶200
5. 永平仁德(J∶17) 6. 盐源老龙头 M4∶3 7. 江川李家山 M69∶191
8. 宁浪干坝子墓地 9. 昆明羊甫头 M102∶40

表明当时存在多个青铜铸造产地。

　　A、B 型铜釜的造型与广泛流行在滇西北、滇东北、黔西北直到川西横断山区的氐羌系族群的喇叭口大双耳罐有密切联系,都具有平底、鼓腹、束腰、大敞口的特征。A 型铜釜与大喇叭口陶罐器形基本一致,只不过其釜底变大,腰部双耳稍缩小,大喇叭口中部稍侈出,就出现了鼓足和鼓腰的分隔线,基本形成一面没有纹饰的倒置铜鼓;在 B 型铜釜加铸鼓面、鼓胴和鼓腰上的各种纹饰就完全成为铜鼓,B 型铜釜在口部加铸双耳或在底部加铸三足,就形成滇文化中经常使用的青铜器类。

　　尽管万家坝型铜鼓已经具备了铜鼓的形态,即鼓面、鼓胴、鼓腰、鼓足和鼓耳等,但这一时期铜鼓和铜釜的形态还没有完全固定,鼓面上的各种图案也还没有成熟,其主要用途可能也不是作为打击乐器而主要作为炊器使用,铜鼓和铜釜底部多有烟炱,在墓中亦经常并置在一起,这说明早期釜鼓的功能应该是一样的。铜鼓发展到石寨山型即它被南方百越系族群所广泛使用时,作为乐器或神器的功能才得到不断加强,即便如此,它仍有其他功能和用途,如可乐墓地用釜(不止一种形制)和鼓套头,滇池周边石寨山文化墓地则将铜鼓或鼓形器作为贮贝器使用。也就是说,铜鼓在由万家坝型发展成石寨山型时,虽然功能发生了重大变化,使用民族主体也由氐羌系转变成百越系,但在这一时期,铜鼓的功能并不固定,既可作炊具,又可作乐器、神器、容器和葬具等,这种状况同战国秦汉时期"西南夷"族群复杂多变、使用铜鼓的族群众多是基本一致的。

早期铜鼓即万家坝型铜鼓的起源问题一直是学术界关注的焦点,早在20世纪70年代冯汉骥先生即提出"从早期铜鼓的形制来看,它似乎是从一种实用器(铜釜)发展而来的。大概在云南地区的青铜时代早期,曾使用过一种鼓腹深颈的铜釜,这种铜釜既是炊器,又可将其翻转过来作为打击乐器。……鼓面原本是釜底,胴部原本是釜腹,鼓身原是釜颈的延长,鼓足原是釜口,鼓耳原是釜腹与颈之间的釜耳"①。但通过上面比较我们可以看出,铜釜和早期铜鼓可能都源于大双耳陶罐,器形和用途的异同可能是发展演变的方向不同而已,铜釜和铜鼓之间可能不存在源流关系。

C型釜如果将口沿上的双立耳去掉,整体造型接近D型釜,可能借鉴有D型釜的基因,它在贵州境内的分布范围远宽于A、B型,除汉文化遗存外,在贵州赫章、威宁中水和云南昆明、曲靖、广南等地的"西南夷"地方族群中亦有较多出土。CⅠ式釜在贵州境内发现不多,但在邻近的云南曲靖八塔台(图2-20,5)和曲靖平坡青铜文化墓地中都有发现,说明这些墓地的主人已开始吸收并使用汉文化系统的青铜器,对汉文化已有了一定程度的吸收,因而其使用年代应在西汉中晚期。CⅡ式铜釜不仅在贵州有一定数量的出土,在近邻的云南和四川西昌地区亦有较多发现,以云南各地出土最多最常见,如云南会泽水城汉墓M7出土铜釜②同贵州平坝天龙铜釜相似,立耳上有小鸟,釜底有支钉(图2-20,1);云南曲靖八塔台、平坡和昆明羊甫头等墓地则出土有同可乐乙类墓出土的CⅠ式釜。由此似可推测,西汉中晚期流行在贵州赫章可乐、威宁中水和云南曲靖、滇池周边等"西南夷"地区的CⅠ式釜可能是原地方土著族群仿汉文化系统中的CⅡ式釜制造的产品,而它们的整体造型又源自战国秦汉时期流行在四川盆地或赫章可乐一带的D型釜。总的来说,C型釜是分布范围较宽,不同族群都在使用的一种青铜容器,"西南夷"族群不仅直接引进,可能还在本地仿造。

A、B、C型铜釜在以滇池为核心区位的滇文化大中型墓葬中出土数量最多,类型也最为丰富,如昆明羊甫头M113腰坑第三层中部就集中放置了3件A型釜(M113:205、M113:207、M113:209)、4件C型釜(M113:199、M113:203、M113:201、M113:260)和4件B型铜釜下加三足而形成的釜形鼎(M113:200、M113:202、M113:307、M113:324),这些釜形器同其他随葬品一道,显示着墓主生前的奢华与富足(图2-21)。另外,该墓地的M19出土有A型、B型釜共4件,属于中型墓的M101也出土有B型釜2件,而众多的小型墓中却基本没有上述类型的铜釜出土,说明使用A、B型铜釜的墓主都是地位较高的贵族统治阶层或具有某种特殊身份的人员如巫师之类。

---

① 冯汉骥:《云南晋宁出土铜鼓研究》,《文物》1974年第1期;又见《冯汉骥考古学论文集》,文物出版社,1985年。
② 云南省文物考古研究所编著:《会泽水城古墓群发掘报告》,科学出版社,2014年。

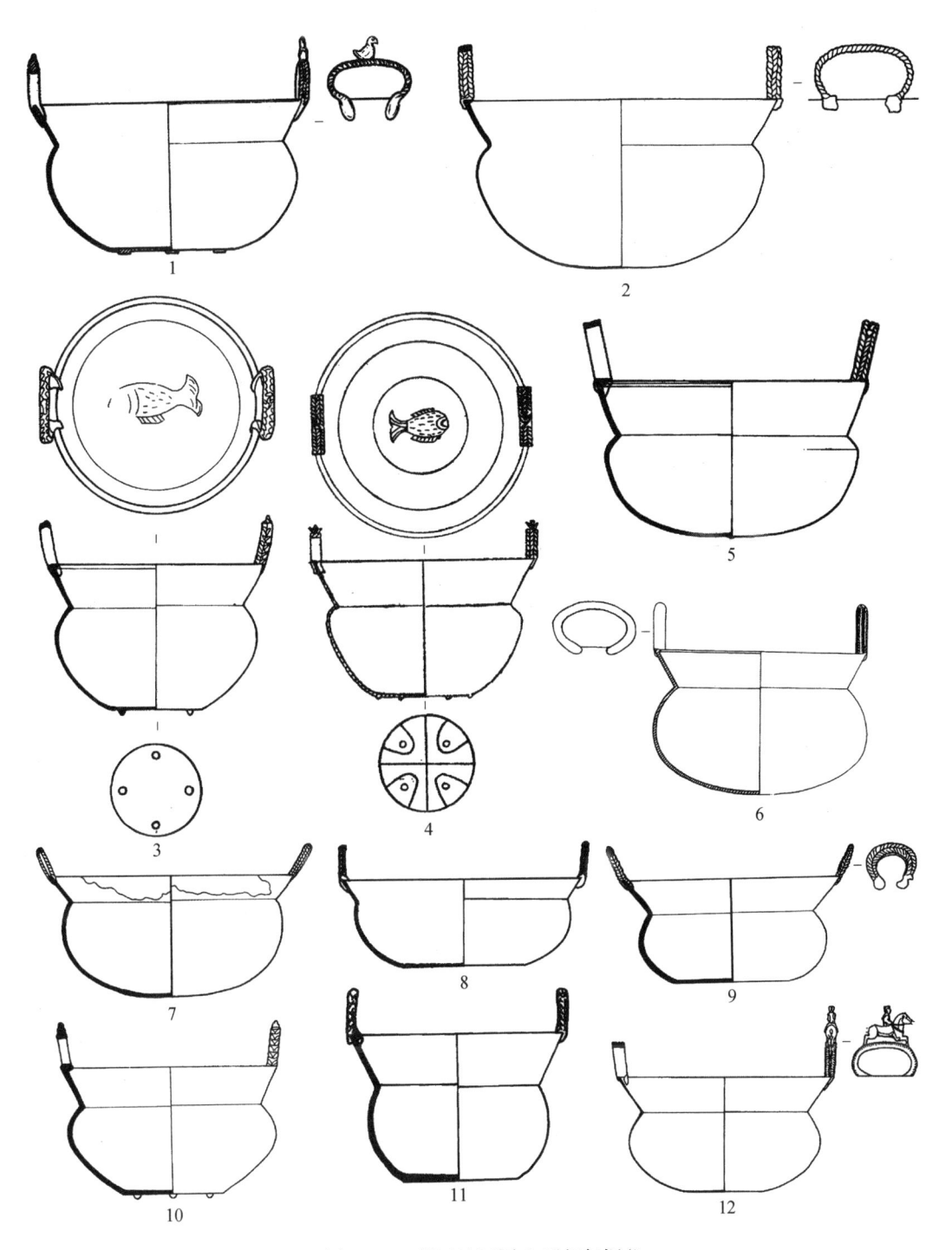

图 2-20 邻近地区同 C 型相似铜釜

1. 会泽水城 M7:10 2. 通海四街碧山 M11:9 3. 个旧黑玛井 M16:6 4. 西昌礼州 M3:11
5. 曲靖八塔台 M69:1 6. 宜良纱帽山 M22:6 7. 曲靖平坡 M200:1 8. 楚雄万家坝 M1:2
9. 昆明羊甫头 M113:201 10. 江川李家山 M86:52 11. 昆明羊甫头 M421:5 12. 广南白崖脚 M1:4

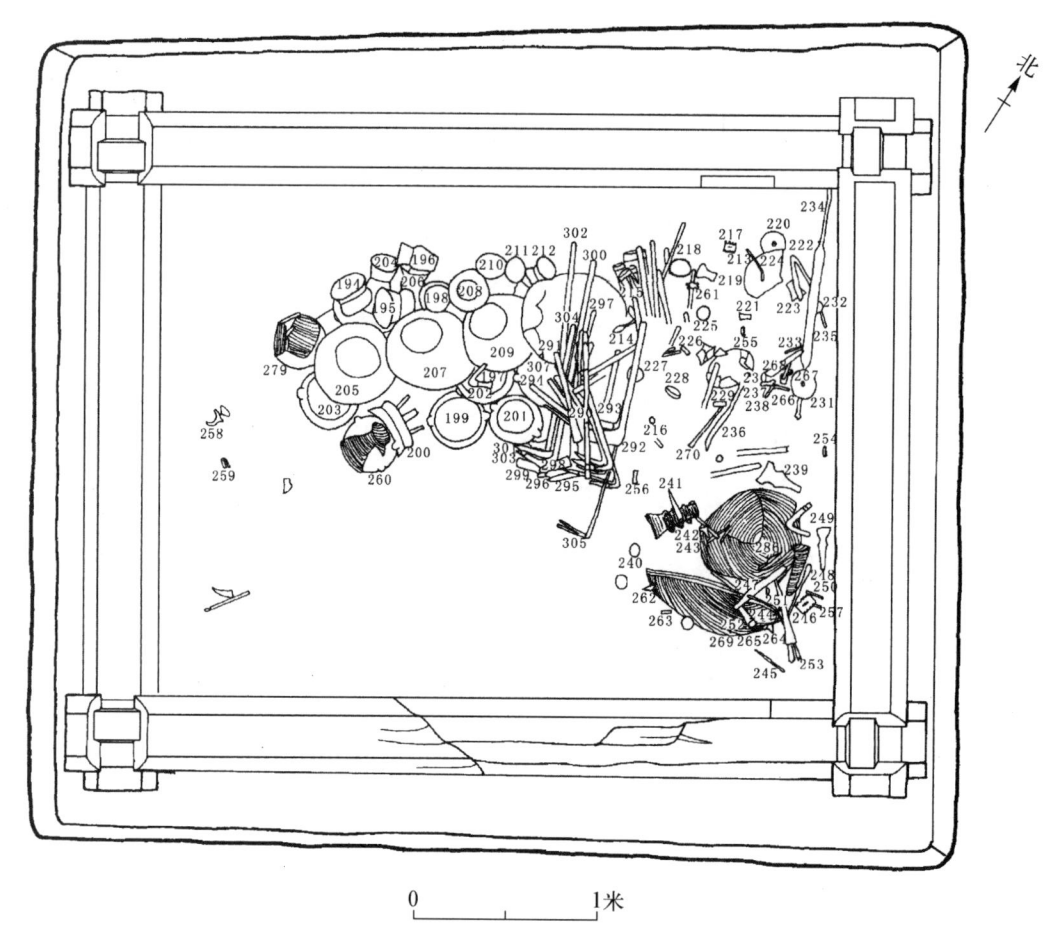

图 2-21 昆明羊甫头 M113 腰坑内铜釜等随葬品出土情况

（取自《昆明羊甫头墓地》第 165 页图一四六）

D 型铜釜目前在贵州仅在赫章可乐河南侧的夜郎系地方族群墓地集中发现，且在墓葬中侧置套头或套脚，用途特殊。同其相同或接近的铜釜在四川盆地战国秦汉时期墓葬中发现较多，但少见贵州赫章可乐 M274 在釜口沿至肩上加铸立虎的情况，说明可乐出土的 D 型釜部分应该是当地仿巴蜀青铜器自行铸造的产品，流行在战国晚期至西汉前期。

该釜在可乐河北侧广泛分布的普通汉墓（报告称为甲类墓）中没有出土，相反在可乐河南侧锅乐包墓区被归入普通汉墓的少量土坑墓中还有出土（图 2-12,3），且还出土有形制非常接近的铁釜（图 2-12,6），因而笔者曾论及可乐河南侧汉式墓可能是吸收汉文化后相当程度上汉化了的墓葬，墓主族属同可乐河北侧外来普通汉移民不同[1]。

D 型铜釜在贵州境内的其他地区汉墓中基本没有发现，但在四川盆地战国秦汉时期的墓葬中使用最为广泛，是巴蜀文化的代表性器类之一，如四川什邡（图 2-22,2）、昭化宝轮院（图 2-22,3）、浦江盐井沟（图 2-22,4）、涪陵小田溪（图 2-22,5）、渠县城坝（图

---

[1] 张合荣：《赫章可乐乙类墓的分期与年代》，《中国考古学会第十二次年会论文集》，文物出版社，2010 年。

2-22,6)等墓地出土的釜同贵州赫章可乐乙类墓中出土铜釜几乎完全相同。而且在四川盆地尤其是偏东部的重庆地区，时代较晚的汉至南朝墓葬中，这种形制的铜釜还在继续使用，如涪陵镇安①(图2-22,1)、丰都镇江②(图2-22,8)等墓地还有较多发现，并常被改成铜甑，是使用时间延续很久的青铜器具。

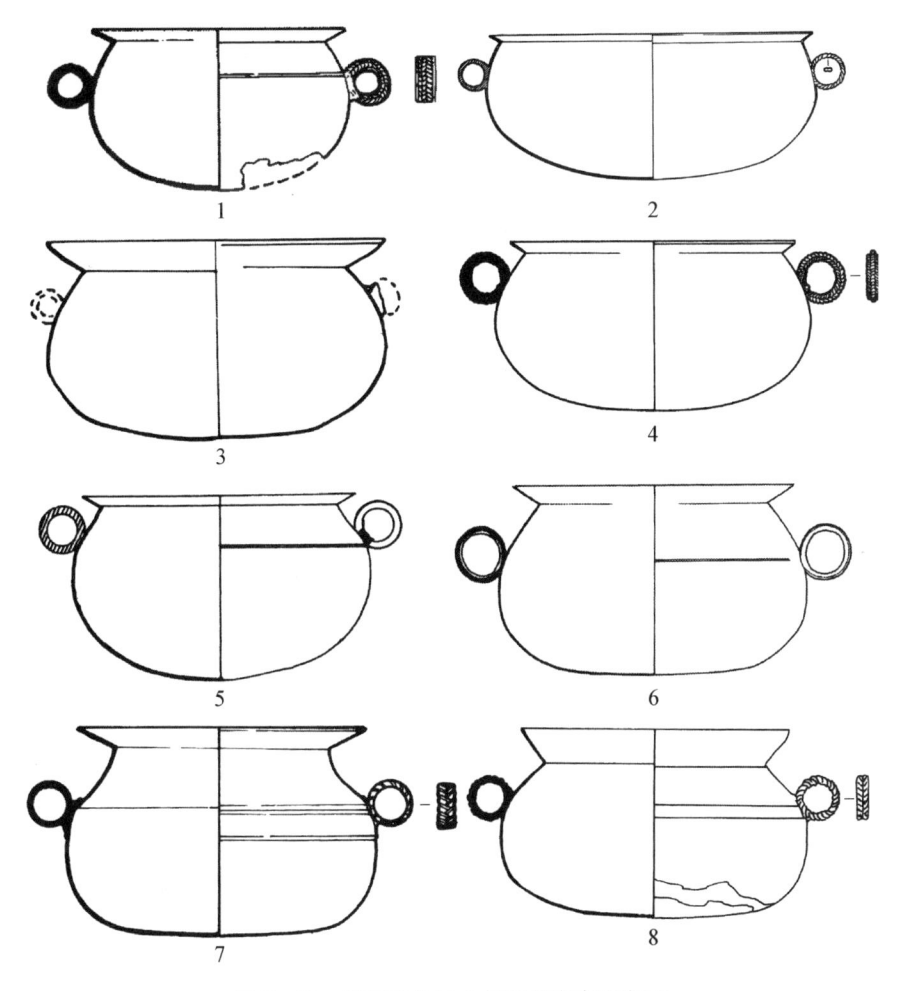

图2-22 四川盆地出土与D型相似的铜釜
1. 涪陵镇安(M39:2) 2. 什邡战国墓(M16:1) 3. 昭化宝轮院(M17:8) 4. 浦江盐井沟(M2:32)
5. 涪陵小田溪(M9:37) 6. 渠县城坝(01106) 7. 丰都迎宾大道(M1:1) 8. 丰都镇江(2005FRHLM10:21)

D型铜釜在滇文化墓地中基本没有发现，这是一个相当奇怪的现象，滇中盆地滇文化墓地出土青铜器数量多，类型复杂，但巴蜀文化因素青铜器却很少，远不如赫章可乐。在与蜀地紧邻的云南昭通，目前也较少发现D型铜釜的资料报道，但紧邻四川南部地区的

---

① 北京市文物研究所、重庆市文物局、重庆市涪陵区博物馆：《2001、2003年度涪陵镇安遗址发掘报告》，重庆市文物局、重庆市移民局编：《重庆库区考古报告集2001卷·下》，科学出版社，2007年，第1970页。
② 重庆文化遗产研究院编：《丰都镇江汉至六朝墓群》，科学出版社，2014年。

水富张滩等巴文化墓地出土有单耳铜鍪和用 D 型釜改制的铜甑（图 2‑23,1、3）,彝良县征集有同 D 型釜形制的铁釜（图 2‑23,2）。用 D 型釜改制的铜甑在四川盆地是比较常见的炊具,如四川渠县城坝出土的铜甑（图 2‑23,4）就同云南水富张滩所出。可见滇东北的昭通和黔西北的可乐等紧邻巴蜀文化的云贵高原偏北部地区,地方族群青铜文化的发展受四川盆地巴蜀文化的影响很深。

D 型铜釜在广州汉墓（Ⅰ型 1175∶65）中也有少量发现,与这种釜经常共出的铜鍪也时有出土,表明从巴蜀经云贵高原到广州的商贸通道即文献中的"枸酱"贩运线在一定时期是畅通的。

在四川盆地及近邻的巴蜀文化遗存中,常见将 D 型釜改为铜甑,并与另一青铜容器组合成炊具的情况（图 2‑23,1、3、4）,这在贵州赫章可乐还没有发现。赫章可乐出土的 D 型釜几乎全部用作"套头"葬具,可乐铜釜宗教方面的作用可能远大于作为炊具的普通用途。

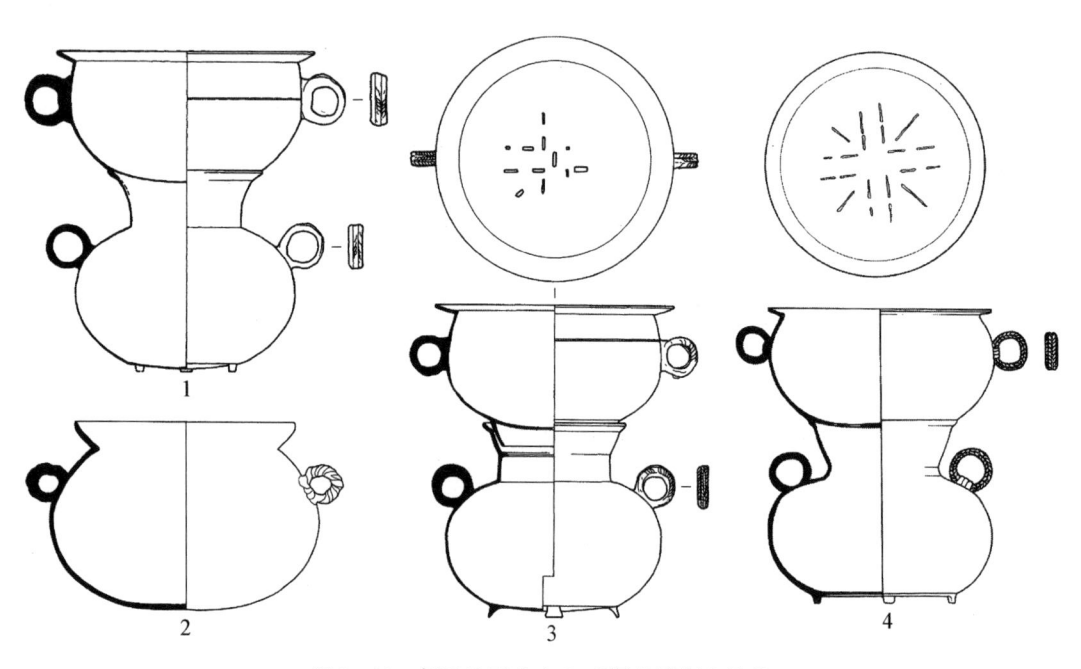

图 2‑23　邻近地区出土 D 型铜釜形甑和铁釜
1. 昭通水富张滩（M7∶5）　2. 昭通彝良出土铁斧　3. 昭通水富张滩（M19∶18）　4. 渠县城坝（01131）

同 EⅠ式釜相近器形在云南曲靖八塔台、个旧黑玛井和广西合浦风门岭等地区均有发现。相比较而言,云南曲靖八塔台（图 2‑24,1）和个旧黑玛井（图 2‑24,2）等地出土者更接近贵州所出,有的还置于铁三脚支架上（图 2‑24,3）。广西合浦风门岭出土者则存在一定差异,有的直颈很短,口沿内敛呈盘口（图 2‑24,4）;有的则呈宽折沿,束颈,鼓腹圜底状,没有短直颈,形制介于 D 型釜和 E 型釜之间。同 D 型的区别是口沿变成宽折沿盘口状,同 E 型的不同在于没有短直颈,这种中间形制的釜是否说明 D 型釜和 E 型釜之间具有一定的传承和相连性。接近EⅡ式釜在云南昭通①(图2-24,5)和昆明羊甫头有发现(图2-24,6),昭通出土者与贵州所出基本相同,羊甫头所出盘口则有一定差异。

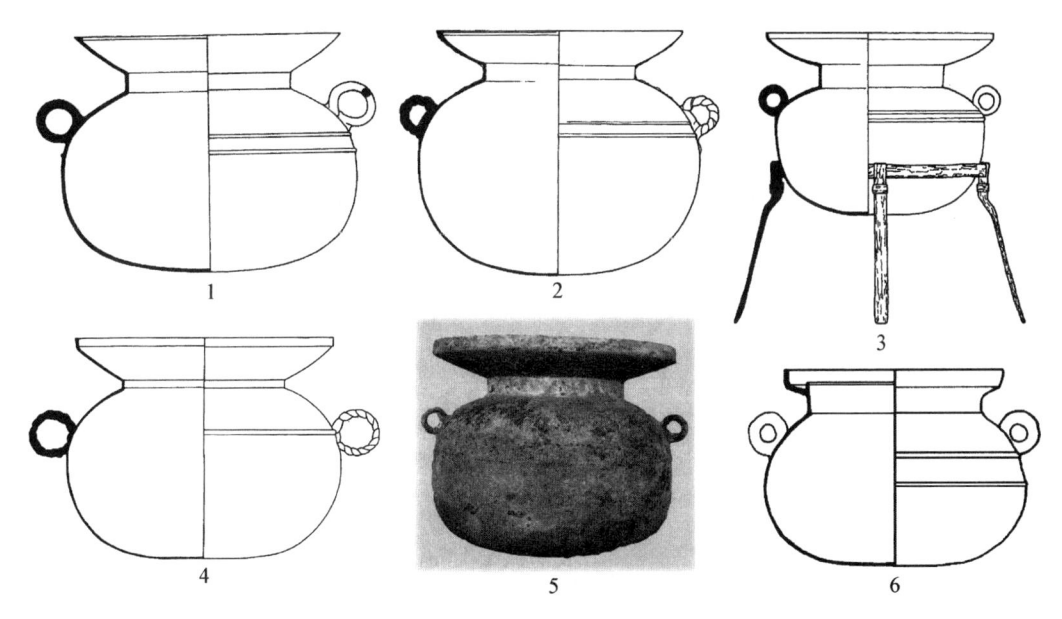

图 2-24 邻近地区出土同 E 型相似铜釜
1. 曲靖八塔台(M19:1鍪) 2. 个旧黑玛井(M19:1) 3. 个旧黑玛井(M8:44)
4. 合浦风门岭(M26:96) 5. 昭通出土 6. 昆明羊甫头(M316:14)

EⅠ式和EⅡ式釜差异主要在口沿,EⅠ式釜侈口宽折沿较接近D型釜,其与D型釜最大差异是颈部变成直颈,因而EⅠ式釜可能是在D型釜的基础上发展起来的,常同铜甑配合使用。EⅡ式盘口更接近越式盘口鼎、釜的造型,可能受越式盘口青铜器的影响,主要流行在西汉中晚期以后。

总之,EⅠ式釜同EⅡ式釜形态差异较大,使用方法也可能不同,它们之间没有器形的演变关系,各有来源。

F型铜釜器形相对较小,同铜鍪较为接近,因而一些简报和研究者往往将其称为铜鍪②。这种形制的铜釜在四川盆地出土数量多,分布范围广,如重庆万州大地嘴M19出土的釜③为平底(图2-25,1),同贵州兴仁交乐汉墓出土铜釜相近;而云阳李家坝(图2-25,2)、西昌礼州(图2-25,13)、成都博瑞④(图2-25,14)等地出土者或为圜底,或圜底近平,同贵州出土者相同或近似。可以说贵州出土的F型铜釜相当程度受流行在四川盆地的铜釜影响,这种铜釜的造型与战国秦汉时期的铜鍪具有十分密切的联系。

---

① 昭通市文物管理所编:《昭通文物藏品图录》,云南人民出版社,2014年,第118页。
② 陈文领博:《铜鍪研究》,《考古与文物》1994年第1期;吴小平:《汉代铜鍪研究》,《东南文化》2003年第11期。
③ 青海省考古研究所、南京大学文博系、万州市文管会:《万州大地嘴墓地发掘报告》,重庆市文物局、重庆市移民局编:《重庆库区考古报告集(1999卷)》,科学出版社,2006年。
④ 成都市文物考古工作队:《成都博瑞"都市花园"汉、宋墓葬发掘报告》,成都市文物考古研究所编著:《成都考古发现(2001)》,科学出版社,2003年,第144页。

图 2-25 邻近地区出土 F 型铜釜(有的简报称铜鍪)

1. 万州大地嘴 M19:2 2. 云阳李家坝(M9:1 铜鍪) 3. 曲靖平坡 M28:2 4. 曲靖平坡 M55:1
5. 昆明羊甫头(M426:3 鍪) 6. 昭通小湾子 M18:8 7. 大关岔河 M3:5 8. 昭通得马 M2:3
9. 会泽水城 M9:3 10. 曲靖八塔台(m2:2) 11. 曲靖八塔台 M90:3 12. 个旧黑玛井 M30:11
13. 西昌礼州 M2:15 14. 成都博瑞(M5:1) 15. 盐津墨石沟(M1:20)

同贵州 F 型相同或近似的釜除四川盆地外，在云南昭通、曲靖和昆明等地区的汉代遗存中亦有较多发现。如曲靖八塔台、平坡等青铜文化墓地遗存中，就有较多出现（图2-25,3、4、10、11）；在昭通、昆明等地汉墓中，出土数量就更多，像昆明羊甫头汉式墓中，几乎每座墓均随葬有同 F 形铜釜相近或相同的铜釜；甚至滇东南红河州河口县（图2-25,15）和越南北部一带都发现有这种形制的铜釜[①]。F 型铜釜是西南地区在西汉晚期到东汉时期使用数量最多的青铜炊具。

在贵州赫章可乐汉墓（图2-26,1）和云南会泽水城汉墓（图2-26,2）等许多汉墓中还出土有同 F 型铜釜的陶釜，应是当地仿铜釜造型制造。另外在重庆巫山麦沱等地汉墓中，还出土有器形同 F 型铜釜相同的铁釜[②]（图2-26,3），这种质地多样的釜形器是当时人们日常生活中影响很大的炊器。

G 型釜主要出土在黔西、兴仁交乐等东汉时期的砖室墓与石室墓中，是相对晚出的汉代青铜炊具。相同或相似的铜釜在云南、广西等邻近地区也有不少发现，且在云南境内这种铜釜还出土在楚雄万家坝和曲靖八塔台等青铜文化墓地中，楚雄万家坝 M1 出土的铜釜呈敞口，束颈，鼓腹，平底，口部还接近 C 形釜（图2-27,2）。曲靖八塔台 M7 所出盘口斜折，弧腹，平底（图2-27,1），其造型与个旧黑玛井出土铜釜（报告称锅，图2-27,4）接近。合浦风门岭出土铜釜腹较深，盘口较宽且平（图2-27,3、5）。昭通大关釜立耳底部有数道绳纹箍圈，同贵州黔西南交乐汉墓出土者较为接近（图2-27,6）。

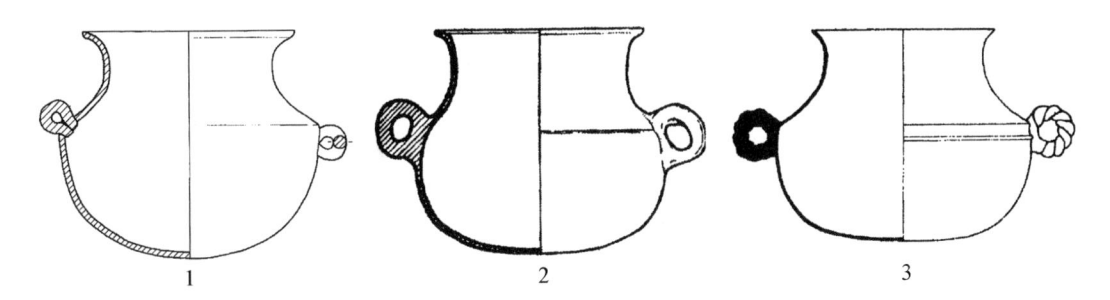

图2-26 贵州及邻近地区出土同 F 型铜釜相近的陶釜和铁釜
1. 赫章可乐（M281:8陶釜） 2. 会泽水城（M11:22陶釜） 3. 巫山麦沱（M32:4铁鍪）

G 型釜主要流行在云贵高原向岭南倾斜地区，可能是在 C 型铜釜的基础上发展而来的，主要使用在西汉晚期到东汉时期。贵州发现的数件 G 型釜，都是东汉中晚期的产品，且从釜内所铸的纪年看，这类釜有相当部分为朱提、堂狼等地所生产，是具有鲜明云贵高原地域特征的汉代青铜炊具。

从釜身看，贵州出土的 H 型铜釜主要有两种型式：多数釜身同 F 型，只是在肩腹一侧伸出一断面呈方形的空心长柄；少数釜身接近 C 型釜，只是 C 型釜口沿有立耳，H 型釜

[①] 杨帆、万扬、胡长城编著：《云南考古（1979—2009）》，云南人民出版社，2010年。
[②] 湖南省文物考古研究所、巫山县文物管理所：《巫山麦沱汉墓发掘报告》，重庆市文物局、重庆市移民局编：《重庆库区考古报告集1997卷》，科学出版社，2001年。

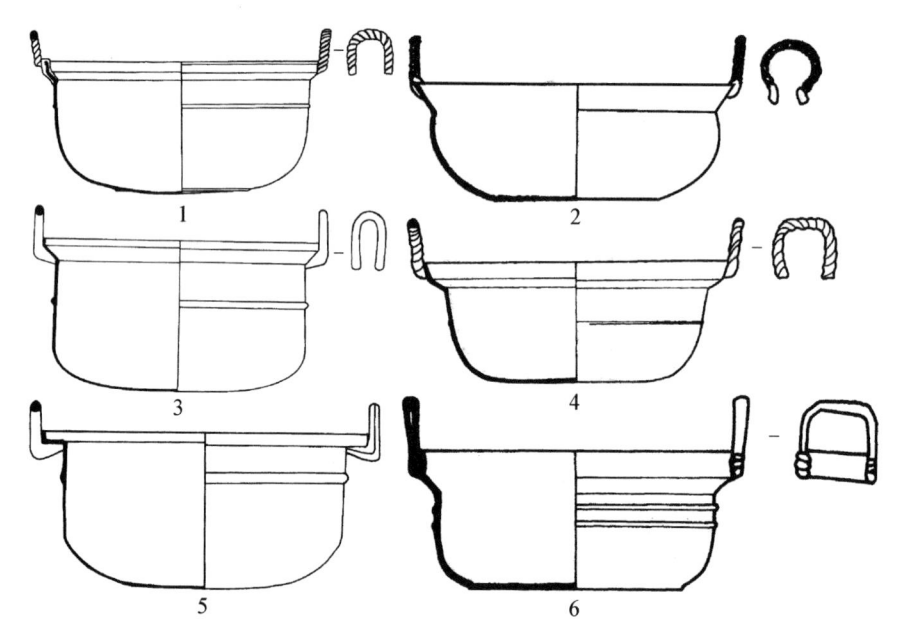

图 2-27 邻近地区发现的 G 型铜釜
1. 曲靖八塔台(M7∶5) 2. 楚雄万家坝(M1∶2) 3. 合浦风门岭(M26∶95)
4. 个旧黑玛井(M18∶12 铜锅) 5. 合浦风门岭(M27∶31) 6. 昭通大关(M3∶25)

无耳,颈部伸出一长柄。两种型式的釜在四川、重庆、云南和广西等周边地区都有较多发现,如重庆丰都杜家包 M9∶18[①](图 2-28,1)、西昌礼州 M3∶28(图 2-28,4)、个旧黑玛井 M4∶39(图 2-28,5)、个旧黑玛井 M30∶2(图 2-28,6)等同赫章可乐 M7∶1,釜身接近 C 型釜,底呈圜底或平底;而曲靖八塔台 M49∶3(图 2-28,3)、云阳李家坝 M14∶37(图 2-28,7 刁斗)等同贵州水城黄土坡、威宁中水和兴仁交乐等地出土者接近,釜身同 F 形釜,肩部一侧有一环耳,另一侧伸出一长方形或龙首形空心柄。另外,广西贵县罗泊湾汉墓 M1∶38(图 2-28,2)、渠县城坝 M2∶6(图 2-28,9)、成都青白江区磷肥厂[②] M14∶1(图 2-28,10)的形制则与可乐 M183∶6、M8∶8 相一致,器身接近铜鍪。

H 型釜的出现应该有不同途径:一是仿 C 型釜身,在 C 型釜身一侧加一柄而成;一是仿广泛流行在西南地区的 H 型釜,在 H 型釜肩颈一侧加一长空心柄或长龙首柄;再是仿战国秦汉时期流行在四川盆地和贵州赫章可乐等地区的双耳或单耳铜鍪,一侧伸出一空心柄,但空心柄上仍铸一环耳。在所有这些 H 型带柄釜中,出土在水城黄土坡和兴仁交乐等贵州西南部地区的龙首柄釜形器成为最具地域特征的精美物品,这种龙首柄釜在昭通博物馆亦收藏 1 件(图 2-28,8),但不清楚具体出土地点。

---

① 重庆市博物馆:《丰都杜家包汉墓群发掘简报》,载重庆市文物局、重庆市移民局编:《重庆库区考古报告集(1999 卷)》,科学出版社,2006 年。
② 成都文物考古研究所、青白江区文物保护管理所:《成都市青白江区大洞磷肥厂工地汉墓发掘报告》,成都文物考古研究所编著《成都考古发现(2008)》,科学出版社,2010 年。

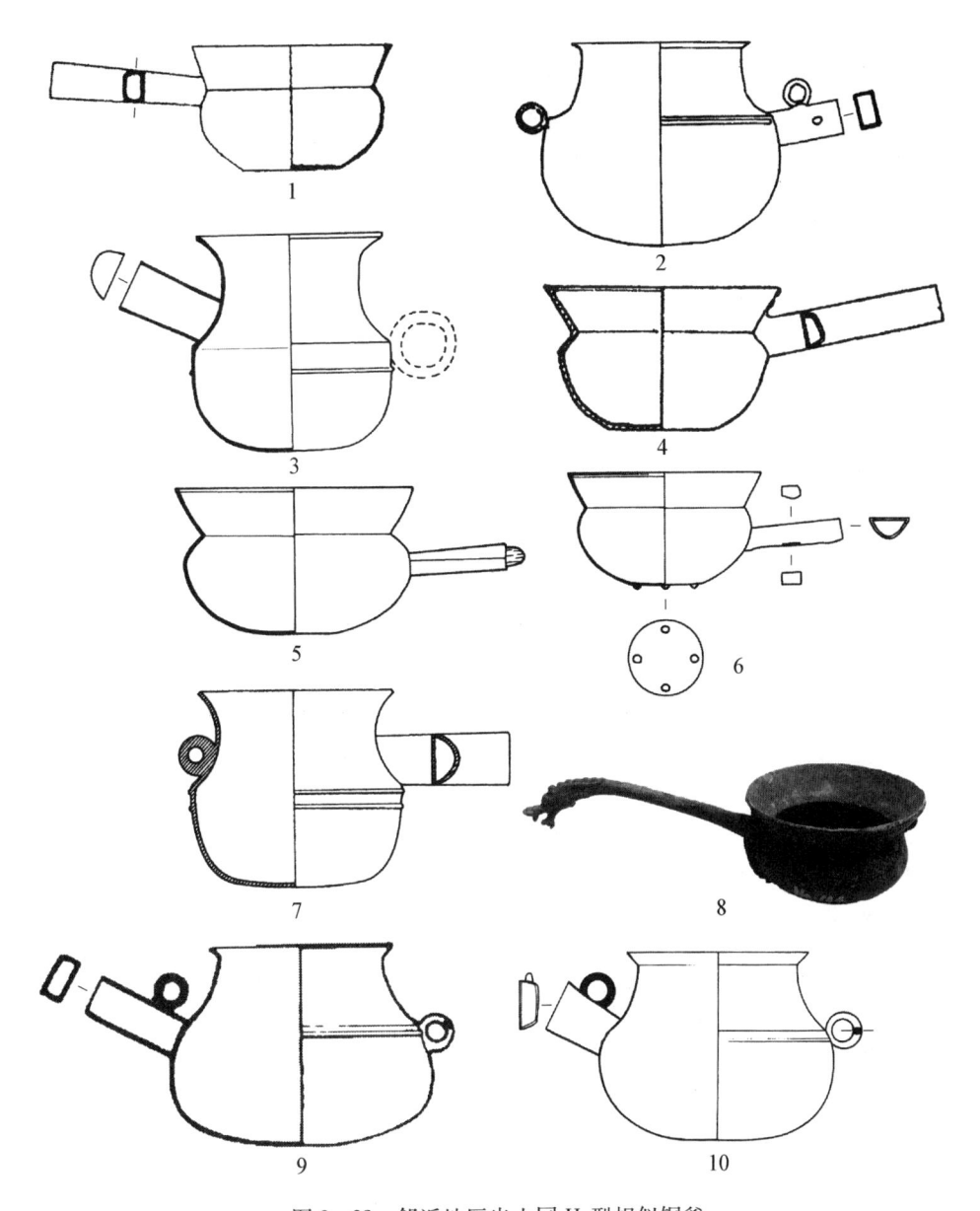

图 2-28 邻近地区出土同 H 型相似铜釜
1. 丰都杜家包(M9:18刁斗) 2. 贵县罗泊湾(M1:38镎壶) 3. 曲靖八塔台(M49:3杯)
4. 西昌礼州 M3:28 5. 个旧黑玛井(M4:39刁斗) 6. 个旧黑玛井(M30:2刁斗)
7. 云阳李家坝(M14:37刁斗) 8. 昭通博物馆藏品 9. 渠县城坝(M2:6镎斗)
10. 成都青白江区磷肥厂(M14:1)

I 型铜釜主要特征是口小而直,腹部呈圆球形,圜底或圜底近平。除铜釜外,在赫章可乐和黔西等汉墓中还出土形制基本相同的铁釜和陶釜,如黔西汉墓 M37 出土铁釜口沿略外敞,领高,鼓腹,小平底(图 2-17,3),腹部对称数片相连环耳,环耳部有两周凸弦纹,同可乐铜釜相比,其领部变高,腹变深,底变成小平底。

上海博物馆收藏有1套东汉时期蒸馏器①(图2-17,5),釜口沿接一深腹甑,甑腹下方有一空心短管,其铜釜造型同赫章可乐烟站出土者基本相同,可乐出土的深腹甑,也应是同铜釜配套使用的青铜器具。由是观察,来自中原或巴蜀一带的汉移民可能将当时最为先进的蒸馏技术带到了可乐。

在赫章可乐,不仅普通汉墓中出土有Ⅰ型铜釜,少数对汉文化具有相当程度吸收的地方族群墓葬(发掘报告称为乙类墓)如M46亦出土这种Ⅰ型铜釜,而且铜釜在墓中还继续作为套头葬具使用,反映着西汉中晚期以后,汉文化系统铜釜和铁釜逐步取代墓地早期使用的A、B、C、D等极具地域特色铜釜的客观实际,因而Ⅰ型铜釜使用年代应在西汉晚期至东汉以后。

3. 简单认识

铜釜是在战国秦汉时期包括贵州在内的整个西南及其周边地区使用数量最多、类型最复杂的青铜容器,不少铜釜既出现在汉文化遗存中,又出现在地方青铜文化遗存中,具有广泛的流动性和融合性。

就分布范围来说,A、B、D型主要分布在黔西北赫章可乐和威宁中水等小范围内的地方族群青铜文化墓地中:其中A型虽都见于赫章可乐和威宁中水,但两地器形存在差异;B、D型目前仅见于赫章可乐;C型既分布在赫章可乐地方族群青铜时代墓地,也分布在贵州其他地区普通汉墓中;E、Ⅰ型铜釜主要分布在贵州偏北部地区汉墓中;F型、G和H型铜釜数量很多,分布范围也最广,贵州发现的汉文化遗存区域几乎都有发现。

就使用时代来说,A、B、C、D型在战国晚期开始使用,西汉前期兴盛,西汉中晚期后随着其他型式的铜釜进入,开始逐步消失;E、F、H、Ⅰ型在西汉中晚期开始传入贵州,西汉晚期到东汉早期较为流行。其中H型在南朝时期仍在大量存在,G型则主要流行在东汉中晚期,应是在C型基础上发展出的地域产品。

就使用的族群来说,A、B、D型主要是包括夜郎在内的"西南夷"族群使用;C、F、H型和Ⅰ型在夜郎系族群和中原汉移民中都有使用,但主要使用在中原汉移民中;E和G型则基本使用在中原汉移民中,夜郎系地方族群墓葬中还没有发现,不过安龙出土的GⅡ式釜,出土时极具地方特征的羊角钮钟、铜铙等共出,表明也存在混杂使用的情况。

就铜釜产生的文化因素来说,A型釜是"西南夷"族群的重要青铜器,可能来自云南中北部地区,其器形可能仿先秦时期流行在西南地区属氐羌系族群文化系统的大双耳陶罐;B型釜可能是在A型釜基础上发展来的,贵州出土的B型釜极可能从云南输入;D型釜来自战国时期的巴蜀,或为输入,或为当地仿制;C型釜是随着汉移民的进入而带来的,但部分产品可能是当地族群仿制;E型釜可能是在D型釜的器形上改进而

---

① 冯恩学:《中国烧酒起源新探》,《吉林大学社会科学学报》2015年第1期;陈剑:《古代蒸馏器与白酒蒸馏技术》,《四川文物》2013年第6期。

成;F型釜来自四川盆地,吸收有这一地区流行的铜鍪特征;G型釜出现较晚,其器形与C型釜有较多相似之处,两者之间可能具有一定的承袭关系;H型铜釜釜身多样,或似C型、或似F型、或似铜鍪,但共同特征是肩腹伸出一柄,除方形空心短柄外,云贵高原还出现一定数量的龙首形长柄,而且这种龙首形柄不具备流的性质,成为铜釜中别具一格的造型。

在云贵高原及其周边包括四川盆地和广西中西部地区,铜鼎发现不是很多,这一广大地区特别流行作为炊器的铜釜,数量和形制都很多。在广西中东部至广州一带,尤其广州地区,随着越式、楚式和中原式鼎的增多,铜釜数量大为减少,如东汉时期流行在云贵高原至广西中西部地区的G型竖耳盘口釜(或称锅)在广州等地就基本不见,可以认为在战国秦汉时期的西南地区,各种形制的铜釜可能替代了铜鼎的炊具功能。

六、铜　　锅

仅安顺宁谷M28出土1件。器形呈敞口,口沿外侈呈盘状,鼓腹,圜底,口沿上立二环耳(图2-29,1)。原简报将其称为釜,但形制与上述各型式铜釜有明显差异,可归入铜锅之类炊器。

相近的铜锅在广西、重庆等邻近地区也有少量发现,广西合浦风门岭汉墓出土的铜锅口沿窄,腹部较深(图2-29,3);重庆丰都镇江汉墓出土锅口沿较宽,腹较浅(图2-29,2);石柱砖瓦溪汉墓出土铜锅[①]口沿略呈盘口状(图2-29,4),同贵州各地发现的G形釜较为接近,是G型釜的变体。

相比较而言,重庆地区出土的铜锅同安顺宁谷所出更为接近,宁谷铜锅可能受到重庆地区相同器类的影响,年代应该在东汉晚期及以后。

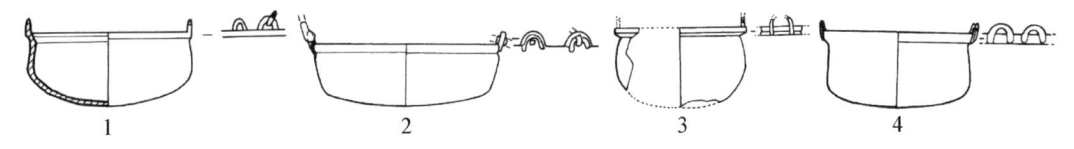

图2-29　贵州及邻近地区出土青铜锅
1. 安顺宁谷(M28∶7)　2. 丰都镇江(2008FRSBM31∶13铜釜)
3. 合浦风门岭(M23B∶63)　4. 石柱砖瓦溪(Ⅱ区M2∶23)

七、铜　　鍪

1. 型式划分

8件。主要集中出土在赫章可乐和务川大坪等贵州偏北部与四川盆地接近的地区,

---

① 山西省文物考古研究所等:《石柱砖瓦溪墓地发掘报告》,重庆市文物局、重庆市移民局编:《重庆库区考古报告集2001卷·下》,科学出版社,2007年,第1513页。

具有小地域分布特点。根据器耳和鍪身差异,将其分为两型:

A 型:侈口,束颈,鼓腹,圜底。6件。全部出土在赫章可乐墓地。依颈、耳和有无足部分为四式:

AⅠ式:3件。口沿下略内束,长颈,肩部对称双耳一大一小。可乐1978年征集者器身修长(图2-30,3)。可乐M277:2器身下部略变宽(图2-30,6)。

AⅡ式:1件。可乐M312:1,颈部变短,器身矮胖,肩部只一单环耳(图2-30,5)。

AⅢ式:1件。赫章可乐M373:1,器身更矮,同D型铜釜接近(图2-30,1)。

AⅣ式:1件。敞口,束颈,球形鼓腹,腹下三支短足,肩部一环耳(图2-30,4)。

B 型:敞口,鼓腹,圜底。2件。全部出土在务川大坪汉墓,依颈腹不同分为两式:

BⅠ式:1件。务川大坪征集。器身较高,颈部内束有折棱,宽肩扁鼓腹,圜底,肩部对称双耳(图2-30,7)。

BⅡ式:1件。务川大坪M2:4,器身矮,肩部折痕处对称一大一小环耳(图2-30,2)。

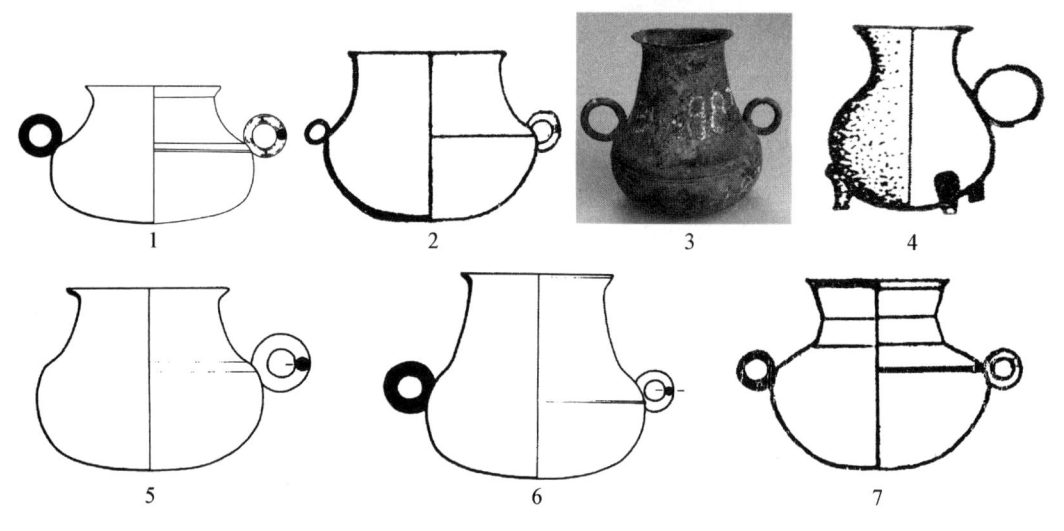

图2-30 贵州出土战国秦汉时期铜鍪

1. 赫章可乐M373:1 2. 务川大坪M2:4 3. 可乐1978年征集 4. 赫章可乐M122:1
5. 赫章可乐M312:1 6. 赫章可乐M277:2 7. 务川大坪(WD:004)

2. 比较分析

铜鍪都出土在可乐战国晚期到西汉中期的乙类墓和务川大坪西汉早中期墓葬中,西汉中晚期以后的汉墓中少见,其时代和地域特征都相当明显,即主要发现在与四川盆地紧邻的贵州北部地域,贵州境内出土的铜鍪应与四川盆地战国秦汉时期的铜鍪具有十分密切的关系。

在四川什仿战国墓(图2-31,3)和云南水富张滩(图2-31,1)、绥江回头湾(图2-31,2)等巴蜀文化墓地中出土的铜鍪为侈口、束颈、鼓腹、圜底造型,与贵州赫章可乐铜鍪有较多相似之处,但这些铜鍪多在颈部或颈肩部铸一辫索纹环耳,耳位置与造型同可乐鍪差异较大。相反,在重庆巫山瓦岗槽、巫山麦沱①(图2-31,9)、广西合浦文昌塔②(图2-31,8)和广州南越王墓(图2-31,5)等地出土的铜鍪整体造型却与赫章可乐出土的AⅢ式鍪非常接近,渠县城坝出土的铜鍪(图2-31,6)同贵州务川出土的BⅠ式鍪非常相似,重庆临江支路(图2-31,7)铜鍪非常接近贵州务川出土的BⅡ式鍪,可见贵州北部务川一带铜鍪造型受四川盆地东部地区战国秦汉时期铜鍪的影响是非常明显的。

云南滇文化墓地中出土有少量铜鍪,如李家山墓地出土的双耳鍪(图2-31,4)接近赫章可乐铜鍪,但该鍪腹深,圆形双环耳较大,极具地域特色。

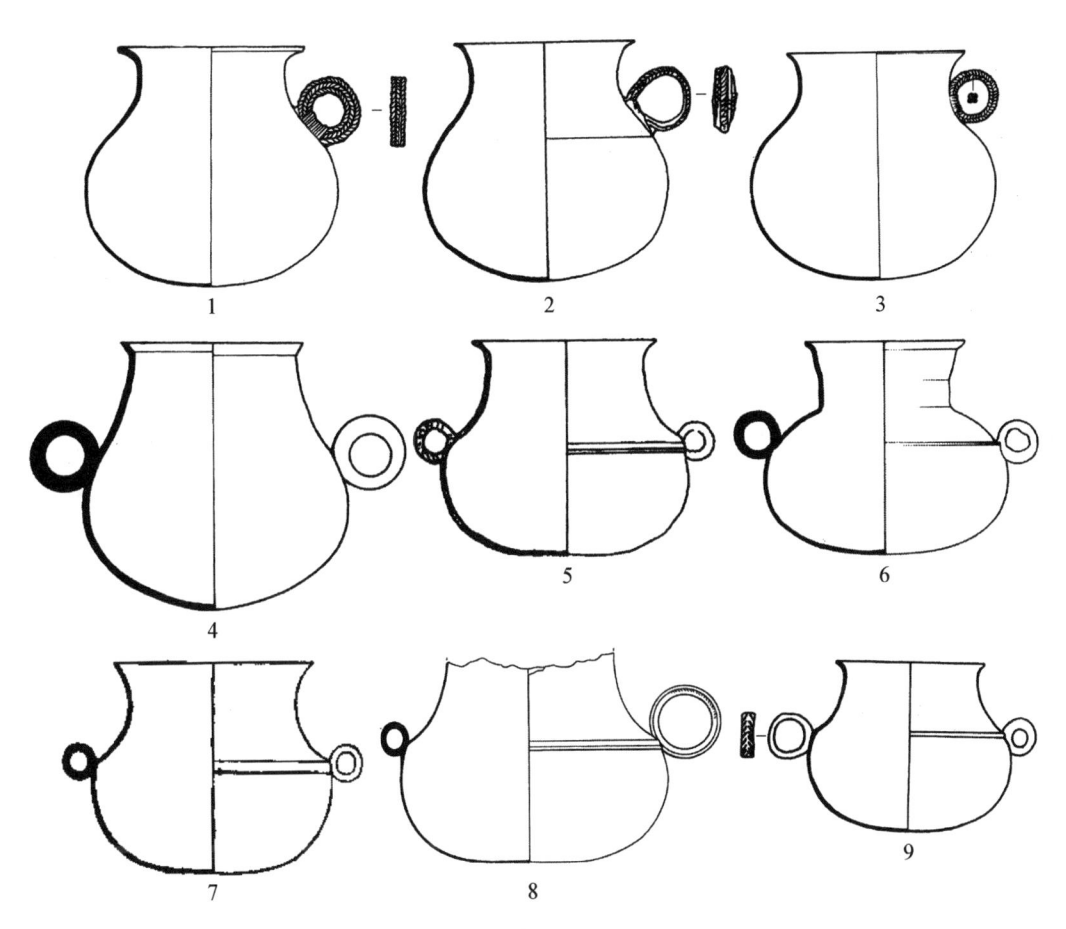

图2-31 邻近地区出土相似铜鍪
1. 水富张滩(采:38) 2. 绥江回头湾采集 3. 四川什邡(M38:28) 4. 江川李家山(M68:194)
5. 广州南越王墓(G76) 6. 渠县城坝(01118) 7. 重庆临江支路(M4:1)
8. 合浦文昌塔(M83:3) 9. 巫山麦沱(M66:5)

---

① 湖南省文物考古研究所等:《巫山麦沱古墓群第三次发掘报告》,重庆市文物局、重庆市移民局编:《重庆库区考古报告集2001年卷·上》,科学出版社,2007年,第306页。
② 广西文物保护与考古研究所编著:《广西合浦文昌塔汉墓》,文物出版社,2017年,第61页。

3. 简单认识

贵州境内铜鍪主要分布在赫章可乐和务川大坪等偏北部地区，分布地域范围小，两地器形各有差异，但均流行在战国晚期到西汉中期，西汉中晚期以后基本消失。

贵州境内铜鍪受四川盆地战国秦汉时期铜鍪影响较大，演变轨迹也与四川盆地基本相同，如器身由瘦长向矮胖发展，耳由单耳变为双耳，即器身越来越接近铜釜。

与四川盆地战国秦汉时期铜鍪耳不管是单耳还是双耳多位于颈部或肩上部不同，目前贵州发现的铜鍪耳多位于肩下部或腹部，位置比四川盆地的要低一些。

在云南曲靖八塔台和贵州赫章可乐等青铜文化墓地出土的在鎏金铜鍪腹下加铸三只小足的特殊造型，可能是"西南夷"族群仿制并改进的产品。

八、铜　　瓶

1. 型式划分

4件。依瓶身不同分为两型：

A型：2件。皆赫章可乐出土，残破无完整器。M8：29颈上残，扁鼓腹，筒状圈足。足部、腹部及颈肩部皆刻齿纹、菱纹等线刻花纹（图2-32，1、2）。

B型：2件。造型皆长直颈，扁鼓腹，喇叭状圈足。清镇15号汉墓铜瓶器身饰以龙凤纹为主体的各种图案。口沿下刻锯齿纹和菱形纹，颈肩部刻锯齿纹、龙凤纹和水波纹等，腹部以一圈龙凤纹为主体，上下刻网纹、水波纹等，圈足亦刻网状纹和龙凤纹，刻纹精美（图2-32，3）。交乐6号墓出土铜瓶（M6：11）全身自颈部到圈足通体阴刻以龙凤为主体

图2-32　贵州出土汉代铜瓶

1、2. 赫章可乐（皆M8出土）　3. 清镇（M15：8）　4. 兴仁交乐（M6：11）

的各种花纹图案,龙凤纹共 8 组,颈部 5 组,腹部 2 组,圈足部 1 组,各组龙凤纹之间以菱形纹、锯齿纹、斜线纹和水波纹等分隔,刻纹繁缛(图 2-32,4)。

2. 比较分析

广西、云南、湖南和陕西等地都出土有形制相似的铜瓶,有的简报和研究者称为长颈壶①。从器形和装饰图案看,广西合浦望牛岭②(图 2-33,3)、西安汉长安城③(图 2-33,4)、兴安石马坪④(图 2-33,5)和曲靖八塔台⑤(图 2-33,1)铜瓶与 A 型铜瓶比较接近,尤

图 2-33 其他地区出土相似铜瓶

1. 曲靖八塔台(M69:13)　2. 合浦风门岭(M26:89)　3. 合浦望牛岭
4. 汉长安城(H1:9)　5. 兴安石马坪(M21:11)　6. 汉长安城(H1:8)

---

① 吴小平、蒋璐:《汉代刻纹铜器考古研究》,浙江大学出版社,2015 年。
② 广西壮族自治区文物考古写作小组:《广西合浦西汉木椁墓》,《考古》1972 年第 5 期。
③ 中国社会科学院考古研究所汉长安城工作队:《汉长安城发现西汉窖藏铜器》,《考古》1985 年第 5 期。
④ 广西壮族自治区文物工作队、兴安博物馆:《兴安石马坪汉墓》,广西壮族自治区博物馆编:《广西考古文集》,文物出版社,2004 年,第 250 页。
⑤ 云南省文物考古研究所编著:《曲靖八塔台与横大路》,科学出版社,2003 年。

以曲靖八塔台所出同赫章可乐最为接近,使用年代也相同,都在西汉中晚期,且它们极有可能系同一地区生产的产品。广西合浦风门岭汉墓所出铜瓶(图2-33,2)虽然纹饰与赫章可乐相近,但瓶腹部扁鼓更接近B型瓶,同A型瓶相比,B型瓶的腹部更扁,圈足更高更撇,且通体分段刻以龙凤纹为主纹带的装饰不见于周邻地区,但相似花纹铜瓶在西安汉长安城中却有出土(图2-33,6),贵州境内出土的B型龙纹刻花铜瓶极有可能来自中原地区。

3. 简单认识

铜瓶的变化趋势:一是圈足底变高和更加外撇,二是腹部变得更加扁圆。
A型瓶的年代为西汉晚期至东汉早期,B型瓶的年代为东汉中晚期。

九、铜洗(盘)

1. 型式划分

洗是承水之器,大小、深浅差别较大,腹浅者又称盘,腹深者又称盆或鉴,器小者也称铏,因而各简报和研究者所用名称歧异纷呈。参照贵州学者在发掘简报中多将这一类器物称洗的习惯,本研究将这一类承水器统一归入铜洗来进行类型排比分析。

贵州铜洗出土较多,总数已近40件,包括可乐汉墓17件、乙类墓5件、威宁中水4件、清镇平坝6件、平坝天龙1件、安顺宁谷1件、兴仁交乐5件、务川大坪3件、习水土城汉墓1件,多数洗出土时已残破。这近40件铜洗依腹部深浅分为三型:

A型:浅腹洗。有的简报和研究者称为铜盘。共同特征是敞口,宽沿,浅腹,圜底或平底。依底部不同可分为两个亚型:

Aa型:圜底洗。根据口沿和腹部差异可分为三式:

AaⅠ式:宽卷沿折腹洗,腹下部有明显折棱痕。全部出自赫章可乐乙类墓地,在墓中使用较为特殊,有的放置在墓坑一端或垫在墓主头下(图2-34,2),或倒置盖在墓主头部(图2-34,1、3),或垫于墓主脚侧(图2-34,5),或垫于墓主手臂下(图2-34,4、6)。垫在墓主脚端或手臂下的墓葬系典型的套头葬墓,墓坑头端横置一大型青铜釜形容器,墓主头

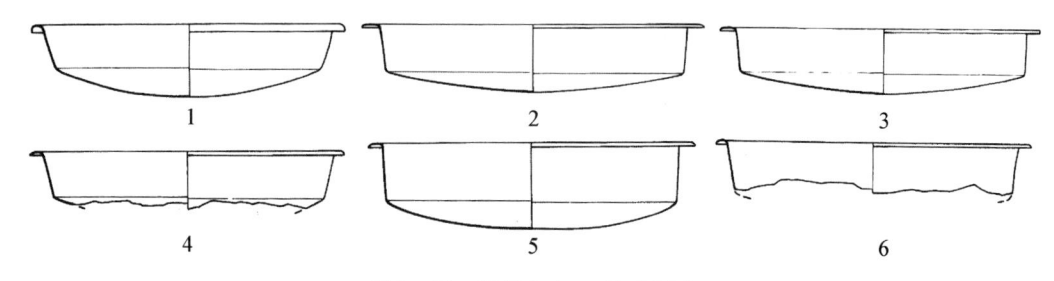

图2-34 贵州出土AaⅠ式铜洗
1. 可乐M342:50 2. 可乐M298:1 3. 可乐M296:1
4、5. 可乐(M273:3、M273:4) 6. 可乐(M274:2)

部套于青铜容器中,是一种比较特殊的葬俗,笔者认为用洗盖在头部或垫在头下,反映的可能也是一种特殊的"套头葬"俗。

AaⅡ式:宽平沿圜底洗,腹部折棱痕无AaⅠ式明显。特征是口沿较宽,腹浅,圜底近平。主要出土于务川大坪,公布资料仅1件(图2-35,1)。

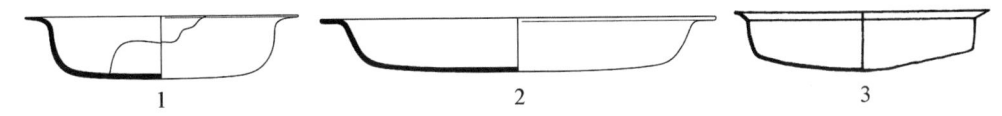

图2-35 贵州及重庆出土AaⅡ式铜洗
1. 务川大坪(M2:4) 2. 涪陵针织厂(M2:9) 3. 涪陵小田溪(M9:35盘)

AaⅢ式:折窄沿圜底洗。皆出在威宁中水墓地。特征是侈口,沿较窄,腹部有辅首衔环(图2-36)。

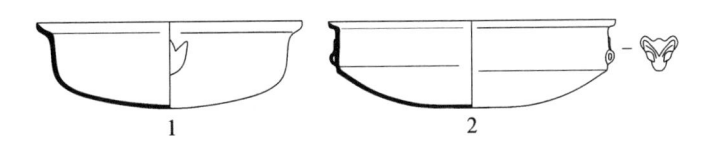

图2-36 贵州出土AaⅢ式铜洗(铜盘)
1. 威宁中水(张M1:2) 2. 威宁中水(04M64:1)

Ab型:平底洗。根据口沿和腹部差异可分为两式:

AbⅠ式:宽沿平底洗。特征是敞口,宽沿略卷,斜直腹,平底,部分洗腹下部还可看到明显的折棱痕,腹部有对称辅首衔环双耳。全部出自赫章可乐乙类墓地,有的甚残(图2-37)。出土时皆垫于墓主手臂下,且同Aa型Ⅰ式同出,它同Aa型Ⅰ式洗的差异主要是底部和腹部辅首,应由Aa型Ⅰ式洗发展演变而来,时代同Aa型Ⅰ式共时或稍晚。

图2-37 贵州出土AbⅠ式铜洗
1. 可乐(M273:2) 2~4. 可乐(M274:1、M274:6、M274:4)

AbⅡ式:敞口宽折沿平底或假圈足洗(盘)。特征是大敞口,折沿较宽,弧腹或斜直腹,平底或底部呈假圈足状,口沿下饰辅首衔环。赫章可乐出土者自名"同劳澡盘",圆弧腹(图2-38,1)。平坝天龙出土者弧腹平底(图2-38,2)。兴仁交乐和兴仁万屯汉墓出土者腹斜直,腹和底之间有折角,底中部凸出呈假圈足(图2-38,3、4)。

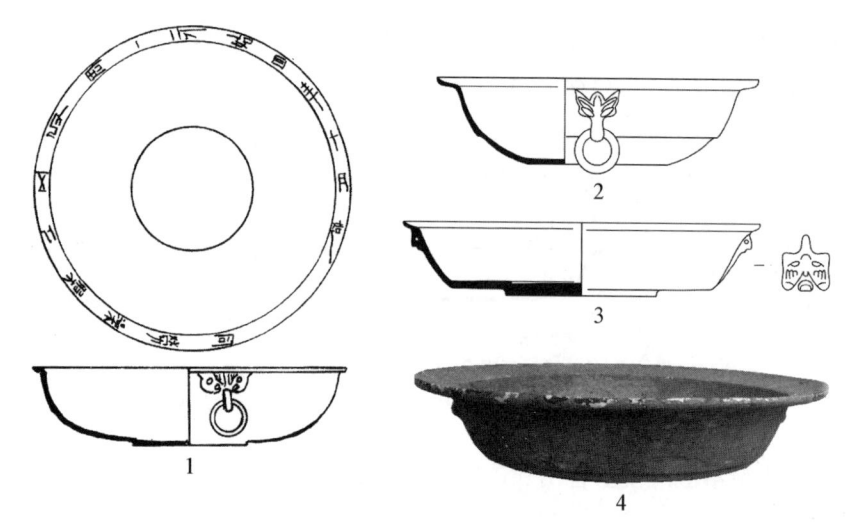

图 2-38 贵州出土 AbⅡ式铜洗(铜盘)
1. 赫章可乐(M8:39 盘) 2. 平坝天龙(M71:9) 3. 兴仁交乐(M6:11) 4. 兴义万屯(M8:13)

B型：深腹洗。有的发掘报告称盆或鉴。共同特点是敞口、束颈、深腹、平底。有的内底铸一至两尾鱼纹。根据口沿不同分为两式：

BⅠ式：折沿深腹洗。不同地区器形略有差异，务川大坪出土者为宽折沿，鼓腹但较浅（图 2-39,1、2）。兴仁交乐汉墓（图 2-39,3）和安龙城关出土者（图 2-39,8），有的同务川大坪所出，但有的腹深且腹壁斜直，口沿下铸二穿鼻，形态就有了相当差异。赫章可乐汉墓出土者折沿稍窄（图 2-39,5、6），有的腹深，被称为铜鉴（图 2-39,4），体现出相当的地域个性。

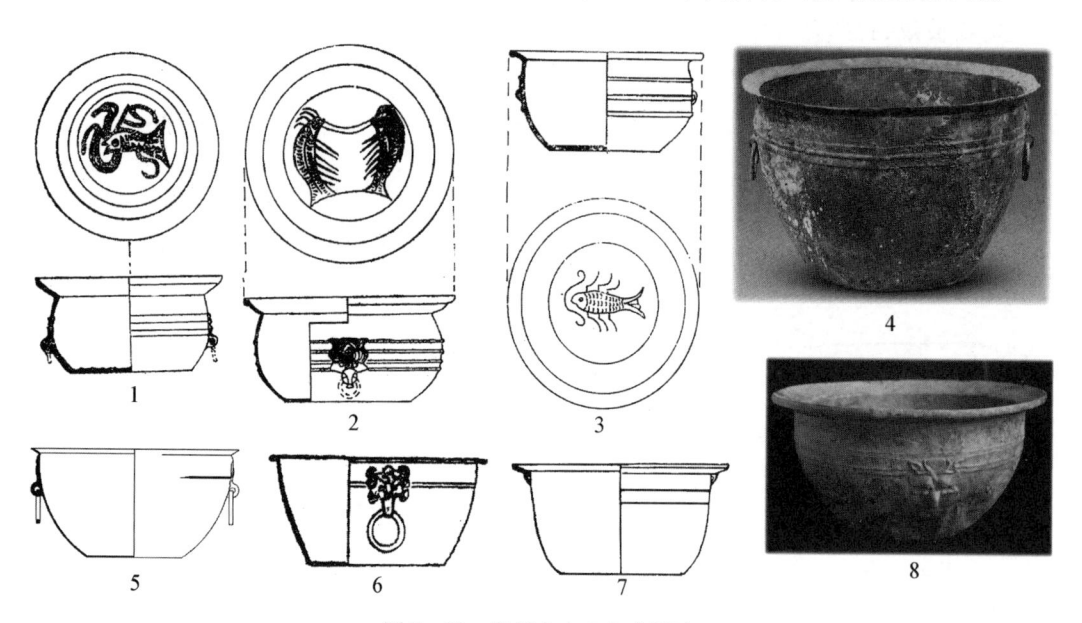

图 2-39 贵州出土 BⅠ式铜洗
1. 务川大坪(J1:1) 2. 务川大坪(J1:2) 3. 兴仁交乐(M7:46) 4. 赫章可乐(M8:3 鉴)
5. 赫章可乐(M136:1) 6. 赫章可乐(M216:2) 7. 兴仁交乐(征集) 8. 安龙城关

BⅡ式：折沿深腹带柄洗。兴仁交乐 M7 所出，折沿，束颈，弧腹，平底，腹部一侧铸一环耳，另一侧伸出一斜直长柄，柄身中空，断面长方形（图 2-40,1）。

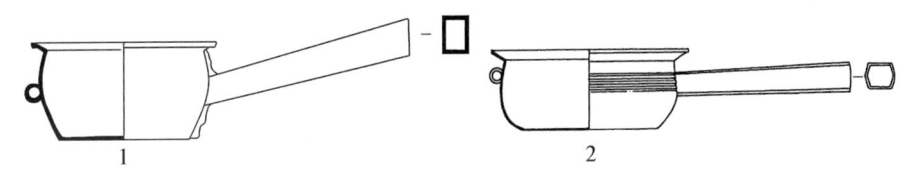

图 2-40　贵州及邻近地区出土 BⅡ式洗
1. 兴仁交乐 M7：13　2. 绵阳白虎嘴 M14：4（铜䤇斗）

C 型：卷沿束颈深腹洗。特征是口沿略外卷，束颈，鼓腹平底。该型洗发现不多，仅赫章可乐（图 2-41,1）和安顺宁谷（图 2-41,2）各发现 1 件，且腹下部和器底形态存在差异。

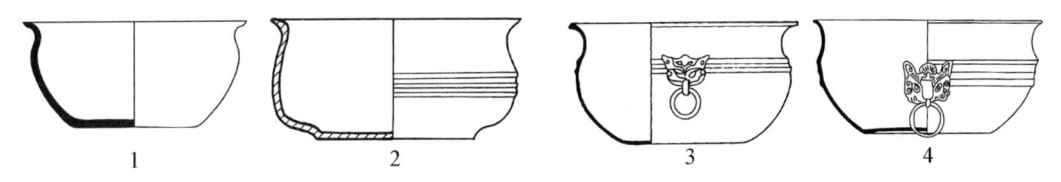

图 2-41　贵州及邻近地区出土 C 型铜洗
1. 赫章可乐（M220：12）　2. 安顺宁谷（M28：8）　3. 晋宁石寨山（M6：131）　4. 云阳江口黄草坪（M4：2）

2. 比较分析

铜洗是贵州战国秦汉时期最有特征的青铜器之一，它既在夜郎系地方族群墓葬中广泛使用，也是普通汉墓中大量使用的随葬物品，不少器形的使用具有小地域性，且主要分布在贵州偏北部与汉巴蜀接近的地区。如 Aa 型Ⅰ式和 Ab 型Ⅰ式洗目前仅出于赫章可乐地方民族墓葬中，AaⅡ式洗主要见于贵州北部地区的务川大坪一带，AaⅢ式洗则主要出自黔西北一隅的威宁中水墓地，只有 AbⅡ式洗和 B 型洗广泛出土在贵州各地汉式墓中，且年代主要在西汉晚期，尤其是东汉以后。

在贵州周边地区，与 AaⅠ式洗相同或相近的铜洗在四川盆地、广西贵县和广州等地均有发现。如在四川渠县城坝（图 2-42,2）、广西贵县罗泊湾汉墓（图 2-42,1、3）和广州南越王墓（图 2-42,4）等地发现的洗口沿平折，腹直，下部折棱清晰，而蒲江盐井沟出土的洗①为卷沿，腹较深（图 2-42,5），存在一定差异，但总体特征一致。结合墓葬出土器物，AaⅠ式洗流行年代主要在战国晚期至西汉中期，西汉中晚期以后逐渐消失。

将 AaⅠ式洗出土地域相连会发现它们基本沿四川盆地偏东部地区进入贵州高原的夜郎等南夷地区，再由这里顺南、北盘江即古代的牂柯江南下，进入南越地区，即其分布范

---

① 成都文物考古研究所、蒲江县文物管理所：《蒲江县飞龙村盐井沟古墓葬》，《成都重要考古发现（2011）》，科学出版社，2013 年，第 358 页。

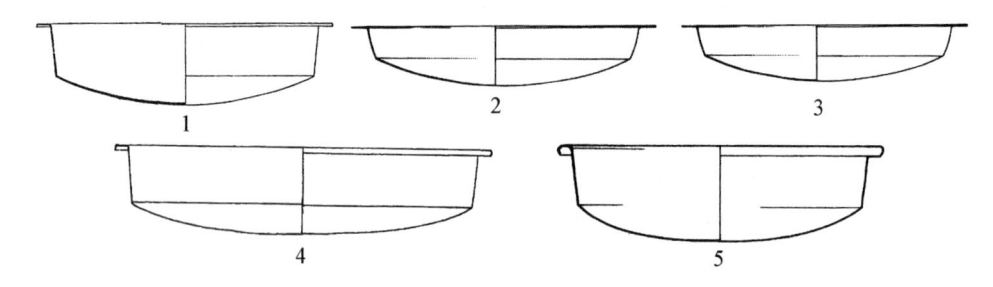

图 2-42 邻近地区出土 AaⅠ式铜洗
1. 贵县罗泊湾(M1∶25) 2. 渠县城坝(01101) 3. 贵县罗泊湾(M1∶27)
4. 广州南越王墓(F82) 5. 浦江盐井沟(M2∶34)

围与战国秦汉时期从巴蜀经云贵高原南下到达广州的商贸线基本一致,因而可以说,赫章可乐、广西贵县和南越王墓等地出土的铜洗都同四川盆地具有密切的联系。

同AaⅡ式相似的铜洗在与务川大坪相隔不远的重庆涪陵针织厂和涪陵小田溪等地有发现,共同特征是折沿宽,腹浅。涪陵针织厂铜洗器形大,敞口,宽折平沿,斜直腹,圜底(图2-35,2),形态最接近务川大坪洗;涪陵小田溪铜洗口沿为折沿,腹下部有折痕,同务川大坪铜洗存在一定区别(图2-35,3)。AaⅡ式铜洗主要使用在四川东部、重庆至贵州北部一带,地域特征鲜明。

与AaⅢ式铜洗相同或相似的器形在同威宁邻近的云南会泽水城汉墓(图2-43,1)、昭通大关汉墓(图2-43,2)和四川成都青白江区大洞磷肥厂汉墓①(图2-43,3)均有出土,虽然这些地区出土的铜洗或口部折沿稍宽,或腹部较圆润,器形略有差异,但AaⅢ式铜洗主要流行在四川西部往南经黔西北、滇东北直到桂西北一带。

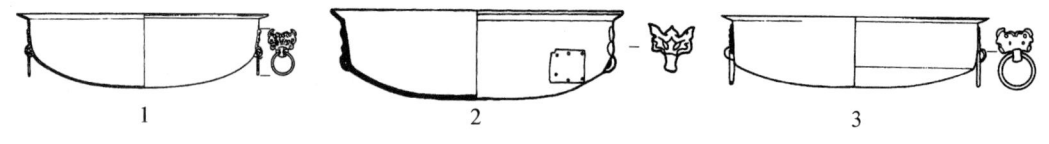

图 2-43 邻近地区出土 AaⅢ式铜洗(铜盘)
1. 会泽水城(M7∶13) 2. 大关岔河(M3∶6) 3. 成都青白江区大同磷肥厂(M1∶4)

AbⅠ式铜洗在贵州主要出土在赫章可乐地方民族墓葬中,部分铜洗同AaⅠ式洗同出,使用方法也相同,不同之处在于AbⅠ式铜洗腹部有铺首衔环,腹下折棱不清晰,底逐渐变成大平底。邻近地区同AbⅠ式铜洗相同或相似者在重庆临江支路(图2-44,2)和广西合浦风门岭(图2-44,1)、合浦凸鬼岭(图2-44,3)等西汉墓葬中亦有发现,其分布基本同周邻地区AaⅠ式铜洗。这表明AaⅠ式洗和AbⅠ式铜洗使用在基本相同的地域范围内,AaⅠ式洗的使用年代早于AbⅠ式洗,且存在一定的器形演变关系。

---

① 成都文物考古研究所、青白江区文物保护管理所:《成都市青白江区大洞磷肥厂工地汉墓发掘报告》,《成都考古发现(2008)》,科学出版社,2010年,第302页。

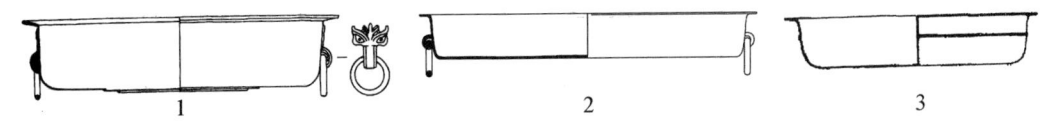

图 2-44 邻近地区相似 AbⅠ式铜洗
1. 合浦风门岭(M27∶1盆)   2. 重庆临江支路(M3∶5)   3. 合浦凸鬼岭(M11∶30盆)

AbⅡ式铜洗在贵州主要出土在普通汉墓中,地方土著族群墓葬基本没有发现,依据可乐铜洗(盘)口沿上的铭文及汉墓中出土的其他器物,AbⅡ式铜洗开始出现在西汉晚期,流行在东汉时期。周邻地区同 AbⅡ式相似的铜洗在云南昆明羊甫头(图2-45,1)、个旧黑玛井(图2-45,2)和广西合浦风门岭(图2-45,3)、重庆巫山麦沱(图2-45,4)等地汉墓中都有发现,尽管各地器形有所差异,但总体特征一致,在许多墓地中 AbⅡ式洗多与B型铜洗共出,与B型铜洗同时使用。

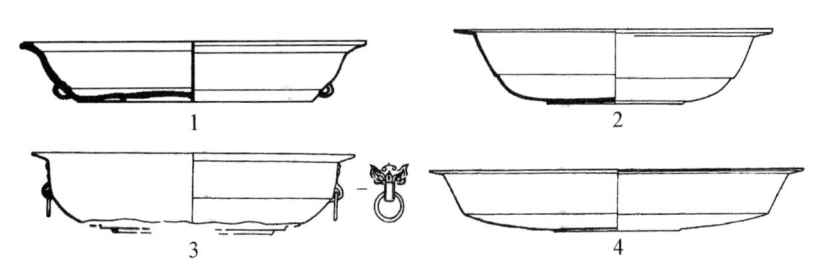

图 2-45 邻近地区出土 AbⅡ式铜洗
1. 昆明羊甫头(M98∶2)   2. 个旧黑玛井(M8∶14)   3. 合浦风门岭(M26∶154)   4. 巫山麦沱(M38∶2盘)

同BⅠ式相近的铜洗在四川盆地和云贵高原偏东部紧邻贵州的地区有较多发现,重庆云阳江口黄草坪(图2-46,1)、丰都镇江(图2-46,8)和四川宜宾翠屏(图2-46,9)及云南会泽水城(图2-46,2)、昆明羊甫头(图2-46,4)、个旧黑玛井(图2-46,7)、江川李家山(图2-46,11)等墓地出土铜洗非常接近贵州务川大坪和兴仁交乐等地铜洗,而西昌礼州(图2-46,10)出土铜洗腹深,同赫章可乐洗(报告称鑑)异常接近。云南大关岔河和昭通楼坝等地汉墓出土铜洗口沿大敞,同上述铜洗具有一定的形态差异。但总的来说,BⅠ式铜洗的共性相当鲜明,是广泛使用于西南各地的一种常见青铜容器,不仅外来汉移民大量使用,在"西南夷"族群中,一些地位较高、对汉文化有相当程度接受的贵族首领也在使用。

BⅡ式洗同BⅠ式洗器形基本相同,不同之处是BⅡ式洗腹部伸出一长空心方柄,与这种带柄洗完全相同的器形在四川绵阳白虎嘴汉墓中亦有发现(图2-40,2),数量不多。但在发现这种铜洗的兴仁交乐墓地,出土有一定数量的带柄铜釜(H型),可以认为这种带柄铜洗应是东汉时期从带柄铜釜或带柄铜鐎斗等借鉴加工的地域性青铜器。

C型洗在周邻地区发现也不多,云南晋宁石寨山M6(因M6出土有"滇王之印"金印,被认为是某代滇王墓)(图2-41,3)和重庆云阳江口黄草坪汉墓(图2-41,4)中都有发现,这两件洗器形更接近赫章可乐铜洗,但腹部有辅首衔环。

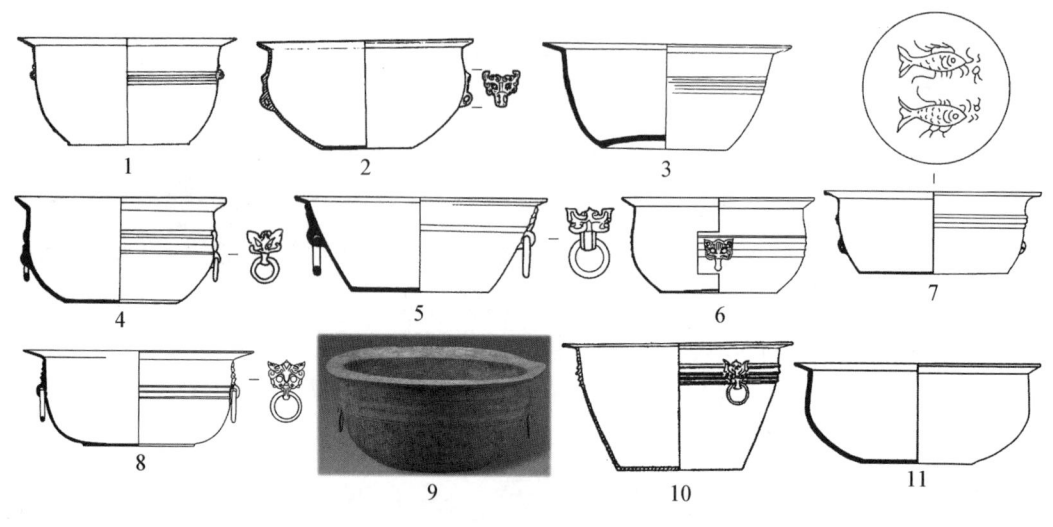

图 2-46　邻近地区出土相似 B I 式洗
1. 云阳江口黄草坪(M5:13)　2. 会泽水城(M7:7)　3. 昭通楼坝(M4:11)
4. 昆明羊甫头(M96:7)　5. 大关岔河(M3:11)　6. 巫山双堰塘(M705:8)
7. 个旧黑玛井(M8:19)　8. 丰都镇江(2005FRTDM13:21)　9. 宜宾翠屏(M1:4)
10. 西昌礼州(M3:10)　11. 江川李家山(M86:4)

在云南、四川和贵州等地出土的汉代铜釜和铜洗等青铜器,相当部分内底铸有铸造产地和年代铭文:如 1976 年兴义万屯出土的铜洗内底铸有"永元二年(公元 90 年)堂狼造"铭文;2008 年安龙城郊出土的一件无沿铜洗内底铸双鱼和"延熹四年(161 年)朱提堂狼造作"铭文(图 2-47,2),同出的铜釜内底铸"延光元年(122 年)朱提造"铭文;宜宾翠屏区南广镇所出铜洗内底铸双鱼和"建初四年(79 年)朱提造作"铭文[①](图 2-47,1);云南昭通一带出土的铜洗内底铸年代铭文者更多,包括"延光二年(123 年)朱提造"、"汉安元年(142 年)朱提造"、"汉安三年(144)朱提造"(图 2-47,3)、"永元四年朱提造"、"永元二年

图 2-47　西南地区出土汉代朱提堂狼造铜洗铭文举例
1. 四川宜宾南广洗　2. 贵州安龙洗　3. 云南昭通大关洗

---

① 何泽宇:《四川宜宾出土东汉纪年铜洗》,《四川文物》1988 年第 4 期。

朱提堂狼"、"建初元年堂狼造"、"永元八年造"、"建初八年朱提造作洗"、"永建五年造作大吉"、"永建五年朱提造"、"阳嘉四年堂狼造"等,表现方式也多有变化,包括内底单铸铭文、双鱼间铸铭文、鱼鸟之间铸铭文、双鸟之间铸铭文等多种①。这表明在汉代尤其是东汉时期,朱提堂狼(今昭通、会泽一带)成为西南地区非常重要的一处青铜器铸造产地,生产的青铜器在当时享有较高知名度。

3. 简单认识

AaⅠ式洗是目前贵州境内发现最早的青铜容器之一,结合墓内共同器物分析,其使用年代在战国中晚期至西汉前期。战国中晚期在墓中单独出现作垫头或盖头用;西汉前期由于大型金属容器A型、B型、C型和D型铜釜相继出现在墓中作为套头葬具后,Aa型Ⅰ式、Ab型Ⅰ式铜洗便与铜釜共出,在墓中垫于脚或手臂下。

周边邻省出土同贵州相近洗的分布也很有特点:Aa型Ⅰ式洗主要分布在汉巴蜀地区和汉南越国地,Aa型Ⅱ式洗主要分布是汉巴蜀东部地区,Aa型Ⅲ式洗主要分布在汉蜀地至云贵高原"西南夷"地;B型深腹洗主要分布在汉巴蜀和云贵高原"西南夷"地区,广西贵县罗泊湾和合浦风门岭等地少见B型深腹洗。因此我们初步认为,贵州Aa型Ⅰ式、Aa型Ⅲ式洗和Ab型Ⅰ式洗主要是夜郎系地方族群仿巴蜀铜洗生产的地方产品,Aa型Ⅱ式洗主要是从汉巴蜀东部地区输入的产品。

BⅠ式、C型等汉式铜洗在云南晋宁石寨山和江川李家山等大型滇国贵族墓葬中出现,说明在西汉中晚期"西南夷"各族群与汉文化的交流更加频繁,汉文化的进入加速了云贵高原原地方族群青铜文化的转变。

十、铜提梁罐

1. 型式划分

2件。有的报告称为三足铜盒或盉。皆直口,圆鼓腹,腹下三蹄足,口盖上有半环钮,钮与肩环耳用提梁相连。依器身和提梁差异分为两型:

A型:1件。赫章可乐M8出土。盖呈圆弧形,直口较高,腹上部有一凸棱,三足较高。肩部对称二环耳,耳上用环扣和龙形提梁相连(图2-48,1)。

B型:1件。兴义万屯M8出土。盖平,盖顶有钮,用提梁连至肩部。直口,圆鼓腹,圜底,三兽足较矮。盖和器身饰细密柿蒂纹、锯齿纹、菱形纹等(图2-48,2)。

2. 比较分析

与贵州三足提梁铜罐相似器物在四川、云南和广西等地均有出土,成都羊子山172号

---

① 孙太初:《朱提堂狼铜洗考》,《云南青铜器论丛》,文物出版社,1981年,第178页;昭通市文物管理所编:《昭通田野考古之一》,云南人民出版社,2012年。

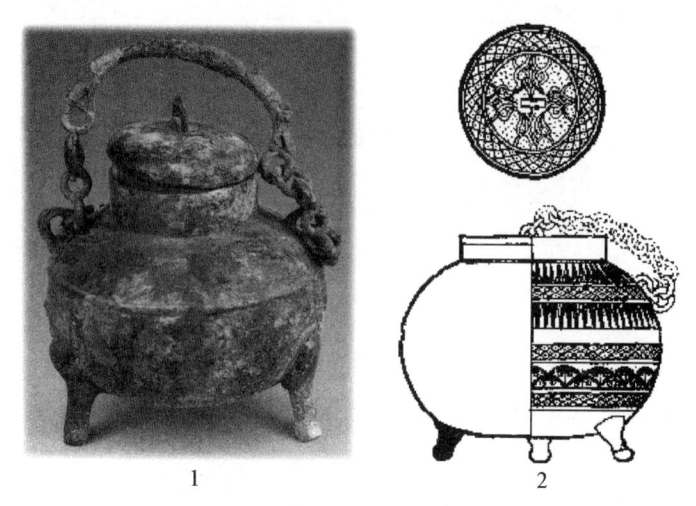

图 2-48 贵州出土三足提梁铜罐
1. 赫章可乐(M8:51) 2. 兴义万屯(M8:8)

墓出土者(报告称盉)①同贵州赫章可乐所出形制较为接近,腹部均素面但有凸棱,提梁均为龙首衔环(图2-49,4),只是贵州赫章可乐提梁为龙首与铁环相扣,显示出一定的地域特征。云南个旧黑玛井墓地、广南牡宜遗址3号区域清理的M2②和广西合浦风门岭汉代墓地均出土有与贵州兴义万屯汉墓相似的三足铜盒(壶):个旧黑玛井铜盒提梁用的绳索已朽③(图2-49,2);广西合浦风门岭铜盒口颈和三足均较高,提梁用铜环相扣连于盖钮和肩部双耳上(图2-49,1);兴义万屯M8出土提梁则只置于肩部一耳和盖钮扣上;另外在合浦二炮厂4号墓出土的一件④,三足更矮,器身素面,肩上无提梁,可能时代较早(图2-49,3)。

就器身装饰来说,广西合浦风门岭铜罐(盒)与兴义万屯铜罐最为接近,颈和腹上部为锯齿纹和菱形纹组合,腹下部为山形叶纹。但器盖装饰两者差异极大,合浦铜罐器盖装饰三只奔跑的野鹿,万屯铜罐为对称的四瓣柿蒂纹,与个旧黑玛井铜罐器盖图案相同。

总体来说,贵州西北部可乐出土提梁罐同四川境内提梁盉相近,可能受到了四川同类器的影响,而贵州西南端接近广西和云南东南部地区出土的提梁罐又具有比较一致的特征,显示着南方系青铜器的地域特征,在器形和装饰上各有特色。

---

① 徐鹏章:《四川历史考古文集》,四川大学出版社,2005年,第148页。
② 据云南考古微信报道,广南牡宜发掘最新成果。
③ 云南省文物考古研究所、红河哈尼族彝族自治州文物管理所、个旧市博物馆编著:《个旧市黑玛井第四次发掘报告》,科学出版社,2013年。
④ 广西文物保护与考古研究所、合浦县文物管理局编著:《2009～2013合浦汉晋墓发掘报告》,文物出版社,2016年。

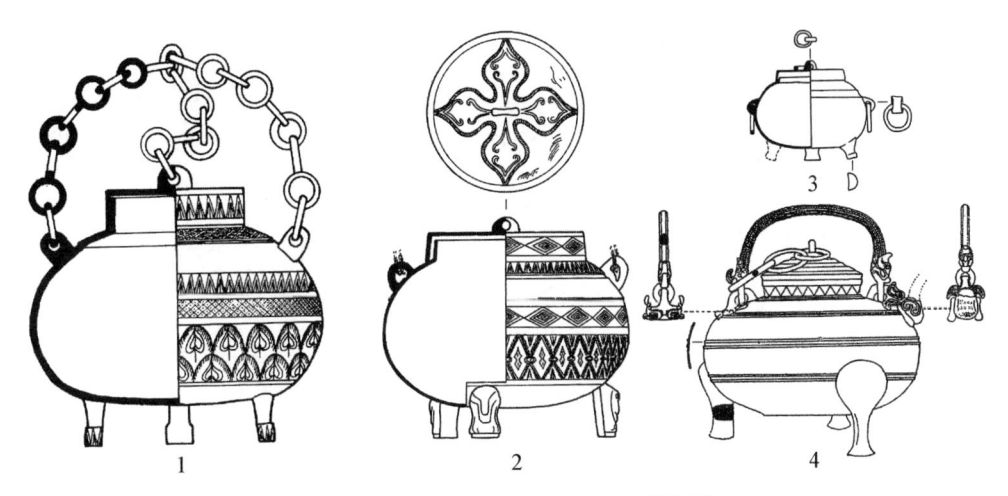

图 2-49　邻近地区出土相似三足提梁罐
1. 合浦风门岭（M26：105 三足小壶）　2. 个旧黑玛井（M24：8）
3. 合浦二炮厂（10HFPM4：36 三足小壶）　4. 成都羊子山（M172：49 盉）

十一、铜耳杯

1. 型式划分

发掘报告中可统计出30余件,但多残破,有资料者仅8件。依杯底差异可分为三型:

A型:1件。赫章可乐M8出土。呈敞口,口沿外侈成半月形耳,底弧形（图2-50,1）。

B型:4件。可分为两式:

BⅠ式:2件。敞口,平底,耳平,素面。务川大坪M6：2宽平沿,小平底（图2-50,2）。沿河洪渡M7：10沿稍窄,平底较宽（图2-50,3）。

BⅡ式:2件。敞口,耳上翘,耳上饰菱形纹,假圈足平底。皆出自兴仁交乐M19,其中M19：2一耳残（图2-50,4）,兴仁交乐M19：14保存基本完整（图2-50,5）。

C型:3件。敞口,浅斜腹,平底。交乐M6：20内底饰蔓草纹,耳饰菱形纹（图2-50,6）,清镇琅珑坝M1铜耳杯内底饰一鱼纹,耳饰菱形纹（图2-50,7）,黔西M16铜耳杯内底和耳皆素面,但杯底有低矮的耳座（图2-50,8）。

2. 比较分析

周邻地区出土有较多铜耳杯,但多平底,如赫章可乐M8圜底者不多,云南昭通水富楼坝（图2-51,1）、云阳李家坝（图2-51,5）、昆明羊甫头（图2-51,6）和呈贡七步场（图2-51,7）等地出土铜耳杯与兴仁交乐、清镇琅珑坝等地所出C型耳杯较为接近,底或为平底,或为饼状底。西昌杨家山M1耳杯造型虽同C型耳杯,但内底不铸鱼纹而铸二人物

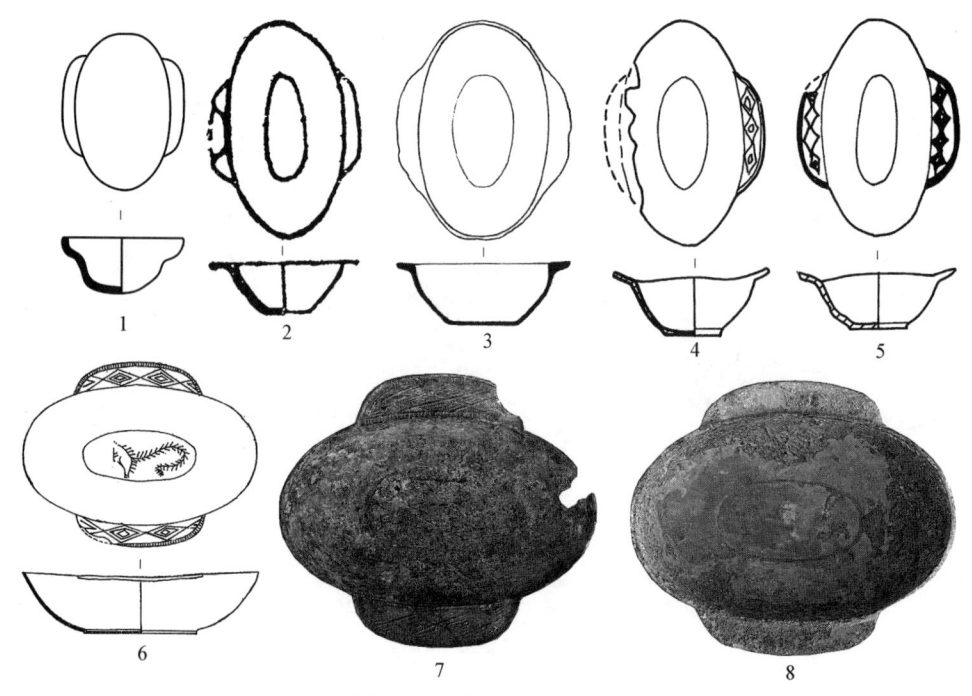

图 2-50　贵州出土铜耳杯

1. 赫章可乐(M8:35)　2. 务川大坪(M6:2)　3. 沿河洪渡(M7:10)　4. 兴仁交乐(M19:2)
5. 兴仁交乐(M19:14)　6. 兴仁交乐(M6:20)　7. 清镇琅珑坝 M1　8. 黔西 M16

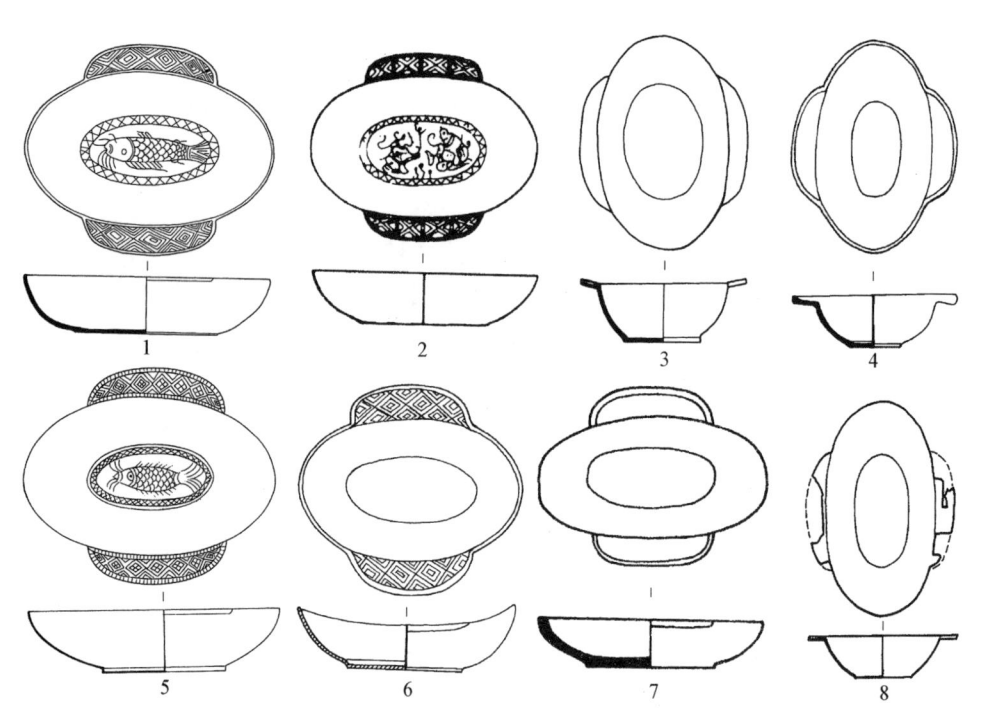

图 2-51　邻近地区出土相似铜耳杯

1. 水富楼坝(M5:2)　2. 西昌杨家山 M1:3　3. 大关岔河 M1:1　4. 昆明羊甫头(M268:13-1)
5. 云阳李家坝(M8:51)　6. 昆明羊甫头(M268:13-2)　7. 呈贡七步场(M1:29)　8. 涪陵镇安(M27:56)

(图2-51,2)。云南大关岔河(图2-51,3)、重庆涪陵镇安①(图2-51,8)等地所出铜耳杯则接近兴仁交乐M19等出土的B型杯,双耳或平或上翘。

在贵州北部地区的务川大坪、习水土城等汉墓群中,除出土一定数量的青铜耳杯外,还出土有大量的陶耳杯和漆耳杯,除质地不一外,造型完全一致,反映着越接近四川盆地的地区耳杯的使用越兴盛。

耳杯的变化趋势是圜底变为平底再变为饼状假圈足底,耳部由窄变宽,并装饰菱纹,杯内底由素面变为鱼纹或蔓草、人物等图案,以鱼纹居多。

十二、铜 甑

1. 型式划分

贵州出土铜甑数量不多,器形基本完整者仅5件,这5件铜甑按甑底差异可分为两型:

A型:平底甑。2件。皆出自赫章可乐。用深腹铜洗改造而成,器形呈敞口,折沿,深腹,平底,腹部饰对称二铺首(图2-52,4),底部甑孔系錾凿而成,相当不规则(图2-52,

图2-52 贵州出土铜甑
1. 兴仁交乐(M6:22) 2. 兴仁交乐汉墓(征集) 3. 务川大坪(003)
4. 赫章可乐(M8:58) 5. 可乐M8:58内底甑孔 6. 可乐M8:58内底铭文

---

① 北京市文物研究所、重庆市文物局、重庆市涪陵区博物馆:《2001、2003年度涪陵镇安遗址发掘报告》,重庆市文物局、重庆市移民局编《重庆库区考古报告集2001卷·下》,科学出版社,2007年,第1970页。

5),内底有"富贵昌乐未央"铭文(图2-52,6)。

B型:圈足底甑。3件。依器身不同分为两式:

BⅠ式:1件。务川大坪出土。宽折沿,束颈,鼓腹,圈足略内收,腹部双大环耳,甑孔长条状(图2-52,3)。

BⅡ式:2件。皆出自兴仁交乐。敞口,平折沿,深腹,圈足直,甑孔为规则的方格网状。两件器形口沿略有不同:1件直口,腹深,甑底上弧(图2-52,1);另一件敞口平折沿,甑底平,腹部饰铺首衔环(图2-52,2)。

2. 比较分析

贵州铜甑主要出土在赫章可乐、务川大坪和兴仁交乐三个区域,这三个区域也是贵州战国秦汉时期铜器出土最集中之地,三地铜甑表现出鲜明的地域性特征。铜深腹洗改造成甑者仅见于可乐,而且这种用洗改造的铜甑还见于可乐附近地区的云南会泽(图2-53,2)和江川李家山(图2-53,1)等"西南夷"族群活动地。另在昆明羊甫头(图2-53,4)和广西合浦风门岭(图2-53,5)等地出土的铜甑也有用铜鍪等改造而成,甑孔不规则,而务川大坪出土的铜甑与四川渠县城坝等地出土者完全相同(图2-53,3),其使用方法亦应

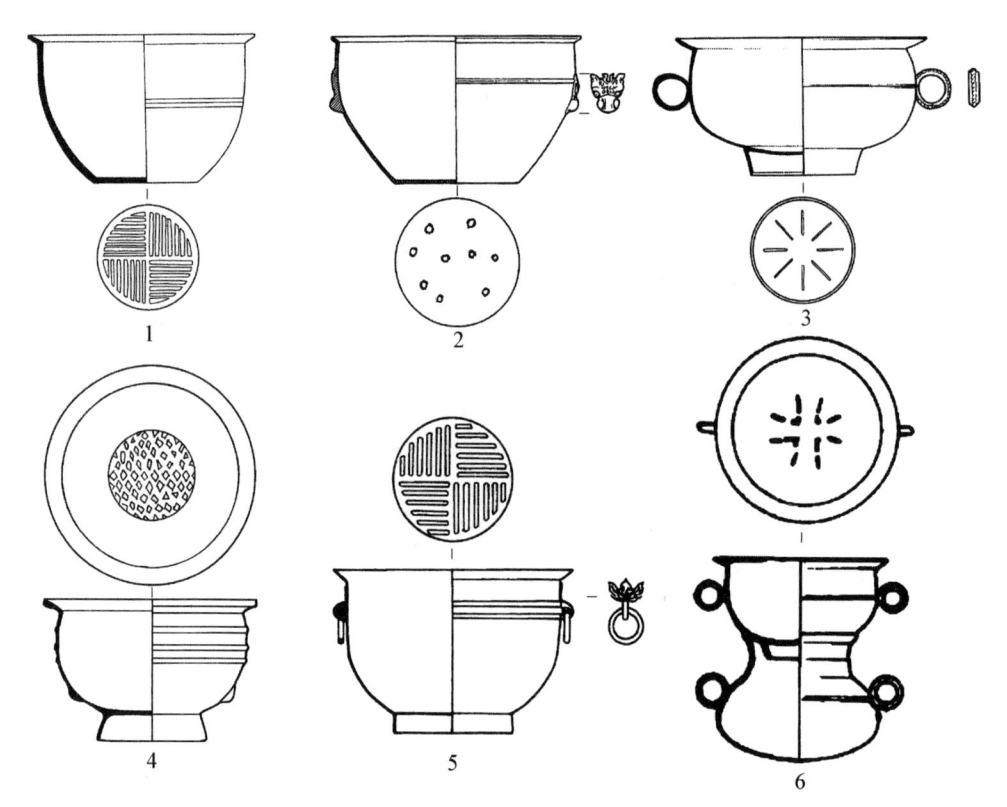

图2-53 邻近地区出土相似铜甑
1. 江川李家山(M86:1) 2. 会泽水城(M7:11-1) 3. 渠县城坝(01134)
4. 昆明羊甫头(M433:15) 5. 合浦风门岭(M26:98) 6. 城坝甑鍪套合使用(M1:17)

该同城坝等地,甑与鍪或铜釜形器套合使用(图 2-53,6)。

十三、铜奁(樽)

发掘报告多称为奁,有学者认为应称为樽,系温酒器①。

1. 型式划分

2 件。器身均直桶形,可分两型:

A 型:兴仁交乐 M6 出土。腹壁直,环底近平,下附三兽形足,腹中部对称衔环铺首,周身自上而下布满菱形纹、波浪纹、龙纹、齿纹等刻画纹带(图 2-54,1)。同墓还出土一器盖,同博山炉盖相似,呈山形,山体用折沟分成数层,通体刻画波浪纹和龙纹,顶部有一圆孔(图 2-54,2)。参照邻近地区出土铜樽,此盖应是樽盖,且盖顶还有一立鸟装饰。

B 型:赫章可乐 M48 出土。残破严重,器身下附三人形足,造型同 A 型接近,但器表装饰仿铜鼓羽人、竞渡、翔鹭、鱼、水鸟、齿纹、叶纹等,盖上亦布满相似纹饰(图 2-54,3)。

图 2-54 贵州出土铜奁(樽)
1. 兴仁交乐(M6:2) 2. 兴仁交乐(M6:26 盖) 3. 赫章可乐(M48:33)

2. 比较分析

A 型奁(樽)在岭南一带汉墓中发现较多,被多数学者认为是岭南代表性青铜器之一。在岭南地区如广西合浦等汉墓中就可找到较多相似者,如 11HFPM5:11 樽底部所附三足为三只宽扁的兽形足,造型与交乐樽几乎完全相同(图 2-55,2),只是该樽器身素面无纹,盖圆弧形,顶有钮环,钮周饰柿蒂纹,边缘有三只卧兽,与交乐樽盖为山体形、盖上刻流云缭绕的风格不一;另合浦九只岭 M5 出土的 1 件②,器足、器身和盖等的造型与装饰均与贵州交乐樽非常接近(图 2-55,3)。除岭南外,在四川盆地亦出土有同贵州交乐汉墓奁比较相似的器形,如成都大湾汉墓出土者(图 2-55,1)器足和器腹纹饰虽存在差异③,但

---

① 王振铎:《再论汉代酒樽》,《文物》1963 年第 11 期。
② 广西文物保护与考古研究所编著:《广西基本建设考古重要发现》,广西科学技术出版社,2015 年,第 111 页。
③ 李明斌主编:《成都博物馆图册》(未刊稿),第 106 页。

总体风格是一致的,只是综合起来考察,我们觉得交乐铜樽可能受岭南地区影响更大一些。

B型樽(奁)目前仅见于赫章可乐,其造型仿A型,但器身装饰却极具"西南夷"风格,即以铜鼓纹样装饰为特征,器身装饰羽人、竞渡等铜鼓纹饰题材。英国格拉斯哥收藏有1件云南晋宁石寨山人形器足铜奁[①](图2-55,4),整个器形和装饰均与赫章可乐所出基本相同,可乐出土的铜奁亦极有可能来自云南晋宁等地,是"西南夷"地方族群制造的产品。

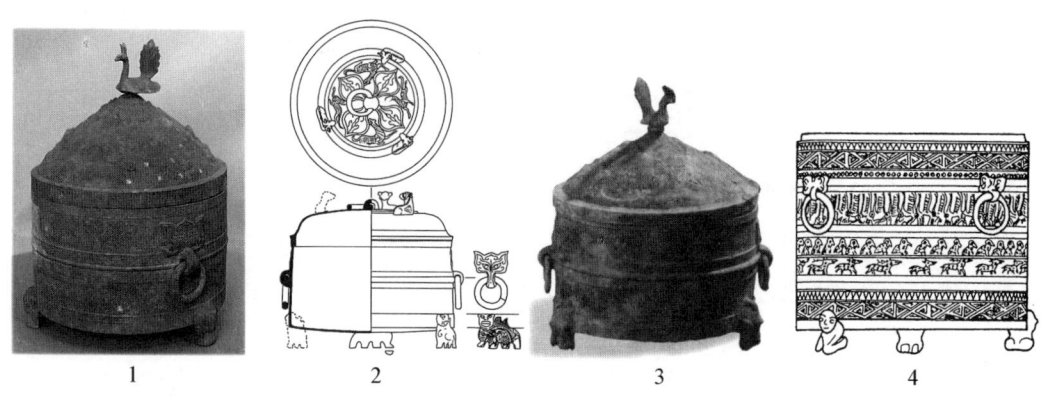

图2-55 邻近地区相似铜奁(樽)
1. 成都大湾汉墓 2. 合浦汉墓(11HFPM5∶11) 3. 合浦九只岭(M5∶56) 4. 英国格拉斯哥藏滇文化铜奁

十四、铜　　壶

1. 型式划分

贵州出土青铜壶数量较多,总计20余件,根据壶身差异分为下列几型:

A型:短颈壶。3件。器形皆圆口,短颈,圆肩,鼓腹,圈足,肩部对称两环形耳,腹上部近肩处有铺首衔环,依有无提梁可分为两亚型:

Aa型:有龙形双头提梁与肩部环耳相扣。2件。依圈足差异分为两式:

AaⅠ式:矮圈足。兴义万屯汉墓出土。颈短,宽肩,腹浑圆,下腹内收,矮圈足,腹上部二铺首(图2-56,1)。

AaⅡ式:喇叭状高圈足。安顺宁谷出土。口沿略内敛,颈部稍高,壶身修长,下腹内收,喇叭状高圈足(图2-56,4)。

Ab型:肩部有对称桥形耳但无提梁。仅遵义县乐山镇出土1件。口沿略内敛,圆唇,颈稍长,宽肩,鼓腹,下腹内收,底接高喇叭状圈足,肩腹部有凸弦纹数道(图2-57,1)。

B型:提梁长颈壶。5件。器形基本相同,皆浅盘状口,长颈内束,溜肩鼓腹,喇叭状高圈足,圈足中部一凸棱。根据壶身及圈足差异可分为两式:

---

① 黄德荣:《英国格拉斯哥收藏的晋宁石寨山青铜奁》,《云南文物》1997年第2期。

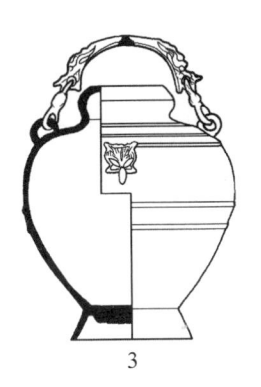

图 2-56 贵州及云南出土 Aa 型铜壶
1. 兴义万屯(M8:7) 2. 昆明羊甫头(YC:72) 3. 昆明羊甫头(M316:2) 4. 安顺宁谷(1971年出土)

BⅠ式：2件。盘状口较浅，腹浑圆，喇叭状圈足较矮。赫章可乐 M8:52 壶口上有圆盘形盖，盖顶正中一圆钮，肩部对称竖状大圆形环，与提梁圆铜环相扣合，顶为双龙头形提梁，双龙口张开衔住铜环(图 2-58,1)。务川大坪 M3:1 颈部较胖，腹浑圆，自肩部至腹下部有三组凸弦纹，盖不存，提梁已残断仅剩两侧铜环(图 2-58,4)。

BⅡ式：3件。浅盘口变高，颈细长，腹扁鼓，高圈足外撇，腹部饰弦纹

图 2-57 贵州及四川出土 Ab 型铜壶
1. 遵义县乐山镇出土 2. 宜宾兴文县古宋乡出土

数道。清镇 M2 出土壶盘口内敛，口上有盖，盖顶正中一环钮，盖面饰多瓣柿蒂纹，两侧各平伸出一扣，提梁已残，仅存少许铜环(图 2-58,2)。交乐 M6:3 盖呈梯形，与壶口相扣，盖顶正中一圆钮，内穿一环，钮外饰多瓣柿蒂纹，盖沿外侧各有一扁平横耳，末端有穿孔固定提梁。肩部对称铺首衔环各一，环上接"8"字形链环，均为对称8节9环，环顶端为对称双龙首弧形提梁，龙嘴张开各衔一链环(图 2-58,3;彩版一,5)。安顺宁谷出土者呈高盘口，颈部有对称双钮，肩部铺首衔环，盖不存，提梁已掉落(图 2-58,6)。

C 型：提梁扁壶。1件。清镇13号墓出土。直口，圆直领，宽扁腹，腹中部呈心形突出，圈足较矮，有突棱。口上有盖，盖顶正中一圆扣，套一圆环。盖两侧斜伸出一横耳，耳孔套链环与肩部圆环相扣，顶部有双龙首提梁(图 2-58,5)。

D 型：长颈壶。有的简报称铜锺。造型与 B 形壶相近，但无提梁。集中出土于赫章可乐汉墓，共6件，部分残破。根据口腹差异可分为两式：

DⅠ式：腹浑圆，圈足似筒状不外侈。可乐 M216:1 口颈较小，腹似球形(图 2-59,1)。可乐 M216:2 口颈较粗，腹略扁鼓(图 2-59,2)。

图 2-58 贵州出土 B、C 型铜壶
1. 可乐 M8：52 2. 清镇 M2 3. 交乐 M6：3 4. 务川大坪 M3：1 5. 清镇 M13 6. 安顺宁谷

图 2-59 贵州出土 D 型铜壶
1. 赫章可乐（M216：1） 2. 赫章可乐（M216：2） 3. 赫章可乐（M10：24） 4. 赫章可乐（M8：1）

DⅡ式：口外敞，束颈，溜肩，鼓腹，圈足外撇。可乐 M10：24 颈细，腹浑圆，圈足较高（图 2-59,3）。可乐 M8：1 器身矮胖，腹扁鼓，圈足矮（图 2-59,4）。

根据整个墓地的年代推断，DⅠ式的年代在西汉晚期，DⅡ式的年代在东汉早期。

E 型：蒜头口壶。皆出自务川大坪汉墓①，共同特征是壶口呈蒜头状，依器身差异可分为两式：

EⅠ式：蒜头口长颈壶。公布资料者 3 件。蒜头形直口，细长颈，扁鼓腹，圈足较直。大坪 M2：1 器形完整，长径中部一箍圈，宽肩，通高 37 厘米（图 2-60,1）。大坪征集（WD：002）仅存蒜头形口和腹部（图 2-60,2）。大坪征集（WD：001）器形完整，同 M2：1 器形相同（图 2-60,3）。

EⅡ式：蒜头口短颈扁壶。公布资料者 2 件。大坪 M47 出土者完整，蒜头口，短颈，扁平腹身呈椭圆形，中部隆起并饰较宽凹槽一周，下接长条形矮圈足，略外撇（图 2-60,4）。大坪 M7：2 口颈及腹上部残破，腹身及圈足同 M47 所出（图 2-60,5）。

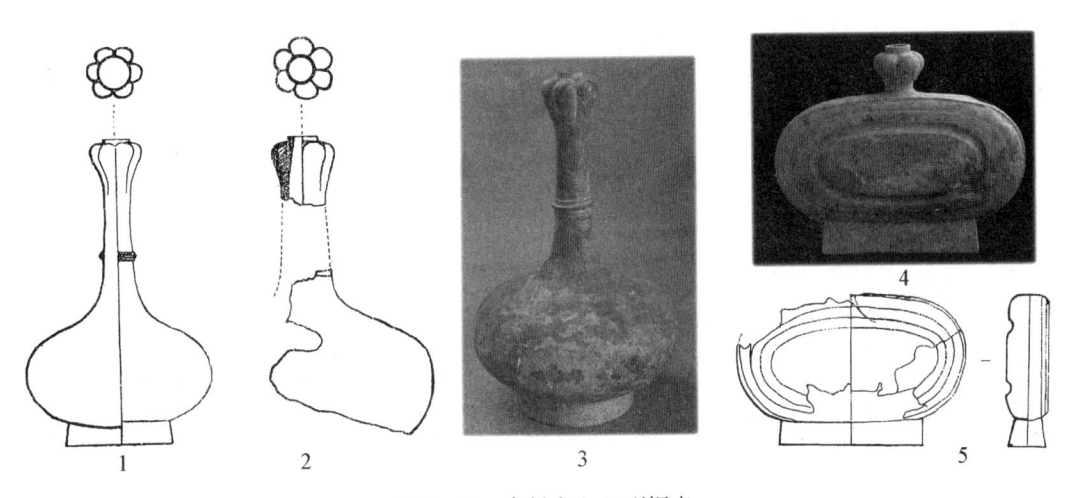

图 2-60 贵州出土 E 型铜壶
1. 务川大坪（M2：1） 2. 务川大坪征集（WD：002） 3. 务川大坪出土（WD：001）
4. 务川大坪 M47 5. 务川大坪（M7：2）

F 型：铜钫壶。公布资料者仅 2 件。造型基本相同。盖均不存，方形口，束颈，方形鼓腹，方形高圈足，腹部对称辅首衔环。赫章可乐 M200：1 腹较鼓圆（图 2-61,1），大坪 M47 钫壶腹部较瘦长（图 2-61,2）。

2. 比较分析

铜壶是汉代非常流行的重要青铜容器，贵州汉墓中出土的各型式铜壶在周邻地区皆有发现。同 Aa 型相似壶在昆明羊甫头墓地出土 3 件，其中羊甫头 YC：72（图 2-56,2）

---

① 2007 年至 2010 年，贵州省文物考古研究所在务川大坪发掘汉代土坑墓、岩坑墓、砖室墓和石室墓 47 座，墓内新出有一定数量的蒜头口壶，但资料未刊发。

图 2-61　贵州出土 F 型铜钫壶
1. 赫章可乐 M200:1　2. 务川大坪 M47

与贵州兴义出土铜壶相比,颈部更短,圈足更矮,而羊甫头 M316:2(图 2-56,3)圈足和颈部增高,圈足外撇,器身处在兴义万屯与安顺宁谷壶之间,宁谷壶器身最为修长。Ab 型壶在贵州目前仅发现 1 件,相同的铜壶在四川宜宾兴文县古宋乡亦出土 1 件①(图 2-57,2),但这两件壶都是零星出土,未见其他伴出物,因而将其年代定在汉代尚存在一些问题。

同 B 型相似的提梁长颈壶在邻近地区发现很多,尤其从四川盆地往南经云贵高原东侧到广西合浦及其周边地区。云南呈贡小松山 M1 出土提梁壶圈足上刻"二千石大徐氏"铭文(图 2-62,1),墓主可能与汉设益州郡的某任太守有关,年代不晚于西汉。云南会泽水城出土铜壶颈部短,腹部浑圆,圆足似倒筒形(图 2-62,3)。昭通鸡窝院子出土铜壶(图 2-62,6)和个旧黑玛井铜壶(图 2-62,2),圈足外撇但较矮,整体造型同贵州赫章可乐 M8 所出。重庆万州桔子梁汉墓出土铜壶(图 2-62,4)②颈腹部造型与务川大坪铜壶相似,但圈足底存在差异,这些铜壶年代与赫章可乐铜壶一样都在西汉中晚期。广西合浦出土的铜壶(图 2-62,7、8)和贵港孔屋岭铜壶(图 2-62,9)圈足外撇但尚矮,年代在西汉晚期至东汉早期。昭通得马崖墓出土铜壶③(图 2-62,5)④同贵州清镇 M2、交乐 M6 所出铜壶相同,圈足外撇且较高,足中部折棱明显,年代在东汉中晚期。

C 型提梁直颈扁壶在贵州境内仅出土 1 件,相似器形也不多。2016 年,笔者先后在广西合浦县博物馆和成都市博物馆展厅看到出土于广西合浦与成都天回镇大湾汉墓中的铜扁壶各 1 件,两件造型与贵州清镇汉墓所出均异常接近,扁壶刻画成"心"形,口肩部有提梁。但贵州所出腹身为素面,而成都大湾和广西合浦汉墓出土者腹部心形纹圈内雕刻繁缛纹饰,颈部刻对望双凤;成都大湾出土者肩口之间为对称双提梁,颈部双凤之间似雕一树(图 2-63,1),广西合浦出土者肩口之间仅右侧一单提梁(图 2-63,2)。另外广西合浦汽车齿轮厂还出土有 1 件扁壶,腹部造型与贵州清镇汉墓出土扁壶相似,但颈部略内束,圈足矮,一单环耳位于左颈,无提梁(图 2-63,3)。

---

① 宜宾市博物院编著:《酒都藏宝:宜宾馆藏文物集萃》,文物出版社,2012 年,第 70 页。
② 洛阳市第二文物工作队、重庆市文物局:《万州桔子梁墓群发掘简报》,重庆市文物局、重庆市移民局编:《重庆库区考古报告集 2001 卷·中》,科学出版社,2007 年,第 1241 页。
③ 蒙昭通博物馆丁长芬告知,昭通得马出土铜壶底部有三个圆孔,她觉得该壶在墓中不是作为普通随葬品,当有特殊用途。
④ 广西文物考古研究所、贵港市博物馆:《广西贵港市孔屋岭汉墓 2009 年发掘报告》,《考古》2013 年第 9 期。

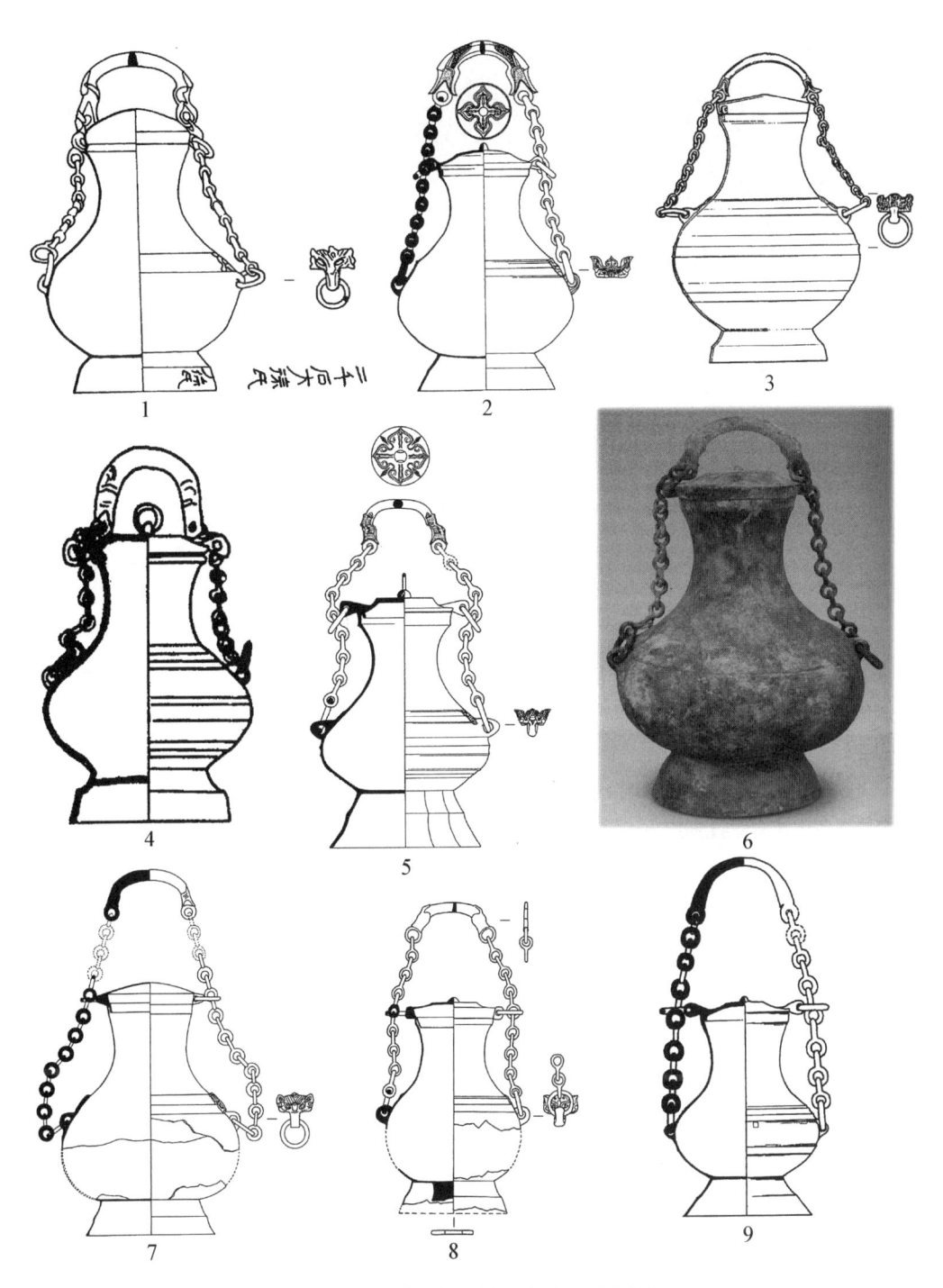

第二章　青铜器的型式划分和比较分析

图 2-62　邻近地区出土相似 B 型铜壶
1. 呈贡小松山(M1:1)　2. 个旧黑玛井(M43:9)　3. 会泽水城(M7:9)　4. 万州桔子梁(M24:44)
5. 昭通得马(M2:1)　6. 昭通鸡窝院子　7. 合浦风门岭(M23b:3)
8. 合浦(10HPQM9:10)　9. 贵港孔屋岭(M3:25)

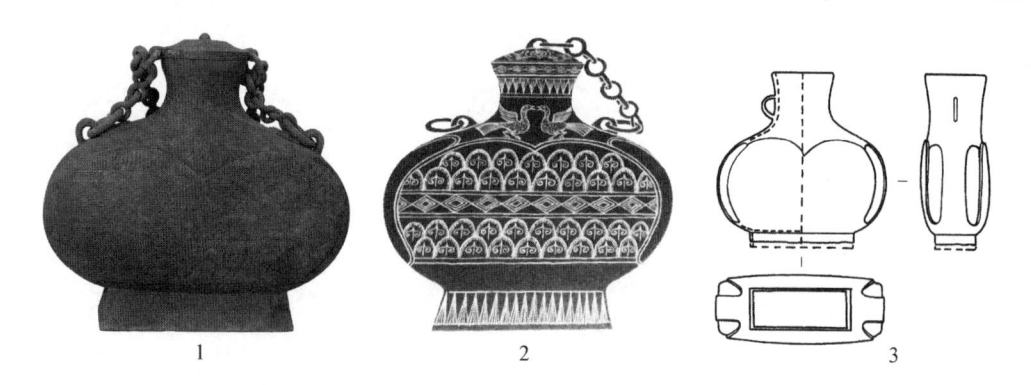

图 2-63　邻近地区出土相似 C 型铜壶
1. 成都大湾汉墓出土(成都博物馆展品)　2. 广西合浦汉墓出土(广西合浦县博物馆展品)
3. 广西合浦(10HTQM6b∶1)

D 型壶在邻近地区汉墓中有较多发现,如晋宁石寨山 M7∶94(图 2-64,2)、呈贡小松山(图 2-64,7)、盐津黑石沟 M1∶19(图 2-64,8)等造型与赫章可乐 M216∶1 相同,口颈细小,腹部浑圆,足部略内敛。重庆丰都镇江铜壶(图 2-64,1)与可乐 M216∶1 异常相似,但口部变成近盘口状。云南昭通小湾子(图 2-64,3)、个旧黑玛井(图 2-64,5)和广西合浦风门岭(图 2-64,6)等地出土铜壶圈足外撇呈喇叭状,口部变成盘口,与可乐 M8∶1 和 M10∶24 基本相同。而昭通大关岔河东汉晚期崖墓出土铜壶(图 2-64,9)口呈盘口状,腹部扁鼓,足部外撇呈大喇叭形,其形制与兴仁交乐、清镇等地出土的 BⅡ式提梁长颈壶相同,时代也最晚。

在四川汉源桃坪(图 2-64,4)和重庆临江支路等西汉墓中,出土有足部呈盘状圈足的长颈壶,形制同可乐所出铜壶异常接近,而这些汉墓中还伴出 D 形铜釜等。贵州长颈壶集中出土在赫章可乐地区,可乐遗存同汉代四川盆地之间具有密切的文化联系,因而可乐墓地中出土的长颈壶极有可能来自四川盆地。随着汉对泛南夷地区开发力度的加强,这种青铜壶便迅即在云贵高原和岭南西部扩散,因而在云南、广西等地也都时有出土。

在务川大坪北部的四川盆地秦汉时期墓葬中,出土有相当数量相同或相近的蒜头口壶,包括 EⅠ式长颈壶和 EⅡ式短颈扁腹,如重庆涪陵镇安秦汉墓中出土蒜头壶①(图 2-65,1)和涪陵针织厂蒜头壶(图 2-65,2)器形非常接近务川大坪 EⅠ式壶,只是颈部更长。云阳马沱汉墓②(图 2-65,3)、重庆忠县将军村汉墓(图 2-65,5)和成都青白江区汉墓(图 2-65,4)出土铜蒜头壶颈部短粗,腹部鼓圆,整体造型显得矮胖,同务川大坪 EⅠ式壶有了较大区别。

同 EⅡ式相似的铜扁壶不仅发现在四川盆地,在岭南地区亦有发现。四川广元昭化大坪子墓地 M55 出土的蒜头口扁壶③(图 2-65,6)与务川大坪扁壶完全相同,广西贵县

---

① 北京市文物研究所三峡考古队、重庆市涪陵区博物馆:《涪陵镇安遗址发掘报告》,重庆市文物局、重庆市移民局编:《重庆库区考古报告集(1999 卷)》,科学出版社,2006 年,第 772 页。
② 郑州市文物考古研究所:《云阳马沱墓地 2001 年度发掘报告》,重庆市文物局、重庆市移民局编:《重庆库区考古报告集 2001 卷·上》,科学出版社,2007 年,第 670 页。
③ 万靖:《四川广元昭化大坪子汉墓》,国家文物局主编:《2014 中国重要考古发现》,文物出版社,2015 年。

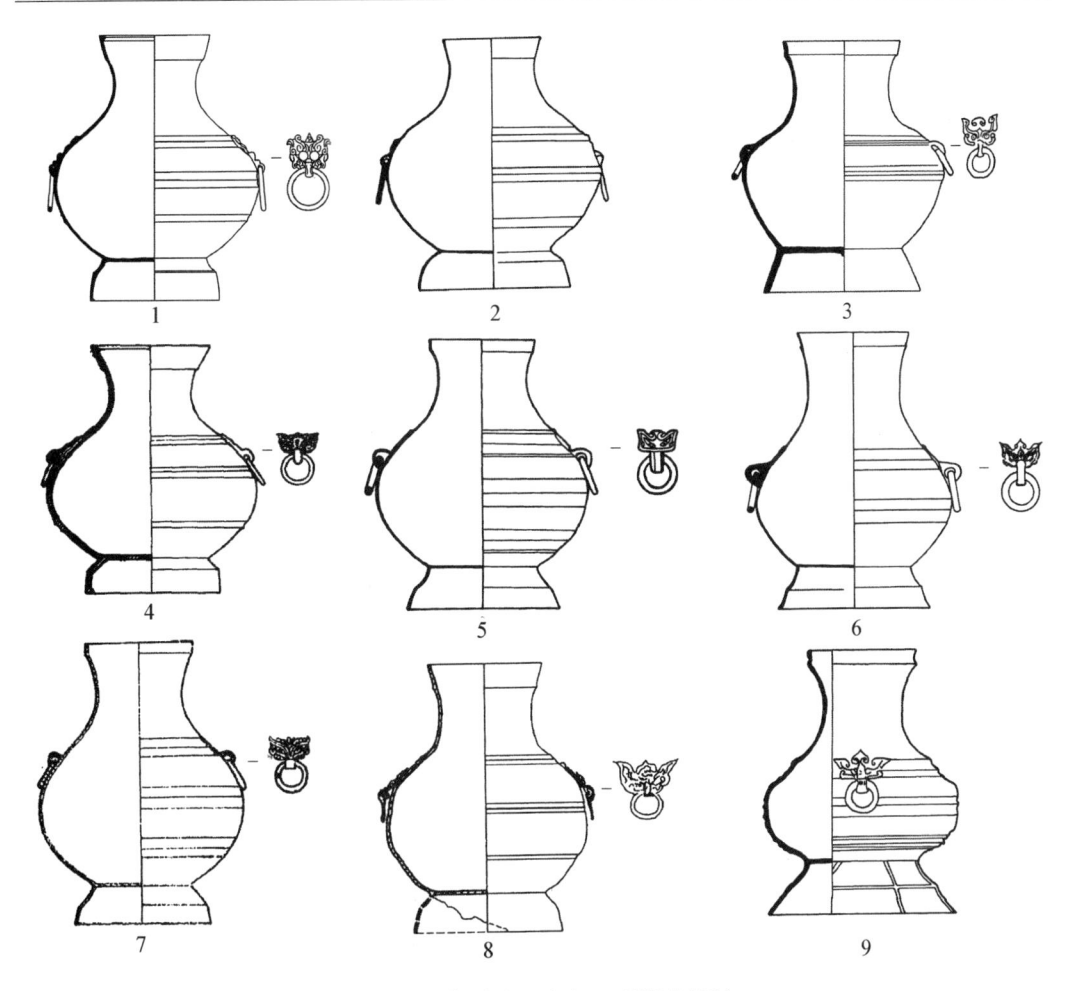

图 2-64　邻近地区出土 D 型铜壶（锺）
1. 丰都镇江（2005FRTDM12∶35）　2. 晋宁石寨山（M7∶94）　3. 昭通小湾子（M21∶31）
4. 汉源桃坪（M1∶22）　5. 个旧黑玛井（M8∶16）　6. 合浦风门岭（M26∶87）　7. 呈贡小松山（M1∶2）
8. 盐津黑石沟（M1∶19）　9. 大关岔河（M3∶5）

罗泊湾 1 号汉墓出土的铜扁壶（图 2-65,7）器型与大坪出土铜扁壶非常接近，但该壶肩部加铸铺首衔环，圈足底有三角形装饰，时代应晚于务川大坪。

贵州务川大坪西汉前期土坑墓中出土青铜器种类较多，其鼎、釜、钫、扁壶、刁斗、洗等具有较强的秦文化器物特征，这种器型和器类组合在贵州其他地区未见，从墓地发现大量朱砂的现象观察，大坪墓地的主人极有可能是前来开采朱砂的秦人，大坪墓地可被视为贵州境内目前发现的一处重要秦文化墓地。

有学者对蒜头壶演变趋势进行类型学观察，李陈奇认为蒜头壶变化趋势是"腹部越来越扁，圈足越来越高"[1]，蒋晓春则认为是"颈部由细到粗"[2]。贵州出土的蒜头壶主要集

---

[1] 李陈奇：《蒜头蒜考略》，《文物》1985 年第 4 期。
[2] 蒋晓春：《三峡地区秦汉墓研究》，巴蜀书社，2010 年，第 65 页。

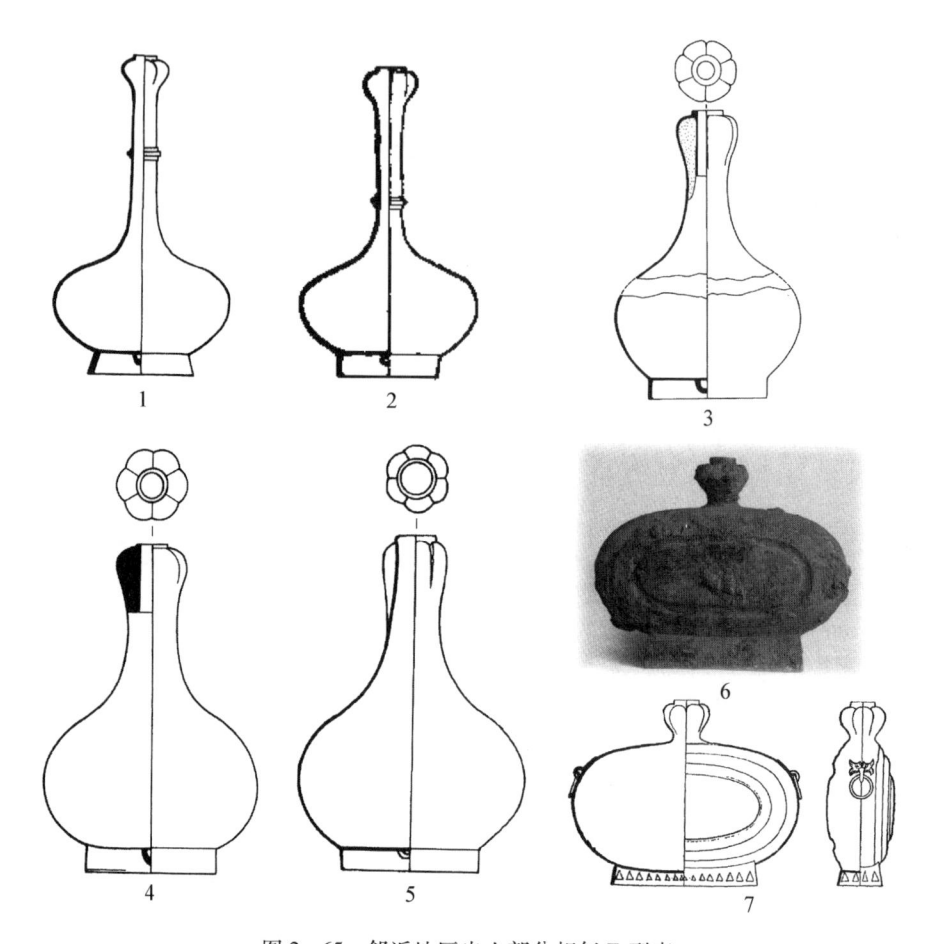

图 2-65　邻近地区出土部分相似 E 型壶
1. 涪陵镇安(M21:4)　2. 涪陵针织厂(M2:17)　3. 云阳马沱(M2:104)　4. 成都青白江区(M14:2)
5. 忠县将军村(M130:23)　6. 广元昭化(M55)　7. 贵县罗泊湾(M1:17)

中在紧邻四川盆地的务川大坪墓地，主要流行在秦和西汉前期，蒜头口特征鲜明，颈部细长，腹部扁鼓，圈足矮直。西汉中晚期以后的汉墓基本不见，其形制变化由于现在公布材料比较少，还不清晰。

贵州境内 F 型铜钫壶主要出土在接近四川盆地的赫章可乐和务川大坪，墓葬年代都在西汉中期前后，相同器形在紧邻的云南昭通境内亦有发现(图 2-66,4)，它们都深受四川盆地战国秦汉时期铜钫壶的影响。在四川盆地，相同或相似的铜钫壶发现很多，如重庆云阳李家坝 M10 岩坑墓[①](图 2-66,3)、万州上河坝 M3[②](图 2-66,1)、涪陵针织厂 M2

---

① 四川大学历史文化学院考古系等：《云阳李家坝 10 号岩坑墓发掘报告》，重庆市文物局、重庆市移民局编：《重庆库区考古报告集(1997 卷)》，科学出版社，2001 年。
② 青海省文物考古研究所三峡工作队：《万州上河坝墓地发掘简报》，重庆市文物局、重庆市移民局编：《重庆库区考古报告集(1997 卷)》，科学出版社，2001 年。

(图2-66,2)、云阳马沱M2①(图2-66,5)和忠县罗家桥M1②(图2-66,6)等地出土的铜钫壶与贵州出土者几乎完全相同,可以肯定云贵高原偏北部地区汉墓出土的铜钫壶应该直接来自邻近的四川盆地。

F型钫壶在岭南地区也有一定数量的发现,广西合浦风门岭汉墓、广西贵县罗泊湾汉墓和广州南越王墓中均有出土,只是这一区域的钫壶口部呈方直口,颈部更加细长,同四川盆地和云贵高原偏北部地区出土的铜钫壶存在一定差异,相互之间有无文化上的联系目前尚不清楚。

图2-66 邻近地区出土相似铜钫壶
1. 万州上河坝(M3:1) 2. 涪陵针织厂(M2:16) 3. 云阳李家坝(M10:1)
4. 昭通彝良采集 5. 云阳马沱(M2:88) 6. 忠县罗家桥(M1:1)

---

① 郑州市文物考古研究所:《云阳马沱墓地2001年度发掘报告》,重庆市文物局、重庆市移民局编:《重庆库区考古报告集2001卷·上》,科学出版社,2007年,第670页。
② 成都市文物考古研究所、重庆市忠县文物管理所:《重庆市忠县罗家桥战国秦汉墓地第一次发掘报告》,成都市文物考古研究所编著:《成都考古发现(2001)》,科学出版社,2003年,第453页。

3. 简单认识

依据贵州及邻近地区出土材料的综合考察,A、B 和 D 型铜壶形体变化趋势基本一致,都是颈部变长,器身下腹内收,腹部由浑圆变扁鼓,圈足逐渐变高外撇呈喇叭状。

C 型扁壶在贵州境内目前仅发现 1 件,从该器整体造型看,应是借鉴战国秦汉时期蒜头口铜扁壶的器形特征改造而成。

E 型蒜头口壶在贵州仅出现在靠近四川盆地的务川大坪汉墓,F 型铜钫壶虽然赫章可乐也有发现,但主要发现在务川大坪,流行在西汉早中期,应直接来自四川盆地或深受四川盆地相同器形的影响。

十五、铜 鐎 壶

1. 型式划分

3 件。盖上鼻钮上套一圆环,壶身腹部出一宽沿并在一侧伸出一断面呈菱形的空流长柄,三足较高且外撇。根据壶身差异分为两式:

Ⅰ式:2 件。兴仁交乐汉墓和兴义顶效各出土 1 件。兴义顶效出土者基本完整,壶口略外侈与盖相扣,颈略短,扁圆腹中部突出一宽沿,三足外撇(图 2-67,1)。

Ⅱ式:1 件。兴仁交乐出土。壶口内敛与盖子母相扣,壶身较高,下腹部出一宽沿,三足外撇,足断面呈三角形(图 2-67,5)。

2. 比较分析

贵州境内的铜鐎壶多出在邻近广西、云南的黔西南地区,而铜鐎壶在岭南合浦一带出土数量较多,是岭南地区重要青铜器之一。广西兴安石马坪汉墓出土铜鐎壶[1](图 2-67,3)和个旧黑玛井墓地征集的铜鐎壶[2](图 2-67,2)同贵州兴义顶效所出的Ⅰ式壶相同,腹部侈出一道宽沿,而广西合浦九只岭出土的鐎壶[3](图 2-67,4)和云南晋宁金砂山墓地 M117 出土者(图 2-67,6)与兴仁交乐所出Ⅱ式壶接近,壶身较浑圆,腹不出沿,可以认为贵州境内发现的铜鐎壶是从广西等地传入或仿两广地区的鐎壶形态。在云南江川李家山(图 2-68,1)、个旧黑玛井(图 2-68,2)等地,还出土有一种在铜釜形器底加铸略外撇的三足,并在釜身腹部一侧加铸长空心柄的铜鐎壶,造型与岭南地区铜鐎壶区别较大,极具"西南夷"地域特征。

战国秦汉时期,夜郎、滇等"西南夷"族群在汉文化大潮的冲击下,除开始大量输入汉

---

[1] 李铎玉:《兴安县榕江公社石马坪汉墓出土 1 件铜鐎壶》,《文物》1975 年第 5 期。
[2] 云南省个旧市政协教文卫体文史委员会、云南省个旧市人民政府文化体育局编:《个旧文物概览》,云南大学出版社,2008 年,第 87 页。
[3] 广西壮族自治区文物工作队、合浦县博物馆:《广西合浦九只岭东汉墓》,原载《考古》2003 年第 10 期,收录于广西文物考古研究所编:《广西文物考古报告集(1991~2010)》,科学出版社,2012 年。

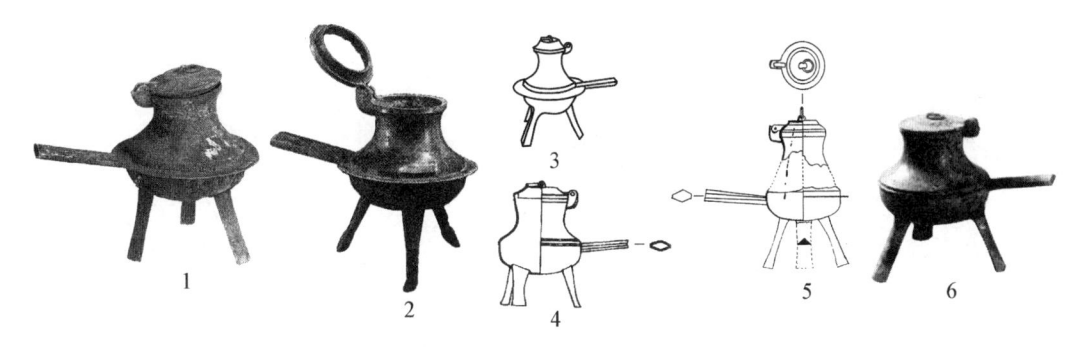

图 2-67　贵州及邻近地区出土汉代铜鐎壶
1. 兴义顶效出土　2. 个旧黑玛井墓地征集　3. 兴安石马坪
4. 合浦九只岭(M5∶49)　5. 兴仁交乐出土　6. 晋宁金砂山 M117

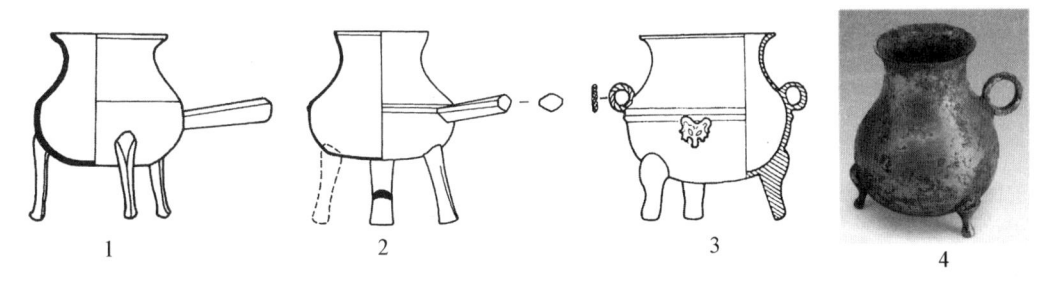

图 2-68　"西南夷"族群仿制的鐎壶等三足青铜器
1. 江川李家山(M26∶5)　2. 个旧黑玛井(M8∶21)　3. 曲靖八塔台(M69∶10)　4. 赫章可乐(M122∶1)

文化特征的青铜器外，还在当地仿制汉式器物。如赫章可乐出土的在圜底加铸三只兽蹄形小矮足的铜鍪(图 2-68,4)，赫章可乐和曲靖八塔台出土的在铜釜腹下部加铸三蹄形足的铜鼎(图 2-68,3)等，都是"西南夷"族群融合汉文化因素的产物。

十六、铜　　碗

1. 型式划分

共 20 件。部分残，未修复。可分为两型：

A 型：饼状或假圈足底。分两式：

A Ⅰ 式：敞口，口沿外侈，弧腹，圆饼状实底。皆出自赫章可乐 M7(图 2-69,1、2)。

A Ⅱ 式：敞口，折沿，假圈足。中水张 M1∶1 斜直腹，下部内折，腹部有弦纹，内底有同心圆弦纹三圈(图 2-69,3)。交乐 M6∶17 口沿似盘状，曲腹，底部 3 个支钉，内底正中一枚五铢钱纹(图 2-69,6)。

B 型：矮圈足。全部出自黔西南地区的兴义万屯和兴仁交乐汉墓。万屯 M3 出土铜碗(图 2-69,4)和兴仁 M7∶12(图 2-69,5)腹部有凸弦纹，兴仁交乐 M14∶2 下腹有折痕，内心有同心圆圈纹(图 2-69,7)。

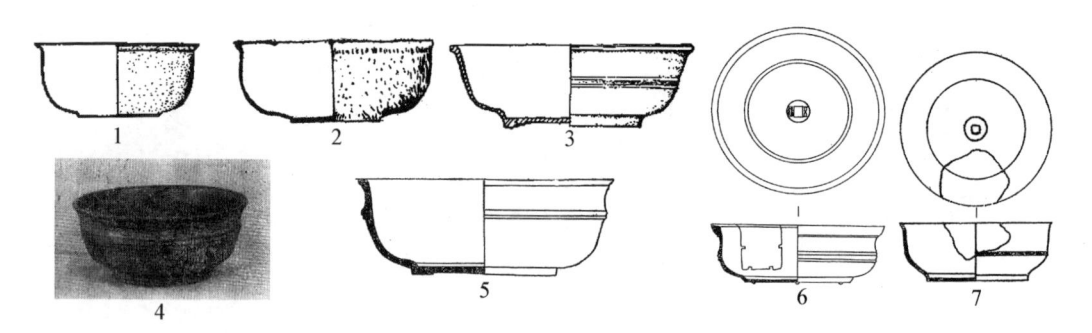

图 2-69　贵州出土铜碗
1. 可乐(M7∶3)　2. 可乐(M7∶2)　3. 中水(张 M1∶1)　4. 万屯 M3
5. 兴仁交乐(M7∶12)　6. 兴仁交乐(M6∶17)　7. 兴仁交乐(M14∶2)

2. 比较分析

贵州汉墓出土的 20 件铜碗包括可乐汉墓出土 4 件、中水汉墓出土 1 件、清镇平坝汉墓出土 8 件(皆无图)、平坝天龙汉墓 1 件、兴仁交乐汉墓 4 件、兴义万屯汉墓 1 件、黔西汉墓 1 件,数量还是比较多的。相似铜碗在广西、云南等邻近地区汉墓中亦有出土,如广西兴安石马坪(图 2-70,4)和广西浦北铜碗(图 2-70,6)同贵州出土 A 型碗非常接近,而云南个旧黑玛井(图 2-70,1)和广西合浦风门岭(图 2-70,3)所出铜碗则同贵州 B 型接近,但圈足更高,广西贵港马鞍岭(图 2-70,5)出土铜碗[①]圈足虽接近 B 型,但口为直口,具有一定差异。

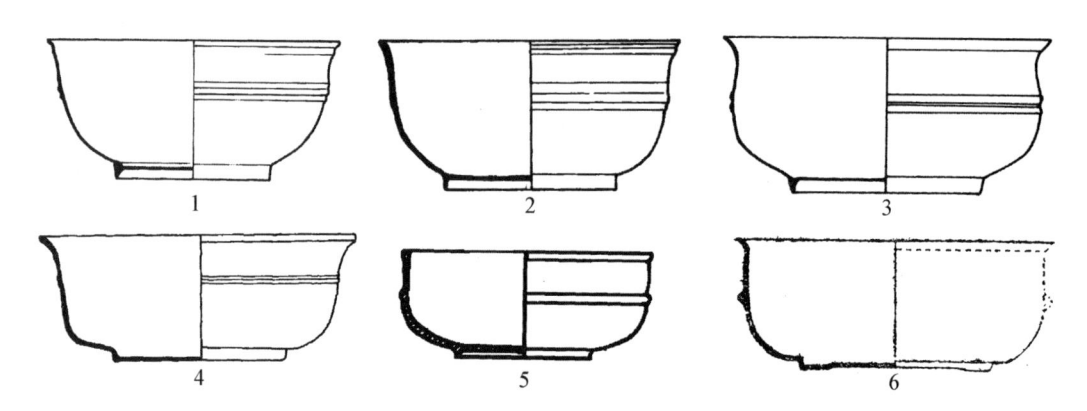

图 2-70　邻近地区出土相似铜碗
1. 个旧黑玛井(M22∶19)　2. 个旧黑玛井(95M8∶7)　3. 合浦风门岭(M24B∶7)
4. 兴安石马坪(M19∶6)　5. 贵港马鞍岭(M3∶39)　6. 广西浦北

---

① 广西壮族自治区文物工作队:《广西贵港市马鞍岭东汉墓》,原载《考古》2002 年第 3 期,收录于广西文物考古研究所编:《广西文物考古报告集(1991~2010)》,科学出版社,2012 年。

结合相关出土器物分析,铜碗底部的变化应该是饼状实底或假圈足底向圈足底发展,A型碗主要使用在西汉晚期至东汉早期,B型碗主要使用在东汉时期,尤其是东汉中晚期。

十七、铜 匜

1. 型式划分

2件。依口沿和流形态差异分为两型:

A型:1件。出自赫章可乐乙类墓地。口部椭圆形,敞口,流口尖圆,底残(图2-71,1)。

B型:1件。出自赤水复兴马鞍山崖墓。口部圆形,沿上有侈口分隔成花瓣状,流口方形,圜底(图2-71,2)。

2. 比较分析

贵州铜匜出土不多,但相似的铜匜在广州南越王墓和四川、重庆等地都有出土。重庆云阳李家坝[①]和四川荥经同心村[②]等战国时期巴蜀文化墓地出土较多,但四川盆地铜匜形制多方流平底,与流对称的另一侧有一环耳或辅首衔环,其中云阳李家坝铜匜流口较长(图2-71,4),荥经同心村铜匜流口较宽(图2-71,5),接近赤水复兴马鞍山铜匜,但赤水复兴崖墓铜匜口沿略侈成莲花形,时代可能晚一些。

赫章可乐乙类墓中出土的铜匜则圆口尖流,形制接近者为广州南越王墓出土的Ⅱ型铜匜[③](图2-71,3),在云贵高原甚至广州地区的西汉前期汉墓中,均出土有不少形制相同或相似的铜器,表明两者之间具有密切的文化交流。

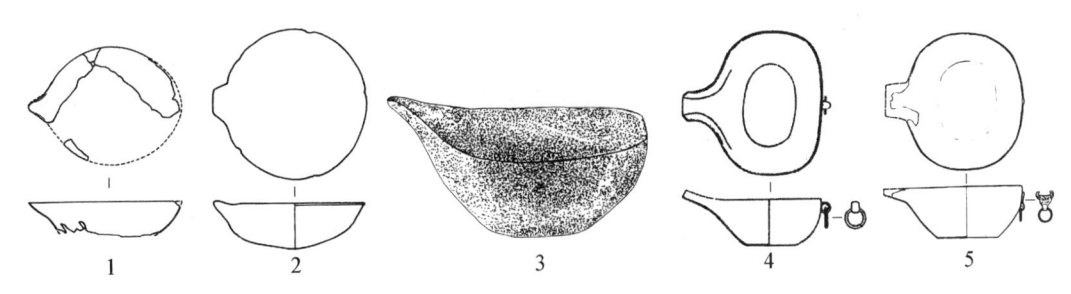

图2-71 贵州及邻近地区出土铜匜
1. 赫章可乐(M330∶1) 2. 赤水崖墓(M17∶3) 3. 广州南越王墓G84
4. 云阳李家坝(99ⅡM19∶6) 5. 荥经同心村(M21-A∶56)

---

① 四川大学考古学系、重庆市云阳县文物管理所:《重庆云阳李家坝巴文化墓地1999年度发掘简报》,四川大学博物馆等编著:《南方民族考古》第七辑,科学出版社,2011年。
② 四川省文物考古研究所、荥经严道古城遗址博物馆:《荥经县同心村巴蜀船棺葬发掘报告》,《四川考古报告集》,文物出版社,1998年。
③ 广州市文物管理委员会、中国社会科学院考古研究所、广东省博物馆:《西汉南越王墓》,文物出版社,1991年。

A、B型铜匜造型差异大的原因既可能与年代早晚有关,也可能与使用族群和来源不同有关。

十八、铜䥶斗(或称铜熨斗)

1. 型式划分

6件。依器身不同分为两型:

A型:铜量杯型。5件,赫章可乐出土3件,清镇汉墓出土2件。皆呈敞口,斜直腹,平底,近口沿一侧伸出一空长柄。可乐M8:13折沿,腹部较深(图2-72,1)。可乐M8:17大口,平沿,浅腹(图2-72,2)。清镇M13所出形状同可乐M8:17。

B型:铜洗型。1件。兴仁交乐出土。呈敞口,折沿,束颈,弧腹,平底,腹侧一细环耳,另一侧伸出一长方形空心柄(图2-73,1)。

2. 比较分析

A形铜䥶斗在云南昭通大关、个旧黑玛井、广西合浦风门岭和重庆云阳江口[①]等地汉墓中均有出土,其中昭通大关所出䥶斗(图2-72,3)最接近可乐,但昭通大关䥶斗口沿下方有一细环耳,长柄抬伸,同可乐䥶斗亦存在一定差异。云南个旧黑玛井(图2-72,4)、广西合浦风门岭(图2-72,5)和云阳江口(图2-72,6)等地所出口部折沿较宽,底部呈圜底形,长柄断面或呈梯形,或呈实心圆柄形,体现出一定的地域差异,因而A形铜䥶斗可能系当地仿造的产品。

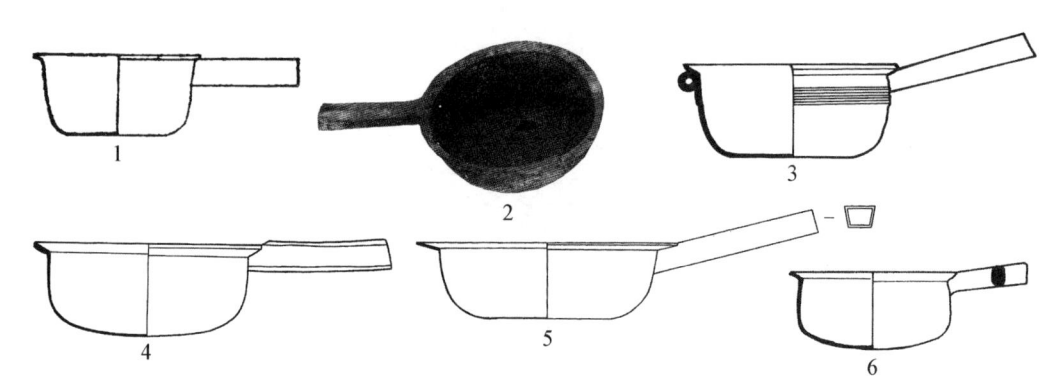

图2-72 贵州及邻近地区出土A型铜䥶斗
1、2. 赫章可乐(M8:13、M8:17) 3. 大关岔河(M1:11) 4. 个旧黑玛井(M28:21)
5. 合浦风门岭(M26:102) 6. 云阳江口(M5:8)

---

① 重庆市文物考古研究所、重庆文化遗产保护中心编著:《重庆公路考古报告集》,科学出版社,2010年。

B型铜㸂斗中,重庆云阳李家坝9号汉墓中有出土①(图2-73,2),造型与兴仁交乐几乎完全相同。从贵州汉墓许多器物均与重庆一带汉墓相同或相似的情况看,兴仁交乐汉墓出土的铜㸂斗极有可能来自重庆地区。

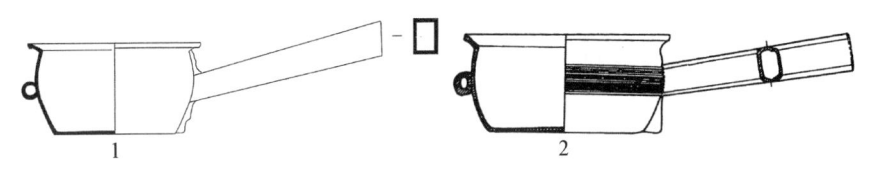

图2-73 贵州及邻近地区出土的B型铜㸂斗
1. 兴仁交乐 M7∶13 2. 云阳李家坝 M9∶2

一九、铜 量 杯

3件。有的简报称铜量,有的称铜斗。形状基本相同,依腹和底部差异,可分为两型:

A型:2件。敞口,口沿微敛,鼓腹,平底。肩部一环耳。口沿下饰细密的弦纹数道。兴义万屯汉墓铜量杯腹较圆(图2-74,1),交乐汉墓铜量杯腹扁鼓(图2-74,2),两件时间应大致相同,在东汉早中期。

B型:1件。可乐汉墓出土。敞口,弧腹,平底,口沿下一圆环状耳,素面(图2-74,3),时代在西汉晚期。

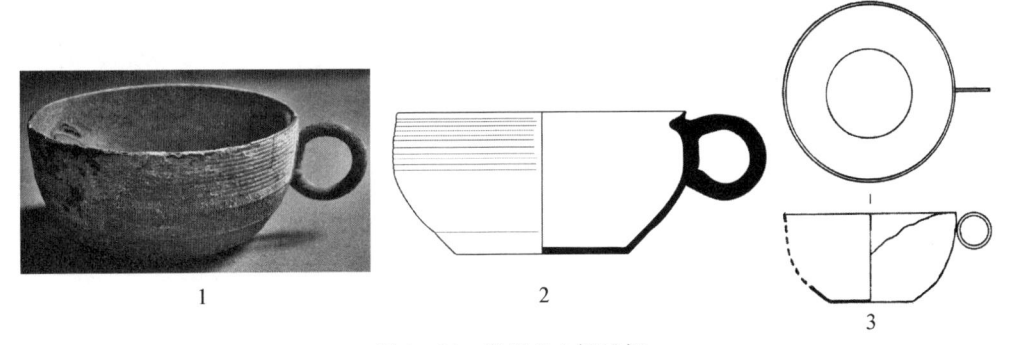

图2-74 贵州出土铜量杯
1. 兴义万屯(M8∶21) 2. 兴仁交乐(M6∶5) 3. 赫章可乐(M183∶13)

二〇、铜 盉

1. 型式划分

2件。皆仿动物造型,可分两型:

---

① 四川大学考古系、重庆市云阳县文管所:《云阳李家坝Ⅳ区汉六朝墓葬发掘简报》,四川大学博物馆等编:《南方民族考古》第八辑,科学出版社,2012年。

A 型：乌龟型。安顺宁谷 M29 出土。龟作爬行状，头向外伸出张口衔住一青铜耳杯，四肢外撇，后露一尖尾，背腹刻写实甲纹，背中部有一圆形直口短柱。龟体中空，全长 15.8 厘米(图 2-75,1)。

B 型：羊型(原定名兔盂)。清镇 M15 出土。长椭圆形，羊首上昂，四足蹲伏状。腹空，全长 11.5 厘米。背腹从中部剖成两半，上半为盖，背脊一扣插于两耳间，有铆钉固定，羊尾处巧妙设置为开盖之钮，但因锈蚀盖已不能开启(图 2-75,2)。

图 2-75　贵州出土铜盂
1. 安顺宁谷 M29∶10　2. 清镇 M15∶19

2. 比较分析

铜盂造型奇特，整体仿动物形，A 型就是一嘴衔耳杯的乌龟，出土时曾被认为是灯具，但耳杯通常为酒器，龟为长寿的象征，龟嘴含青铜耳杯应是饮酒器之类。B 型则为一只卧羊或卧兔之类，原定名为铜兔水盂，后对该器物进行定级时，更名为"西汉铜羊灯"[①]，但从造型看，其整个身体是闭合的，作为铜灯不知如何使用，原定名似更为恰当。

第二节　青铜兵器

兵器是贵州战国秦汉时期出土的重要器类，不仅夜郎系地方族群遗存中出土较多，汉文化遗存中亦有一定数量出土，可作为贵州战国秦汉时期青铜文化的代表性器物之一。

夜郎系地方遗存中出土的青铜兵器种类有戈、剑、矛、钺、镞等，以戈、剑数量和种类最多，也最有特色。戈、剑或单独出现，或组合出现，是当时的基本武器配备。汉文化遗存中出土的青铜兵器主要有弩机、环首刀、矛和镞等，数量和种类较夜郎系遗存少，其中刀、矛、镞等在两类遗存中均有出土。

[①] 贵州省博物馆藏定级文物卡片资料。

汉代是兵器变革的重要时期,这时期汉文化遗存中已多出铁兵器,青铜质地的兵器只保留了弩机、箭镞等少数几类远射兵器。

一、铜　戈

1. 型式划分

目前贵州境内出土的 34 件铜戈全是长方形直内戈,没有带胡戈和滇池地区独特的横銎戈,而且以赫章可乐乙类墓出土最为集中,我们在可乐铜戈型式划分基础上,依戈内首端形状和戈援差异将贵州境内出土铜戈分为下列几型:

A 型:长方形直内三角援。共 14 件,除 1 件出自威宁中水墓地外,其余全部出自赫章可乐罗德成墓地。形制基本相同,皆长方形直内,近阑处一长条形穿。三角形戈援中部起脊,脊呈圆柱状,从锋向后渐粗至后侧中脊处形成一鼓突对穿圆孔,援尾八字形外撇,上下侧各一个小穿。依内或援细部差异,可分为三式:

A Ⅰ 式:戈援弧线三角形,锋尖锐。墓地采集 1 件,略残,通长 21 厘米(图 2-76,1)。M325∶2(图 2-76,2)和 M331∶1(图 2-76,3)内上穿呈椭圆形,通长 22 厘米,出土时斜插于墓主头端右侧。M351∶1 援上圆形穿前柱状脊约 3 厘米一段中空,通长 20.6 厘米(图 2-76,4)。

A Ⅱ 式:戈援稍长,呈长条状三角形,部分戈锋前段弧形圆润。与 A Ⅰ 式戈区别不明显但整体比 A Ⅰ 式戈长。M268∶2 援上圆形穿前柱状脊约 0.5 厘米一段中空,通长 22.4 厘米(图 2-76,5)。M296∶2 锋前端圆润,援上圆形穿后侧柱状脊空约 1 厘米,前端中空约 2 厘米,通长 23 厘米(图 2-76,6)。M308∶2 锋前端圆润,援上圆形穿孔柱状脊前端空约 0.5 厘米,通长 22.6 厘米(图 2-76,7)。M310∶1 锋前端圆润,通长 22.5 厘米(图 2-76,8)。M334∶1 锋前端圆润,通长 23 厘米(图 2-76,9)。M335∶1 援上圆形穿后侧柱状脊空约 0.5 厘米,前端中空约 1 厘米,通长 22.3 厘米(图 2-76,10)。M348∶2 锋前端圆润,通长 23.6 厘米(图 2-76,11)。M356∶3 锋前端圆润,援上圆形穿孔柱状脊前端空约 4 厘米,通长 23.7 厘米(图 2-76,12)。20 世纪 70 年代在可乐征集有一件戈,残损严重(图 2-76,15)。

A Ⅲ 式:出土于威宁中水 M26。戈援同可乐出土的 A Ⅱ 式但内比可乐出土戈内宽,内上穿孔小,内上有条状纹(图 2-76,13)。

B 型:内首呈 W 形内卷,内和援后侧饰人物等图案。7 件。赫章可乐乙类墓地出土 4 件,黔西南铜鼓山遗址周边地区零星出土 3 件。根据戈援不同可粗分为两个亚型:

Ba 型:戈援长条形。4 件。全部出自赫章可乐罗德成墓地。根据戈援及内上图案变化分为两式:

Ba Ⅰ 式:3 件。人物图案写实,刻画出五官、手脚等细部特征。M318∶1 全长 23.2 厘米,内上刻三人牵手图案,三人下刻正面直立二小人图案,援后侧方框内刻单人双手上举

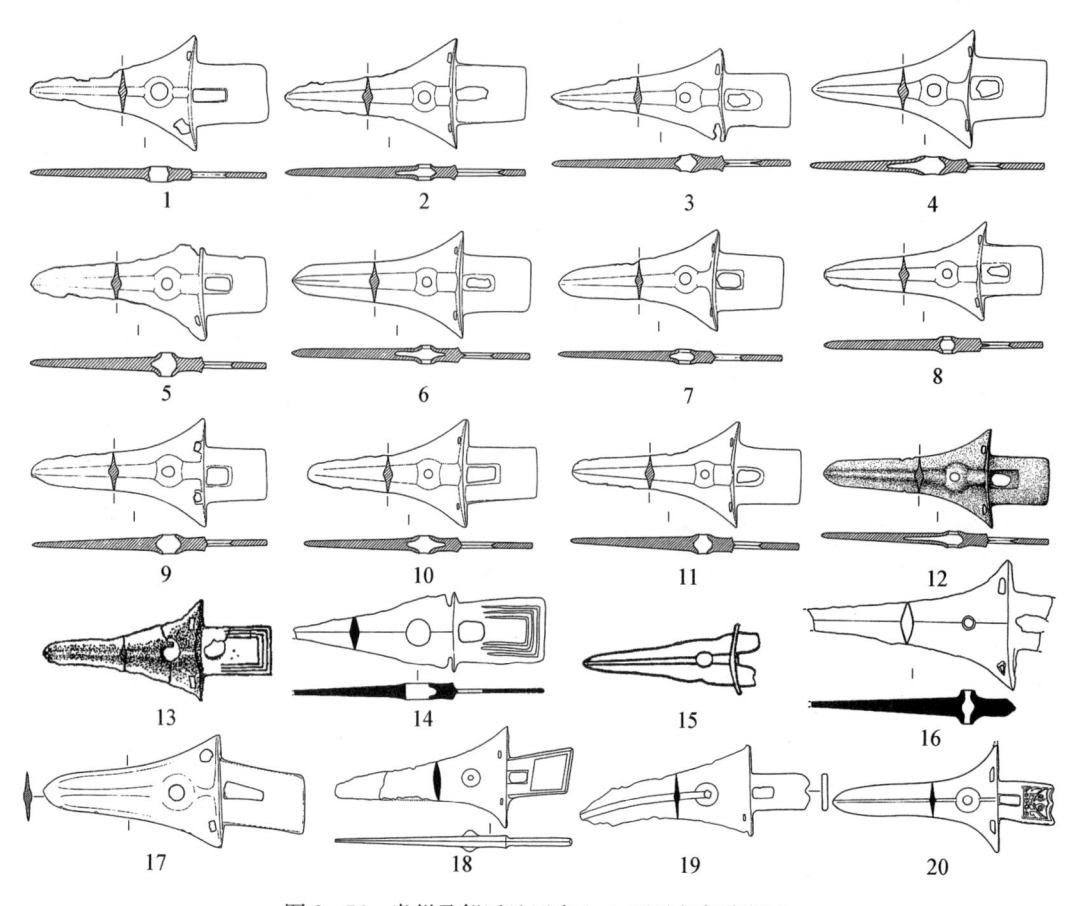

图 2-76 贵州及邻近地区出土 A 型及相似青铜戈

1～4. Ⅰ式戈(可乐采集、可乐 M325∶2、可乐 M331∶1、可乐 M351∶1) 5～12. Ⅱ式戈(可乐 M268∶2、可乐 M296∶2、可乐 M308∶2、可乐 M310∶1、可乐 M334∶1、可乐 M335∶1、可乐 M348∶2、可乐 M356∶3) 13. Ⅲ式戈(威宁中水 M26∶2) 14. 昭通水井湾采∶18 15. 可乐征集 16. 昭通营盘山采∶12 17. 晋宁石寨山(M76∶1) 18. 羊甫头 M19∶23 19. 羊甫头 M46∶12 20. 盐源征集(C∶58)

正面图像,人物图案前方圆形穿孔外侧刻两圈同心圆纹,外圈朝向戈锋一侧有三角纹(图 2-77,2)。M317∶1 全长 21.8 厘米,内上刻三人牵手图案,三人身体线图简化,呈锥形直条状,但刻头顶卷发和五指等细部。三人下各刻一只站立大头动物,援后侧方框内刻双人侧面图像,头顶扬起一束卷发,二人腋下站立一只大型动物,人物图案前方圆形穿孔外侧刻一圈同心圆纹,圆圈内刻细短线。戈援后侧整体中空,中空范围从阑到戈身长达 8.4 厘米(图 2-77,1;彩版二,1)。M350∶2 与 M317∶1 相近,戈援后侧亦中空,但内上人物手指呈六指形,援上人物图案前方穿孔外侧图案则同 M318∶1(图 2-77,3)。

BaⅡ式:1 件。援后侧不中空,人物图案抽象化。M365∶3 内上人物图案简化,面部仅为一圆圈,其腋下大形动物变成弓形弧线(图 2-77,4)。

BaⅠ式戈均与柳叶形剑组合,而 BaⅡ式戈则与铜柄铜剑组合,因而 BaⅡ式应晚于 BaⅠ式,即 Ba 型戈的变化是戈援后侧由中空向实心,图案由写实向抽象发展。

Bb 型：戈援三角形，阑上下呈短条状。3 件。全部出自黔西南地区的普安铜鼓山遗址周边地区。普安青山大圆子采集铜戈被磨蚀严重，内首和戈援图案都已不甚明晰（图 2-77,7）。兴义威舍光辉村出土的铜戈一件内首呈 W 形内卷，其下饰三人图案，戈援后侧前为一眼睛状穿孔，穿孔周侧饰细短线，后为四角尖锐的方框，框内饰二人图案（图 2-77,5）；另一件通体粗糙，援身倾斜，正中起脊，内端平直，内上和援后侧图案已漫漶不清（图 2-77,6）。铜鼓山遗址发现有铸造这类戈的戈内模（图 2-77,9）和戈援后侧图案模（图 2-77,8），因而基本可能确定 Bb 型产自铜鼓山遗址。

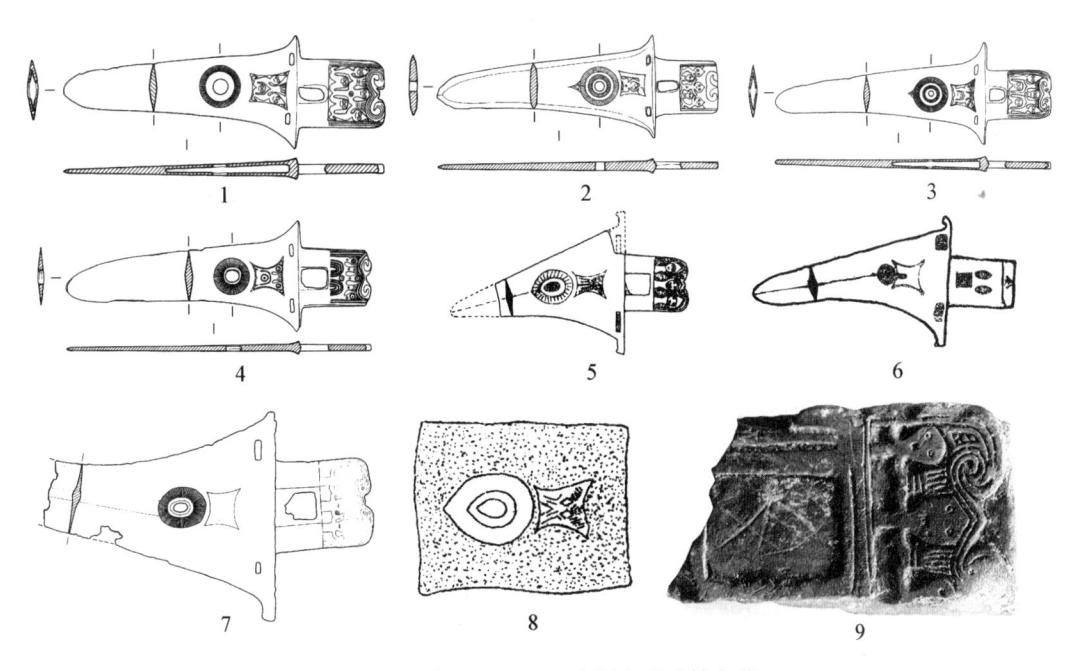

图 2-77 贵州出土 B 型青铜戈及冶铸戈范
1～4. 赫章可乐（M317∶1、M318∶1、M350∶2、M365∶3） 5、6. 兴义市威舍光辉村
7. 普安青山大圆子 8、9. 普安青山铜鼓山遗址出土冶铸 B 型戈内和戈援图案模（T28、T110）

由于目前 Bb 型戈实物皆为零星出土，残缺和磨损严重，戈内和援后端图案多已漫漶不清，因而对 Bb 型戈，尚不能做细的划分。

C 型：长方形直内条形援。6 件。皆出自赫章可乐墓地。戈内长方形，近阑处一长方形或方形穿，内上饰几何纹，援长条形，中部起脊，但未贯穿到阑，而是止于援后侧三角形或对称斜线，援后侧不中空。依内首差异分为两式：

CⅠ式：内首弧形。3 件。M277∶7 通长 24.3 厘米，援身近阑上较薄，内上由线纹、圆点纹和枊纹等组成变形人物图案，外围线纹和枊纹为头发，内部线纹、圆点纹等组成眼鼻（图 2-78,1）。M342∶49 通长 23.2 厘米，援身近阑上较薄，内首弧形，内上图案与 M277∶7 接近（图 2-78,5）。M212∶1 通长 23 厘米，内首弧形（图 2-78,6）。

CⅡ式：内首方形。3 件。M210∶1 通长 24 厘米，近阑处长方形（图 2-78,2;彩版二,

2)。M302∶1通长23厘米,援身近阑上较薄,内上图案与 M277∶7接近(图2-78,3)。M341∶3通长23.8厘米,援身近阑上较薄,内上图案与 M277∶7接近但更写实一些(图2-78,4)。

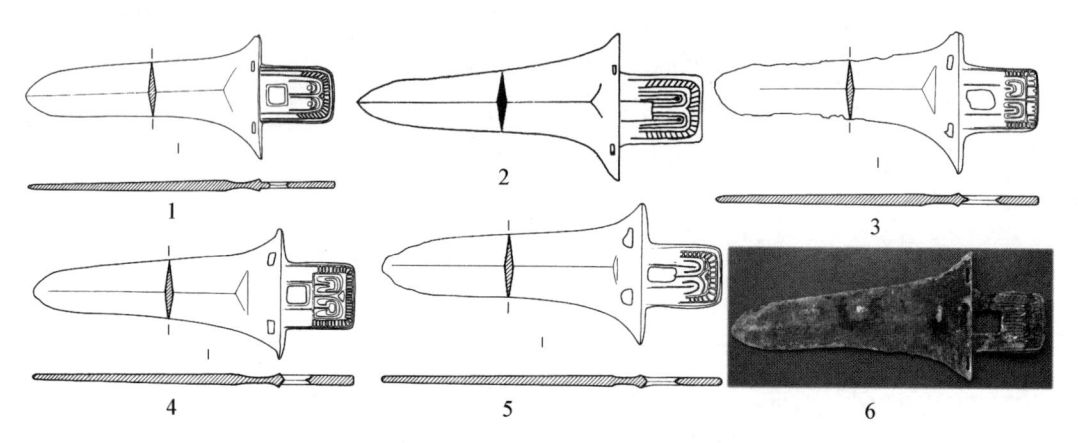

图2-78 贵州出土 C 型铜戈
1. 赫章可乐 M277∶7 2. 赫章可乐 M210∶1 3. 赫章可乐 M302∶1
4. 赫章可乐 M341∶3 5. 赫章可乐 M342∶49 6. 赫章可乐 M212∶1

D 型:内首卷成对称双饼形。4件。依内和援部差异分为两式:

DⅠ式:2件。条形援中部起脊。皆出自赫章可乐。M299∶1通长23.9厘米,内首作螺旋状双饼形(图2-79,1)。

DⅡ式:2件。条形援前端近锋处较宽,内与穿之间饰一人头图案,援后侧图案接近 B 型。皆出自兴义市。威舍光辉村出土者全长22.4厘米,内上穿较长且紧邻阑(图2-79,2)。兴义马岭出土者通长22.6厘米,造型与威舍光辉村所出铜戈相同(图2-79,3)。

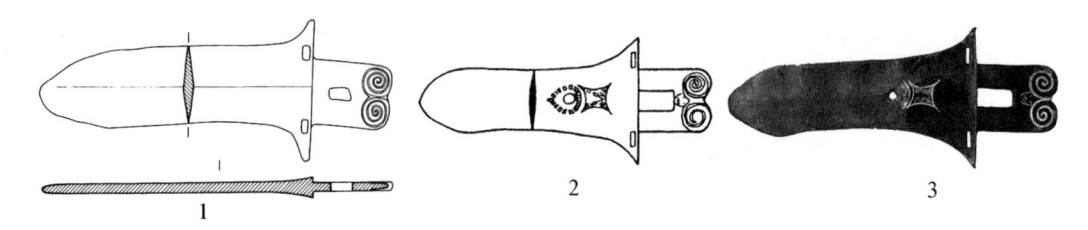

图2-79 贵州出土 D 型铜戈
1. 赫章可乐(M299∶1) 2. 兴义威舍光辉村 3. 兴义马岭

E 型:内首 W 齿状戈。4件,除2012年赫章辅处征集1件外,余皆出自威宁中水墓地。依戈援不同分为两式:

EⅠ式:戈援细长条状。威宁中水78梨 M26∶1通长23.3厘米,条状戈援,援后侧到阑向两侧伸出呈三角形,内及援后侧图案锈蚀不清晰(图2-80,1)。中水采∶6条状戈援更长,内和援后侧图案同 M26∶1基本相同(图2-80,2)。

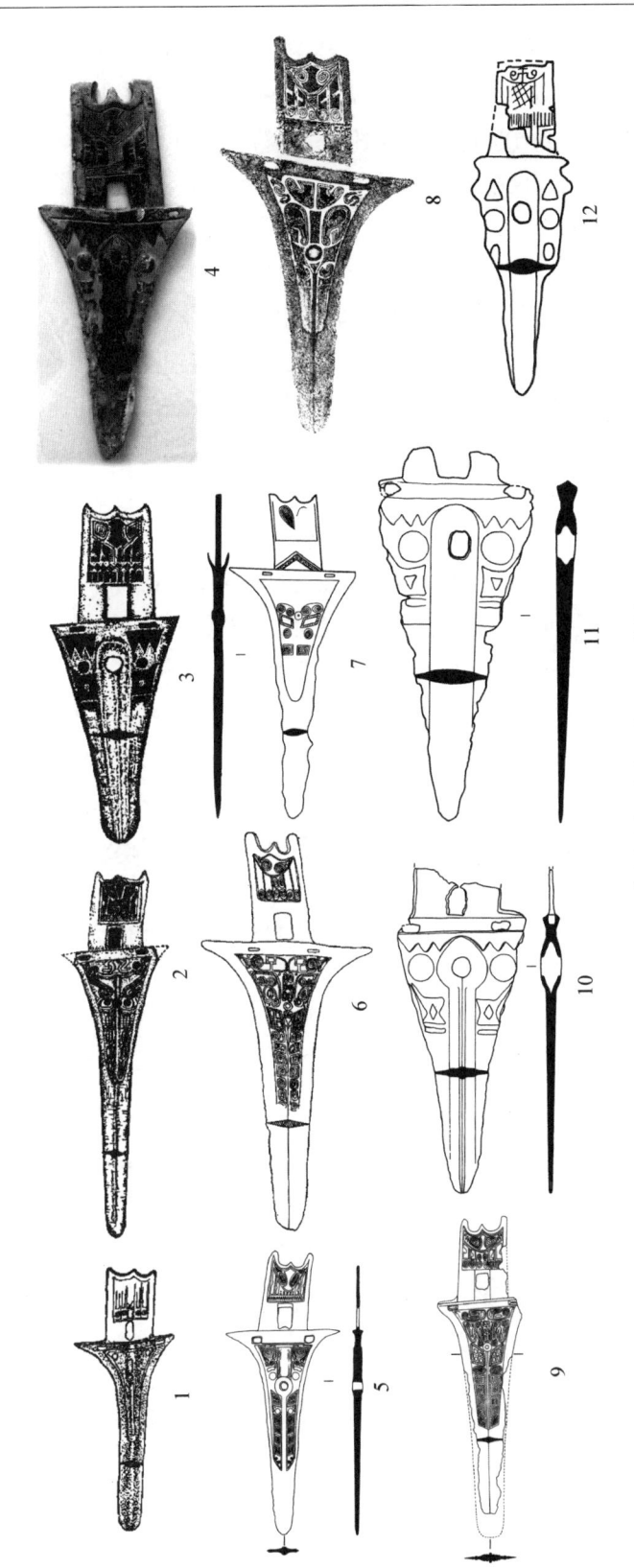

图 2-80　贵州及邻近地区出土 E 型铜戈

1. 威宁中水 78 梨 M26∶1　2. 中水采∶6　3. 中水梨园采∶12　4. 2012 年赫草铺处出土　5. 昭通营盘墓地采∶11
6. 江川李家山 M21∶67　7. 昆明羊甫头 M19∶95　8. 盐源征集（C∶45）支拓片　9. 曲靖八塔台（M246∶4）
10. 营盘山采∶13　11. 水井弯文家老包采∶19　12. 昭通营盘山 M37∶5

EⅡ式：戈援三角形。中水梨园采：12 内端图案为一兽面，正中为鼻梁，两侧为回形菱状双眼，下为鼻梁和嘴。援中部起椭圆形脊，至后侧绕圆形穿孔回折，穿孔两侧为三角形齿纹，齿纹前方有圆凸，圆凸前方为方形图案（图2-80,3）。赫章辅处征集者戈援前方较中水梨园采：12细长，内首仅中部呈W齿状，内及援上图案相同（图2-80,4;彩版二,3）。

2. 比较分析

铜戈是战国秦汉时期"西南夷"各族群广泛使用的兵器器类，贵州西部地区发现的青铜时代遗存不管是赫章可乐、威宁中水还是普安铜鼓山都有铜戈出土，此外各地还零星有戈的发现。上述在贵州出土的各类型铜戈，在紧邻的云南中东部、四川西南部和广西西北部都能找到相同或相似者，从对各地铜戈的比较既可看到不同地域铜戈的独自特征，也能看到当时不同地区之间的交流与融合。

A型Ⅰ式、Ⅱ式戈集中出自赫章可乐罗德成墓地，其形状接近春秋战国时期四川盆地的三角援蜀式戈，但又形成独自特征。相似铜戈在云南和四川等邻近地区有出土：如石寨山 M76：1铜戈①同AⅠ式戈援接近，但内却下斜（图2-76,17）；昆明羊甫头 M19：23同AⅡ式戈援接近，但内却上斜，且援上柱状脊不明显，鼓突状孔泡小且前后没有中空情况（图2-76,18）；羊甫头 M46：12戈锋下斜，内首端中部形成V形凹槽（图2-76,19）。

四川西南侧的盐源地区出土铜戈有不少同贵州出土的A型戈相似，如编号为 C：58的戈（图2-76,20）戈援同贵州 AⅡ式戈几乎一模一样，但内首端呈W形，还有图案②，形状又接近E型。

AⅢ式戈主要出自黔西北威宁中水，且数量少，目前见到的相似铜戈主要在与其相接的滇东北昭通坝子。如昭通水井湾采：18（图2-76,14）虽残，但同中水 M26出土戈就基本相同；昭通营盘山采：12（图2-76,16）内端虽残，但援接近可乐出土的 AⅡ式，只是援后端鼓突状穿孔较小。

由上述观察，我们可以基本得出结论，即流行于可乐的 AⅠ式和 AⅡ式戈整体形状接近蜀式三角援戈，但无论是戈内还是戈援均有独自特征；相似铜戈虽在四川西南部的盐源和云南中部一些滇文化墓地有发现，但各有特征。因此，AⅠ式和 AⅡ式戈应是可乐人在借鉴蜀式戈基础上自己生产的兵器，是可乐青铜文化的代表性器物之一。

AⅢ式戈主要流行在黔西北威宁中水及与其相连的云南昭通小地域范围内，它也应该是在吸收蜀式三角援戈基础上生产的地方产品，与 AⅠ式和 AⅡ式戈可能还存在一定的演变关系。

与贵州紧邻的云南省中东部地区，是B型铜戈的主要集中分布区，从滇东北的昭通地

---

① 云南省文物考古研究所、昆明市博物馆、晋宁县文物管理所：《晋宁石寨山——第五次发掘报告》，文物出版社，2008年，第139页。
② 凉山彝族自治州博物馆、成都文物考古研究所：《老龙头墓地与盐源青铜器》，文物出版社，2009年，第74页。

区往南经滇东的曲靖盆地和师宗、泸西等地一路南下到滇东南的广南、个旧,从滇中高原以滇池为中心的滇文化核心区到滇西楚雄万家坝等广大地区,B 型铜戈都有分布(图 2-81),而且由北向南数量越来越多,成为主要兵器种类。如滇东北的昭通地区,目前仅在白沙地墓地采集 1 件(图 2-81,1);而到了曲靖盆地,数量就比较多了,八塔台墓地出土 20 余件(过去 19 件,加 2015 年发掘新出数件),横大路墓地出土 2 件;滇池地区则以呈贡天子庙 M41 和昆明羊甫头 M113、M19 以及江川李家山 M68 等大型贵族墓葬出土数量最多,仅羊甫头 M19 就出土 7 件,且在滇池地区,还流行在内端加横銎的新形制(图 2-81,

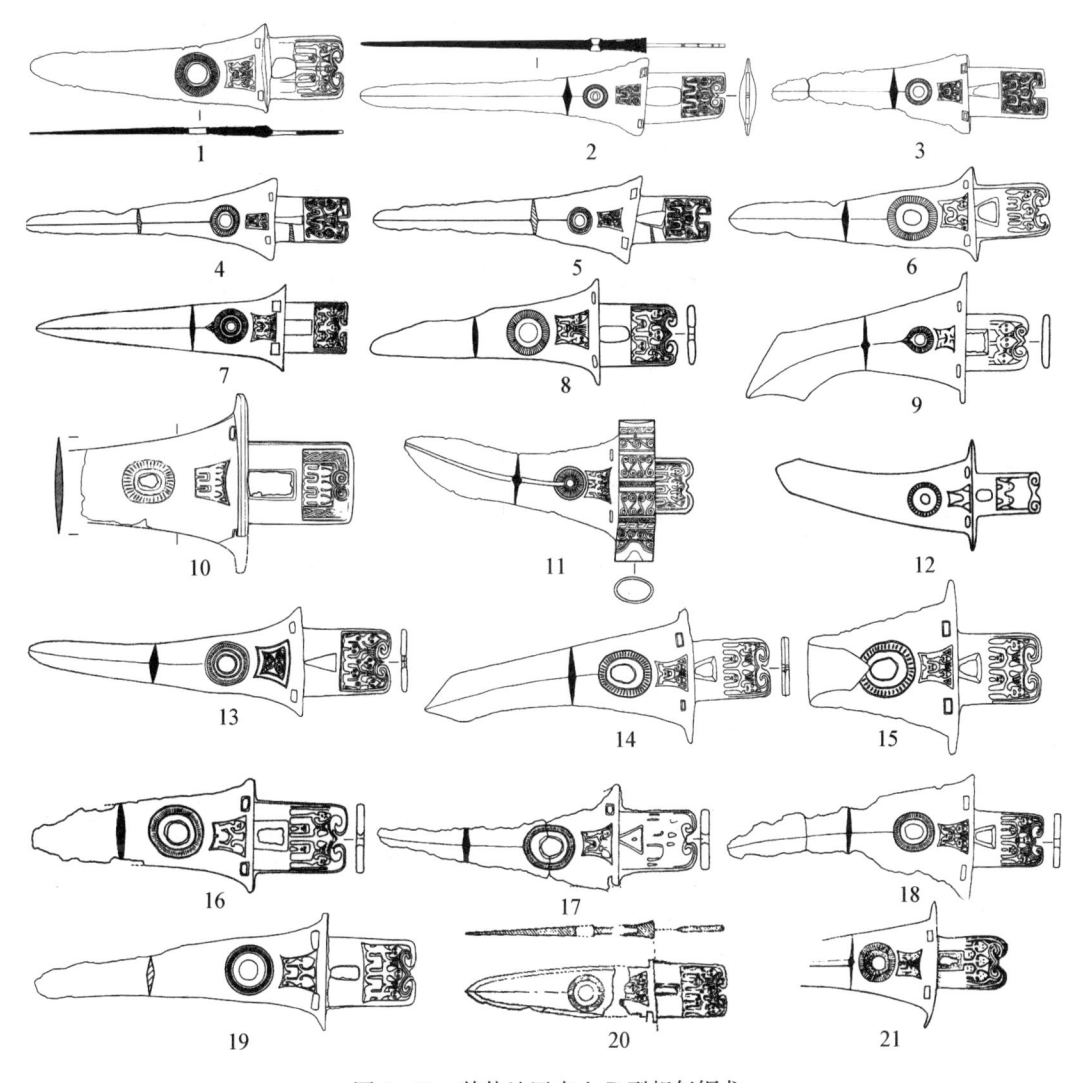

图 2-81　其他地区出土 B 型相似铜戈

1. 昭通白沙地(采:2)　2、3. 曲靖八塔台(M280:1、M209:2)　4、5. 曲靖横大路(M40:3、M146:1)
6. 东川普车河(采:01)　7. 呈贡天子庙(M41:140)　8. 昆明羊甫头(M19:116)
9. 江川李家山(M68:338)　10. 晋宁石寨山(M71:186②)　11. 江川李家山(M68:68)
12. 宜良沙帽山(M3:9)　13. 文山麻栗坡县杨万乡充干村　14、15. 泸西大逸圃(M6:1、M135:1)
16~18. 泸西石洞村(M58:1、M4:3、M55:4)　19. 陆良薛官堡(M140:5)　20. 四川简阳糖厂　21. 越南和平省

11)。除云南外,往北延伸至四川盆地①(图2-81,20),往南延伸至越南北部②(图2-81,21),都有少量同B型相似的铜戈出土,说明B型戈的流通范围已扩大到"西南夷"地区以外,对周邻其他文化区也有影响。

比较Ba型和Bb型戈,虽然其戈内形状和图案基本相同,但戈援形状却存在明显差异。铜鼓山遗址发现有生产B型戈的内模和援模残件,其周边地区发现的铜戈多Bb型,因而其生产的铜戈亦应是Bb型而非Ba型;Ba型戈应另有来源,过去依据戈内图案认为赫章可乐出土B型戈可能来自铜鼓山的认识应该不准确。不仅赫章可乐和铜鼓山出土的铜戈形制存在地域性差异,就是两地之间同戈组合配套的铜兵器也不一样:黔西北赫章可乐地区同戈组合兵器主要是柳叶形剑;黔西南至滇东偏南地区的师宗、泸西再到滇东南地区等地域范围同戈组合的兵器主要是一字格曲刃短剑;滇中高原环滇池的滇文化核心区和曲靖盆地青铜兵器种类较多,组合较复杂,与戈组合的兵器主要是一字格剑和喇叭首滇式剑。因此,可以说B型戈是战国秦汉时期在"西南夷"地区出土范围最宽的青铜兵器之一。

C型铜戈集中出土于赫章可乐墓地,戈内图案相似者仅在威宁中水(图2-76,13)和云南昭通(图2-76,14)有少量出土,但威宁中水和云南昭通出土者内较长,内上的图案仅为折成方形的直线,不形成赫章可乐的变形人物图案。另外中水和昭通的戈援呈三角形,援后侧有一鼓突状圆穿,整体形状与A型戈比较接近,而同C型戈差异较大。因而C型戈应是可乐地区在A型、Ba戈基础上自行创造出的地方产品,是可乐具有地方特征的青铜兵器。

C型铜戈内上图案虽简化成几何纹,但M341:3戈内图案还明显可看到人物图案(图2-82,1),而M342:49就只留存线条(图2-82,2)。另外贵州省博物馆收藏的1件C型铜戈(M210:1)③,内上方穿只在一面有一方形浅槽(图2-82,3),另一面则平整无穿痕。内上方穿没有穿通,则铜戈很难固定,因而这可能是专门为死者生产的明器之类。

D型戈戈援形态基本一致,但内部穿孔及内上图案差异表明该型戈的地域性明显。出土于黔西北赫章可乐的DⅠ式戈,除戈首外,其余与C型戈相近,相近的铜戈在云南曲靖和昆明滇池周边均有发现。与赫章可乐DⅠ式戈相比,曲靖平坡墓地出土的铜戈(图2-83,1、2)内首虽残,戈援更细长,曲靖八塔台出土戈(图2-83,3)除援后侧略有差别外,整个与可乐戈最为接近。滇池地区则以羊甫头墓地出土最多(图2-83,4~8),形态也最多样,除铜戈外,还出现铜内铁援戈(图2-83,5),戈形态也同可乐出土DⅠ式戈接近,除内首螺旋式双饼外,内和援上均少其他装饰,不过羊甫头M568:8戈援不仅前端上翘,援后侧还铸有一圆形穿孔,穿孔周边饰心形纹图案(图2-83,8)。总的来说,DⅠ式戈在曲靖、昆明等地青铜文化墓地尤其是滇池周边出土最多,可乐出土的DⅠ式戈应是在吸收滇

---

① 高英民:《四川简阳出土的战国青铜器》,《文物资料丛刊》1980年第3辑。
② [越]黎文兰、范文耿、阮灵编著,梁志译:《云南青铜时代的第一批遗迹》(内部资料),中国古代铜鼓研究会,1982年。
③ 可乐1978年发掘出土C型戈2件,《赫章可乐汉墓》记为M210:1和M212:1,但贵州省博物馆藏品中两件戈却登记为M201:1和M67:1,而《赫章可乐汉墓》墓葬登记表中这两座墓并没有铜戈。因时间久,已难核对错。

第二章　青铜器的型式划分和比较分析　　　　　　　　　　　　　　·103·

图 2-82　可乐出土 C 型戈内
1. 可乐 M341∶3　2. 可乐 M342∶49　3. 可乐 M210∶1

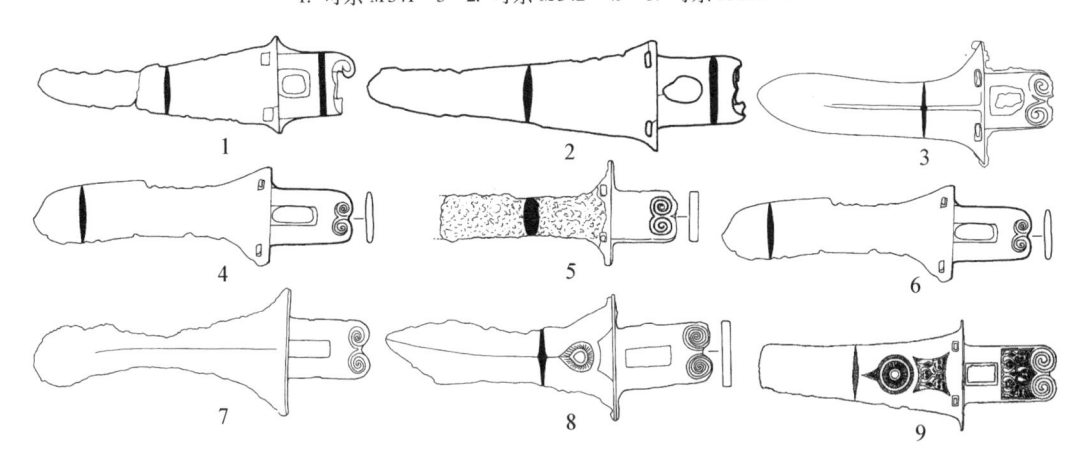

图 2-83　云南出土与 D 型相似铜戈
1、2. 曲靖平坡(M86∶2、采∶05)　3. 曲靖八塔台(M25∶2)　4. 昆明羊甫头(M387∶5)
5. 昆明羊甫头(M288∶3 铜内铁援戈)　6. 羊甫头(M387∶5)　7. 羊甫头(M157∶24)
8. 羊甫头(M568∶8)　9. 江川李家山(M13∶24)

文化墓地同类戈的基础上由当地仿制。

　　DⅡ式戈主要发现于贵州黔西南地区,其最大特征是内首呈螺旋式双圆饼形,内上方穿呈长方形,螺旋式双饼与内穿之间铸一人物头像,戈援后侧图案则与 B 型戈的援上图案相同。相似铜戈在周边地区发现不多,云南江川李家山 M13∶24 虽援上图案接近,但内上图案完全同 BⅠ式戈,是三人站立牵手图案(图 2-83,9),同黔西南等地铜戈内上为一人物头像不同。黔西南铜鼓山遗址出土有铸造 DⅡ式戈援后侧图案的残模(图 2-77,8),因而基本可以确定 DⅡ式戈是产于铜鼓山、使用在黔西南及其附近地区的地域性产品。

　　由滇池以北的滇西北、川西南、川西横断山区到青藏高原乃至北方草原地区,即考古学家童恩正提出的"边地半月形文化传播带"[①]这一广大区域,流行一种双圆饼首青铜

---

①　童恩正:《试论我国从东北到西南的边地半月形文化传播带》,《文物与考古论集》,文物出版社,1986 年。

短剑①,剑首双圆饼造型与装饰同云贵高原地方青铜文化遗存中的 D 型戈异常相似,D 形戈内首双圆饼造型可能是借鉴了这种青铜短剑的双圆饼首文化因素,DⅠ式与DⅡ式的差异是地域性分化后的结果。

EⅠ形铜戈在周邻地区也有较多发现,其中EⅠ式戈分布范围较宽,在云南昭通营盘山(图2-80,5)、江川李家山 M21②(图2-80,6)、昆明羊甫头(图2-80,7)、曲靖八塔台(图2-80,9)和四川盐源盆地(图2-80,8)等地均有发现,尤其位于四川西南侧的盐源盆地出土和采集有许多同中水青铜戈相似的器形③(图2-84),而贵州威宁中水目前是EⅠ式戈分布的最东端。可见,EⅠ式戈主要分布在川西南到云南滇池以北的地区,具有强烈的氐羌系青铜兵器的色彩,中水发现的EⅠ式戈可能是流行在川西南至滇文化偏北部区域铜戈向东发展和传播的反映。

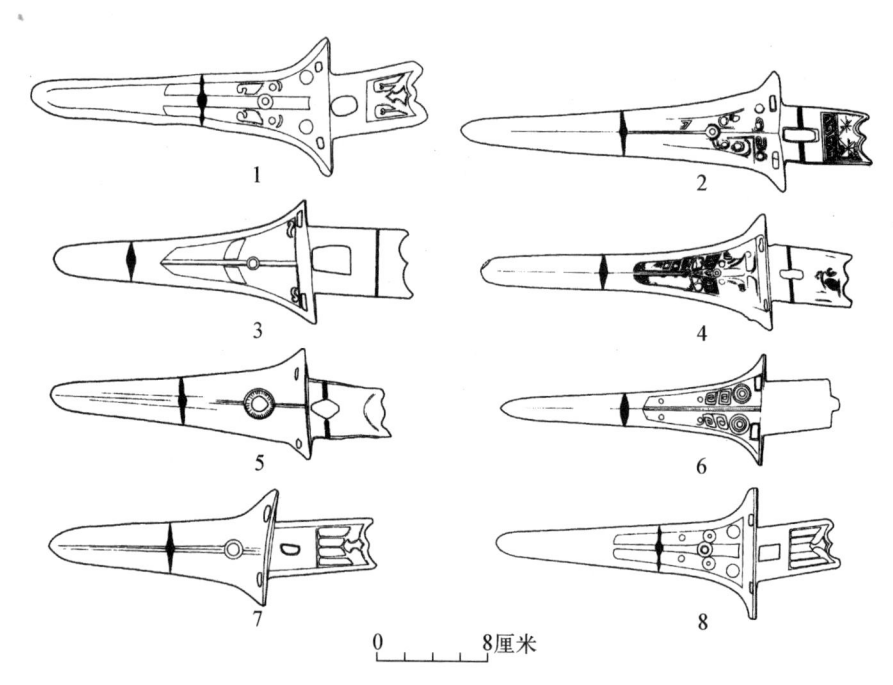

图2-84　四川盐源地区出土同EⅠ式相似铜戈
(取自《成都考古发现2009》第250页)
1. YC∶10　2. YC∶29　3. XC∶1　4. YC∶35　5. YC∶22　6. YC∶50　7. YC∶45　8 YC∶19

同EⅡ式相同或相似的戈目前仅在与威宁中水相连成片的云南昭通地区有发现,除营盘山甲区墓地有出土(图2-80,12)和采集(图2-80,10)外,水井湾文家老包墓地亦采

---

① 霍巍:《试论西藏及西南地区出土的双圆饼形剑首青铜短剑》,《庆祝张忠培先生七十岁论文集》,科学出版社,2004年。
② 云南省博物馆:《云南江川李家山古墓群发掘报告》,《考古学报》1975年第2期。
③ 成都文物考古研究所、凉山州博物馆、盐源县文物管理所、西昌市文物管理所:《盐源地区近年新出土青铜器及相关遗物报告》,成都文物考古研究所编:《成都考古发现2009》,科学出版社,2011年。

集有1件(图2-80,11)。这几件青铜戈破损相当严重,内部已不存,戈援亦残蚀严重,但从戈援图案观察,它们同贵州出土EⅡ式戈是一样的。昭通境内出土EⅡ式戈的几个青铜时代墓地无论是陶器还是青铜器都与贵州威宁中水银子坛墓地相同,都是共同族群文化体的遗存,因而EⅡ式戈应是黔西北至滇东北一带紧邻四川盆地的区域在吸收或借鉴四川盆地蜀式三角援戈的基础上,由当地仿制的区域性产品。虽然其装饰图案同四川盆地戈存在明显不同,但整个戈的形式不仅与宣汉罗家坝①(图2-85,1)、成都石人小区(图2-85,2)②、成都青羊小区(图2-85,3)和新都马家乡洒坝九联墩墓(图2-85,4)③等巴蜀文化核心区戈极为接近,更与川西茂县牟托M1石棺墓(图2-85,5)、1号器物坑(图2-85,6)和2号器物坑(图2-85,7)出土的戈④基本相同,戈首呈W造型,戈援三角形及援中脊后部形成的圆泡几乎都一模一样,两地戈内和戈援上装饰图案内容虽不同但风格一致。因而我们认为,流行在滇东北和黔西北山间地带的EⅡ式戈也应是蜀式三角援戈南传的变体⑤。

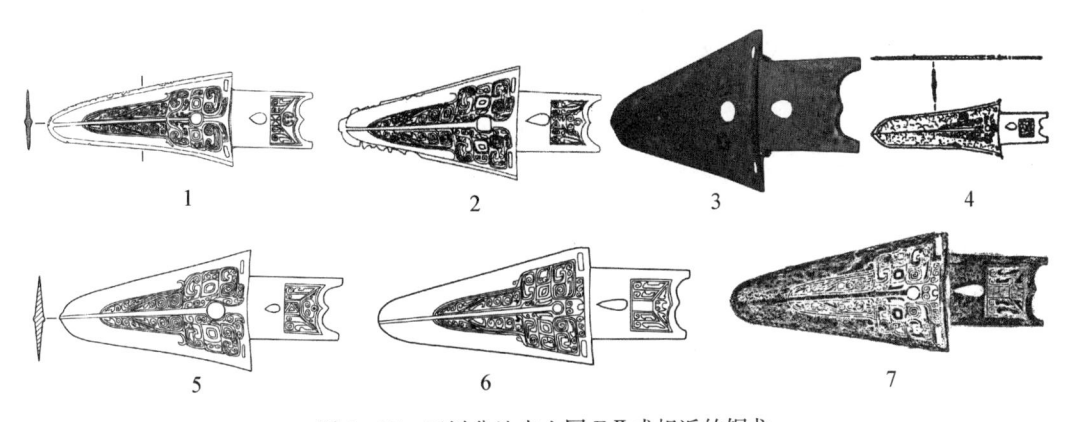

图2-85 四川盆地出土同EⅡ式相近的铜戈
1. 宣汉罗家坝(M33:116) 2. 成都石人小区(M8:32) 3. 成都青羊小区 4. 新都九联墩战国墓
5. 茂县牟托M1:116 6. 茂县牟托K1:15 7. 茂县牟托K2:10

在贵州赫章可乐和威宁中水墓地,部分铜戈还伴出柲冒:如M274柲冒似僧帽形,中部一圈辫索纹,帽顶饰一圆雕立虎(图2-112,1);M277柲冒似僧帽形,下部有一圈指甲状纹带和对称圆孔(图2-112,2);M341柲冒呈束腰椭圆管状形,帽顶饰物残蚀,仅存双足痕(图2-112,3)。同柲冒一道,有的墓葬在戈的下方还发现用铜皮片做成的椭圆形管状柲套饰,因而这些戈在放入墓中时应安装有漆木柲,而滇池地区昆明羊甫头墓地M113和江川李家山墓地M51等大型滇墓中保存有各种戈柲安装情况(图2-86),这为复原贵

---

① 四川省文物考古研究院、达州市文物管理所、宣汉县文物管理所编著:《宣汉罗家坝》,文物出版社,2015年。
② 成都市文物考古研究所:《成都西效石人小区战国土坑墓发掘简报》,《文物》2002年第4期。
③ 四川省博物馆、新都县文物管理所:《四川新都战国木椁墓》,《文物》1981年第6期。
④ 茂县羌族博物馆、成都文物考古研究所、阿坝藏族羌族自治州文物管理所编著:《茂县牟托一号石棺墓》,文物出版社,2012年。
⑤ 刘弘:《论蜀式戈的南传——西南地区青铜戈的再研究》,《四川文物》2007年第5期。

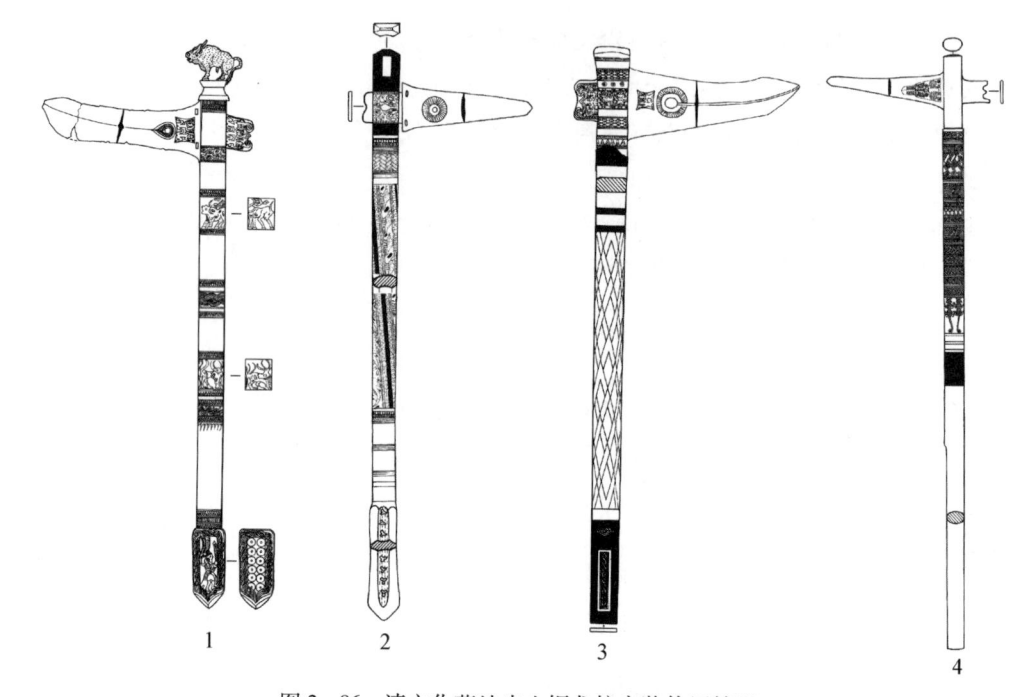

图 2-86 滇文化墓地出土铜戈柲安装使用情况
1. 江川李家山(M51：282)　2~4. 昆明羊甫头(M113：336-1、M113：370、M113：161)

州各型戈的木柲安装方法和使用提供了直观依据。

3. 简单认识

战国时期,来自北部四川盆地的蜀式三角援戈对贵州偏北部地区铜戈的形成产生较大影响。具体来说,可乐墓地出土数量最多的 A 型戈和威宁中水墓地出土的 EⅡ式戈是在吸收蜀式三角援戈基础上出现的,不过从目前出土戈的材料看,蜀式三角援戈对贵州境内戈的影响是间接的,少见直接输入蜀式戈的情况。这与柳叶形剑的情况不太相同,这类戈因是当地自行制造,因而总体形制虽还具有一定的蜀式三角援戈特征,但却形成鲜明的地域风格,如 A 型戈援后侧铸空心圆泡和 EⅡ式戈内饰兽面纹等都为当地独创。

战国晚期到西汉前期,以云南滇池为核心的滇青铜文化发达起来,创造出包括青铜戈在内的一系列青铜器,其青铜戈也迅速传入贵州等地,可乐地区使用的 BⅠ式戈、黔西南等地的 BⅡ式、D 型戈和中水墓地使用的 EⅠ式戈等都可能受到了滇文化系统青铜戈的影响。但从铜鼓山遗址出土的戈内模、戈援模等看,当时使用的铜戈相当部分应在贵州境内生产,产品的流通可能是双向的,也就是说,滇文化中的部分青铜戈也可能产自铜鼓山等地。

由于不同地域之间铜戈的源流各异,各型式铜戈器类简单,数量也少,它们相互之间可能不一定存在必然的器形演变关系,但其总体变化趋势是向简单化甚至明器化方向发展。

二、铜　剑

1. 型式划分

据不完全统计,目前贵州境内已出土铜剑 30 余件,根据剑身整体差异可分为下列几型:

A 型:柳叶形剑。按剑茎不同分为三个亚型:

Aa 型:剑茎有突芒无穿孔①。4 件。全部出土于威宁中水墓地。数量不多,但形制多样,可分为下列几式:

AaⅠ式:剑茎两侧有突芒,中部无穿孔。2 件。皆出自红营盘墓地。剑身形制各有特点。红营盘 M13:3 通长 14 厘米,剑身短而宽,茎与剑身无明显分界,茎上有细芒刺但用藤条缠绕(图 2-87,1)。红营盘 M17:2 通长 22.4 厘米,剑茎和剑身较细长,茎与剑分隔明显,茎上有突刺三道(图 2-87,2)。

AaⅡ式:剑茎有突芒,茎首一短圆銎。2 件。78 独立树 M4:1 通长 27.4 厘米,圆形剑茎两道突芒,首端椭圆形浅銎,剑身中部起脊(图 2-87,5)。AaⅡ式剑极似铜矛,但简报编写者认为銎"很浅,难纳剑柄",因此将其作为剑的特殊形式。

AaⅢ式:剑茎有突芒,茎首侈出呈圆饼状。1 件。79 梨园 T19:6 通长 27 厘米,剑身中部起脊,断面呈菱形,茎扁平,中部有突芒一道,茎首侈出呈圆饼状,是中水出土最有特

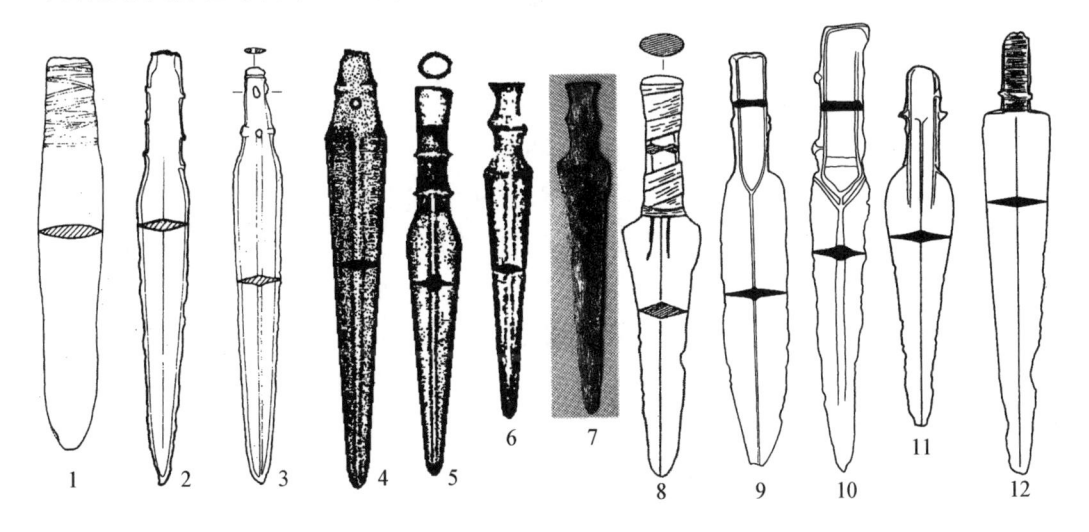

图 2-87　贵州出土 Aa 型、Ab 型和云南出土相似柳叶形剑(或称铍)

1. 04 红营盘 M13:3　2. 04 红营盘 M17:2　3. 04 红营盘 M19:1　4. 78 独立树 M1:1
5. 78 独立树 M4:1　6、7. 79 梨园 T19:6　8. 鲁甸马厂采:34　9. 巧家魁阁梁子采:3
10. 昭通营盘山甲区墓地 M151:1　11、12. 曲靖八塔台(M117:1、M175:1 铍)

---

① 在贵州西北端的威宁和云南东部自北往南的昭通和曲靖等地,发现一些柄部带突脊,器形接近巴蜀柳叶形剑青铜兵器,部分学者称其为"铍",本研究认为它是仿巴蜀柳叶形剑的地方产品,亦作柳叶形剑分析。

点的青铜兵器(图2-87,6、7)。

Ab型：剑茎有穿孔和突芒。3件。依茎部差异分为两式：

AbⅠ式：茎短而宽，中部有突芒一道。2件。78独立树M1:1通长31.2厘米，剑身扁平，刃锋利，茎突芒下一圆形穿孔(图2-87,4)。

AbⅡ式：剑身细长，为典型柳叶形剑。1件。红营盘M19:1通长30厘米，茎上两圆孔，一孔位于茎首侧，不规则圆形，一孔近肩部，圆形，两圆孔处各一周突芒，剑身中部起脊，断面呈菱形(图2-87,3)。

Ac型：剑茎有穿孔无突芒。主要出土在贵州西北端的威宁中水和赫章可乐墓地，在贵州东部的清水江流域河床中亦出土有数件。据不完全统计，总数已20余件，是A型剑的主要器形。根据剑茎不同，分为三式：

AcⅠ式：剑身较短，剑茎宽扁，茎首侧正中一穿孔。红营盘M11:2长20.2厘米，剑身中部起脊，剑身与剑茎呈圆肩过渡，茎上穿孔为两面对穿(图2-88,1)。红营盘M17:2长22.4厘米，茎与身呈斜肩状过渡，穿孔位于茎首端，穿孔处茎两侧各刻凹槽(图2-88,2)。78独立树M2:1长22厘米，茎与身呈弧形过渡，剑身扁平中部起脊(图2-88,3)。

AcⅡ式：剑身细长，茎与剑身呈弧形斜肩过渡，茎上一至两个穿孔，两个穿孔者多不在一条线上。79梨园M40:1长26.3厘米，剑身中部起脊直达剑茎，茎呈菱状，首端一圆穿(图2-88,4)。79梨园M33:7长31.8厘米，剑身细长，中部起脊，断面呈菱形，刃锋利，茎扁平，上铸圆形穿孔两个(图2-88,5)。可乐M309:2长35.7厘米，剑身中部起脊直过剑茎，茎与剑身无明显分界，茎上穿孔椭圆形(图2-88,6)。可乐M356:1长35.9厘米，剑身中部起脊直过剑茎，断面呈菱形，茎与剑身无明显分界，茎上两穿，一穿位于正中，一穿位于肩侧(图2-88,7)。可乐M301:1残长34厘米，剑身中部起脊，茎扁圆，首端略残，茎上两穿，茎肩处缠树皮数周(图2-88,9)。可乐M318:2长31.8厘米，剑身中部起脊，茎与剑身无明显分界，茎上缠树皮数周，内插纵向木片(图2-88,10;彩版二,4)。可乐M317:1长37.2厘米，剑身中部起脊，脊上有槽，茎与剑身无明显分界，茎上两穿孔，一孔位于正中，一孔偏向肩侧，剑身基部两面均有纹饰，一面为虎纹，一面为水波纹等(图2-88,12)。可乐M350:1长41厘米，剑身较宽，中部起脊，脊上有槽，茎与剑身无明显分界，茎上两穿孔，一孔位于正中，一孔偏向肩侧，剑身基部两面均有纹饰，一面为手心纹，一面为虎纹和水波纹等(图2-88,13)。可乐M296:3长41.3厘米，剑身中槽明显，基部饰虎纹、水波纹、麦穗纹和巴蜀图语等，茎上用树皮缠绕，树皮下有纵向木条(图2-88,14)。天柱清水江河床出土者长24.7厘米，茎与剑身无明显过渡，茎中部一圆形穿孔(图2-88,11)。

AcⅢ式：茎与剑身呈平肩过渡，穿孔多至三个但在茎正中直线上。可乐M298:7长35.5厘米，剑身中部起脊，茎与剑身呈平肩分界，肩部饰两片蝉翼状铜片，茎上树皮缠绕，茎末一圆穿(图2-88,8)。可乐M277:5残长41厘米，茎与剑身呈平肩分界，剑身起脊并有槽，槽两侧饰虎斑纹和半圆纹，茎末残断处可见一圆穿痕(图2-88,15)。可乐M348:1长34.8厘米，茎与剑身分界明显，交界处呈直角，茎中部三穿呈直线，穿两侧有浅槽(图2-88,16)。可乐M319:1长34.6厘米,剑身起脊,茎与剑身分界明显,茎上树皮缠绕,穿孔未现(图2-88,17)。天柱清水江河床出土者长26.8厘米,短宽茎与剑身过渡明显,成直角交界,剑身中部起脊,茎首侧一圆形穿孔(图2-88,18)。

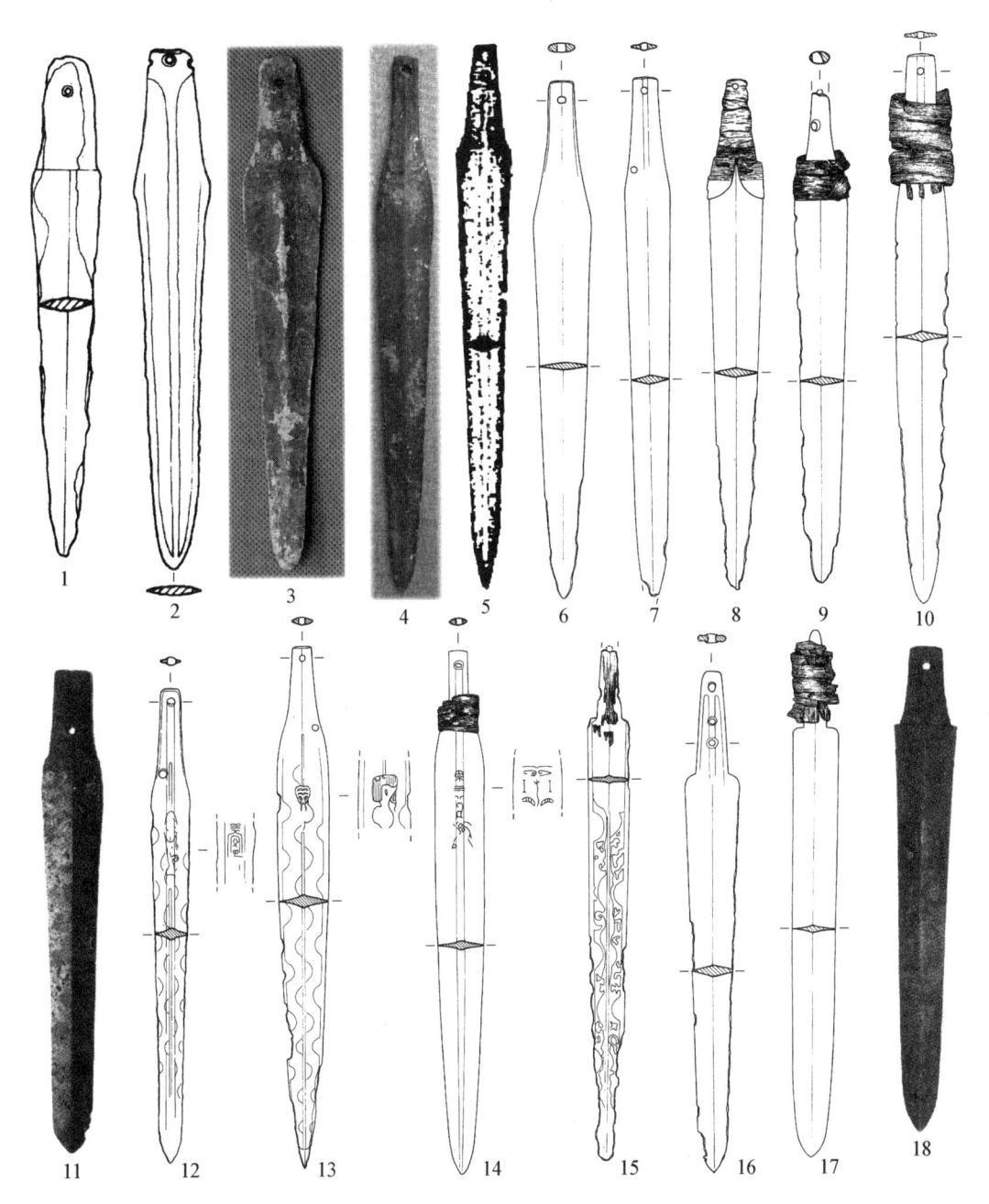

图2-88 贵州出土的Ac型柳叶形剑
1. 中水红营盘(M11:2) 2. 中水红营盘(M17:2) 3. 78中水独立树(M2:1) 4、5. 79梨园(M40:1、M33:7)
6~10. 赫章可乐(M309:2、M356:1、M298:7、M301:1、M318:2) 11、18. 清水江河床出土
12~17. 赫章可乐(M317:1、M350:1、M296:3、M277:5、M348:1、M319:1)

B型：镂空人物图案首铜剑。3件。原称卷云纹镂空牌形首剑,全部出土在赫章可乐罗德成墓地。其实仔细观察,首端应是三组六人两两相对组成的图案,人像头发相连插入剑柄,剑柄前端套接柳叶形剑身,茎部有线状穿孔同柳叶形剑柄上的穿孔相扣合以固定剑柄。根据剑柄和剑身差异,可粗分为两式：

BⅠ式：2件。剑柄部扁圆,四道箍圈将柄部分成三段竹节状,剑身肩部较斜。M365：5柄部箍圈饰辫索纹,中段竹节状箍圈正中有两个小方形穿孔以固定剑柄,下段竹节状柄正中饰S形纹,两侧饰雷纹(图2-89,1;彩版二,5)。M308：3柄部箍圈素面无纹,中段竹节柄正下方有一个方形穿孔以固定剑柄,下段竹节状柄(报告称"格")正中素面无纹,两侧饰雷纹。柳叶形剑身茎肩呈斜弧状,无明显分界,近基部饰手纹(图2-89,2)。

BⅡ式：1件。M341：4剑柄部较圆,茎上有饰辫索纹箍圈两道,中部似还有一脱落箍圈,但最下端与剑身相接处箍圈消失,剑身肩部呈直角,是柳叶形剑较晚形制(图2-89,3)。

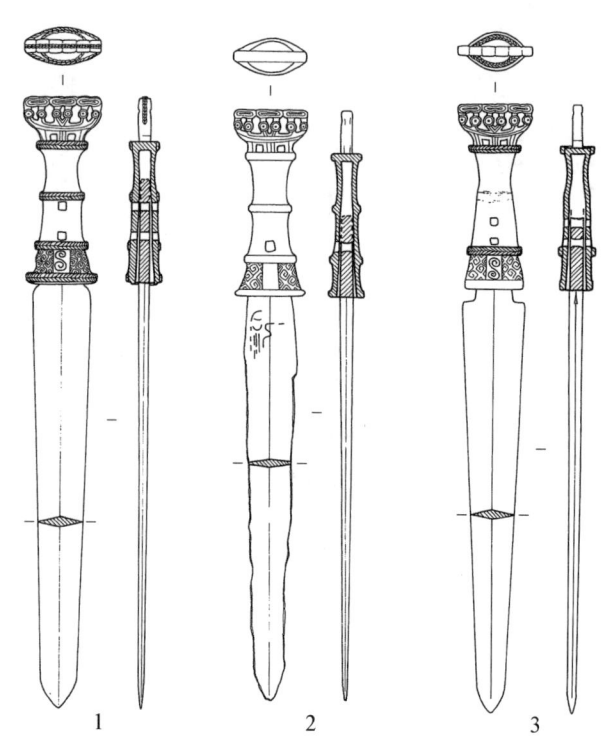

图2-89 贵州出土B型铜剑
1~3. 赫章可乐(M365：5、M308：3、M341：4)

C型：蛇头形茎首剑5件。除1件出土在赫章可乐外,余皆出自威宁中水墓地。可分为两式：

CⅠ式：蛇头形茎与剑身无明显分界。赫章可乐M325：3长30.6厘米,茎与剑身相连无分界,茎似蛇头,中空,两面饰不规则镂孔、线纹,肩部有辫索纹(图2-90,1)。78中水梨园 M22∶1 长 39 厘米，茎与剑身无明显分界，茎似蛇头，扁平中空，两面饰不对称三角形纹和镂孔（图 2-90,2）。

C Ⅱ 式：蛇头形茎与剑身分界明显，呈套接状。78 中水梨园 M35∶1 长 37 厘米，柳叶形剑身与茎分界明显，剑身斜肩状，剑茎与蛇头形首相连，蛇头形首扁平中空，两面饰不对称三角形纹（图 2-90,3）。78 中水梨园 M34∶1 长 38 厘米，柳叶形剑身与茎分界明显，肩至蛇头形首之间留出一截圆柄，蛇头茎扁平中空，剖面成扁圆形，两面对称三角形孔 8 个和三角形斜线纹，茎首开一似蛇嘴张开的扁平銎（图 2-90,4）。04 中水银子坛 M75∶5 与 78 中水梨园 M35∶1 相似，蛇头形首断面扁圆形，首端开一銎（图 2-90,5）。

D 型：一字格曲刃短剑。10 件。包括清镇 18 号汉墓出土 1 件（报告称矛）、普安铜鼓山遗址采集 1 件、安龙县新安镇和龙广镇各出土 1 件、兴义市顶效镇和郑屯镇共出土 3 件、望谟出土 3 件。共同特征是剑茎扁圆，中空束成筒状，一字形格，剑身短但基部较宽，双刃内收至中部又外凸形成曲刃，剑茎和剑身均有各种不同纹饰，剑身纹饰似剑矢状。依剑身基部与剑格结合处宽度不同分为两式：

D Ⅰ 式：6 件。茎扁圆内空，剑身基部外展，宽度基本同剑格。普安铜鼓山采集者剑基部宽度同剑格，剑身内折（图 2-91,1；彩版二,7）。安龙出土者剑身基部略小于剑格，剑格一侧下折（也可能是后期人为所致），剑身曲刃较宽（图 2-91,3）。清镇 18 号汉墓所出茎首外展不明显，剑身较细且曲折不鲜明（图 2-91,2）。郑屯柘围村出土者基下内束，格宽（图 2-91,4）。望谟征集者①剑格窄，剑身宽（图 2-91,5）。

D Ⅱ 式：4 件。剑茎较 Ⅰ 式圆，首端圆饼形。剑身基部外展不明显，剑格较宽且长于剑身基部。顶效出土者剑茎较粗，剑刃曲折不鲜明（图 2-91,6）。郑屯出土者剑茎较细长，刃中部内弧曲折厉害（图 2-91,7）。望谟征集者剑格和基部均较窄（图 2-91,8、9）。

Ⅰ 式和 Ⅱ 式不仅器形有所不同，可能在铸造上也采用了不同的方法：Ⅰ 式剑剑身和剑柄应系一次性铸造；Ⅱ 式剑则不同，兴义出土的两件 Ⅱ 式剑不仅能看到剑柄与剑身接痕，在剑柄紧接剑格处都有一个小圆穿孔，应该就是固定套入剑柄内的剑身用的，但在望谟出土的两件不仅剑身与剑柄一次铸成，而且其呈椭圆形或近菱形柄首也同兴义出土者不同。另外，从兵器组合上看，两式剑也存在差异：Ⅰ 式剑主要同 B 型和 D 型戈形成较为固定的组合；Ⅱ 式剑则同矛、钺和有胡戈等组合，同 B 型戈的组合少见。

E 型：T 型首一字格短剑。1 件。安龙龙广出土。茎长，首端一横长柄使剑柄呈 T 形，剑格窄。剑身短，锋呈三角形。剑茎近首侧有细密纹饰，近格处有两排镂孔，剑身后侧纹饰近 D 型剑（图 2-92）。

---

① 望谟出土青铜器由李飞先生提供照片及出土信息。

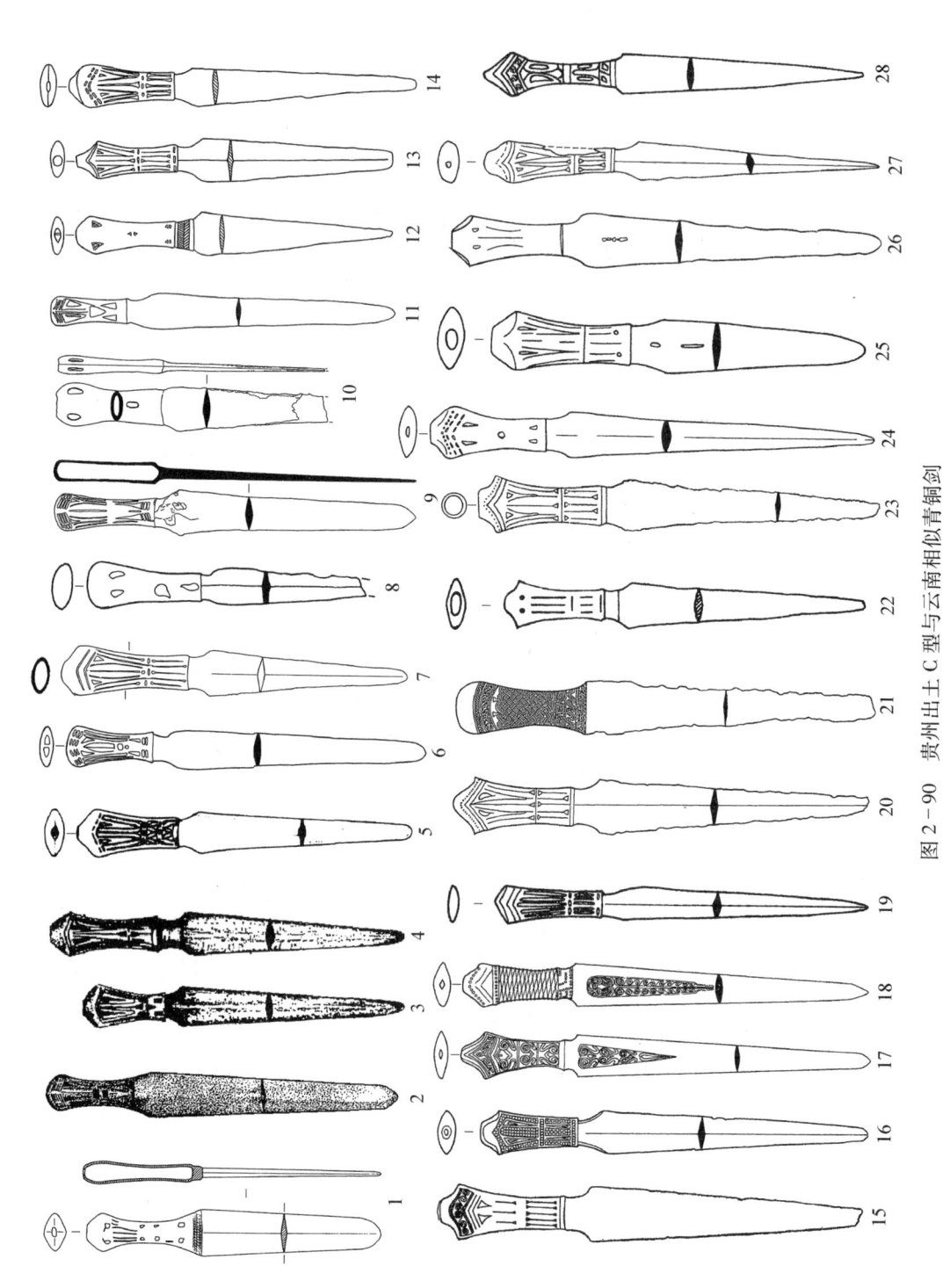

图 2-90 贵州出土 C 型与云南相似青铜剑

1,2. C I 式剑(可乐 M325：3、中水梨园 M22：1) 3～5. C II 式剑(78 中水银子坛 M35：1、M34：1、04 中水银子坛 M75：5) 6. 昭通营盘山甲区(M37：8) 7. 营盘山(采：7) 8. 昭通营盘山甲区(M41：15) 9、10. 昭通白沙地墓地(采：3、采：8) 11. 昭通水井湾文家脑包墓地(采：29) 12～14. 曲靖横大路(M114：3、M152：2、M42：2) 15. 晋宁石寨山(M22：38) 16. 江川李家山(M68X2：28-1) 17、18. 昆明羊甫头(M19：215、M19：155) 19. 呈贡天子庙(M23：27) 20、21. 呈贡天子庙(M41：24、M41：17) 22. 陆良纱帽山(M3：11) 23. 呈贡石碑村(M21：8) 24、25. 昆明大团山 26. 昆明五台山(M12：4) 27. 嵩明凤凰窝墓地采集 28. 元江打芒陡(M70：3)

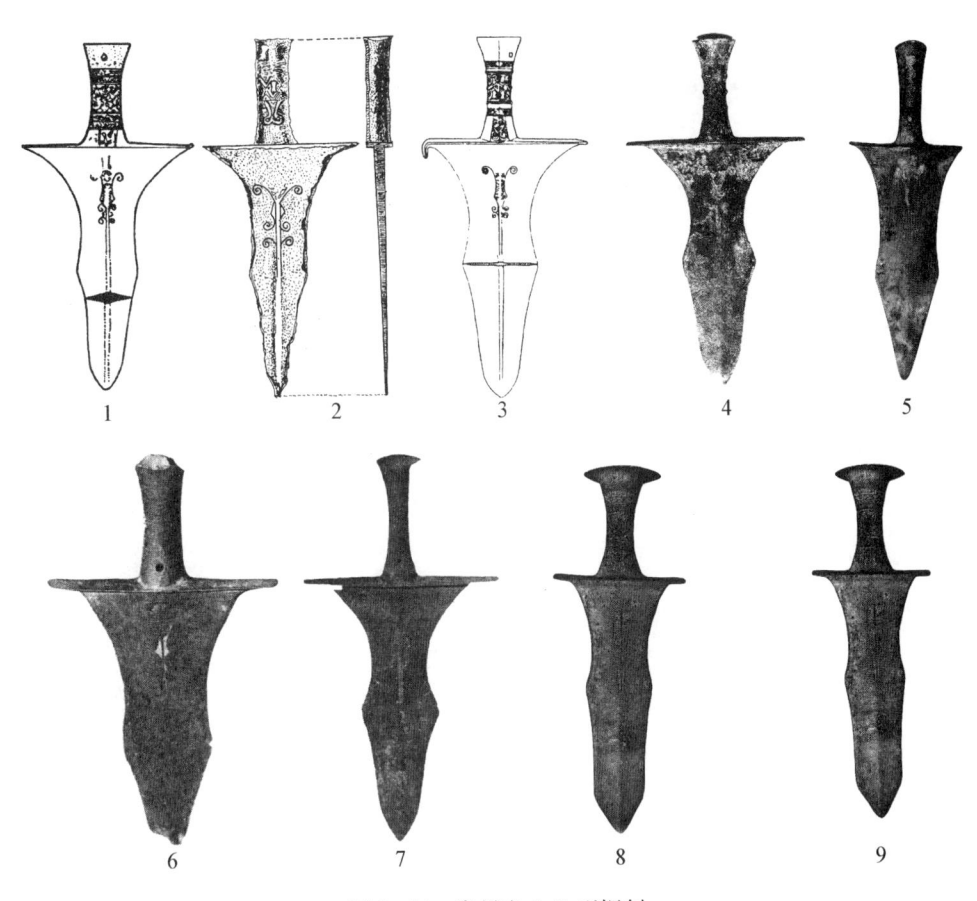

第二章　青铜器的型式划分和比较分析

图 2-91　贵州出土 D 型铜剑
1. 铜鼓山遗址采集　2. 清镇 M18 出土　3. 安龙新安出土　4. 兴义郑屯出土
5. 望谟征集　6. 兴义顶效出土　7. 兴义郑屯出土　8、9. 望谟征集

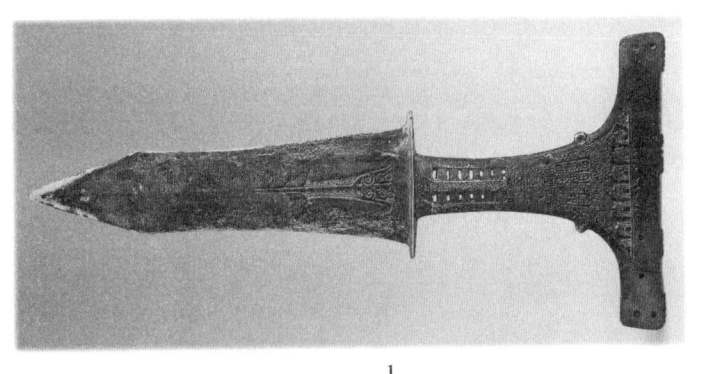

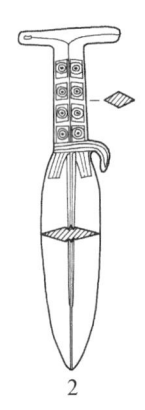

图 2-92　贵州与四川出土 T 形柄剑
1. 安龙龙广　2. 茂县牟托 M1∶160

F 型：扁圆茎宽肩无格剑。2 件。皆零星出土。根据剑柄和剑身差异可分为两式：

Ⅰ式：安龙龙广出土。剑身与剑茎略呈斜肩，剑身略曲，中部起脊，茎扁平，断面扁圆，上有云雷纹、平行线纹和短斜线等（图2-93,1）。

Ⅱ式：普定县出土。剑身与剑茎呈平肩，剑身细长，后侧变宽成三角状，茎扁平曲似蛇首，上有复杂纹饰（图2-93,2）。

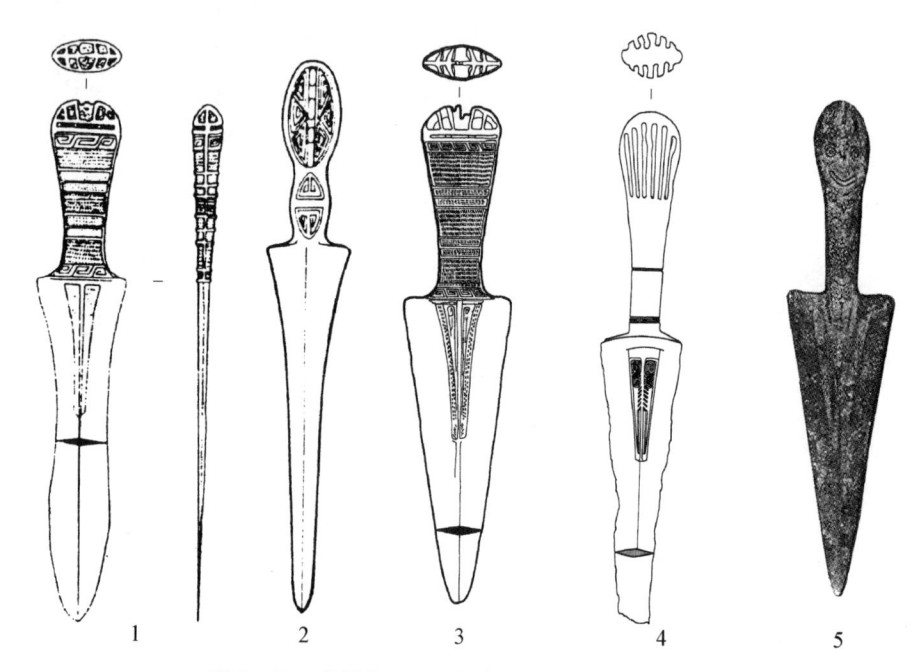

图 2-93 贵州出土 F 型与邻近地区出土相似铜剑
1. 安龙龙广 2. 普定征集（出土地点不详） 3. 滇东南丘北县征集
4. 陆良薛官堡（M6:1） 5. 广西西林废品站收集

G 型：扁圆茎宽格剑。4 件。全部出土在沅水上游重要支流的清水江及其支流，且多为当地村民在河床淘金时零星淘出，除 1 件收藏在贵州省博物馆外，余皆收藏在杨作义等当地文物爱好者手中。其特点是由剑身与剑茎套分铸套合而成（图2-94,3），剑身为柳叶形剑，柄中部铸呈直线的1～2个穿孔（图2-94,1、4）。剑茎套宽格平面呈长方形或梯形，柄部亦铸穿孔与剑身穿孔套合，首端半圆形，中部一开口，形似蛇头，正反两面装饰图案不同：一面饰水波、回纹、云雷纹、曲折纹等，另一面饰菱格纹和米字纹（图2-94,2）。有 1 件茎首端加铸 W 形图案（图2-94,5），与湘西米家滩采集者（图2-101,14）相同。

H 型：圆茎璧形首剑。4 件。皆为沅水上游清水江及其支流亮江等河床中淘出，依剑柄不同分为二式：

Ⅰ式：圆茎上有箍圈，凹形格剑。亮江征集者圆璧形首已不存，剑身中部起脊，断面呈菱形，剑锋尖锐，残长 66.5 厘米（图2-95,1）。清水江征集（编号 05.D.12）圆璧形剑首亦不存，剑身中部起脊，双刃锋利，M 形凹格，长 40 厘米（图2-95,2）。清水江征集（编号

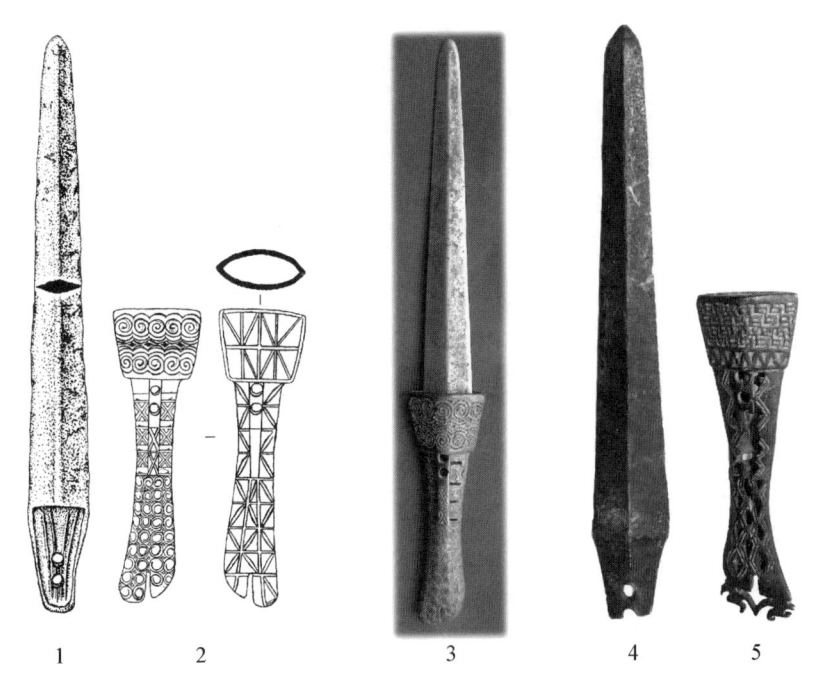

第二章 青铜器的型式划分和比较分析

图 2-94 贵州出土 G 型铜剑
1、4. 柳叶形剑身　2. 剑茎套及两面图案　3. 剑身与剑茎套合情况　5. 首端呈 W 形的剑茎套

TYZYJ4)圆形长茎上二圆形箍圈,圆璧形剑首直径 3.9 厘米,剑身中部起脊,双刃锋利,剑长 56.5 厘米(图 2-95,3)。

Ⅱ式:茎上无圆形箍圈,璧形首小,格变成一字形。清水江征集(编号 TYZYJ7)剑身较短,中部起脊,长 49.7 厘米(图 2-95,4)。

Ⅰ型:异型剑。1件。78 年威宁中水征集。剑身狭长,中部起脊,锋尖细,剑茎扁圆,茎首呈盖帽状,茎上三道竖突棱,长方形剑格较宽(图 2-96)。

Ⅰ型剑造型别致,周邻地区未发现相同者,但剑首形制在云南滇池周边和四川盐源盆地等地出土青铜剑中可找到相似者,可能是当地仿制的地方产品,极具地域风格。

2. 比较分析

A 型剑整体风格仿巴蜀柳叶形剑,以出土在威宁中水红营盘墓地(早期叫独立树工区)的 Aa 型剑最早,是贵州目前发现最早的青铜兵器。由于铸造技术低下,产品数量虽然不多,但造型多样且不规范,很难找到造型完全相同者,此类型形成贵州境内较有地方特色的青铜兵器之一。

在与威宁中水紧邻的云南昭通、曲靖等地,发现有一定数量的同贵州 Aa 型接近的青铜剑。如鲁甸马厂采:34 同 AaⅢ式,柄上还缠有树皮(图 2-87,8);巧家魁阁梁子采:3(图 2-87,9)、昭通营盘山甲区墓地 M151:1(图 2-87,10)和曲靖八塔台墓地出土的青铜剑(图 2-87,11、12)虽共同特征是柄部起突芒无穿孔,但剑身和剑柄形态同威宁中水红

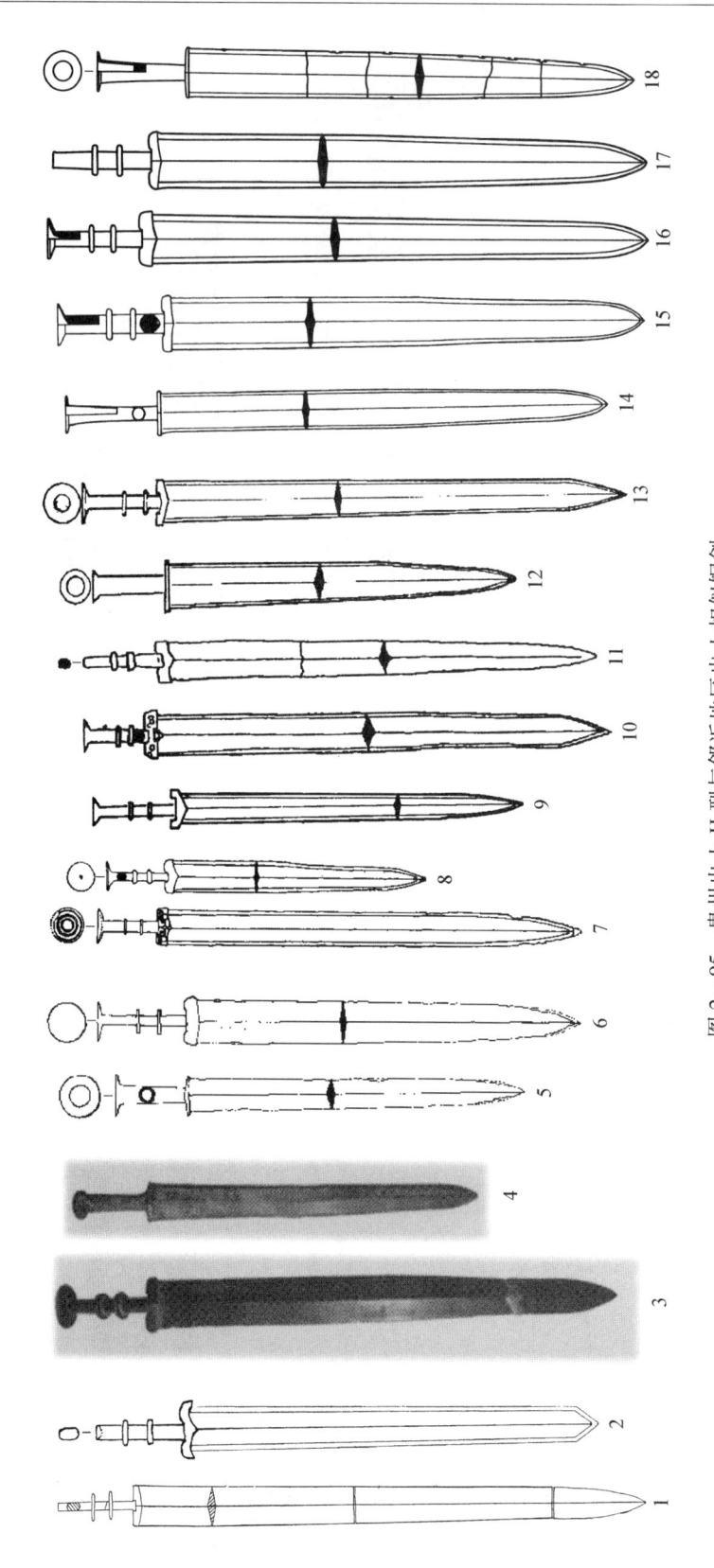

图2-95 贵州出土H型与邻近地区出土相似铜剑

1. 亮江征集 2~4. 清水江河床出土 5、6. 广西武鸣战国墓（M27：1，M84：1） 7、8. 平乐银山岭（M108：15，M106：1） 9. 龙山县里耶李拐堡 M18 10、11. 保靖四方城（M69：1，M7：1） 12、13. 泸溪桐木垅（M57：7，M35：1） 14、15. 溆市部家嘴（M17：3，M1：1） 16~18. 沅陵窑头（M1022：1，M1161：5，M1045：1）

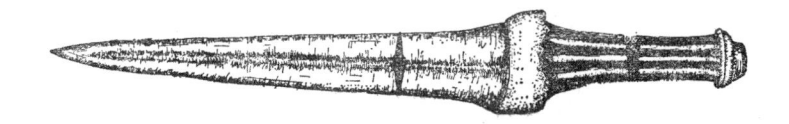

图 2-96　威宁中水征集 I 型铜剑

营盘所出差异较大,这种差异既有时代早晚不同,也有地域方面的原因。

Aa 型剑的变化是,肩部由无肩向斜肩再到宽平肩发展,部分剑的肩部呈宽叶状,柄部向有穿发展,但穿孔出现后,仍有相当部分剑保留在柄部留芒的主要风格,芒虽然有减少趋势,但却更加突出。

Ab 型剑数量不多,茎上既有突芒,又有穿孔,相同造型在周边地区还比较少见,应是当地仿巴蜀柳叶形剑而产生的地方产品。

相较 Aa 和 Ab 型,Ac 型剑除威宁中水红营盘 M11∶2 等极少数稍显粗糙外,余皆铸造精良,剑身修长,中部起脊,剑刃锋利。可乐出土的部分剑剑身还装饰有水波纹、半圆纹、手心纹、虎斑纹等,部分剑茎用树皮缠绕,最接近四川盆地核心区柳叶形剑。通过对可乐出土剑的检测分析,战国秦汉时期可乐地区可能存在一定数量的南迁蜀人,正是他们将比较精良的柳叶形剑铸造技术传入可乐。

Ac 型柳叶形剑是广泛使用在中国西南部以四川盆地为核心区的青铜剑,也是贵州境内出土数量最多的青铜剑,在贵州的周边地区,包括滇东北、滇东、湘西、桂岭甚至越南北部等广大地区都有分布,而且贵州及邻近地区不少具有地方特点的青铜剑包括可乐等地出土的铜柄铜剑、蛇头茎首剑、宽格剑等的剑身也多是柳叶形,因而柳叶形剑在贵州及周边地区青铜兵器的铸造和使用上是最为广泛的。在器形上,除赫章可乐外,昭通水富张滩、绥江回头湾等地出土柳叶形剑(图 2-97,3、4)最与四川盆地出土柳叶形剑接近,尤其是四川盆地渠县城坝(图 2-97,5)、什邡战国墓(图 2-97,6)和成都金沙遗址"黄河地点"[①](图 2-97,7)等地出土柳叶形剑与赫章可乐出土者几乎完全相同,可以肯定地说,赫章可乐出土的 Ac 型柳叶形剑基本完全吸收了四川盆地巴蜀柳叶形剑的形制。

在湘西永顺不二门(图 2-97,8)、泸溪桐木垅(图 2-97,9)和广西武鸣岩洞葬[②](图 2-97,11、12)、平乐银山岭(图 2-97,13)等地所出的柳叶形剑器身宽短,茎部宽,同赫章可乐和威宁中水等地柳叶形剑相比就有了一定的地域差异,造成这种差异的原因不仅同地域位置有关,还可能同来源方向不同有关。就目前发现的材料,四川盆地柳叶形剑向贵州及其周边地区扩展可能存在东西不同的方向线,除贵州西部至云南东部一带乌蒙山区存在一条重要的通道外,从今重庆地区经湘西黔东一带南下进入岭南一带也是一条重要的通道。沅水上游的清水江及其他支流处在交通要冲上,因而在清水江及其支流河床所

---

① 成都文物考古研究所:《成都市金沙遗址"黄河"地点墓葬发掘简报》,《成都考古发现(2012)》,科学出版社,2014 年。
② 广西文物考古研究所等编著:《广西先秦岩洞葬》,科学出版社,2007 年,第 131 页。

发现的不同区域相互流通的青铜器,除交通通道的原因外,清水江流域盛产黄金,生活在这一带的人们每年冬节枯水期都要在清水江河床淘金,因而清水江河床大量青铜兵器和青铜生产工具的出土,可能与早期人们在清水江流域进行黄金的开采有关,也就是说,清水江流域的黄金开采史可能早在战国秦汉时期即已产生。

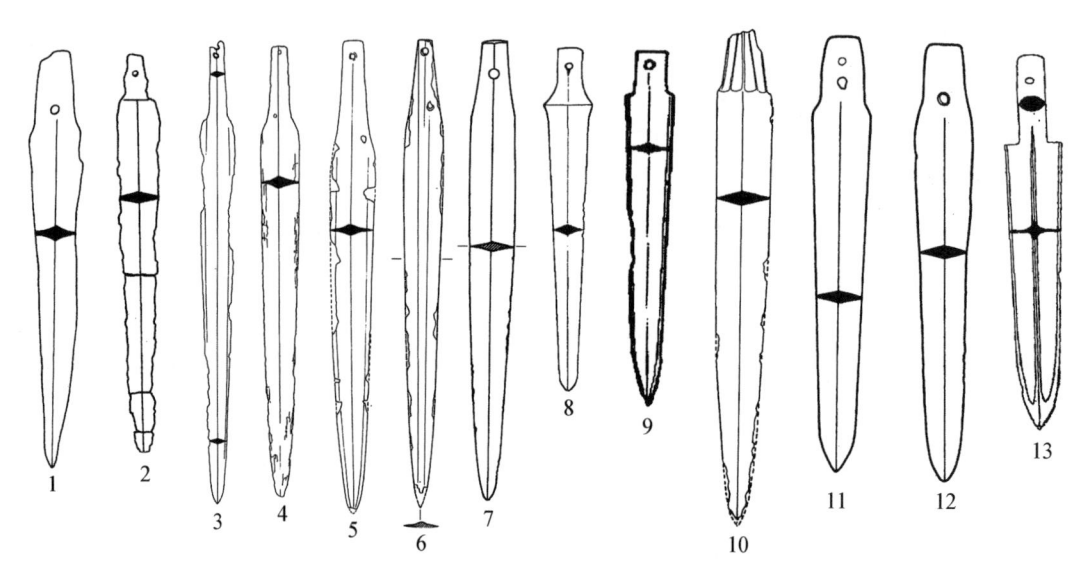

图 2-97 周边地区出土部分 Ac 型柳叶形铜剑
1. 昭通营盘山乙区墓地(M191:1 铍) 2. 曲靖八塔台(M328:1 铍) 3. 昭通水富张滩(M21:26)
4. 绥江回头湾采集 5. 渠县城坝(01866) 6. 什邡(M7:2) 7. 金沙遗址"黄河地点"(M651:1)
8. 永顺不二门(T14⑥:6) 9. 泸溪桐木垅(M8:1) 10. 津市邵家嘴(M11:2)
11、12. 广西武鸣(WD:06、WD:05) 13. 平乐银山岭(M155:6)

在越南的中北部尤其是北部地区的东山文化等遗存中,发现有不少与巴蜀文化因素相似的遗留,如两地均发现船棺葬,两地出土的战国秦汉时期青铜器、陶器和铁器都不乏相同或相似者,兵器中的柳叶形剑、三角援戈等在越南北部地区不仅常见,器形还同四川盆地非常接近(图 2-98),有学者认为这可能同蜀国王室一支南迁至越南北部一带有关①。

B 型铜剑目前只见于赫章可乐墓地,且发现的数量不多,系柳叶形剑身与具有地方风格的剑柄套合而成。其中 BⅠ式铜柄铜剑在墓中同 A 型、B 型铜戈、A 型 U 形发钗、宽边手镯等配合使用,BⅡ式铜柄铜剑在墓中同 C 型铜戈、B 型簧首发钗、片状手镯等使用,他们之间应具有一定的早晚关系:BⅠ式铜柄铜剑年代可能在战国晚期至西汉前期;BⅡ式铜柄铜剑年代可能在西汉中期前后。其总体变化趋势是剑柄由扁向圆,柄部箍圈由繁到简,剑身肩部由斜肩向平肩。

C 型剑(因滇文化中出土最多,也被称为滇式剑)在贵州境内出土不多,赫章可乐墓地

---

① 李昆声、陈果:《中国云南与越南的青铜文明》,社会科学文献出版社,2013 年,第 547~550 页。

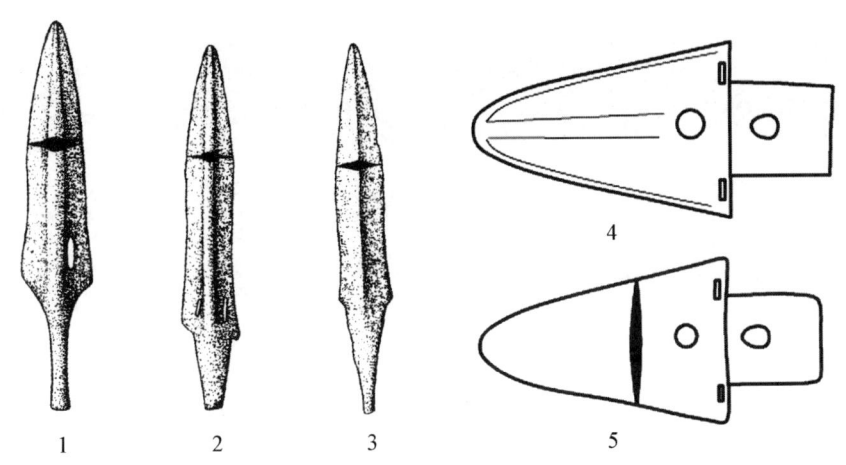

第二章 青铜器的型式划分和比较分析 · 119 ·

图 2-98 越南北部出土柳叶形剑和三角援铜戈
(取自李昆声、陈果《中国云南与越南的青铜文明》,社会科学文献出版社,2013年)

仅1件,威宁中水墓地4件,而与之紧邻的云南各地同时期青铜时代墓地中却大量出土。由滇池南端往南这种蛇首剑呈逐渐减少趋势,澄江金莲山、华宁小直坡等墓地就少见这种铜剑,在泸西大逸辅和石洞村墓地,滇南和滇东南元江打蒿陡(图2-90,28)、个旧石榴坝和广南盆地等地青铜时代遗存中虽有少量发现,但已不构成当地青铜器主要器类,应是由滇池一带流通而来。由滇中往西在楚雄万家坝墓地中还有少量保留(图2-90,19),但在滇西和滇西北地区的祥云大波那、祥云检村、剑川鳌凤山、宁蒗大兴以及滇西南的保山昌宁坟岭岗等墓地也很少见到蛇头形茎首剑,这些地区流行另一种山叉格剑。因而从蛇头形茎首剑分布范围看,它以滇池为核心分布区,并逐渐往滇东北和黔西北地区发展,是夜郎及滇等族群使用的一种重要青铜武器。

流行在滇中至滇东北地区的C型剑,以环滇池为中心的晋宁石寨山、江川李家山、官渡羊甫头、呈贡天子庙等形成一个中心区,以滇东北的昭通和贵州黔西北威宁中水等形成另一个中心,两个中心铜剑基本相同,尤以滇池中心区数量最多,类型也最复杂。滇东北至黔西北中心区显然是在滇池中心区的影响下发展起来的,其剑形制不如滇池中心区丰富,也不如滇池中心区精美,它们在局部尤其是茎首部位存在一定的地域性差异:滇池中心区蛇首除圆弧形外,多外凸形成弓形,滇东北昭通和黔西北中心区蛇首多呈圆弧形,很少有外凸形成弓形者;另外滇池中心区剑茎和剑身多装饰复杂细密纹饰,而滇东北中心区只在茎部有条状、三角镂空等。滇东北地区蛇头形茎首剑除部分为滇池地区产品输入外,部分极有可能系当地仿制的产品。

关于蛇头形茎首剑的铸造,过去学者多认为其柳叶形剑身和蛇头形剑茎系一次铸成,其实该类剑除部分为一次性铸造外,可能还有部分是将柳叶形剑身和蛇头形剑柄分铸,再套接而成。剑茎上留有1~2个固定剑身与剑茎的穿孔,有的两穿孔竖置(图2-99,1),有的两穿孔横置(图2-99,2),不少柳叶形剑柄与蛇形剑茎可看到套接痕。

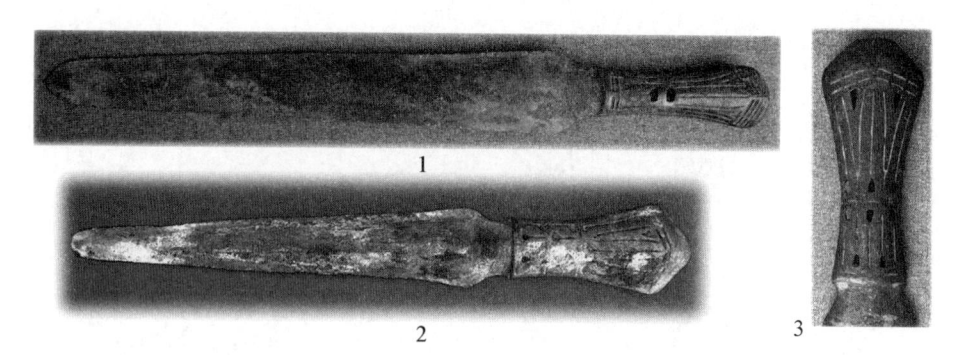

图 2-99 C 型铜剑蛇头茎首观察
1. 剑茎竖置穿孔(78 中水梨 M22∶1)　2. 横置穿孔(04 中水银 M73∶1)
3. 剑茎镂孔及装饰(78 中水梨 M34∶1)

　　D 型剑除清镇汉墓所出位于贵州中部外,余皆出土在黔西南普安铜鼓山遗址周边,且均为采集或零星出土。不过,在普安铜鼓山遗址出土有冶铸这种曲刃一字格剑的石质范模,说明该型剑可能即产自普安铜鼓山,是贵州战国秦汉时期最有地域特征的青铜兵器之一,已故著名考古学家童恩正先生认为清镇汉墓所出该型剑"也许可以视为夜郎文化的孑遗"①。

　　D 型剑特征是器身短小,有一字形宽格,刃曲,因而也被称为短剑或匕首。除黔西南外,在滇东曲靖八塔台(图 2-100,7)、滇中江川李家山(图 2-100,8)和滇东南的泸西石洞村(图 2-100,1)、泸西大逸圃(图 2-100,3)、陆良薛官堡②(图 2-100,2)、麻栗坡县八步乡(图 2-100,4)、金平卡房村(图 2-100,5)和丘北县(图 2-100,6)等地均有发现,新近发掘的云南师宗大圆子墓地③也有较多出土。在广西境内,除集中分布在桂西北的田东、田阳等与贵州、云南基本相连地区(图 2-100,9~11)外,位于北部湾的合浦文昌塔西汉前期墓中亦有比较接近的铜剑(图 2-100,12)出土,甚至越南北部地区(图 2-100,13~15)也出土有一定数量。因此可以说,D 型剑的核心使用范围在黔西南、滇东南、桂西北至越南北部相连地带,它同 E 型、F 型剑一道,是在吸收滇文化一字格剑基础上创造出的一种极具地域特征青铜兵器,因而广西学者将广西境内发现的这类剑称为"滇文化类型剑"④。

　　E 型剑造型别致,相邻地区未发现相同者。四川茂县牟托一号石棺墓出土的 C 型剑⑤剑柄也呈 T 形,但剑身造型与装饰风格差异明显,应属不同的文化系统(图 2-92,2)。

---

① 童恩正:《我国西南地区青铜剑的研究》,《考古学报》1977 年第 2 期。
② 中国社会科学院考古研究所、云南省文物考古研究所、曲靖市文物管理所、陆良县文物管理所:《云南陆良县薛官堡墓地发掘简报》,《考古》2015 年第 4 期;中国社会科学院考古研究所、云南省文物考古研究所、曲靖市文物管理所、陆良县文物管理所编著:《陆良薛官堡墓地》,文物出版社,2017 年。
③ 墓地发掘资料未刊发,2015 年笔者前往发掘现场对墓地出土一字格曲刃剑得以实地观摩。
④ 覃芳:《广西先秦时期的青铜剑》,《广西考古文集(第二集)——纪念广西考古七十周年专集》,科学出版社,2006 年,第 487 页。
⑤ 茂县羌族博物馆、成都文物考古研究所、阿坝藏族羌族自治州文物管理所编著:《茂县牟托一号石棺墓》,文物出版社,2012 年。

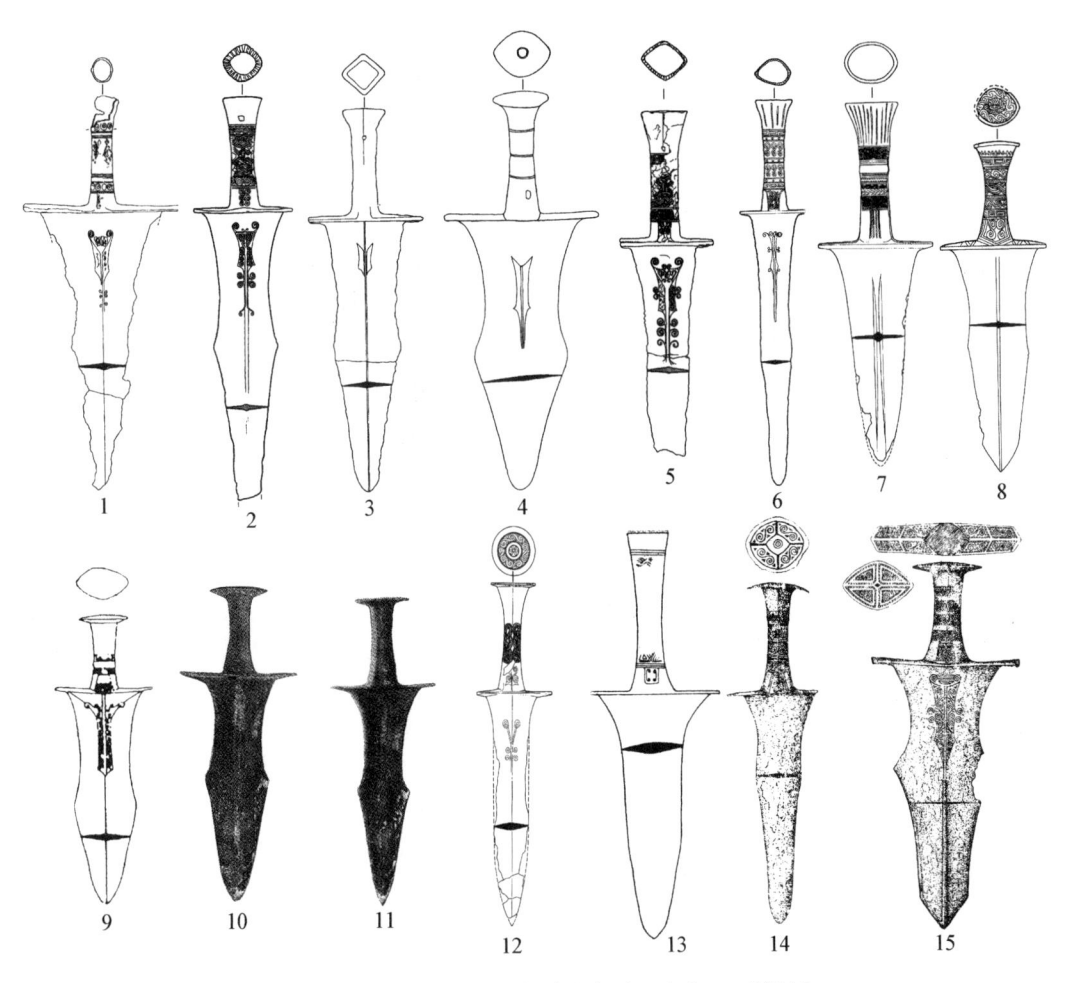

图 2-100　云南、广西和越南北部出土相似 D 型铜剑
1. 泸西石洞村(M79∶5)　2. 陆良薛官堡(M80∶2)　3. 泸西大逸圃(M93∶2)　4. 麻栗坡县八步乡征集
5. 陆良博物馆藏(LBC∶141-1)　6. 丘北县征集　7. 曲靖八塔台(M67∶1)　8. 江川李家山(M47∶110)
9. 田东县锅盖铃(M1∶8)　10. 田阳七联村　11. 田阳百育沙场　12. 合浦文昌塔(M33∶1)
13. 越南安沛陶盛(一字形护手匕首)　14、15. 越南太原

在云南滇池地区的滇青铜文化遗存中,出土有许多在首端置一横銎的青铜戈、青铜斧、青铜啄等兵器和生产工具,其造型与装饰风格与贵州 E 型剑比较接近,因而 E 型剑横柄应是仿滇池地区横銎青铜兵器而来。

F 型剑发现不多,但其分布在贵州西南部、云南东南和广西西北部相连地带,特征是剑柄扁圆似蛇头或人头,纹饰细密而复杂,茎与剑身之间呈平肩形式但无格,可能是这一区域仿滇文化中蛇头形剑的变体。如陆良薛官堡 M6 出土者剑首还保留滇式剑蛇头及竖条镂空特征(图 2-93,4),但已有较平的宽肩,刃后侧的装饰同贵州安龙等地出土者接近[①],可能受

---

① 中国社会科学院考古研究所、云南省文物考古研究所、曲靖市文物管理所、陆良县文物管理所编著:《陆良薛官堡墓地》,文物出版社,2017 年。

这一区域一字格曲刃剑的装饰影响,而剑身后端变成双平肩造型,则可能继承了一定百越族群双肩石器的特征,因而这种出土数量不多但区域特征鲜明的青铜剑,可视为滇蛇头形剑的地方变体。

G型剑目前在贵州虽没有正式考古发掘者,但在紧邻的湖南湘西地区战国秦汉时期遗存中却有相当多的出土,宽格形制和剑柄装饰图案既有与清水江出土相同者,亦有许多清水江没有发现的器形(图2-101)。湘西在宽格剑出土区域,还发现有古铜矿井和冶铸遗存,因而有湖南的学者认为这种"宽格青铜剑应是本地铸造的"[①],并认为使用这种宽格剑的主人是古代的濮人[②]。原因是由于楚的强大并在湘西大行其道,迫使一部分濮人向西南地区迁移,但也有一部分继续留下来,成为被楚征服的底层民族,这种宽格剑就是留下来的濮人生产制造的。

目前在贵州境内,这种宽格剑主要出土在与湘西相连的清水江及其支流,在贵州中西部地区还没有发现,赫章可乐虽然亦出土有剑身与剑茎分铸的青铜剑和铜柄铁剑,但剑茎套形式和装饰图案却差异明显,两者之间有无文化上的联系,铜剑的主人可否真是从湘西迁徙而来的濮人,目前尚找不到任何考古学上的证据,但清水江出土的宽格剑确是从湘西一带传来的。

H型剑虽在贵州境内均为位于黔东南的清水江及其支流亮江等河床淘出,但在相邻的重庆、湖南、广西和广州等地区,都发现有较多相同或相似铜剑。广西武鸣马头安等秧山战国墓[③]既出土有相同的Ⅰ式剑(图2-95,6),也有Ⅱ式剑(图2-95,5)。广西平乐银山岭战国墓[④]出土铜剑则同清水江所出Ⅰ式剑极为相似,剑身有长短不同(图2-95,7、8),伴出的青铜钺、矛、镞等器形都很接近。在湘西的龙山里耶李拐堡[⑤](图2-96,10)、保靖四方城[⑥](图2-95,10、11)、泸溪桐木垅[⑦](图2-95,12、13)、津县邵家嘴[⑧](图2-95,14、15)和沅陵窑头[⑨](图2-95,16~18)等战国至秦墓葬中,都或多或少出土有同贵州清水江所出相同的H型剑,包括HⅠ式和HⅡ式剑,且这些铜剑还往往同柳叶形剑、宽格剑、铜矛、铜镞和铜戈等青铜兵器共出,因而贵州清水江河床淘出的H型剑应是湘西一带使用的这类剑顺沅水往上游传播的反映,使用年代亦在战国秦汉时期。

---

① 柴焕波:《湘西古文化钩沉》,岳麓书社,2007年,第90页。
② 何介钧:《湖南先秦考古学研究》,岳麓书社,1996年。
③ 广西壮族自治区文物工作队、南宁市文物管理委员会、武鸣县文物管理所:《广西武鸣马头安等秧山战国墓群发掘简报》,《文物》1988年第12期。
④ 广西壮族自治区文物工作队:《平乐银山岭战国墓》,《考古学报》1978年第2期。
⑤ 湘西自治州文物管理处、湘西自治州博物馆、龙山县文物管理所:《龙山县里耶镇李拐堡战国墓》,湖南省文物考古研究所、湖南省考古学会:《湖面考古2002上》,岳麓书社,2004年,第139页。
⑥ 湘西自治州文物管理处、保靖县文物管理所:《保靖县四方城战国、汉代墓葬发掘报告》,湖南省文物考古研究所、湖南省考古学会:《湖面考古2002上》,岳麓书社,2004年,第191页。
⑦ 湘西自治州文物管理处、泸溪县文管所:《泸溪桐木垅战国、汉墓发掘报告》,湖南省文物考古研究所、湖南省考古学会:《湖面考古2002上》,岳麓书社,2004年,第272页。
⑧ 津市市文物管理所:《津市邵家嘴楚墓发掘报告》,湖南省文物考古研究所、湖南省考古学会:《湖面考古2002下》,岳麓书社,2004年,第395页。
⑨ 湖南省文物考古研究所编著:《沅陵窑头发掘报告——战国至汉代城址及墓葬》,文物出版社,2015年。

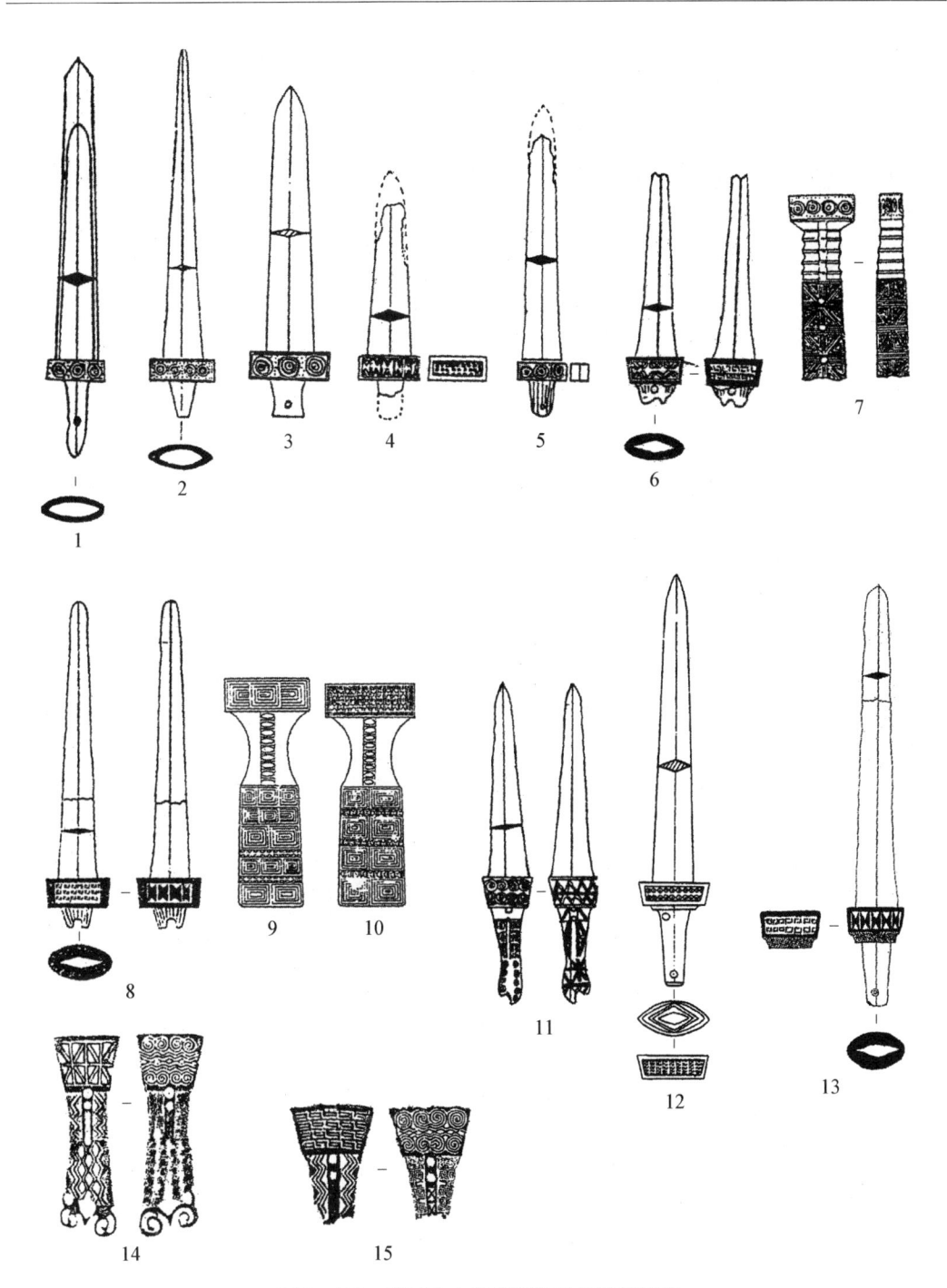

图 2-101 湘西出土宽格铜剑及其装饰图案

(取自柴焕波《湘西古文化钩沉》图 38A)

1. 慈利官地 M5∶1　2、6、8. 保靖四方城要坝采集　3. 常德官山 M2∶1　4、5. 临澧太山庙 M5∶1、M19∶3
7. 慈利零溪石板 M20∶1　9、10. 临澧太山庙 M23∶3　11. 保靖四方城采集　12. 云阳故陵 M3∶2
13. 张家界菜籽湾 M12　14. 辰溪米家滩采集　15. 溆浦马田坪采集

由于 H 型剑主要流行在中原和楚文化遗存中,因而亦往往被称为中原式剑或楚式剑。西汉中期以后,随着铁兵器取代青铜兵器,云贵高原广泛使用的各种青铜剑迅即消失,汉墓中除赫章可乐(图 2-102,10)、威宁中水(图 2-102,11、12)等部分地区还继续使用柳叶形铁剑外,包括原"西南夷"族群活动的大部分地区如曲靖八塔台(图 2-102,2)、昆明羊甫头(图 2-102,1)、江川李家山(图 2-102,3、4)等使用的铁剑同贵州兴仁交乐(图 2-102,6)、清镇平坝(图 2-102,7～9)等普通汉墓基本相同,多是这种圆茎凹格剑,剑身修长,少数剑首还有一圆饼,柄上虽没有箍圈,仍同清水江流域发现的 H 形剑比较接近,因而由 H 形剑发展而来的圆茎凹格铁剑便成为各地汉文化遗存中最为常见的兵器器类。

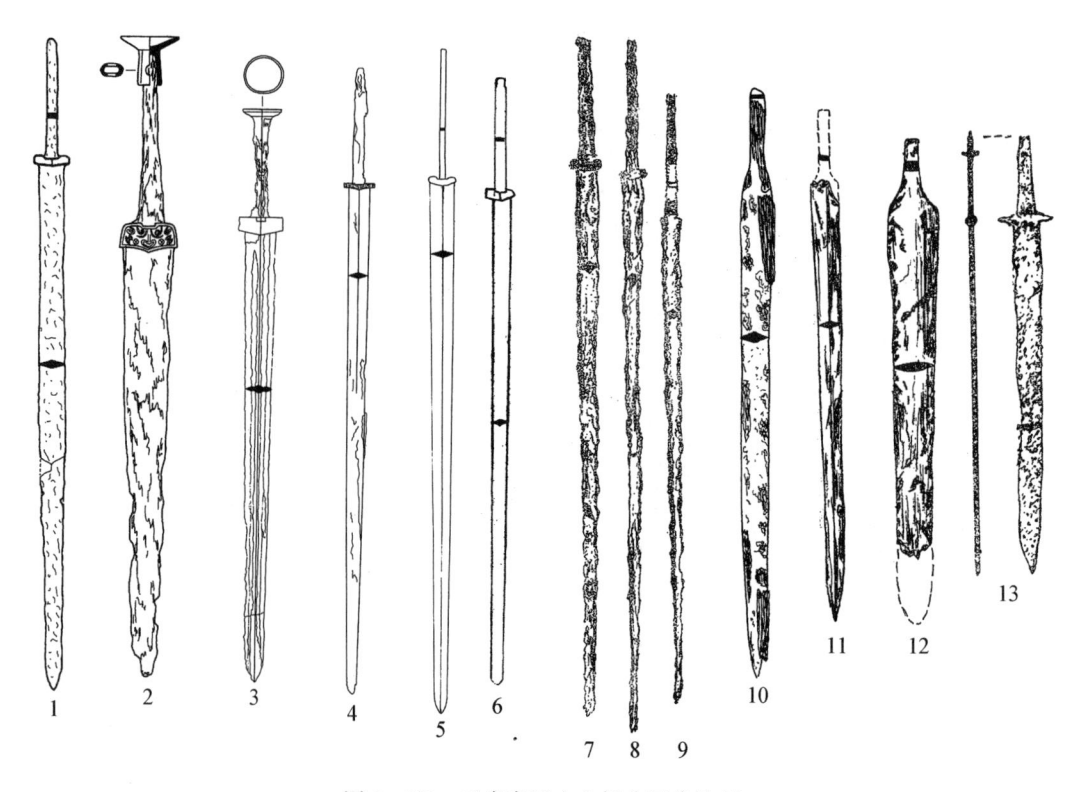

图 2-102 云贵高原出土部分汉代铁剑
1. 昆明羊甫头(M510:7) 2. 曲靖八塔台(M28:1) 3、4. 江川李家山(M51:219、M51:228-1)
5. 赫章可乐(M46:1) 6. 兴仁交乐(M15:2) 7～9. 清镇(M15、M13、M12) 10. 赫章可乐(M146:1)
11～13. 威宁中水(78梨T6:2、78梨M27:24、78梨T42:2)

3. 简单认识

大约在战国早中期,四川盆地中的柳叶形剑(A 型剑)分别通过乌蒙山东西两侧南北向通道和渝东南、湘西南下通道进入贵州,因而在贵州东西相隔遥远的区域都发现有器形相近的柳叶形剑,其由早到晚变化总体趋势同四川盆地内的柳叶形剑大致相同,剑柄由宽短变窄长,穿孔由少至多,肩部由茎肩不明显到斜肩再逐步发展成直角肩,也就是说,肩部平折成直角者最晚。

不过,不同地区的柳叶形剑发展情况却不相同,赫章可乐地区的柳叶形剑器形精美程度略与四川盆地相同,也一直构成该区域的主要青铜兵器,尽管从西南方向有少量蛇头茎首剑传入,但未能改变柳叶形剑的主体地位。威宁中水盆地内战国早中期的红营盘墓地,青铜兵器就以柳叶形剑为主体,但这一地域内的剑可能系当地族群仿制,器形不成熟,造型古朴原始且变化极大,多数剑茎两侧有突芒。到了战国晚期到西汉前期的银子坛墓地,柳叶形剑规范程度接近赫章可乐,但数量大为减少,这一时期来自西南方向滇文化中的蛇头形剑迅速增多,具有取代柳叶形剑的势头。而从四川盆地东部峡江地区传入湘西、贵州东部甚至广西一带的柳叶形剑,在器形上同西部地区就有一定区别,但东西两地均发展出柳叶形剑身同具有地方特色剑柄套合的新剑形,可乐以镂空牌形茎卷云纹首铜柄铜(铁)剑为代表,清水江流域以米字纹宽格剑为代表,两者之间是否有文化上的联系还不得而知。

在以铜鼓山遗址为代表的黔西南地区,目前尚未发现柳叶形剑,表明柳叶形剑在贵州西部地区的影响主要还是在贵州偏北部地带。这一区域主要流行扁圆茎一字格曲刃短剑及扁圆茎变形蛇首剑,以一字格剑为多,这两种剑都应该受滇池地区的一字格剑和蛇头形茎首剑的影响,但地方化特点突出。从铜鼓山遗址中出土有铸造这些剑的剑茎和剑身残范模看,流行在黔西南、桂西北和滇东南一带的一字格剑相当部分极有可能产自铜鼓山遗址。

在贵州西部地区战国晚期至西汉前期的青铜剑中,流行于滇池周边地区的蛇头形茎首剑(C型)和一字格剑(D型)对贵州境内青铜兵器的影响较大,贵州偏西部与云南相连地区从北到南都使用这两种青铜剑。不过,两种青铜剑在器形上都出现了鲜明的地域特色:在贵州西南部流行的一字格剑主要变为曲刃,剑身也比滇池周边地区一字格剑短;蛇头形茎首剑在贵州西北部主要流行剑首呈圆弧形者,黔西南地区剑首更变成扁圆状,与滇池地区有了较大差异。

战国秦汉时期,在滇西、滇西北至川西南一带,还流行一种山字形格青铜剑,这种青铜剑目前在贵州境内还未有出土,可能表明两地之间的青铜文化存在较大差异,相互之间的交流较弱,山字形格剑未能传播到今贵州境内。

G、H剑主要出现在与湘西地区相连的黔东清水江流域,在这两种剑出土地域与贵州西部各型青铜剑分布地域之间,还隔着一大片空白区,因而目前尚难将其与贵州西部青铜剑联系起来,它们应分属不同的文化系统。

三、铜柄铁剑

1. 型式划分

贵州已出土的12件铜柄铁剑全部出自赫章可乐地方族群墓地,因其由铁质柳叶形剑身和青铜剑柄相套而成,发掘简报和一些研究者将其归入铁器类,但它有铜质剑柄,且造型与铜柄铜剑一致,这里将其作为青铜兵器分析。这些铜柄铁剑依剑柄不同分为两型:

A型:镂空牌形茎卷云纹首铜柄铁剑。10件。剑茎相同,发掘报告描述"茎首镂空牌状,由三组卷云纹、三组圆圈纹及弧状条纹等构成",但仔细观察,首端实为三组六人组成的图案,人物两两相对,双手拥在一起,下身成尾状内卷,长发相互交叉插入茎中①(彩版二,9);剑茎中段略内束,用突起箍圈作三段凹凸变化,前端伸出呈梯形剑格;茎上饰精美的卷云纹、三角雷纹、雷纹、辫索纹等,茎下方与剑身套接处有两个圆形穿孔。整个剑茎造型精美,工艺精细,依剑身长短分为两式:

AⅠ式:剑身长。9件。是A型剑主要器形。可乐M67:2长59.1厘米,茎实心圆柱状,上有两道箍圈,下端形成梯形剑格,剑首由人物图案组成弧形镂空纹(图2-103,1)。可乐M273:6残长48.5厘米,剑身锈蚀严重,中部微起脊,牌形茎中部两道辫索纹箍圈和上下两圆形穿孔(图2-103,2;彩版二,6)。可乐M274:92残长53.6厘米,形制与M273:6完全相同(图2-103,3)。

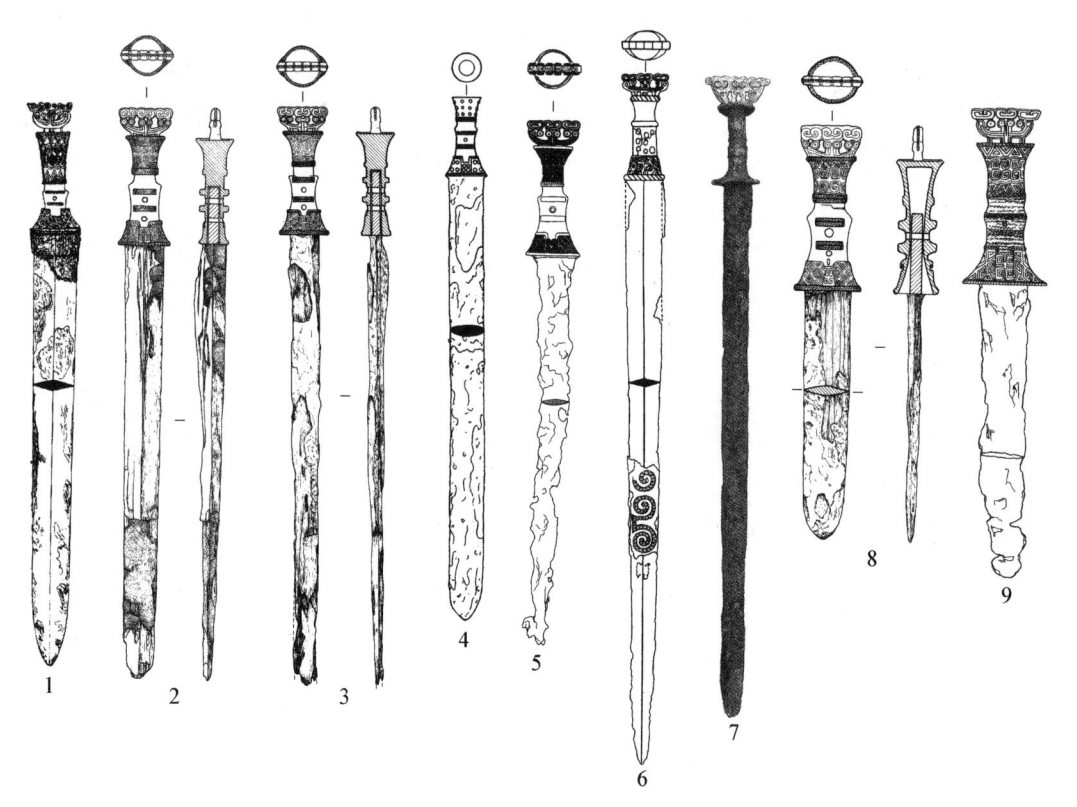

图2-103 贵州出土A型及其他地区相似铜柄铁剑
1～3. 赫章可乐(M67:2、M273:6、M274:92)　4. 曲靖平坡(M181:6)　5. 陆良博物馆藏(LBC:11)
6. 江川李家山(M68:300)　7. 越南清化省出土　8. 赫章可乐(M324:1)　9. 广南县小尖山采集

---

① 贵州省文物考古研究所编著:《赫章可乐二〇〇〇年发掘报告》,文物出版社,2008年,第70、71页,彩版三八,1、2。

AⅡ式：剑身短，可能是短剑一类。1件。可乐M324∶1长28.1厘米，剑首和剑茎造型同AⅠ式，铁质剑身短，中部脊不明显，X线摄影显示，剑身与茎呈弧线连结（图2-103,8）。

B型：圆茎喇叭状首一字格铜柄铁剑。2件。分两式：

BⅠ式：茎首条形镂空覆瓦状椭圆形。赫章可乐M194∶2残长26.1厘米，剑身中部起脊，剑茎圆形，茎首覆瓦状椭圆形，茎上饰乳钉、凸棱和菱形等几何纹带（图2-104,1；彩版二,11）。

BⅡ式：茎首条形镂空圆喇叭形。赫章可乐M104∶2剑身残，残长24.8厘米。剑身后侧伸开，剑茎圆形，中部由上向下饰条形镂孔一组（图2-104,2）。

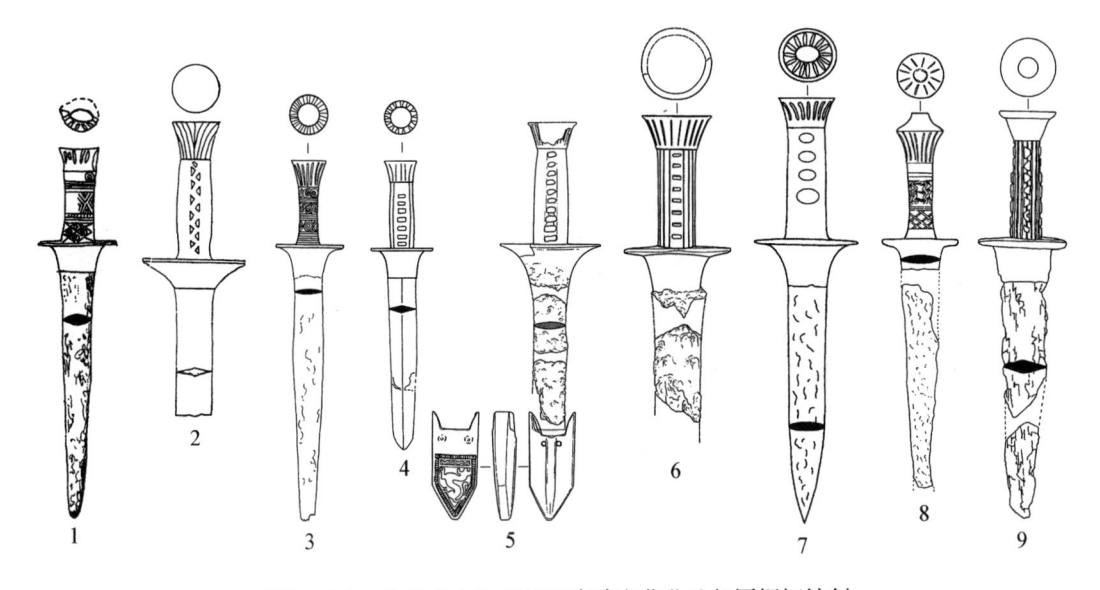

图2-104 贵州出土B型及云南滇文化墓地相同铜柄铁剑
1. 赫章可乐（M194∶2） 2. 赫章可乐（M104∶2） 3. 江川李家山（M71∶26-1） 4. 江川李家山（M82∶12）
5. 晋宁石寨山（M71∶85①）及其铜镖（M71∶85②） 6. 石寨山（M71∶91） 7. 澄江金莲山（M74①∶9）
8. 昆明羊甫头（M818∶4） 9. 泸西大逸圃（M168∶2）

2. 比较分析

A型铜柄铁剑虽集中出土在贵州赫章可乐墓地，但在云南一些地区甚至越南北部地区都有一些发现。与AⅡ式相同的短剑目前仅在滇东南广南县小尖山采集到1件（图2-103,9），同AⅠ式相同或相似者出土数量却较多，在曲靖八塔台和平坡墓地均各出土1件。平坡墓地出土的一件虽茎首不存，但剑茎和剑身与可乐所出基本相同，从其首端圆形插孔看，该剑原也可能存在人物图案首（图2-103,4）。曲靖陆良县博物馆收藏的铜柄铁剑①（图2-103,5），据说发现于县城中枢镇东南部南盘江附近，其整体造型完全同赫可乐AⅠ

---

① 中国社会科学院考古研究所、云南省文物考古研究所、曲靖市文物管理所、陆良县文物管理所编著：《陆良薛官堡墓地》，文物出版社，2017年。

式,极有可能来自可乐。在滇池东南侧的江川李家山墓地和越南北部清化省出土的铜柄铁剑剑身更加细长,茎部也存在一些差异:李家山墓地铜柄铁剑剑身上有卷曲虫形纹,茎部却较可乐剑短(图2-103,6);越南清化省出土铜柄铁剑茎首镂空更高,柄部缩短且箍圈突出不明显,格张开伞状,剑身同李家山一样比可乐细长,显示出一定的差异(图2-103,7)。

B型铜柄铁剑在贵州目前只发现于赫章可乐墓地,且数量少,但在云南以滇池为核心的滇文化墓地中,却有大量出土,如在江川李家山墓地(图2-104,3、4)、晋宁石寨山墓地(图2-104,5、6)和澄江金莲山墓地(图2-104,7)等都出土有形制完全相同的B型铜柄铁剑。不仅如此,在这些滇文化青铜时代墓地中,还出土有蛇头形首(图2-104,8)和圆璧形首(图2-104,9)等同可乐存在差异的B形剑。因而我们认为,可乐墓地出土的B型铜柄铁剑应是直接从云南滇池地区滇文化中流传而来,它是滇文化向东北方向发展的反映。

3. 简单认识

A型铜柄铁剑是最能代表可乐遗存文化特征的器类之一,目前发现的A形铜柄铁剑,最北在赫章可乐,最西在滇池一带,最南到达越南北部。其中赫章可乐不仅出土数量最多,造型也最精美,墓地中还出土有几件造型相同但精美程度稍逊一些的铜柄铜剑。因而A形铜柄铁剑应该是可乐地区居民在铜柄铜剑基础上最先生产,然后被附近族群借鉴利用,其分布范围大致在滇东黔西地区,传播和发展方向应该是由北往南,不同地区铜柄铁剑剑身长短和剑茎造型存在的差异说明:A型铜柄铁剑不仅在可乐生产制造,其他地区亦有仿制。

尽管B型铜柄铁剑的剑茎和茎首尤其是茎首存在明显差异,但它们都有一字形宽格,整个剑的形式同滇文化墓葬中大量使用的一字格铜剑相同,差异仅是剑身变成铁质,因而B型铜柄铁剑是在滇文化一字格青铜剑的基础上发展而来的。

四、铜　　矛

1. 型式划分

贵州战国秦汉时期铜矛发现不多,包括威宁中水5件、赫章可乐甲类墓4件、安顺宁谷1件及安龙龙广、兴义马铃、顶效和天柱清水江征集有零星出土者数件。这些青铜矛可以分为下列几型:

A型:双系圆骹柳叶矛。根据矛叶不同分为两式:

AⅠ式:叶短近三角形,骹上对称弧形耳。全部出自威宁中水墓地。3件。骹口略有差异:78威宁中水征集:19矛骹口圆形(图2-105,1);78梨M49:2长14.8厘米,骹椭圆形,骹口燕尾状,骹上有不规则圆孔5个(图2-105,2);04银M75:4形态与78梨M49:2基本相同,弧形骹口略残(图2-105,3)。

AⅡ式:条形矛叶似戈援,骹上圆穿孔耳。全部出自清水江河床。数量不详。贵州省博物馆藏品(编号03.B.1.24198)矛叶中段略内弧,至锋前外凸使锋端呈三角形,骹前端作六棱形,后端圆筒状(图2-105,10)。

B型:无系圆骹矛。根据矛叶不同分为三式:

BⅠ式:圆骹,小叶。2件。皆出自威宁中水。78威宁中水征集:20矛叶短小,圆骹残(图2-105,4)。04银M41:8,骹椭圆,柳叶状叶,骹叶弧形过渡,骹上一圆穿孔(图2-105,5)。

BⅡ式:圆骹,柳叶形叶。1件。锦屏亮江河床出者,长24.2厘米,骹与叶呈斜肩形过渡,叶锋尖锐,中部起脊,末端两侧内凹成弧形(图2-105,9)。

BⅢ式:圆骹,三角形叶。全部清水江河床淘出。数量不详。贵州省博物馆藏品(编号B.1.24499)叶短呈三角形,叶锋尖锐,叶尾变宽,骹圆柱状至骹口逐渐变粗,骹上饰4组双S形卷曲纹,各组间以双线弦纹相隔(图2-105,11)。

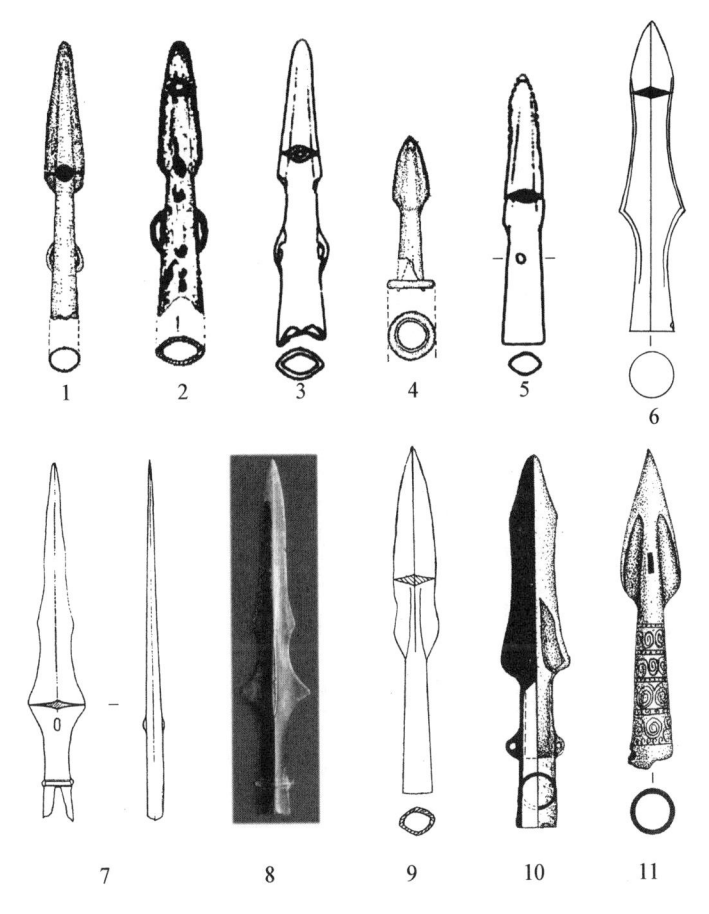

C型:无系圆骹条形叶矛。4件。皆出自赫章可乐汉墓。可乐M8:21长11.4厘米,骹短,前端自然伸出形成曲刃条形叶,中部起脊(图2-105,6)。

图2-105 贵州出土青铜矛
1. 78威宁中水征集(19) 2. 威宁中水(78梨M49:2) 3. 威宁中水(04银M75:4)
4. 78威宁中水征集(20) 5. 威宁中水(04银M41:8) 6. 赫章可乐(M8:21) 7. 安龙龙广出土
8. 兴义出土 9. 锦屏亮江河床出土 10~11. 天柱清水江河床出土

D型：圆骹曲刃叶矛。皆出自黔西南州的兴义和安龙一带。根据矛骹不同分为两式：

DⅠ式：骹口呈倒V形。1件。安龙龙广出土。长26厘米，骹短，叶为曲刃，前锋尖锐，骹与叶相接处一椭圆形穿孔（图2-105,7）。

DⅡ式：骹口平齐。1件。1993年兴义出土。长25厘米，圆骹中部起脊直达叶尖，骹近口处一圈突棱，叶为曲刃，前锋尖锐，叶尾端成三角状对称外突出（图2-105,8）。

2. 比较分析

贵州境内出土的战国秦汉时期铜矛数量不多，但很有地域分布特征，可乐夜郎系地方族群墓葬（乙类墓）中不见铜矛出土，仅汉文化系统墓葬（甲类墓）有数件C型铜矛，其形态与曲靖八塔台M25（图2-106,5）和广西贵县罗泊湾2号汉墓铜矛（图2-106,4）接近，但曲靖八塔台矛锋、贵县罗泊湾矛骹口各有特点。

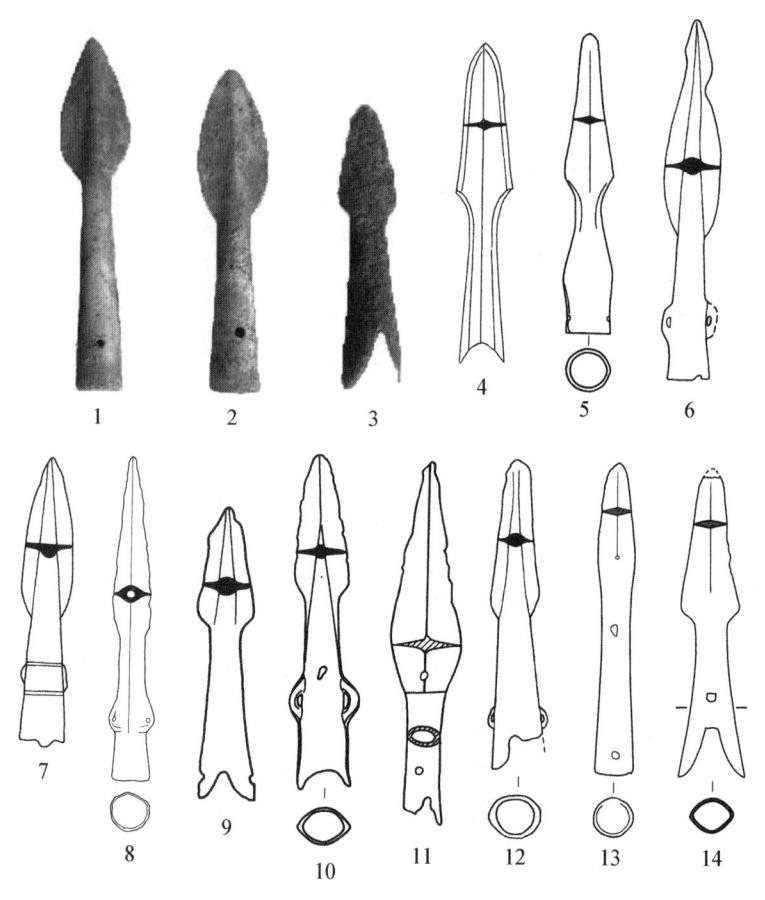

图2-106 四川和云南出土部分相似铜矛

1～3. 宜宾叫化岩（M4∶15、M10∶24、M2∶4） 4. 贵县罗泊湾（M2∶93） 5. 曲靖八塔台（M25∶5）
6、7. 昭通营盘山乙区（M166∶1、M174∶1） 8. 昭通营盘山（采∶6） 9. 昭通营盘山甲区（M9∶1）
10. 曲靖八塔台（M89∶1） 11. 曲靖横大路（M66∶4） 12. 东川普车河（M39∶2）
13、14. 陆良薛官堡（M80∶5、M140∶4）

与赫章可乐不同,威宁中水墓地有一定数量铜矛出土,其短叶形矛同宜宾地区叫化岩等地出土铜矛(图2-106,1~3)相近,可能受到四川盆地战国秦汉时期铜矛的一定影响①。不过总体来看,与威宁中水铜矛相同或相似器形较多出土在昭通营盘山(图2-106,6~9)、曲靖八塔台(图2-106,10)、横大路(图2-106,11)、东川普车河(图2-106,12)和陆良薛官堡(图2-106,13、14)等青铜文化遗存中,显示这一区域铜矛受滇文化系统青铜矛的影响较大。除铜矛外,威宁中水墓地还出土有铁矛,形制基本同铜矛,应是在铜矛基础上发展而来。

贵州境内真正具有地方风格的铜矛主要是发现在贵州西南部以兴义为中心的D型曲刃矛,尽管目前仅有少量零星出者,但相同文化风格的一字格曲刃短剑和铸造这种曲刃兵器的石范大量出土在铜鼓山遗存中。最近在相邻的云南师宗大圆子墓地中,新发现曲刃矛同一字格曲刃短剑(图2-107)在墓中的兵器组合,显示它们是流行在贵州西南部、云南东南部一带地方的青铜兵器群。

图2-107 云南师宗大圆子墓地一字格曲刃剑与曲刃矛的随葬品组合(杨勇提供)

清水江流域零星出土的铜矛数量和形制都较多,来源也可能最为复杂,应包括有楚、巴蜀、越和汉等不同文化系统的器类和器形,这与清水江的文化通道有关。

五、铜 钺

1. 型式划分

A型:直内钺。2件。对称平肩,钺身长直,刃圆弧,无纹饰。皆出自威宁中水。中水

---

① 宜宾市博物院编著:《酒都瑰宝:宜宾市不可移动文物精粹》,文物出版社,2015年,第10页。

采：1出自水果站,近内处有两穿孔和一突棱,钺身中部有圆穿孔(图2-108,1)。中水采：2出自红营盘墓地,钺身较宽,近内处中部一长条形穿孔,其下一圆穿,内端略残(图2-108,2)。

B型：舌形钺。都为零星出土。数量不详。根据钺身差异,可分为两式：

BⅠ式：钺身短宽,圆弧袋形。全部清水江及其支流出土。贵州省博物馆藏品(编号03.B.1.24184)造型似袋状,圆弧形刃,銎下方有凸棱和类似倒三角形的凸凹装饰(图2-108,4)。贵州省博物馆藏品(编号05.D.20),斜肩外撇与圆弧形刃呈锐角相关,状似双肩,銎下方有二凸棱(图2-108,3)。

BⅡ式：钺身较长,长舌形。清水江支流鉴江出土者銎部较宽,腰略束,圆弧刃(图2-108,5)。普安青山大园子采集者銎部内收,肩略外撇,长圆弧刃,銎下三条弧状凸棱(图2-108,6)。

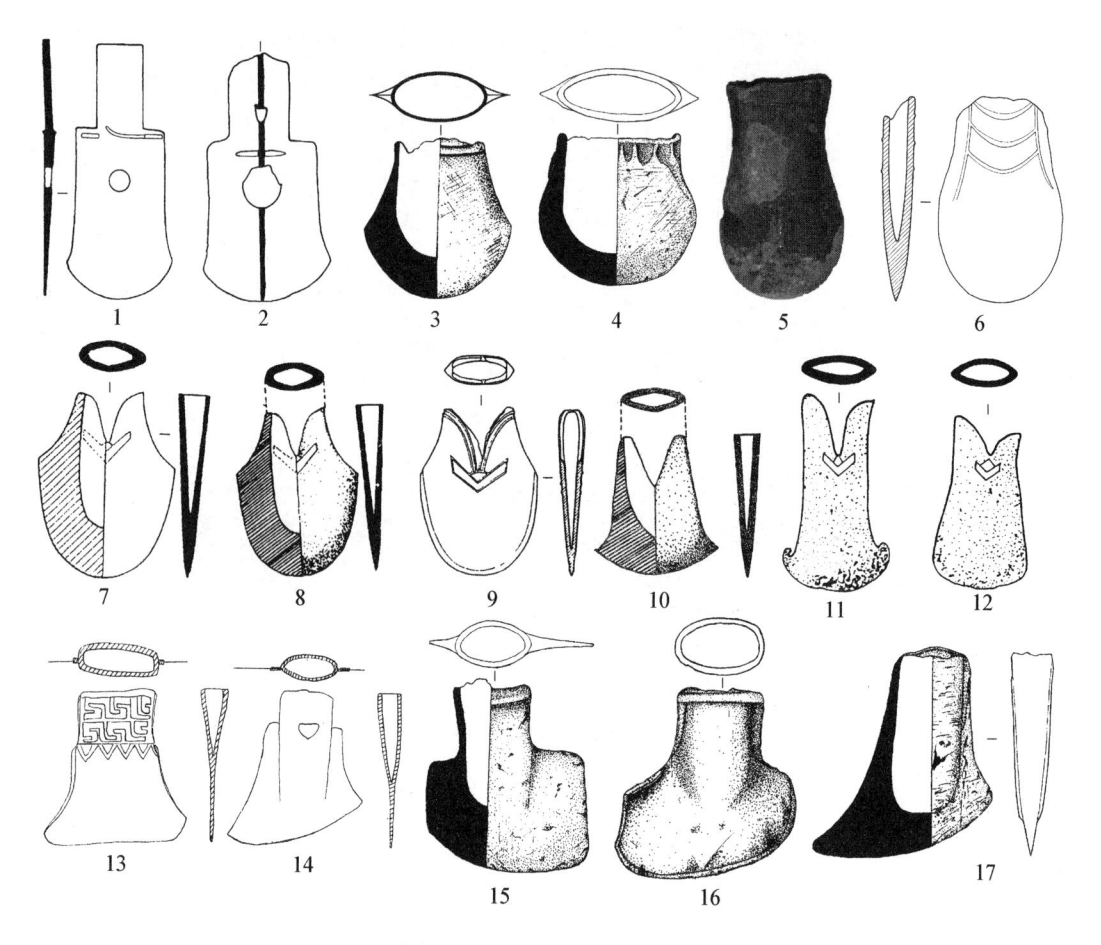

图2-108 贵州出土青铜钺

1、2. A型(中水采：1、中水采：2)　3、4. BⅠ式(清水江河床出土)　5、6. BⅡ式(清水江支流鉴江出土、普安青山大园子采集)　7～9 CⅠ式(7、8兴义出土,9铜鼓山遗址T71出土)　10～12. 铜鼓山遗址出土　13. D型(锦屏亮江河床出土)　14～17. E型(14锦屏亮江河床出土,15～17为天柱清水江河床出土)

C型：风字形钺。V形銎口，部分銎下饰"〰"符号。全部出自铜鼓山遗址及其周边地区，铜鼓山遗址还出土有铸造C型钺的石范。根据钺身不同可分为三式：

CⅠ式：钺身浑圆，双斜肩，最宽处在肩部，V形銎口下饰"〰"符号（图2-108，7~9；彩版二，8）。

CⅡ式：钺身斜直，弧形刃外侈形成尖角，V形銎口下无"〰"符号（图2-108，10）。

CⅢ式：钺身斜直似舌形，V形銎口下"〰"符号短小。皆铜鼓山遗址采集。其中1件圆弧形刃口向两侧勾卷（图2-108，11；彩版二，10），1件刃口略宽呈铲状（图2-108，12）。

D型：铲形平刃钺。1件。椭圆形銎下一面饰勾连雷纹和三角齿纹，梯形钺身，刃平两端略上斜（图2-108，13）。

E型：靴形斜刃钺。多数有不对称双肩。数量较多，多数出自清水江及其支流。斜形刃口部分一端尖锐（图2-108，14、17），部分则圆润（图2-108，15、16）。

2. 比较分析

A型钺发现于贵州西北端，为中原式直内钺，相似铜钺在其北部的四川盆地先秦时期遗存中有一定发现，其形态同云贵高原本地区自制铜钺差别较大，应是经四川盆地流入贵州的中原式产品。除这两件外，不管是赫章可乐还是威宁中水以及邻近的云南昭通地区，都没有该型式的铜钺出土。四川盆地战国秦汉时期巴蜀文化遗存中，盛行一种椭圆銎束腰圆形刃铜钺（图2-109，1），这种铜钺在云南水富涨滩墓地中还有较多出土（图2-109，2），却没有继续往南同柳叶形剑等一道传入夜郎地区被当地族群所接收。

B型钺身舌状，长短不一，相似器形在云南水富巴文化墓地（图2-109，3、4）和云南东南部的河口县（图2-109，5）、金平县（图2-109，6）、丘北县（图2-109，7）及广西先秦时期遗存中均有一定发现。贵州普安铜鼓山和清水江征集的该型铜钺从器形看，应与滇东南和广西境内的铜钺关系比较密切，少数器形接近C型。在这些地区的新石器时代至商周时期遗存中，流行较多的条状石器，形态与B型钺接近，可能系B型钺的祖型器物。

C型钺最有地域性特征，主要发现在贵州西南部和云南东部偏南的师宗县、富宁县、金平县及广西西北部田东县、田林县等地（图2-109，8~10），甚至往南直到越南北部均有出土。该型钺刃外整体形态近"风"字，被一些学者称为"风字形钺"[1]，是流行在这一地域范围内的代表性青铜器，铜鼓山遗址中出土有铸造该型钺的石范，相当部分可能产自铜鼓山。

E型斜刃钺形态多样，出土地域宽广，有靴形、不对称形等，应源自新石器时期至商周时期广泛流行在中国南方地区的不对称斜肩斜刃石器。相同器形除集中在滇东南（图2-109，16）、广西（图2-109，17）和越南北部（图2-109，18、19）外，贵州南部、东南部直至湘西也有一些出土，如永顺不二门先秦至两汉时期遗存中出土的不对称形斜刃钺（图2-109，20），可能即是华南地区斜刃青铜器经过沅水上游的清水江等支流通道由南向北传播的。

---

[1] 蒋廷瑜：《西瓯骆越青铜文化比较研究》，《桂岭考古论文集》，科学出版社，2009年，第79页。

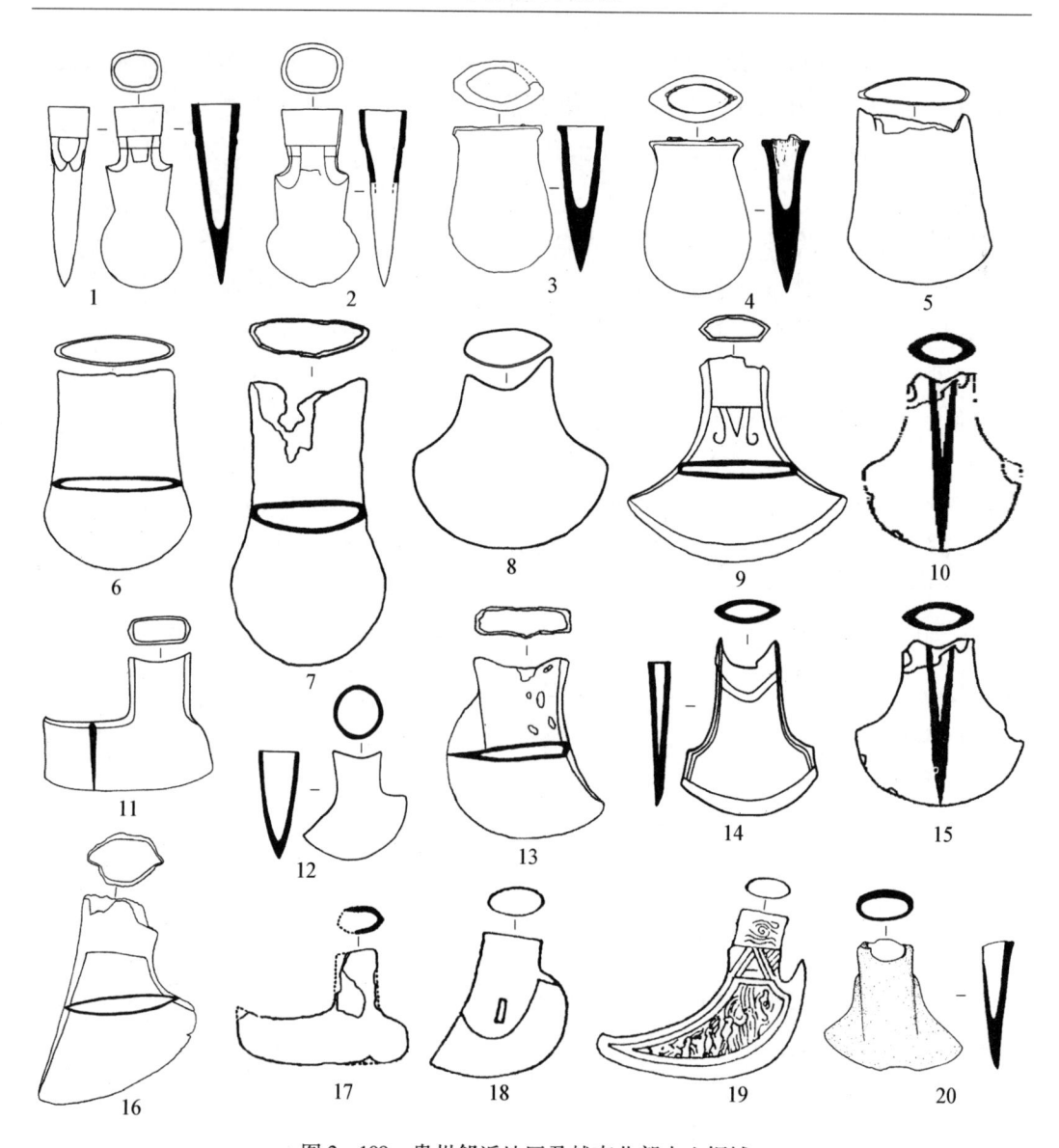

图 2-109 贵州邻近地区及越南北部出土铜钺

1. 涪陵小田溪(M9:50) 2. 水富张滩(采:46) 3、4. 水富张滩(M8:10、M21:21) 5. 河口县坝洒采集
6. 金平县老吉寨乡采集 7. 丘北县采集 8. 富宁县归朝镇 9. 金平县勐桥乡 10. 田东县(M1:5)
11. 金平县卡房 12. 古旺山(LGW:05) 13. 西畴县都龙镇 14. 广西独山岩洞葬(WD:12) 15. 田东锅盖岭
16. 文山县杨柳井 17. 平乐银山岭(采:15) 18、19. 越南东山文化 20. 永顺不二门(T6②:2)

六、铜环首刀

1. 型式划分

依刀身与环首构造不同,可将贵州境内出土的 3 件环首刀分为两型:

A 型:刀身片卷住环首。1 件。兴仁交乐 M5 出土。刀身长,环首与刀身相接处平

直,刀身反卷将刀环扣住(图2-110,1)。

B型:刀身尾端分开形成刀环。2件。赫章可乐M176:11刀前端尖锐,环略残(图2-110,2)。安顺宁谷M28:1刀身较厚,刃端圆润(图2-110,3)。

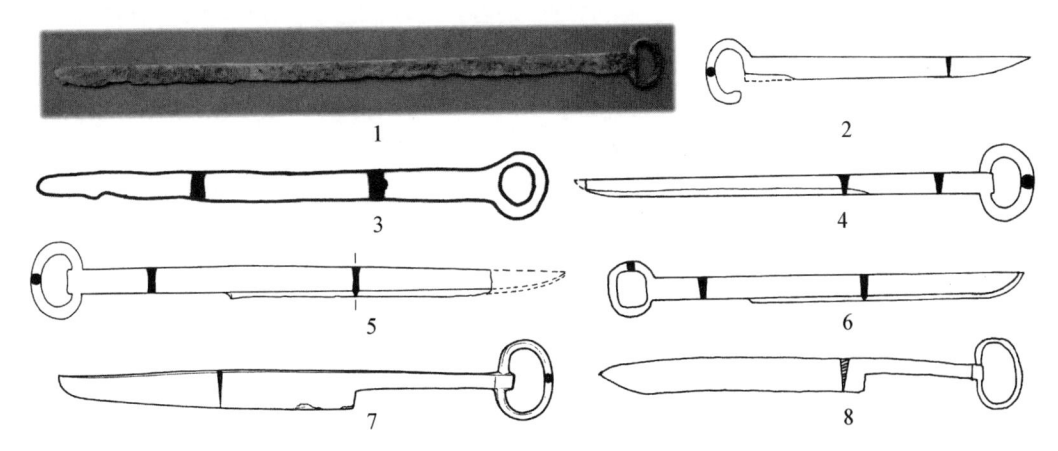

图2-110 贵州及邻近地区出土铜环首刀
1. 兴仁交乐M5 2. 赫章可乐(M176:11) 3. 安顺宁谷M28:1 4. 个旧黑玛井(M7:11)
5、6. 合浦汉墓(11HFPM6:30、凤门岭M23A:26) 7. 什邡城关(M54:19) 8. 涪陵小田溪(M9:47)

2. 比较分析

贵州战国秦汉时期遗存,不管是赫章可乐、威宁中水和普安铜鼓山等地方族群遗存,还是广泛分布在贵州中西部地区的普通汉文化遗存,都出土有相当多的铁环首刀,但铜环首刀数量不多,目前仅发现少量几件。

在贵州周边地区同时期遗存中,铜环首刀数量也不多。云南个旧黑玛井M7出土的1件(图2-110,4),刀身片卷住环首,其形制基本同A型,系仿环首铁刀的产品。广西合浦出土的铜削刀(图2-110,5、6)亦为刀身尾端卷住环首造型,但刃与环首之间留有刀柄,其造型与四川盆地战国时期巴蜀墓地出土的铜削更为接近(图2-110,7、8),只是巴蜀式铜削刀身短,柄与刀身区隔分明。

贵州及邻近地区汉代出土的少量铜削应源自巴蜀地区战国时期的铜削,只是随着铁削的增多,铜削便逐渐退出舞台。

七、铜 镞

1. 型式划分

数量较多,重要的有中水红营盘4件、中水18件(78梨园5件、79梨园7件、04银子坛6件)、务川汉墓采集4件、可乐乙类墓4件、甲类墓6件(皆出自M10)、普安铜鼓山遗址铜镞3件、铁铤铜镞5件、镇宁田脚脚31件和小河口遗址7件等,依镞形体和有无翼可分为下列几型：

A型：柳叶形镞。整体形态同柳叶形剑接近。红营盘M13∶4叶残，断面扁圆，圆形铤同叶相连（图2-111,1）。务川大坪采∶008叶断面三角形，铤短小，基本同柳叶形剑（图2-111,2）。

B型：扁平宽叶形镞。叶宽而短，呈树叶状。中水红M19∶3（图2-111,3）和M17∶5（图2-111,4）圆形铤较长。务川采∶007铤短，叶中部有凸棱（图2-111,5）。

C型：双翼镞。叶向后分开，形成双翼。根据叶和翼不同分为三式：

CⅠ式：叶短宽，圆铤尾端尖。CⅠ式镞数量较多，形状略有差异。水城黄土坡洞穴遗址出土镞叶三角形，翼尾略内收，圆铤短（图2-111,8）。水城玉皇洞采集铜镞叶呈尖锐三角形，中部起棱（图2-111,9）。普安铜鼓山79年试掘出土铜镞叶宽直，中部起飞脊，叶尖三角状，铤尖圆（图2-111,10）。铜鼓山T12∶11叶小，短铤残（图2-111,11）。赫章可乐M308∶1双翼和铤皆残，叶中部开三角形槽，叶尖卷曲（图2-111,12）。锦屏亮江河床出土镞方形铤前端折尖，尾端锥形细长（图2-111,13）。

CⅡ式：镞叶长似剑，叶尾伸出双翼，铤短圆柱形，中段有两柱状圆条同翼相连（图2-111,6）。

CⅢ式：双翼较长呈八字形并有镂空，前锋圆润，柱状铤尾端较粗（图2-111,7）。

D型：三翼镞。叶呈棱状，叶尾三翼，圆铤短而中空。可分为两式：

DⅠ式：叶小而尖，三棱有血槽，圆铤短。主要集中出土在黔西北地区的威宁中水和赫章可乐（图2-111,14～17）。

DⅡ式：叶较宽，铤长且尾端变粗。主要集中出土在北盘江岸边的镇宁田脚脚遗址（图2-111,18、19）。

E型：三棱形。叶三棱状尾无翼，铤长圆柱形，有的为铁铤。根据镞身差异可分为三式：

EⅠ式：三角形叶尾平，圆形短铤。梨M17∶3铤断面六棱形（图2-111,20）。梨M44∶6-2三棱前端折成三锥状，铤上有折纹（图2-111,21）。

EⅡ式：叶状三棱尾端短圆铤。安顺宁谷28T971④∶1铤一面有血槽，无倒刺，圆柱状铤细长（图2-111,23）。务川采∶010棱尖锋利，铤残（图2-111,24）。

EⅢ式：镞身尾端内折形成双肩，下接圆铤。数量较多，04银ⅡT0207②∶2（图2-111,22）、赫章可乐M126∶8（图2-111,25）和普安铜鼓山铜鼓山T53∶48、T2②∶4、T2②∶11、T2②∶2（图2-111,26～29）及镇宁田脚脚05ZTT20④∶10（图2-111,30）、贞丰小河口05ZZDNT5④∶3（图2-111,31）等形状基本相同，多铁铤。

2. 比较分析

镞不仅在贵州境内有较多出土，在周邻地区出土数量也很多，是当时最基本的远射武器，不同时期镞形体差异较大：大约在战国早中期出现A、B型，形态或仿柳叶形剑，铤短圆，

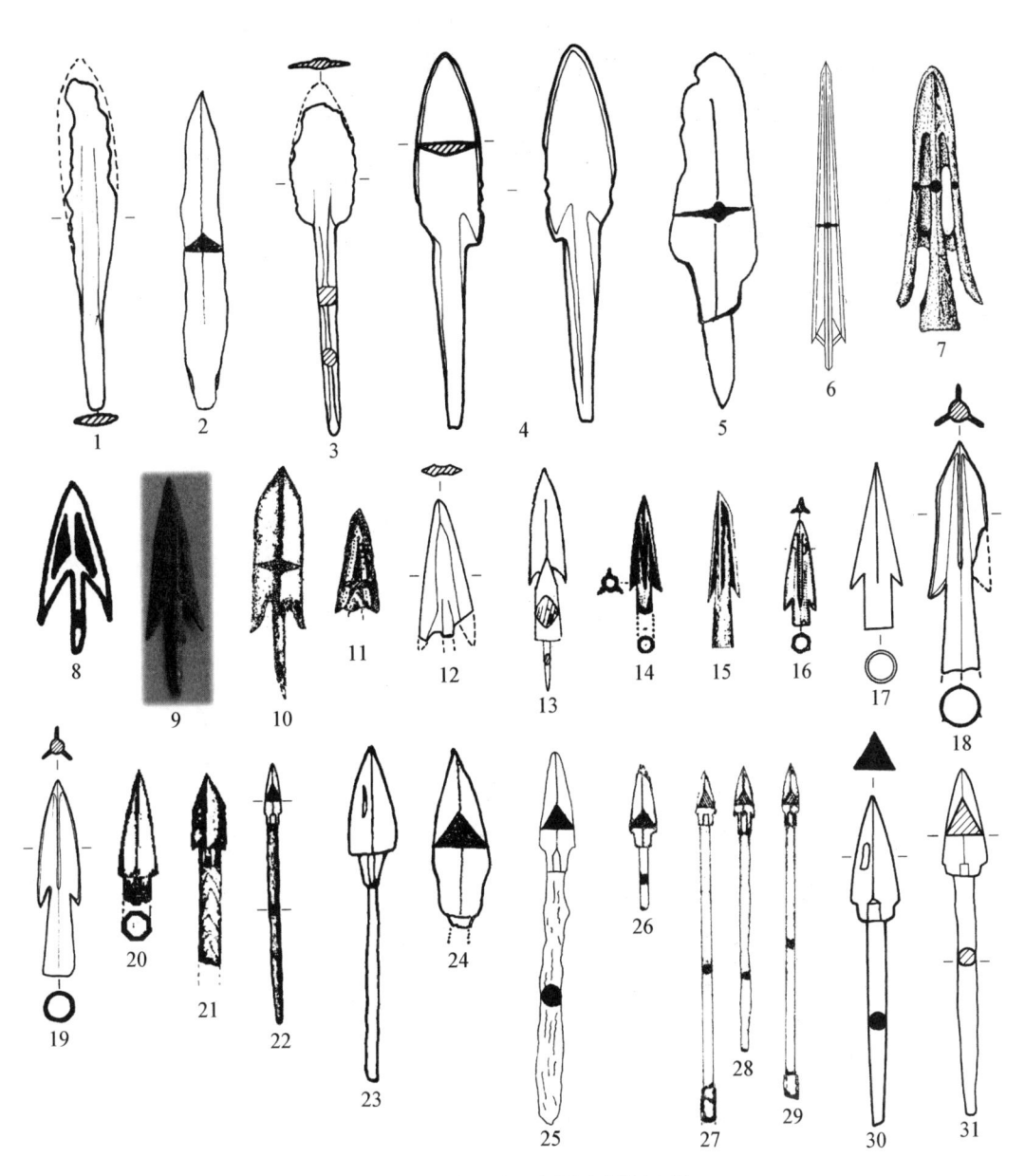

第二章　青铜器的型式划分和比较分析

图 2-111　贵州出土铜镞（含铁铤者）

1、2. A 型镞（中水红营盘 M13：4、务川大坪采：008）　3～5. B 型镞（中水红营盘 M19：3、M17：5、务川大坪采：007）　6. CⅡ式镞（清水江河床出土）　7. CⅢ式镞（清水江出土）　8～13. CⅠ式镞（99ZH③：6、钟山区玉皇洞采集、铜鼓山 PTtⅢ：3、铜鼓山 T12：11、赫章可乐 M308：1、锦屏亮江河床出土）　14～17. DⅠ式镞（中水 78 梨 M24：8、中水 78 梨 M44：6-1、中水 04 银 M3：11、可乐 M10）　18、19. DⅡ式镞（镇宁田脚脚 05ZTT8④：4）、05ZTT1：2）　20、21. EⅠ式镞（中水 78 梨 M17：3、中水 78 梨 M44：6-2）　23、24. EⅡ式镞（宁谷 T971④：1、务川采：010）　22、25～31. EⅢ式镞（04 银ⅡT0207②：2、赫章可乐 M126：8、普安铜鼓山 T53：48、普安铜鼓山 T2②：4、普安铜鼓山 T2②：11、普安铜鼓山 T2②：2、镇宁田脚脚 05ZTT20④：10、贞丰小河口 05ZZDNT5④：3）

叶起脊成三角状或宽扁如叶片状;战国晚期到西汉前期,带双翼的 C 型和三翼镞开始流行并大量使用,A、B 型镞逐步消失;西汉中期以后,带长圆铤的三棱镞(部分为铁铤)成为新的主体。

在使用地域上,A、B 型和 C I 式主要使用在贵州偏北部地区的夜郎系地方遗存中,受四川盆地铜镞的影响较大,D 型和 E 型主要使用在汉文化遗存尤其是偏中南部地区遗存中,是汉文化系统镞及其地方变体,相当部分是随着汉移民的进入而传入的。

八、铜兵器附件

在赫章可乐和威宁中水银子坛墓地,还出土和征集有少量青铜兵器附件,包括铜柲冒、铜管状柲饰和剑鞘等。

1. 铜柲冒 3 件。可分为两型:

A 型:僧帽形。2 件。帽顶较宽,侧面呈人字形,帽身下方对称圆形穿孔。根据帽顶不同分为两式:

A I 式:1 件。可乐 M274:89,帽身中部偏下方一圈辫索纹。帽顶铸圆雕立虎,虎前脚曲跪,双后脚站立,尾上卷,周身饰长条斑纹。出土时柲帽内尚还存少许木柲碎片,穿孔处也残留竹铆钉(图 2-112,1)。

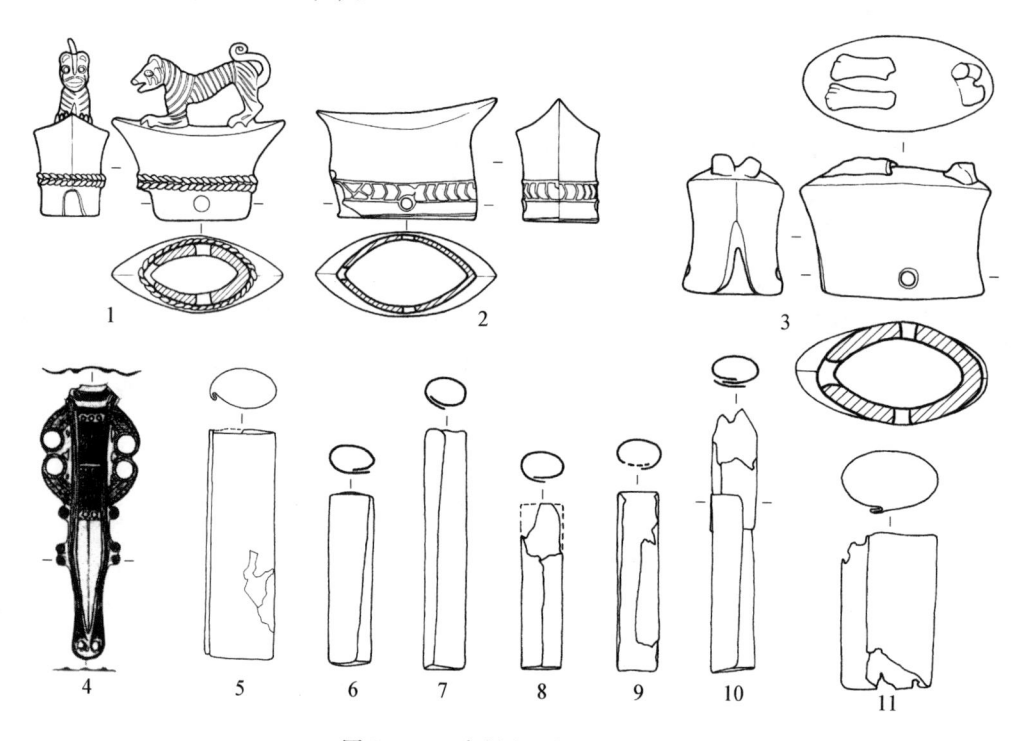

图 2-112 贵州出土铜兵器附件
1. 铜柲冒(赫章可乐 M274:89) 2. 铜柲冒(赫章可乐 M277:8) 3. 铜柲冒(赫章可乐 M341:5)
4. 铜剑鞘(04 银子坛征:1) 5. 铜柲套饰(赫章可乐 M341:9-3)
6~10. 铜柲套饰[赫章可乐 M325:4(1~5)] 11. 铜柲套饰(赫章可乐 M296:4)

AⅡ式。1件。可乐 M277：8 帽身中部偏下方两圈弦纹,弦纹中部饰对称双弧形短线组成的纹带,帽顶素面无纹(图 2-112,2)。

B型：1件。椭圆管状形。可乐 M341：5 腰部略内束,帽下身无纹带,一侧面下方有条形缺口,帽顶圆弧形,顶面上残存有兽类足部痕,可能原雕铸有某立体动物之类(图 2-112,3)。

2. 铜柲套饰

9件。皆用薄铜片卷成长条椭圆形筒状,接口卷扣而成,形制相同但大小、长短不一。赫章可乐 M341：9-3 较长且宽(图 2-112,5),M325：4 为大小相同但长短不一的 5 件,有的略残(图 2-112,6~10),M296：4 则短而宽(图 2-112,11)。铜柲套饰均出土在戈柲近戈部,应是包裹在木柲上的饰件。

3. 铜剑鞘

1件。2004 年威宁中水征集。略残。琵琶形,正面饰卷云纹、雷纹、栉纹和圆形突起,背面无纹饰(图 2-112,4)。

九、铜 弩 机

1. 型式划分

贵州一些汉代遗址和墓地中出土有铜弩机,皆无完整者。依完残程度和形制不同分为三型：

A 型：威宁中水出土。4件。由钩、望山和牙等组成,M12：1 通高 11.1、长 3.4 厘米(图 2-113,1)。

B 型：赫章可乐甲类墓出土。11 件。大小不一,有的鎏金,M8：79 有槨,望山和牙等保存较好,通高 10.6、长 3.5 厘米(图 2-113,2)。

C 型：镇宁田脚脚遗址出土。9件。有的有槨、望山、牙孔等,形状略有差异(图 2-113,3~6)。

2. 比较分析

铜弩机在贵州境内出现较晚,主要发现在西汉中晚期以后汉代遗存中,但多残件,完整者较少,它同铁剑、铁刀、铜镞和铁镞等组合成新的武器系统,取代此前广泛使用在西南云贵高原及周边地区地方族群系统中青铜剑、戈、矛的武器组合。

西汉中期以前,贵州等"西南夷"地区当时人们配备的兵器主要是青铜兵器,尤其以格斗兵器中的戈、剑为主,虽然也从巴蜀等地区输入有少量铁兵器,但铁兵器开始取代青铜兵器则主要在西汉中晚期以后。随着汉中央王朝开发"西南夷"的推进,汉移民和先进

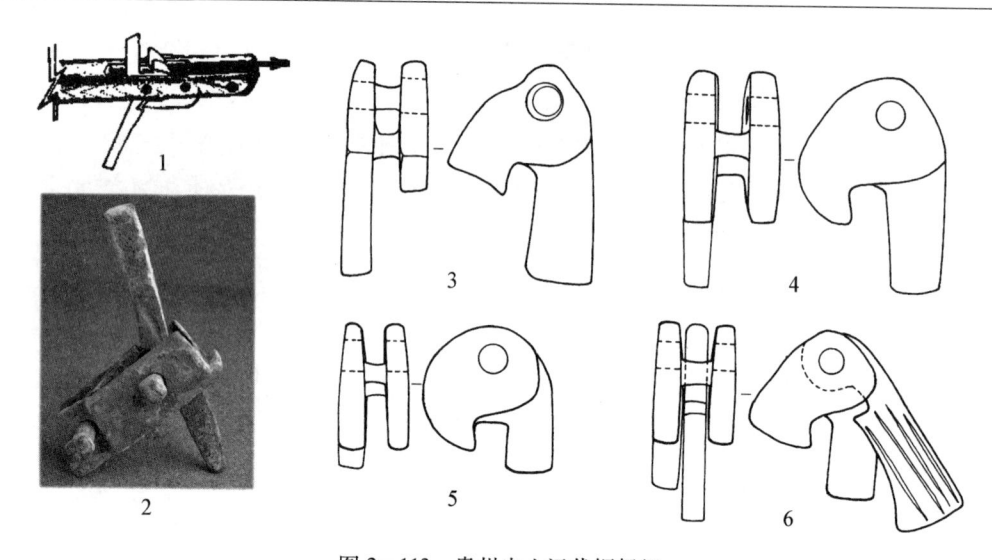

图 2-113　贵州出土汉代铜弩机
1. 威宁中水(78 梨 M12∶1)　2. 赫章可乐(M8∶79)
3～6. 镇宁田脚脚(05ZTT22④∶7、05ZTT22④∶2、05ZTT22④∶5、05ZTT22④∶6)

的冶铁技术等进入贵州,到东汉以后仅保留了少量的箭镞、弩机等远射兵器,先前最常配备的青铜戈、剑等青铜兵器基本被铁剑、铁刀所取代。

就全国范围来看,汉代都是兵器的重大变革时期,原因之一是随着生产力的发展和经济的进步,特别是冶铁技术和炼钢工艺的新成就,铁兵器逐步取代了青铜兵器,结束了先秦时期青铜作为兵器主要材质的历史。

第三节　青铜生产工具

《史记·西南夷列传》说夜郎、滇和邛都等族群皆"耕田,有邑聚"[1],《后汉书·南蛮西南夷列传》亦说夜郎"其人皆椎结左衽,邑聚而居,能耕田"[2],这些记载表明夜郎是从事农业生产的定居族群,而农业生产离不开各种生产工具,云南以滇池为中心的各个滇文化墓地遗存中出土有数量庞大、种类繁多的各种青铜农业生产工具,可证滇族群农业生产已相当发达。

贵州出土的战国秦汉时期青铜生产工具数量和种类都相当少,除少数几件为考古发掘出土外,多为零星采集,种类有斧、锛、锄、削刀、鱼钩、三叉形器、锥、凿等,除部分用于农业生产外,还有部分用于渔业和手工业生产,但不管怎样,依目前出土的生产工具数量和种类,还远远不足以说明夜郎是以农业生产为主体经济的定居族群。

---

[1]　《史记》卷一百一十六《西南夷列传》,中华书局,1959 年,第九册,第 2991 页。
[2]　《后汉书》卷八十六《南蛮西南夷列传》,中华书局,1965 年,第十册,第 2844 页。

一、铜　斧

1. 型式划分

均采集,数量不清。依銎和斧身差异可分为两型:

A 型:銎口长方形或近方形,斧身直,弧形刃。贵州省博物馆收藏 05.D.13 长方形銎口下侧有一圈凸棱,弧形刃两端略外翘(图 2-114,1)。贵州省博物馆收藏 05.D.15 近方形銎口下侧凸棱不明显,弧形刃两端外展,刃口偏向一侧,状似锛(图 2-114,2)。

B 型:椭圆形銎口,斧身弧直呈舌状,圆弧刃。贵州省博物馆收藏 05.D.17 銎口下侧饰凸棱和卷云纹相连纹饰,近弧形刃中部两面亦铸各种纹饰,刃略外翘(图 2-114,3)。贵州省博物馆收藏 05.D.18 銎口下侧饰凸棱和 V 形等纹饰,弧形刃圆润(图 2-114,4)。

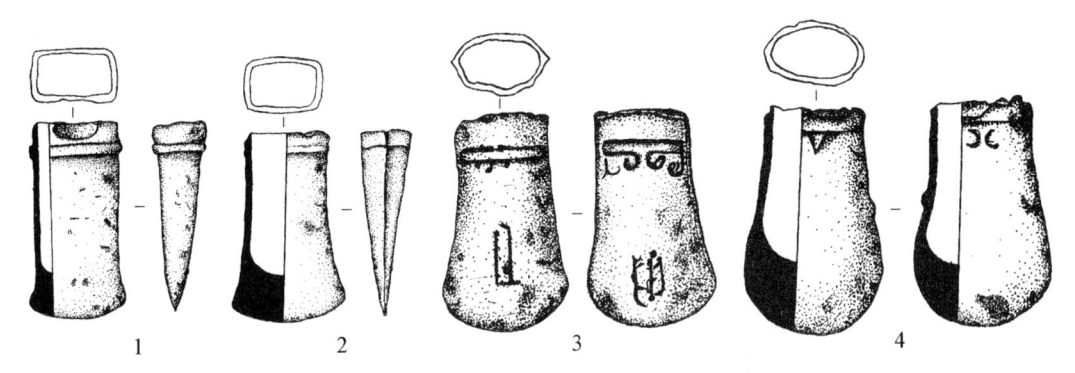

图 2-114　贵州清水江流域河床淘出青铜斧
1、2. A 型斧(05.D.13、05.D.15)　3、4. B 型斧(05.D.17、05.D.18)

2. 比较分析

贵州境内战国秦汉时期青铜斧全部出自清水江流域锦屏至天柱段河床中,多系淘金者零星淘出,尚无考古发掘出土者,除少部分被贵州省博物馆收藏外,绝大多数在当地文物爱好者手中或流失各地。铜斧銎口和斧身形制存在一定差异,部分亦被称为铜斤[1]。

清水江流域河床淘出的青铜器种类和数量都比较多,同斧一道出土青铜器还包括剑、矛、镞、钺、带钩、发钗和鱼钩等,以兵器和生产工具为主,其青铜器种类和形制同贵州西部战国秦汉时期赫章可乐等遗存出土青铜器差异明显,各自属于不同的文化系统。清水江为沅水上游支流,是连结贵州东部、广西北部和湖南西部以及四川盆地东部的重要文化通道,因而这里出土的青铜器包括有四川盆地的柳叶形剑、湘鄂地区的楚式剑和两广地区的不对称双肩斜刃钺或靴形钺等,是不同族系文化因素在文化通道交汇的反映。

---

[1] 程学忠:《贵州天柱出水青铜器调查征集报告》,南京师范大学文博系编:《东亚古物(B 卷)》,文物出版社,2007 年。

二、铜锛

1. 型式划分

仅在中水征集1件。据村民说出自水果站,同出的还有中原式直内圆穿钺和铜手镯等。中原式直内圆穿钺在红营盘墓地亦出土有1件,因而该铜锛年代与红营盘墓地基本一致,在春秋晚期至战国早期。

铜锛形制呈长条梯形,刃部稍宽,近顶端有断,锛面宽于背面,背面下侧向外突出,同锛面形成偏锋(图2-115,1)。

2. 比较分析

中水水果站出土的铜锛目前尚为孤品,相似器形在贵州中水鸡公山商周时期遗址和云南昆明市西山区滇池西岸的王家墩遗址①中各出土一件。鸡公山铜锛段在背面偏上位置(图2-115,2),与水果站铜锛造型比较接近,两者之间具有密切的联系,而云南王家墩遗址铜锛刃扩展成铲状,段宽,背面外突部分上升到锛中部位置,造型差异较大(图2-115,3)。

在贵州西部与云南东部商周时期遗存中,发现相当数量的有段石锛,造型与鸡公山遗址出土的有段铜锛异常接近,因而上述有段青铜锛应是仿商周时期流行在这一地区的有段石锛。在出土有段铜锛相邻的云南野石山遗址中,还出土1件梯形铜锛(图2-115,4),其形制更与当地商周时期的梯形石锛相同。不过,发展到战国秦汉时期,这种有段铜锛在云贵高原却基本没有发现,王家墩的铜锛"造型简朴,工艺粗糙,罕见于滇池地区"②。

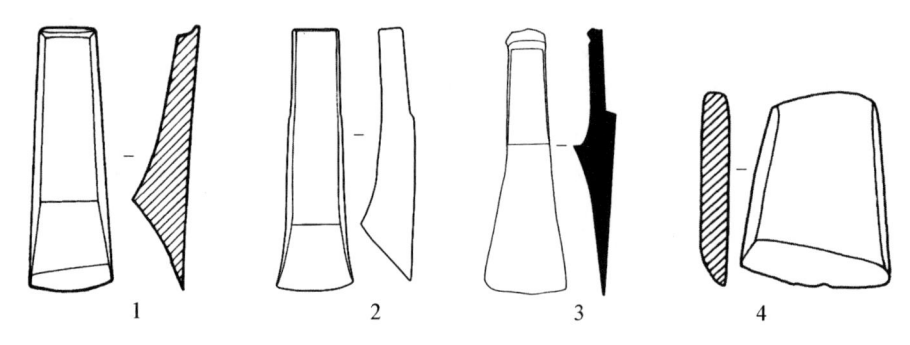

图2-115 贵州及云南出土的铜锛
1. 威宁水果站(采:3) 2. 威宁鸡公山(K662:1)
3. 昆明王家墩 4. 鲁甸野石山(DT10133中:7)

---

① 李永衡、汪涵:《昆明市西山区王家墩发现青铜器》,《考古》1983年第5期。
② 杨帆、万扬、胡长城编著:《云南考古(1979~2009)》,云南人民出版社,2010年。

三、铜　　锄

1. 型式划分

铜锄是目前出土数量较多的青铜生产工具,共10余件,除少量为考古发掘出土者外,多为零星出土或征集。这10余件青铜锄依形体差异可分为五型:

A型:长条形半圆銎。4件。依锄口不同分为三式:

AⅠ式:锄口平齐。1件。赫章可乐M189:1近长方形,正面中部起脊,銎口半圆,两面各有圆形钉孔一个,刃平直(图2-116,1)。

AⅡ式:锄口尖锐。2件。盘县沙沱征集,均残。正面中脊隆起,銎口半圆,两面各有不规则形钉孔,刃正中尖突(图2-116,2、3)。

AⅢ式:锄口弯卷。1件。普安铜鼓山79试掘出土。锄身长条状,半圆形銎下一钉孔,中部略束,下部向上弯卷,刃尖(图2-116,5)。

B型:宽叶圆弧形锄。2件。皆为零星出土,威宁中水后寨和普定各出土1件,形制基本相同。锄中脊隆起,銎下一椭圆钉孔,圆弧宽叶形锄身,叶尖近平(图2-116,10、11)。

C型:双斜肩锄。3件。分两式:

CⅠ式:2件。銎口与双肩基本平齐。兴义采集者銎近半圆形,双斜肩下向内折成近三角形锄身(图2-116,7)。铜鼓山遗址出土者銎近三角形,双斜肩下向内折成圆弧形锄身(图2-116,8)。

CⅡ式:1件。兴义征集。銎口远高于双肩,侧端有一V形开口,双斜肩位于中部,锄身尖叶状,上有多个孔洞(图2-116,9)。

D型:长方形铲形锄。1件。锦屏亮江河床出土。锄身长方形铲状,顶端椭圆形銎,銎下方饰牛头纹,刃平齐(图2-116,4)。

E型:铧状三角形锄。1件。铜鼓山遗址出土。顶部正中一椭圆形小銎,两侧向上伸展,锄身三角形,刃尖,面上数个不规则形镂空(图2-116,6)。

2. 比较分析

铜锄出土数量虽然不多,除1件D型锄出土于贵州东部地区的锦屏亮江外,余皆出自紧邻云南的贵州西部夜郎系族群活动空间范围内,其中A、B型出自偏北地区的赫章可乐、威宁中水等地,与A、B型相同或相似的铜锄广泛分布在滇青铜文化中,云南有学者将其分为滇文化Ⅰ型(长条形)和滇文化Ⅲ型(尖叶形)[①]。A型锄整体长条状,顶端一半圆形銎,但刃部差异较大,AⅠ式锄刃口平齐,整体似锸,一些简报直接称为锸,相似器形在

---

① 王涵:《云南古代的青铜锄》,云南省博物馆编:《云南省博物馆建馆三十周年纪念文集》(内部资料)。

图 2-116 贵州出土青铜锄

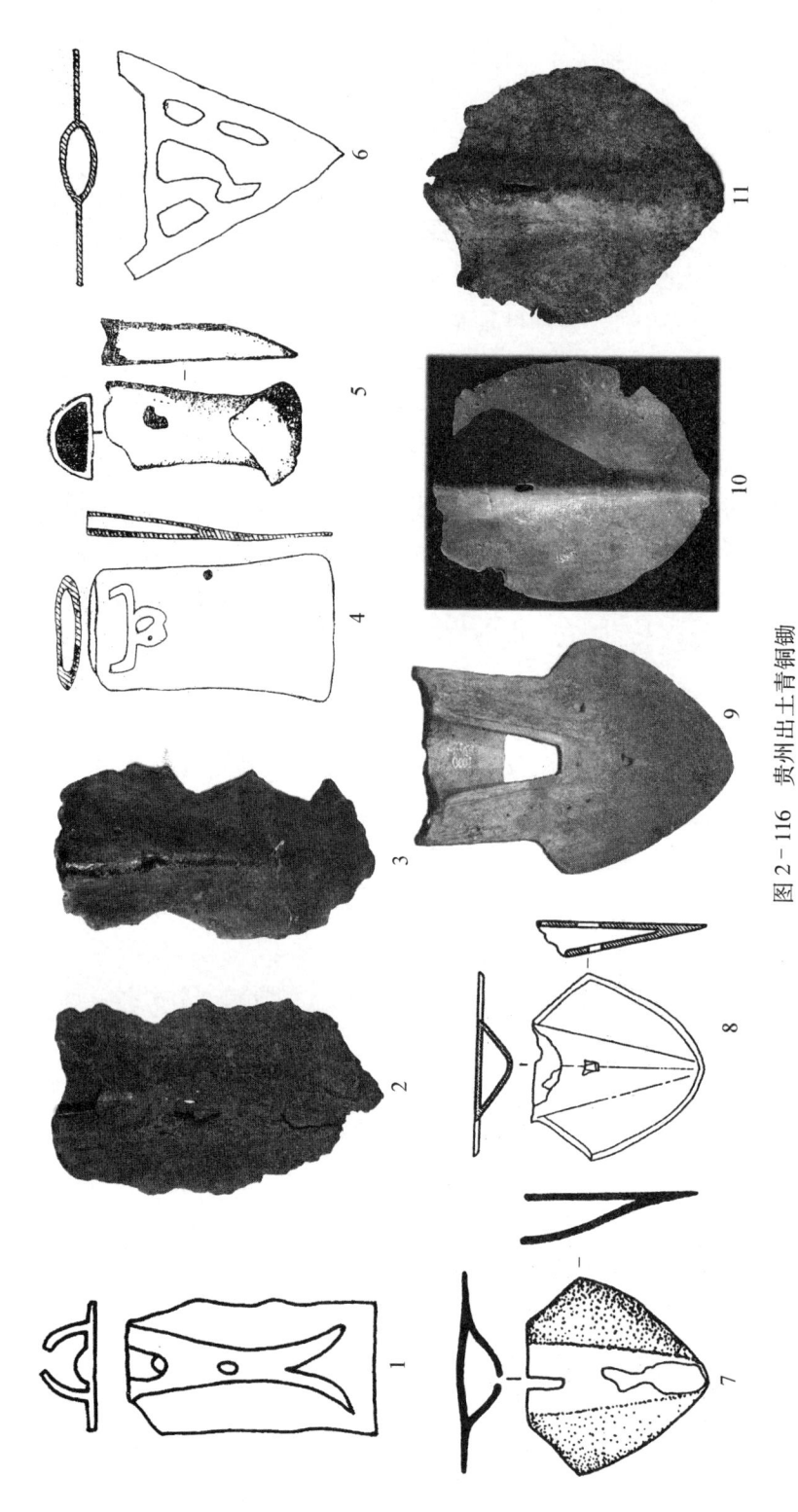

1. 赫章可乐 M189：1　2、3. 盘县沙沱征集　4. 亮江征集　5. 铜鼓山 79 试掘（简报定为钺）　6. 铜鼓山遗址 T54：5　7. 兴义采集　8. 铜鼓山遗址 T71①：3　9. 兴义土产公司征集　10. 中水后寨出土　11. 普定出土

云南晋宁石寨山(图2-117,1)、呈贡天子庙(图2-117,2)、建水县坡头乡咪的村(图2-117,3)、江川李家山(图2-117,4)和昆明羊甫头(图2-117,5)等地都有较多发现。B型铜锄总体呈宽叶状,是滇青铜文化中数量最多的青铜生产工具,往往一个墓地或一个大型墓葬中出土有多件,銎脊穿孔或竖排或横排,如澄江金莲山(图2-117,6)、弥勒县西二村(图2-117,7)、江川李家山(图2-117,8)、宣威朱屯村(图2-117,9)和昆明羊甫头(图2-117,10)等地出土者同贵州境内所出异常接近。因而可以肯定,A、B型铜锄源自滇文化青铜锄,而C、E型则出自与滇东南、桂西北相接的黔西南地区,这两型数量虽少但相同器形在周边地区还基本没有发现,滇东偏南泸西建水征集的锄①虽有两个斜肩,但形体同C型区别明显,这表明在贵州境内局部地区亦开始形成具有比较鲜明地域特色的青铜生产工具。

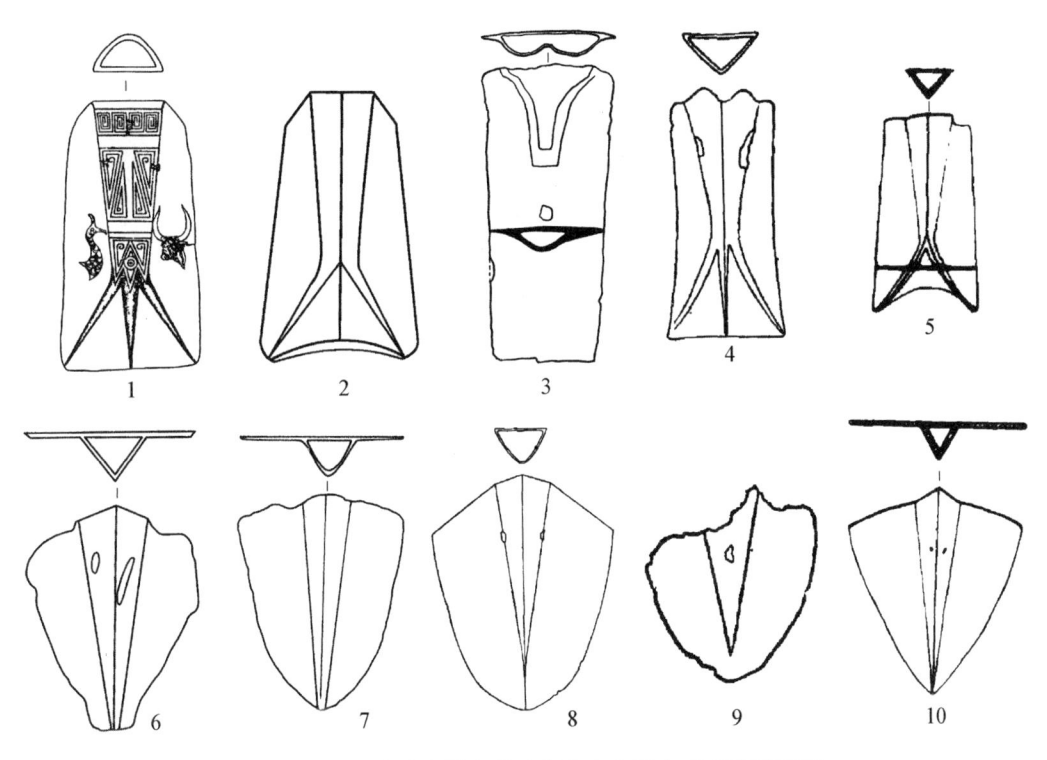

图2-117 云南滇青铜文化遗存中出土同A、B型相似铜锄
1. 晋宁石寨山 2. 呈贡天子庙(M7:16锸) 3. 建水县咪的村征集 4. 江川李家山(M1:40)
5. 昆明羊甫头(M113:316锸) 6. 澄江金莲山(M741:1) 7. 弥勒县西二村征集
8. 江川李家山M1:40 9. 宣威朱屯村征集 10. 昆明羊甫头(M113:58-1)

在地域分布上,云南东北部的昭通和贵州西北端的威宁中水、赫章可乐等乌蒙山脉核心区青铜锄发现不多。昭通虽发现有营盘山、水井湾文家脑包、白沙地等青铜时代遗存,

---

① 云南省文物考古研究所、文山州文物管理所、红河州文物管理所编著:《云南边境地区(文山州和红河州)考古调查报告》,云南科技出版社,2008年。

但尚未有出土青铜生产工具的报道;威宁中水仅有1件征集品;赫章可乐除数量较多的铁锸外,青铜锄仅1件。由此往南的曲靖盆地,青铜生产工具数量和种类开始增多,但亦以斧、凿、削刀等为主,锄、锸等数量不多。再往滇东南和黔西南一带,青铜锄数量和种类丰富起来,如在滇东南的文山州和红河州各地就调查征集到相当数量的青铜生产工具[①],并以同B型相似者为多。所以总体感觉是在滇东黔西古夜郎族群活动地区,农业生产由北往南逐渐发达,北部地区农业在日常生活中可能仅占相当小的比重,存在多种经济形态。

四、铜 削 刀

1. 型式划分

依据刀柄不同分为两型:

A型:刀柄背平,下端内弧,末端有一椭圆形或三角形孔。可分为两式:

A I 式:柄部两面皆饰双凸线,柄与刃以竖凸线分界。皆出自普安铜鼓山遗址。试掘PTt:Ⅲ:2柄近长方形,柄末穿孔三角形,刀锋尖(图2-118,1)。T19④:2柄末有一方形突,刃残(图2-118,5)。T5③:28柄末圆弧形,下端弧形,刃较直(图2-118,6)。

A Ⅱ式:刀背平,末端圆形,有一圆形或椭圆形穿。铜鼓山遗址T42②:3柄下端略内凹,柄与刃分界处向下突出,刃残(图2-118,4)。T5②:4柄上两道纵向凸线,末端穿孔椭圆形,柄与刃分界处向下突出,刃上翘(图2-118,7)。

B型:1件。中水红营盘墓地出土。刀背弧形,短柄与刃分界不明显,柄末圆穿残,刃部近弧形(图2-118,3)。

C型:1件。威宁中水采集。长方形柄与刃部有明显分界,刃后侧弧形较宽,尖锋锐利而上翘(图2-118,2)。

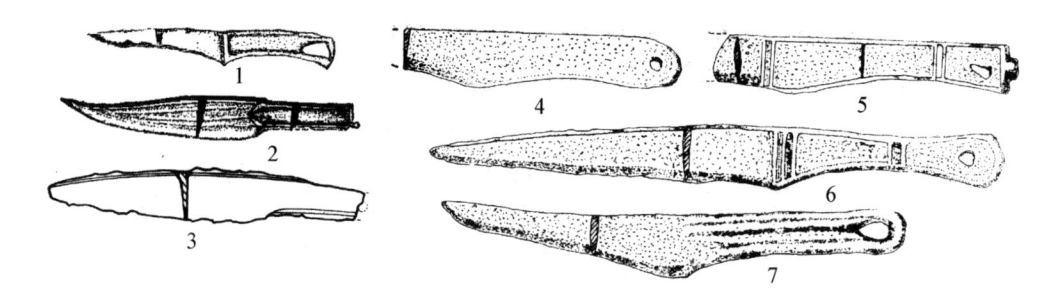

图2-118 贵州出土铜削刀
1、5、6. A I 式(普安铜鼓山PTt:Ⅲ:2、T19④:2、T5③:28) 2. C型(威宁中水采:38)
3. B型(中水红营盘M14:4) 4、7 A Ⅱ式(普安铜鼓山T42②:3、T5②:4)

[①] 云南省文物考古研究所、文山州文物管理所、红河州文物管理所编著:《云南边境地区(文山州和红河州)考古调查报告》,云南科技出版社,2008年。

2. 比较分析

贵州境内战国秦汉时期铜削刀发现地域主要集中在黔西北的威宁中水和黔西南的普安铜鼓山等紧邻云南之地，赫章可乐就基本不见削刀出土。相同或相似铜削刀亦多集中出土在四川西南部的西昌安宁河流域和云南各地滇青铜文化遗存中。西昌安宁河流域大石墓[①]中出土的削刀，柄和刃分隔不明显，有的柄上还有突芒，通体素面无纹，铸造工艺与中水红营盘墓地的铜削或剑接近，器体也相似（图2-119,16～18）。云南滇东北昭通营盘山甲区墓地（图2-119,1）、白沙地墓地（图2-119,2）和东川普车河墓地（图2-119,4～6）出土的铜削刀，也同威宁中水一带出土的较为接近，都以柄部带一穿孔的素面刀为主；而自滇东曲靖的八塔台墓地（图2-119,12）、平坡墓地（图2-119,10、11），直到环滇池地区的昆明羊甫头（图2-119,13）、呈贡天子庙（图2-119,14）、宜良纱帽山（图2-119,7～9）、陆良薛官堡（图2-119,3）等地出土的铜削刀，器形和装饰就复杂很多，这一区域不仅流行柄部带一穿孔的素面刀，还流行柄端呈倒V形銎口和蛇头形柄等各种仿动物形态的

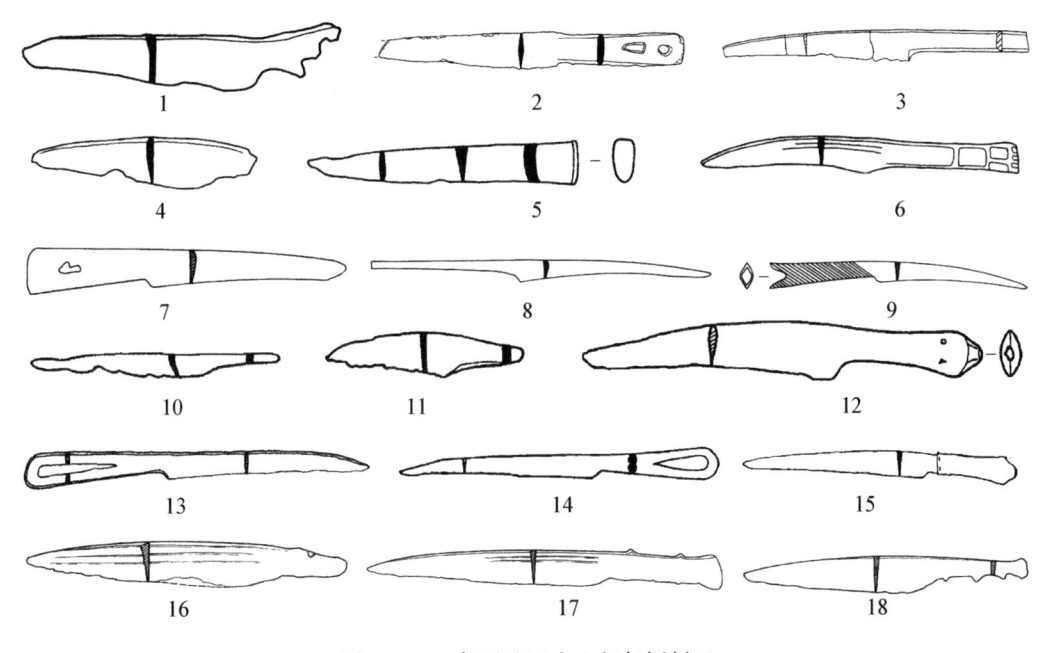

图2-119 邻近地区出土相似铜削刀

1. 昭通营盘山甲区（M9:7） 2. 昭通白沙地（采:6） 3. 陆良薛官堡（M140:3）
4～6. 东川普车河（M38:1、M26:1、M34:1） 7～9. 宜良纱帽山（M7:5、M35:1、M3:10）
10、11. 曲靖平坡（M22:2、M14:3） 12. 曲靖八塔台（M72:1） 13. 昆明羊甫头（M113:21）
14. 呈贡天子庙（M41:127） 15. 昆明五台山（M1:14）
16～18. 安宁河大石墓（小兴杨AM2:1、小兴杨AM1:3、拉克四合M6:22）

---

① 四川省文物考古研究院、凉山彝族自治州博物馆、西昌市文物管理所编著：《安宁河流域大石墓》，文物出版社，2006年。

削刀,其柄部造型受这一地区流行的各种铜矛、铜剑影响较大。因而可大致肯定,贵州西部出土的铜削与川西南和滇文化中的铜削具有密切联系,但形成一定的地域性特征,削背近弧形或近平,柄与刀刃之间有隔断但不鲜明,柄上多素面或仅作简单装饰。

战国秦汉时期,在四川盆地巴蜀文化遗存中流行另一种环首铜刀,其特征是在柄首有一圆形环首,这种铜环首刀与云贵高原战国秦汉时期地方族群文化遗存中的铜削刀应属不同的文化体系;西汉中期以后,随着巴蜀地区环首铜削刀或环首铁削刀的传入并大量使用,云贵高原原本极具地域特色的青铜削刀逐渐消失。

五、铜 鱼 具

1. 铜鱼钩

铜鱼钩出土不多,根据鱼钩钩尖有无倒刺将其分为两型:

A 型:钩尖无倒刺。铜鼓山 T30④:1 长 2 厘米,拴绳末端有一周凹槽(图 2-120,6)。

B 型:钩尖有倒刺。主要出土于清水江河床。长 1~3 厘米,拴绳末端各有不同,可分为两式:

BⅠ式:拴绳末端一凸帽(图 2-120,7)。

BⅡ式:拴绳末端刻一凹槽,形状略有差异。有的钩体较长,钩尖内卷(图 2-120,8)。有的钩体短,内卷成圆弧状(图 2-120,10)。有的钩尖向外伸开(图 2-120,9)。

2. 铜三叉形器

5 件。根据三叉尤其是中部短柱不同分为两型:

A 型:三叉平行伸开,两侧叉有倒刺,中间柱尖无倒刺,三叉弧状相连,叉后一短圆柱。铜鼓山 1979 年试掘出土者略残(图 2-120,1),1980 年铜鼓山遗址采集者保存较好,形体较大,长 8.8 厘米(图 2-120,3),探方 T4②:6 形体稍短,长 5.9 厘米(图 2-120,2)。

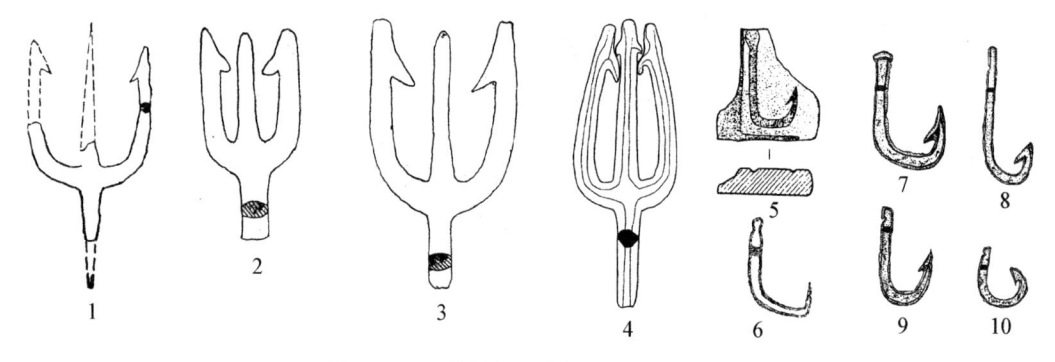

图 2-120 贵州出土青铜叉和鱼钩(范)

1. 铜鼓山 1979 年试掘 2. 铜鼓山(T4②:6) 3. 铜鼓山采集 4. 贞丰坡们(ⅠT0206④:1)
5. 鱼钩石范(铜鼓山 T40:1) 6. 鱼钩(铜鼓山 T30④:1) 7~10. 鱼钩(清水江出土)

B型：三叉前端向内并拢，两侧叉有倒刺，中间叉近顶端向两侧伸出短突刺，尾部圆柱较长（图2-120,4）。

3. 比较分析

鱼钩主要出土在以普安铜鼓山遗址为核心的黔西南地区和黔东清水江河床，它们都是钓鱼工具。普安铜鼓山遗址除出土有青铜鱼钩外，还出土铸造鱼钩的石范，范长8厘米，宽7.8厘米，浇口略残，鱼钩长6.3厘米，倒刺长0.7厘米（图2-120,5）。从该石范上的鱼钩与遗址中出土的鱼钩形态不同可以看出，当时铸造和使用的鱼钩形态已经多样化，人们用鱼钩在江河湖泊钓鱼应该是相当普遍的现象。

三叉形器主要出土在黔西南铜鼓山遗址周边，相近器形在岭南战国秦汉时期遗存中出土有10余件[1]，器形大同小异。如广东罗定背夫山战国墓中出土的铜叉[2]整体形态与铜鼓山遗址所出接近，叉尖呈山形，两侧叉有倒刺，但岭南出土的三叉形器柄部多有圆銎（图2-121,1），贵州境内所出为一圆形短棒，未见有銎者。这种三叉形器亦可能是捕鱼工具。

在贵州西汉时期的墓葬中，还出土有铁鱼钩和铁三叉形器，铁鱼钩钩端无倒刺，拴绳末端有一周凹槽，同A型铜鱼钩非常接近，也应该是当时的垂钓工具（图2-121,3）。铁三叉形器三长叉平行伸出，叉后长柄拧成绳状，同青铜三叉形器差异较大（图2-121,2），该器出土时放置在墓主身侧，应是其生前随身携带的武器之类。

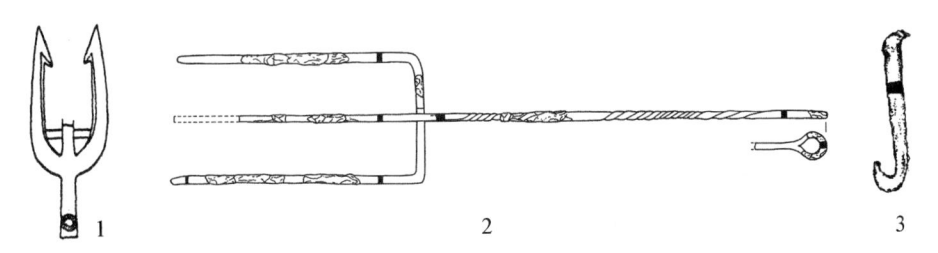

图2-121 贵州及岭南出土相似三叉形器和鱼钩
1. 铜叉（罗定背夫山M1:7） 2. 铁三叉形器（赫章可乐M373:59） 3. 铁鱼钩（威宁中水78梨M6:2）

六、铜 锥 等

在普安铜鼓山遗址中，还出土有相当数量的青铜雕刀、刻刀、凿、钻、锥等手工生产工具（图2-122），这些手工工具体量小，一端做成平刃或尖刃，它们应当用于加工青铜器、玉石器和骨角器等。

这些手工业生产工具的出土，同遗址中出土的铜矿渣、石质的各种范模、陶质的坩埚

---

[1] 黄展岳：《南越国考古学研究》，中国社会科学出版社，2015年，第291页。
[2] 广东省博物馆：《广东罗定背夫山战国墓》，《考古》1986年第3期。

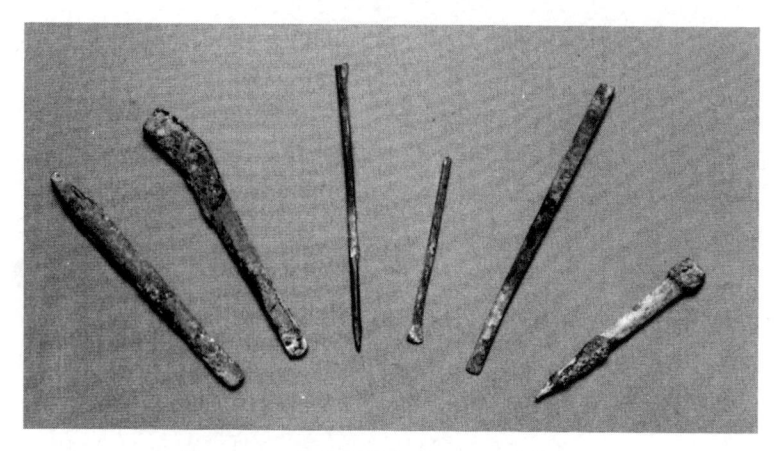

图 2-122　普安铜鼓山遗址出土青铜工具
（取自《2002 中国重要考古发现》）

等共同表明普安铜鼓山遗址是夜郎时期一处重要冶铸作坊遗址的认识是大致不误的。

第四节　青铜乐器

贵州战国秦汉时期青铜乐器出土数量和种类都不多，除少部分为考古发掘出土外，多数为零星出土，种类包括铜鼓、铜甬钟、铜钲、铜管耳状小钟、羊角钮钟和虎钮錞于等。

从发现地域上来说，铜鼓、铜管耳状小钟、铜钲和羊角钮钟主要出土于贵州西部至西南部，相同或相似器物在云南和广西发现不少，是战国秦汉时期活跃在云贵高原及相邻地区的"西南夷"各族群的遗留；而铜甬钟和虎钮錞于主要出土在贵州东北部的铜仁周邻地区，学者多认为它们可能是战国秦汉时期巴族群的遗留，而广泛分布在贵州各地的汉代遗存中，却较少有青铜乐器出土。

一、铜　鼓

1. 型式划分

铜鼓在赫章可乐(图 2-123,2)和辅处(图 2-123,1)各出土一面，皆石寨山型铜鼓，形制相同。鼓面小于鼓胴，鼓腰内束，鼓足外侈，腰部细环耳。鼓面正中有光体和八角光芒，其外晕圈 7 周，以第 4 圈翔鹭纹为主体纹饰，其内外各圈饰锯齿纹、涡纹和雷纹等。鼓胴主体纹饰为 6 组竞渡纹，每组船上站立羽冠立人 6～8 人。鼓腰以节纹分成 6 格，每格内饰长角立牛一头，其下饰涡纹齿纹各一周。赫章可乐 M153 出土铜鼓在墓中用于套头葬，用途特殊。

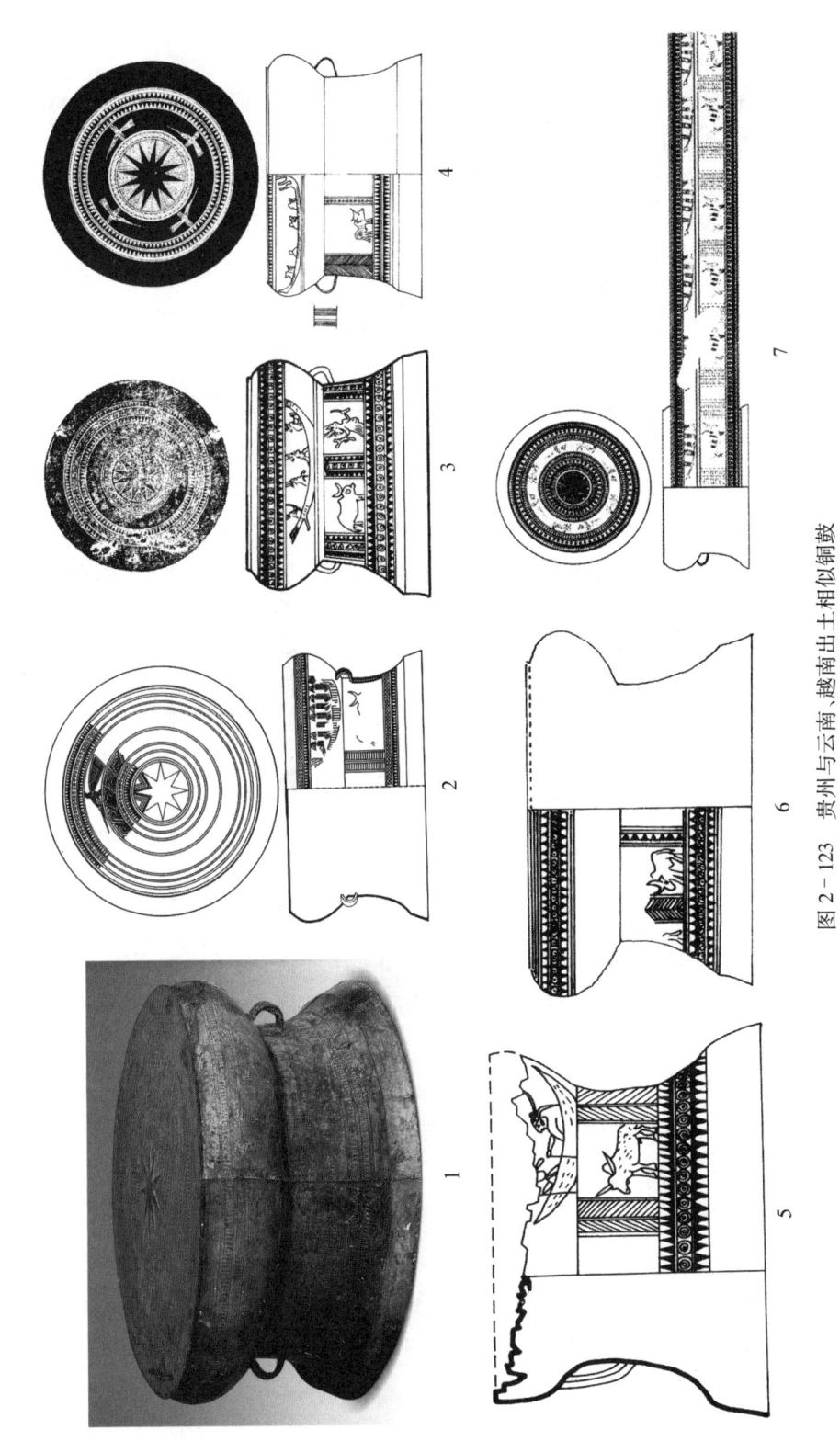

第二章 青铜器的型式划分和比较分析

图 2-123 贵州与云南、越南出土相似铜鼓

1. 贵州赫章辅处 2. 贵州赫章可乐（M153:1） 3. 云南江川李家山（M24:42b） 4. 越南太原东枸 5. 云南腾冲古永 6. 越南老街（94I.CXIV） 7. 云南文山州富宁孟梅

2. 比较分析

贵州出土的早期铜鼓不多,赫章出土的两件都属石寨山型,而云南滇池周边的滇文化墓地是该型铜鼓集中分布区。可乐、辅处铜鼓鼓面和鼓胴纹饰为太阳芒纹、翔鹭和羽人竞渡等,同滇池地区出土铜鼓和鼓形贮贝器图案基本相同,但鼓腰装饰滇池地区要复杂很多,立牛只是其中一种图案,即装饰立牛的同时还有羽人、飞鸟、竞渡等其他组合,如江川李家山 M24 出土的一件铜鼓鼓腰饰羽人和立牛相间纹带(图 2-123,3),晋宁石寨山 M13:3 鼓腰部被分为 10 格,格内除牛纹外,还有武士、孔雀、猴等。也就是说在滇池周边滇文化遗存中出土的铜鼓和鼓形贮贝器,腰部分隔装饰长角牛纹的不多,相反在滇西北、滇东南、桂西北甚至越南北部广大地区,却发现不少鼓腰以立牛为主要图案的铜鼓。如腾冲古永鼓(图 2-123,5)、富宁孟梅鼓(图 2-123,7)、麻栗坡 1 号鼓、百色 1 号鼓以及越南北部太原省和老街等地(图 2-123,4、6)出土的铜鼓[1],铜鼓造型以及鼓腰立牛图案均与贵州赫章出土铜鼓异常接近。联系赫章可乐独特的套头葬俗和可乐地区出土的铜釜、铜柄铁剑、铜戈等相似器物在越南北部地区也有不少发现的情况分析,可乐铜鼓或许同滇东南甚至越南北部一带铜鼓具有一定的联系,贵州西北端出土的铜鼓应是吸收滇文化石寨山型铜鼓的主体基因进行地方化的产品,可看作是"西南夷"各族群相互交流的产物,依据石寨山型铜鼓的流行年代和其他伴存物,将可乐、辅处铜鼓年代定在西汉中晚期较为适宜。

二、铜 甬 钟

1. 型式划分

贵州出土铜甬钟不多,仅务川、正安和松桃各出土 1 件,松桃铜甬钟同錞于(5 件)和铜钲伴出,可能系窖藏品,但残甚,仅剩残甬和舞面[2]。务川、正安出土者基本完整,形体有较大差异,可分为两型:

A 型:呈合瓦状,圆柱形甬下部略粗,甬下部有旋和干;钟体两面各有 18 个钉形枚,枚较长,每面的枚分为两区,每区有三组,3 枚为一组;钟身三分之二处有圆箍一道,上宽下窄,篆间及旋饰羽状纹,鼓部饰螭纹,干部饰兽头纹,鼓部约占钟体的三分之一,铣斜直,作月牙形。通高 70 厘米,甬径 6.7~10 厘米,铣间距 34 厘米(图 2-124,1)。

B 型:亦呈合瓦状,中空直圆柱状长甬,甬首有突栓便于悬挂,钟体上端正背部均有突枚 3 排,两面共有突枚 36 个,各排突枚中间饰以辫索纹,余为素面。钟面一侧原有铭文,一排四字,但已磨蚀不清,通高 36 厘米(图 2-124,2)。

---

[1] 李昆声、黄德荣:《中国与东南亚的古代铜鼓》,云南美术出版社,2009 年。
[2] 李衍垣:《贵州省松桃出土的虎钮錞于》,《文物》1984 年第 8 期。

2. 比较分析

目前贵州境内铜甬钟主要零星出土在接近四川盆地的黔北地区，分布范围比较接近，相同或相似甬钟在四川盆地均有发现。如茂县牟托 K2 出土甬钟①（图 2-124,4）与正安杨兴出土的 A 型钟除甬略短外，钟体造型及装饰都比较相近，而四川渠县城坝（图 2-124,3）和四川涪陵小田溪 2 号墓、12 号墓出土铜钟②形制则与务川大坪出土的 B 型钟完全相同，可以肯定贵州境内出土的铜甬钟来自相邻的四川盆地。

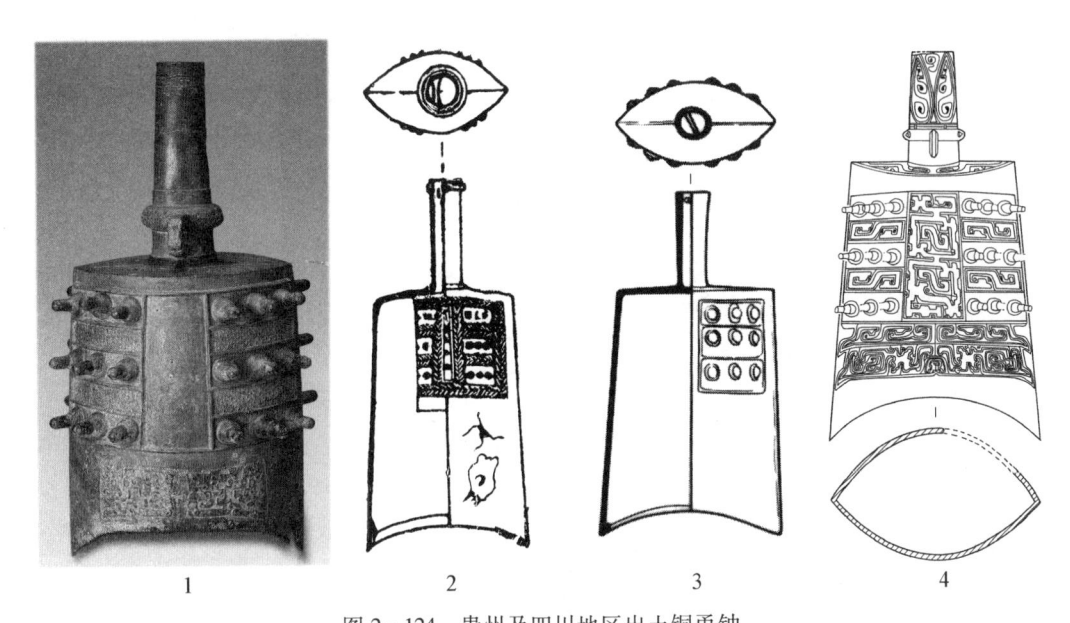

图 2-124 贵州及四川地区出土铜甬钟
1. 正安杨兴 2. 务川大坪（WZJ1∶3） 3. 渠县城坝（01768） 4. 茂县牟托 K2∶4

三、铜管耳状钟

1. 型式划分

铜管耳状钟也被称为铜铃，除少数为墓中出土者外，多为零星出土，其中六枝特区抵簸寨村斗逢山洞出土 7 件③，望谟县巧散村共出土管耳状铜钟、手镯、铜链、铜飞鸟等 60 余件④，是管耳状铜钟出土数量最多的两个小区域。

铜管耳状钟出土地域主要集中在贵州西部与云南和广西相邻的地区，器形依钟口形

---

① 茂县羌族博物馆、成都文物考古研究所、阿坝藏族羌族自治州文物管理所编著：《茂县牟托一号石棺墓》，文物出版社，2012 年。
② 四川省博物馆、重庆市博物馆、涪陵县文化馆：《四川涪陵地区小田溪战国土坑墓清理简报》，《文物》1974 年第 5 期。
③ 贵州省文化厅编著：《贵州文物精华》，贵州人民出版社，2000 年。
④ 张元：《望谟出土的夜郎青铜器》，《夜郎研究》，贵州人民出版社，2000 年。

态分为三型：

A型：钟口平整。依钟体和管状耳形态可分为三式：

AⅠ式：椭圆形钟体，管状耳略上抬（图2-125,1~3）。册亨岩架出土者钟面上有鱼等装饰（图2-125,2）。

AⅡ式：椭圆形钟体，管状耳平伸（图2-125,5、6）。

AⅢ式：菱形钟体，管状耳较细且略上抬（图2-125,7）。

B型：钟口内凹，管状耳平伸。都出土于六枝特区抵簸寨村斗逢山洞，个体小于A型（图2-125,4）。

C型：钟口或耳多呈齿状，周身饰树木、动物和人等图案（图2-125,8~11）。除1件出土于六枝特区外，余皆出在威宁县。

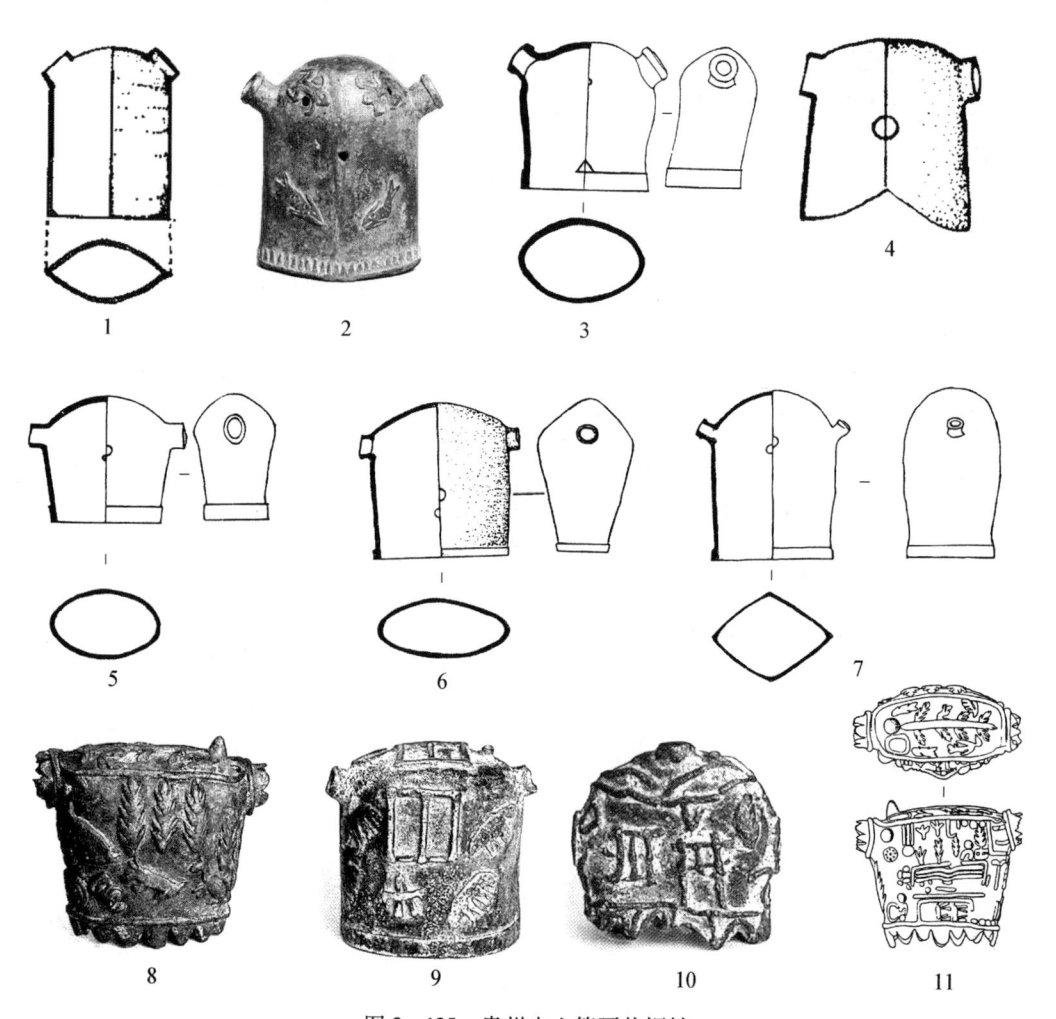

图2-125 贵州出土管耳状铜钟
1. 威宁中水（张M2:1） 2. 册亨岩架 3、5~7. 望谟巧散村
4、9. 六枝斗逢山山洞 8、10、11. 威宁观风海

2. 比较分析

铜管耳状钟在云南晋宁石寨山、江川李家山、曲清平坡和会泽水城墓地等滇文化和西汉时期汉墓中均有出土,且全是平口椭圆形钟耳上抬的 A Ⅰ 式,但管耳形态同贵州相比略有差异:晋宁石寨山所出管状耳短,且置于钟顶(图 2 - 126,1),江川李家山(图 2 - 126,2)和曲靖平坡(图 2 - 126,3)管耳又较长。相比较而言,会泽水城西汉墓(图 2 - 126,4)和陆良薛官堡(图 2 - 126,5)所出同贵州威宁中水等汉墓所出最为接近,年代也应相同。云南有学者在简报和研究中将其称为铜马铃,认为其顶部两管状耳是穿绳索的,绳索中部系一舌,挂在马脖,行走时便会叮当作响,如江川李家山墓地 1972 年发掘出土的 5 件就被认为是这种马饰[①]。但该青铜器尚未发现伴出的铃舌,形体也较大,与同时期带铃舌的各种铜铃形态差异大,将其作为一种小型打击乐器似更恰当。

C 型钟除集中发现在黔西北的威宁与滇东北的昭通(图 2 - 126,6)相邻地区外,滇东的陆良和黔西南望谟等地也有零星发现。如陆良博物馆就收藏有 1 件这种被称为铃的小铜钟(图 2 - 126,7),钟体与 A 型基本一致,但钟体周面布满树木和动物等各种图案,地域风格明显,只是目前所有标本均系征集,其时代和用途尚不清晰。

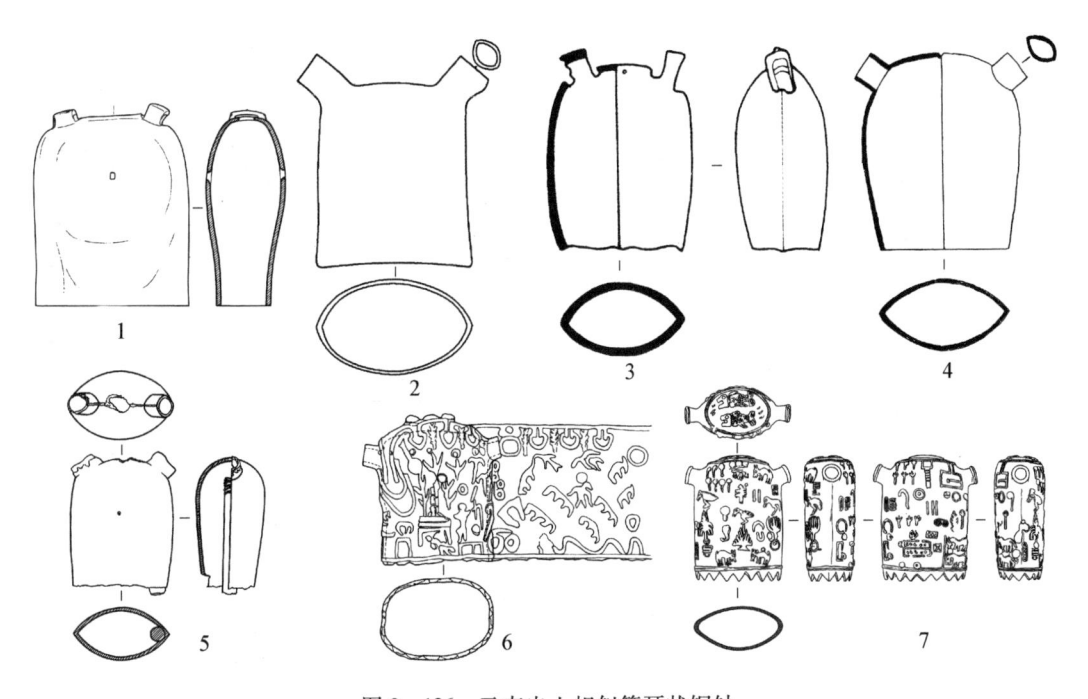

图 2 - 126　云南出土相似管耳状铜钟

1. 晋宁石寨山(M71:147)　2. 江川李家山(M86:2)　3. 曲靖平坡(M181:13-1)　4. 会泽水城(M19:1)　5. 陆良薛官堡(M35:8)　6. 昭通洒渔涅果寨　7. 陆良博物馆(LBC:18)

---

① 云南省博物馆:《云南江川李家山古墓群发掘报告》,《考古学报》1975 年第 2 期。

从目前发现来看,铜管状耳钟主要发现在滇池周边及其以东到贵州中西部地区,是战国秦汉时期流行在滇和夜郎等"西南夷"地区的一种小型青铜乐器,汉文化进入后,它在相当一段时间内仍在使用,东汉南朝以后才逐步消失。

四、铜　　钲

1. 型式划分

主要集中出土在贵州西南部,重要的有1987年兴义市出土的3件和2008年安龙县城郊出土的3件,也被称为铜句鑃[①]和铜铙。器形基本相同,皆为带柄合瓦状,柄扁圆中空,肩部平或略倾斜,钲身上窄下宽,略作梯形,钲口两侧斜尖,中部内凹呈弧状。柄部和钲身上部有大小不一的穿孔,钲身上下及两侧有窄条纹带,根据钲口差异分为两式:

Ⅰ式:柄较长,钲口圆弧形,柄部和钲身上端穿孔较长,以兴义市出土者为代表(图2-127,1~3)。

Ⅱ式:柄稍短,钲口圆弧呈弓状,柄部和钲身上端穿孔细小,钲中部三排小乳钉(图2-127,4)。

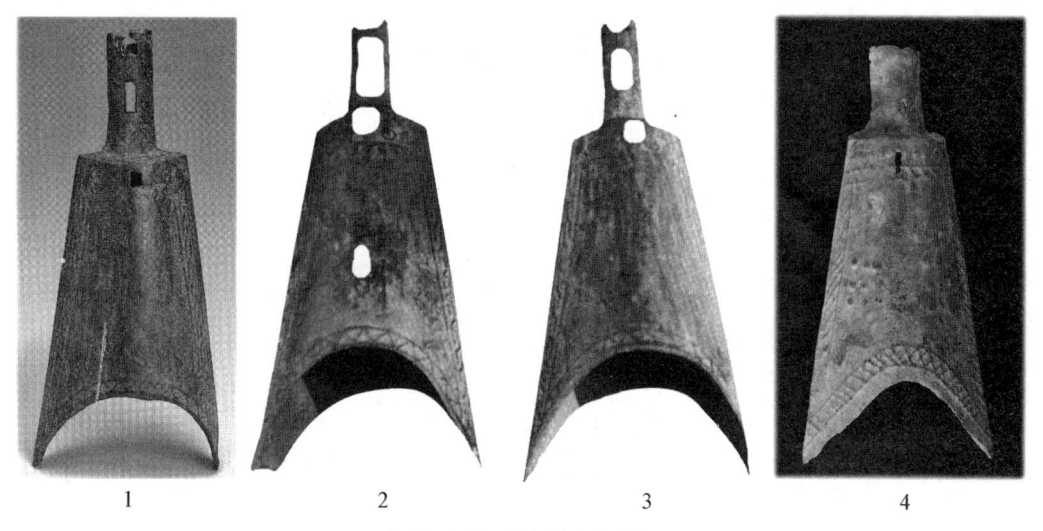

图2-127　贵州出土铜钲
1~3. 兴义市1987年出土　4. 安龙2008年出土

2. 比较分析

铜钲造型极具地方特色,其常与羊角钮钟伴出,出土地域亦主要在贵州西南部百越族群活动范围内,应是战国秦汉时期百越系族群使用的一种打击乐器,可能用于祭祀、舞蹈等场合。

---

① 贵州省文化厅编著:《贵州文物精华》,贵州人民出版社,2000年。

五、铜羊角钮钟

1. 型式划分

3件。全部出在贵州黔西南州安龙县,都为零星出土。钟体合瓦形,上窄下宽,口略弧,顶端立形似羊角外展双钮,钮下方一长条形对穿孔,通体素面。3件形制基本相同,大小相当,仅顶端羊角钮和穿孔略有差异,可分为两式:

Ⅰ式:2件。二羊角钮上端外撇如八字,穿孔长窄(图2-128,1、2)。

Ⅱ式:1件。二羊角钮短,上端内侧铸凸钉,一钮外侧铸钩刺,钮下穿孔宽(图2-128,3)。

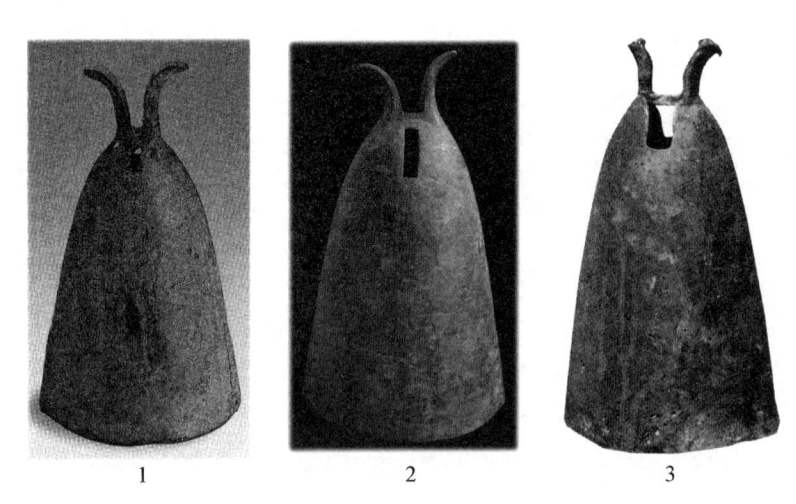

图2-128 贵州出土羊角钮钟
1. 安龙德卧丫杈1984年出土 2. 安龙城郊2008年出土 3. 安龙1987年出土

2. 比较分析

羊角钮钟越南学者称为象铃[1],国内有学者称为"扳钟"[2],但多数学者称其为羊角钮钟。该青铜乐器在贵州境内发现不多,而且出土地域同铜钲一样,仅局限在黔西南的兴义和安龙一带,但在邻近的广西、云南、湖南、广东等省直到越南北部却有较多发现,据不完全统计,已发现约60件[3]。目前发现资料以云南楚雄万家坝M1腰坑中出土的一套6件羊角钮钟(图2-129),数量最多,也是羊角钮钟出土的北部边缘,其外撇羊角钮较短且尖。晋宁石寨山6号滇王墓中出土的羊角钮钟(M6:125)形体矮胖,羊角钮较短,但钮下

---

[1] [越]黎文兰、范文耿、阮灵编著,梁志明译:《越南青铜时代的第一批遗迹》(内部资料),中国古代铜鼓研究会,1982年。
[2] 李纯一:《中国上古出土乐器综论》,文物出版社,1996年。
[3] 黄德荣:《云南羊角钮钟初探》,《四川文物》2007年第5期。

竖条形穿孔却较长,钮下铸双角弯呈半圆形的牛头纹(图2-130,6)。滇东南广南盆地青铜时代墓地所出钮钟(图2-130,1、2)、文山征集钟(图2-130,4)和广西恭城(图2-130,7)、西林普驮铜鼓墓出土钟(图2-130,9)同贵州黔西南一带地域接近,羊角钮钟形态也最为接近。而广西贵县罗泊湾汉墓出土钟(图2-130,8)和云南麻栗坡县征集钟(图2-130,5)腹部铸一人面图案,形成另一种地域风格。越南北部兴安出土的羊角钮钟造型与中国南方出土者基本相同,但腹部两面各装饰有两只长喙长尾的飞鸟纹(图2-130,11),越南学者认为这种乐器是绑缚在象颈上使用的①。

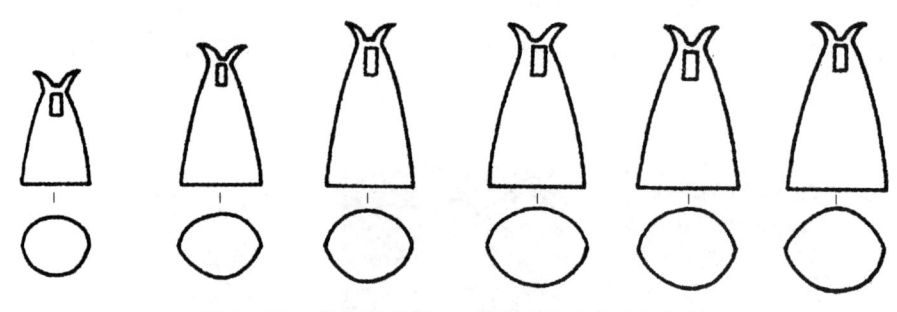

图2-129 楚雄万家坝M1腰坑内出土羊角钮组钟

目前发现的羊角钮钟主要分布在云南中部往东南方向、贵州西南部和广西大部,外延可扩展至广东、湖南等省和越南北部地区,核心区在元江(下游为红河)和珠江上游重要支流的红水河流域、左右江流域。该钟是战国秦汉时期南方诸族群使用的一种重要打击乐器,蒋廷瑜认为其"发源地是在云南的楚雄万家坝一带;它的兴起并臻于成熟,显然是受到楚越青铜文化,特别是越文化的直接影响"②。但令人费解的是,何以羊角钮钟和铜鼓等重要打击乐器兴起于楚雄万家坝等滇西北地区后,便迅速往东南方向即百越族群活动地域转移,在发源地及其周边地域却异常少见甚至消失,造成为种现象的原因是什么呢?

羊角钮钟使用年代主要在战国秦汉时期,是南方民族具有地域特色的乐器,但汉文化进入后,它又常同汉式器物混合在一起使用。2008年安龙城郊一基建工地挖出8件青铜器(可能为一小型窖藏),就包括汉朱提郡造铜釜、铜洗等汉式器物和羊角钮钟、铜钲等具有地方特色的青铜器,伴出的铜洗、釜等都是东汉中晚期以后铸造的,因而羊角钮钟的使用下限可能较晚(彩版六,1)。广西浦北印刷厂征集的羊角钮钟上刻画的图案(图2-130,10),内容和表现技法均同广西花山岩画人物图案,而且广西花山岩画还发现有在鼓架上使用羊角钮钟的画面。这些都说明虽然羊角钮钟铸造年代主要是战国秦汉时期,但使用延续的时间却可能相当长,直到南朝以后还在使用,这种情况类似于麻江型铜鼓,该型铜鼓主要为明清时期所铸,但现在中国南方不少民族却还在大量使用。

---

① [越]黎文兰、范文耿、阮灵编著,梁志明译:《越南青铜时代的第一批遗迹》(内部资料),中国古代铜鼓研究会,1982年。
② 蒋廷瑜:《羊角钮铜钟补述》,《桂岭考古论文集》,科学出版社,2009年,第122页。

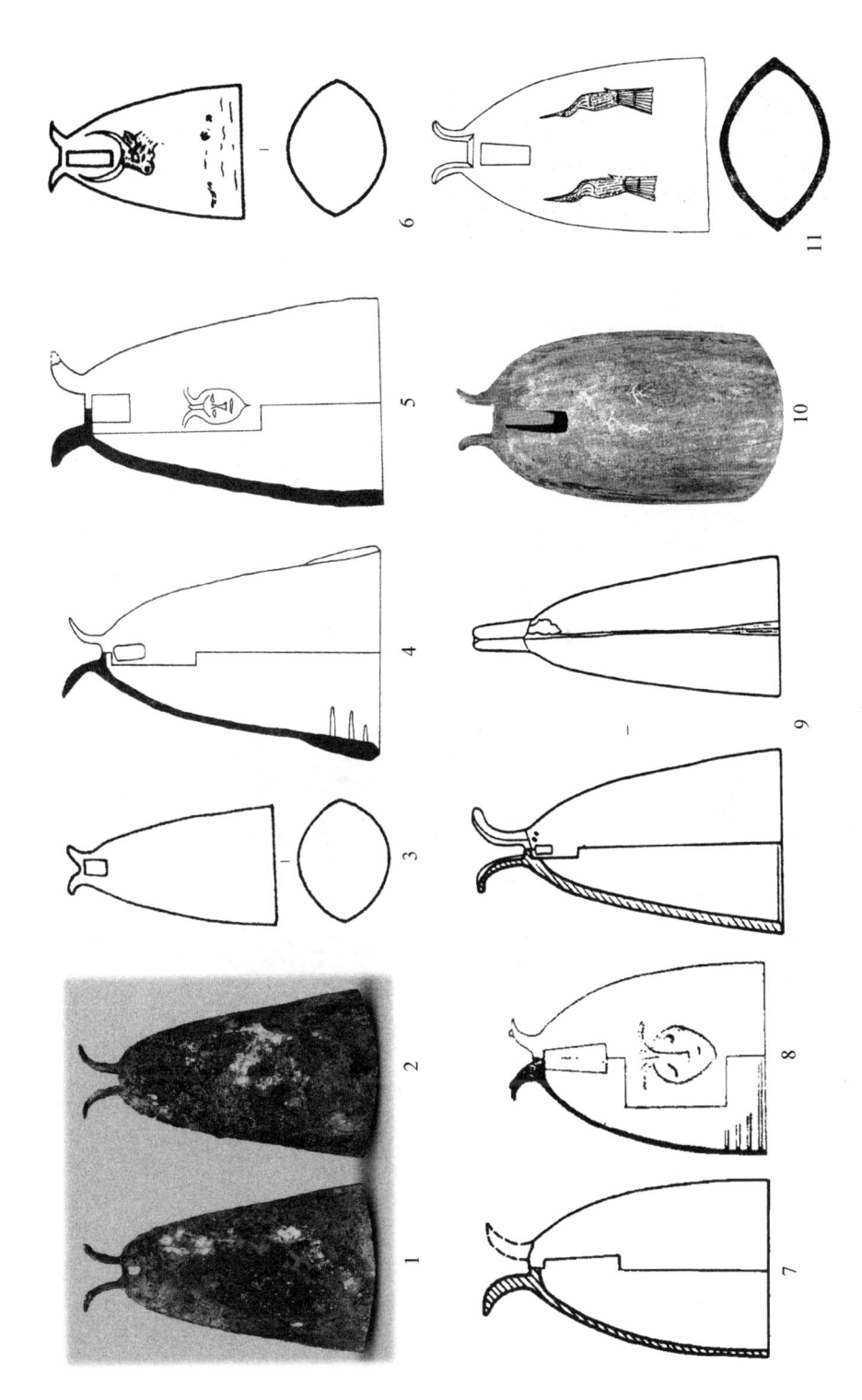

图 2-130 云南、广西和越南北部地区出土部分羊角钮钟

1、2. 广南县出土 3. 金平腰街 4. 文山州西畴县采集 5. 麻栗坡县八布乡采集 6. 晋宁石寨山 M6:125
7. 广西恭城东寨村 8. 贵县罗泊湾 M1:37 9. 西林普驮 10. 浦北印刷厂征集（象铃） 11. 越南北部

六、铜虎钮錞于

1. 型式划分

虎钮錞于主要出土在贵州东北部一带，数量不多，主要有1962年在松桃县长兴区木树乡出土5件①（1件残损过甚未能保存，其余4件现藏贵州省博物馆）、1982年铜仁市滑石乡征集1件、2001年正安县出土1件②。造型基本相同，顶部为一敞口圆盘，盘内雕铸一只立虎，肩部鼓突，腰下内收成直筒状。依盘口不同可略分为两式：

Ⅰ式：2件。盘口宽沿外折，盘径与肩径接近。松桃和正安各出土1件。两件略有不同：松桃出土者（收藏编号7724）盘口平折且较宽（图2-131,1）；正安出土者盘口外折但不平，盘径也略小（图2-131,2）。

Ⅱ式：盘口窄折沿，盘径小于肩径。除1件出土于铜仁外，余3件皆出土于松桃。铜仁滑石乡錞于肩部较鼓突，下身呈圆筒形，盘中立虎四肢刻云雷纹（图2-131,4）。松桃出土者编号7726錞于残破仅剩一半，肩部较鼓圆，盘口中部铸立虎，立虎两侧阴刻重菱形四瓣花和一方形印章（图2-131,3）。编号7727錞身略显胖，腰下圆筒较粗（图2-131,5），盘口内除铸立虎外，还铸有鱼纹、五铢钱纹等（图2-131,6）。7725号錞于形体与7727号相同，盘口内铸立虎和五铢钱纹（图2-131,7）。

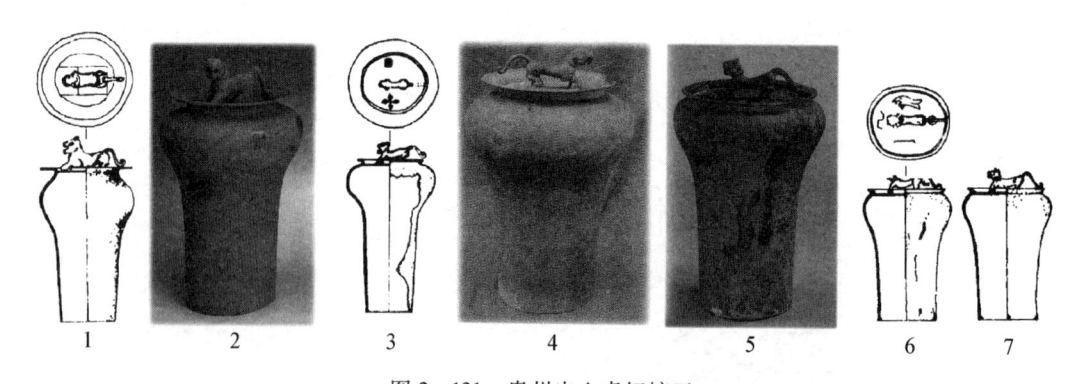

图2-131　贵州出土虎钮錞于
1. 松桃出土（7724号）　2. 正安出土　3. 松桃出土（7726号）
4. 铜仁市滑石乡出土　5、6. 松桃出土（7727号）　7. 松桃出土（7725号）

2. 比较分析

錞于是出土范围相当广的一种重要打击乐器，其中作为巴人集团标志性青铜器的虎钮錞于，其盘上立虎和相关虎纹被认为是巴族群虎图腾标志，徐中舒先生就认为贵州松桃

---

① 李衍垣：《贵州省松桃县出土的虎钮錞于》，《文物》1984年第8期。
② 贵州省文化厅编：《贵州文物精华》，贵州人民出版社，2000年，第62页。

出土的虎钮錞于是巴文化的遗物①。

虎钮錞于出土范围较广,但以今重庆市、湖北省西南部和湖南省西部等古代巴族群活动地区出土数量最多②,贵州境内虎钮錞于出土地域亦主要集中在与渝东南、湘西和鄂西南基本相连的东北部一带地区,如松桃虎钮錞于就出土在与湖南花垣县隔河相望的清水河西侧。一些具有巴楚文化风格青铜器物群的出土,说明战国秦汉时期,这一区域已深受巴楚文化的影响,尽管目前发现的这些青铜器都是零星出土,但它们对研究古代巴楚文化向贵州高原的传播与发展同样具有重要学术意义。

第五节　青铜装饰器

青铜装饰器是出土最多最有特征的青铜器类,不仅夜郎系地方族群遗存中大量使用青铜装饰器,就是汉民族遗存中亦发现有较多的青铜装饰器,不少器类还同时发现在不同的族群遗存中,说明青铜装饰器的使用流通范围是相当广泛的,因为爱美是古今各族人民的天性,人们总要尽其所能地将自己打扮得光鲜亮丽。

用于人体身上的青铜装饰器有头饰、胸饰(含衣饰)、腰饰和手饰等。头饰包括发钗、发簪、发针、发笄和耳环等,以发钗为多;胸饰包括挂饰、扣饰等;腰饰主要是带钩;手饰包括手镯、臂钏、戒指和指圈等。此外还有部分青铜装饰器可能不用于人身上,而用于某种器物或动物,如铜铃就极有可能是马、狗身上或青铜伞盖边缘的装饰物。

在发现的青铜装饰器中,铜带钩和铜手镯出土数量最多,形态也最多样,它们不仅广泛使用在夜郎系地方族群中,还大量使用在外来汉移民族群中,且不少器类在不同的族群中均有较多发现。

一、铜　带　钩

1. 型式划分

贵州除出土有数量较多的青铜带钩外,还出土有一定数量的铁带钩和银带钩等,据有的学者统计,目前贵州境内考古发掘出土有68件战国秦汉时期青铜带钩、23件铁带钩③。这些铜带钩包括威宁中水1977年至1979年出土和征集者19件,可乐墓地37件(甲类墓18件、乙类墓19件),贞丰浪更燃山墓地1件(M16∶1),清镇汉墓5件(出自M5、M93、M94等),安顺宁谷1件(M6),兴仁交乐和万屯汉墓4件,黔西汉墓2件。另外,在天柱、

---

① 徐中舒:《四川涪陵小田溪出土的虎钮錞于》,《文物》1974年第5期。
② 熊传新:《我国古代錞于概论》,《中国考古学会第二次年会论文集》,文物出版社,1982年。
③ 赵小帆:《试论贵州出土的铜带钩》,重庆中国三峡博物馆等编:《长江文明》第十七辑,重庆出版社,2014年,第11～20页。

锦屏等清水江流域及其支流河床中,历年淘金还出土有青铜带钩近30件,尽管这些铜带钩出土地点不准确,且多收藏在当地文物商贩或文物爱好者手中,但仍是一批相当重要的资料,已有学者对这些零星出土铜带钩进行统计,因而下面对带钩进行类型学划分和文化因素分析时,也涉及部分清水江流域零星出土者。

贵州出土的铜带钩钩首多仿动物或家禽头形,钩身形态差别较大,根据钩身不同,可将贵州境内出土的铜带钩分为6型:

A型:曲棒型。钩身弧成较长曲棒,断面近圆形或半圆形,钩首或似蛇头、或似兽头、或似家禽头,圆形钮位于钩背正中,多素面无纹。根据钩身形态差异可分为三式:

AⅠ式:20余件。为数量最多的一种铜带钩。钩身为长圆柱形曲棒,断面近圆形或椭圆形,圆形钮扣状钩钮位于钩背正中。黔西M35:10钩嘴弯曲较小,钮残,长7.3厘米(图2-132,1)。中水04银M18:2钩嘴兽首形,长13.1厘米(图2-132,2)。中水M42:6钩首鸭嘴形,尾部稍窄,长13.1厘米(图2-132,3)。可乐M269:1钩首似蛇头形,钩身弯成弓形,断面椭圆形,长17.5厘米(图2-132,4)。可乐M5:8钩首似鸭嘴形,钩身弧形较短,断面圆形,长8.8厘米(图2-132,5)。兴义万屯M4:3钩首残,钩身弧形,断面圆形,尾端平齐,残长10厘米(图2-132,6)。兴仁交乐M12:18钩头鸭首形,钩身较平,断面近圆形,尾端平齐,长12.6厘米(图2-132,7)。清镇M93:25(图2-132,8)、清镇M5:10-6(图2-132,9)和赫章可乐M8:72(图2-132,10)形制基本同交乐M12:18,钩身皆呈圆柱体,背部有一圆钮。

AⅡ式:10件。钩首和钩身前段同AⅠ式,钩身后半段逐渐变宽变薄,断面呈半圆形,钩背平,中部有一圆形钩钮。中水梨78M13:2钩头鸭嘴形,长10.6厘米(图2-132,11)。可乐M281:13钩头残,背平,腹呈圆弧形,残长7厘米(图2-132,12)。可乐M176:13钩头兽形,钩背平,钩钮位于钩背偏后侧,长9.6厘米(图2-132,13)。清水江河床出土者有的钩头为鸟首形,钩面四条凸棱羽纹(图2-132,15),有的钩腹部用银丝镶嵌成卷云纹和云雷纹图案,长9.6厘米(图2-132,16),钩钮亦位于钩背偏后侧,形制和图案装饰工艺接近C型铜带钩。

AⅢ式:3件。钩首蛇头形,钩体窄,尾端略宽,断面呈半圆形,背面较平,背上一圆形钩钮。可乐M22:1形体较长,腹面从钩头到钩尾通体装饰错金丝流云纹和羽状纹图案,背面装饰错银丝卷云纹图案,钩钮刻鸱鸮形图案。钩首顶部、颈部、腹部和尾部共镶嵌8颗绿色或蓝色、形体呈圆形或桃心形的宝石,钩长22.8、最宽1.1厘米(图2-132,14;彩版三,1)。

B型:水禽形。7件。仿家禽中的鸭或鹅造型,鸭头或脖颈弯曲成钩首,鸭身成椭圆形或近圆形钩身,鸭脚变成圆形钩钮。根据钩身不同可分为三式:

BⅠ式:5件。形体小巧,极似鸭的形状,有的还刻出双翅。中水M29:7鸭首形钩嘴向上折弯,钩身小,腹下圆钮直径大于钩身,长3.3厘米(图2-133,1)。中水张M2:5整体就是一只鸭子造型,鸭颈向后折弯成钩首,身浑圆如鸭身,脚下圆钮较小,长3.8厘米(图2-133,2)。可乐M124:1亦近鸭子造型,颈长,前端上弯成钩,身较扁背弧,脚下圆

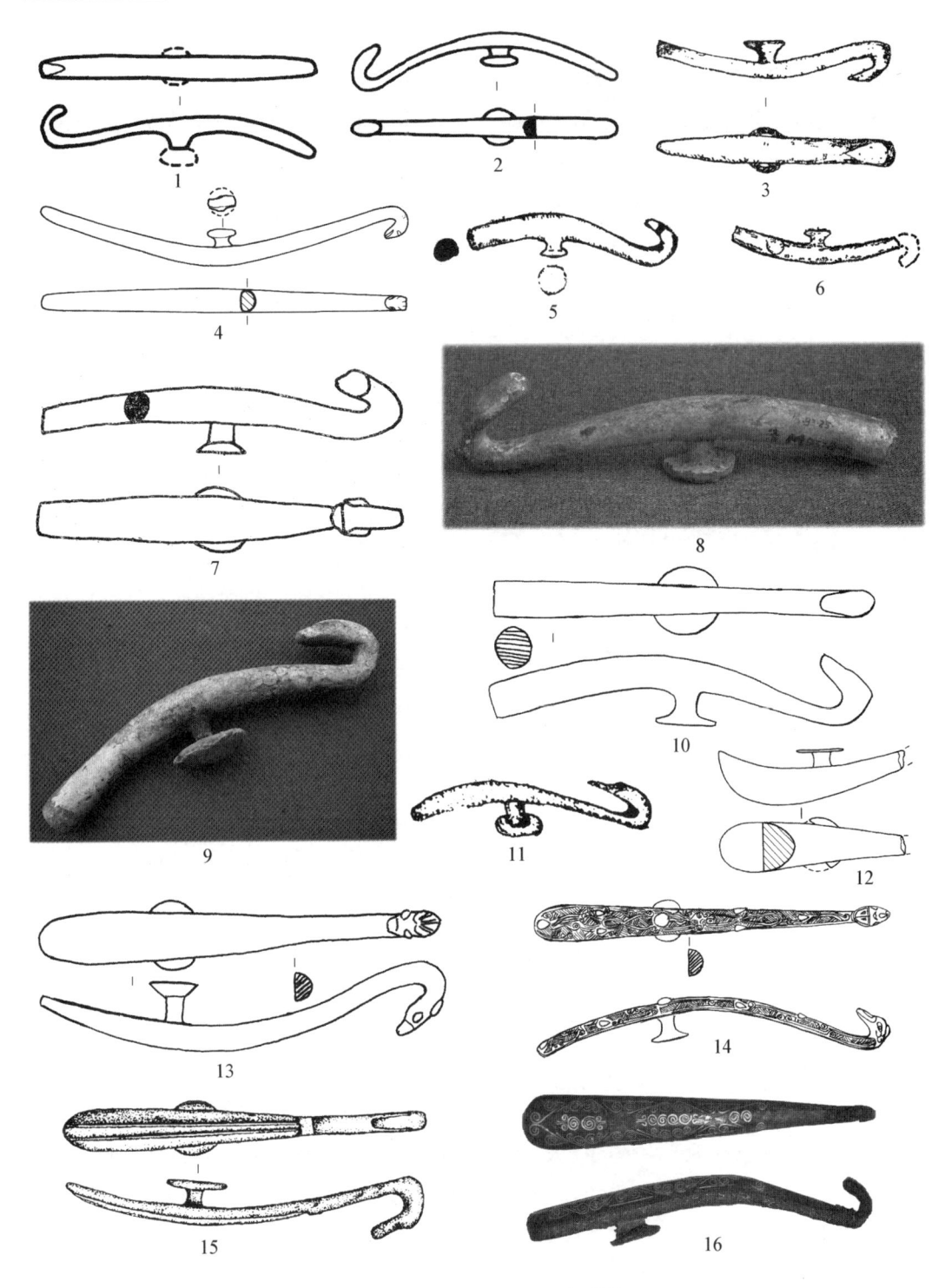

图 2-132 贵州出土 A 型铜带钩

1. 黔西汉墓 M35∶10 2. 中水 04 银 M18∶2 3. 中水 78 梨 M42∶6 4. 可乐 M269∶1 5. 可乐 M5∶8
6. 兴义万屯 M4∶3 7. 兴仁交乐 M12∶18 8. 清镇 M93∶25 9. 清镇 M5∶10-6 10. 赫章可乐 M8∶72
11. 中水梨 78M13∶2 12. 可乐 M281∶13 13. 可乐 M176∶13 14. 可乐 M22∶1 15、16. 清水江河床出土

钮小,长3.2厘米(图2-133,3)。万屯M3:4造型与中水张M2:5接近,但颈较粗,钩身背部圆弧,长3厘米(图2-133,6)。可乐M10:19鸭首形钩头尖长,身圆,腹下有钮,长3厘米(图2-133,7)。清水江出土者形状略有不同,钩身较长呈条状,后侧变宽,但仿家禽形态仍比较明显(图2-133,5)。

BⅡ式:1件。可乐M180:1形体长,长颈前端弯曲呈钩首,后端变宽像鹅之双翅向外伸出,长7.9厘米(图2-133,4)。

BⅢ式:1件。可乐M48:20形体细长,纤细长颈前端向上弯曲呈钩首,后端呈圆弧形变宽,近尾部下方一椭圆形钮,钩身后端有简化卷云纹,长5.1厘米(图2-133,8)。

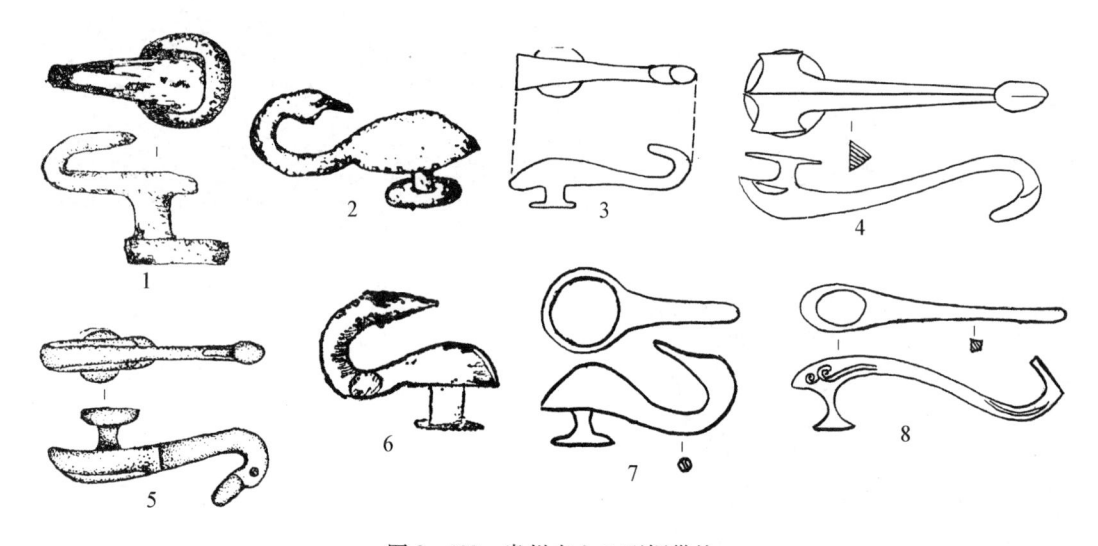

图2-133 贵州出土B型铜带钩
1. 中水M29:7 2. 中水张M2:5 3. 可乐M124:1 4. 可乐M180:1 5. 清水江河床出土
6. 万屯M3:4 7. 可乐M10:19 8. 可乐M48:20

C型:琵琶形。6件。钩身由颈下逐渐变宽薄,整体似琵琶。根据钩身和装饰图案不同可分为两式:

CⅠ式:3件。形体大,钩首鹅头形,钩体长圆弧琵琶形,体扁薄,两侧纵向起折棱,背盘内一圆形钩钮,正面饰错金银丝的卷云纹和云雷纹组合。可乐M325:1钩面饰错金卷云纹和斜线纹组成的图案,钩长13.2、最宽4厘米(图2-134,4)。可乐M309:1钩面饰错金卷云纹、直线纹和弧线组成的图案,钩身中部与钩钮对应处凸起一圆形装饰,钩长24.2厘米,最宽4.3厘米(图2-134,6)。可乐M356:2颈部断面长方形,钩面饰错金卷云纹和线纹组成的图案,钩长29.4厘米,最宽3.9厘米(图2-134,5;彩版三,2)。

同其他带钩出土于死者腰部不同,可乐M309:1出土时位于死者左侧,同一铜剑竖放在一起,可乐M356:2出土时与铜剑并列纵向摆放于死者身体右侧。两件带钩应同铜剑一样挂于死者腰部,而且它们形体大,长近30厘米,宽4厘米,钩面错金银丝装饰图案,可乐M309:1出土时钩面粘附有网状纺织物痕,不像是系革带的实用器,可能演变成身份的象征物。

　　CⅡ式：3件。形体较小，钩首鸟头形，钩体长圆弧琵琶形，体扁薄，两侧不起折棱，背盘一圆形钩钮。可乐 M317：4 钩钮位于背盘尾端，钩面无纹饰，钩长 5.5 厘米，最宽 1.1 厘米（图 2-134，1）。可乐 M319：2 钩钮位于背盘近中部，钩腹较窄，正面五道弧形凹槽，钩长 6.8 厘米，最宽 0.8 厘米（图 2-134，2）。可乐 M287：2 钩钮位于背盘中部，正面饰粗弧线和斜线组成的图案，正中图案似树形，钩长 13.5 厘米，最宽 2.1 厘米（图 2-134，3）。

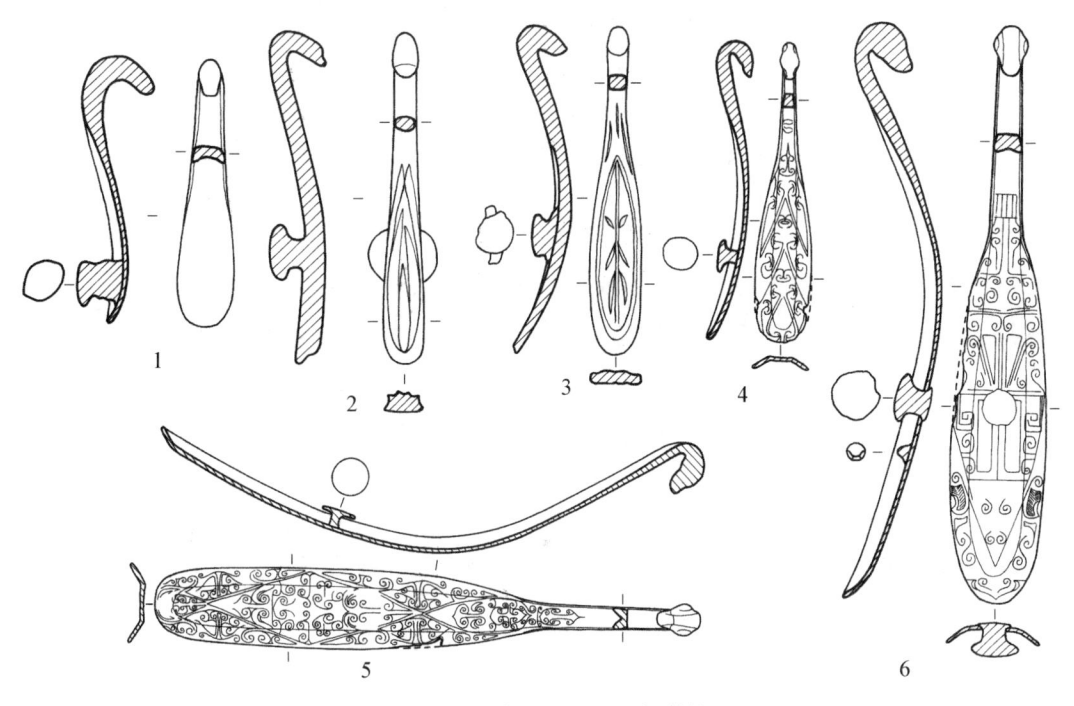

图 2-134　贵州出土 C 型铜带钩
1. 可乐 M317：4　2. 可乐 M319：2　3. 可乐 M287：2
4. 可乐 M325：1　5. 可乐 M356：2　6. 可乐 M309：1

　　D 型：兽头形 5 件。整体造型仿动物头部，根据所仿动物对象不同可分为两式：

　　DⅠ式：牛头形。3件。全部出在威宁中水墓地。造型为一逼真牛头，有两尖角。从造型看，中水梨 M7：1 可能是水牛头，双尖角向后伸成半圆形，牛头向前斜伸，下颌张开，背面一角上铸圆钮，一角上铸弯曲钩头，长 10.3 厘米（图 2-135，1；彩版三，3）。中水 M4：3 可能是黄牛头，双尖角较短，向两侧平行伸出，牛头宽而短，背面一角内侧上铸圆钮，一角上铸弯曲钩头，长 8.7 厘米（图 2-135，2）。

　　DⅡ式：象头形。2件。皆出自赫章可乐乙类墓地。可乐罗德成墓地 DT1005 采：1 似象头，以钩首为鼻，眉目简化，上端为桃心形双耳，耳上各有一圈浅刻画，背部铸圆形钩钮，长 2.3 厘米（图 2-135，3）。可乐 M126：5 为象头造型，象鼻反卷成钩头，头端为圆形钩钮，双耳斜出，顶部对称短直线纹（图 2-135，4）。

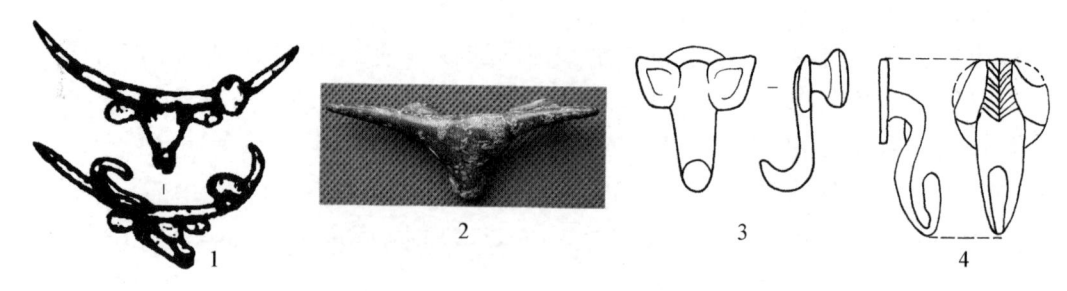

图 2-135 贵州出土 D 型铜带钩
1. 中水 78 梨 M7：1　2. 中水 78 梨 M4：3　3. 可乐罗德成地 DT 1005 采：1　4. 可乐 M126：5

E 型：动物全形。6 件。同 D 形带钩只取材于动物的头部不同，E 型带钩是仿动物的全身制作，有的带钩身上不仅有细密的纹饰，还有镂孔。根据仿制动物形体差异，可分为下列四式：

EⅠ式：鲵鱼形。2 件。皆出土于威宁中水墓地。极似贵州水产娃娃鱼。中水 78 梨 M19：12 鱼尾弯成钩首，鱼腹条形凹槽靠近头侧铸一圆形钩钮，鱼身两侧对称伸出四鳍（图 2-136,4）。

EⅡ式：虎狮形。2 件。整体造型仿狮子或老虎，身上有镂空。尾卷向一侧形成钩首，身体一侧面铸一圆形钩钮。威宁中水征集者仿行走中的狮子造型，狮作行走状，头侧较粗，全身数个镂空，长 7.1 厘米（图 2-136,1）。黔西 M34：13 造型仿翼虎，虎头长双角，背上长双翼，颈和尾端有两个心形和三角形大镂孔，周身饰虎斑纹，长 11.3 厘米（图 2-136,2）。

EⅢ式：飞鸟形。1 件。威宁中水采集。仿展翅飞鸟造型，双翅张口，双脚紧贴鸟身，鸟嘴弯曲作钩首，颈下方铸平行突钉，鸟背上一圆形钮，双翅上刻竖条状羽毛，长 7.0 厘米，最宽 3.7 厘米（图 2-136,5）。

EⅣ式：猴形。1 件。天柱清水江河床出土，具体地点不详。造型仿一只猴子，猴身前倾，左手向前平伸，手掌弯曲形成钩首，右手向后抓住猴尾，尾卷曲成一圆钮，左脚弯曲成膝，右脚前伸，脚掌贴于胸部，头顶和全身饰有猴毛，通长 14 厘米（图 2-136,3）。此件铜带钩虽为征集品，作造型奇特，手臂和全身肌肉感明显，相当传神。

F 型：牌形。3 件。钩身造型各不相同，但近铜牌饰。可分为三式：

FⅠ式：1 件。贞丰浪更燃山 M16：1，钩首弯曲作蛇形，有圆形长颈，钩钮作方形牌饰状，钮面刻两组相连对称同心涡纹图案，长 5.7 厘米（图 2-137,1）。

FⅡ式：1 件。天柱清水江河床出土。钩首残，半圆牌形钩身近似乌龟，背面饰卷云纹和菱形纹，钩体下一圆形钩钮（图 2-137,2）。

FⅢ式：1 件。安顺宁谷 M6：4，钩首近似鸭首，颈长，断面呈方形，钩身似心形，心内铸花形图案九组，钩背呈凹槽状，槽内铸一圆形钩钮，长 9.8 厘米（图 2-137,3、4）。

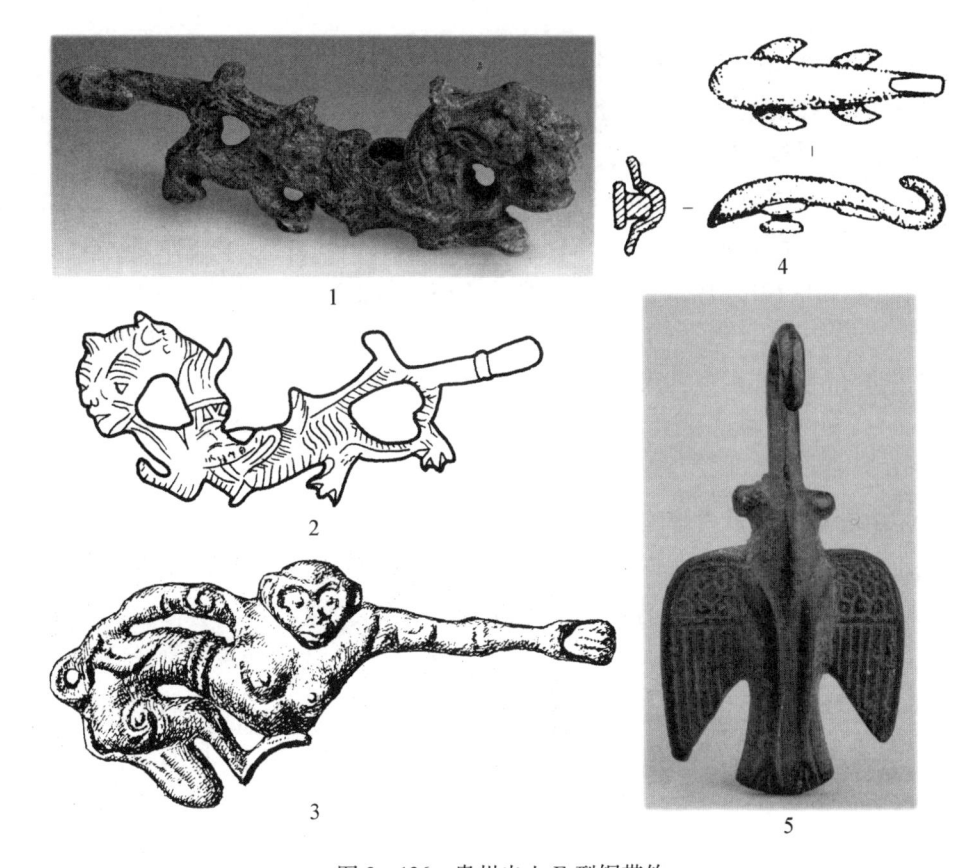

图 2-136 贵州出土 E 型铜带钩

1. 中水 77 年采集（取自《贵州文物精华》第 67 页） 2. 黔西 M34：13 3. 清水江征集
4. 中水 78 梨 M19：12 5. 中水采集（取自《贵州文物精华》第 66 页）

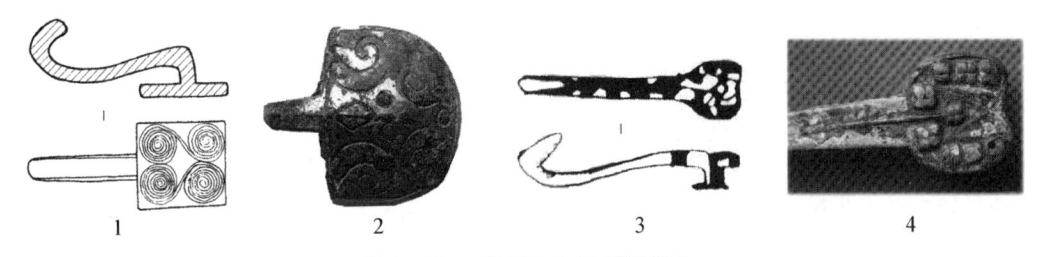

图 2-137 贵州出土 F 型铜带钩

1. 贞丰浪更燃山 M16：1 2. 天柱清水江河床 3、4. 安顺宁谷 M6：4

2. 比较分析

带钩是贵州战国秦汉时期不同族群人们共同体束系革带或装饰的物件，不仅大量出土于赫章可乐、威宁中水等地方族群墓葬中，还大量出土于普通汉文化遗存中。部分墓葬出土的带钩，钩体较大，装饰精美，除具有配饰作用外，可能在一定程度上还是彰显墓主身份和地位的物件。

A型带钩使用最为普遍,在贵州境内不仅普通汉墓中有较多发现,赫章可乐和威宁中水等夜郎系地方族群墓葬中亦有一定数量的发现,且常与B型带钩共出,经常一起使用,它同B型带钩共同构成当时带钩的主体。

在四川、云南和广西等邻近地区,A型带钩既在云南水富张滩(图2-138,2、3)和四川什邡、涪陵小田溪、荥经同心村、云阳李家坝(图2-138,16~18、21)等巴蜀文化墓葬中大量使用,也在昭通营盘山(图2-138,1)、曲靖八塔台(图2-138,7、8)、曲靖平坡(图2-138,9、10)、澄江金莲山(图2-138,11)和宜良纱帽山(图2-138,12)等"西南夷"地方族群青铜文化遗存中广泛出现,更大量使用在会泽水城(图2-138,4~6)、个旧黑玛井(图2-138,14、15)和西昌杨家山(图2-138,19)乃至广西合浦等地的普通汉墓中,是最为常见的带钩形态。

在A型带钩中,AⅢ式带钩造型精美,发现数量远低于AⅠ式和AⅡ式,基本相同的带钩在成都羊子山M172号墓(图2-139,1、2)①和重庆将军村汉墓(图2-139,4)有所发现,但形制与可乐出土者有一定差异,钩体显得短宽一些。云南江川李家山墓地出土者(图2-139,3)与赫章可乐M22所出更加接近,这种情况可能说明AⅢ式铜带钩源自中原或四川一带,但系当地制造。带钩上刻卷云纹、龙纹等图案并镶嵌金银丝和蓝绿宝石工艺亦源自中原汉文化系统,这种带钩主要流行在较大规模的汉式墓葬中,墓主极有可能是具有一定身份的汉族官吏之类,因为这种带钩是中原地区带钩常见型式,与可乐乙类墓出土的CⅠ式带钩装饰手法和风格完全一致,都在钩面装饰错金银丝的卷云纹图案之类。虽然《赫章可乐发掘报告》将可乐M22:1等铜带钩称作"水禽形",指出"钩用细线镌刻成鹅头形,嘴、眼、头、羽均有",但仔细观察图片,带钩头应是蛇头,其整体造型也是仿蛇身而成,装饰图案亦非常接近蛇纹图案(图2-144,1)。

贵州周邻地区包括四川、云南、广西和湖南都出土有较多B型带钩,其分布范围与A型重叠,且经常共出,它们应该都是中原常见家禽式带钩在南方地区的流传与发展(图2-140)。总体来看,各地出土的B型带钩形体多短小,为钩身近圆形的BⅠ式,但亦有少量为钩身较长的BⅡ式(图2-140,6)和BⅢ式(图2-140,5、13),可能受到A型带钩体长形态的影响。在川西雅安宝兴汉塔山战国土坑积石墓中出土的部分带钩②,钩体矮小如B型,但钩体宽展及钩面图案接近C型(图2-140,19),可能一定程度上受C型带钩的影响。

---

① 四川省文物管理委员会:《成都羊子山第172号墓发掘报告》,《考古学报》1956年第4期。
② 四川省文管会、雅安地区文管所、宝兴县文管所:《四川宝兴汉塔山战国土坑积石墓发掘报告》,《考古学报》1999年第3期。

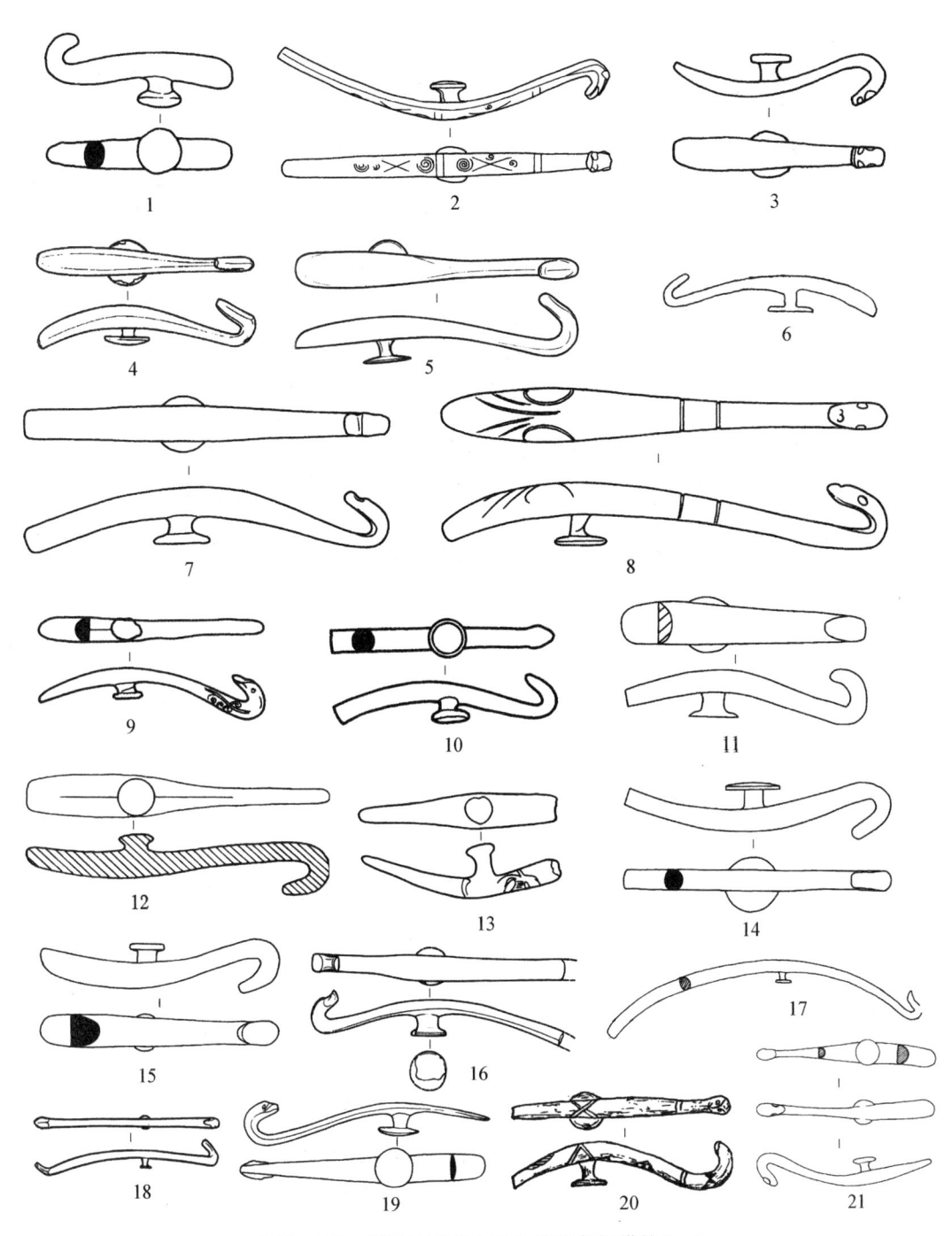

第二章 青铜器的型式划分和比较分析

图 2-138 邻近地区出土同 A 型相似铜带钩（一）

1. 营盘山甲区墓地（采：16） 2、3. 水富张滩（M8：13、M10：11） 4~6. 会泽水城（M7：31、M11：7、M20：14）
7、8. 曲靖八塔台（M47：5、M26：4） 9、10. 曲靖平坡（采：11、M55：5） 11. 澄江金莲山（M166：19）
12. 宜良纱帽山（M17：6） 13. 昆明羊甫头（T1607采：12） 14、15. 个旧黑玛井（M34：17、M40：13）
16. 什仿（M50：14） 17. 涪陵小田溪（M9：44） 18. 荥经同心村（M6：18） 19. 西昌杨家山（M1：43）
20. 西昌礼州（M1：5） 21. 云阳李家坝（M7：68）

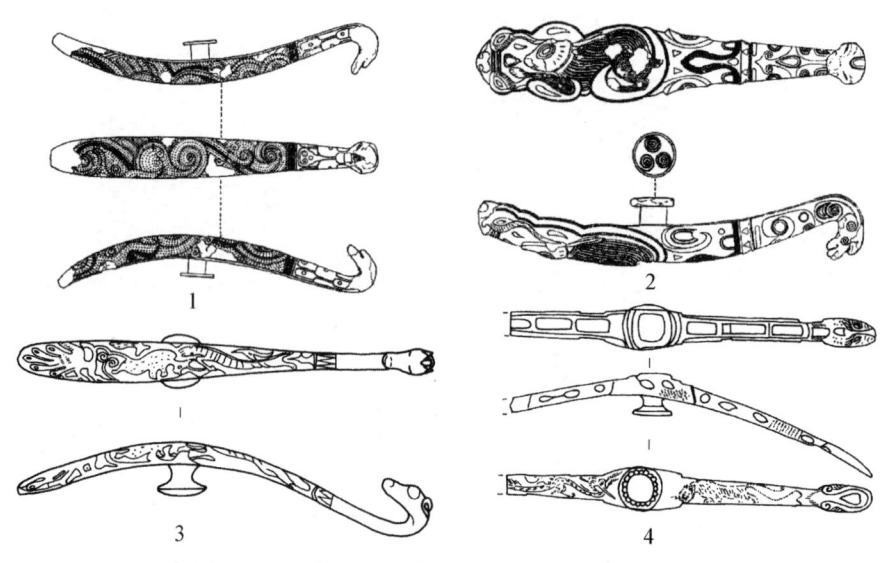

图 2-139　邻近地区出土同 A 型相似铜带钩(二)

1、2. 成都羊子山(M172：104、M172：58)　3. 江川李家山(M86：31)　4. 重庆忠县将军村汉墓(M54：6)

  C 型带钩在贵州境内集中出现在赫章可乐地方族群墓地(乙类墓)中,极具地域特征,相同或相似带钩多数集中出土在四川盆地战国秦汉时期的巴蜀文化和汉文化墓地遗存中。如在什邡战国墓(图 2-141,2、3)、新都战国木椁墓①(图 2-141,4)、渠县城坝战国秦汉墓(图 2-141,7)和重庆巫山下西坪汉墓②等就出土有大量造型基本相同的铜带钩。在四川盆地的周边地区,除赫章可乐外,其他地区也有一定数量发现,如云南昭通营盘山出土 1 件(图 2-141,1)、川西南盐源盆地征集有 1 件③(图 2-141,6)、川西雅安地区宝兴县汉塔山战国土坑积石墓中出土有 3 件④(图 2-141,5)。从钩面图案和错金银工艺看,集中出土在赫章可乐乙类墓中及四川盆地周边的 C 型带钩主要源于四川盆地,是巴蜀文化向周边地区传播的重要青铜器。

  集中出土在赫章可乐的 C 型带钩以 CⅠ式与四川盆地最为相同,而 CⅡ式差异明显,不仅体型变小,钩身装饰精美程度也远不及 CⅠ式,因而 CⅠ式可能直接来自巴蜀地区,CⅡ式则可能是可乐仿制,是地方化产品。可乐族群可能还不具备错金银这样的复杂工艺,仿制产品显得小型化和简单化。

---

①　四川省博物馆、新都县文物管理所:《四川新都战国木椁墓》,《文物》1981 年第 6 期。
②　湖南省文物考古研究所等:《巫山下西坪古墓群勘探发掘报告》,重庆市文物局、重庆市移民局编:《重庆库区考古报告集 2001 卷·上》,科学出版社,2007 年,第 235 页。
③　凉山彝族自治州博物馆、成都文物考古研究所:《老龙头墓地与盐源青铜器》,文物出版社,2009 年,第 144 页。
④　四川省文管会、雅安地区文管所、宝兴县文管所:《四川宝兴汉塔山战国土坑积石墓发掘报告》,《考古学报》1999 年第 3 期。

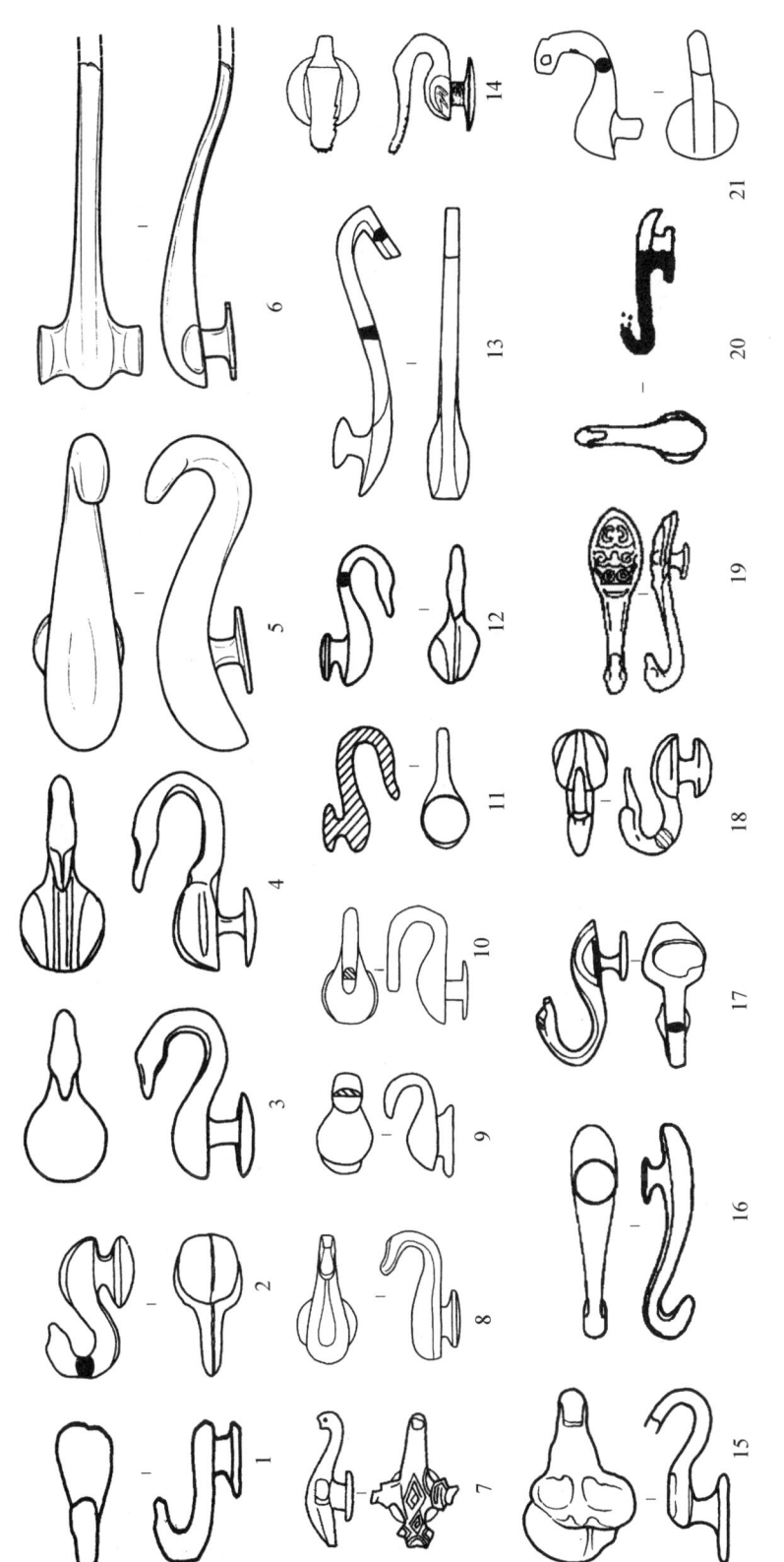

图 2-140 邻近地区出土 B 型铜带钩

1. 水富张滩（M14:28） 2. 昭通得马（M1:29） 3、4. 曲靖八塔台（M5:5,M47:9） 5、6. 会泽水城（M12:16,M8:2） 7. 曲靖平坡（M29:8）
8. 江川李家山（M57:96） 9、10. 澄江金莲山（M166:6,M166:18） 11. 宜良纱帽山（M29:4） 12、13. 个旧黑玛井（M25:17-2,M15:10）
14. 贵县罗泊湾（M127:1） 15. 什仿城关（M77:6） 16. 寒县城坝（M3:68） 17. 西昌杨家山（M1:42） 18. 忠县将军村（M54:7）
19. 宝兴汉塔山（M41:2） 20. 保靖四方城（M65:4） 21. 攸县网岭（XM8:3）

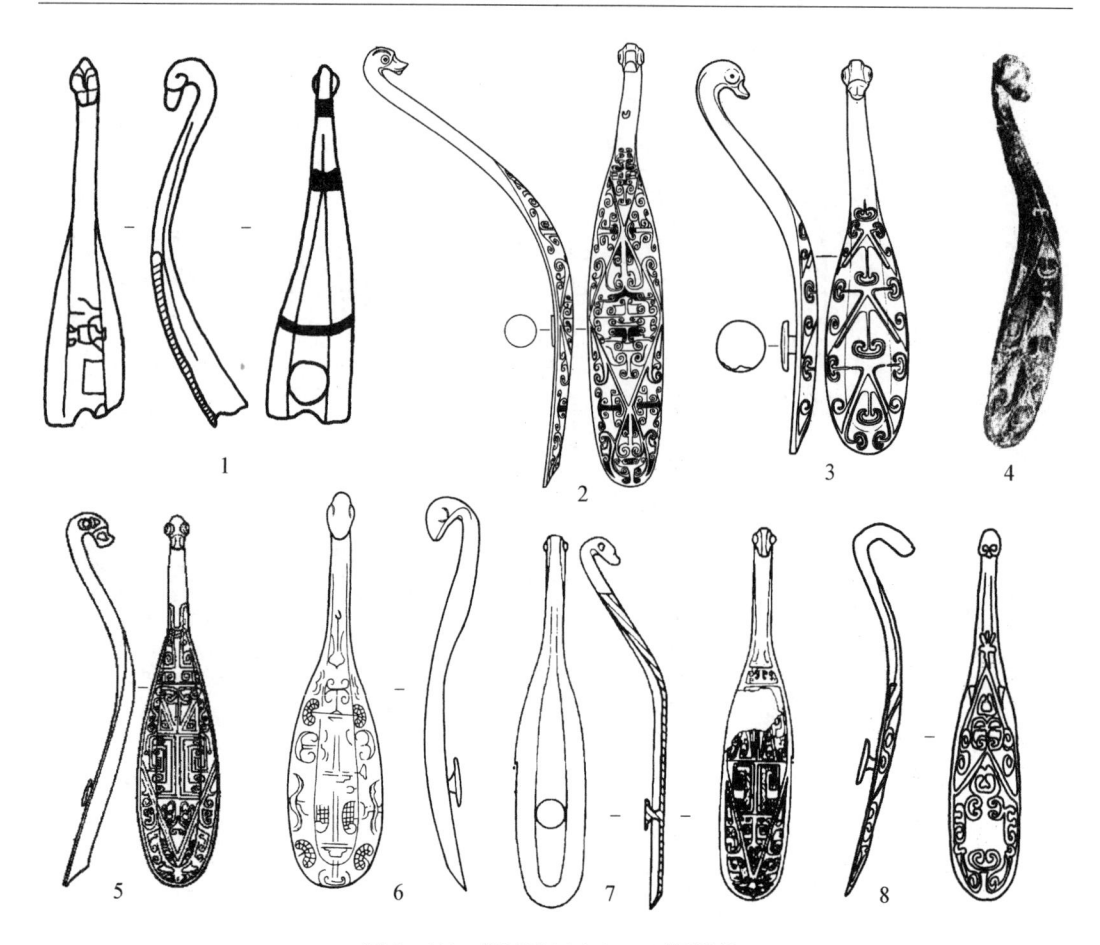

图 2-141　邻近地区出土 C 型铜带钩

1. 昭通营盘山(M7:10)　2、3. 什仿城关(M35:2、M14:25)　4. 新都战国墓(M23:1)
5. 宝兴汉塔山(M63:2)　6. 盐源征集(C:670)　7. 渠县城坝(M2:13)　8. 巫山下西坪(M11:2)

D 型带钩主要仿牛或象头造型,其中象头形主要集中出土在赫章可乐,牛头形集中出土在威宁中水。与可乐象头形带钩相似者在曲靖平坡墓地(图 2-142,6)和重庆云阳李家坝巴文化墓地①(图 2-142,4、5)中都有出土,但曲靖平坡墓地所出为扣饰而非带钩,可乐出土的象头形带钩最接近云阳李家坝巴文化墓地所出。中水牛头形带钩在附近没有相同者,但在不少滇文化墓地中,却发现有用动物头部尤其是牛头做成的各种装饰品:如曲靖八塔台出土的牛头角短而直(图 2-142,2),造型与威宁中水 M4 所出相同;江川李家山墓地(图 2-142,3)和昭通洒渔村出土者(图 2-142,1)牛角弯长,又与威宁中水 M7 所出接近。但滇文化墓地出土的这些牛头形装饰品没有钩钮,相反背后却有两个突钉,极有可能是扣饰之类,中水牛头形带钩应是借鉴滇文化墓地的牛头造型加以改造而成,它同可乐的象头形带钩来源可能不同。

---

① 四川大学历史文化学院考古系、云阳县文物管理所:《云阳李家坝遗址发掘报告》,重庆市文物局、重庆市移民局编:《重庆库区考古报告集 1997 卷》科学出版社,2001 年,第 234 页。

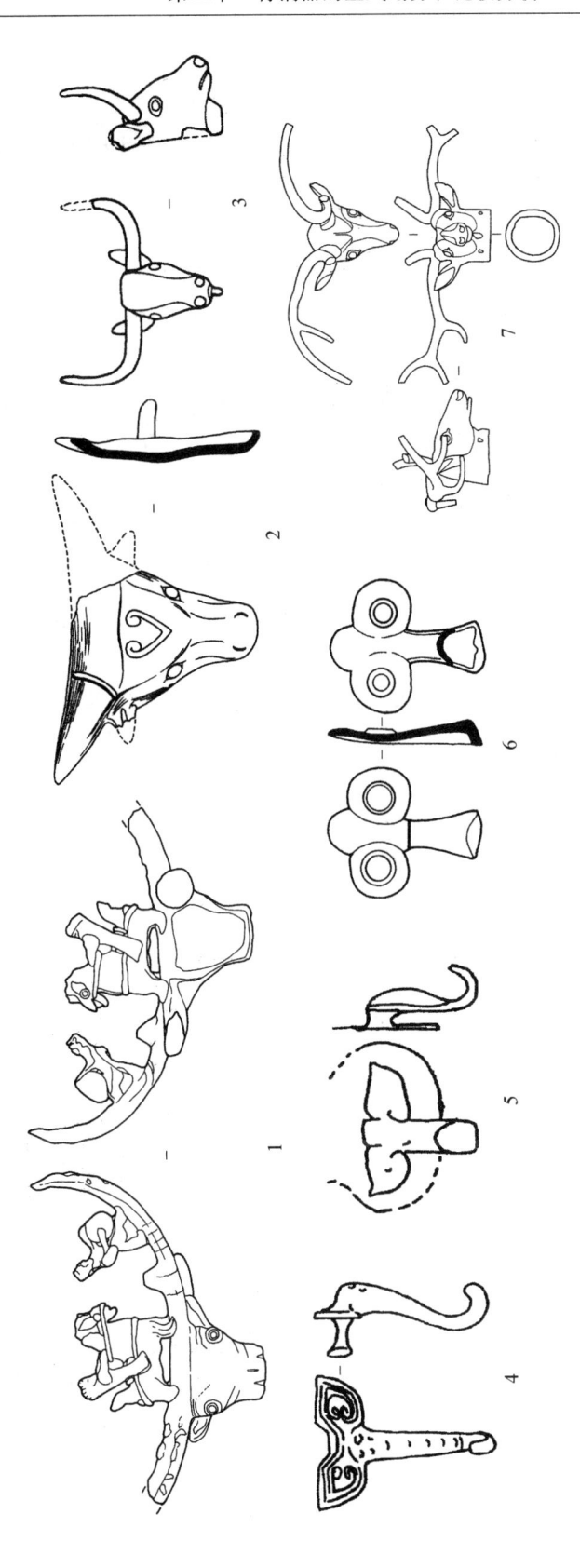

第二章 青铜器的型式划分和比较分析

图 2-142 邻近地区出土 D 型相似铜带钩或腰扣
1. 昭通洒渔村 2. 曲靖八塔台（采：011-1） 3. 江川李家山（M68：47） 4. 云阳李家坝巴文化墓地（ⅠBT070721：5）
5. 云阳李家坝巴文化墓地（Ⅰ区采：3） 6. 曲靖平坡（M29：1） 7. 江川李家山（M68：258 铜鹿头）

E型同D型接近但仿动物全形,目前材料以威宁中水墓地出土最为集中,内容也最丰富,包括有飞鸟形、狮形、鱼形等多种(图2-136,1、4、5);在黔西汉墓(图2-136,2)和清水江流域(图2-136,3)亦出土有这种仿动物全形铜带钩,黔西M30还出土1件与EⅡ式造型接近的虎形银带钩——虎回首作张嘴嘶吼状,虎目圆睁,虎嘴至背有一圆索状链条,虎背后侧有一近圆形环钮,周身饰虎斑纹,长6.6厘米(图2-144,2)。这种仿动物全型的铜带钩在周边地区发现不多,但与其相似的各种仿动物造型铜扣饰在滇青铜文化中异常发达,威宁中水墓地出土的许多陶器、青铜器和铁器、玉石器等皆具有鲜明的滇文化色彩,这种仿动物全型带钩相当部分应是受滇动物型扣饰影响而出现的地域性产品,当然清水江流域采集的猴形铜带钩则可能另有来源。西汉中期以后,随着汉文化的影响加深,这种仿动物全型的铜带钩开始体现出汉文化特色,如威宁中水出土的鱼形带钩,背部四鳍之间刻"日利八千万"五个汉字(图2-144,3),并同铜洗、铜釜和铜碗等汉式器物伴出,表明墓主对汉文化已有相当程度的吸收。

F型带钩数量不多,也比较分散,但在周邻地区也出土有相似者,如宜良纱帽山墓地出土者(图2-143,1)与贞丰浪更燃山相同,曲靖八塔台(图2-143,2)和陆良薛官堡(图2-143,3)等墓地出土者造型也比较接近,只是钩身为圆形。重庆云阳李家坝墓地①出土的铜带钩钩首作鸟首形,钩尾呈半圆形,正面阴刻二条蜥蜴形龙纹,背面一圆形钩扣(图2-143,4),形状同天柱清水江所出,尽管清水江钩身已残,但相似带钩在周边地区时有发现,显示出贵州青铜带钩同周边地区具有较多的联系。

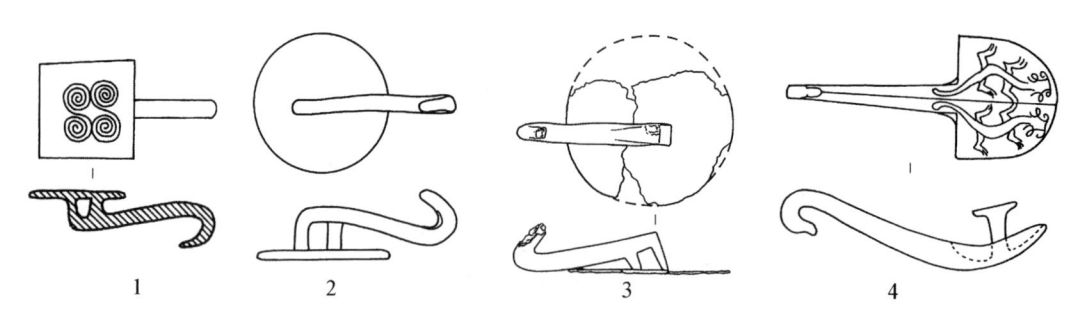

图2-143 邻近地区出土F型相似铜带钩
1. 宜良纱帽山(M50:5) 2. 曲靖八塔台(M24:2)
3. 陆良薛官堡(M20:4) 4. 云阳李家坝巴文化墓地(99ⅡM24:5)

3. 简单认识

在云南高原东部地区的昭通、会泽和曲靖等地区,铜带钩除地处滇东北的昭通还具有少量C型琵琶形、D形兽头形带钩外,会泽、曲靖等地区出土的铜带钩就主要是A型曲棒形和B型水禽形,逐步显得较为单一,没有贵州丰富多样的琵琶形、兽面形和全兽形。贵

---

① 四川大学考古学系、重庆市云阳县文物管理所:《重庆云阳李家坝巴文化墓地1999年度发掘简报》,四川大学博物馆、四川大学考古学系、成都市文物考古研究所编:《南方民族考古》第七辑,科学出版社,2011年,第465页。

图 2-144 贵州出土部分带钩
1. 赫章可乐 M22∶1 2. 黔西汉墓(M30∶14 虎形银带钩) 3. 威宁中水 M19∶12

州赫章可乐等地区的铜带钩更多的可能是接受四川盆地巴蜀文化和中原文化铜带钩的形制,这表明战国秦汉时期"西南夷"地区可能有一定数量的南迁巴蜀居民。

铜带钩在云贵高原"西南夷"等地方族群中的使用情况是由北向南、由东向西呈逐渐减少的趋势。在昭通、曲靖等滇东地区和贵州赫章、威宁等黔西北地区,铜带钩使用数量多,形制也多样化,而在滇东往南的泸西石洞村、大逸辅和陆良薛官堡等墓地,由滇池往西,在滇西南、滇西和滇西北等青铜时代墓地中铜带钩的使用越来越少。

在滇池周边典型滇文化墓地中,江川李家山、晋宁石寨山等有使用铜带钩的情况,但数量和种类都不多;羊甫头墓地滇青铜文化墓葬中几乎没有发现铜带钩,汉式墓葬中铜带钩也不多,这一地区流行同带钩功能基本相同的各种铜扣饰,滇东北黔西北一带流行的各种兽面形、全兽形带钩应该就是仿滇池地区各种动物形扣饰。

从带钩分布的地域类型看,地处乌蒙山偏西缘的中水小盆地在战国晚期至西汉前期受到了滇文化的强烈影响,该地区借鉴滇青铜文化中的各种动物形扣饰创造出仿动物形带钩;而可乐则受到强烈的巴蜀文化的影响,带钩以琵琶形为主。两者虽然相隔不远,时代也大致相同,却体现出不一样的文化内涵。

二、铜扣饰

1. 型式划分

200 余件。主要出土在赫章可乐和威宁中水等地方族群墓地遗存中。数量虽多,但

多集中出土在少数墓葬中,从出土位置观察,应是衣扣之类。根据扣帽形体差异可分为下列几型:

A型:圆形尖锥扣帽。4件。依有无横扣可分为两式:

AⅠ式:1件。帽正中有穿孔无横扣。赫章可乐M15:1扣饰正顶尖锥帽较小,宽沿内侧饰七角星纹,星纹外饰弦纹一周,其外为宽素沿(图2-145,1)。

AⅡ式:3件。帽背有一横扣。威宁中水T9:7扣饰正顶尖锥帽较大,沿上饰三角形光芒纹,光芒外窄沿(图2-145,2)。

B型:圆形带突角。5件。依帽形和突角不同分为两式:

BⅠ式:4件。可乐1件,中水3件。圆弧形帽,帽顶正中饰对称卷云纹,一侧有突角两个。可乐M120:2卷云纹间距略宽,沿上布满圆点纹,背上横扣上残留麻线(图2-145,3)。中水M12:5卷云纹紧凑,沿上饰突起小方格纹,背上一横扣(图2-145,4)。

BⅡ式:1件。头盔形扣帽,帽顶正中饰对称卷云纹,周边有突角四个。中水M42:13宽沿上饰芒形直线纹60条,背上一横扣(图2-145,5)。

C型:片状圆锥体,形体小。153件。为出土数量最多的扣饰,皆出自赫章可乐。包括M271出土的15件、M338出土的89件、M342出土的49件。根据扣帽不同,可分为下列两式:

CⅠ式:帽体较高且尖,锥面斜度大,略呈三角状。可乐M271:30背面横扣两端略露头,系以铜条嵌入浇铸而成(图2-145,6)。

CⅡ式:帽体较矮似伞状。背部横梁上开对称小孔为扣眼。可乐M338:7形体稍高,扣眼呈小圆孔(图2-145,7)。可乐M338:12形体更矮,眼孔较宽呈椭圆形(图2-145,8)。

D型:圆弧形扣饰。7件。根据形体差异可分为下列四式:

DⅠ式:2件。圆形扣帽,外有平沿。可乐M292:4横梁为桥形(图2-145,9)。中水04银M5:5沿略上翘,扣帽顶上有两圆孔(图2-145,13)。

DⅡ式:1件。正中部内凹有孔。镇宁田脚脚05ZTT22④:3周边饰六组短线和一周弦纹,边缘略呈齿状,通体鎏金(图2-145,10)。

DⅢ式:2件。头盔形扣帽,外有宽平沿。威宁中水M21:10圆帽周边饰一圈齿纹和弦纹,其外宽沿上饰放射形短线纹(图2-145,11)。镇宁田脚脚05ZTT22④:4圆帽为素面,宽沿上饰三圈弦纹(图2-145,12)

DⅣ式:2件。帽顶有突钉。镇宁田脚脚05ZTT22④:1帽呈半圆形,顶有尖锥状突,沿倾斜至边缘处再上翘呈盘状(图2-145,14)。

E型:椭圆形帽顶正中突出一乳钉,四周伸出卷云纹对称角状装饰。2件。皆出自赫章可乐M292。其中M292:3保存完整,圆扣面上饰放射性细线纹,侈出四角上饰指甲纹和细线纹(图2-145,15)。

F型:人面形扣饰。1件。赫章可乐M373:3上额、眼、嘴、耳等五官内凹,用孔雀石珠镶嵌,鼻隆起,背有一横折形短扣(图2-145,16;彩版三,5)。

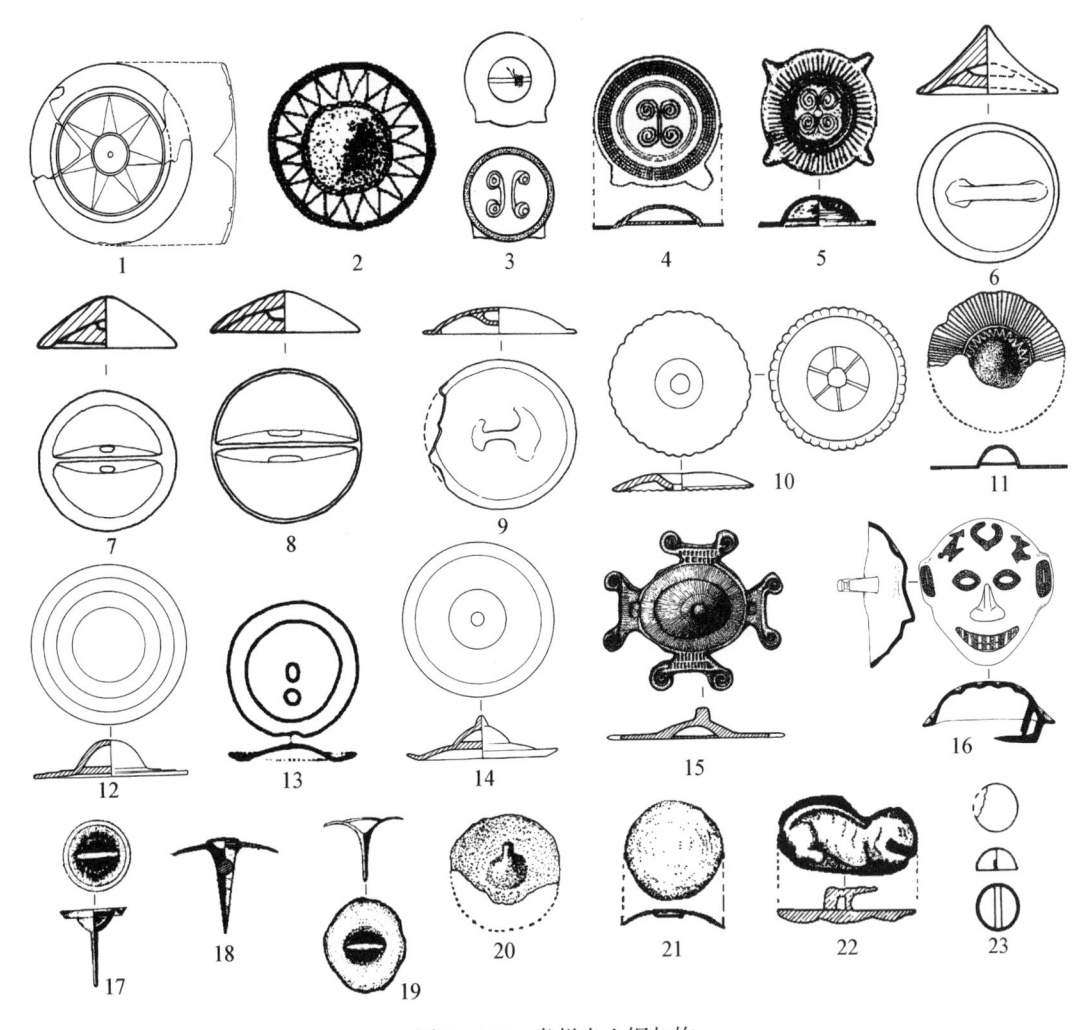

图 2-145 贵州出土铜扣饰

1. 赫章可乐 M15：1 2. 威宁中水 T9：7 3. 赫章可乐 M120：2 4. 威宁中水 M12：5 5. 威宁中水 M42：13
6. 赫章可乐 M271：30 7. 赫章可乐 M338：7 8. 赫章可乐 M338：12 9. 赫章可乐 M292：4
10. 镇宁田脚脚 05ZTT22④：3 11. 威宁中水 M21：10 12. 镇宁田脚脚 05ZTT22④：4 13. 中水 04 银 M5：5
14. 镇宁田脚脚 05ZTT22④：1 15. 可乐 M292：3 16. 可乐 M373：3 17. 中水 M42：18 18. 中水 T12：1
19. 中水 M28：2 20. 中水 M22：2 21. 中水 T17：6 22. 中水 T4：5 23. 中水 04 银 M64：10

G 型：长钉（尖顶）形。18 件。全部出自威宁中水。圆形扣正中有尖锥状钉形突起，背面有横扣。中水 M42：18 头盔形帽正中伸出一尖长锥，平沿内曲，背有一横梁（图 2-145，17）。中水 T12：1 扣帽呈圆弧形，向下伸出一长尖锥，背面有横扣（图 2-145，18）。中水 M28：2 扣帽圆形正中内凹呈丫状，向下伸出尖锥，背面一横扣（图 2-145，19）。中水 M22：2 扣帽正中伸出一乳突状尖锥，尖锥残（图 2-145，20）。

H 型：圆弧形盖状扣饰。3 件。中水 T17：6 圆弧状，体小而薄，背有一短横扣（图 2-145，21）。

I 型：虎形。3 件。中水 T4：5 正面呈卧虎形，背有一折角横扣（图 2-145，22）。

J 型：半球形。4 件。中水 04 银 M64∶10 呈小型半球体，背面有横扣（图 2-145，23）。

2. 比较分析

贵州境内出土铜扣饰主要以圆帽形片状扣饰为主，少见滇池地区最为常见的各种圆形、方形和长方形动物雕塑扣饰。总体来看，尽管贵州境内出土铜扣饰的种类和数量远不如滇青铜文化区，但两者之间关系还是相当密切，不少扣饰都能在滇青铜文化中找到相同或相似的器形，受滇池地区扣饰影响相当明显。

A 型铜扣饰正中有圆突，四周有太阳形光芒，有仿铜鼓鼓面正中纹饰特征，相似的扣饰在滇东北昭通等地有发现，但由于锈蚀严重，表面纹饰不清晰。该类在滇池周边的昆明羊甫头等滇文化墓地亦多有发现（图 2-146,1），滇池周边地区亦是鼓面铸太阳光芒的石寨山型铜鼓集中区，因而贵州出土的 A 型青铜扣饰可能仿滇文化墓地中的圆形扣饰而来。

与 B 型铜扣饰相同或相似者在云南滇文化墓地中主要集中出土在曲靖盆地的八塔台墓地（图 2-146,4~6）和横大路墓地中（图 2-146,7），在滇池中心区的江川李家山等墓地（图 2-146,8）中虽有发现但不多，可能说明 B 型铜扣饰主要流行在黔西北至滇东一带，是具有一定地域分布范围的饰品。

C、D 型扣饰在贵州只集中出土在可乐墓地少数墓葬中，相同或相近扣饰在川西南安宁河流域大石墓中有较多出土（图 2-146,22~26），相反在扣饰相当发达的滇文化墓地中，C、D 型青铜扣饰数量不多，造型相同或接近的扣饰多是玛瑙扣，因而贵州境内的 C、D 型扣饰可能与川西南安宁河一带联系更紧密一些。

E 型扣饰目前仅见于可乐墓地，滇文化墓地中未见，这种扣饰目前出土数量少，是本地产品还是来自周边某地目前尚不清楚，但它是贵州出土青铜扣饰中最有特征的一类，弥足珍贵。

与 F 型相似的人面形扣饰在昆明上马村五台墓地（图 2-146,14）、曲靖平坡 M49（图 2-146,11）、昆明羊甫头墓地（图 2-146,12）和华宁小直坡滇文化墓地中（图 2-146,13）均有发现，尽管人面造型略有不同，五官表达方式亦各有异——有的五官内镶绿松石，有的不镶嵌，但可乐出土的人面形扣饰应来自滇池地区或在当地仿制。

G 型长钉形主要出土在贵州西北和云南东部的曲靖平坡、泸西石洞村（图 2-146,15）和大逸圃（图 2-146,17）等墓地，由北向南分布。

I 型扣饰仿动物形体造型，近似于威宁中水的各种仿动物造型铜带钩，相同扣饰在曲靖八塔台等地有发现（图 2-146,19），只是所仿动物不同而已，总体亦是受滇青铜文化动物形扣饰影响。

半球形小扣饰在云南晋宁石寨山、澄江金莲山（图 2-146,21）和泸西大逸圃（图 2-146,20）等地都有发现。

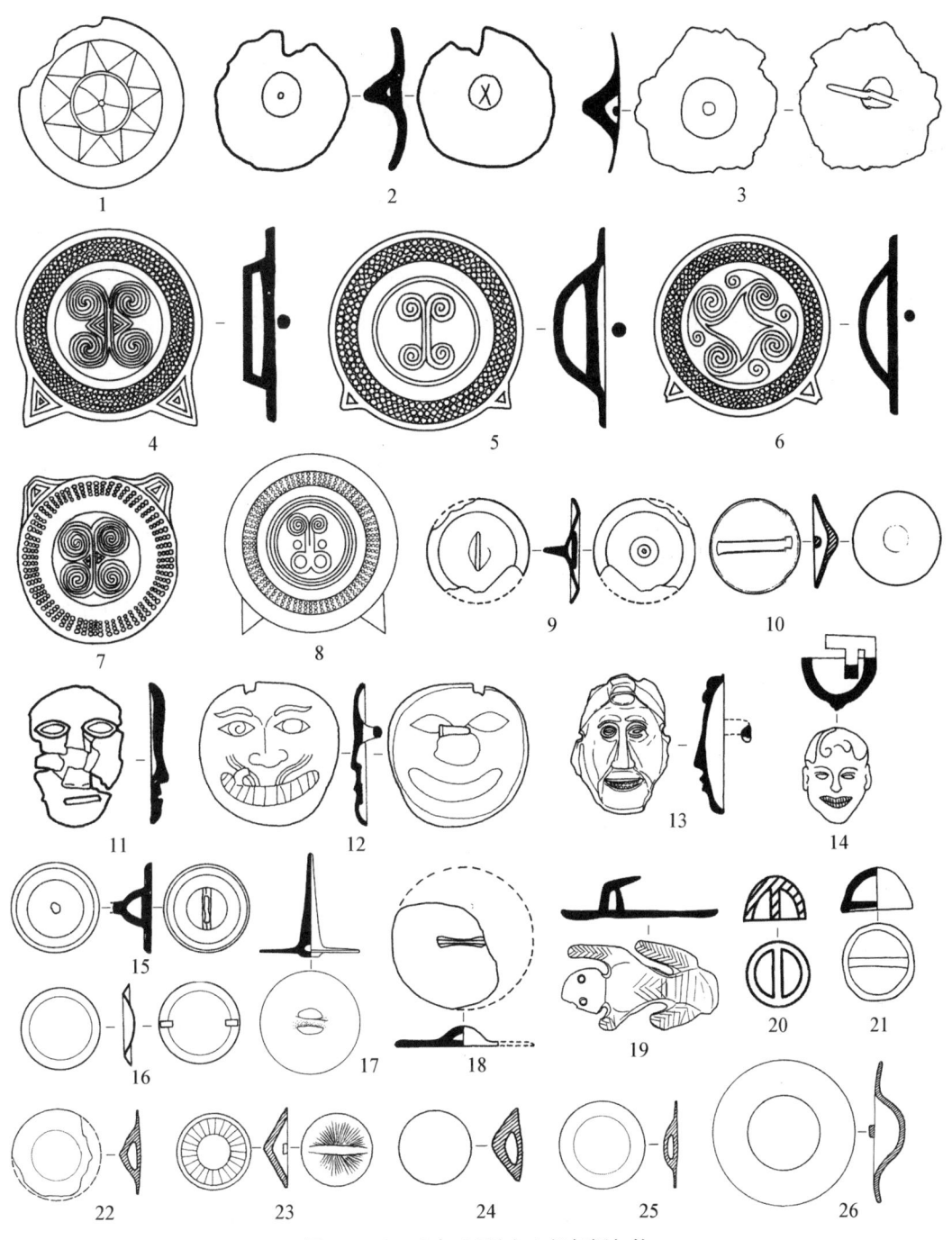

图 2-146　云南、四川出土相似铜扣饰

1. 昆明羊甫头(01YC：29)　2. 昭通营盘山甲区(M3：5 铜泡)　3. 昭通营盘山甲区(采：18 铜泡)
4～6. 曲靖八塔台(M21：3-2、M32：2、采 065 昆虫纹双角泡饰)　7. 曲靖横大路(采：27)
8. 江川李家山(M68：85-2 泡钉)　9. 曲靖平坡(M181：12)　10. 晋宁石寨山(M71：68③)
11. 曲靖平坡(M49：1 人面形扣饰)　12. 昆明羊甫头(M373：6)　13. 华宁小直坡(M389：7)
14. 昆明上马村五台采集　15. 泸西石洞村(M1：3)　16. 江川李家山(M68：322)　17. 泸西大逸圃(M124：2)
18. 泸西大逸圃(M50：3-1)　19. 曲靖八塔台(采：067)　20. 泸西大逸圃(M50：5-1)　21. 澄江金莲山(M166：5)
22～26. 西昌安宁河大石墓(牯辘桥 M1：71、拉克四合 M8：53、西郊 M1：16、牯辘桥 M1：18、拉克四合 M6：26)

3. 基本认识

黔西北赫章可乐、威宁中水等墓地和黔西南贞丰小河口等遗址中出土的青铜扣饰，多数应来自相邻的云南滇文化遗存中——有的可能直接输入，有的可能是当地仿制，因而具有一定的地域特征，但总的文化面貌同滇文化青铜扣饰是一致的，共同反映着战国秦汉时期"西南夷"族群的某种装饰特征。

铜扣饰主要出土在战国晚期至西汉中晚期"西南夷"的各地方族群墓葬中，其中尤以滇族群使用数量最多，类型也最复杂，随着汉移民的进入，汉文化迅速扩散，这种最有地方特色的铜扣饰也逐渐消失。

三、铜挂饰

1. 型式划分

30余件。根据形体差异可分为五型：

A型：虎形挂饰。1件。可乐M274：79 虎身伏在一长条簧形圆管上，圆管中空，簧条无间隙，管外下部紧附一细铜条；立虎张口，反卷尾，前腿弯曲下趴，后腿站立，身上无虎斑条纹（图2-147,1）。与众多骨珠、玛瑙管和铜铃等共出，且出自墓主胸部，可能是项部饰物之一。该器因无虎斑纹，形状也极像狗，因而云南等地出土者也被称为狗形饰。

B型：鼓形挂饰。1件。形体极小，呈束腰鼓形，顶部圆弧，底端平整，素面无纹，上下通体一圆孔（图2-147,2）。

C型：铃形挂饰。1件。形似挂铃，上端圆弧并一穿孔，下端内弧，弧内斜伸双齿，齿间有两个小瘤状物突起（图2-147,3）。

D型：管形挂饰。2件。皆圆形管状，素面无纹。中水M17：2略残，管上有二圆孔（图2-147,4）。中水M44：8无孔（图2-147,5）。

E型：长柄形挂饰。27件。共同特征是均有一长条圆形长柄，柄端有一圆形穿孔。依形体差异可分为五式：

EⅠ式：7件。上部长柄，中部如"亚"字，下部三爪形。可乐M373：43 中部"亚"字上下等宽，三爪长且直（图2-147,6）。可乐M373：44中部亚字下端较宽，三爪短（图2-147,7）。可乐M373：46中部"亚"字呈手掌状，三爪外撇（图2-147,8）。

EⅡ式：8件。环首一穿孔，中部略束，下部三叉形。可乐M374：14-1下部断面呈菱形，叉较短（图2-147,9）。可乐M374：3三叉较长（图2-147,10）。

EⅢ式：9件。环首，穿孔较大，柄细长，下部球形，底部开口呈短齿状（图2-147,11、12）。

EⅣ式：2件。柄端似环首，中部绕弦纹，下端三角形，底部呈锯齿状。可乐M373：21锯较完整（图2-147,13）。可乐M373：24锯齿略残（图2-147,14）。

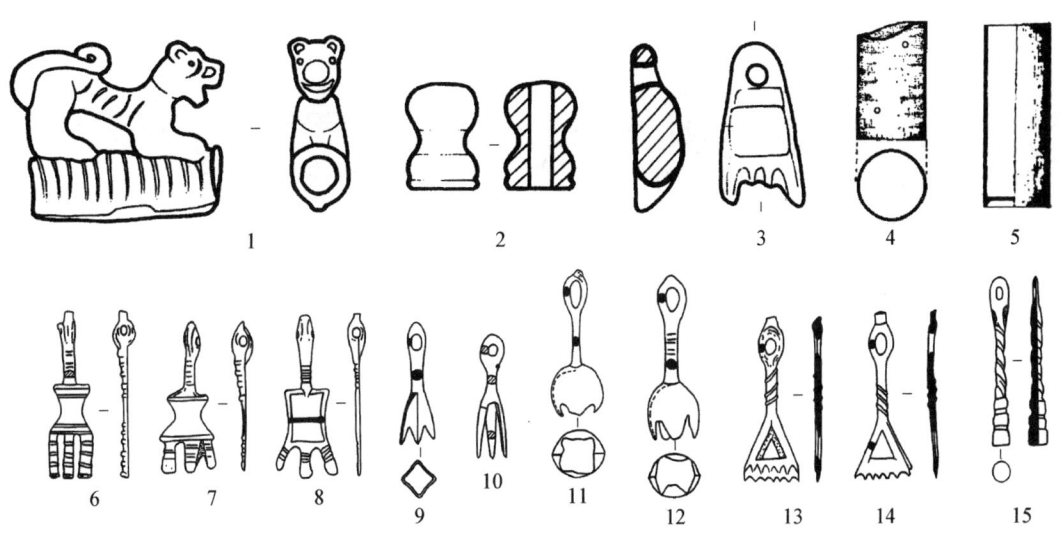

第二章　青铜器的型式划分和比较分析

图 2-147　贵州出土铜挂饰
1. A 型(可乐 M274∶79)　2. B 型(可乐 M274∶69)　3. C 型(可乐 M274∶90)
4、5. D 型(中水梨 M17∶2、M44∶8)　6～8. EⅠ式(可乐 M373∶43、M373∶44、M373∶46)
9、10. EⅡ式(可乐 M374∶14-1、3)　11、12. EⅢ式(可乐 M373∶20、M373∶19)
13、14. EⅣ式(可乐 M373∶21、M373∶24)　15. EⅤ式(可乐 M373∶38)

EⅤ式：1件。可乐 M373∶38 棒形，首端有穿孔，其下呈螺旋状，底部略粗(图2-147,15)。

2. 比较分析

贵州境内挂饰主要集中出土在赫章可乐 M274、M373 等较大型墓葬墓主胸部和腰部，同铜铃、串珠和玛瑙管等伴出，可能是项饰或衣服上的构件之类。

可乐 A 型挂饰呈虎形，而同墓出土的铜釜口沿亦铸对称立虎装饰，考虑到可乐墓地所具有的强烈巴蜀文化因素，可乐虎形饰可能源于巴蜀地区，尽管比较接近的造型在云南大逸圃墓地发现1件(图2-148,3)，但功能存在差异。

B 型挂饰在可乐目前只出土1件，但在滇池地区的江川李家山(图2-148,7、8)和昆明羊甫头(图2-148,9)等处却有较多出土，造型也多样，可乐这种鼓形饰有可能来自滇池地区。

C 型挂饰在可乐亦只出一件，但相同者在云南水富张滩巴文化墓地中采集有6件(图2-148,1、2)，因而 C 型挂饰同 A 型一样，都可能来自北方的巴蜀文化中。

E 型数量和类型都很多，基本相同或相近者仅在东川普车河(图2-148,4)、曲靖八塔台(图2-148,5)和昆明羊甫头(图2-148,6)等墓地有少量发现，E 型挂饰可能是可乐独自生产的小饰件。

由于处在滇与巴蜀文化区的中间区域，因而贵州境内赫章可乐出土的挂饰一方面具有巴蜀文化因素，另一方面也同滇文化具有密切联系，通过借鉴还创造出具有地域特征的产品。

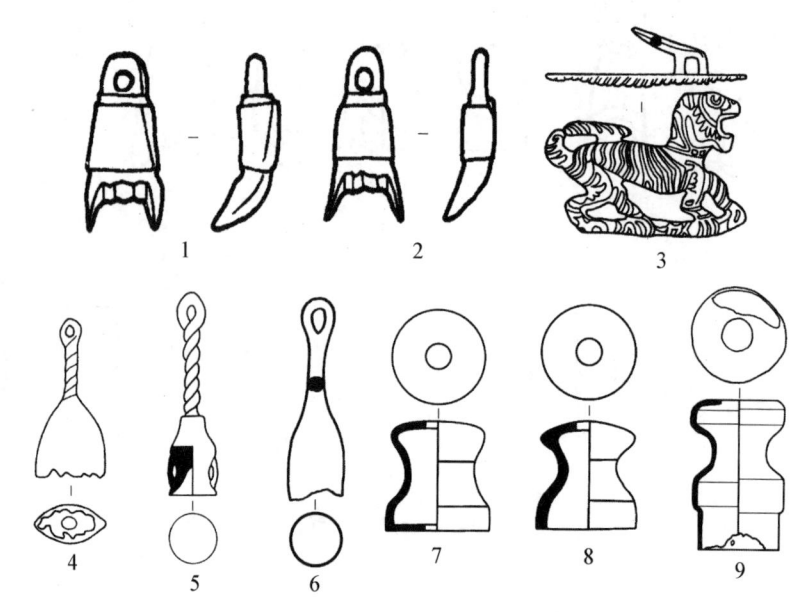

图 2-148　云南、四川出土相同或相似铜挂饰
1. 水富张滩(采：22-1)　2. 水富张滩(采：22-2)　3. 泸西大逸圃(M155：1腰扣)
4. 东川普车河(M19：2铜铃)　5. 曲靖八塔台(采：054)　6. 昆明羊甫头(M19：209-1)
7. 江川李家山(M69：99鼓形银饰)　8. 江川李家山(M68：248鼓形金饰)
9. 昆明羊甫头(M19：109头盔钮)

四、青铜发饰器

1. 发钗

55件。皆用圆形细铜条做成，双股钗脚圆尖。根据钗首不同，可分为四型：

A型：圆首U形。威宁中水7件，赫章可乐36件，普安铜鼓山1件。可分为三式：

AⅠ式：钗首圆弧形，双钗股平行伸出(彩版三，9)。中水78梨M23：2(图2-149，1)、04银M67：1(图2-149，3)和可乐M269：3、M269：4(图2-149，7、8)等双钗脚平齐。中水78梨M41：2(图2-149，2)和可乐M268：1(图2-149，6)、可乐M296：6(图2-149，9)等双钗脚略有短长。普安铜鼓山2002年发掘出土者首宽，双钗脚平行伸出，钗脚间距远宽于可乐和威宁出土者(彩版三，4)。

AⅡ式：钗首圆弧形，双钗股在脚端并拢。可乐M298：2双脚平齐(图2-149，4)。M298：3双脚略有短长(图2-149，5)。

AⅢ式：钗首呈圆形，双钗股先折拢再伸出。可乐M274：88双股在脚端朝外侈开(图2-149，11)。可乐M373：61双脚并行，一股中部还有刻画纹(图2-149，12)。

B型：簧首T形。6件。出土于赫章可乐3座墓中，每座均出土2件。根据钗脚形状不同分为两式：

BⅠ式：4件。簪首，双钗脚先对称折向首中部，再平行伸出。可乐 M350∶4、M350∶5 双股折条紧邻簪首，双钗脚长短略有差异（图2-149,15、16）。可乐 M341∶2、可乐 M341∶1 双股折条较高与簪首形成长方形，双钗脚均残（图2-149,17、19）。

BⅡ式：2件。簪首，双钗脚对称折向中部后平行伸出，然后再右折成近直角（彩版三,10）。可乐 M277∶9 双股内折时不对称，略有高低相错，双钗脚长短略有差异（图2-149,21）。M277∶3 双股折条较平，双钗脚等长（图2-149,20）。

C型：平首八字形。1件。可乐 M373∶57 首平，双钗脚向外撇出呈八字形（图2-149,13）。

D型：簪首矩形。5件。中水梨 17∶8 簪首顶部较宽，双钗脚短而直，残长4.5厘米（图2-149,18）。78梨 M40∶7 仅留簪首，钗脚不存（图2-149,14）。

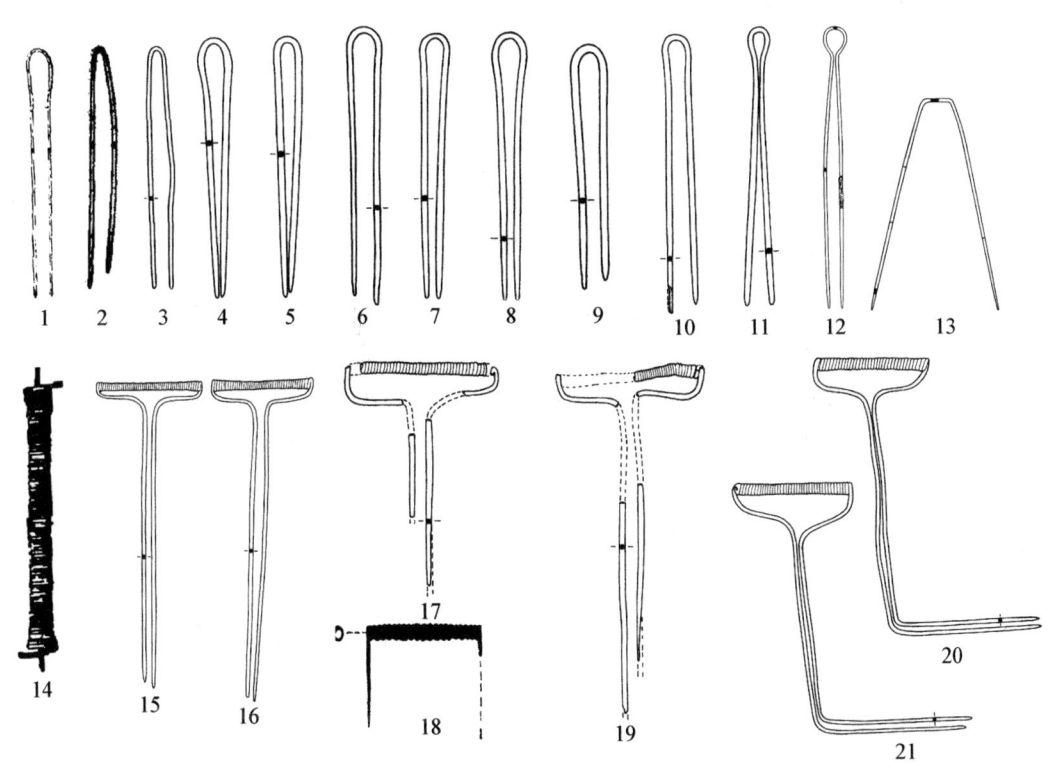

图2-149 贵州出土铜发钗
1. 中水78梨 M23∶2 2. 中水78梨 M41∶2 3. 中水04银 M67∶1 4、5. 可乐（M298∶2、M298∶3）
6. 可乐 M268∶1 7、8. 可乐（M269∶3、M269∶4） 9. 可乐 M296∶6 10. 可乐 M319∶4
11. 可乐 M274∶88 12. 可乐 M373∶61 13. 可乐 M373∶57 14. 中水78梨 M40∶7
15、16. 可乐（M350∶4、M350∶5） 17. 可乐 M341∶2 18. 中水78梨 17∶8 19. 可乐 M341∶1
20、21. 可乐（M277∶3、M277∶9）

2. 簪（针、笄）

皆单脚，脚呈尖圆条状或片状。11件。可分为下列几型：

A 型：簧首簪。2 件。同 A 形发钗共出。簪首卷成簧状，簪脚尖。可乐 M308∶9 簪首向右（图 2-150,1）。可乐 M308∶6 簪首向左（图 2-150,2）。

B 型：长条状簪。4 件。可乐 M67∶4 出土四根，均细长圆条形，两端均尖，被称为发针（图 2-150,3）。兴仁交乐 M19∶3 首端圆润，簪条长而略向右折（图 2-150,4）。镇宁田脚脚遗址所出为细长圆条状，两端略残（图 2-150,5）。

C 型：片状簪。2 件。贞丰小河口遗址 T8∶3 略近铲形，簪脚半弧形（图 2-150,9）。镇宁田脚脚遗址 T5②∶1 呈宽窄不一的片状（图 2-150,8）。

D 型：圆帽首簪。2 件。簪首作圆帽形，帽顶有花纹。贞丰坡们ⅠT0310④∶1 簪帽稍小，帽顶饰内卷花纹（图 2-150,6）。清水江征集者簪帽直径较大，帽顶卷云纹侈出四条花带（图 2-150,7）。

E 型：花状簪。1 件。普安铜鼓山遗址 T5②∶14 出土（简报称铜笄），首呈花状，残损严重。

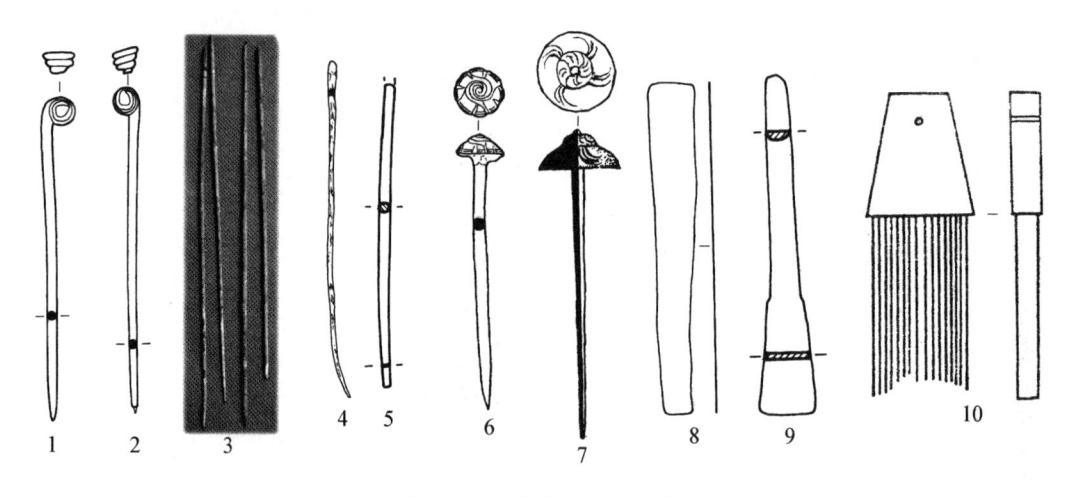

图 2-150　贵州出土铜簪等

1、2. 铜簪（可乐 M308∶9、M308∶6）　3. 可乐（M67∶4）　4. 兴仁交乐（M19∶3）　5. 镇宁田脚脚（T10④∶3）
6. 贞丰坡们（ⅠT0310④∶1）　7. 清水江征集　8. 镇宁田脚脚（T5②∶1）
9. 贞丰小河口（T8∶3）　10. 鎏金铜片木梳（可乐 M∶144∶5）

3. 鎏金铜包皮木梳

1 件。梳顶铜包片呈上窄下宽的梯形，近顶端中部有一孔，木梳条长而细密（图 2-150,10）。

4. 比较分析

《史记·西南夷列传》记夜郎、滇和邛都都是"魋结，耕田，有邑聚"的族群，说明当时将头发盘至头顶束成髻并用发钗或发簪固定的人群分布范围很广，除可乐外，周边一些遗存亦出土有一些用于束发的发钗和发簪。除青铜质外,还有银质和金质,钗形有同可乐者,也有不同形制:如江川李家山墓地 M85 出土的金发钗(图 2-151,5)接近可乐 C 型;M68 出土的银发钗(图 2-151,1)和剑川鳌凤山墓地 M101 出土的铜发钗①(图 2-151,2)则接近可乐等地出土的 A 形发钗。但总体来看,滇青铜文化遗存中出土的青铜发钗数量不多,与威宁中水和赫章可乐紧邻的曲靖八塔台和昭通营盘山等墓地也很少发现铜发钗,说明不同地域族群在头部的装饰上还是存在一定差异的。

可乐墓地受战国秦汉时期巴蜀文化的影响较大,也是目前发现的"西南夷"族群遗存中使用发钗数量和种类最多的地区,这是否同吸收巴蜀文化的因素有关。在重庆万州糖坊②(图 2-151,3)和云阳李家坝③(图 2-151,4)等不少峡江地区汉墓中还出土有与赫章可乐基本相同的 A 型银发钗,显示着两者之间具有某种文化上的联系,有学者用汉魏南朝时期"僚人入蜀"④来解释云贵高原地方族群与四川盆地的互动情况,流动方向是"西南夷"族群北上涌入巴蜀地区,与此前巴蜀文化大量南下进入"西南夷"地区的方向相反。

在川西南大石墓中少有发钗出土,墓地出土有一定的单脚发簪(图 2-151,6、7)和铜梳(图 2-151,8),造型与可乐出土的铜簪和铜片木梳虽略有差异,但也显示两者之间存在一定的文化共性,它们一并被司马迁归入"魋结,耕田,有邑聚"的族群系统,以区别于其他族类。

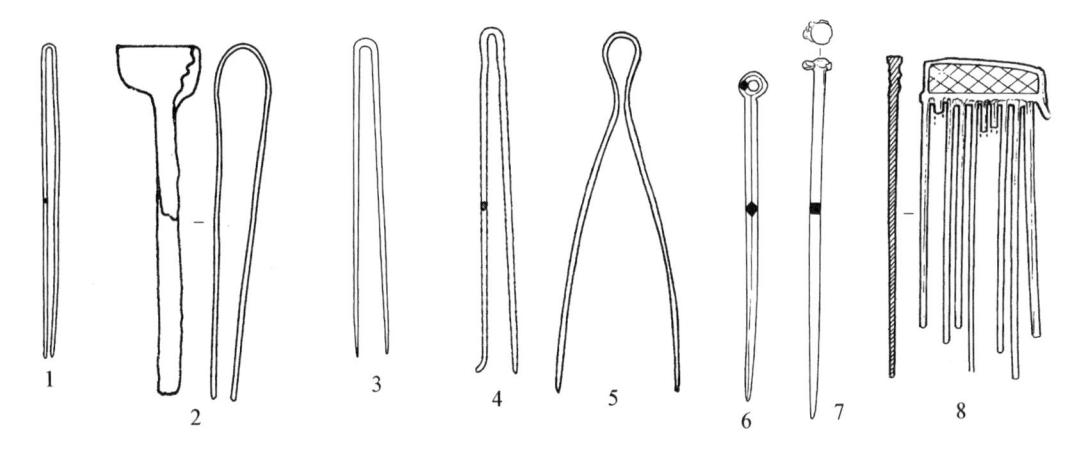

图 2-151 邻近地区出土部分发饰器
1. 李家山墓地银发钗(M68∶42) 2. 剑川鳌凤山铜发钗(M101∶1) 3. 万州粮坊银发钗(M10∶17)
4. 云阳李家坝银发钗(M8∶7) 5. 江川李家山金发钗(M85∶1 簪)
6、7. 铜发簪(坝河堡子 M1∶21、M1∶46) 8. 铜梳(小兴场 BM2∶10)

---

① 云南省文物考古研究所:《剑川鳌凤山古墓发掘报告》,《考古学报》1990 年第 2 期。
② 山东省博物馆等:《万州糖坊墓群发掘报告》,重庆市文物局、重庆市移民局编:《重庆库区考古报告集 2001 卷·中》,科学出版社,2007 年,第 1043 页。
③ 四川大学考古学系、重庆市云阳县文管所:《云阳李家坝遗址四区汉六朝墓葬发掘简报》,《南方民族考古》第八辑,科学出版社,2012 年,第 414 页。
④ 吴小平:《僚人入蜀的考古学线索——以釜甑为例》,2016 年"汉代海上丝绸之路考古与汉文化国际学术研讨会"(北海)交流论文提要。

五、铜 手 镯

1. 型式划分

部分简报称为铜环,是云贵高原战国秦汉时期遗存中出土数量众多的装饰器之一,贵州境内出土的铜镯主要有普安铜鼓山遗址出土23件(简报称环)、镇宁田脚脚遗址10件、贞丰小河口遗址4件、贞丰拉它遗址1件、望谟浪更燃山石板墓6件、赫章可乐乙类墓68件(1978年度22件、2000年度46件)、威宁中水银子坛墓地112件(包括1978年度72件、1979年度9件、2004年度31件)、红营盘墓地4件(一组)、平坝天龙汉墓1件(M66:10)、安顺宁谷遗址2件(T973⑤:2)等,总计230余件。其中绝大多数出土在赫章可乐、威宁中水和普安铜鼓山等地方族群系统遗存中,汉文化遗存中(包括遗址和墓葬)虽有少量发现,但数量不多,相反在汉文化遗存中却有较多的条状素面银手镯出土。

根据手镯形状差异,可将目前贵州出土的230余件铜手镯分为下列几型,由于部分简报对铜手镯的介绍十分简单,因而对手镯进行的型式分析中,部分型式手镯数量不准确:

A型:有领镯,或称T形环。10件。其中威宁中水墓地8件,赫章可乐墓地2件。可分为三式:

AⅠ式:5件。环内廓上下出领,断面呈T形。形制略有差异,中水78梨M20:2镯边宽但领较矮(图2-152,2),而在墓地征集的1件则较高(图2-152,3)。中水04银M50:8外唇上有一缺口,领通高6.5厘米(图2-152,1)。

AⅡ式:3件。领矮,外唇上饰一周三角形镂空花纹,唇边缘伸出对称四个半圆形小突,突上钻小孔洞(图2-152,4)。

AⅢ式:2件。皆出自赫章可乐M343。形制基本相同但存在差异,M343:1领稍高,唇片边缘似有呈斜线对称的弧形外突,片上为三角形镂空(图2-152,5)。M343:2领矮,唇片残缺较多,外沿也有圆弧形外突,唇片上亦为三角形镂空(图2-152,6)。AⅢ式手镯尽管唇片上的三角纹镂空不规则,但总体风格接近AⅡ式,应体现着某些文化联系。

B型:筒形镯,亦称铜钏。3件。皆出自威宁中水墓地。可分为两式:

BⅠ式:2件。皆用长方形薄铜片卷曲而成,呈长圆筒状,在墓中佩于左腕。中水04银M50:7通体饰细乳钉纹,中部用弦纹两道分隔成3组(图2-152,7)。

BⅡ式:1件。中水78梨M19:18已残,用圆筒片做成矮圆筒状,筒片被切割出一道道长条形镂孔(图2-152,8)。

C型:弹簧形镯,近似铜箍卷。3件。皆出自威宁中水墓地。用细圆柱形铜条曲绕成弹簧状。中水78梨M15:5绕成三圈,直径5厘米(图2-152,9)。

D型:宽边镶绿松石镯。35件,中水出土21件(报告称为Ⅳ式镯),可乐出土14件(报告称为A型Ⅱ式镯)。边宽,中部有弦纹、鱼刺形枒纹带,纹带中间镶嵌正中开有小圆孔的绿松石片。根据镯边形态差异,可分为三式:

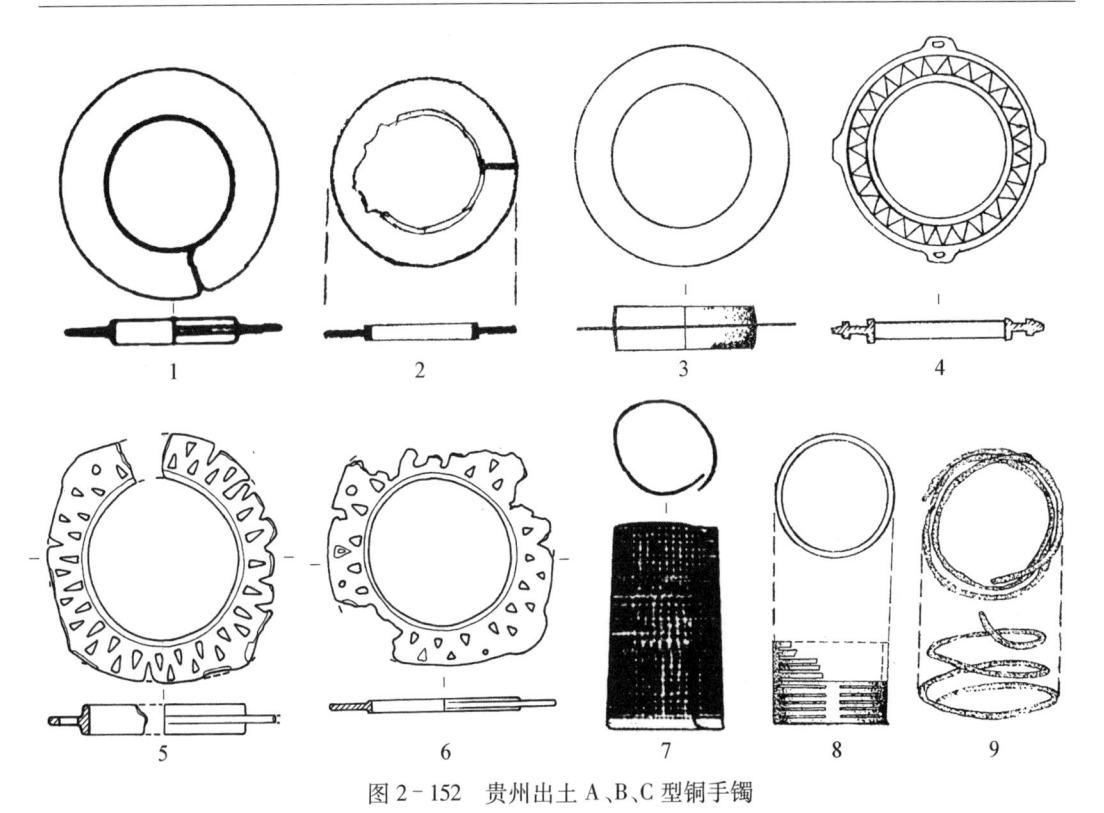

图 2-152 贵州出土 A、B、C 型铜手镯
1. 中水 04 银 M50：8　2. 中水 78 梨 M20：2　3. 中水 78 梨园征集　4. 中水 78 梨 T14：1
5、6. 赫章可乐（M343：1、M343：2）　7. 中水 04 银 M50：7　8. 中水 78 梨 M19：18　9. 中水 78 梨 M15：5

DⅠ式：镯边笔直呈圆筒状，纵断面呈长方形，中部饰鱼刺形枍纹、绿松石等组成的纹带，镯边宽窄不同但形状相同，主要出土在威宁中水墓地。中水 78 梨 M21：1 宽 2.9 厘米，中间饰相隔的两圈鱼刺形枍纹和绿松石纹带（图 2-153，1）。中水 78 梨 M33：1 宽 2.1 厘米，中间饰三圈鱼刺形枍纹和一圈绿松石纹带，绿松石纹带位于最下端（图 2-153，2）。中水 78 梨 T42：7 宽 1.8 厘米，中间饰两圈绿松石纹带和一圈鱼刺形枍纹带，绿松石纹带位于鱼刺形枍纹带上下方（图 2-153，3）。中水 04 银 M15：5-1 边宽 3.3 厘米，饰鱼刺形枍纹四周和圆圈乳钉纹一周（图 2-153，4）。

DⅡ式：镯边一端窄一端宽，纵断面呈梯形。中部以凸弦纹分隔成两至三圈浅槽，浅槽内饰用绿松石或孔雀石镶嵌的纹饰，镯边宽窄略不同但形状相同，主要出土在赫章可乐墓地。可乐 M264：3 略残，边宽 3.8 厘米，中部有浅槽两圈，每圈槽内镶嵌不规则孔雀石小薄片各三列，不少孔雀石小薄片已脱落（图 2-153，5）。可乐 M334：2 略变形，宽端内壁边缘有一周约 0.3 厘米宽凸棱，边宽 3.15 厘米，中部以凸弦纹隔成浅槽三圈，中间一圈槽窄，内嵌一列圆形开孔孔雀石小薄片，上下两槽较宽，内嵌两列圆形开孔孔雀石薄片，镯内壁粘附有网格状纺织物，戴于墓主右腕（图 2-153，6）。可乐 M356：5 两端内壁边缘各有一周约 0.3 厘米宽凸棱，边宽 3.95 厘米，中部用凸弦纹隔成浅槽三圈，中间一圈槽窄，内嵌一列圆形开孔孔雀石小薄片，上下两槽较宽，内嵌两列圆形孔雀石薄片，镯内壁粘附有网格状纺织物,网格较疏(图2-153,7)。可乐M271∶1边宽2.5厘米,中部用凸弦纹隔成浅槽两圈,每圈宽0.3~0.4厘米,内嵌两列圆形开孔孔雀石薄片(图2-153,8),该镯出土时与铜铃、铜扣饰、玛瑙管、玉髓管、绿松石管和骨管等大量装饰品放置在一起,似未佩戴在手腕上,用途较特殊。

DⅢ式:镯外边上下两端略外侈,中部略内束,使内壁呈弧状内突。外边中部各有浅槽两圈,每圈内镶嵌两至三列圆形开孔孔雀石薄片。可乐M365∶9边宽2.75厘米,中部浅槽

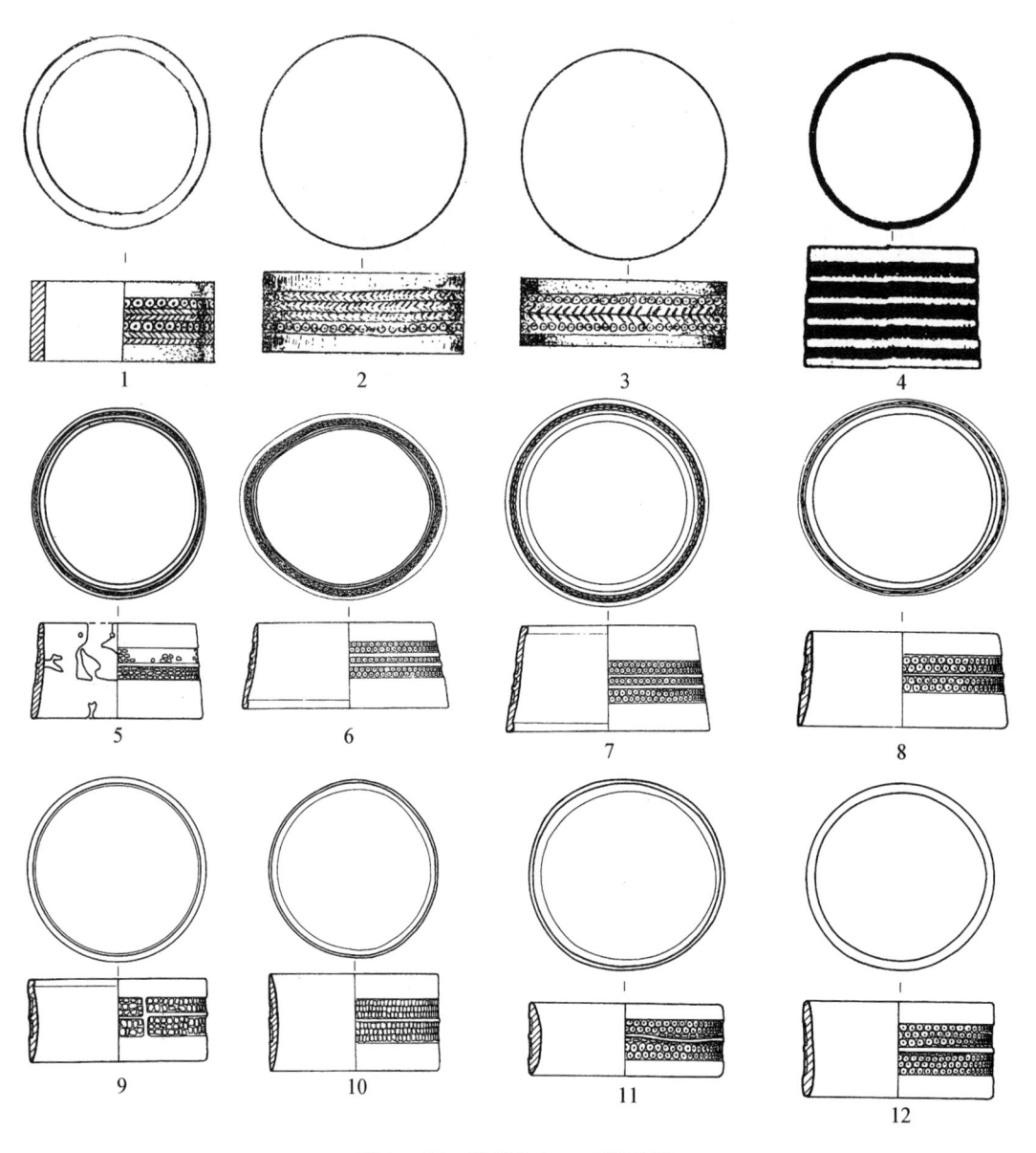

图2-153 贵州出土D型铜手镯

1. 中水78梨M21∶1　2. 中水78梨M33∶1　3. 中水78梨T42∶7　4. 中水04银M15∶5-1
5. 可乐M264∶3　6. 可乐M334∶2　7. 可乐M356∶5　8. 可乐M271∶1　9. 可乐M365∶9
10. 可乐M308∶4　11. 可乐M298∶11　12. 可乐M304∶3

宽0.45～0.55厘米,槽内分别嵌两至三列不规则四边形孔雀石薄片(图2-153,9;彩版三,7)。可乐M308:4边宽3.5厘米,中部浅槽内分别嵌三列不规则长方形孔雀石薄片,孔雀石薄片,长约0.2厘米,宽约0.1～0.2厘米(图2-153,10)。可乐M298:11边宽2.3厘米,中部浅槽内分别嵌两列圆形孔雀石薄片,凸棱上下缝隙处镶嵌不规则形孔雀石小薄片(图2-153,11)。可乐M304:3边宽3.1厘米,中部浅槽内分别嵌三列圆形孔雀石薄片,圆片直径0.2～0.35厘米,凸棱上下缝隙处镶嵌不规则形孔雀石小薄片,手镯内壁粘附薄纱网状纺织物(图2-153,12)。

D型镯主要出土在黔西北地区的赫章可乐和威宁中水墓葬中,单座墓葬出土数量多少不一,最少1件,最多4件,部分手镯内仍残存墓主手腕朽骨。

E型:窄边片状镯。数量不清。可分为两个亚型:

Ea型:镯体闭合呈圆环状。可分为三式:

EaⅠ式:片状窄边,内壁突成圆弧状,外壁中部略内凹,凹槽内镶嵌孔雀石片纹带,孔雀石片呈圆形或椭圆形等较规则者中间开有小孔,呈不规则形者则无孔。可乐M341出土19件,形制一致,出土时10件戴于左腕,9件戴于右腕,每组铜手镯前还加一件木手镯。可乐M92:1直径7.5厘米,宽1.3厘米(图2-154,1)。M341:7镶嵌的孔雀石片有的呈圆形,有的不规则(图2-154,2)。M341:8所镶嵌孔雀石片呈规则的圆形或椭圆形(图2-154,3)。M341:13镶嵌孔雀石片圆形者两列,不规则者三列(图2-154,4;彩版三,8)。

EaⅡ式:片状窄边,内外壁均较直,外壁有纹饰。中水红营盘M21出土4件,圆环不规则,镯边缘切割痕清晰,内外壁均直,外壁饰有数组纹带(图2-154,5)。贞丰小河口遗址出土者断裂处各钻上下两个小孔,镯面上饰弦纹和叶脉纹(图2-154,6)。镇宁田脚脚遗址出土者边较宽,镯面阴刻方格菱形纹饰(图2-154,7)。

EaⅢ式:弧面窄片环形,外壁突出呈圆弧,内壁平直。贞丰浪更燃山出土者外壁圆弧,弧面上阴刻三列绳索纹(图2-154,8)。可乐M267出土10件皆素面,外壁突成半圆(图2-154,9),出土时左右手臂各5件。

Eb型:镯体不闭合,留有开口。可分为两式:

EbⅠ式:片状窄边,内外壁均较直,外壁有纹饰。1996年望谟巧散村出土的10件铜镯由平整的薄铜片卷曲而成,外壁饰由竖直线间隔的双连S形卷云纹,直径7厘米(图2-154,10)。中水水果站采集者镯面饰细弦纹和齿状波折纹等组成的纹带,直径6.1厘米(图2-154,11)。

EbⅡ式:弧面环形,内外壁均突出呈圆弧形。皆出土于贞丰浪更燃山墓地。M2:2呈条状,不闭合,直径6.1厘米(图2-154,13)。M4:1边较宽,素面,直径6.4厘米(图2-154,12)。

F型:条形镯。数量最多,威宁中水出土78件,普安铜鼓山出土23件,镇宁田脚脚等遗址各出土数件,总数100余件,占出土铜镯总数近1/2。可分为两式:

FⅠ式:细条环状,无纹饰。威宁中水出土者呈细圆铜条形,边窄,直径5～7厘米,宽约0.2厘米(图2-155,1)。贞丰浪更燃山出土者外侧稍薄,内壁呈弧状,直径5.8厘米,宽0.4厘米(图2-155,2)。安顺宁谷遗址出土者已残断,圆条扁平较宽,外径5厘米(图2-155,3)。镇宁田脚脚和贞丰小河口遗址出土者系用细圆铜条锻打成圆环状,但有的已残断(图2-155,4~6)。

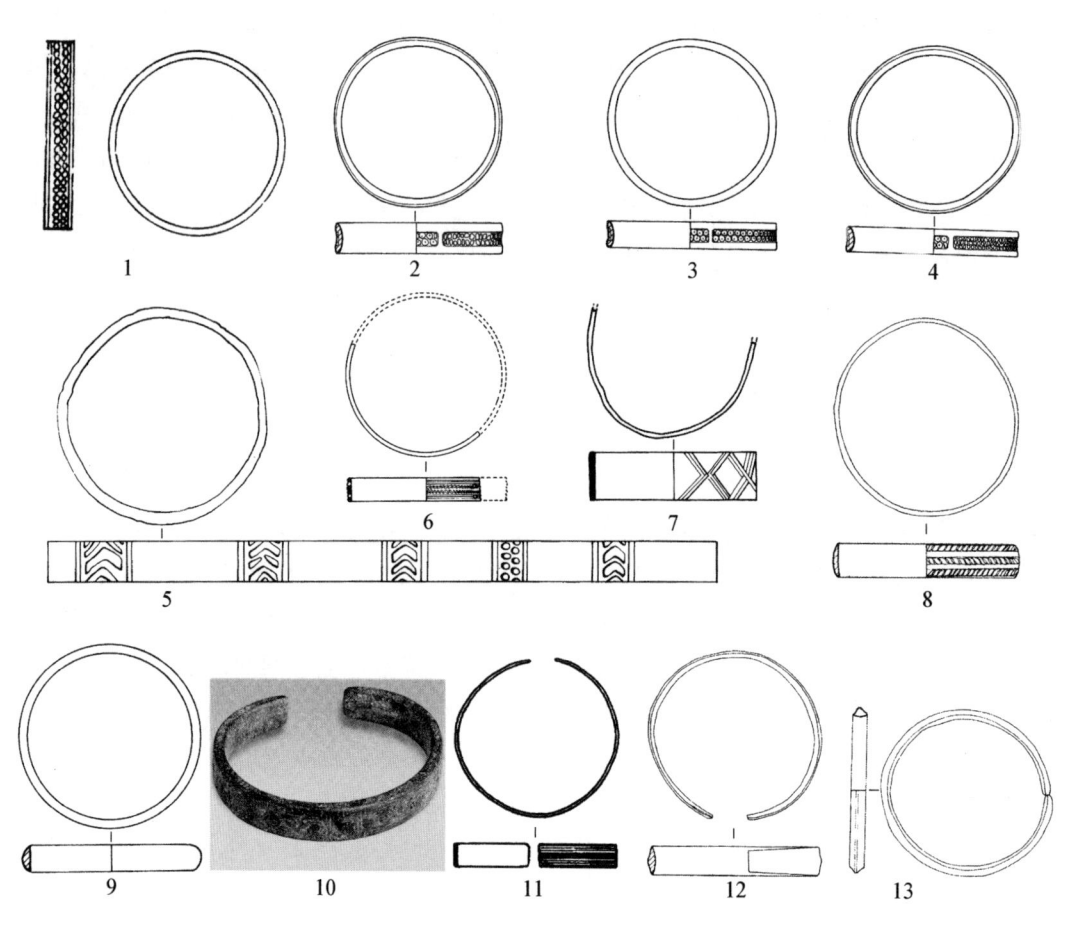

图 2-154 贵州出土 E 型铜手镯
1. 可乐 M92：1　2～4. 可乐(M341：7、M341：8、M341：13)　5. 红营盘 M21：3-1　6. 贞丰小河口(T5③：5)
7. 镇宁田脚脚(T4②：1)　8. 贞丰浪更燃山 M49：4　9. 可乐 M267：4　10. 1996 望谟县巧散村
11. 中水采：5　12、13. 贞丰浪更燃山(M4：1、M2：2)

FⅡ式：形状同FⅠ式，但不闭合留有缺口。普安铜鼓山遗址出土的23件断面扁平，直径5.8厘米，宽0.3厘米(图2-155,7)。贞丰拉它遗址出土者中间细窄两端圆粗，直径6.2厘米，宽0.3厘米(图2-155,8)。

2. 对比分析

A型镯数量不多，其特征是上下出领，造型同有领玉石镯基本相同，应是借鉴有领石镯而来。周邻地区出土的A型镯主要是AⅠ式，在昭通营盘山甲区墓地(图2-156,1)、曲靖八塔台墓地(图2-156,2、3)和泸西大逸圃墓地(图2-156,4～6)和华宁小直坡墓地(图2-156,7)等都有出土，多为矮领，少数领高(图2-156,5)与威宁中水采集高领镯接近。昆明羊甫头墓地出土1件，领外片呈齿状(图2-156,8)，同AⅢ式有些接近，但差异很明显，AⅡ式、AⅢ式应该是可乐的地方性器物。

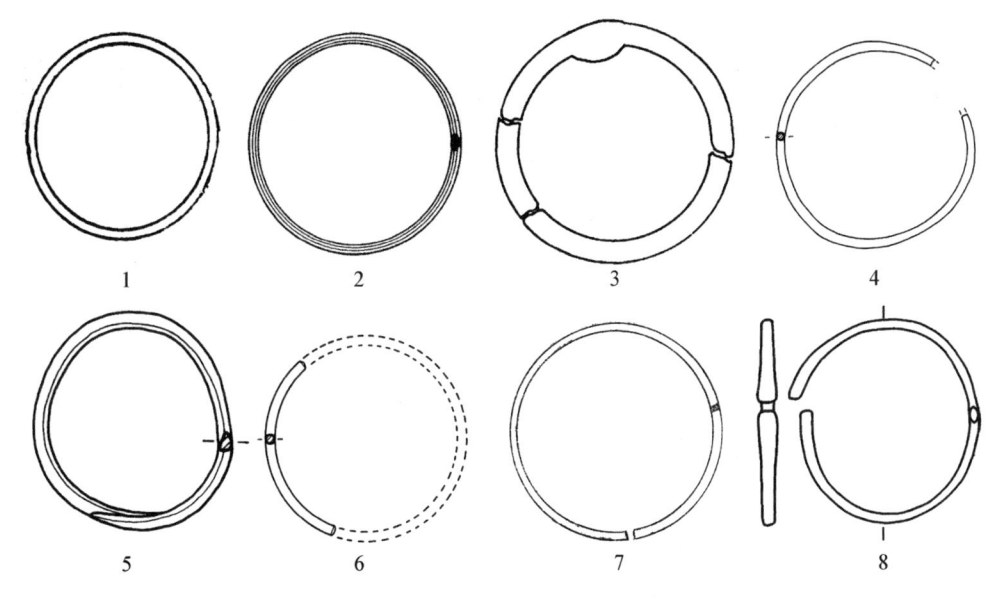

第二章　青铜器的型式划分和比较分析　　　　　　　　　　·191·

图 2-155　贵州出土 F 型铜手镯
1. 威宁中水(M13∶1)　2. 贞丰浪更燃山(M2∶1)　3. 安顺宁谷(T973⑤∶2)　4. 镇宁田脚脚(T22②∶11)
5. 贞丰小河口(T6③∶5)　6. 贞丰小河口(T8③∶21)　7. 普安铜鼓山(T5⑤∶24)　8. 贞丰拉它(T14⑤∶1)

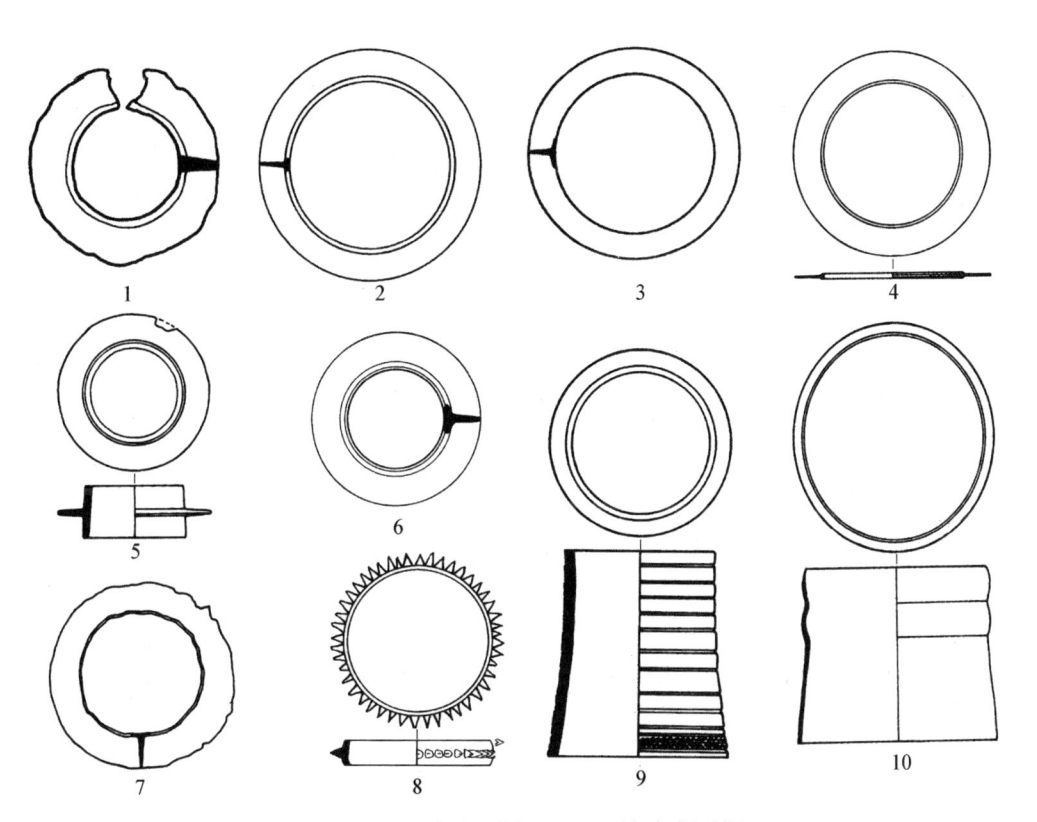

图 2-156　云南出土同 A、B、C 型相似铜手镯
1. 昭通营盘山甲区(M128∶3)　2、3. 曲靖八塔台(M12∶3、M71∶3)　4~6. 泸西大逸圃(M163∶6、M2∶3、M167∶1)
7. 华宁小直坡(M389∶5)　8. 昆明羊甫头(M113∶218)　9、10. 泸西大逸圃(M118∶1铜钏、M182∶9铜钏)

在中水红营盘墓地一墓葬出土有4件相同片状手镯,仔细观察发现它们是一同铸造成长筒钏形后,再切割分开成几个单独的个体,切割痕都可完全套合。以此观察,出土在威宁中水墓地的长筒形手镯采用的也是这种工艺,相似的筒状钏在泸西大逸圃墓地(图2-156,9、10)等处也有出土。如将这种钏从中间分隔线切开,便成为一个个独立圜形镯,这种工艺亦反映在镶绿松石的宽边镯上。在云南一些滇文化墓地中,有的墓主手臂佩戴数个相连的D型镯,华宁小直坡M103墓主左右手臂各戴D型手镯一套(简报称铜钏)①,皆为5件一套,一套有两件残甚,两端较宽,中部略窄(图2-157,6、7)。

云南滇文化墓地出土的D型镯,多集中在滇池周边的昆明羊甫头、江川李家山和通海四街等地,既有同DⅠ式相同者(图2-157,1、2、10、11),也有同DⅡ式相同者(图2-157,3~5)。有的一个墓主佩戴多个相叠的D型镯,因而亦称之为"钏"。如江川李家山墓地就出土由D型镯组成的铜钏32组共175件,环形,短筒状,多出自女性墓内的前臂位置,部分钏内残留有朽尺骨等,每组2~12件不等,每件直径一端大,一端小,依次相叠成圆筒状(图2-157,8、9)。一墓以1组或2组居多,也有多至6组的,墓地出土的青铜人物形象上常见多件镯组成长圆筒状的情况。

E型镯在滇文化中是数量最多的,类型和镯面装饰都很丰富,既有镶绿松石的(2-158,3、14、15、18),也有用图案装饰的(2-158,2、4、16、19),并出现较多开口形式(2-158,13、19),在墓中亦往往以大数量形式出土。如曲靖八塔台墓地出土达17件,镯边有凹槽,镶嵌绿松石片(图2-158,1)。泸西大逸圃墓地出土百余件,有一手臂佩戴一套多达20件者(图2-158,12、13)。

从D型、E型手镯主要集中出土在贵州威宁中水和赫章可乐往滇中高原滇文化核心区的情况看,"西南夷"中的滇、夜郎及其附近"旁小邑"族群应是使用这两型铜手镯的主体,有的墓地虽然发现少一些,但它们主要使用在"西南夷"地方族群中,而西汉中期以后的汉移民墓葬中几乎没有发现。

F型镯发现和分布范围远宽于其他各型,在一些较为典型的滇文化墓地中,出现数量也很多。如曲靖八塔台和横大路墓地各出土有多件,断面呈圆形或方形(图2-159,5、6)。在泸西石洞村(图2-159,7、8)和大逸圃(图2-159,9~11)等墓地亦出土较多,且以成组多件形式出土,最多达20余件(图2-159,7),同赫章可乐、威宁中水条形手镯出土相同。除滇文化墓地外,F型镯还在水富张滩巴文化墓地(图2-159,1、2)和昭通一些汉文化遗存中(图2-159,3、4)有出土,它们是否是从滇文化传播去的,有待进一步观察。

---

① 云南省文物考古研究所、玉溪市文物管理所、华宁县文物管理所:《华宁小直坡墓地》,云南人民出版社,2014年。

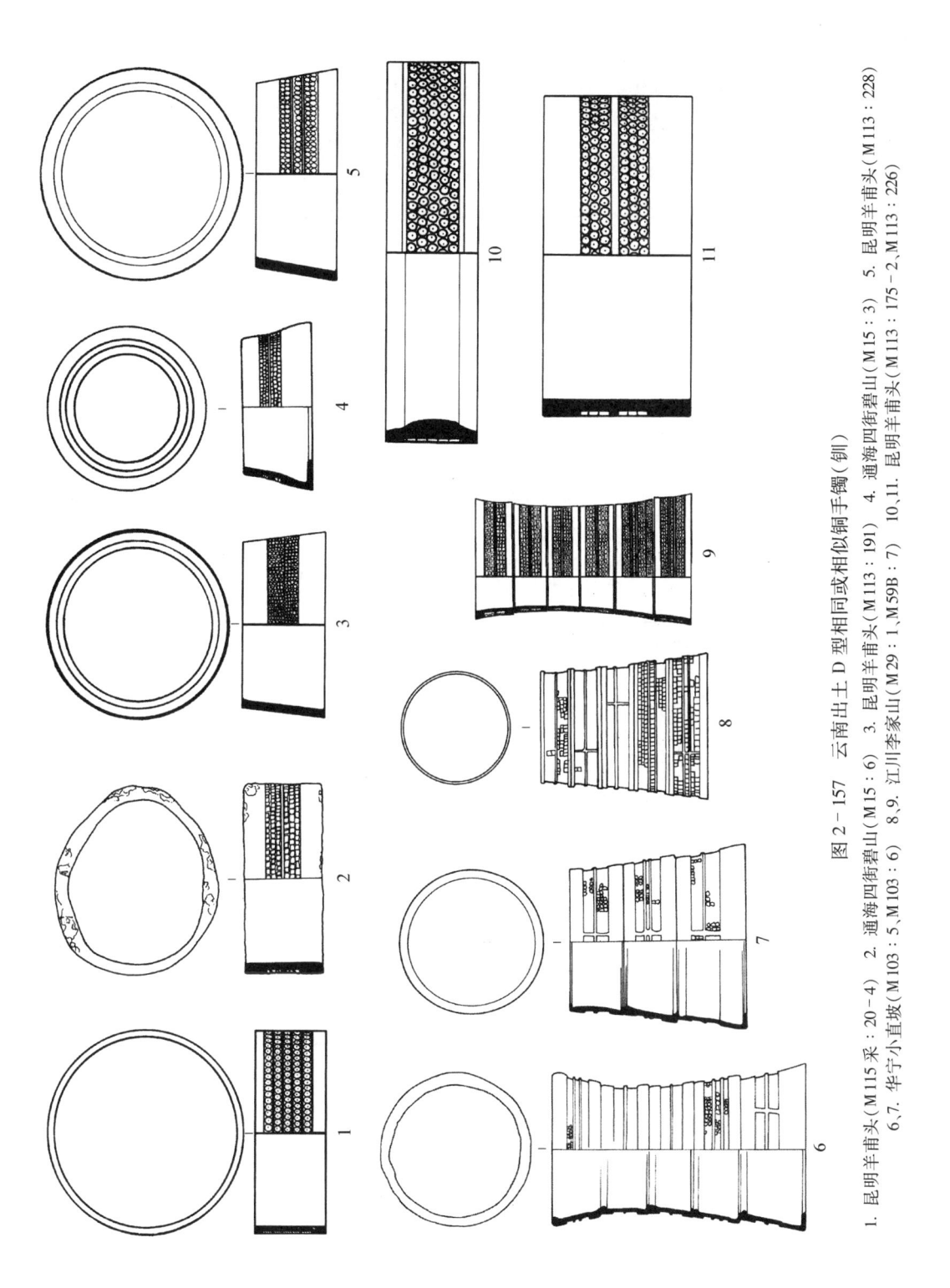

第二章 青铜器的型式划分和比较分析

图2-157 云南出土D型相同或相似铜手镯（钏）
1. 昆明羊甫头（M115采：20-4） 2. 通海四街碧山（M103：6） 3. 昆明羊甫头（M113：191） 4. 通海四街碧山（M15：3） 5. 昆明羊甫头（M113：228） 6,7. 华宁小直坡（M103：5,M103：6） 8,9. 江川李家山（M29：1,M59B：7） 10,11. 昆明羊甫头（M113：175-2,M113：226）

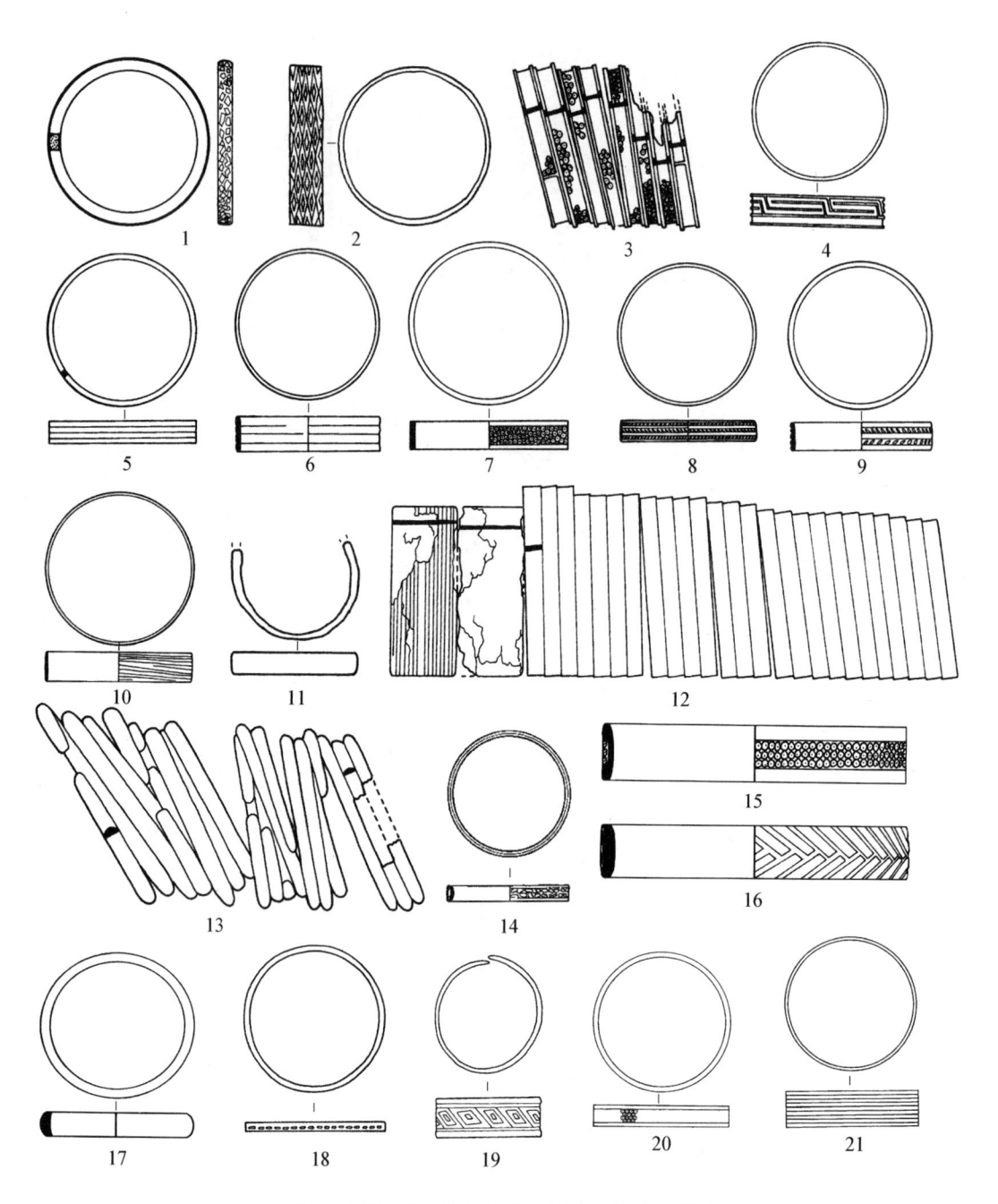

图 2-158 云南出土 E 型相同或相似铜手镯

1. 曲靖八塔台（M17：1） 2. 曲靖横大路（M63：2） 3、4. 泸西石洞村（M69：1-1、M76：3）
5～13. 泸西大逸圃（M67：1、M183：1-2、M1：2-2、M55：1、M70：1、M59：1、M76：1、M79：5、M87：2）
14. 华宁小直坡（M412：3-1） 15～17. 昆明羊甫头（M113：240-3、M113：225-1、M115采：20-3）
18. 楚雄万家坝（M23：224） 19. 剑川鳌凤山（M30：1） 20、21. 宜良纱帽山（M1：11-3、M41：4）

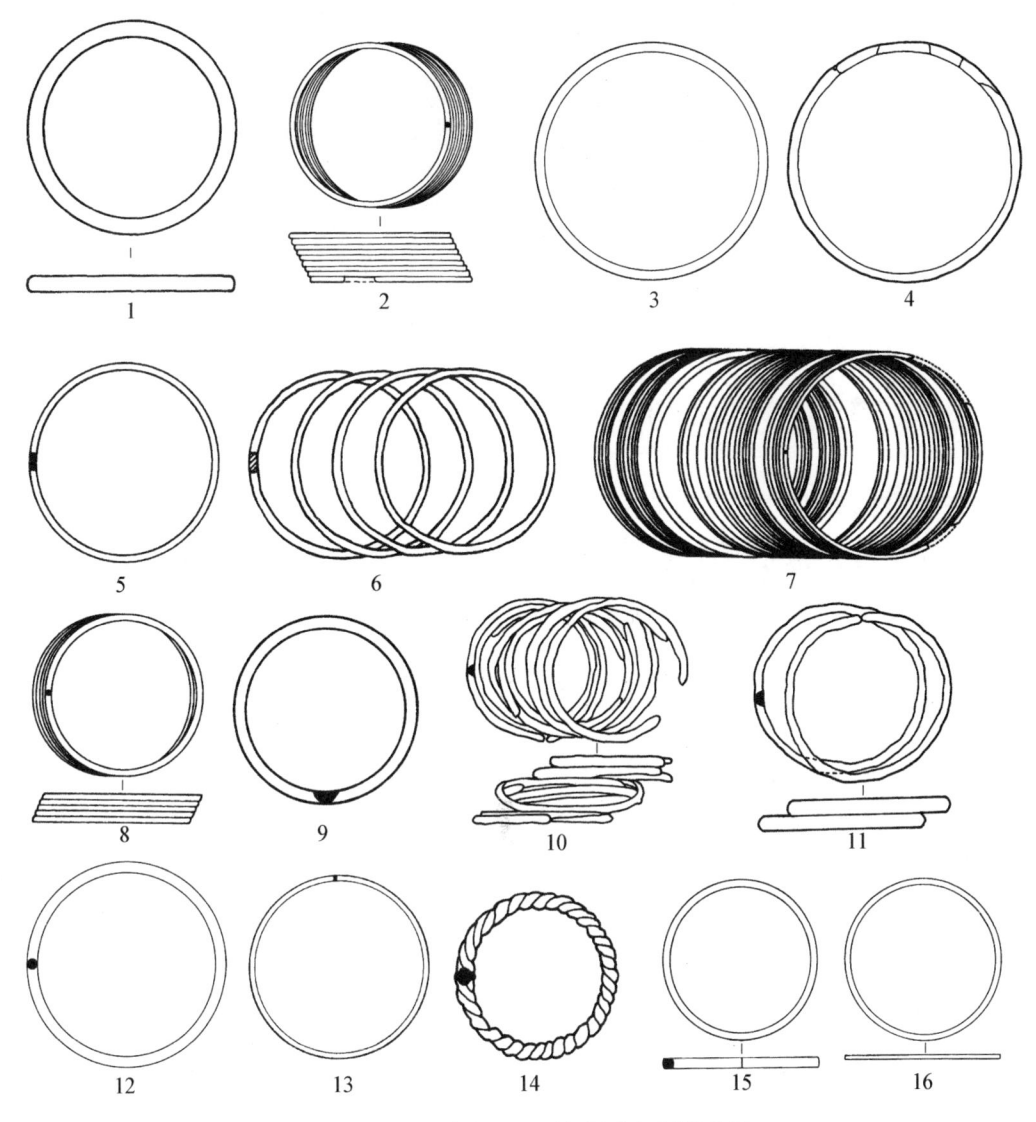

图 2-159　云南出土 F 型相同或相似铜手镯

1、2. 水富张滩(M10：10、M10：3)　3. 昭通小湾子(M21：10)　4. 昭通永善青龙村　5. 曲靖八塔台(M18：2)　6. 曲靖横大路(M110：3)　7、8. 泸西石洞村(M65：1-2、M8：3)　9～11. 泸西大逸圃(M12：1-2、M167：2-1、M164：3)　12～15. 昆明羊甫头(M113：232、M150：37-1、M147：23-2、M96：8)　16. 宜良纱帽山(M1：13-1)

3. 简单认识

手镯是战国秦汉时期"西南夷"族群最喜爱使用的装饰器,数量和类型均很多,一些重要墓地如昆明羊甫头、江川李家山、呈贡天子庙①等出土铜手镯不仅数量多,而且类型多样,包括 A、B、D、E、F 各型,并且还有一些贵州境内不见的形制。这些手镯主要以羊甫

---

① 昆明市文物管理委员会:《呈贡天子庙滇墓》,《考古学报》1985 年第 4 期。

头 M113、M19 等大型墓出土为多,尤其 A、D 型镯主要出土在大中型墓中,小墓少见,可能是具有一定等级和身份者的饰物。

在滇西北和滇西的楚雄万家坝、剑川鳌凤山等墓地,亦出土有同贵州 E 型和 F 型相似的铜镯。如楚雄万家坝出土铜镯 130 件,其中同贵州 E 型相似者 3 件,手镯中部有一圈镂孔,同 F 型相似者数量较多,相对完整者 127 件,往往数十件叠放共出①。剑川鳌凤山出土宽片状镯有的留有缺口,中部饰菱纹(图 2-158,19),同滇文化中心区及贵州西部出土铜镯存在较大区别,显示出另一区域的文化个性。

F 形铜镯不仅流通在战国秦汉时期的"西南夷"遗存中,在紧邻"西南夷"的水富张滩等巴蜀文化浓厚的遗存和西汉晚期至东汉时期的汉文化遗存中还有不少发现,是使用范围最宽、延续时间最长的手镯类型,它不像 D、E 等型式,随着汉文化的传入而迅即消失。

赫章可乐、威宁中水等墓地出土的挂铃、筒形饰、条形镯、带钩、铜釜等表明,处在巴文化南部边缘区的水富张滩等墓地,同"西南夷"墓地遗存亦具有较强的文化联系。

六、铜　　铃

1. 型式划分

铜铃出土地域宽,数量也很多,重要的包括赫章可乐甲类墓出土 2 件(M8:77、M7:5)、乙类墓出土 100 件(1978 年出土 40 件、2000 年出土 43 件、2012 年出土 17 件)、威宁中水 6 件、镇宁田脚脚遗址 3 件、贞丰浪更燃山石板墓地 2 件,另在望谟县、六枝特区等地亦集中发现数件甚或数十件各种形制的铜铃,使贵州境内出土铜铃接近 200 件。但对这近 200 件小型青铜装饰器,资料报道却异常简略,如对赫章可乐 1978 年出土的 40 件铜铃,发掘报告中就仅有"铃 40 件。其中 39 件扁圆形,横断面呈椭圆形。M187 出 15 件,口微弧曲,顶上一钮,中一圆孔,长 1.8 厘米。另一件(M42:3)圆筒形,顶上一钮,已残断,长 3.2 厘米"②的简单观察,且没有相应的线图和照片,给我们对贵州出土战国秦汉时期铜铃进行型式划分带来了相当困难。

根据铃身和钮形态不同,可将贵州境内出土的铜铃粗分为下列几型:

A 型:桶形桥钮铃。6 件。根据铃身差异可分为五式:

A I 式:铃顶圆弧形,肩宽于铃口。1 件。可乐 M373:7 横断面椭圆形,桥形钮两侧较直,钮下有一铃舌孔,舌已不存,素面但器表附纺织物残痕,通高 27.5 厘米(图 2-160,1)。

A II 式:铃顶平直,肩宽窄于铃口。可乐 M373:8 横断面圆形,桥形钮,内存一圆柱状木铃舌,舌长 12.4 厘米,通高 17.7 厘米(图 2-160,2;彩版三,11)。

---

① 云南省文物工作队:《楚雄万家坝古墓群发掘报告》,《考古学报》1983 年第 3 期。
② 贵州省博物馆考古组、贵州省赫章县文化馆:《赫章可乐发掘报告》,《考古学报》1986 年第 2 期。

AⅢ式：2件。铃顶平直，肩宽窄于铃口，铃身斜直，铃口内弧。可乐 M342：58 横断面椭圆形，桥形钮较高呈半环状，内顶半圆形铃舌挂环，铃舌不存，通高3.2厘米（图2-160,3）。可乐 M342：51 横断面椭圆形，桥形钮较矮，钮孔不规则，内顶半圆形铃舌挂环，铃舌不存，通高3.4厘米（图2-160,4）。

AⅣ式：1件。铃顶圆弧形，肩窄于铃口。可乐 M373：5 横断面椭圆形，桥形钮，中挂柱状铃舌，铃身正面饰人面形纹，通高11.6厘米（图2-160,5;彩版三,6）。

AⅤ式：1件。铃顶圆弧形，铃口平齐。中水 M15：2 顶窄，铃口断面圆形，钮高，铃身内上侧有横栓以挂舌，舌不存，通高6厘米（图2-160,8）。

B型：弧形口合瓦状桥钮铃。数量最多，主要集中出土于赫章可乐。根据铃身差异可分为四式：

BⅠ式：20件。铃顶圆弧近平，半环状桥钮，铃口内弧，断面椭圆形，铃舌伸出口外。中水 M42：14 铃口双侧斜出如"八"字，内顶半环挂铃，通高2.3厘米（图2-160,6）。中水张 M2：3 铃身接近 M42：14，但铃口双侧仅略斜出，内顶半环挂一锤形铃舌，通高2.8厘米（图2-160,18）。可乐 M373：12 桥形钮外侧与铃身呈圆弧形，铃口内弧，内顶半环挂一柱状锤形铃舌，通高4.6厘米（图2-160,7）。可乐 M373：13 形制同 M373：12，通高4.5厘米（图2-160,10）。

BⅡ式：1件。可乐 M310：2 铃顶圆弧至两侧面，桥形钮，铃身双弧面，铃口略内弧，断面近圆形；铃内上侧一横梁插于两侧壁小孔内以承棒槌形铃舌，铃舌上端为环形，横梁处外壁铆焊固定，铃面上留有明显疤痕，通高5.1厘米（图2-160,9）。

BⅢ式：9件。铃身较宽，顶较平，桥形钮，顶部有双平肩，铃口平齐或略内弧。可乐 M330：4 残，铃舌挂于内顶半环状挂环上，伸出口外，铃面饰花瓣形图案，通高3.15厘米（图2-160,11）。可乐 M274：5 内顶置半环状挂环，铃舌不存，铃身两面饰花瓣形图案，通高3.3厘米（图2-160,12）。可乐 M271：15 铃身扁圆，内顶半环状挂环掉落，铃舌不存，铃身两面饰花瓣形图案，通高3.3厘米（图2-160,13）。

BⅣ式：数量最多。铃身窄，体量小，桥形钮外壁与两侧壁连成一弧形，无肩，铃口多内弧。内顶半环状挂环，铃舌上端有孔穿挂于环上，铃身两面饰花瓣形图案，通高2.6~2.8厘米（图2-160,14~16）。BⅣ式铃集中出土在可乐 M271 和 M274 等少数墓葬中，M274 出土的17件铜铃有5件同玛瑙管、骨珠、铜挂饰等连缀，佩于墓主颈部，其余12件佩于墓主左侧手腕。

C型：1件。矮筒形对称空耳铃。镇宁田脚脚遗址调查采集。顶圆弧形，口平齐，铃顶两侧对称空耳，内置挂舌铜圈1条，舌已不存，口宽5.4厘米，通高4.1厘米（图2-160,19）。

D型：钟形圆环钮铃。全部出土于望谟县巧散村。40件，可分为两式：

DⅠ式：27件。铃顶圆弧，铃身扁六棱形状，铃口平齐，口部加一圈条形重沿。96W24 铃身较宽，正面中部有十字形穿孔（图2-160,22）。96W20 铃身扁窄，正面中部有近圆形穿孔（图2-160,23）。

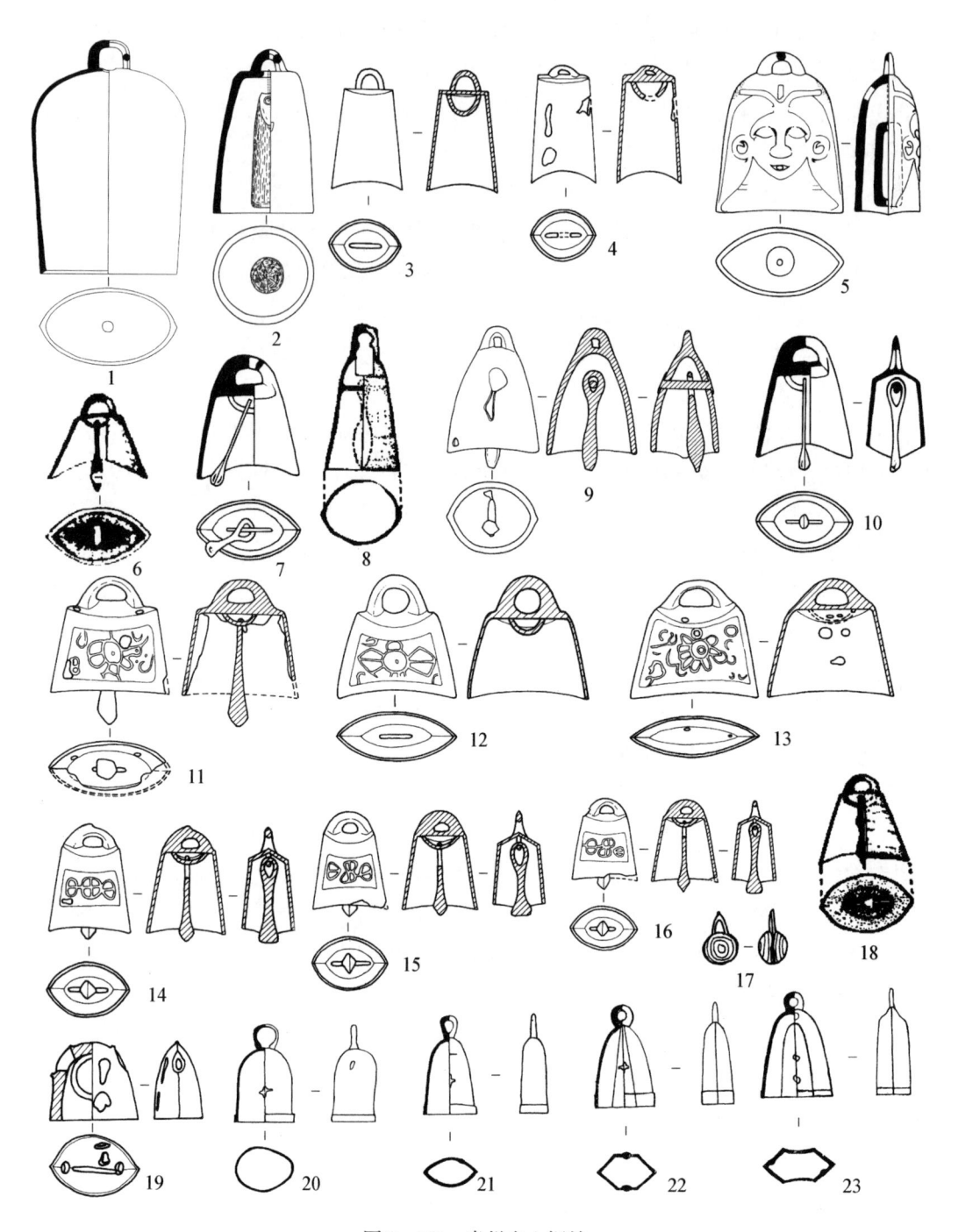

图 2-160 贵州出土铜铃

1. 可乐 M373：7 2. 可乐 M373：8 3、4. 可乐 M342：58、M342：51 5. 可乐 M373：5
6. 中水（M42：14） 7. 可乐 M373：12 8. 中水（M15：2） 9. 可乐 M310：2 10. 可乐 M373：13
11. 可乐 M330：4 12. 可乐 M274：5 13. 可乐 M271：15 14～16. 可乐（M271：3、M271：13、M271：4）
17. 镇宁田脚脚（T17④：4） 18. 中水（张 M2：3） 19. 镇宁田脚脚采集 20. 望谟巧散（96W41）
21. 望谟巧散（96W32） 22. 望谟巧散（96W24） 23. 望谟巧散（96W20）

DⅡ式：13件。铃顶圆弧，铃身椭圆或近圆形，铃口平齐，口部加一圈条形重沿。96W41铃身浑圆，正面中部有十字形穿孔（图2-160,20）。96W32铃身扁圆，上小下大，正面中部有十字形穿孔（图2-160,21）。

E型：圆球形小铃2件。铃身双半球形，上端半环形钮，下端开有铃口。镇宁田脚脚T17④：4铃面饰同心圆纹（图2-160,17）。

2. 比较分析

在所有出土的铜铃中，AⅠ式铃形体较大，因而一些简报直接称为铜钟或铜编钟，如四川盐源老龙头M42（图2-161,1）、晋宁石寨山M6（图2-161,2）和云南江川李家山M51（图2-161,3）等出土的青铜编钟与可乐出土的AⅠ式铃极为相似，只是江川李家山和晋宁石寨山铜编钟出土在滇王等高等级大墓中，并以成套的形式出土。赫章可乐M373也是目前可乐发现的少数墓坑较大、随葬品也较丰富的大墓，坑里出土的铜铃虽形体不同但大小有别，似成一序列（图3-14），它们是否也具有晋宁石寨山M6编钟或编铃的象征意义尚不能确定。

AⅣ式铜铃形制接近AⅠ式但较矮，其铃面装饰的人物上半身形象非常具有特征，与其相接近的铜铃可在元江打篙陡墓地M25（图2-161,9）中找到；但也有明显不同，元江打篙陡墓地M25出土的铜铃更扁，铃面装饰的主要是人面部图案，不同于贵州出土的AⅣ式铜铃将人的颈部和肩部也表现出来。

B型铃是贵州境内铜铃的主要型式，数量多而集中，基本相同或相似的铜铃在云南晋宁石寨山（图2-161,5）、江川李家山（图2-161,10）、曲靖八塔台（图2-161,7、8）、泸西大逸圃（图2-161,11、12）、个旧黑玛井（图2-161,13）和广西西林普驮（图2-161,14）等广大范围内都能找到，它是"西南夷"族群的重要饰物。川西南大石墓中也有一定数量的出土（图2-161,15、16），但形制介于A型与B型之间，地域特征明显，与可乐等地铜铃存在差异。

C、D型铜铃主要发现在贵州西南部，虽然普安铜鼓山遗址出土有冶铸铜铃的石范，但考古发现出土铜铃不多，现有资料多为零星出土，其形制与云南滇青铜文化墓地和赫章可乐墓地等不同，相似铜铃在广西武鸣马头安等秧山战国墓地[1]中有一些发现（图2-161,17），可能显示C、D型铜铃与岭南地区具有一定的联系。

3. 简单认识

铜铃是战国秦汉时期夜郎等"西南夷"族群喜爱的小型青铜饰件，从云南滇文化墓地中铜铃多为铜伞等的边缘挂饰或衣物等上面的佩件观察，这种小铜铃可能主要是作为装饰器使用。

---

[1] 广西壮族自治区文物工作队、南宁市文物管理委员会、武鸣县文物管理所：《广西武鸣马头安等秧山战国墓群发现简报》，《文物》1988年第12期。

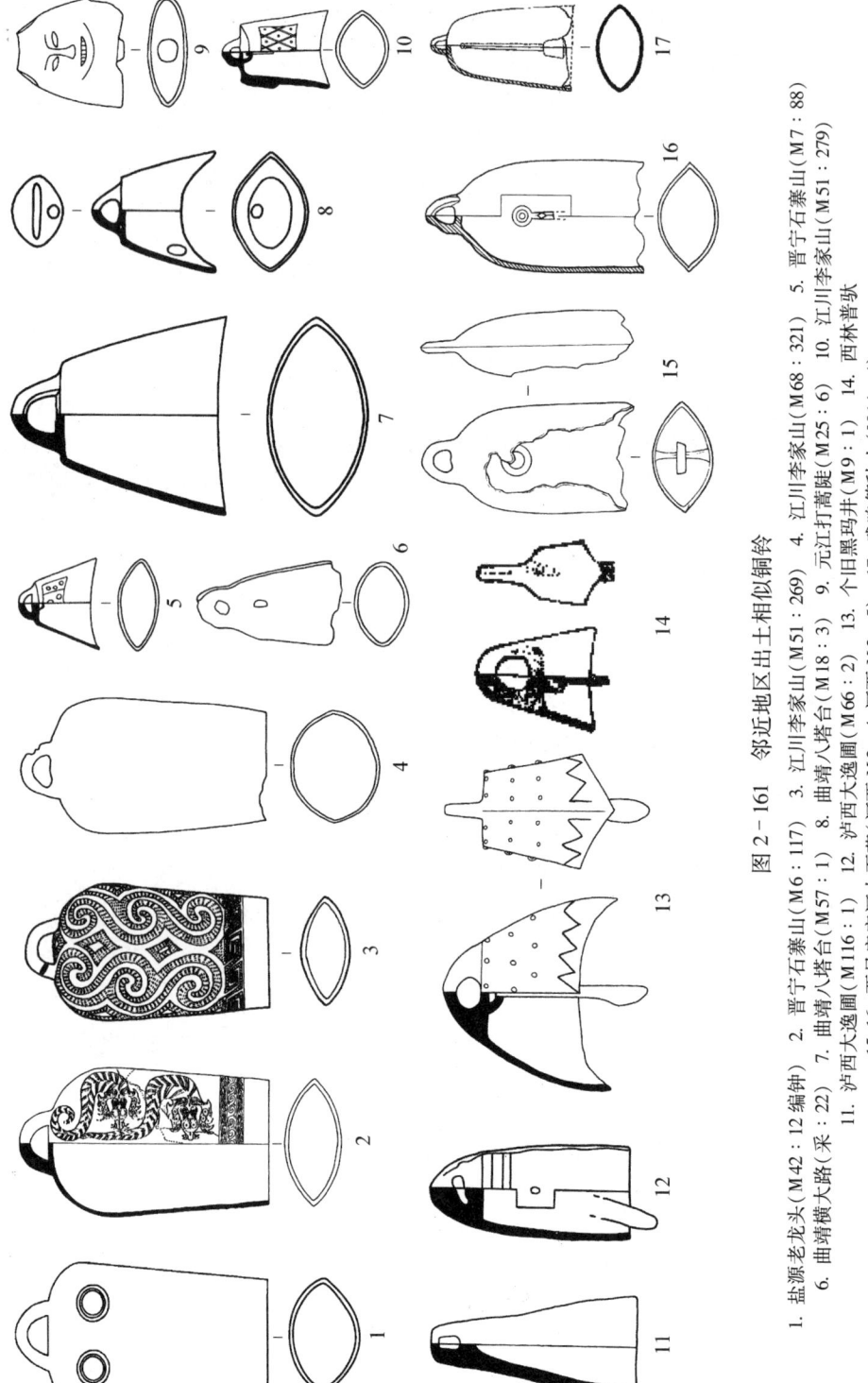

图 2-161 邻近地区出土相似铜铃

1. 盐源老龙头(M42:12 编钟) 2. 晋宁石寨山(M6:117) 3. 晋宁石寨山(M6:117) 4. 江川李家山(M68:321) 5. 晋宁石寨山(M7:88) 6. 曲靖横大路(采:22) 7. 曲靖八塔台(M57:1) 8. 江川李家山(M51:269) 9. 元江打蒿陡(M25:6) 10. 江川李家山(M51:279) 11. 泸西大逸圃(M116:1) 12. 泸西大逸圃(M66:2) 13. 泸西大逸圃(M2:4,河西M2:5) 14. 西林普驮 15,16. 西昌安宁河大石墓(河西M2:4,河西M2:5) 17. 武鸣等秩山(M14:4)

贵州及邻近地区出土铜铃可大致分为下列几个区域：

A 型桥钮桶状铃，主要分布在滇池及其以北、川西南及赫章可乐等云贵高原偏北区域，铃个体大，常被称为编钟，发现在较高级贵族墓中。

B 型桥钮合瓦状扁体铃，集中出土在赫章可乐及广西西林普驮铜鼓墓中，以可乐墓地最为集中，但单座墓葬以广西西林普驮铜鼓墓①数量最多，出土约 200 件，不少滇文化墓地有一些出土，但数量远不如上述两个地区。

C、D 型圆环钮筒形铃，集中出土在贵州西南部一带，个体小，铃形状多样，相似器形常见于岭南，同岭南青铜铃具有密切关系。

第六节　青铜模型器与杂器

贵州出土的战国秦汉时期青铜器，除容器、兵器、生产工具、装饰品、乐器外，还有相当数量的灯具、熏炉、铜镜、印章和几案等，也是人们重要的日常生活用品，我们将其一并作为杂器分析。

汉人事死如生，常将生前所有的房屋、车马、水田等做成模型放入墓内，以供墓主在另一世界继续享用，因而贵州汉墓中还出土有铜车马、铜人俑、动物和摇钱树等各种模型明器。

青铜杂器和模型明器几乎全部出土在普通汉文化墓葬中，与这些汉墓大约同时或略早的夜郎系地方族群墓葬出土的青铜器主要是容器、兵器和装饰品等，分别反映着两种不同的丧葬习俗和青铜文化传统。

一、铜车马和铜人俑

贵州出土的汉代车马器不多，且主要集中出土在黔西南州的兴义万屯和兴仁交乐汉墓中，两墓地基本相连。经过 1978 年和 1987 年两次较大规模的发掘和一些零星清理，目前万屯汉墓群清理墓葬 9 座，出土铜车马 1 套（M8∶33）；交乐汉墓群清理汉墓 20 余座，出土铜车马 3 套，包括铜车马残件②。

1. 铜车马

4 套，仅万屯 M8 出土者修复完整，交乐汉墓出土的 3 套均未能修复，因而无法进行类型分析，只能分别介绍。

万屯 M8 铜车马由车和马两部分组成，车马通长 123 厘米，马高 88 厘米；马头上抬，双

---

① 广西壮族自治区文物工作队：《广西西林县普驮铜鼓墓葬》，《文物》1978 年第 9 期。
② 贵州省博物馆考古组：《贵州兴义、兴仁汉墓》，《文物》1979 年第 5 期；贵州省文物考古研究所：《贵州兴仁交乐汉墓发掘报告》，《贵州田野考古四十年》，贵州民族出版社，1993 年；贵州省文物考古研究所：《贵州兴仁县交乐十九号汉墓》，《考古》2004 年第 3 期。

耳尖耸,张嘴,作驾车行走状;车马分段铸造组装而成,马头、耳、颈、身、四肢和尾皆可拆卸,马辔有多处鎏金;车带篷,车箱长方形,前方可上下,车轮十二辐,辐呈片状,双辕前端曲伸与衡相连(图2-162,1;彩版四,1)。

交乐M6车、马均残,马造型同万屯M8;车存车轮和车箱,车箱作长方形,两边及前方均有挡板,箱底为菱形镂空板。轮为宽牙,每轮十四辐,衡仅存一段(图2-162,2)。

交乐M14仅存马腿、尾和轮、辐、衡一部分,马腿残长22～35厘米,尾长25厘米,轮径55厘米(图2-162,3)。

交乐M19残存铜车马残件包括铜伞盖、盖弓帽、车轮帽条、铜马残件等(图2-162,7～10)。

图2-162 贵州出土铜车马、车马残件及人俑
1. 万屯M8:33 2. 交乐M6:1 3. 交乐M14:8 4. 交乐M14:29 5. 交乐M6:34
6. 交乐M19:24-1 7. 交乐M19:24-6 8. 交乐M19:24-3 9. 交乐M19:24-13 10. 交乐M19:24-2

兴仁交乐 M14 和 M19 所出车马残损严重,其大小和形态均不能复原。M6 车马大部分可复原,马、车均较万屯 M8 所出高大,车箱形态亦不同于万屯 M8。这种差异既可说明车马主人性别不同,如 M8 车主就被推测为当时某县令(长)的妻妾一类人物[①],亦可表示墓主的地位差异。

2. 人俑

3 件。兴仁交乐汉墓 M6、M14 和 M19 各出土 1 件,可与墓中出土的铜车马对应,或为驾车俑,或为侍俑。根据俑的性别和形态不同分为两型:

A 型:2 件。驾车俑,皆男坐俑。依双手驾车姿势不同分为两式:

A Ⅰ 式:交乐 M14∶29 坐像下有一内空断面呈三角圆弧形的座垫,俑高 28.8 厘米。俑像长脸高鼻,弯眉大眼,上下唇均留较长胡须,头戴"凸"字形巾帻,身穿长领宽襟外套,内罩高领衫,双手握于胸前,手中留驾车执绳的穿孔(图 2-162,4;彩版四,2)。

A Ⅱ 式:交乐 M19∶24-1 跽坐状,俑高 33 厘米。头戴平顶巾帻,身穿右衽长袍,双手向前平伸执辔作驾车状(图 2-162,6)。

B 型:1 件。女立俑。交乐 M6∶34 作站立状,下身略残,头顶巾帻在后侧形成花瓣状,身着右衽长袍,脚穿翘头靴,左手斜收于腹部,右手握于胸前(图 2-162,5)。该俑与 A 型男驾车俑差别较大,但交乐 M6 出土有残铜车马,可能系墓主车马出行时的女侍之类。

3. 比较分析

贵州汉墓发现较多,分布地域也比较广,但目前出土的铜车马及驾车铜俑只集中出现在兴仁交乐和兴义万屯墓地,两墓地紧邻,墓葬基本相连,虽分属兴仁县和兴义市管辖,其实可作为一个整体对待。

出土铜车马的 4 座墓葬,除 M6 为长方形单室券顶石室墓外,其余 3 座皆为大型多室砖墓,这些墓葬无论是长宽还是面积在贵州汉墓中都是最大的。万屯 M8 为带甬道的前后室砖墓,后室底部高出前室和甬道 0.23 米,东侧放棺,棺底四角各垫汉砖 2 块,棺西侧放置以酒器为主的生活用具,前室和甬道底用砖铺成"人"字形,主要放置各种随葬器物,铜车马放置在甬道内,发掘者推测墓主应为县令和其妻妾一类。交乐 M14 为同一封土下两个形制完全相同的多室墓,每一墓均为带甬道、前堂、双后室和侧室的大型多室砖墓,其结构之复杂为目前贵州汉墓所仅见,墓内出土有"巴郡守丞"印章,因而墓主被认为是郡县一级统治者。交乐 M19 为呈十字形的多室砖墓,由前、中、后、左、右五室组成,前后、左右室长近 10 米,墓室虽被盗严重,仍残留有说唱俑、吹箫俑、舞俑、庖厨俑、听乐俑、陶牛、房屋模型等陶器和簋、耳杯、簪、镜、车马器和摇钱树

---

① 贵州省博物馆考古组:《贵州兴义、兴仁汉墓》,《文物》1979 年第 5 期。

等青铜器。发掘者认为M19同M14两墓规模和年代相当，墓中都出土有铜车马，因而M19的墓主身份亦与M14墓主身份相当，可能为郡或县中的高级官吏。由此可知，兴仁交乐或兴义万屯一带应是汉代的某一行政中心所在，我们结合文献记载推测这里可能是西汉牂柯郡所辖宛温县县治所地，蜀汉之后为分牂柯郡和益州郡新置的兴古郡郡治所在①。

在贵州的清镇至安顺一带，是汉文化遗存的另一集中分布区，这里不仅发现大量汉墓，还发现大型聚落遗址和窑址等。宁谷汉遗址中出土有较多"长乐未央"瓦当和大量筒瓦、板瓦等建筑构件，被不少考古学者推测可能是汉牂柯郡郡治所在。这一带的汉墓中也出土有铜马模型，如清镇M15出土的铜马高18.5厘米，体态肥硕，张嘴，嘴含角环，短尾上翘（图2-163,3）；宁谷M28铜马高仅10厘米，昂首站立，背上配有马鞍（图2-163,5）；清镇大星出土的铜马亦配缰绳和马鞍，马尾端上卷（图2-163,6）。但清镇至安顺一带出土的铜马模型个体很小，用合范一次性浇铸，造型较为粗糙，且没有铜车伴出，既同交乐、万屯等铜车马中的马差别较大，也不同于云南、广西等地出土的铜马。

在四川、云南、广西邻近地区汉墓中，亦有一些铜马出土。如四川成都青白江战斗村出土的铜马形体瘦高，与贵州兴义M8出土的驾车马非常接近（图2-163,1）。合浦风门岭M26出土的铜马②作站立张嘴嘶鸣状，全身肌肉结实，马身未配鞍，亦不见铜车伴出（图2-163,4），同马一道还出土有铜牛、铜狗和铜鸟各2件，显然它仅是作为家畜的一种在墓中表现。昆明羊甫头汉文化墓葬中出土的铜马右前脚抬起作行走状，而且能看出其为公马（图2-163,2）。这些铜马与贵州兴义万屯、兴仁交乐等地出土的铜马体形接近，铸造工艺相同，均采取分段铸造、子母口套合拼接组装的方法——合浦马分头、身、四肢和尾等7段分别铸造，再用子母口套接装配而成，接口处似曾用胶粘合加固；万屯马被分成头、耳、颈、身躯、尾和四肢11段铸造，然后子母口套合并用17个栓销固定，两耳和尾套接后则用白色粘料加以固定。不过，从总的造型来看，贵州万屯铜车马中的马造型更接近四川成都出土的铜马，成都双流出土的陶车马同交乐M6铜车马也异常相似，联系出土铜车马的兴仁交乐M14号墓葬中出"巴郡守丞"铜印章，当时流行在这一区域内的铜车马可能系从巴蜀输入或巴蜀南下移民在当地铸造。

分锻铸造铜马在中原地区也有发现，如1981年在河北徐水防陵村一汉墓中出土的铜马③就采用头、耳、身、腿和尾分铸再套接成全形的方法铸造。我们认为包括贵州兴仁交乐在内的中国南方地区出土的上述铜马所采用的分铸铆接工艺应源自中原地区，它同贵州安顺等地汉墓出土合模铸造的小铜马工艺不同。

---

① 张合荣：《夜郎文明的考古学观察——滇东黔西先秦至两汉时期遗存研究》，科学出版社，2014年，第303页。
② 广西壮族自治区文物工作队、合浦县博物馆：《合浦风门岭汉墓——2003～2005年发掘报告》，科学出版社，2006年，第53页。
③ 保定地区文物管理所：《河北省徐水县防陵村二号汉墓》，《文物》1984年第4期。

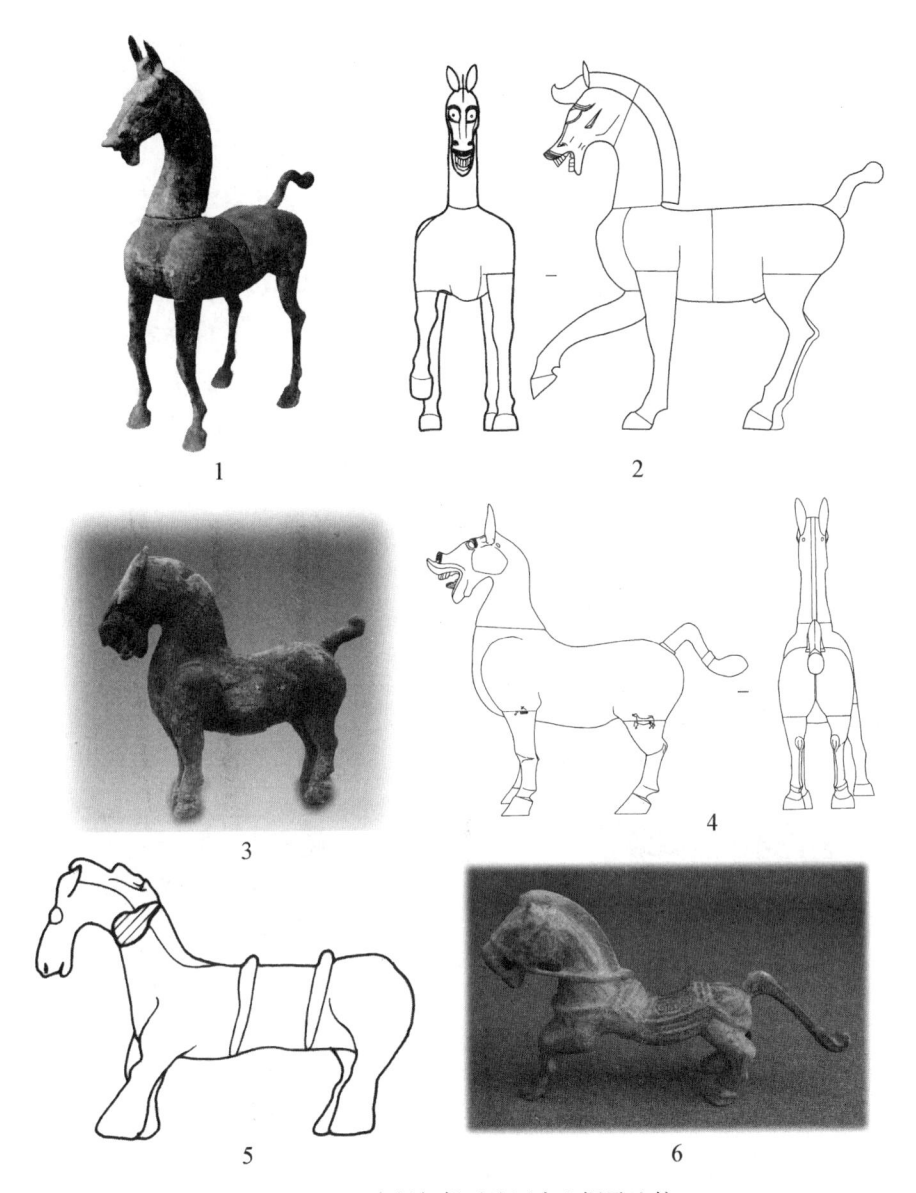

图 2-163　贵州与邻近地区出土铜马比较
1. 成都青白江战斗村　2. 昆明羊甫头（M268∶23）　3. 清镇（M15∶25）
4. 广西合浦（M26∶6）　5. 安顺宁谷（M28∶3）　6. 清镇大星

二、青铜摇钱树

在贵州已清理的汉墓中，出土摇钱树的汉墓达20余座，略占墓葬总数的1/10，几乎涵盖了贵州汉墓的分布范围，说明在贵州汉墓内随葬青铜摇钱树是比较流行的社会现象。但由于贵州汉墓多数被盗，残存的摇钱树也不完整，除少数墓葬中残存有树座或树干外，多数墓葬仅剩枝叶残片，无法修复，因而只能分别简单介绍：

1. 树座

根据质地不同可分为陶树座、石树座和青铜树座3类：

第一类：陶质树座，出土数量不多，基本完整者按造型可分为四型：

A型：人骑羊树座。沿河洪渡M7:8树座为一弯角卧羊，羊背上铺有鞍垫和索套，背上骑一人，面向左侧，双手抱住一空心圆柱，柱口平沿，外表有三道粗细不一的凸棱，柱孔为安插摇钱树干之插孔。从羊身下部参差不齐的断口分析，羊身下部还有底座之类（图2-164,1）。

B型：土丘卧羊树座。兴仁交乐M6:43泥质灰白陶，座底形如椭圆形土丘，内空，外侧由高浮雕的鹿、猴、鹤、羚、玄武排列成一周，围于座下：鹿作行走状，昂首挺胸，鹿角上指；猴子蹲坐，双手捧仙桃一个；羚羊匍匐，抬头竖耳，一对长角斜伸向后方；玄武龟蛇两嘴相对，作爬行状，蛇身缠绕龟颈、尾各一周；鹤为一对，一只昂首而立，一只俯身屈肢，作觅食状。土丘上方塑一俯卧的羊牺，羊头低垂，下颌紧贴座身，羊角卷曲，羊的四蹄折于腹下，尾贴于臀上，两后腿分开，骑跨于座上；羊背中部盘踞一兽，狮头蛇尾，头长双角，腿有羽翼，口露尖牙利齿，长尾从臀下盘绕一圈折向后背，整个身子围绕插口盘旋一周，形成首尾相连；兽背正中一圆形插口，供铜质摇钱树主杆插入（图2-164,2）。

C型：辟邪树座。务川大坪M13出土，辟邪置于一长方形垫板上，抬头张嘴，威武雄健，背有插孔（图2-164,3）。

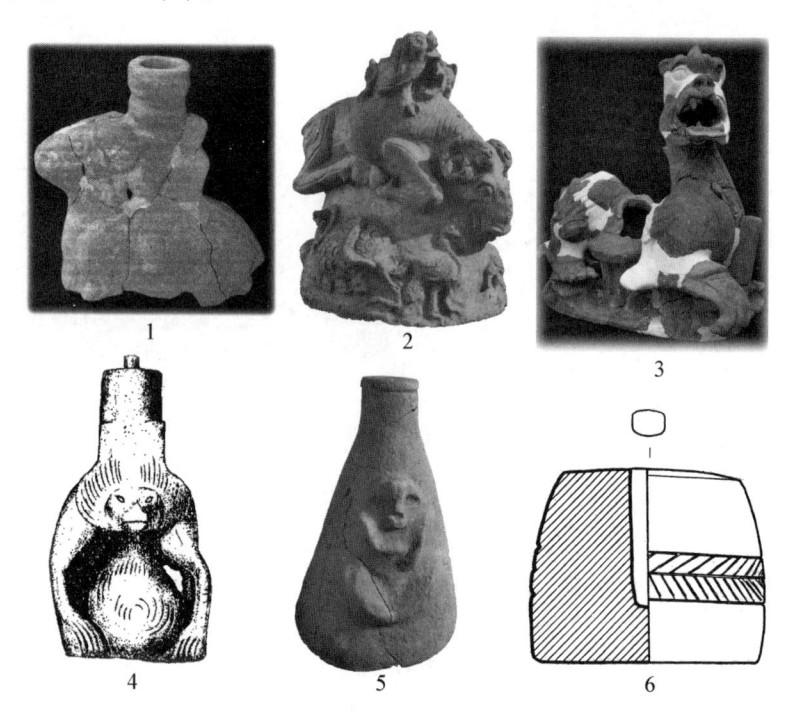

图2-164 贵州出土摇钱树座

1. A型陶树座（沿河洪渡M7:8） 2. B型陶树座（兴仁交乐M6:43） 3. C型陶树座（务川大坪M13）
4. 青铜树座（清镇M11） 5. D型陶树座（务川大坪） 6. 石树座（西秀宁谷M29:3）

D 型：覆桶形树座，主要集中出土在务川大坪汉墓，部分腹部塑一动物（图 2-164,5）。

第二类：石树座。集中出土在贵州中部地区的清镇、平坝至西秀区一带汉墓中，包括清 M1 出土 1 件、宁谷 M29 出土的 2 件。石树座造型比较简单，为一上下两面平整的圆台状，正中有一圆形插孔。M29：3 台面略小，正中插孔呈椭圆形，腰部刻三周凹槽，中部刻对称矢状短斜线（图 2-164,6）。

第三类：青铜树座。目前仅见于清镇 M11，为一蹲兽形，双手平伸于腹部，身上有毛发，头顶圆柱形，中有插孔（图 2-164,4）。原报告将其称为"兽形圆盘足"，但从该墓出土有摇钱树干和枝叶残片看，应为树座。

2. 树干

出土数量不多，残存长短不一，多为铜皮内包铁砂，保存较长树干铸有分段插放树枝的插口。依树干上的装饰图案，分为下列几型：

A 型：树干上铸佛像图案。务川大坪 M10 青铜树干上铸有一尊佛像[1]，结跏趺坐，左手提衣襟，右手施无畏印，顶有肉髻，高鼻大眼，面容丰润，着右襟圆领衣，其纹理清晰可见（图 2-165,4）。清镇 M11 出土的摇钱树干上亦铸人物造像，罗二虎认为系两尊早期佛像[2]；两座佛像造型基本相同，佛像与树干融合在一起，用双范合铸而成，佛像一高 4.7 厘米，宽约 2.8 厘米，结跏趺坐，头顶上有高肉髻，头发呈纵向，着通肩衣，双手置于身体前面并且似乎都是握住衣角，双手之间的衣服下摆呈 U 字形，垂至足前（图 2-165,3）。

B 型：树干纵向装饰波纹，各段分铸璧形圆钱纹一个。分两式：

B I 式：树干圆形，插口呈 V 型。兴仁 M7：20 残存 5 断，残长 96 厘米（图 2-165,2）。

B II 式：树干椭圆形，插口方形。树干中部铸有动物（图 2-165,5）。

C 型：圆形树干，长方形插口。交乐 M6：32 通体饰纵向波纹，各段中部铸一对童子抱柱，童子上方铸圆形方孔钱纹，通长 92 厘米（图 2-165,1）。

D 型：树干椭圆形，为铜皮内包铁沙心，素面无纹。赫章可乐 M3、安顺宁谷 M29 等有出土。宁谷 M29：20 残存约 7 厘米（图 2-165,6）。

E 型：树干铁质。出土于宁谷 M22。树干中部用铅片套装其上，形似竹节，周围有 6 个插孔，每孔插一剪轮铜钱形的一树枝。

3. 枝叶残片

出土数量较多，但多残损严重，树枝形态和枝叶所附图像残缺不全，只能大致分为下列几型：

---

[1] 李飞：《务川大坪汉墓的新发现与新认识》载《文博与发展——贵州文化遗产保护文集（一）》，贵州科技出版社，2010 年。

[2] 罗二虎：《试论贵州清镇汉墓出土的早期佛像》，《四川文物》2001 年第 2 期。

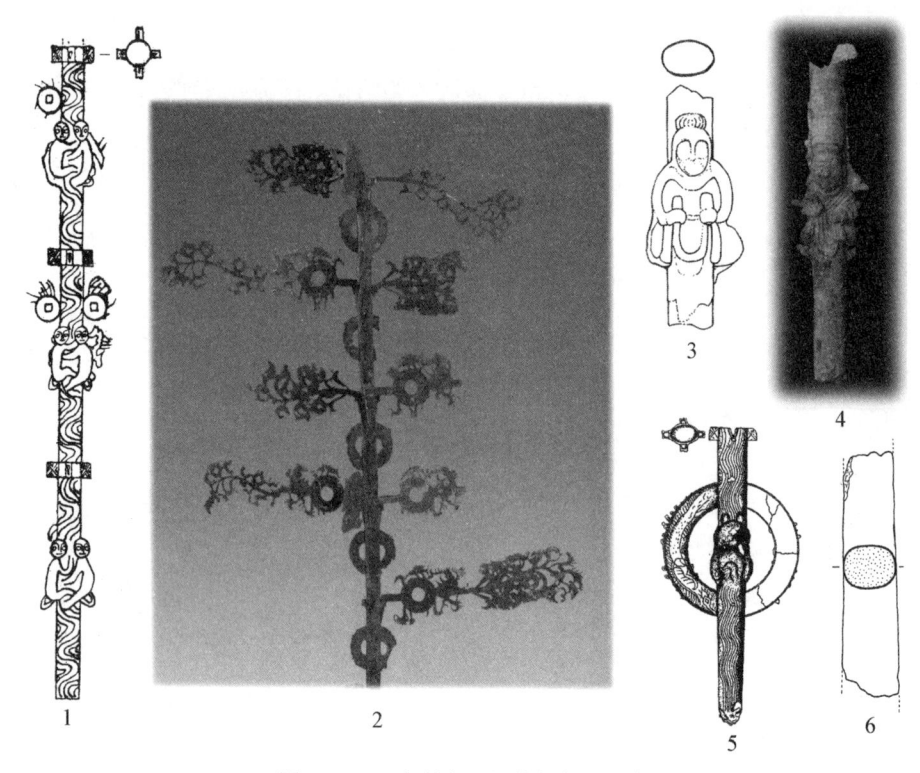

图 2-165　贵州出土摇钱树树干残件
1. 兴仁交乐 M6∶32　2. 兴仁交乐 M7∶20　3. 清镇 M11　4. 务川大坪 M10　5. 清镇 M1　6. 宁谷 M29∶20

A 型：长条芭蕉叶形树枝。树枝整体造型如芭蕉叶状，主干上下两侧茎脉间铸方孔圆钱及各种图案，外侧为呈平行状的细叶芒刺。按钱纹或图案不同，可粗分为下列几式：

A I 式：主茎上下侧均以方孔钱纹为主体。清镇 M1 出土的残枝均主要铸圆形方孔钱纹（图 2-166,1）。赫章可乐摇钱树枝叶片上铸"千万"字样，有的钱纹间铸奔驰的车马或各种人物，人物姿态各异，有前行后送、回首顾盼、持械相斗、吹奏舞蹈等①（图 2-166,2）。交乐汉墓 M7 残树上则铸有飞鸟（图 2-166,3）。

A II 式：主茎上下方孔钱纹较简略。安顺宁谷 M29 出土的摇钱树枝铸奔走的神兽（图 2-166,4）。可乐汉墓出土的摇钱树残枝上铸奔驰的车马（图 2-166,5）。

A III 式：主茎一侧以方孔钱纹为主，另一侧铸人物、神兽等各种图案。兴仁交乐 M2 出土的钱树枝下侧铸六钱纹，上侧前铸花叶，花叶后立一凤形鸟，鸟后一大人、一小人，小人在前奔跑，且回首顾盼大人，前面立鸟作受惊欲飞状（图 2-166,6）。

B 型：龙形树枝。许多地区均有出土。枝叶呈龙形，龙嘴中含一空心扁平方形插条，龙身弯曲，颈上有光芒，龙尾做成尖锥状以插入树干插孔，龙身上下铸方孔圆钱纹（图 2-166,7）。

---

①　赫章可乐汉墓出土摇钱树残枝发掘报告中未分别注明出土的具体墓葬和编号，只是笼统进行了介绍，此处亦只能是"赫章可乐汉墓"笼统标注。

C型：圆璧形。树枝下方为一圆璧，璧侧铸一扁圆形插孔。宁谷M29：4-5残，但圆璧上方铸有神兽（图2-166,9）。交乐M2：3圆璧上方铸骑鹿持矛仙人图案，鹿为梅花鹿，长角短尾，身有翅，张嘴站立在奇花异果丛中，骑鹿仙人头戴冠，冠顶缀缨，昂首，双目向上，身系树叶状围裙，右手持矛，左手持一枝（图2-166,8）。

D型：钱纹树枝。兴仁交乐M2出土。树枝一主体为圆形方孔钱纹，钱一侧有插孔，其他侧面饰侈出的钱芒和图案（图2-166,11）。

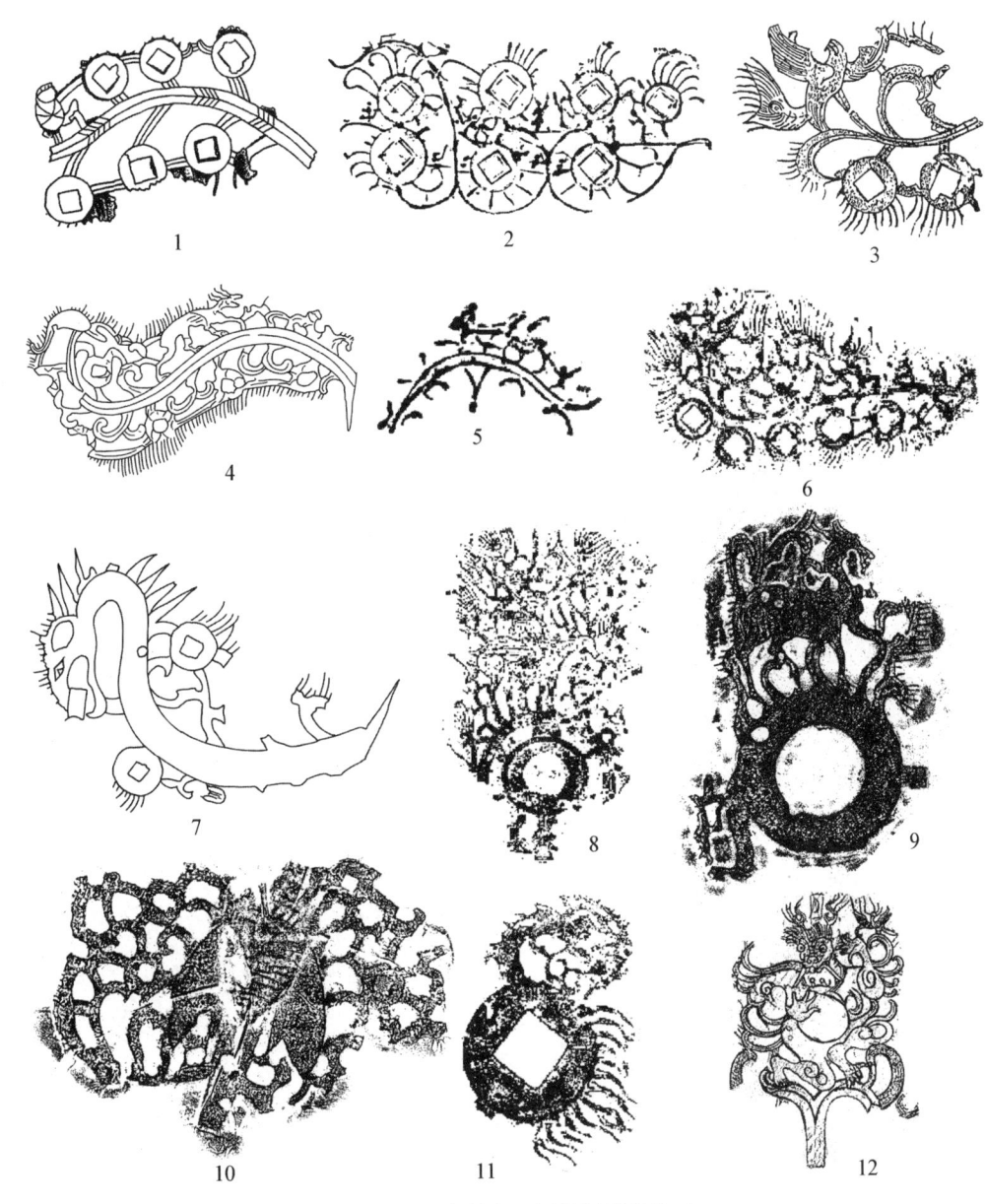

图2-166 贵州出土摇钱树部分枝叶

1～3. AⅠ式（清镇M1、可乐汉墓、交乐M7） 4、5. AⅡ式（宁谷M29、可乐汉墓） 6. AⅢ式（交乐M2）
7. B型（宁谷M29） 8、9. C型（交乐M2、宁谷M29） 11. D型（交乐M2） 10、12. E型（宁谷M29：4-1、交乐汉墓）

E型：普通树叶形。数量较多，残缺不全，形状各有差异。宁谷M29：4-1枝叶向茎干两侧伸展，上铸多枚方孔圆钱纹，茎干上附一蝉（图2-166，10）。交乐汉墓出土树枝向两侧分开呈丫状，其上站立一袒腹方相氏，方相氏周边花草环绕，肩上侧立一飞鸟（图2-166，12）。

4. 比较分析

摇钱树是汉至南朝时期流行在以四川盆地为核心的中国西南及相邻地区的一种重要模型明器，贵州汉墓中出土的摇钱树不管是各种质地的树座还是树干及枝叶残片，都能在四川盆地找到完全相同或非常接近的实物材料①。如第一类陶树座广泛见于四川绵阳一带，第二类石树座在重庆峡江地区使用普遍，出土在清镇汉墓等树干上的佛像与绵阳市涪城区双碑白虎嘴M49等树干上佛像造型（图2-167，1）②亦完全相同。因而可以认为贵

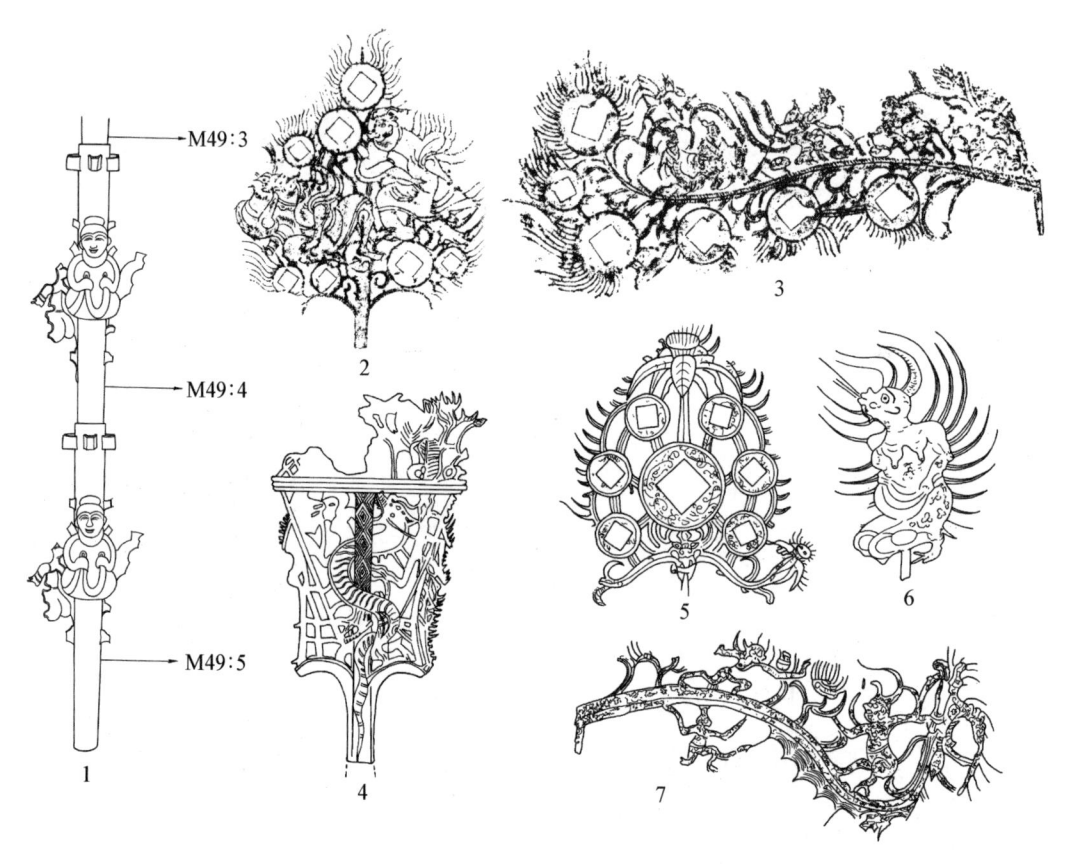

图2-167 邻近地区出土摇钱树树干及枝叶图案举例
1. 绵阳双碑白虎嘴钱树干（M49：3-5） 2. 西昌杨家山钱树冠（M1：13-23） 3. 西昌杨家山钱树枝（M1：13-12）
4. 昆明羊甫头钱树残件（M268：13-4） 5~7. 昭通桂家院子钱树枝叶（M1：49）

---

① 何志国著：《汉魏摇钱树初步研究》，科学出版社，2007年；周克林：《东汉六朝钱树研究》，巴蜀书社，2012年。
② 成都市文物考古研究所、绵阳市博物馆编著：《绵阳崖墓》，文物出版社，2015年，第207页。

州汉墓出土的摇钱树深受四川盆地摇钱树的影响,系四川盆地摇钱树的仿制品,甚至不排除作为商品直接由四川盆地流通而来的可能。

在四川盆地西南侧的西昌和南侧的云南昭通等与贵州相邻地区也出土有相当数量的摇钱树资料,如西昌杨家山一号墓出土的摇钱树树冠(图2-167,2)和树枝(图2-167,3)[1]、昭通桂家院子出土摇钱树的树枝[2](图2-167,5~7)形态多样,上面除方孔钱形图纹外,还有龙纹、仙人、神兽以及击鼓、舞乐和宴饮等图像,与贵州赫章可乐和兴仁交乐等地出土树枝上的图案基本相同。

摇钱树深受四川盆地影响,因而在云贵高原地区,摇钱树就主要出土在偏北部邻近四川盆地的地区,云南以昭通最为集中,在曲靖和昆明等地还有少量出现,如昆明羊甫头M268号墓中就有摇钱树出土(图2-167,4),但往南的个旧黑玛井和广南牡宜等地汉墓中就几乎不见钱树材料,贵州境内亦以务川大坪和赫章可乐等地为多。总之钱树在云贵高原的分布是由北往南逐渐减少,在岭南地区的合浦、贵港和广州等地汉墓中,亦基本不见摇钱树的资料报道。

三、负罐(瓶)铜鸟

1. 型式划分

3件。依鸟形态不同可分为两型:

A型：2件。鸟嘴短,鸟呈飞行状,背上瓶状物横置。清镇M1:27-5鸟身下有片状足,背上瓶状物位于鸟颈处(图2-168,1;彩版四,3)。安顺西秀区宁谷M29:17由合范铸成,合范处裂痕明显,嘴和尾残,背上瓶状物圆腹,侧置于鸟背正中(图2-168,2)。

B型：1件。鸟嘴尖长,呈站立状,背上罐状物(鱼篓?)竖置。兴仁交乐M6:16鸟嘴

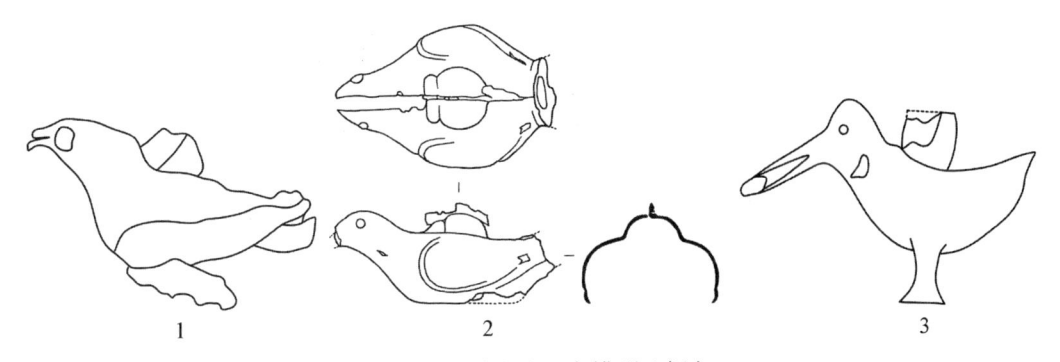

图2-168 贵州出土负罐(瓶)铜鸟
1. 清镇M1:27-5 2. 安顺宁谷M29:17 3. 兴仁交乐M6:16

---

① 四川凉山彝族自治州博物馆：《四川西昌市杨家山一号东汉墓》,《考古》2007年第5期。
② 昭通市文物管理所编：《昭通田野考古之一》,云南人民出版社,2012年,第120页。

中含一尖状物,报告称"衔有一鱼"(图2-168,3)。

2. 比较分析

在与贵州紧邻的云南、四川和重庆等地汉墓中,亦发现多件这种负罐铜鸟,鸟形态多样,多站立,少数呈飞翔或卧状,背上罐多横置,少数竖置。四川西昌杨家山汉墓M1∶31铜鸟接近A型,鸟呈卧状,但鸟嘴较尖,鸟背上罐状物有一绳将其与鸟头相连,鸟翅羽毛刻画清晰(图2-169,2)。重庆合川南屏M2∶53鸟呈站立状,鸟嘴上长下短,尾上翘,背上一罐物有一绳连于头部,简报认为系铜器上的饰件(图2-169,3)①。昭通水富楼坝崖墓出土青铜鸟M5∶1站立,鸟头上抬作鸣叫状,鸟背物亦有一绳状物将其与鸟头相连(图2-169,1)。象鼻岭采集青铜鸟(图2-169,5)和昭通大关采集的青铜鸟(图2-169,4)均呈站立状,背上所负罐状物竖置,但两件铜鸟周边还铸有许多镂孔的附加物,极似摇钱树枝叶一类。昆明羊甫头采集铜鸟站立,鸟身铸造简单,未刻出鸟羽之类,背上罐状物竖立(图2-169,6)。重庆万州瓦子坪铜鸟造型与贵州兴仁交乐铜鸟相似,但背上罐状物侧置,罐口似有盖(图2-169,7)。成都南郊汉墓出土的铜鸟嘴尖似鱼凫②,背上罐状物侧置,罐后有五铢钱纹一枚,鸟颈、翅和尾等部位刻画出清晰的羽毛(图2-169,8)。成都青白江区路进村汉墓出土的铜鸟③站立,长喙,嘴中含一尖状物,背负一罐状物(图2-169,9)。

3. 简单认识

西南地区负瓶(罐)铜鸟出土范围大致与摇钱树出土范围吻合,昭通象鼻岭、昭通大关和成都南效等地汉墓中出土的铜鸟身上还残存似摇钱树叶枝或钱币,有的还铸有仙人伸手牵瓶耳等。中国国家博物馆收藏有一件可能出自四川或陕西汉中的摇钱树④:通高201厘米,由陶座和铜树组成;铜树高160厘米,由42件铜部件构成;方孔圆钱200余枚,璧形饰件10余枚;铜树树冠自下向上共8层,其中第6层由3个铜件饰组成;中部树干上有一高4.5厘米小佛像,内里边缘上端各铸一竖向小铜柱,分别承接鸟形叶片;鸟站立,背上背一横置瓶状物,有一绳系于头顶,鸟头至鸟尾有叶片相连,边缘有芒刺(图2-169,10),鸟脚下有插孔,将其插挂在小铜柱上(图2-169,11)。贵州清镇等地出土有这种负瓶铜鸟的汉墓中亦多有摇钱树残件出土,因而这种背罐(瓶)铜鸟可能就是摇钱树或树形灯上的构件,而以摇钱树上的构件为主。

---

① 重庆市博物馆、合川市文物保护管理所:《重庆合川市南屏东汉墓发掘简报》,重庆市文物考古所、重庆市文化遗产保护中心编著:《重庆公路考古报告集》,科学出版社,2010年,第41页。
② 成都市文物考古工作队:《成都南郊勤俭村汉代砖室墓发掘简报》,成都市文物考古研究所编著:《成都考古发现(2001)》,科学出版社,2003年,第115页。
③ 成都市文物考古工作队、青白江区文物管理所:《成都市青白江区跃进村汉墓发掘简报》,《文物》1999年第8期,图三八。原简报称鸟背一小鸟应为罐或瓶之误。
④ 席育英:《国家博物馆藏铜钱树》,《中国历史文物》2006年第4期。

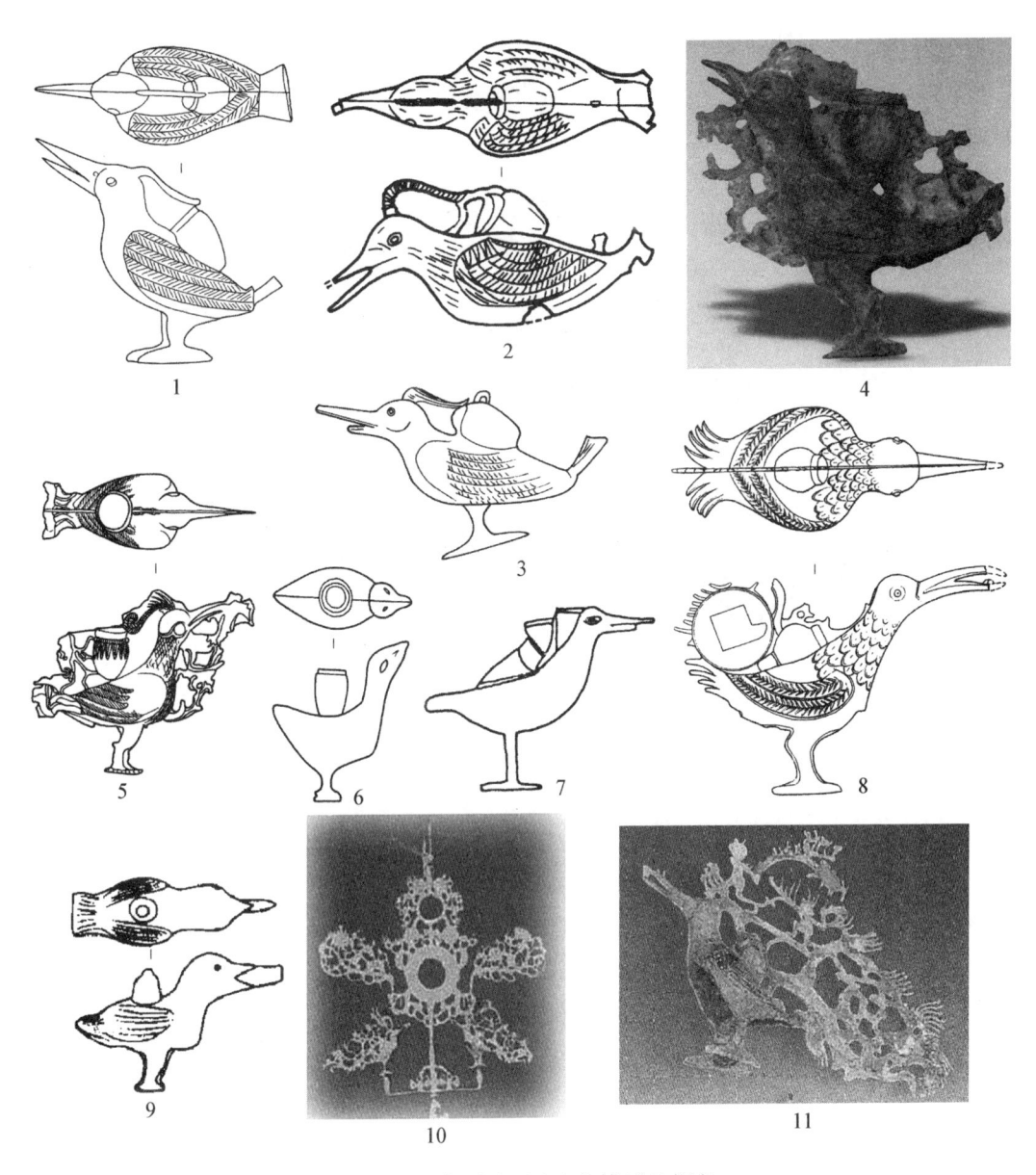

图 2-169 邻近地区出土负罐(瓶)铜鸟

1. 水富楼坝(M5:1) 2. 西昌杨家山(M1:31) 3. 合川南屏(QM2:53) 4. 大关采集
5. 昭通象鼻岭采集 6. 昆明羊甫头(T0507采:14) 7. 万州瓦子坪(M12:6中)
8. 成都南郊(M1:16) 9. 成都青白江区汉墓(M2:3)
10、11. 国家博物馆藏摇钱树上铜鸟(10为铜鸟在摇树上插挂情况,11为铜鸟局部)

鸟的造型以站立为主,从鸟嘴不同来看,应有不同的鸟类。从兴仁交乐汉墓出土铜鸟鸟嘴中还含有鱼观察,这类铜鸟可能以嘴呈尖锥状善于捕鱼的鱼凫(俗称鱼老鸭)为多,但与四川盆地出土的商周时期青铜鸟有无源流关系,鸟背上所背负的瓶(罐)状物是鱼篓之类还是具有某种神秘含义如送不死药的青鸟等,有待进一步研讨。

西南地区出土的汉代铜鸟负瓶材料的分布范围在云南省主要集中在滇东北的昭通，贵州则主要集中在贵州中部地区的清镇、平坝一带并往黔西南延伸。目前昭通地区已出土10余件，部分鸟背仍残留摇钱树纹痕（图2-170），是发现数量最多的地区。

图2-170 云南昭通出土部分负罐（瓶）铜鸟
（昭通市博物馆展品）

从材料出土地域看，云贵高原汉墓出土这种负瓶（罐）铜鸟应受四川盆地铜鸟的影响，贵州中部至西南部出土者可能受重庆一带的铜鸟影响，云南东北部至滇池一带铜鸟可能受成都一带铜鸟的影响，他们分别沿东、西两条南北向通道进入，在滇东北和黔中一带形成集中分布区。

四、凤鸟饰件

1. 型式划分

2件。造型相同。整体似孔雀，头顶有花冠，双翅紧贴腹部，尾部张开呈扇状，双脚站立，脚板下端有一圆形榫头插件。赫章可乐出土者高10厘米（图2-171,1），清镇汉墓出土者高与赫章可乐略同（图2-171,2）。

2. 比较分析

同贵州赫章可乐和清镇汉墓出土凤鸟基本相同者在重庆万州包上汉墓等地亦有出土（图2-171,3），其鸟尾散开呈圆扇状，脚下有圆弧形榫头插孔[1]。

---

[1] 重庆市文物局、重庆市移民局编：《重庆库区考古报告集2001卷·中》，科学出版社，2007年。

图 2-171 贵州及邻近地区出土铜凤鸟饰
1. 赫章可乐(M3:2) 2. 清镇(M3:29-2) 3. 万州包上(M1:12) 4. 广南出土青铜鸟形杖首

在"西南夷"青铜文化墓地,包括滇池周边、滇东南、滇西北甚至四川西南侧盐源盆地等广大地区,出土有一种凤鸟形青铜饰件,鸟下有一圆筒状插孔(图 2-171,4),发掘者认为这是青铜杖首。

比较西南地区汉墓中出土的凤鸟形饰和"西南夷"青铜文化遗存中出土的凤鸟形青铜杖首饰,会发现他们在造型上有着根本不同,应来自不同的文化传统。汉墓中出土的鸟饰件除可能是摇钱树上的饰件外,亦可能是铜樽或博山炉盖顶上的立鸟饰件。

五、青铜鎏金饰

1. 型式划分

贵州汉墓中出土有较多青铜饰件,表面多鎏金,包括泡钉、圆饼形(有些简报称璧形或圆牌形)饰、柿蒂形饰、鸟形饰和铺首形饰等数种。这些饰件均用薄片制成,正中以泡钉固定,从其出土情况观察,应多是棺椁上的装饰物。

贵州汉墓出土的这类装饰物数量较多,包括沿河洪渡汉墓 1 件、兴仁交乐汉墓 10 件、兴义万屯汉墓 15 件、赫章可乐汉墓 40 余件、清镇 M13 和 M15 出土多件(圆饼形鎏金饰,但多锈成粉末状,具体数量不详)、平坝天龙汉墓 3 件(简报称铜钮)、安顺宁谷汉墓 43 件、黔西汉墓泡钉 4 件等。根据形体差异,这些棺饰可粗分为下列五型:

A 型:泡钉形饰。依钉帽不同分为两式:

AⅠ式:泡钉帽较浅,帽形呈蘑菇状(或称伞状)。数量较多,泡钉帽大小不一,表面多鎏金,锥形钉长短不一。赫章可乐出土泡钉钉帽较深(图 2-172,1、7)。安顺至兴仁交乐一带出土泡钉钉帽较浅(图 2-172,2~6)。

AⅡ式:泡钉帽形呈头盔状,有一较宽的帽沿,钉长短不一,各地出土者帽沿也有差异。兴仁交乐 M13(图 2-172,10)、平坝天龙(图 2-172,15)和安顺宁谷 M29(图 2-172,12~14)等帽沿较平,沿河洪渡 M6(图 2-172,8)、安顺宁谷 M31(图 2-172,11)和兴义万屯 M2(图 2-172,16)等帽沿较斜。

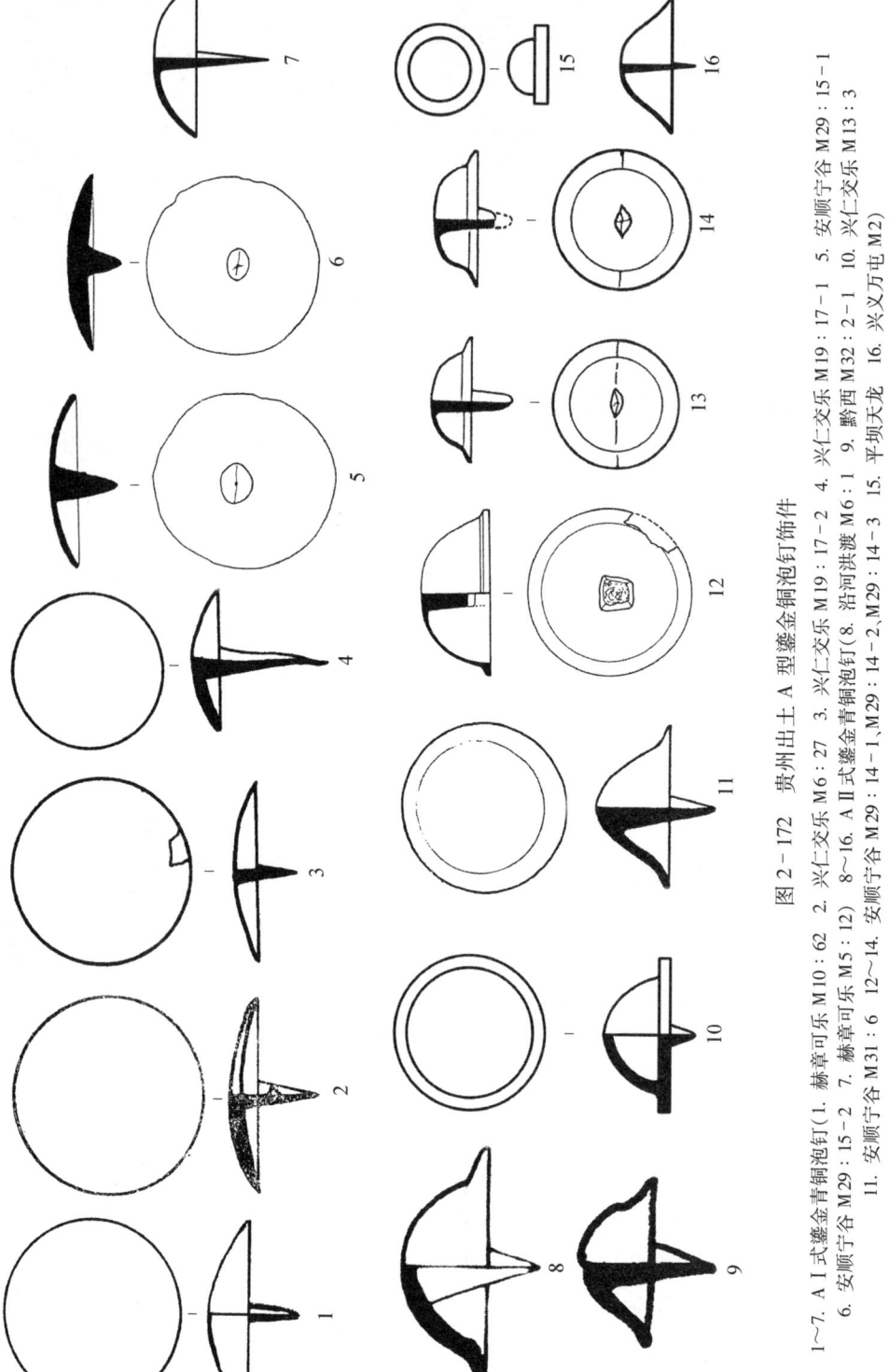

图 2-172 贵州出土 A 型鎏金铜泡钉饰件

1~7. AⅠ式鎏金青铜泡钉(1. 赫章可乐 M10:62 2. 兴仁交乐 M6:27 3. 兴仁交乐 M19:17-2 4. 兴仁交乐 M19:17-1 5. 安顺宁谷 M29:15-1 6. 安顺宁谷 M29:15-2 7. 赫章可乐 M5:12) 8~16. AⅡ式鎏金青铜泡钉(8. 沿河洪渡 M6:1 9. 黔西 M32:2-1 10. 兴仁交乐 M13:3 11. 安顺宁谷 M31:6 12~14. 安顺宁谷 M29:14-1,M29:14-2,M29:14-3 15. 平坝天龙 16. 兴义万屯 M2)

B型：圆形牌饰，数量不多，直径大小不一，最大者近20厘米。根据制作差异分为两式：

BⅠ式：正中一泡钉帽，四周压成梯状璧形（图2-173,1）。

BⅡ式：正中有一孔，用一泡钉固定，有的素面（图2-173,2、4），有的表面刻缠枝花草等细密纹饰（图2-173,3）。

C型：柿蒂形。正中为泡钉，四周伸出柿蒂形花饰（图2-173,5、6）。

D型：鸟形饰。4件。皆出土于兴仁交乐汉墓。背面平整，中部扁平锥形钉。依鸟形体不同分为两式：

DⅠ式：2件。鸟昂首尖啄，双足一前一后呈行走状，双翼向上展开，尾上翘圆收（图2-173,7;彩版四,8）。

DⅡ式：2件。鸟曲颈前伸，嘴衔一珠，头顶有冠，双翼上展，尾朝上斜收，右足直立，左足抬起作奔跑状（图2-173,8）。

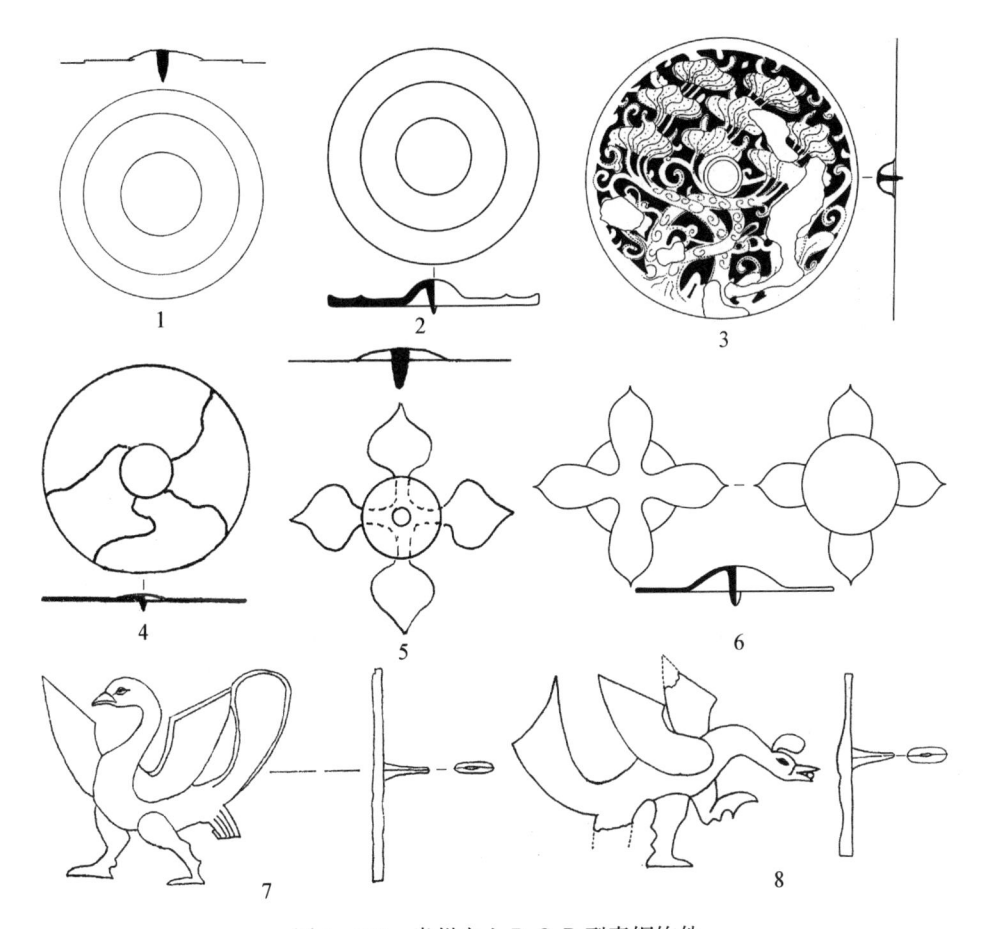

图2-173　贵州出土B、C、D型青铜饰件

1. 赫章可乐 M8：32-1　2. 安顺宁谷 M6　3. 安顺宁谷 M29：13　4. 兴仁交乐 M6：24
5. 赫章可乐 M8：32-2　6. 安顺宁谷 M6　7. 兴仁交乐 M6：18　8. 兴仁交乐 M6：19

E 型：铺首形饰。贵州汉墓中出土有一定数量的鎏金铺首及环，它们也多是棺木上的饰件，在黔西甘棠（图 2－174,1）、安顺宁谷（图 2－174,2、3）、兴仁交乐（图 2－174,4、5）和兴义万屯（图 2－174,6）等地汉墓中均有出土，铺首造型虽略有一些不同但整体接近，部分衔环不存。

图 2－174 贵州出土鎏金铜铺首饰
1. 黔西（M33：4－1） 2. 安顺宁谷（M29：23） 3. 安顺宁谷（M29：22）
4. 兴仁交乐（M6：33） 5. 兴仁交乐（M18：10） 6. 兴义万屯（M3：7）

2. 比较分析

贵州汉墓出土泡钉等铜棺饰具有一定的特征，A 型泡钉出土范围较宽，许多墓葬均有出土，而 B、C、D 型则仅集中出土在一定地域和一些重要墓葬中：如赫章只出土在 M8，清镇 M13 墓室各部均分布有直径约 21 厘米的大量圆饼形（璧形）鎏金片；安顺宁谷 M6 出鎏金圆饼形饰 3 件、鎏金柿蒂形饰 24 件，M29 虽多次被盗，仍残存鎏金泡钉和圆饼形饰 10 余件；兴仁交乐只 M6 出土 B、D 型饰件，而且造型相当独特。出土鎏金棺饰的汉墓还经常出土 F 型铜釜、铜洗和铜长颈壶等各种青铜容器，墓主生前相当富足，因而出土这些棺饰的墓主可能是官吏或富家大姓之类。

贵州安顺、黔西南等地汉墓中经常出土的伞形、头盔形泡钉和柿蒂形、圆饼形棺饰等均可能受川东峡江地区汉墓的影响。如重庆巫山双堰塘汉墓中就出土有不少各种形制的泡钉（图 2－175,7～9）[1]，重庆巫山一带亦出土有同安顺宁谷汉墓相似的圆饼形铜牌饰（图 2－175,1、2），但重庆峡江地区出土的铜牌饰图案比较复杂，除这种多株树木或花草外，有的还有表示"天门"仙界的图案[2]，年代都在东汉晚期。

柿蒂形棺饰、铜铺首衔环等不仅西南地区，在广西合浦风门岭等汉墓中亦经常发现（图 2－175,11），其形状与贵州汉墓发现者基本相同，说明汉代青铜棺饰使用相当普遍。

---

[1] 中国社会科学院考古研究所长江三峡工作队、巫山县文物管理所：《巫山双堰塘遗址发掘报告》，重庆市文物局、重庆市移民局编：《重庆库区考古报告集 1999 卷》，科学出版社，2006 年，第 129 页。
[2] 重庆巫山县文物管理所、中国社会科学院考古研究所三峡工作队：《重庆巫山县东汉鎏金铜牌饰的发现与研究》，《考古》1998 年第 12 期。

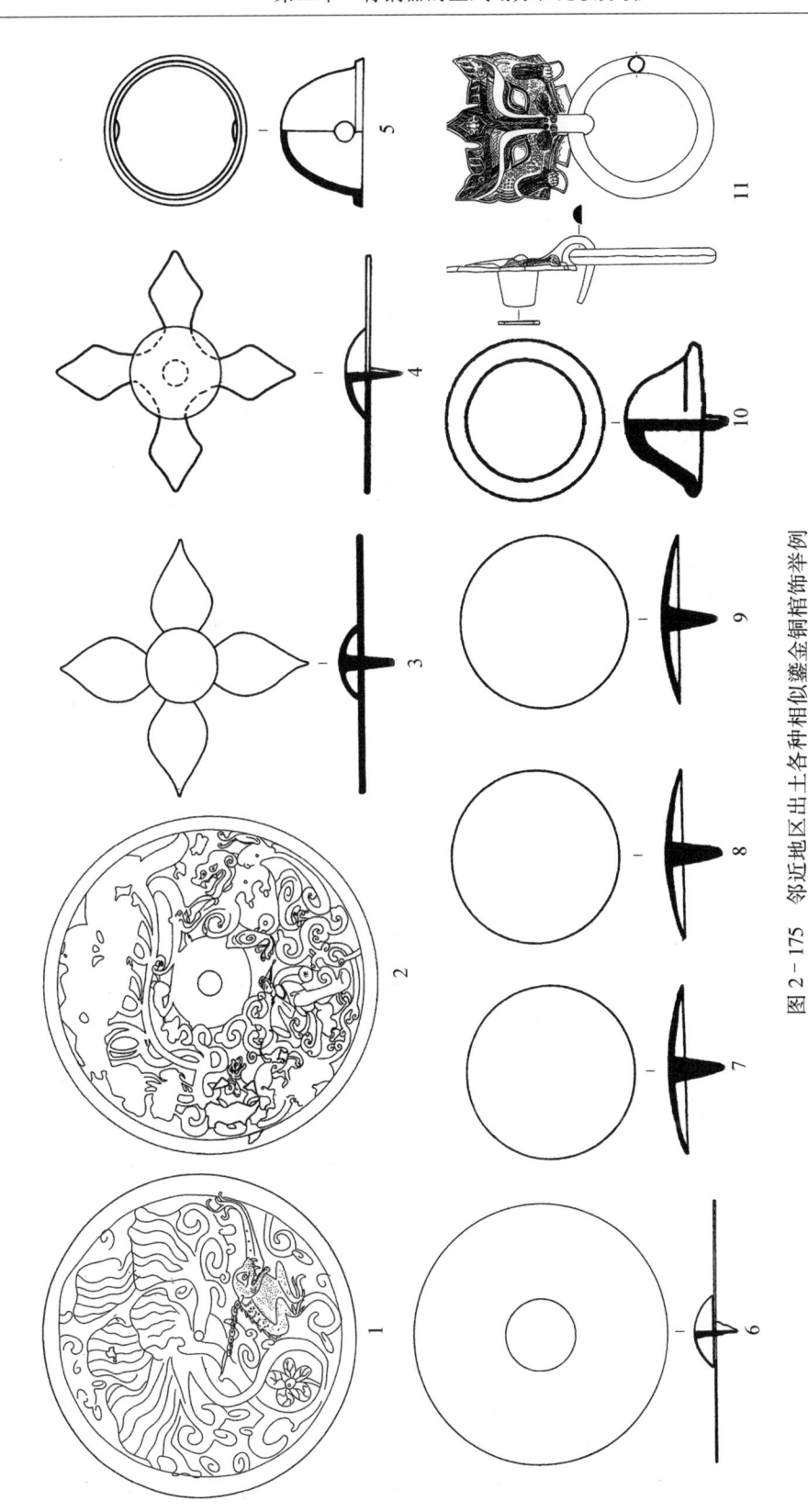

第二章 青铜器的型式划分和比较分析

图 2-175 邻近地区出土各种相似鎏金铜棺饰举例
1. 重庆巫山城北铜牌饰 2. 重庆巫山双堰塘铜牌饰（M705∶9） 3. 个旧黑蚂井 M6∶28 4. 合浦风门岭 M26∶66 5. 合浦风门岭 M26∶52-1
6. 个旧黑蚂井 M16∶29 7～9. 重庆巫山双堰塘（M711∶22、M711∶23、M711∶25） 10. 丰都镇江（FRTDM12∶54-2） 11. 合浦风门岭（M26∶4）

六、铜 灯 具

1. 型式划分

贵州汉墓出土青铜灯近20件,部分锈蚀破损严重,主要有赫章可乐 M3 出土2件、M8 出土3件,清镇 M15 出土2件、M83 出土2件,安顺宁谷 M28 出土1件、M31 出土1件、二铺出土1件,兴仁交乐汉墓出土3件,兴义万屯汉墓出土1件等。根据灯的形态差异可将其分为下列几型:

A 型:豆形灯。2件。造型与陶豆形灯相似。赫章可乐 M8:47 灯柱中部一箍圈将柄分为竹节状,底部为覆盘灯座,柱顶灯盘似碗状,盘中一短灯烛,灯盘略残,通高25厘米(图2-176,5)。

B 型:树形灯。3件。此型灯具形体高大,结构复杂,仿青铜树造型,灯盏挂于枝条顶端。依灯座不同分为两式:

B1式:托盘座灯。2件。皆赫章可乐 M8 出土。M8:30 通高66厘米,灯座为一盆形圆盘,盘中央立一柱形树状灯柱,中部铸一套,有三插孔,每孔向上斜伸出一枝,枝顶挂圆形盘灯,柱顶也立一圆形盘灯,盘中铸灯烛(图2-176,1)。该灯采用分铸再插挂组合的方法铸造,托盘正中一短柱插放灯柱,柱干上有三插口分别插放三盏灯盘,顶设一插口放一灯盘,各部分自由拆装。

B2式:盘龙乌龟跽人座灯。1件。兴仁交乐 M6:13 灯呈树状,高117.2厘米,由灯座、灯柱、灯枝和灯盘几部分组成,采用分铸套接法制造,造型优美。灯座由乌龟、二盘龙和跽坐人共同组成,座底正中为一爬行乌龟,背上一短圆柱,柱上一高鼻深目赤裸跽人双手斜伸于双膝上,头顶高大树状灯柱,乌龟和人像外围有二龙盘绕,乌龟足伸出粘接龙身,龙头上抬至跽人头部。灯柱共分三段:中、下两段作龙蛇盘旋,龙口朝上,中空以纳灯枝,每段向外呈 S 形伸出二灯枝,枝上铸乐人、凤凰、小鸟等,枝端插一三足带柄行灯;上段灯柱铸一龙绕柱盘旋,龙头向上,龙足紧绕灯柱,柱顶亦插一行灯(图2-176,2;彩版四,4、5)。除部分灯枝和灯盏朽坏外,基本保存完好,这是贵州汉墓中最高大也最华贵的一盏青铜灯,造型与四川广汉三星堆遗址出土的商周时期青铜神树接近。

C 型:柱形灯。2件。分两式:

CⅠ式:乌龟跽人座灯。1件。清镇15号墓出土,原报告称"龟"。灯座底端一乌龟头向前抬伸,两前足呈八字形外撇,两后足向后用力作行走状;龟背上一块隆起的厚甲将整个龟身罩住,甲后露出一尖尖的细尾;龟背上坐一男子,鹰鼻深目,双大耳,头戴圆形幞巾,头顶平,其左腿曲盘,右腿曲蹲,双手扶于膝盖上,整个身子略向前倾,头顶一上细下粗的圆形灯柱,柱顶弯折,作分枝状但分枝已残,柱顶一飞鸟饰物已脱落,灯盏不存(图2-176,3)。

CⅡ式:三海神兽跽人座灯。1件。1978年安顺二铺出土。座底圆筒状,外壁饰5条龙纹,其上三海兽,海兽之间为海涛纹,兽顶一跪人,头顶一圆柱形灯杆,柱顶灯盘不存,残高35.7厘米(图2-176,4)。

D型:跪俑灯。1件。兴义万屯M2出土。灯座为一跪人,头顶螺旋状卷发,高鼻大目,上身袒露,左臂平曲伸开,持一灯插,右臂向上抬伸,手掌弯成一灯插,手臂三道棱饰,头顶一圆形灯杆,灯杆顶有一浅盘(图2-176,6)。

图2-176 贵州出土A～D型青铜灯具
1. B1式(可乐M8:30) 2. B2式(兴仁M6:13) 3. CⅠ式(清镇M15:35)
4. CⅡ式(安顺二辅) 5. A型灯(可乐M8:47) 6. D型灯(兴义M2:3)

E型:提梁灯。3件。灯盏上方铸提梁,下附3足。根据提梁形状和用法不同分为两式:

EⅠ式:提梁式挂灯。1件。交乐M15:7圆形灯盘,盘中锥形灯烛;盘底附三只蹄形足,盘口向外伸出对称龙首形双耳,其上用铜环和提梁链相衔;每边7节14环,梁顶端附一扁平铜板,上铸一双手合十跪坐铜人,可能是早期佛像,头上有铜环环环相扣,环顶套一S型挂钩(图2-177,3)。此式铜灯系行灯和挂灯结合而成,造型别致,工艺精湛,既可以三足放置作行灯,也可悬挂作吊灯,是贵州汉代灯具精品。

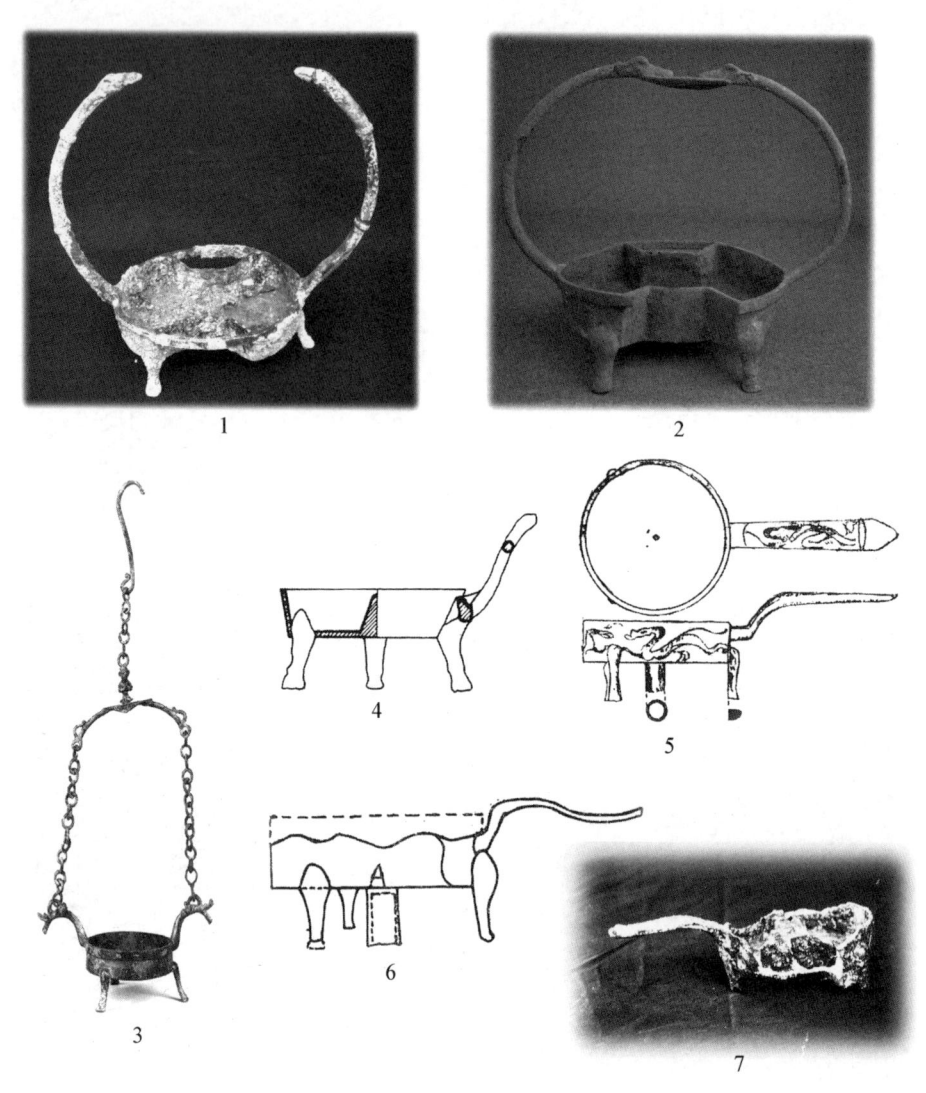

图2-177 贵州出土E、F型青铜灯具
1、2. EⅡ式(宁谷M31:3、清镇83号墓) 3. EⅠ式(兴仁M15:7) 4. FⅠ式(宁谷M28:10)
5～7. FⅡ式(赫章M3:12、兴仁M14:02、清镇M15)

EⅡ式:提梁式行灯。2件。清镇83号墓和安顺宁谷31号墓各出1件,形制略有不同。清镇83号墓所出铜灯为圆形盘,中部一灯柱,盘底附四兽蹄形矮足,盘口有两股龙首提梁向上交合,交合处有一圆盖,造型别致(图2-177,2)。安顺宁谷31号汉墓出土铜灯(M31:3)圆形灯盘,盘中心一矮灯烛,盘下附三只矮兽形足,盘内存灯油残迹,灯盘外壁对向伸出二股实心圆柱状龙首形灯梁,梁上有两道箍圈(图2-177,1)。

F型:带柄行灯。6件。形制基本相同,圆形灯盘正中立一灯烛,盘底接三只或四只兽蹄形矮足,盘腹部伸出一长柄,部分灯盘内残有油脂余迹。根据其形态差异可分为两式:

FⅠ式:2件。盘中灯烛较高,基本呈柱状,灯柄长条实心圆柄。安顺宁谷M28:10灯盘正中的灯烛高基本接近盘口,灯柄为实心长条圆柄(图2-177,4)。

FⅡ式:4件。盘中灯烛较小,灯柄长条扁平状,灯盘外底正中还有一圆形铜管。赫章可乐3号墓出土的两件保存较好,灯盘外壁及柄上皆饰龙凤纹(图2-177,5)。兴仁交乐汉墓出土的1件(M14:02)灯盘上部已残,盘中烛钎为一锥形(图2-177,6)。清镇M15号墓出土者灯盘残,锈蚀严重,盘下三蹄状矮足(图2-177,7)。

FⅡ式行灯形制与兴仁交乐6号墓出土树形灯上所插挂的灯盏完全一样,灯盘底部的圆形插孔亦可能将此灯插挂在树形多枝灯上,因而FⅡ式灯极有可能是多枝灯上所挂的灯盏,只是墓葬被盗而留下的一部分,也有可能是此类多枝灯上的灯盏可单独使用从而被遗留。

2. 比较分析

汉代是青铜灯使用的流行时期,据学者初步研究,汉代青铜灯包括座灯、行灯和吊灯三大类,以座灯数量和种类最多[1]。贵州出土的青铜灯具数量虽不多但也包括了上述三大类,其中A、B、C、D型为座灯,EⅠ式为吊灯、EⅡ式和F型为行灯。

A型灯在邻近地区有较多出土,如云南会泽水城(图2-178,1)、个旧黑玛井(图2-178,2)等汉墓同贵州境内所出比较相近,该型灯系从陶豆形器转化而来,是使用最为普遍的灯具。

与B型接近的青铜灯在甘肃武威雷台东汉墓[2]和广西合浦风门岭汉墓(图2-178,3)[3]中均有出土,其中合浦M26出土的四枝灯灯座呈覆碗形,置于一托盘中,与贵州BⅠ式最为接近。兴仁交乐出土的BⅡ式灯整体造型接近四川广汉三星堆二号坑出土的商代青铜神树,林向认为它同青铜神树一脉相承,"属于共同的神话系统"[4],系"把'树'与'日景'的关系,用灯火来代替太阳"[5]。

同CⅡ式相似的青铜灯在广西梧州市鹤头山M2[6]和广州惠州坟场M5036[7]各出土有1件,以广西梧州所出较为完整,柱顶挂一带柄行灯(图2-178,4),但就灯座来说,贵州二辅所出铜灯跪人座整体形态却同广东惠州所出非常接近。

---

[1] 申云艳:《汉代铜灯初步研究》,《汉代考古与汉文化国际学术研讨会论文集》,齐鲁书社,2006年。
[2] 甘博文:《甘肃武威雷台东汉墓清理简报》,《文物》1972年第2期。
[3] 广西壮族自治区文物工作队、合浦县博物馆编著:《合浦风门岭汉墓——2003～2005年发掘报告》,科学出版社,2006年。
[4] 中国古代铜鼓研究会编:《铜鼓和青铜文化研究——中国南方及东南亚地区古代铜鼓和青铜文化第四次国际学术研讨会论文集》,贵州人民出版社,2001年,第75页。
[5] 林向著:《童心求真集——林向考古文物选集》,科学出版社,2010年,第189页。
[6] 李乃贤《广西梧州市鹤头山东汉墓》,《文物资料丛刊》1983年第4期。
[7] 广州市文物管理委员会、广州市博物馆:《广州汉墓》(上、下册),文物出版社,1981年。

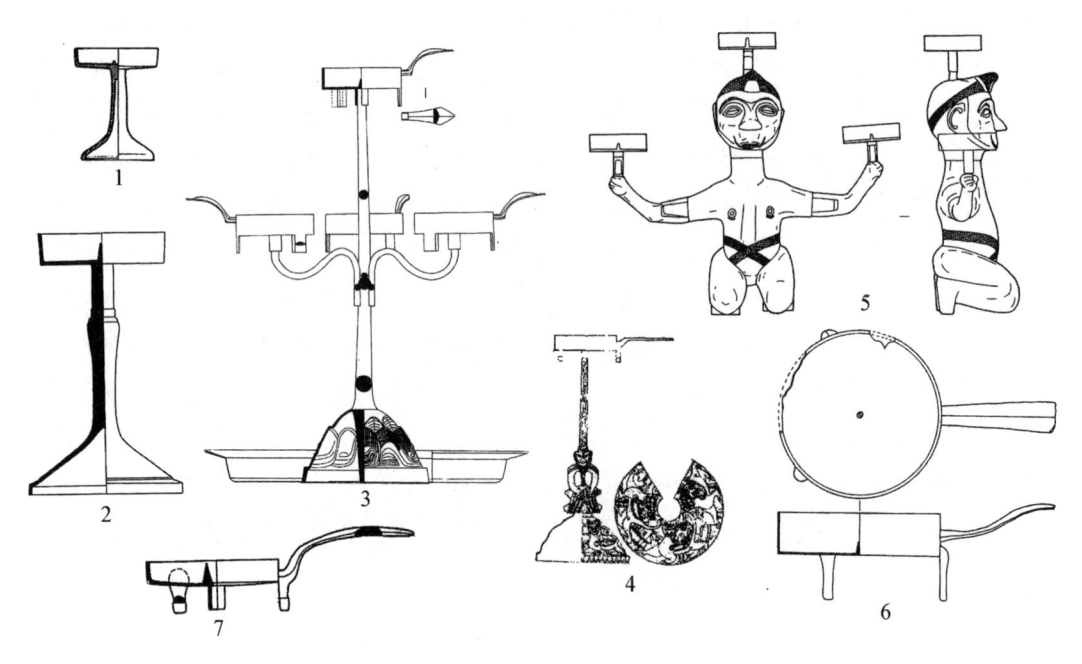

图 2-178 邻近地区出土相似铜灯
1. 会泽水城 M7:8 2. 个旧黑玛井 M28:19 3. 合浦风门岭 M26:38 4. 梧州鹤头山 M2
5. 个旧黑玛井 M4:35 6. 广南牡宜 M1:1 7. 个旧黑玛井 M3:5

同 D 型相似的灯在个旧黑玛井 M4 中出土 1 件,俑作蹲跪状,双手左右伸开各执一灯台,头顶一灯台(图 2-178,5),该灯同贵州万屯汉墓所出亦有不同,万屯跪俑灯头顶一条柱形杆,杆顶再置灯台。

同 F 型带柄行灯相同或相近者在周邻地区汉墓中亦很多,如广南牡宜 M1(图 2-178,6)、个旧黑玛井 M3(图 2-178,7)等,该型灯既可单独作用,亦可能是多枝灯上的灯盘,因其底部有一插孔,可插挂。

3. 简单认识

贵州汉墓出土的青铜灯具数量虽不少,但主要出土在黔西北的赫章可乐、黔中的清镇平坝至西秀区、黔西南的兴仁交乐与兴义万屯等三个汉墓集中分布区,可能反映着这三个地区是汉代开发"西南夷"的过程中具有相当重要的地区,甚至可能是郡县等行政中心所在地[①]。

七、铜博山炉

1. 型式划分

贵州汉墓出土的铜博山炉不多且残破,根据柄部差异可分为两型:

---

① 张合荣:《贵州出土汉代灯具与郡县地理考察》,《中国历史文物》2011 年第 5 期。

A型：覆盘座。柱形柄下侧扩展成覆盘状和洗形座底承盘分铸铆合而成。较完整者为赫章可乐 M10：3，炉盖镂群峰及云纹，盖侧有链环与炉身相扣，喇叭状柄底部亦饰山峰及云纹，洗形托盘宽折沿，浅腹（图2-179,1）。

B型：翼人神兽座。1959年清镇芦荻乡余家龙滩汉墓（清 M55）出土。博山炉身和底座承盘均已残损不存。上部为一翼人，长须高鼻，双手叉腰，身穿燕尾形披肩与紧身裙衣，头顶呈圆盘状张开以承接博山炉身，惜已不存；下身为昂首卷尾四神兽所环绕，人身衣着和兽身均有龙纹和麟毛纹，兽下为圆形台座，放置在洗形托盘底部正中，但洗形托盘已不存（图2-179,8）。

2. 比较分析

虽然贵州出土的铜博山炉不多，但在云南、广西等相邻地区，亦不乏相同和相似者。云南个旧黑玛井（图2-179,2、3）、广西合浦深钉岭（图2-179,5）和合浦母猪岭等地汉墓出土的铜博山炉基本同贵州出土A型博山炉，但也略有差异：前一类承盘底比A型博山炉深，柄部却稍矮，炉身和顶盖链环方式也不一样；合浦风门岭出土的博山炉承盘底还内凹，炉身圆柄中部有箍圈，器身上的装饰更加精美（图2-179,4）。而在广西兴安石马坪、云南昭通鸡窝院子（图2-179,6）和湖南永州鹞子岭①（图2-179,7）等地汉墓中，出土柄

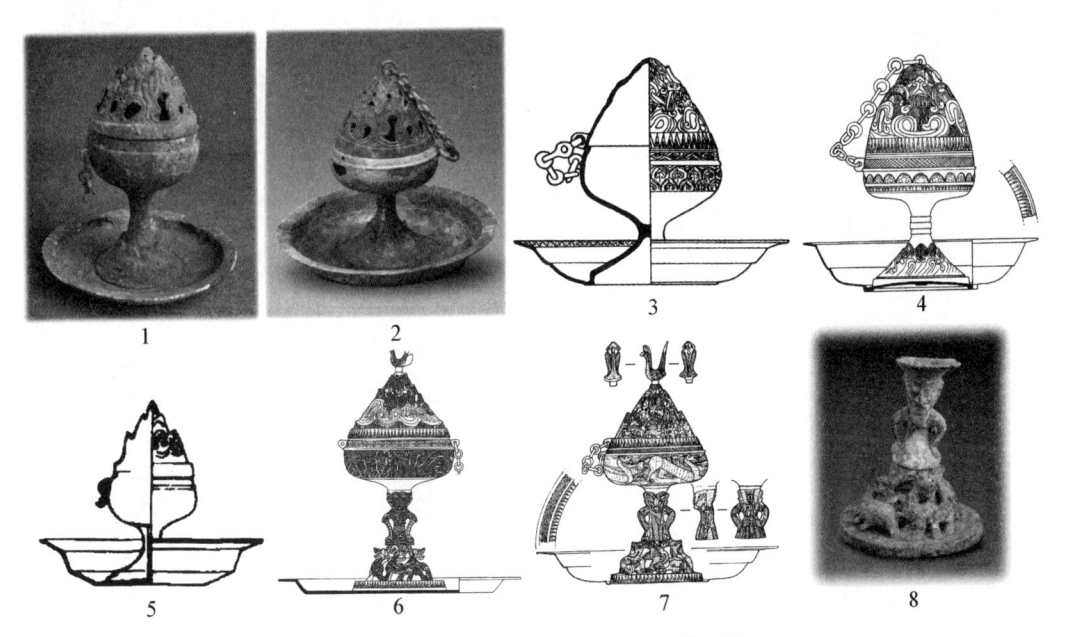

图2-179 贵州及邻近地区出土铜博山炉

1. 赫章可乐（M10：3） 2. 个旧黑玛井（M16：21） 3. 个旧黑玛井（M8：6） 4. 合浦风门岭（M26：128）
5. 合浦深钉岭（M38：7） 6. 昭通鸡窝院子 7. 永州鹞子岭（M2：80） 8. 清镇 M55（仅剩底座）

---

① 湖南省文物考古研究所、永州市芝山区文物管理所：《湖南永州市鹞子岭二号西汉墓》，《考古》2001年第4期。

部雕铸翼人,柄底铸镂空数只翼兽的博山炉,造型与贵州 B 型博山炉柄非常接近,这些博山炉在炉顶盖上立一小鸟(金鸡),全身精雕细镂,造型精美,应是贵州 B 型博山炉的完整形制。昭通鸡窝院子博山炉同湖南永州鹞子岭博山炉相比,其底部承盘浅,器形与贵州赫章可乐博山炉更为接近。

在贵州西北部的赫章可乐至云南东北部的昭通等地汉代遗存中,常出土承盘底的青铜器,除博山炉外,还有铜烹炉、铜多枝灯等,虽然器类不一,但共同特征是承盘都比较浅,有别于其他地区出土的同类器,表明这一地域的青铜器产地比较近,甚至有可能是在同一青铜冶铸工场中生产的。

八、铜 温 炉

仅赫章可乐出土一套。底座为长方形浅盘,盘内置一炉膛镂空温炉,温炉上置一方形杯(图 2-180,1)。

铜温炉东周时期出现,汉代类型和数量均较多,有学者将其分为单层炉、二层炉和二层以上炉三类,每一类根据炉盘形体分为圆形和方形等型,每型下面再分出若干式。与贵

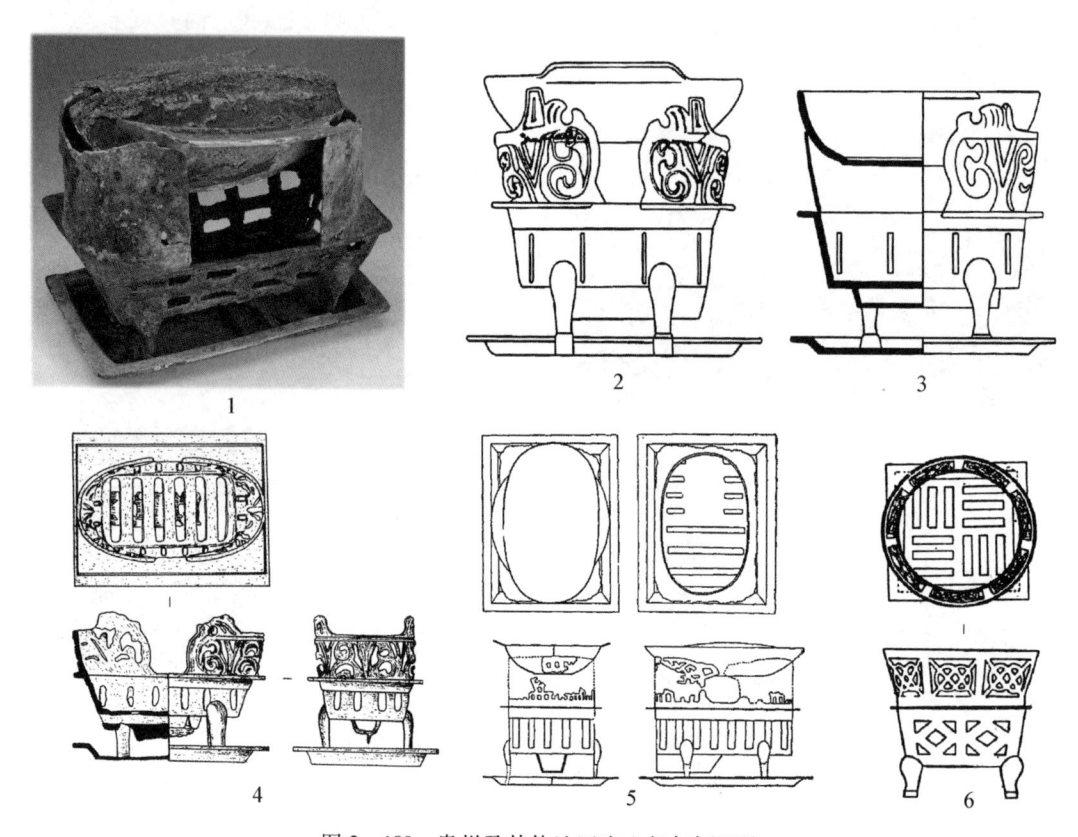

图 2-180 贵州及其他地区出土相似铜温炉
1. 赫章可乐(M8:48) 2. 洛阳金谷园 3. 刊江姚庄 M1:424
4. 桂平大塘(M3001:41) 5. 长沙(M327:20) 6. 晋宁石寨山(M6:54)

州铜温炉相似者为三类 Bd 型①,相似铜炉在河南洛阳金谷园(图 2‑180,2)②、江苏邗江甘泉姚庄(图 2‑180,3)③、湖南长沙(图 2‑180,5)④和广西桂平大塘(图 2‑180,4)等西汉中晚期汉墓中均有出土,在云南石寨山 M6 滇王墓中亦出土 1 件(图 2‑180,6)。滇王墓出土者造型与汉墓所出略有差异,炉身正方形,口作圆形,炉身四侧面作镂空菱格纹,炉底作长条镂空纹四组,炉底四只蹄形足,足底未见浅盘,可能系当地仿制。

九、铜 器 座

1. 型式划分

贵州出土青铜器座 2 件,可分为两型:

A 型:圆圈形器座。赫章可乐 M373：67 在宽片状圆箍形底附三只琵琶状小足,足略外侈(图 2‑181,1),可能是漆器底部附件。

B 型:圆盘形器座。兴仁交乐 M6：28 座身圆盘状,台面边缘呈两层台式,底附 3 只屈膝跪坐的人形足,头顶承住圆盘(图 2‑181,2)。

图 2‑181 贵州出土铜底座
1. 赫章可乐(M373：67) 2. 兴仁交乐(M6：28)

2. 比较分析

贵州境内出土的两件青铜器底座形体差异较大,使用时代也不相同。A 型器座出土在典型的"套头葬"墓中,墓主系地方族群中的上层贵族之类,年代在西汉中期,该座可能是一圆桶形漆器(漆奁之类)附件,尽管漆胎已朽,但除底座外,口沿亦有一宽 1.8 厘米的圆形铜箍,外侧鎏金,内壁附漆皮,器身中部有一铜耳。B 型器座出土在石室墓中,年代在东汉晚期,除作为器物底座外,亦可单独放置作矮几之类使用,器足可能承袭了战国时期楚地或岭南地区承重人物或动物造型的特征。

---

① 苏晓威:《论东周至西汉的铜炉》,《考古学报》2017 年第 3 期。
② 洛阳市第二文物工作队:《洛阳金谷园西汉墓发掘简报》,《中原文物》1987 年第 3 期。
③ 扬州博物馆:《江苏邗江甘泉姚庄 102 号汉墓》,《考古》2000 年第 4 期。
④ 中国科学院考古研究所:《长沙发掘报告》,科学出版社,1957 年。

十、青 铜 印 章

1. 型式划分

贵州出土的青铜印章以私印为主,数量不多,主要有赫章可乐墓地出土的4件、威宁中水墓地出土的1件、清镇汉墓出土的3件、兴仁交乐汉墓出土的2件和务川大坪出土的2件。除1件为官印外,余皆为私印。就出土墓葬来看,除赫章可乐有1件出土在M274套头葬墓中外,余皆出自普通汉墓中。这些印章可分为两型:

A型:方形印。可分为四式:

AⅠ式:桥钮私印。印体小。包括有可乐墓地出土的"郭顺之印"(图2-182,1)、"毕赣印"(图2-182,2)、"毕宗私印"(图2-182,3),清镇汉墓出土的"谢买印"(图2-182,4)、"樊千万"(图2-182,5)、"赵千万"(图2-182,6)印。务川大坪汉墓出土的2件方印印文虽已锈蚀不清,但也应该是私印[①]。

AⅡ式:半环钮印。印体小。只赫章可乐M274出土1件。印面边长1.2厘米,印文"敬事"二字(图2-182,8),是一种箴言印。《赫章可乐二〇〇〇年发掘报告》编写者认为"是告诫持印者要谨于事、勤于事",因而"将它归之于官方印章中有特殊用途的一种印",墓主人对该印"也很重视,铜印出土时放在脖子位置,说不定在生前就时时挂在脖子上"[②]。该印印文格式同一般汉印不同,在墓中放置也比较特殊,当另有来源和其他含义。

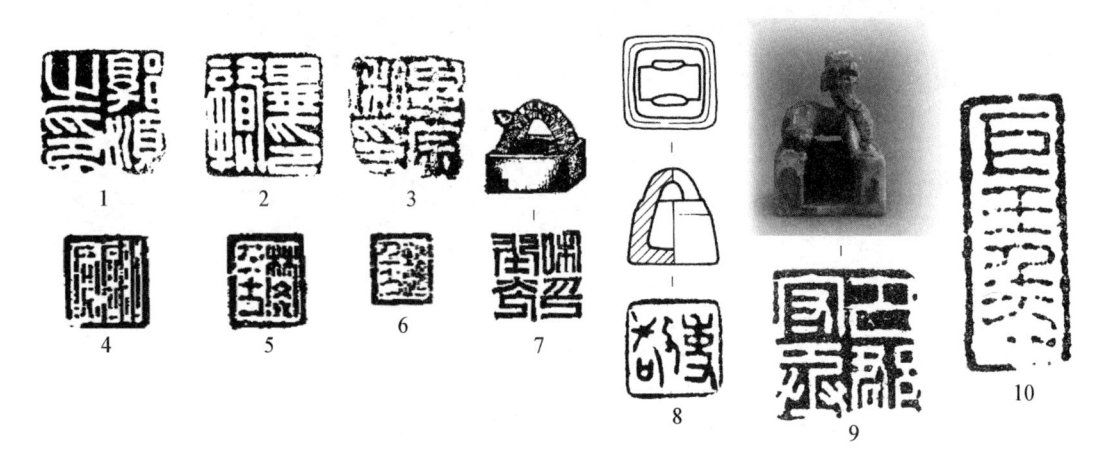

图2-182 贵州出土铜印章
1~9. A型印(1. 可乐M17:7 2. 可乐M175:4 3. 可乐M176:28
4~6. 清镇M65和M97出土的谢买、樊千万和赵千万印 7. 中水张M2:6
8. 可乐M274:42 9. 交乐M14:31) 10. B型印(交乐M10:1)

[①] 李飞:《务川大坪汉墓的新发现与新认识》,贵州省文物局编《文博与发展——贵州文化遗产保护文集(一)》,贵州科技出版社,2010年。

[②] 贵州省文物考古研究所:《赫章可乐二〇〇〇年发掘报告》,文物出版社,2008年。

AⅢ式：龟钮私印。威宁中水张狗儿老包出土1件。边长2厘米，印面阴刻篆书"张光私印"（图2-182,7）。

AⅣ式：麒麟钮子母官印。兴仁交乐M14出土。麒麟钮四足分别蹬于印背四角，头向右旋，身饰圆点纹；印身中空，可套一子印；印壁以细线条阴刻青龙、白虎、朱雀和玄武四神；印面正方形，无边框，印文为"巴郡守丞"（图2-182,9），系一官印，表明墓主生前做过郡县一级地方官吏。

B型：长方形印。只兴仁交乐M10出土1件。印钮为扁薄长方形，钮下系一圆穿，钮下部向四面延展至印背一角。印面长方形，有边框，印文由上向下为"巨王千万"四字（图2-182,10）。

2. 比较分析

贵州出土的汉印以私印为主，官印很少，就印章的印面来说又主要是方形，有少量长方形印，印文亦皆为汉文，早于西汉中期的土著族群墓葬，还没有发现印章之类，可乐M274墓内有一枚"敬事"铜印，但该墓年代当在西汉中期或中期以后，"是内地人口迁入和中原汉文化传播的结果"[1]。

相邻的云南省，汉代也同属"西南夷"地区，汉中央王朝开发"西南夷"就主要以今天的云贵高原为主，因而云南境内也出土有许多汉代印章。清代金石文献和近现代关于古印的著述中收录有"楪榆长印"（图2-183,9）、"楪榆右尉"（图2-183,10）、"汉叟邑长"（图2-183,11）铜印和"益州太守章"、"存䣕左尉"（图2-183,13）、"同并尉印"、"南广尉印"和"朱提长印"（图2-183,12）等封泥[2]，从印文内容看，他们均属汉代官印，对于了解汉代官印的形制非常重要，只是由于出土情况和来源不明，科研价值受到影响。

20世纪50年代以后，随着考古发掘的展开，云南各地亦出土有不少汉代印章，既有官印、私印等实用印，也有吉祥印、诫语印等闲章。私印以方形为主，钮形状多样，除桥钮外，还有鼻钮印，如江川李家山墓地采集之"黄羲印"（图2-183,2），陆良薛官堡出土特殊符号印（图2-183,5）；动物形钮，如个旧黑玛井汉墓中出土的"赵喜"印（图2-183,3）。此外，一些私印以子母印的方式出现，如昭通汉墓中出土的辟邪钮子母印母印印文为"孟滕之印"（图2-183,1），子印印文为"孟滕"。官印既包括被汉中央王朝册封的地方首领如"滇王之印"金印（图2-183,8），也包括曲靖八塔台墓地M69出土的青铜印章，后一印为龟钮方形，边长1.7厘米，印文被释读为"辅汉王印"或"王辅汉印"（图2-183,4）。M69为长方形竖穴土坑墓，有木棺葬具，外置大量木炭，棺内有少量人骨，随葬品29件，陶器有豆、串珠等，青铜器有矛、弩机、剑鞘、釜、簋、壶、鼎、镜、双牛扣饰、带钩、泡钉、铜镇、印章、五铢等，铁器有剑、环首刀、带扣、马衔和铁条，玉器有镯等。M69是该墓地目前已发掘墓葬随葬品最丰富的一座，部分随葬品鼎、簋等甚至还不见于其他墓葬，青铜器既包括一组

---

[1] 杨勇：《云贵高原出土汉代印章述论》，《考古》2016年第10期。
[2] 肖明华：《云南古代官印集释》，文物出版社，2015年。

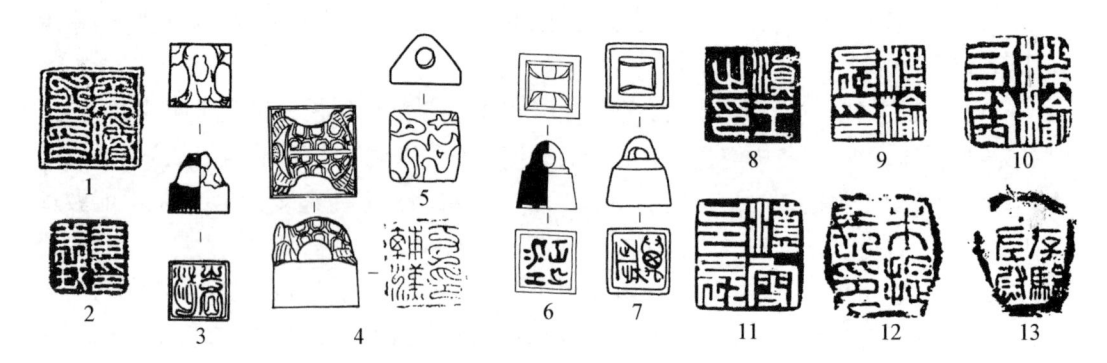

图 2-183　云南出土部分铜印章及封泥
1. 昭通孟滕印母印　2. 江川李家山（采：522）　3. 个旧黑玛井 M29：15　4. 八塔台（M69：5）
5. 陆良薛官堡（M20：5）　6. 水富张滩 M21：31　7. 昭阳区采：2　8. 晋宁石寨山 M6 出土"滇王之印"金印
9. "楪榆长印"铜印　10. "楪榆右尉"铜印　11～13. "汉叟邑长"印、"朱提长印"、
"存䣖左尉"封泥（其中 9～13 取自《云南古代官印集释》）

汉式器物，也有一组地域特征浓厚的滇文化遗物，显示墓主有较高的身份。

就印面看，云南出土官印亦主要以方形为主，少部分边缘呈弧形，并有边框，但整体以方形为主，印文亦比较简单直接，如晋宁石寨山 M6 出土的"滇王之印"金印印文非常简洁易读。同滇王一同被汉中央王朝赐金印的夜郎王印亦必须是金质印章，印文应该是"夜郎王印"或"夜郎之印"之类。由此看来，贵州镇宁等地流传的所谓"夜郎王"铜印就肯定不是真正的夜郎王印，从印章形态、印文文字和印面上的图案分析，它应是明清时期的道教法师印。

贵州赫章可乐 M274 出土铜印（AⅡ式），印体小，印面宽 1.2 厘米，高 1.4 厘米，钮呈片状半环形，背面隆起呈二层台，内空，出土时放置在墓主颈部，与玛瑙管、绿松石珠和铜铃等伴出。该印同贵州汉墓出土的私印不太一样，同"巴郡守丞"官印区别也很大，但却同战国时期巴蜀文化墓地中出土的铜印一致。在云南水富张滩巴文化墓地中就出土有相当多相同或相似的铜印（图 2-183，6、7），印面除方形外，还有长方形、圆形等，这种铜印在四川盆地的荥经县同心村巴蜀船棺葬[1]、广元昭化宝轮院船棺葬[2]、巴县冬笋坝船棺葬[3]和宣汉罗家坝[4]等巴蜀文化墓地中均有出土。巴县冬笋坝 M49 出土的铜印章，印章形式和印文与可乐 M274 所出完全相同（图 2-184，1、2）。宣汉罗家坝 M32 出土铜印章，印章呈长方形，印文为"事敬"（图 2-184，3），略有差异但文化风格相同。赫章可乐战国秦汉时期地方族群墓葬表现的巴蜀文化特征非常浓厚，可乐出土容器、兵器和装饰器等都具有非常鲜明的巴蜀文化青铜器特征，因而可乐 M274 出土的这枚铜印，亦应该来自北侧的巴蜀地区，是巴蜀青铜文化中的铜印章向南流传的反映。印章出土在墓主颈部，它同玛瑙

---

[1] 四川省文物考古研究所、荥经严道古城遗址博物馆：《荥经县同心村巴蜀船棺葬发掘报告》，《四川考古报告集》，文物出版社，1998 年。
[2] 四川省文物考古研究所、广元市文物管理所：《广元市昭化宝轮院船棺葬发掘简报》，《四川考古报告集》，文物出版社，1998 年。
[3] 四川省博物馆编：《四川船棺葬发掘报告》，文物出版社，1960 年，第 60、61 页。
[4] 四川省文物考古研究院、达州市文物管理所、宣汉县文物管理所编著：《宣汉罗家坝》，文物出版社，2015 年。

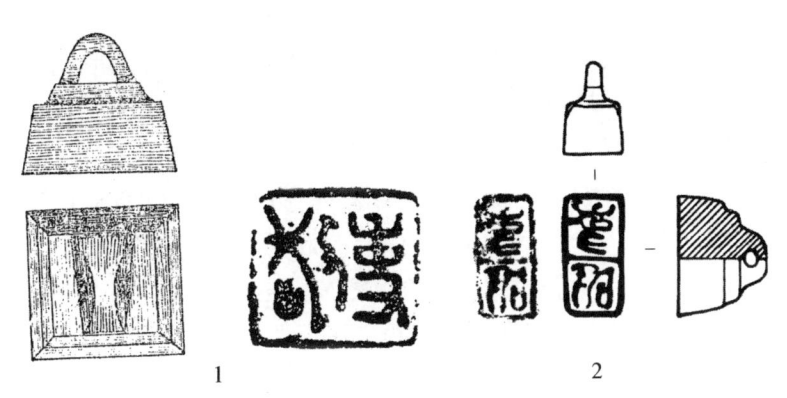

图 2-184　四川出土同可乐 M274 相同或相似铜印章
1. 冬笋坝 M49：18"敬事"铜印章　3. 罗家坝 M32：19"事敬"铜印章

管、绿松石珠和铜铃一样，可能更多的是墓主人穿挂在项部的饰件的组成部分，并不一定起表明墓主身份和其他特殊用途。

十一、铜　　镜

1. 型式划分

贵州目前出土汉代铜镜 30 余面，其中 29 面收藏在贵州省博物馆，4 件收藏在黔西南州文化局，近年来在务川大坪和习水土城黄金湾等汉墓中亦各有新发现[①]。根据铜镜纹饰和铭文内容不同，可分为下列几型：

A 型：乳钉镜。特点是主体纹带以四个或多个较大圆形乳钉相隔。根据乳钉不同分为两个亚型：

Aa 型：四乳镜。主体纹带中间有 4 个较大乳钉，依纹饰图案不同分为四式：

AaⅠ式：四乳星云纹镜。全部出自赫章可乐汉墓。特点是连峰状钮，内外均内向十六连弧纹，连弧纹间一圈主体纹带，四大乳钉间为 5 个小乳钉组成的星云纹，小乳间以弦纹相连。赫 M199：1(图 2-185,1)和赫 M81：1(图 2-185,2)大小相同，直径均 10 厘米。

AaⅡ式：四乳夔龙纹镜。共同特点是主体纹带为四乳夔龙纹。可乐 M10：2 为四乳四虺镜，半球形钮，圆形钮座，钮外四组回旋条纹和一弦纹；虺钩形躯体，内外侧有鸟纹；外圈素面，直径 8.74 厘米(图 2-185,3)。可乐 M180：3 为四乳夔纹镜，三弦钮，圆形钮座，镜体小而轻薄，直径 7.9 厘米。

AaⅢ式：四乳鸟纹镜。鸟有四鸟、八鸟等。赫章可乐 M18：28、M8：28 和兴仁交乐汉墓出土铜镜均为四乳八鸟，两两相对(图 2-185,4)。兴义万屯 M7：8 为四乳四鸟纹，主题纹外一圈齿纹。

---

① 据简讯资料，在务川大坪和习水土城黄金湾汉墓中各出土有一面铜镜。

AaⅣ式：四乳神兽镜。赫章可乐 M8：79 圆钮，内区一圈宽弦纹，外区为四乳四神，四乳间分别为青龙、白虎、朱雀和玄武四神，此外还有斜线、齿纹和波折纹带，直径11厘米。

Ab 型：多乳镜。即乳钉在4个以上，有5个、6个、7个等。如黔西罗卜垮 M12 出土铜镜为圆钮圆座，主体纹带为五乳间饰五只相同的雏鸡。黔西罗卜垮 M13 出土铜镜为圆钮，素面钮座，钮座外内区为9个小乳钉与云纹相间，中区为铭文"带盖作镜自有记，辟去不羊（祥）宜古市，长保二亲"，外区为七乳间饰形态相同的七只雏鸡。

B 型：铭文镜。特点是主体纹带为一圈铭文。根据铭文内容和纹饰差异分为四式：

BⅠ式：日光镜。出土于赫章可乐和安顺宁谷等地。特征是器体虽大小不一，但铭文均作"见日之光，长不相忘"（图2-185,7）。

BⅡ式：昭明镜。赫 M19：3 圆钮圆座，内圈为内向连弧纹，外圈铭文为"内清质以昭明，光而象夫日月，心忽忠而不泄"（图2-185,8）。

BⅢ式：皎光镜。可乐 M178：7 为半球形钮，并蒂式十二连珠纹钮座，内圈为外向八连弧纹，外圈铭文为"如皎光而见美，择佳配而间……"（图2-185,9）。

BⅣ式："尚方"铭镜。有六乳、七乳等，镜体较大。六乳镜出自清镇 M12，圆钮素座，座外内区饰四横三竖相间的线条纹带，中区为六乳间饰6只雏鸡纹，雏鸡相向或相背，并以云纹和点状纹补空，外区为25字铭文带"尚方作镜真大巧，上有仙人不知老，渴饮玉泉饥食枣，浮游天下"。七乳镜出自兴义万屯和兴仁交乐等地，半球形钮，钮外饰9只小乳钉，其外第一圈饰四横三竖相间的线条纹，第二圈为七乳间夹龟、禽等动物，第三圈为铭文"尚方作镜大毋伤，巧工刻之成文章，左龙右虎辟不羊（祥），朱鸟玄武顺阴阳，子孙备居中央兮"，其外尚有短线、锯纹、斜线和波折等纹带，镜面直径16.5厘米（图2-185,6）。

C 型："规矩"镜。除铭文和禽兽图案外，还有规矩图案，可分为两式：

CⅠ式：四神规矩镜。兴仁交乐 M7：44 残破严重，直径13.4厘米。圆钮方座，座内四角饰柿蒂纹，外为规矩纹，其间夹青龙、白虎、朱雀、玄武四神及动物图案8个，以及对称分布的八乳，其外有数圈纹带，依次为铭文带、放射线纹带、锯齿纹带、波折纹带等，铭文为"尚方作镜真大巧，上有山（仙）人不知老"（图2-185,5）。

CⅡ式：禽纹规矩镜。出土于清镇等地。圆钮，四叶形钮座，主体纹带为在对称分布的八乳钉和规矩纹之间饰8只形态相同的雏鸡纹，雏鸡均站立在规矩纹"V"形符号两侧，两两相对而立，其外为铭文带"尚方作镜真大巧，上有仙人不知老，渴兮"。

D 型：神兽镜。主体纹带为神兽。根据图案不同分为三式：

DⅠ式："长乐"神兽镜。安顺宁谷出土者半球形钮，主体纹带神兽似龙形绕于钮周，龙口上下或左右各有小兽作舞动状，龙嘴左右各伸出带柄方框，框内为"长"、"乐"二字（图2-185,10）。

DⅡ式："青盖"神兽镜。兴仁交乐 M19 出土。半球形钮，圆形钮座，钮座外侧主体纹带为高浮雕的龙虎纹，龙身躯部分压于钮下，龙虎相对的尾部有"青盖"二字，外圈相继为斜短线和齿纹纹带（图2-185,11）。

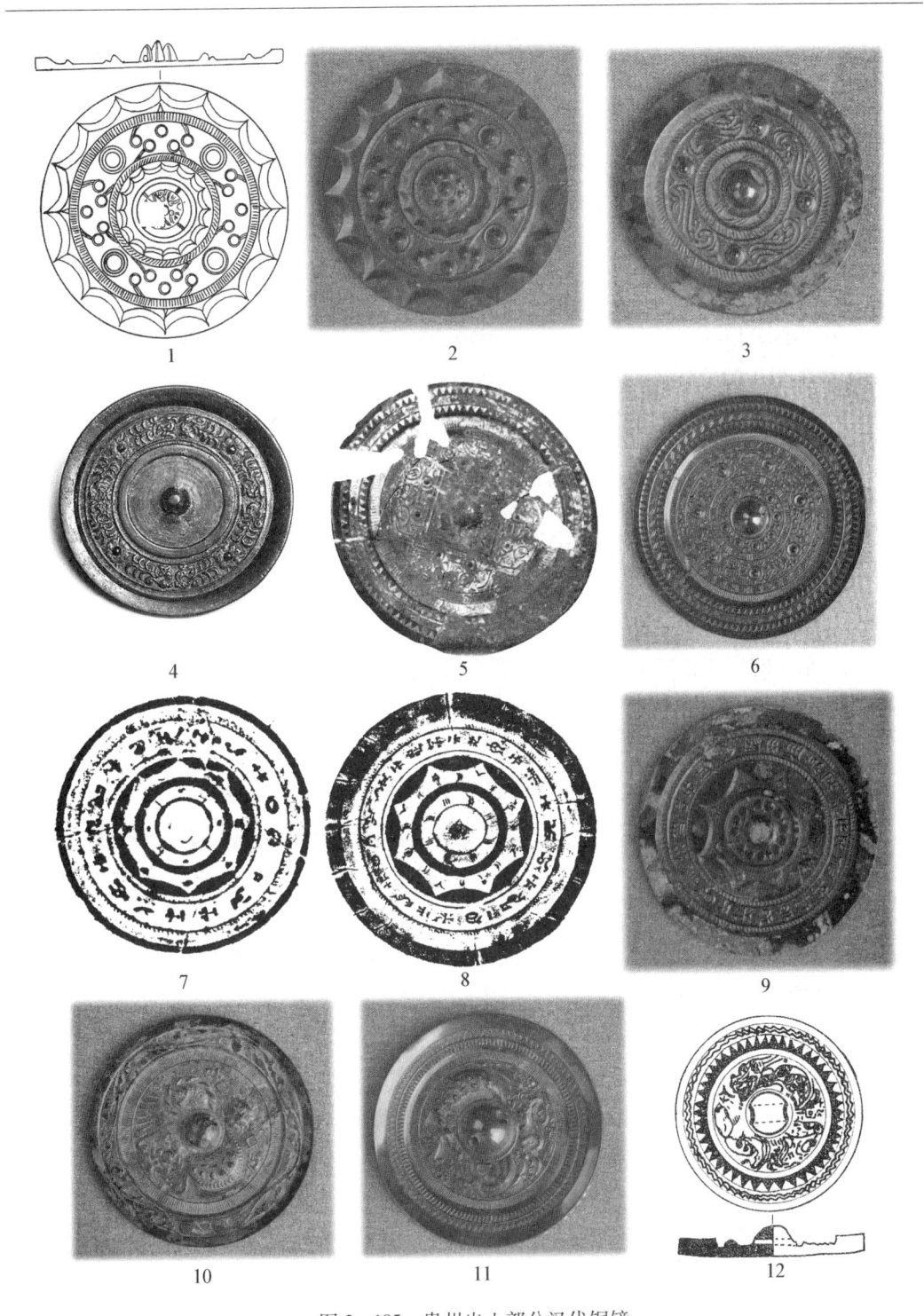

图 2-185 贵州出土部分汉代铜镜

1、2. 星云纹镜(赫章可乐 199:1、赫章可乐 M81:1) 3. 四乳夔龙镜(赫章可乐 M10:2)
4. 四乳八鸟纹镜(兴仁交乐) 5. "尚方"规矩镜(兴仁交乐 M7:44) 6. "尚方"七乳镜(兴义万屯 M8:5)
7. 日光镜(赫章可乐 M22:1) 8. 昭明镜(赫章可乐 M19:3) 9. 皎光镜(赫章可乐 M178:8)
10~12. 神兽镜(西秀宁谷出土、兴仁交乐 M19:10、兴仁交乐 M14:12)

DⅢ式:"尚"铭神兽镜。兴仁交乐 M14 出土。半球形钮,圆形钮座较高,外雕龙虎四象,龙尾一"尚"字(图 2-185,12)。

2. 比较分析

贵州汉代铜镜主要出土在普通汉文化遗存尤其是汉墓中,夜郎系地方遗存中有少量出土,如赫章可乐 M33 号墓中就出土有 1 件铜镜,造型与汉墓所出相同,应是族群之间相互交流的反映。

铜镜在贵州汉墓中多数一墓一镜,仅少量一墓两镜。有的铜镜如安顺宁谷 M6 出土的"日光镜",出土时放置在漆奁里的小圆漆盒内;有的铜镜出土时虽没有放在漆奁等里面,但墓内亦出土有漆奁或铜奁之类,因而铜镜同铜奁或漆奁内的其他物品一样,都是修容用具。

目前出土铜镜的贵州汉墓,除部分为土坑墓外,多数为砖室墓和石室墓,年代集中在西汉中晚期至东汉时期,因而贵州境内发现的铜镜,主要是随着汉移民的进入才开始流行并大量使用,它们同四川、重庆、云南、广西和湖南等周邻地区甚至中原地区铜镜一样,共性特征鲜明——西汉中晚期流行四乳星云纹、四乳四虺和"日光"、"昭明"等铜镜,图案简洁不复杂,东汉时期流行"昭明"、"尚方"等铭文镜和规矩、神兽等铜镜,图案复杂有的还有立体雕塑特征。

从出土地域观察,贵州境内汉墓出土铜镜,以黔西北的赫章县和黔中的清镇市、平坝区、西秀区以及黔西南的兴仁县、兴义市(现为义龙新区)三个区域最为集中,另在务川大坪和习水黄金湾等地虽有少量发现,但镜体小且薄。因而铜镜与多枝灯等其他重要青铜物品一样,其使用人群可能主要是官吏和富家大姓之类,分布区亦应是当时的政治和经济中心。

在与贵州近邻的四川、云南、广西和湖南等地汉墓中,出土的汉代铜镜相当多,贵州汉墓中出土的所有铜镜类型在周邻地区都有大量发现。云南在战国秦汉时期同贵州一道都属于"西南夷"地区,西汉中期以后,随着郡县的设立和汉移民的涌入,这两地基本同时被纳入汉中央王朝行政体系,两地历史进程相同,因而在云南昭通和曲靖等地汉墓中出土的铜镜与贵州赫章可乐所出基本相同。如曲靖八塔台 M69 出土的四乳四虺镜(图 2-186,1)与赫章可乐 M10 所出相同;八塔台 M16(图 2-186,2)、陆良薛官堡 M38、会泽水城 M8 和昭通昭阳上洒渔乐居出土的日光镜[①]与赫章可乐 M178 等出土的"日光镜"形态和铭文内容基本相同,均体小且图案简单;会泽水城 M20 出土的"昭明镜"(图 2-186,3)、昭通昭阳上洒渔乐居出土的四乳星云纹镜(图 2-186,4)与赫章可乐 M19、M10 出土者完全相同。昭通位于可乐西北侧,曲靖位于可乐西南侧,它们都在相同的地理空间范围内,又都同处汉代开发"西南夷"的前沿,因而这一地域内出土的铜镜共性特征突出。

---

① 陈本明:《云南昭通茨泥巴出土两面汉镜》,《考古》1982 年第 3 期。

云南昆明所在的滇中高原盆地,在西汉时期是"西南夷"中的古滇国所在地,汉开发"西南夷"后,又是益州郡郡治所在,因而在昆明及其周边地区,不只汉文化墓葬,晋宁石寨山、江川李家山等滇王及贵族墓地中均出土有一定数量的铜镜。如1955年对石寨山墓地进行第一次发掘时,即出土有铜镜3件:大者直径60厘米,兽形方座,四角有叶形图案,座外有"畜思君王,心思不忘"铭文(图2-186,6);小者直径10厘米,为四乳花纹镜,3件铜镜年代被认为属西汉昭宣时期①。此后的历次发掘也时有铜镜出土,1956年至1957年第二次发掘出土铜镜6件,其中有一件鼻钮,圆形钮座,座上绕平顶连珠纹一周,其外铭文两圈共72字,从内圈铭文看系昭明镜,但特点鲜明(图2-186,5)②。1958年第三次发掘出土的4件铜镜有3件为昭明镜,1件三凤镜,三凤镜为绳纹钮,圆座,座外主体纹饰为三只凤③(图2-186,7)。1997年第五次发掘在被认为属滇王级大墓的M71,亦出土铜镜1件,镜面图案与贵州赫章可乐等地出土的"四乳四虺(蟠螭)"纹镜相似(图2-186,9)。江川李家山大型滇文化贵族墓葬中,亦出土有较多的铜镜,包括山字纹镜、蟠螭纹镜、百乳镜(图2-186,10)、日光镜、昭明镜(图2-186,13)、变形四虺纹镜(图2-186,12)和连珠纹镜等,部分铜镜如山字纹镜、羽状地纹镜和连珠纹镜等不常见于贵州境内,部分铜镜如百乳镜、四乳四虺镜、昭明镜、日光镜等与贵州赫章可乐等地出土的铜镜基本相同,年代在西汉晚期至东汉早期。

从云南晋宁石寨山、江川李家山等滇文化墓地中出土大量铜镜、铁剑、弩机、漆器和钱币的情况来看,表明在西汉中晚期,随着"西南夷"地区被纳入统一的汉中央王朝版图,滇王及上层贵族对汉文化的吸收已相当普遍,他们一方面使用直接由中原地区传入的汉式物品,另一方面则可能在当地仿制汉式器物,形成具有一定地域特征的新器形,滇文化墓地中发现的"畜思君王,心思不忘"铭大铜镜、"三凤镜"等就极有可能系当地仿制。

尽管在西汉中晚期,滇王及其上层贵族仍具有相当的政治和经济地位,但西汉中央政府为强加对"西南夷"地区的统治,向滇国等"西南夷"地区进行了大量移民,这些外来汉移民亦将铜镜等各种汉式器物带了进来,因而在昆明羊甫头、个旧黑玛井等地发现的汉墓中亦有铜镜出土。如昆明羊甫头M410东汉墓中出土的四乳四神镜,主体纹带为四乳间饰青龙、白虎、朱雀和玄武四神(图2-186,8);个旧黑玛井M24出土的四乳四神兽镜钮座为十二连珠纹,主体纹带在四个对称大乳钉间分布四神兽,神兽周围用鸟纹和云纹环绕(图2-186,11),总体特征与贵州赫章可乐、黔西汉墓等地出土的四乳四神镜接近。

总的来看,贵州境内铜镜主要出土在汉墓中,云南境内铜镜除汉墓外,滇文化系统墓葬尤其是滇贵族大墓中集中出土有较多西汉晚期至东汉早期铜镜,在器类上云南境内铜镜也要比贵州丰富一些,但两地均以西汉中晚期为多。

---

① 云南省博物馆考古发掘工作组:《云南晋宁石寨山古遗址及墓葬》,《考古学报》1956年第1期。
② 陈丽琼、马德娴:《云南晋宁石寨山古墓清理初记》,《文物参考资料》1957年第4期;云南省博物馆编:《云南晋宁石寨山古墓群发掘报告》,文物出版社,1959年,第70~73页。
③ 云南省博物馆:《云南晋宁石寨山第三次发掘简报》,《考古》1959年第9期。

图 2-186 云南出土部分汉代铜镜

1、2. 曲靖八塔台(M69:4、M16:2)　3. 会泽水城(M20:16)　4. 昭通洒渔　5. 石寨山(M20:32)
6、7. 石寨山墓地出土　8. 昆明羊甫头(M410:40)　9. 石寨山(M71:160)　10. 江川李家山(M57:137)
11. 个旧黑玛井(M24:7)　12、13. 江川李家山(M86:7、M49:17)

第三章 青铜器出土情境及地域特征观察

战国秦汉时期,贵州境内族群关系复杂,先是被称为"西南夷"的夜郎系族群在此创造出独具地域特征的青铜文明,但从西汉中期开始,随着汉中央王朝掀起开发"西南夷"地区的大潮,中原汉文化迅速传入"西南夷"地区,取代了原地方的青铜文明。因而贵州战国秦汉时期青铜器便大致以西汉中期为界:西汉中期以前出土的青铜器以地方特征浓厚的青铜兵器和青铜装饰器为主,兼有一定数量的容器和生产工具;西汉中期以后具有地方特征的青铜器迅速减少,汉文化系统青铜器开始占据主要地位,西汉中晚期出土的青铜器以青铜容器为主,兼有一定数量的杂器和钱币,东汉以后青铜容器减少,车马、钱树等模型明器增加,地方特征青铜器基本消失。

对贵州出土的战国秦汉时期青铜器进行综合研究,离不开对各种青铜器进行类、型、式的全面考察,但当时的青铜器尤其是墓葬中使用的青铜器往往包含有许多复杂的器类组合,不同地域或不同时期的青铜器不仅器形特征不同,器类组合也存在较大差异。因而对青铜器所作的型式划分和对比分析,尚不能完全了解不同族系青铜器的出土情境和器类构成情况,下面将对青铜器在墓葬中的出土情境、空间分布和器类组合进行总体观察,借以探寻青铜器物群所反映出的社会层级,为寻找夜郎族群活动中心及汉代郡县地理提供实物依凭。

第一节 夜郎系青铜器出土情境及地域特征

夜郎系青铜器出土情境包括墓葬中出土、遗址中出土和零星出土三种:墓葬出土者主要集中在赫章可乐墓地和威宁中水墓地,遗址出土者主要集中在普安铜鼓山,零星出土者主要分布在贵州西部紧邻云南东部的乌蒙山地区。就出土青铜器的器类和数量而言,以赫章可乐和威宁中水墓地出土数量最多,种类最复杂,可作为观察夜郎系青铜器出土情境的代表性遗存。

一、出土情境

1. 可乐墓地

可乐夜郎系墓地主要集中分布在可乐河南侧的锅落包、祖家老包及罗德成地等地区,三个地点相对独立又相连成片,墓葬皆竖穴土坑墓,多数开口在耕土层下,墓坑大小、深浅不一,其中2000年发掘的罗德成地墓葬有较为复杂的打破关系。

墓地经过多次发掘,已清理墓葬320余座,绝大部分墓葬资料已刊发,相当数量的墓葬空无一物,有随葬品的墓葬随葬品多少不一,极少数大墓如M274、M373等出土器物近百件,但多数墓葬一般只有几件,有的甚至只有半个铁锸或一件残铁削。出土器物有陶器、青铜器、铁器、玉石器和骨器等,以青铜器为最多,包括容器、兵器、生产工具和装饰器,容器中的洗、釜多放置在墓坑一端,装饰器分别放置在头顶、颈胸部、腰部和手臂等,兵器多在腰间。总体来观察,青铜器在墓中的出土情况分下列几组:

A组:青铜容器或青铜容器与青铜兵器、青铜装饰器等。青铜容器包括釜、洗和鍪等,铜釜多用于套头,形成所谓的"套头葬",时代较晚者出现铁釜。青铜兵器多为青铜剑或戈,晚期多铜柄铁剑或铁剑、铁刀等铁兵器,青铜装饰器多发钗、铜铃、扣饰、挂饰和手镯等。根据组合不同可分为下列几个亚组:

A1组:铜容器、兵器和装饰器共出,包括M277、M296、M298、M342等。随葬青铜器多放置在头侧,如M277为哑铃形墓坑,墓内出土青铜器包括釜1件(用于套头)、鍪1件、柳叶形剑1件、戈1件、铜柲冒1件和发钗2件等(图3-1,1);釜为A型,出土时已残破,釜内两件簧首弯脚发钗由外向内放置,釜口沿外残存少量头骨和牙齿,头骨两侧各有骨耳饰1件,釜前放置铜鍪1件,周边有棺木朽痕,釜下朽木上有竹席印痕(图3-1,3)。M296为长方形墓坑,出土青铜器包括洗1件、柳叶形剑1件、戈1件和发钗3件,铜洗平扣盖住墓主头部,洗下头骨大部保存,戈剑呈T形放置在墓主左肩部,洗上有棺木朽痕。M298为一端有一外凸的长方形墓坑,出土青铜器包括洗1件、柳叶形剑1件、发钗2件和手镯3件,洗垫在墓主头下,剑放在头侧,剑柄搭放在铜洗口沿(图3-1,4)。M342为长方形墓坑,出土青铜器包括洗1件、戈1件、铃4件和扣饰49件(图3-1,2),洗盖在墓主头部,戈斜插于洗侧,铃放置在头顶端,似为头部装饰物,扣饰成排状散落于胸前,应为衣服上的装饰物,在青铜器周边还有铁环首刀、骨玦和绿松石串珠等其他随葬品(图3-1,5)。

A2组:青铜容器、铜铁合制兵器和青铜装饰器共出,包括M58、M74、M160、M85、M274和M373等。如M58为长方形墓坑,墓主头端侧放一C型釜,套住墓主头部,釜内近口沿处有牙齿,釜左前侧置一残破铜洗,洗前竖放一铜柄铁剑,脚端另侧置一铁釜,釜内残存脚趾骨,铁釜外侧放置一漆器(已残),内放铜泡钉。M274为长方形墓坑,头和脚端各置一大型铜釜相对侧立套头和脚,头端釜前方有洗4件、铜柄铁剑1件、铁戈1件、柲冒1件、发钗1件、铃19件、挂饰3件和印章1件,是可乐随葬青铜器最为丰富的大型墓葬(彩版五,1)。M373为头端稍宽的长方形墓坑,出土青铜器主要放置在头端,脚端放置有陶漆器(图3-1,6),头端青铜器包括釜1件、鍪1件、发钗2件、铃16件、环形饰18件(朽坏)、人面形扣饰1件、挂饰27年和器物附件2件等,几乎全部放置在墓主头侧及胸前部(图3-1,7)。

A3组:青铜容器与青铜装饰器共出,包括M31、M46、M47、M85、M136、M153、M187、

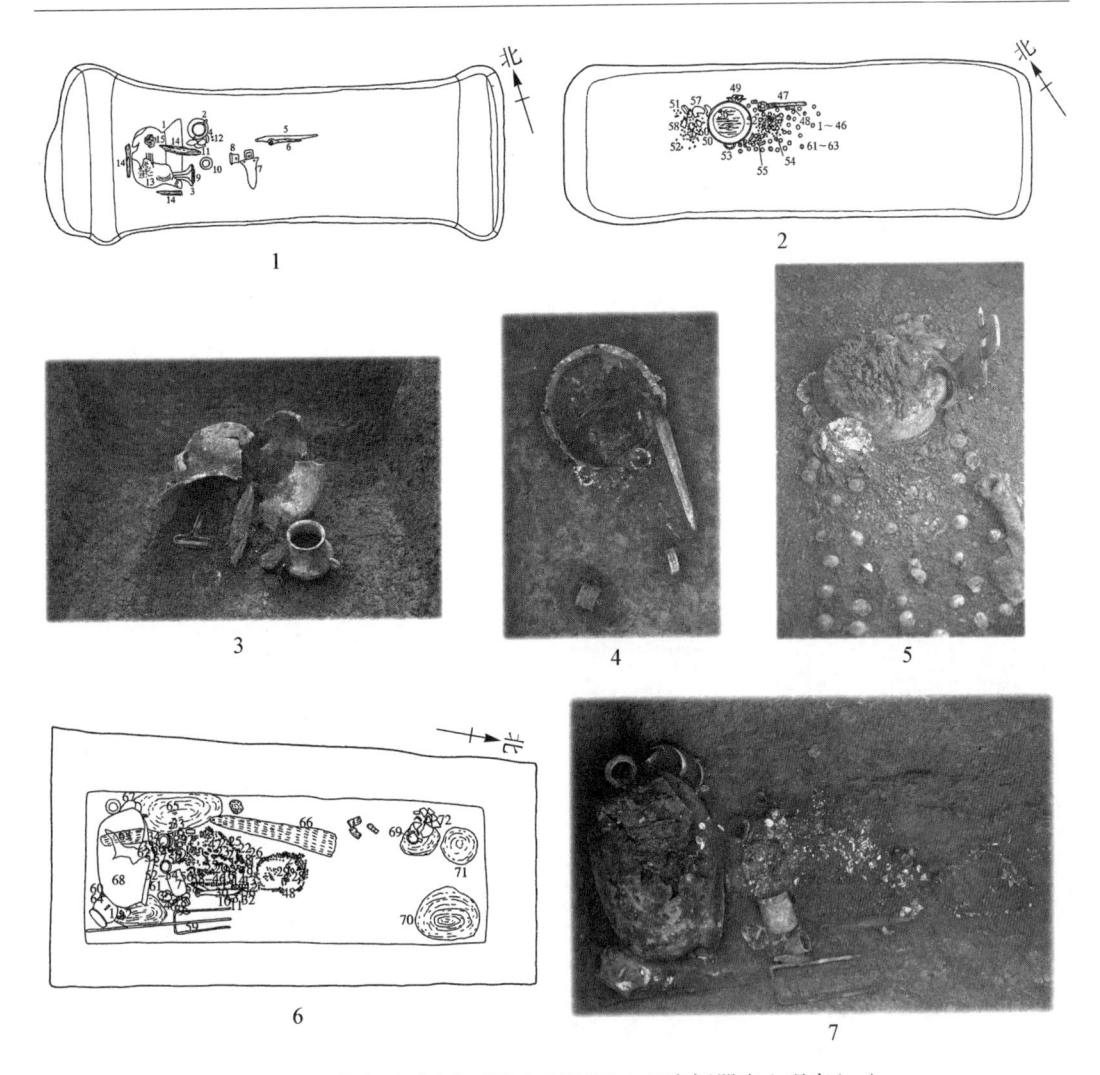

第三章　青铜器出土情境及地域特征观察 ·239·

图 3-1　赫章可乐夜郎系墓（乙类墓）A 组青铜器出土观察（一）
1. M277 铜器出土情境　2. M342 铜器出土情境　3. M277 局部（头端套头铜釜、釜内发钗和釜外铜鍪）
4. M298 局部（垫在头下的铜洗、柄身放在洗口沿的柳叶形剑和洗前方手臂上的铜手镯）
5. M342 局部（盖头铜洗、洗旁斜插的铜戈和洗前方的铜扣饰）　6. M373 随葬品出土情况
7. M373 局部（头端套头铜釜及青铜装饰品放置情况）

M264 和 M330 等。如 M264 为哑铃形墓坑，脚侧已被破坏，墓坑周壁用石头垒砌，每边 3～4 层不等，墓内出土青铜器包括釜 1 件、发钗 2 件、手镯 1 件等（图 3-2，1）；釜侧放在墓坑头端用于套头，发钗置于釜内头骨顶端，两件朝相同方向交叉插放，头骨朽痕尚存（图 3-2，3），手镯佩戴在左手臂上，手臂弯曲，右侧腰际有一环首铁削刀。M330 为不规则长方形墓坑，墓内出土青铜器包括匜 1 件（残损严重，仅剩局部口沿）和铃 3 件。

A4 组：青铜容器与青铜兵器（含铁兵器）共出，包括 M39、M144、M146、M161、M190、M194、M198、M208 和 M273 等。如 M273 为哑铃形墓坑，墓内出土青铜器包括釜 1 件、洗 3 件和铜柄铁剑 1 件（图 3-2，2）；釜侧放在墓坑头端用于套头，釜前两侧各放置一件残破铜洗,似被切割平整,垫于墓主手臂下方,铜柄铁剑竖放于左手臂旁压住铜洗(图3-2,4),脚端放置一件大型铜洗,朝向墓主一侧口沿被切割平整,墓主双脚平放在洗上。

A5组:只出1件青铜容器,包括M91、M122、M213、M272和M312等。如M272墓坑头端放置铜釜1件,侧置用于套头,釜上下有棺木朽痕,釜内有人头骨,口沿外有人牙数枚(图3-2,5)。M213为长方形墓坑,铜釜同陶罐等放置在墓坑一侧,且置于三块锅庄石上,墓内还出土五铢钱和铁削刀等,因而有学者亦将该墓归入普通汉式墓中①。

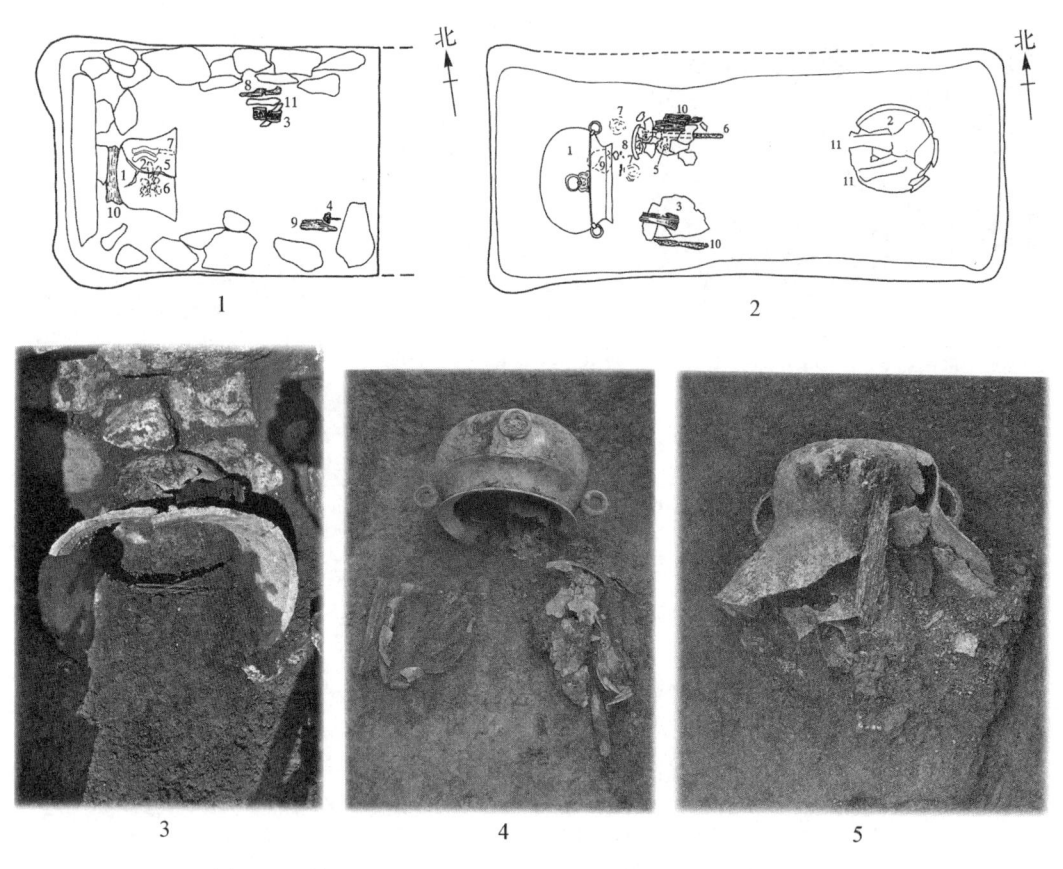

图3-2 赫章可乐夜郎系墓(乙类墓)A组青铜器出土观察(二)
1. M264青铜器出土情境(1.铜釜 2、5.发钗 3.手镯) 2. M273青铜器出土情境(1.套头铜釜 2.垫脚铜洗 3、4.垫臂铜洗 6.铜柄铁剑) 3. M264局部(头端套头铜釜及釜内发钗)
4. M273局部(头端铜釜和釜前铜洗放置情况) 5. M272局部(头端套头铜釜及釜内头骨及釜上朽木出土情况)

B组:青铜兵器或青铜兵器与装饰品等。B组墓葬与A组的根本区别是不出青铜容器,可分为两个亚组:

B1组:青铜兵器同青铜装饰器共出,包括M92、M104、M126、M268、M299、M308、M309、M310、M317、M319、M325、M334、M341、M348、M350、M356和M365等。如M268

---
① 梁太鹤:《可乐套头葬研究四题》,《可乐考古与夜郎文化》,贵州民族出版社,2003年。

为长方形墓坑,出土青铜器包括戈1件、发钗2件。M299为狭长方形墓坑,出土青铜器包括戈1件、发钗2件。M308为狭长方形墓坑,出土青铜器包括剑1件、戈1件、镞1件、发钗2件、发簪2件、手镯1件、戒指1枚。M309为狭长方形墓坑,出土青铜器包括柳叶形剑1件、发钗1件和带钩1件。M310为一端带一弧形坑的长方形墓坑,出土青铜器包括戈1件、铃1件。M317为长方形墓坑,出土青铜器包括戈1件、柳叶形剑1件、发钗1件和带钩1件。M319为长方形墓坑,出土青铜器包括柳叶形剑1件、发钗2件和带钩1件。M325为长方形墓坑,出土青铜器包括剑(蛇头形茎)1件、戈1件、带钩1件和皮管饰1件。M334为不规则长方形墓坑,出土青铜器包括戈1件、手镯1件。M341为长方形墓坑,出土青铜器包括戈1件、铜剑(镂空牌形茎首)1件、秘冒1件、秘套饰1件、发钗2件、手镯19件(图3-3,1);发钗为簪首长脚,由右向左交叉插于墓主头顶,墓主右耳带一玉玦,胸前交叉呈T形放置一戈一剑,剑竖放戈横置,戈内上下两端有秘冒和秘套饰,手镯佩戴于两手臂(图3-3,7)。M348为长方形墓坑,出土青铜器包括柳叶形剑1件、戈1件和发钗2件。M350为长方形墓坑,出土青铜器包括柳叶形剑1件、戈1件和发钗2件,戈和发钗置墓主头侧(图3-3,9)。M356为带一方形外凸的长方形墓坑,出土青铜器包括剑1件、戈1件、发钗1件、手镯1件和带钩1件。M365为长方形墓坑,出土青铜器包括剑(镂空牌形首)1件、戈1件、发钗2件、手镯4件和带钩1件(图3-3,2);发钗插于墓主头顶端,戈斜插于头左侧,铜剑竖直放于腰际,手镯皆镶绿松石宽边手镯,左手臂佩戴由小至大的3个,前端还戴一木镯,右手佩戴1个,手镯内还残存有手臂骨(图3-3,8)。

B2组:仅出青铜兵器,包括M210、M212、M301、M302、M306、M318、M324、M331和M335等。如M301为哑铃形墓坑,墓内出土青铜器仅柳叶形剑1件。M302为哑铃形墓坑,墓内出土青铜器仅戈1件。M306为长方形墓坑,墓内出土青铜器仅戈1件(图3-3,3)。M318为一端带一外凸弧形坑的长方形墓坑,墓内出土青铜器为戈1件、柳叶形剑1件(图3-3,4)。M324为长方形墓坑,墓内出土青铜器仅镂空牌形茎首铜柄铁剑1件。M331和M335皆为长方形墓坑,墓内仅出土青铜器戈1件。

C组:仅出青铜装饰器,既不见A组的青铜容器,也不见B组的青铜兵器,墓葬数量较多,包括M27、M33、M36、M43、M98、M120、M124、M128、M130、M131、M133、M151、M152、M191、M267、M269、M270、M271、M287、M304、M338、M343和M354等。如M267为长方形墓坑,出土青铜器为手镯10件(图3-3,6)。M269为一端带方凸的长方形墓坑,出土青铜器包括带钩1件、发钗2件。M270为长方形墓坑,出土青铜器为发钗2件,带钩1件。M271出土青铜器包括手镯1件、铃14件和扣饰15件(图3-3,5)。M287为长方形墓坑,出土青铜器为带钩1件。M292为狭长方形墓坑,出土青铜器为扣饰3件。M304为长方形墓坑,出土青铜器为手镯2件。M338为不规则长方形墓坑,出土青铜器为扣饰89件。M343为长方形墓坑,出土青铜器为手镯2件。M354为长方形墓坑,出土青铜器为手镯1件。

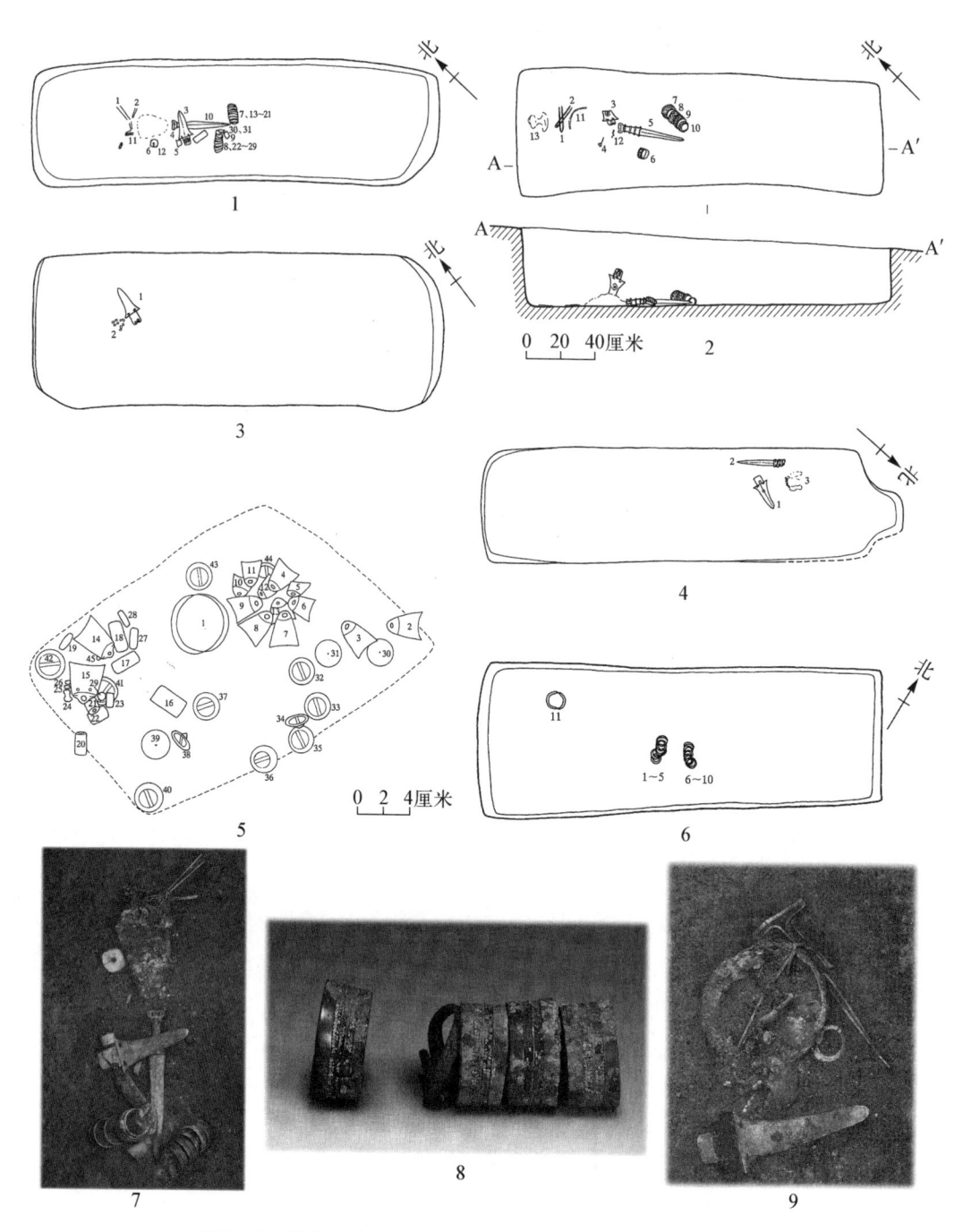

图 3-3 赫章可乐夜郎系墓(乙类墓)B、C 组青铜器出土观察

1. M341 青铜器出土情境(1、2. 铜发钗 3. 铜戈 4. 铜柄铜剑 5. 铜柲帽 7、8、13~29. 铜手镯 9. 铜柲套饰,其余编号为其他质地器物或头骨等) 2. M365 青铜器出土情境(1、2. 铜发钗 3. 铜戈 4. 铜柄铜剑 5. 铜柲帽 6~9. 铜手镯,其余编号为其他质地器物或头骨等) 3. M306 青铜器出土情境(1. 铜戈 2. 牙齿) 4. M318 青铜器出土情境(1. 铜戈 2. 铜剑 3. 头骨碎片和牙齿) 5. M271 局部(1. 铜手镯 2~15. 铜铃 30~44. 铜扣饰,其余编号为其他质地随葬品) 6. M267 青铜器出土情境(1~10. 铜手镯 11. 陶罐) 7. M341 局部(头侧青铜器出土情况) 8. M365 青铜手镯与木手镯 9. M350 头端青铜器

2. 中水墓地

中水墓地位于乌蒙山西缘云贵两省交界处的威宁县中水镇中水盆地南端前河与中河之间一东西向土梁上，东侧为红营盘墓地（过去称独立树工区），西侧为银子坛墓地（过去称梨园工区和张狗儿老包工区），相距约400米。经过1978年、1979年和2004年三次较大规模发掘，其中红营盘（含独立树）清理墓葬32座，银子坛（含张狗儿老包）清理墓葬134座，两地墓葬出土陶器和青铜器均有较大差异：红营盘墓地青铜器器类少而单一，银子坛墓地青铜器种类和数量均有明显增加，尤以装饰器特征最为鲜明。

（1）红营盘墓地

红营盘墓地因墓地所在的土丘为红褐色沙土而得名，行政区划属中水镇新街村，1978年曾在此区域零星清理墓葬6座，出土有铜剑3件、铜饰件2件、玉石手镯1件和残陶器等，墓葬破坏严重，墓坑和骨架等保存不好，发掘者认为"是一处偶尔遗弃尸首的荒原"[1]。2004年10月至2005年1月，在该墓地清理长方形竖穴土坑墓26座，部分墓葬空无一物，有随葬品者多1至2件，共出土各类随葬品50余件[2]，包括陶器、青铜器、玉石器和骨器等（以陶器为最多）：青铜器主要是兵器和装饰器，没有容器和生产工具之类；装饰器如手镯、指环等即放置在生前佩戴部位；兵器主要是剑，主要放置在腹部，少数墓葬如M19似用双手握于胸部（图3-4,1）。总体来看，红营盘墓地青铜器器类少而简单，在墓中出土情况可分为下列几组：

A组：青铜兵器和装饰器共出，包括78独M1、红M14等。如78独M1出土有柳叶形铜剑和铜扣饰各1件，红M14出土有铜刀和铜指环各1件，红M17出土铜剑、铜镞和铜管饰残件各1件，铜管饰置于头顶，应是发饰物（图3-4,3）。

B组：只出青铜兵器，包括78独M2、78独M4、红M11、红M13、红M19、红M26等。如78独M2出土短銎剑1件（报告称为Ⅱ式剑），红M11出土铜剑1件（图3-4,2）。

C组：只出青铜装饰器，包括78独M6、红M4、红M15、红M18、红M20、红M21等。78独M6出土铜戒指1件，红M21出土铜手镯4件、铜指环3件，手镯佩戴于左手腕，指环佩戴于左右手指（图3-4,4）。

（2）银子坛墓地

银子坛墓地西距红营盘约400米，已清理的134座墓除1座为东汉中晚期的砖室墓（79梨M48）外，余皆为土坑墓。墓坑宽窄长短不一，既有放置数具骨架的近方形土坑墓，也有狭长形单人土坑墓，还有墓坑短小的幼儿墓，相当部分墓葬发现葬具朽痕；墓主葬式复杂，头向多样，"多人二次合葬"现象普遍，同一葬具内放置人骨数量由1～2人到5～6人不等，有的墓葬各具骨架分别放置有随葬品，因而它们应是一种比较特殊的

---

[1] 贵州省博物馆考古组、威宁县文化局：《威宁中水汉墓》，《考古学报》1981年第2期。
[2] 贵州省文物考古研究所、四川大学历史文化学院考古系、威宁县文物管理所：《贵州威宁县红营盘东周墓地》，《考古》2007年第2期。

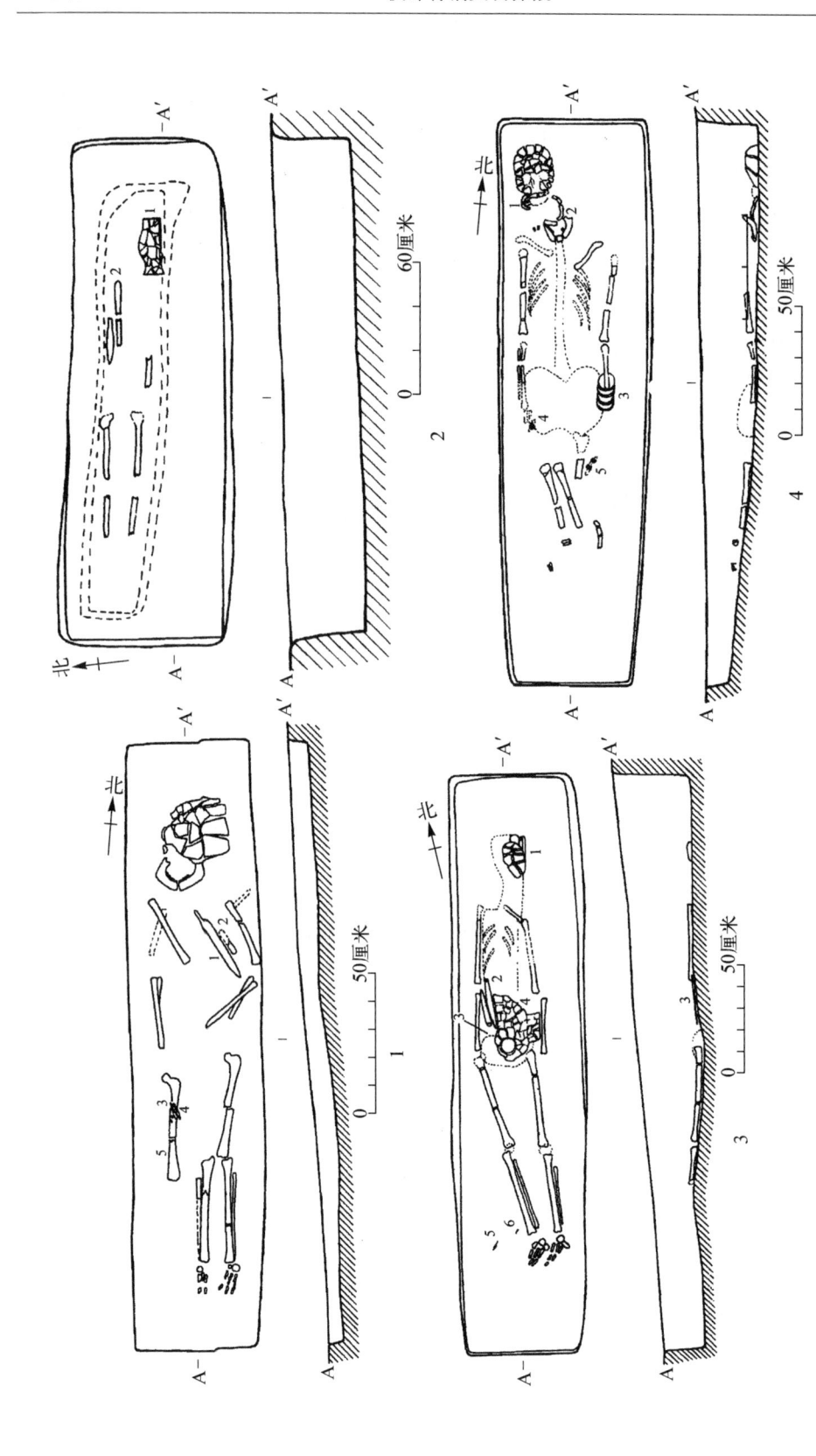

图 3-4 中水红营盘墓地出土青铜器观察
1. M19(1. 铜剑 2. 磨石 3. 铜管饰)   2. M11(1. 陶平底罐 2. 铜剑)   4. M21(1,2. 玉石玦 3. 铜手镯 4,5. 铜指环)
3. M17(1. 铜管饰 2. 铜剑 3. 磨石 4. 陶罐 5. 铜镞 6. 骨镞)

第三章 青铜器出土情境及地域特征观察

埋葬习俗,并不是先前所认为的"乱葬"。墓地出土各类随葬品 700 余件(组),包括陶器、青铜器、铁器、玉石器、骨器和漆器等,以陶器和青铜器为多,其中青铜器约 300 件,包括有容器、兵器和装饰器等——容器多放置在墓坑一端,装饰器分别放置在头顶、项部、胸腰部和手臂等生前佩戴部位,兵器多在腰际。由于 2004 年银子坛发掘墓葬资料未能刊发,我们只能以 1978 年和 1979 的发掘墓葬资料为主来观察青铜器在墓中的出土情况:

A 组:青铜容器与青铜兵器、青铜装饰器共出,包括梨 M19、梨 M24、梨 M27 和张 M1 等。如 M19 墓坑为长方形竖穴土坑,单人仰身直肢葬,随葬品共 20 件,放置在头端和骨架右侧,青铜器中的釜、洗、碗等多放在头端,带钩、手镯和铜钱放在腰间(图 3-5,1)。值得注意的是,该墓随葬品既有地域特征浓厚的陶罐、陶碗和铜带钩、手镯等,也有许多典型汉文化器物如铜釜、铜洗和铜碗等,墓内出土的一件鱼形铜带钩(M19:12)钩背上还刻有"日利八千万"数字,表明墓主受汉文化的影响已很深。

B 组:青铜兵器与青铜装饰器共出,可分为两个亚组:

B1 组:青铜兵器与青铜装饰器共出,包括梨 M12、梨 M17、梨 M22、梨 M23、梨 M29、

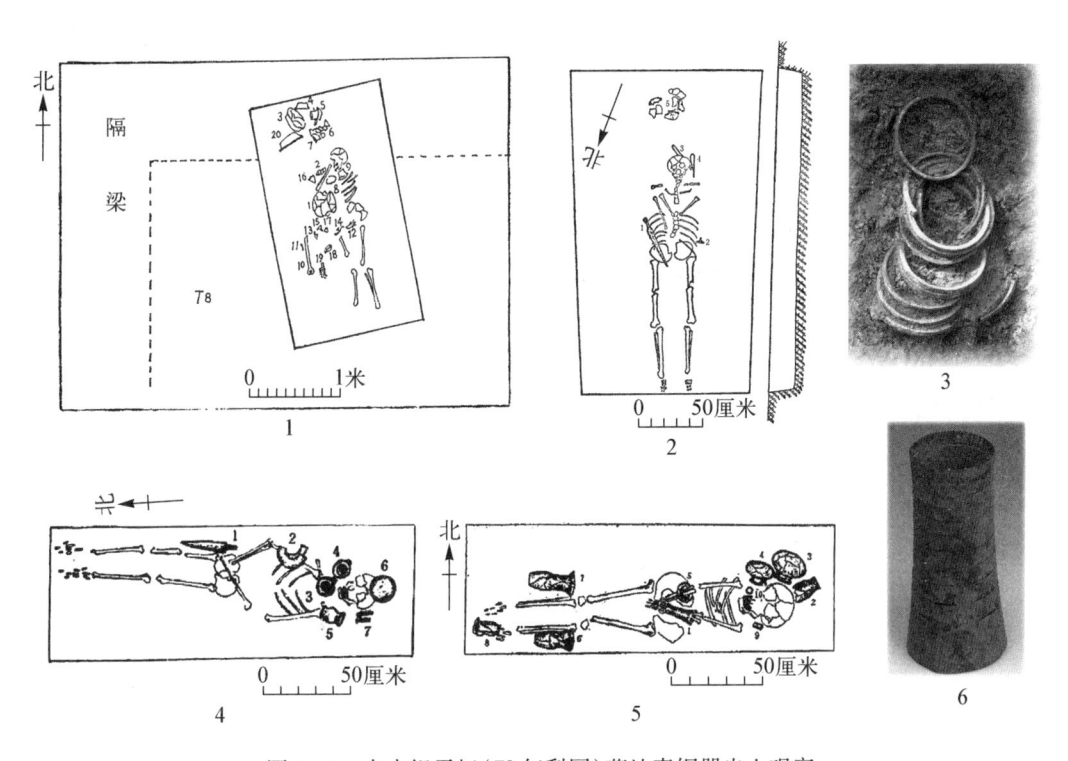

图 3-5 中水银子坛(78 年梨园)墓地青铜器出土观察

1. M19(1. 铜釜 2. 铜手镯 3. 铜洗 4. 铜碗 5. 带柄铜釜 6~9. 陶器 10. 铁刀 11. 铜镞 12. 铜带钩 13. 铜帽钉 14. 铜带钩 15. 铜扣饰 16. 铜铃 17. 玉珠 18. 铜手镯 19. 五铢钱 20. 铜洗)
2. M22(1. 铜剑 2. 铜扣饰 3、4. 铜发钗 5. 陶罐) 3. 银 M52 手镯出土情况 4. M40(1. 铜剑 2. 石玦 3、4. 陶罐 5. 陶瓠 6. 铜帽饰 7. 铜发钗) 5. M43(1. 铜臂甲 2、6、7. 陶瓶 3、4. 陶豆 5. 骨手镯 8. 陶罐 9. 玛瑙坠 10. 铜耳环) 6. M43:1 铜臂甲

梨M33、梨M40、梨M41、梨M42、梨M44等。如梨M22墓坑呈头端稍宽的长方形,墓主仰身直肢,头顶用两根长长的铜发钗和一些锈蚀铜片绾髻,形成所谓的"椎髻"头饰,其腰部右侧有铜剑1件,左侧有扣饰1件(图3-5,2),墓主系身材魁梧、体格粗壮的武士。梨M40铜兵器和铜装饰器放置方式同M22,但头后侧有簧首短脚发钗两件,头顶一圆帽形似件(图3-5,4)。

B2组：只出青铜兵器,包括梨M26、梨M34、梨M35、梨M49等,如M35随葬品只蛇头形茎首铜剑1件。

C组：青铜装饰器或青铜装饰器与其他青铜器共出。可分为下列亚组：

C1组：只出青铜装饰器,包括梨M2、梨M4、梨M5、梨M7、梨M13、梨M14、梨M15、梨M20、梨M21、梨M28、梨M31、梨M38和梨M43等。如梨M43墓坑狭长方形,墓主仰身直肢但双手放置于腹部,随葬品陶器放置在头端和下肢两侧,青铜器为右耳戴一耳环、左手臂戴一臂甲(图3-5,5),臂甲呈长筒形,一端略宽,中间被切割成条条平行的裂口(图3-5,6)。

C2组：青铜装饰器与其他青铜器(含五铢钱币)组合,包括梨M1、梨M25、张M2、张M3等。如梨M25青铜器除手镯和带钩外,还有五铢钱出土。银M52则在墓主一手臂上戴条状手镯10余件(图3-5,3)。

二、地域特征

从上面对赫章可乐和威宁中水墓地墓葬出土青铜器的观察可知,青铜器在墓中有容器、兵器、装饰器组合和兵器、装饰器组合以及单独的兵器或装饰器组合等,都以兵器和装饰器为主体,虽然墓地中也出土有一定数量的容器、生产工具和乐器等,但这几类青铜器的数量和种类都相当有限。可乐青铜容器中的釜形器和乐器中的铜鼓,在墓中侧置在墓坑一端用以套头或套脚,形成所谓的"套头葬",中水墓地青铜容器数量少且主要是汉式青铜器,普安铜鼓山遗址则没有青铜容器出土。另外,几个地区虽都有生产工具出土但数量都很少,普安铜鼓山遗址出土的双肩铜锄(图3-6,1)地域特征鲜明,不同于赫章可乐出土的长条状铜锄(图3-6,2)和威宁中水的尖叶形铜锄(图3-6,3),但都具有滇文化青铜生产工具特征——或从云南滇文化流传而来,或在当地仿制。总体来看,贵州出土的战国秦汉时期夜郎系青铜器具有比较鲜明的共性,反映着族群勇猛而爱美的文化特征。

尽管赫章可乐、威宁中水和普安铜鼓山等夜郎时期遗存出土的青铜器体现出比较鲜明的共性,但由于这几个地区分处乌蒙山脉不同区位,各地之间地理环境封闭,限制了相互之间的交流,因而各地出土的青铜容器、兵器和装饰器在具体的器类组合和器形特征上又存在着较大差异,反映出鲜明的地域文化特征。

1. 青铜容器

赫章可乐是目前贵州境内清理夜郎系墓葬数量最多、出土青铜器最为丰富、资料公布

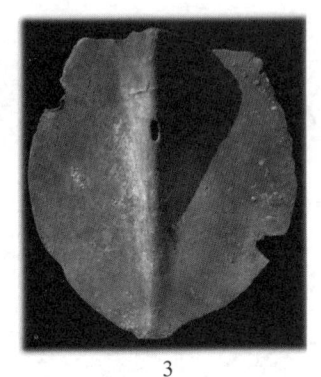

图 3-6 出土青铜锄比较
1. 普安铜鼓山(T71①:3) 2. 赫章可乐(M189:1) 3. 威宁中水后寨

也相对完整的地区,该墓地出土有一定数量的青铜容器,种类有釜、鍪、洗和匜等。按前面对这些青铜器的型式划分,可乐出土的铜釜包括 AⅠ式(图3-7,1~3)、B型(图3-7,5)、CⅠ式(图3-7,9)和D型(图3-7,4、8),铜鍪包括A型各式(图3-7,13~16),铜洗包括 AaⅠ式(图3-7,6、7)、AbⅠ式(图3-7,10、11),匜仅出1件且残(图3-7,12)。AⅠ式釜是可乐出土最有特色的青铜容器,其造型呈大喇叭口,束腰,鼓腹圜底或圜底近平,腰部有对称大双扳耳,相同或相近器形仅在云南楚雄万家坝、昆明羊甫头和呈贡天子庙等滇青铜文化墓地有出土,可乐A型铜釜的集中出土反映着"西南夷"族群之间有着一定的文化交流。B型铜釜整体造型似在倒置的铜鼓口沿加铸双立耳而成,该型铜釜在可乐仅出土1件,而在云南以滇池为中心的滇文化墓地中却有大量出土,因而可乐B型釜也应是从滇文化交流而来。CⅠ式釜在可乐乙类墓地出土1件,相似铜釜在可乐汉式墓及贵州其他地区普通汉墓中有较多出土,是吸收汉文化釜形器的反映。D型釜是可乐出土的大型青铜容器,器形与四川盆地战国秦汉时期巴蜀文化中出土的铜釜相同或接近,有的经过地方改造,如在肩部加铸对称的二立虎(图3-7,4),形成地域特征鲜明的青铜容器。铜鍪在可乐出土有一定数量,造型虽有一定差异但基本相同,有单耳、双耳之分,有的还在底部加铸三足,器表鎏金。铜洗在可乐多同铜釜共出,有的盖在头部或垫在头下、足下,或垫在手臂下,腹均浅,同普通汉墓出土的深腹洗差别较大。

中水出土的青铜容器数量和种类都比可乐少,有釜、洗、碗等,铜釜仅 AⅡ式2件(图3-8,1)、CⅡ式1件(图3-8,2)、FaⅡ式2件(图3-8,5)和 HaⅡ式(图3-8,3)1件。AⅡ式釜原报告称为"贮贝器",造型同可乐出土的AⅠ式釜比较接近,应更名为"釜"。CⅡ式釜同可乐及贵州其他地区汉墓中出土的CⅠ式釜接近但又极具地域特征,该釜口沿为大敞口,鼓腹平底,口沿上的立耳向外倾斜,同可乐出土的敞口圜底立耳釜造型差异明显。FaⅡ式和HaⅡ式釜在可乐夜郎系墓葬中没有出土,器形完全同普通汉墓中出土的铜釜。铜洗主要是 AaⅢ式(图3-8,6),为浅腹圜底辅首洗,亦接近贵州及邻近地区汉墓中出土的铜洗。铜碗(图3-8,4)则完全同贵州汉墓所出。总体来看,威宁中水出土的青铜

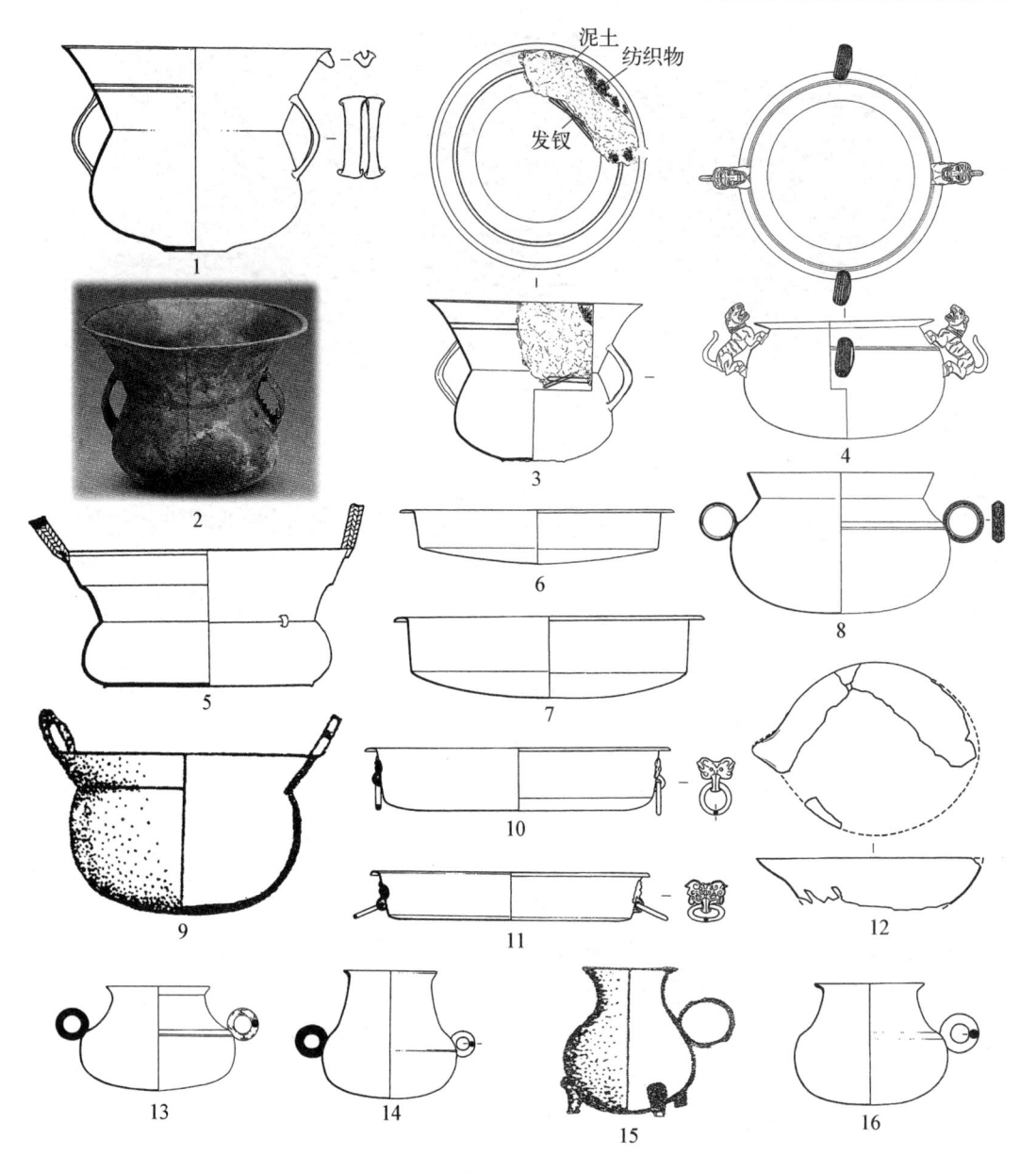

图 3-7　赫章可乐夜郎系墓地出土的青铜容器

1～3. AⅠ式釜（M277∶1、M25∶1、M264∶1）　4、8. D型釜（M274∶87、M373∶68）　5. B型釜（M91∶1）
6、7. AaⅠ式洗（M296∶1、M273∶3）　9. CⅠ式釜（M58∶5）　10、11. AbⅠ式洗（M2732∶1、M274∶1）
12. 匜（M330∶1）　13～16. 铜鍪（M373∶1、M277∶2、M264∶1、M312∶1）

容器与赫章可乐不同，未见可乐出土的AⅠ式、B型、D型釜和各式铜鍪，也未见可乐用于垫头或垫臂的AaⅠ式和AbⅠ式铜洗，其青铜容器基本同贵州及邻近地区汉墓所出，是汉文化系统青铜容器传入的反映。在出土的青铜兵器中，威宁中水墓地还出土有一些三棱铜镞和铜弩机，这些亦是汉式青铜兵器传入的反映，比起赫章可乐，威宁中水墓地对汉文化的吸收似更明显。

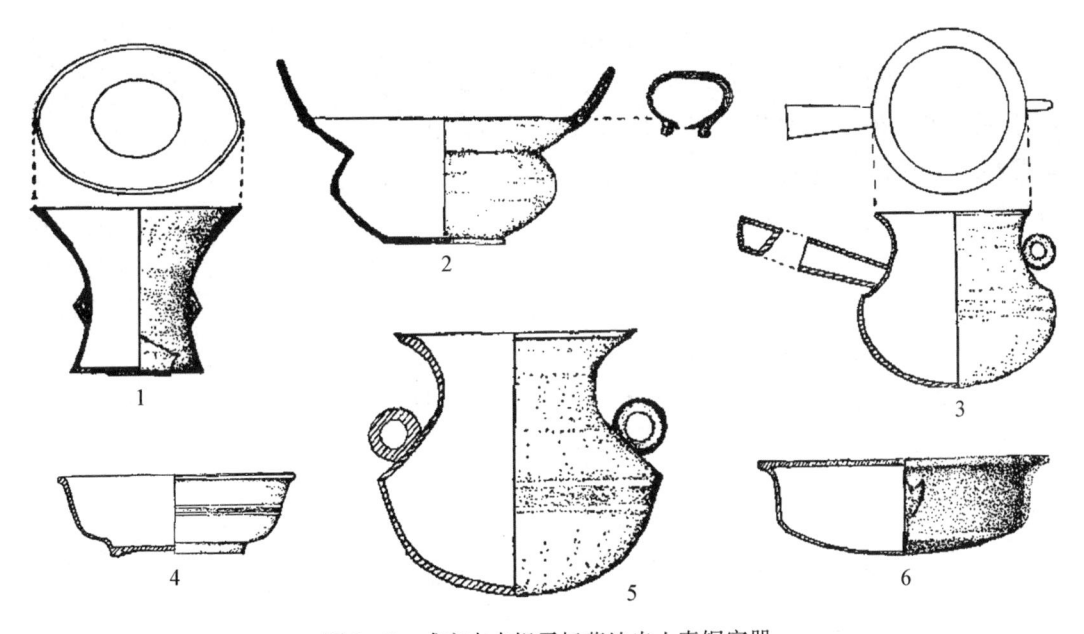

图 3-8 威宁中水银子坛墓地出土青铜容器
1. AⅡ式釜(梨 M27∶1) 2. CⅡ式釜(中水采∶40) 3. HaⅡ式釜(梨 M19∶5)
4. 铜碗(张 M1∶1) 5. FaⅡ式釜(梨 M24∶7) 6. AaⅢ式洗(张 M1∶2)

总的来看,赫章可乐青铜容器是在吸收周边不同青铜文化的基础上形成的,它以巴蜀文化中的青铜釜、鍪、洗等为主,加之"西南夷"文化和汉文化系统中的釜构成可乐青铜容器群,在相互交流和发展过程中,可乐人通过借鉴外来青铜容器,制造出具有一定特色的地方产品,而中水墓地出土的青铜容器群除极少量的"西南夷"釜形器外,绝大多数都是汉文化系统的釜、洗和碗等,还没有形成具有自身特色的青铜容器。

2. 青铜兵器

青铜兵器是贵州战国秦汉时期夜郎系遗存的代表性器类,不仅在赫章可乐墓地、威宁中水墓地和普安铜鼓山遗址中均有发现,在贵州中西部广大地区还有不少零星出土者,器类主要有戈、剑、矛、镞等,赫章可乐、威宁中水和普安铜鼓山三处遗存出土的青铜兵器地域特征也很鲜明。

赫章可乐出土的青铜兵器主要是戈和剑,戈、剑在墓中多为单出,即一座墓葬出土一件铜戈或 1 件铜剑,少数墓葬以一戈一剑组合形式出土,目前发掘资料在一墓中还没有出土 2 件或 2 件以上相同器类的情况。戈皆直内方穿,援多条状三角形,主要有 A 型直内三角援戈(图 3-9,1、2),Ba 型内首呈 W 形内卷,内和援后侧饰人物图案戈(图 3-9,4、5),C 型直内条形援,内上有简易线条和变形人物图案戈(图 3-9,3),以及 D 型内首卷成对称双饼形戈(图 3-9,6),以 A 型戈数量最多。

剑包括铜剑和铜柄铁剑两类:铜剑主要有 Ac 型柳叶形剑(图 3-9,7~9)、B 型镂空人物图案首铜柄铜剑(图3-9,11)和C型蛇头茎首剑(图3-9,10),铜柄铁剑主要有A型镂空人物图案首铜柄铁剑(图3-9,12、13)和B型圆茎喇叭状首一字格铜柄铁剑。其中以Ac型铜剑数量最多,B型铜剑和A型铜柄铁剑最具地域特征。可乐出土的戈、剑中,A型铜戈和Ac型铜剑接近春秋战国时期四川盆地的三角援蜀式戈和巴蜀柳叶形剑,这两种青铜兵器不仅有独自特征,而且成为最为常见且固定的青铜兵器组合,应是可乐在巴蜀青铜兵器基础上改进而成的代表性地方青铜器之一;B型戈和C型铜剑与云南滇池周边地区滇文化墓葬中出土的戈剑基本相同,应是由滇文化传入或仿滇文化青铜的地方性产品;C、D型戈是在A型与B型戈基础上演变而来的地方产品;B型铜剑和A型铜柄铁剑是可乐最具地方特征的青铜产品,尽管其剑身仍为柳叶形,但剑茎以可乐出土者最多也最精美。

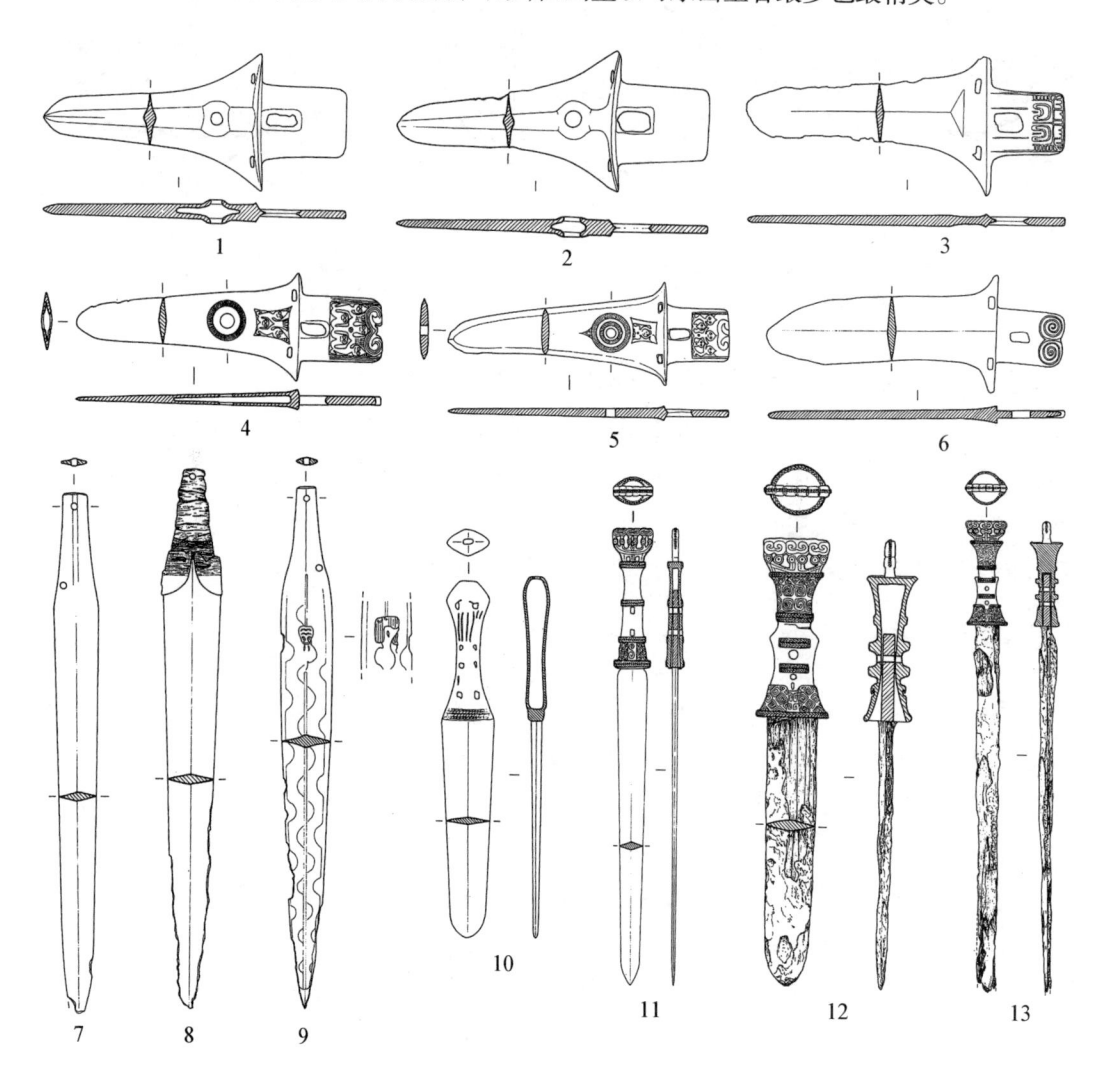

图3-9 赫章可乐夜郎系墓地出土青铜兵器

1、2. A型戈(M296:2、M308:2)　3. C型戈(M302:1)　4、5. B型戈(M317:1、M318:1)
6. D型戈(M299:1)　7~9. A型剑(M356:1、M298:7、M350:1)　10. C型剑(M325:3)
11. B型剑(M365:5)　12、13. A型铜柄铁剑(M324:1 M274:92)

第三章 青铜器出土情境及地域特征观察

中水红营盘墓地(含1978年在独立树清理的6座残墓)虽然清理的墓葬不多,但仍出土一定数量的青铜兵器,包括剑、镞、钺和削刀(图3-10),以剑和镞为基本构成:剑均为柳叶形,多数短小,剑茎较宽,茎上除穿孔外,有的还有突芒,其中有一件茎首还有一浅銎,极似铜矛(图3-10,9),这样的铜剑形制不见于赫章可乐;镞均为叶片状圆铤镞,造型简单,也不见于赫章可乐。因而两地出土的青铜剑,虽均为柳叶形,但形体差异

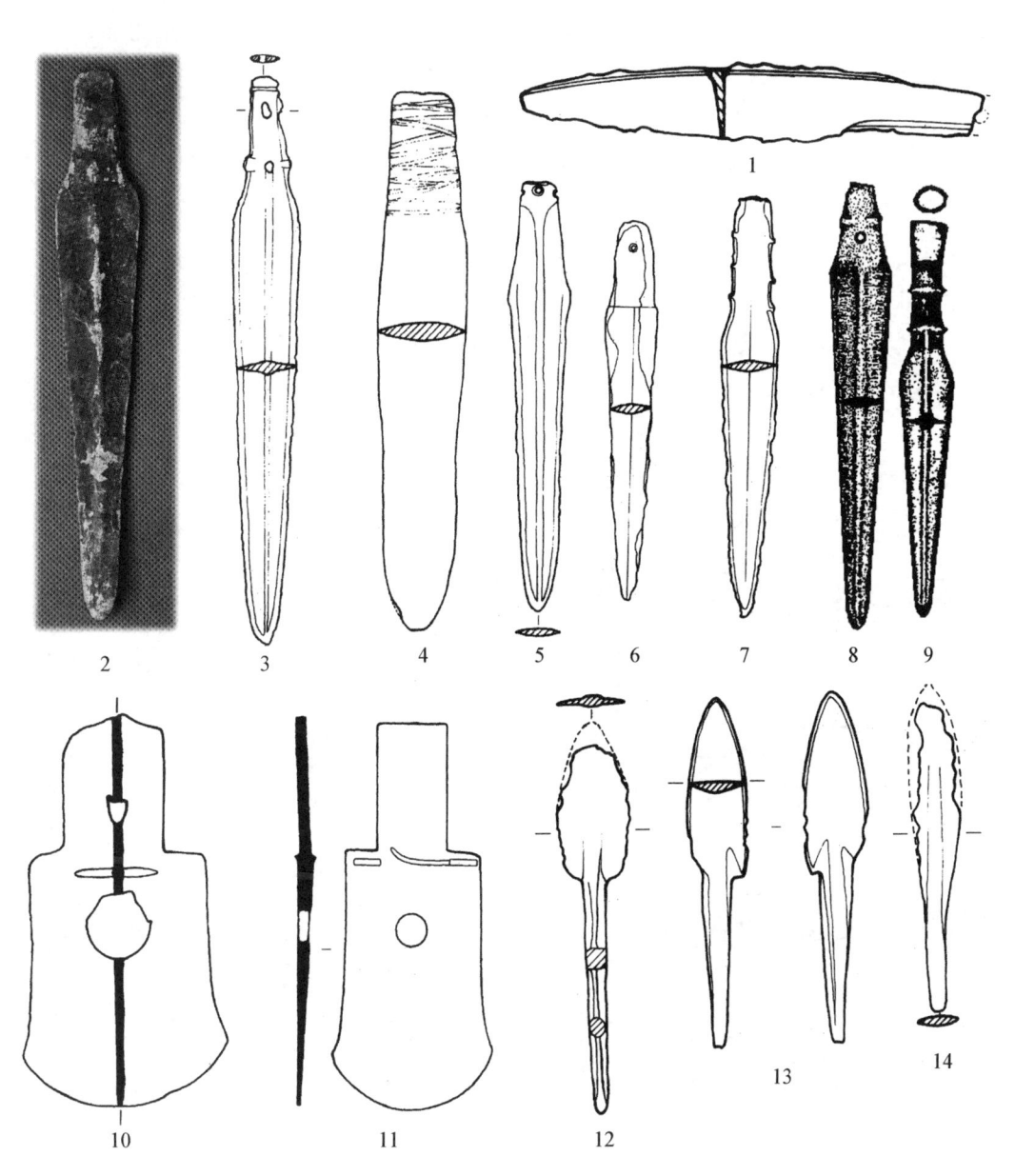

图3-10 中水红营盘(78年独立树)墓地出土青铜兵器

1. 铜刀(M14:4) 2~9. 柳叶形剑(78独M2:1、红M19:1、红M13:3、红M26:2、红M11:2、红M17:2、78独M1:1、78独M4:1) 10、11. 铜钺(红营盘墓地出土、水果站出土)
12~14. 铜镞(红M19:3、红M17:5、红M13:4)

很大,红营盘的柳叶形剑应是当地仿制的产品。在该墓地和水果站出土的直内铜钺(图3-10,10、11),为商周时期中原地区铜钺的基本造型,相同或相似的铜钺在银子坛墓地、赫章可乐墓地以及云南相邻地区的青铜时代墓地中均没有出土,应是从外地交流而来的物品。

银子坛墓地出土的青铜兵器主要有戈、剑、镞、矛和弩机等。戈包括AⅢ式(图3-11,1)和E型(图3-11,2~4):以E型最具特征,AⅢ式数量少,接近可乐出土的A型和C型戈,E型戈则不见于赫章可乐,但在可乐西南侧的辅处有出土。剑主要是A型柳叶形剑和C型蛇头形茎首剑:A型剑细长,有的茎上有穿孔(图3-11,9),有的还有突芒(图3-11,8),显然还继承有红营盘柳叶形剑特征;C型剑数量多,剑茎与剑身套接方式也有不同,有的相连一体(图3-11,5),有的可明显看到茎首套接痕(图3-11,6、7),比起赫章可乐只出土1件C型剑的情况,中水C型剑成为主要兵器器类。该墓地还出土有相当数量的铜矛和铜镞:铜矛矛头呈三角状,与红营盘的宽叶状矛不同,矛骹圆形或椭圆形,有的骹上有双耳,有的骹口带翼(图3-11,10、11、16);铜镞为三棱(图3-11,13、14)或三棱带翼状(图3-11,12、15),这种镞或矛都不见于赫章可乐墓地,而在邻近的云南滇文化墓地有较多出土。此外,墓地出土的铜弯首削刀(图3-11,18)和铜弩机(图3-11,17)也不见于可乐墓地,显示出两地青铜兵器构成上的地域性差异。

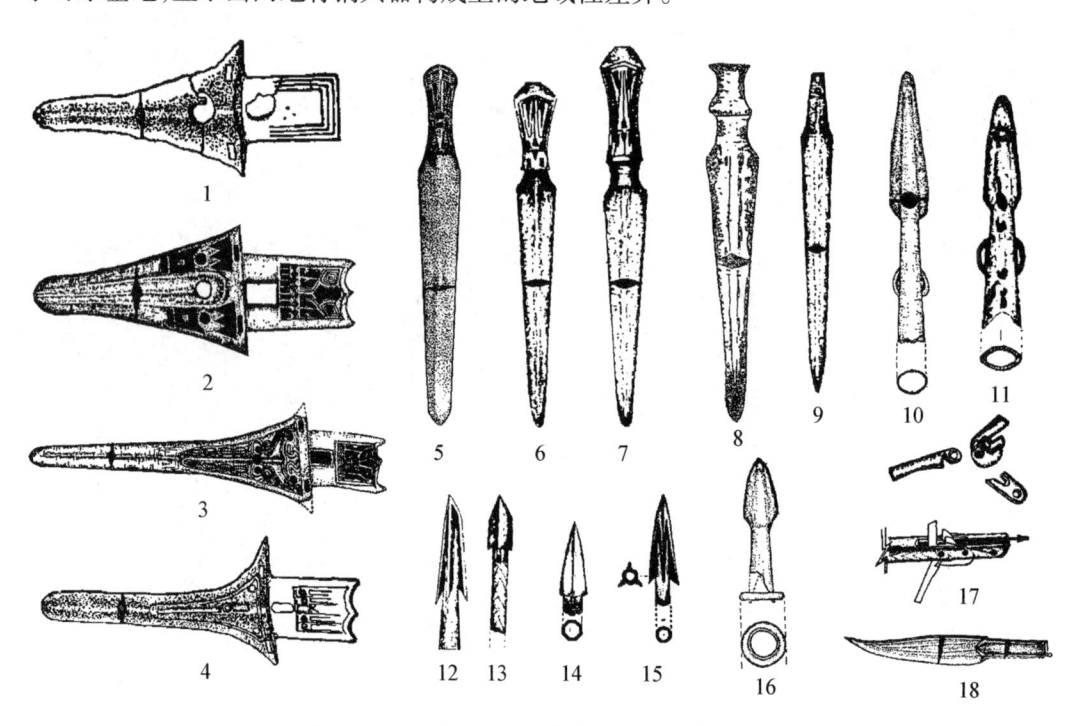

图3-11 银子坛(78年梨园)墓地出土青铜兵器

1. AⅢ式戈(梨M26:2) 2~4. E型戈(采12、采6、梨M26:1) 5~7. C型剑(梨M22:1、梨M35:1、梨M34:1) 8、9. A型剑(T19:6、梨M33:7) 10、11、16. 铜矛(梨采19、梨M49:2、梨采20) 12~15. 铜镞(梨M44:6-1、梨M44:6-2、梨M17:3、梨M24:8) 17. 弩机(梨M12:1) 18. 削刀(梨采:38)

普安铜鼓山遗址出土的青铜兵器较少,但遗址中出土有相当数量的铸造青铜兵器的石范、模,包括剑茎模、剑刃范、戈内模(图3-12,1)、钺范等,而且在铜鼓山遗址周边地区,零星出土有一些造型同铜鼓山遗址所出范模相同的青铜兵器,可一并作为考察铜鼓山遗址青铜兵器地域文化特征的实物。

铜鼓山遗址及周边地区出土青铜兵器包括戈、剑、钺、镞、矛等。戈主要是Bb型,它同赫章可乐墓地出土的Ba型戈比较接近,尤其是戈内上的人物图案和戈援后侧的鸡心形和人物图案基本相同;但同赫章可乐出土铜戈援呈条状不同,铜鼓山及邻近地区出土的Bb型戈援呈三角形,且援与内之间伸出明显的上下阑(图3-12,2、3)。同戈组合的剑也与赫章可乐和威宁中水不同,赫章可乐和威宁中水等地的剑主要是柳叶形剑和蛇头形剑,而铜鼓山遗址主要是极具地域特征的一字格曲刃短剑(图3-12,4、5)。而且该区域除上述兵器外,还有曲刃铜矛(图3-12,6、7)和V形銎风字形铜钺(图3-12,8、9),这种风字形铜钺形态也有差异,有的呈圆弧状,有的呈舌状,是本区域除一字格曲刃短剑外又一代表性青铜兵器。作为以冶铸青铜器为主的作坊遗址,铜鼓山出土的青铜兵器数量虽然不多,但种类较多,该遗址出土的带柄铜削刀(图3-12,10)亦很有特色,只是这种削刀形体小,是不是随身携带的防卫性武器尚不能肯定。

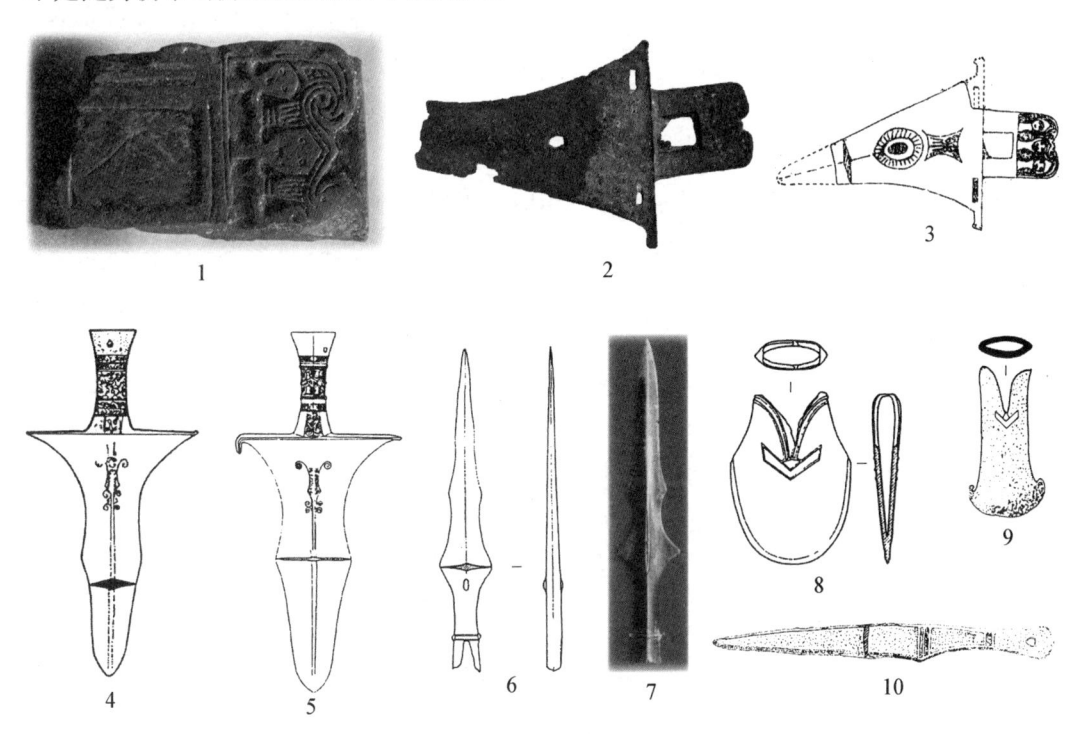

图3-12 普安铜鼓山遗址及周边地区出土青铜兵器
1. 戈内模(T110出土) 2、3. B型戈(普安大圆子采集、兴义市出土)
4、5. D型一字格曲刃剑(普安铜鼓山遗址采集、安龙县龙广出土)
6、7. 曲刃矛(兴义市出土、安龙县出土) 8、9. 铜钺(铜鼓山T71出土、铜鼓山采集)
10. 铜刀(铜鼓山T5出土)

总体来看,贵州西部地区赫章可乐、威宁中水和普安铜鼓山等地出土的夜郎系青铜兵器虽然有较多共性,但个性特征即地域性差异也是非常明显的。可乐地区出土的青铜兵器虽然数量较多,但主要以柳叶形剑和直内戈为基本构成,较晚时段虽然出现铜柄铜剑(铜柄铁剑)和少量的蛇头形剑,但并没有改变戈、剑为基本配备的实际。威宁中水红营盘墓地年代较银子坛墓地早,青铜兵器亦主要以仿巴蜀式的柳叶形剑和镞为主,器类简单而粗糙,反映着青铜铸造技术虽取得一定进步但还处于较低水平。到银子坛墓地时期,由于受到滇等"西南夷"青铜兵器的影响,这一阶段的青铜兵器较红营盘墓地有了很大进步,使用的青铜兵器种类明显增多,有戈、剑、矛和镞等:戈主要流行"西南夷"色彩浓厚的 E 型戈,剑除部分保留柳叶形剑外,更多的是使用滇文化系统的蛇头形茎首剑,墓地大量使用的双耳矛亦主要受滇文化的影响。同赫章可乐和红营盘墓地青铜兵器体现出非常浓厚的巴蜀文化特征不同,中水银子坛墓地青铜兵器反映的是巴蜀文化色彩迅速减弱,滇文化色彩越来越强。地处贵州西南部的普安铜鼓山及其周边地区,则流行着另一套既不同于赫章可乐也不同于威宁中水的青铜兵器器类——在这一地域使用的青铜兵器有扁圆茎喇叭形首一字格曲刃短剑、直内三角形援人物图案戈、风字形 V 形銎铜钺和曲刃长矛等,这种青铜兵器在滇东南、桂西北甚至越南北部都有发现,却少见于赫章可乐和威宁中水等地,反映着地处黔西南的铜鼓山类遗存同地处黔西北一带的可乐类遗存和中水类遗存在青铜兵器构成上的巨大差异,铜鼓山类遗存青铜兵器体现出的南方越文化因素在可乐和中水墓地中是基本看不到的。

3. 青铜装饰器

青铜装饰器是贵州战国秦汉时期夜郎系遗存中出土的又一代表性器类,在赫章可乐墓地和威宁中水墓地都有大量出土,普安铜鼓山遗址中虽出土不多,但遗址中发现有铸造戒指、手镯、扣饰和铜铃等的范、模,可见铜鼓山遗址除大量生产青铜兵器外,也批量化生产青铜装饰器。

赫章可乐乙类墓地出土青铜装饰器的数量比较多,不仅出土铜兵器的大多数墓葬共出青铜装饰器,就是不出铜兵器的许多墓葬也出土青铜装饰器。同青铜兵器在墓内多单出即同一种青铜兵器在一座墓中只出土 1 件的现象不同,可乐乙类墓青铜装饰器往往多件共同出土,即一墓内出土的同一种青铜装饰器如手镯、扣饰和铜铃等可多达数件甚至数十件。如 M271 出土青铜装饰器 30 件,包括手镯 1 件、扣饰 15 件、铜铃 14 件;M274 出土虎形挂饰、铜铃等 20 余件,19 件造型基本相同的铜铃同玛瑙管、玛瑙珠、骨珠、骨管和铜鼓形挂饰、虎形挂饰等一道散落在墓主颈腹部,应是项部串饰物;M338 在胸部散落片状圆锥形扣饰 89 件,应是衣饰之类;M341 出土簪首发钗 2 件、手镯 19 件,左右手臂各戴一组 9 个或 10 个铜手镯,手镯前还有一木镯(图 3-13);M373 出土各种铜铃 16 件、铜挂饰 27 件,还有铜发钗 2 件、人面形扣饰 1 件、手镯状环形饰 18 件等,其中铜铃大小相次,造型同中有异,极似编铃或编钟之类(图 3-14)。可以说使用大量青铜装饰器是可乐墓地的一大特色,当时的人们不管男女均喜爱佩戴各种装饰器,既是爱美的体现,也是族群的鲜明标记。

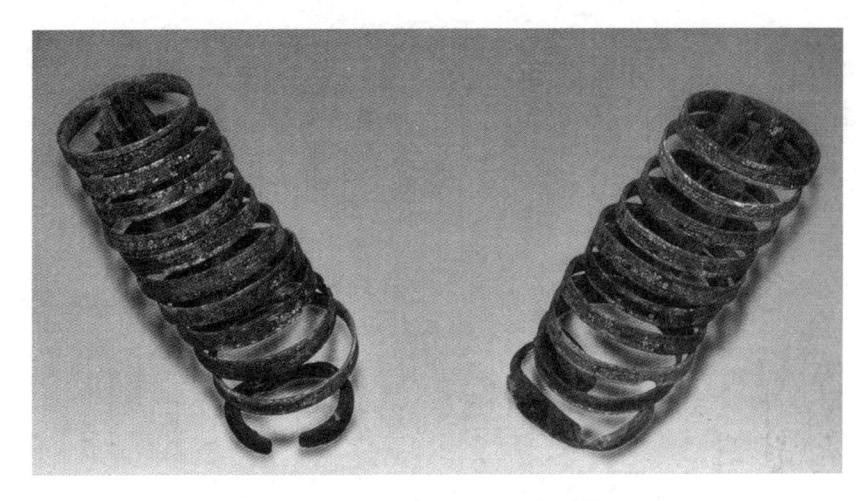

第三章　青铜器出土情境及地域特征观察　　　·255·

图 3-13　可乐 M341 出土铜手镯
（手镯内残存有手臂朽骨，铜手镯前方各配一件木镯）
（取自《赫章可乐二〇〇〇年发掘报告》图版四七）

图 3-14　可乐 M373 出土铜编铃
（取自《2003～2013 贵州基建考古重要发现》，第 138 页）

　　可乐出土的青铜装饰器种类很多，包括带钩、扣饰、挂饰、手镯、戒指、发钗、发簪、铜铃等，可分为头饰、项饰、衣饰、腰饰和手饰等。头饰主要有发钗、发针和发簪：发钗以圆首 U 形为多（图 3-15,1～3），B 型簧首长脚发钗最有特色（图 3-15,5、6）；发针和发簪数量不多，针为一端尖细的铜条，簪首亦卷成簧状（图 3-15,7）。项饰主要有各种挂饰和铜铃等：挂饰有 A 型虎形（图 3-15,8）、C 型铃状（图 3-15,9）和 E 型长柄状（图 3-15,10、11）等，以 E 型数量最多；铜铃有 A 型近圆筒状桥钮铃（图 3-15,12、13,）、B 型弧形口合瓦状桥钮铃（图,3-15,14、15）等，它们常同各种质地的其他饰品组成串饰。衣饰主要是

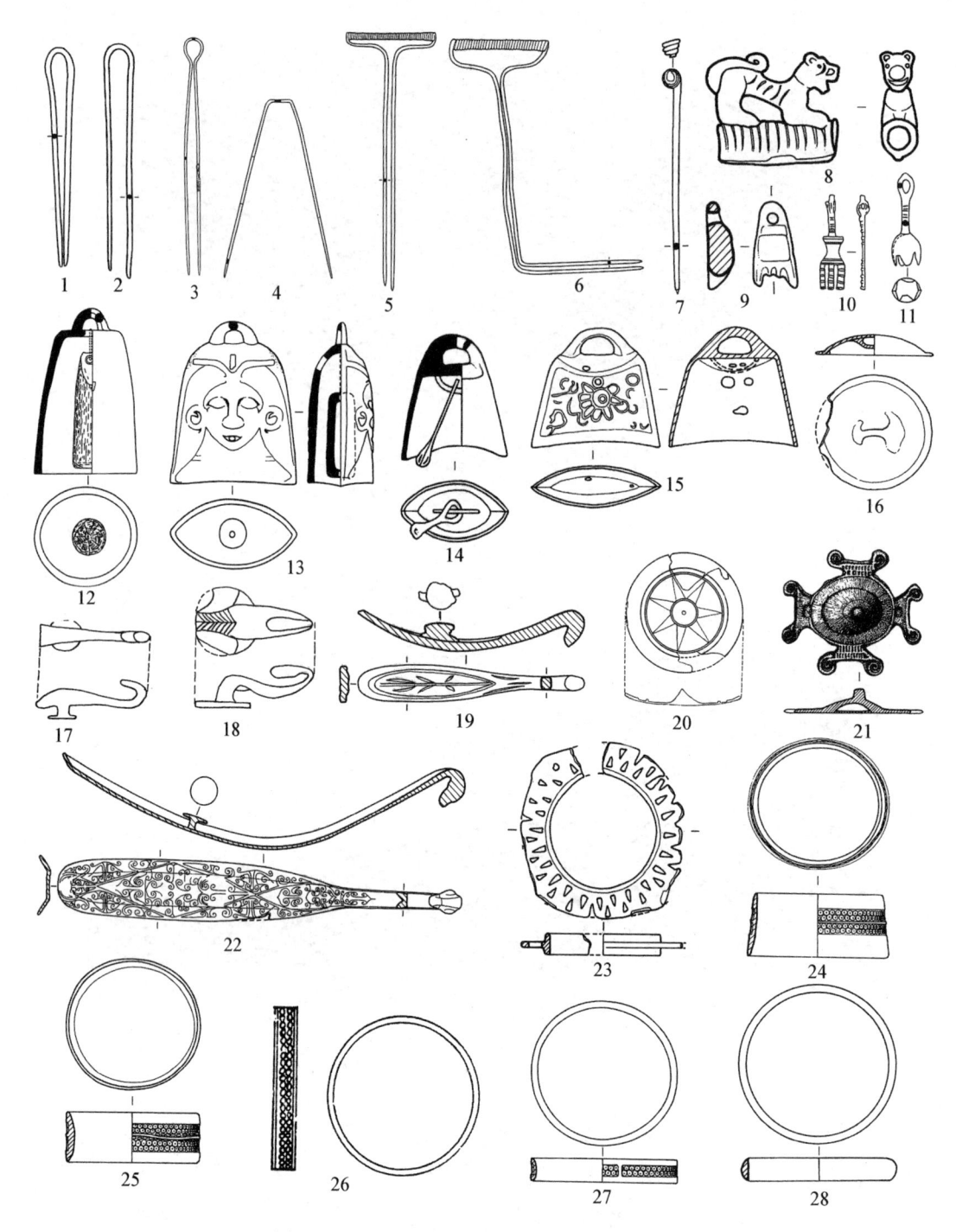

图 3-15 可乐夜郎系墓葬出土部分青铜装饰器

1~6. 铜发钗（M298：3、M268：1、M373：61、M373：57、M356：4、M277：3）　7. 铜簪（M308：6）
8~11. 铜挂饰（M274：79、M274：90、M373：43、M373：19）　12~15. 铜铃（M373：8、M373：5、M373：14、M271：1）
16. DⅠ式扣饰（M292：4）　17. BⅠ式　18. DⅡ式带钩（M126：5）　19. CⅡ式带钩（M287：2）
20. AⅠ式扣饰（M15：1）　21. D型扣饰（M292：3）　22. CⅠ式带钩（M356：2）　23. AⅢ式手链（M343：1）
24、25. DⅡ式手镯（M271：1、M298：11）　26、27. EaⅠ式手镯（M92：1、M341：8）　28. EaⅢ式手镯（M267：4）

各种类型的扣饰(图3-15,16、20、21),包括A型、B型、C型、D型、E型和F型等,以E型最有特征。腰饰以带钩为主,有B型(图3-15,17)、C型(图3-15,19、22)和D型(图3-15,18)等,以C型琵琶形带钩最有特征。手饰有戒指和手镯,以手镯数量多而类型丰富,种类有AⅢ式(图3-15,23)、DⅡ式(图3-15,24、25)、EaⅠ式(图3-15,26、27)、EaⅢ式(图3-15,28)等。总体来看,可乐青铜装饰器除受巴蜀文化的影响外,更多受邻近地区滇等"西南夷"青铜装饰器的影响,在相互交流的过程中逐步发展,形成了一些具有自身特征的产品。

中水红营盘墓地出土的青铜装饰器数量少而种类单一,主要是手饰中的指环和手镯。指环包含簧形和片状两类:簧形指环用薄铜片卷三圈而成,形状相同(图3-16,1、2);片状指环仅出土1件,系用薄铜片加工成环状(图3-16,3)。手镯集中出土于M21,四件一组佩戴在墓主左手臂上,四件形制完全相同,系从一整体切割而成,各手镯之间切割痕和装饰纹带可准确对应(图3-16,4)。另外,在极个别墓葬的墓主头部,还发现一种宽沿圆帽形铜饰,圆帽顶两侧各有对称的两个小圆穿孔,可能系穿绳将其系于头部作为饰件(图3-16,5),造型和使用方法极似现在的草帽之类。

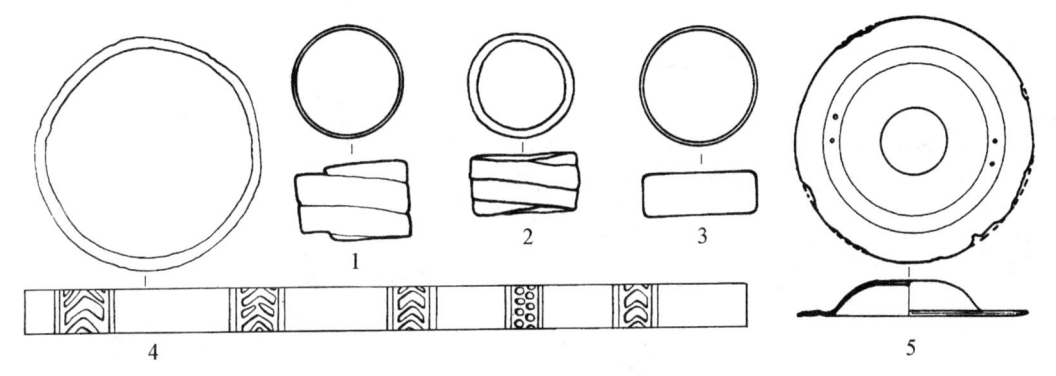

图3-16 红营盘墓地出土青铜装饰器
1~3. 指环(M21:4、M14:1、M20:1) 4. 手镯(M21:3-1) 5. 圆帽形饰(采集)

中水银子坛墓地出土的青铜装饰器比红营盘墓地丰富很多,应该说青铜装饰器在银子坛墓地中是种类和数量都最多的青铜器,包括发钗、扣饰、带钩、手镯和铜铃等。发钗有A型U形(图3-17,1)和D型簧首矩形(图3-17,2),以A型为多。扣饰数量和种类均较多,有A型圆形尖锥扣帽(图3-17,3)、B型圆形带突角(图3-17,7)、C型片状圆锥体(图3-17,5)、D型圆弧宽沿形(图3-17,6)、G型长钉(尖顶)形(图3-17,9)、I型虎形(图3-17,4)等。带钩有A型曲棒形(图3-17,11)、B型水禽形(图3-17,12)、D形兽头形(图3-17,13)和E型仿动物全形(图3-17,10),以D型和E型最具地域特征。手镯有A型有领镯(图3-17,15)、B型筒状镯(图3-17,18)、C型弹簧形镯(图3-17,19)、D型宽边镶绿松石镯(图3-17,17、20、21)和F型条形镯(图3-17,14、16)等。铜铃有A型近桶形桥钮铃(图3-17,22)和B型弧形口合瓦状桥钮铃(图3-17,23)。挂饰不多,主要有圆筒形薄片挂饰,上有圆形小孔(图3-17,24)。

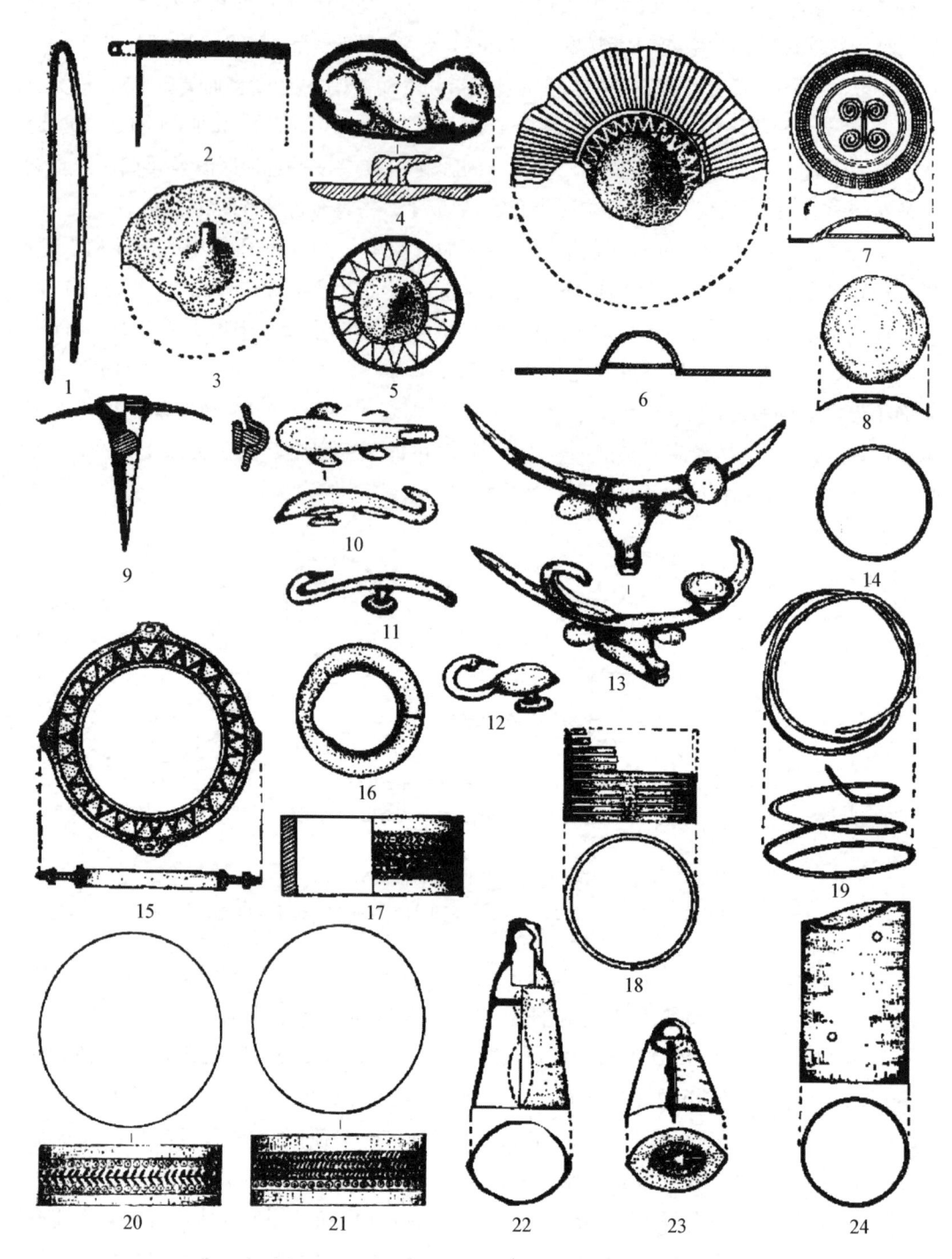

图 3-17 中水银子坛墓地出土部分青铜装饰器

1、2. 发钗（M23：2、T17：8） 3~9. 扣饰（M22：2、T4：5、T9：7、M21：10、M12：6、T17：6、M12：1）
10~13. 带钩（M19：12、M13：2、M2：5、M7：1） 14~21. 手镯（M13：1、M14：1、M20：2、M22：1、M19：18、M15：5、M22：2、T42：7、M33：1） 22、23. 铜铃（M2：3、M15：2） 24. 管状饰（M17：2）

银子坛青铜装饰器的器形和器类同紧邻的红营盘墓地差别较大,但红营盘出土的圆帽形宽沿饰件(图3-16,5)同银子坛墓地出土的D型圆弧宽沿扣饰(图3-17,6)比较接近,片状戒指和手镯在随后的可乐和银子坛墓地也时有出现,因而相互之间可能存在一定的继承关系。而与大约同时期的可乐墓地相比,两地之间具有不少相同或相近的器类但又各具特色。如两地都使用形制相同的U形发钗,但簧首形发钗又差别较大:可乐簧首形发钗簧首窄而钗脚长,有的还将钗脚弯成直角形,中水银子坛簧首发钗首宽但钗脚短;可乐和中水出土的扣饰都很多,器形也接近,但中水出土的G型长钉(尖顶)形扣饰不见于可乐,可乐的D型扣饰又不见于中水,显示着两地之间的地域特征;在带钩方面,两者之间的差别更大,可乐墓地最具特征的C型琵琶形带钩不见于中水银子坛墓地,中水银子坛墓地的兽头形和仿动物形带钩又不见或少见于可乐墓地;在铜手镯方面,两地都流行宽边镶绿松石手镯,但在器形上却有差异,中水墓地手镯多呈直筒状,两端大小相同,此外还流行弹簧状手镯,可乐墓地的宽边手镯则一端大一端小,绿松石的镶嵌方式两地也存在差异;可乐铜铃出土数量和类别都远超中水,可乐墓地中常见一座墓中出土数十件小铜铃同扣饰、挂饰、玛瑙管、骨珠等组成复杂胸饰的情况,中水墓地虽然铜铃形态基本同可乐墓地,但数量很少。总体来看,可乐墓地的装饰器既受到巴蜀文化因素的影响,也受到滇青铜文化因素的影响,中水墓地装饰器则主要是受滇青铜文化的影响,两地之间有着相同或相近的内容,但无论器类还是器形特征都表现出独特的地域性。

铜鼓山遗址中出土的青铜装饰器少且残,见于报告的仅有少量的手镯、发钗和铜铃等。从铜鼓山遗址及周边遗存中出土的手镯看,战国秦汉时期在铜鼓山及周边区域流行不闭合开口手镯和钗首呈花状的发钗(笄),这种形制的手镯和发饰器不见于赫章可乐和威宁中水,但见于滇池一带的滇文化墓地,尤其重要的是,铜鼓山遗址中还发现有冶铸铜扣饰、铜铃和戒指的石范模。铜扣饰模过去被称作乳钉纹模,其实它应是生产同可乐墓地出土的片状圆锥体小扣饰(C型)接近的青铜扣饰模,一残石范上扣饰模分上下两排,每排外侧有线框(图3-18,1),铜铃范虽残,但铃钮和铃身非常接近望谟等地出土的铜铃(图3-18,2)。从这些残范模来看,青铜装饰器也是铜鼓山生产的重要对象,当时流行在黔西

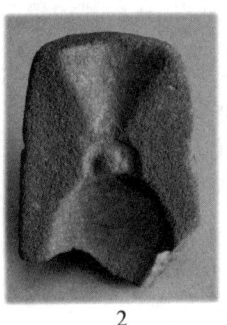

图3-18 铜鼓山遗址出土冶铸扣饰、铜铃和戒指的范模
1. 扣饰范(T21:2) 2. 铜铃范(T23②:24) 3. 戒指模(T55:11)

南、滇东南和桂西北一带甚至更宽广范围内的各种青铜装饰器相当部分可能都是铜鼓山生产制作的产品。

第二节 汉系青铜器出土情境及地域特征

贵州境内虽发现有相当数量的汉文化遗址,但发掘面积较小,青铜器发现不多。汉系青铜器也主要以墓葬出土为主,包括土坑墓(含少量岩坑墓)、砖室墓、石室墓和崖墓等,尤以西汉中晚期至东汉时期的土坑墓出土最多,东汉中晚期的砖室墓、石室墓和崖墓等因盗扰严重,青铜器虽有发现,但多较零星,尤其是分布在黔北赤水河和习水河流域的崖墓群,就少有青铜器出土,因而我们在观察汉系青铜器出土情境时,便以出土青铜器较多的土坑墓、砖室墓和石室墓为对象,尽管这几类墓葬中零星出土的青铜器也不足以完全反映当时青铜器放置在墓中的实际情况。

一、出 土 情 境

1. 土坑墓

土坑墓是贵州汉墓的主要形式,西汉中晚期至东汉早期数量多且集中分布,东汉中期以后数量减少并同砖室墓、石室墓等混杂分布,墓坑形制包括长方形或近方形土坑墓、带墓道的长方形土坑墓等。一般说来,土坑墓内多放置棺椁,随葬的各类器物多放置在棺内或棺椁之间。

贵州境内汉代土坑墓分布较广,在贵州中西部广大地区发现有汉墓的地方几乎都有土坑墓,但目前发现的资料,以赫章可乐、务川大坪、习水土城和清镇平坝等地较为集中,出土的青铜器数量多而有特色。

赫章可乐不仅发现大量的夜郎系地方族群墓葬(报告称乙类墓),还有大量的普通汉墓(报告称甲类墓),汉墓主要分布在可乐河北侧的缓坡、丘陵地区,目前已在可乐清理汉墓49座(包括可乐河南侧锅落包被认为属汉墓的部分墓葬),除少数几座为砖室墓外,多数为长方形土坑墓和带斜坡墓道的土坑墓。不过,对分布在锅落包被认为属甲类墓的墓葬,笔者通过墓坑形式、随葬品组合尤其是青铜器与同墓地典型乙类墓所出青铜器的对比分析,指出它们可能不是普通汉移民的墓葬,而是被汉族化了的原地方族群墓,而且极有可能还是上层人物及富有者之家族墓葬[①]。

长方形土坑墓墓室较宽,墓内多置两棺,墓内随葬品以陶器为主,并随葬一定数量的青铜器。如可乐 M178 为位于锅落包的一座长方形土坑墓,墓内放置两棺,一棺贴近北

[①] 张合荣:《夜郎文明的考古学观察——滇东黔西先秦至两汉时期遗存研究》,科学出版社,2014年。

壁,一棺贴近东壁,从棺内随葬品看,该墓应为男女合葬墓,墓内出土陶器、漆器、青铜器和铁器等随葬品40件,置于两棺之间的空隙处(图3-19,3)。铜器有泡钉4件(编号M178:3位于北棺四角,应是棺上装饰品)、铜箅2件(M178:5、M178:12)、铜镜2件(M178:6、7)、铜盒1件(M178:8)、五铢钱三组(M178:11、24、37)和铜釜1件(M178:38)。M48长方形土坑内紧贴四壁放置木椁,木椁与壁之间填青膏泥,椁内被分成四格,中间两格放置棺木,两边格放置陶器和青铜器等随葬品,每一格内均有陶、铜、漆和铁等不同质地的随葬品,有的相同器物在左右两格中均有放置,可能供不同的墓主使用(图3-19,2)。青铜器有星云纹镜(M48:5)、钱币(M48:6、27)、剑格(M48:16)、盘(M48:19)、带钩(M48:20)、车饰(M48:22、M48:32)、铜釜(M48:8)、铜鼎(M48:29)、铜奁(M48:30)、铜奁盖(M48:33)、铜洗(M48:34)等,以日常生活用的容器和装饰品(含器物或棺木上饰件)为主。

带墓道长方形土坑墓墓坑较长方形土坑墓狭长且一端带一斜坡墓道,随葬器物主要放置在头端也就是正对墓道的土坑顶端,有棺椁的放置在棺内。如M21为一椁一棺,椁呈长方形,顺墓室长度放置,椁内分三箱,南、中两箱较宽大,北箱狭窄,木棺放中箱偏西处,随葬品主要放置在南箱,共30余件,有陶器、青铜器和铁器等(图3-19,1)。青铜器包括釜2件(M21:1、20)、矛2件(M21:2、3)、盘1件(M21:7)、弩机3件(M21:8、9、29)、车饰4件(M21:10、M21:12、M21:13、M21:28)、镰斗1件(M21:21)、五铢钱若干(M21:25)、铜镞1件(M21:30)、铜泡钉1件(M21:31),种类为青铜容器、兵器、钱币和饰件。

在可乐发掘的带墓道长方形土坑墓中,以M8为最大,据报告该墓分前后两室,全长17.7米,尽管被盗扰,仍出土各类随葬品130余件(编号127件,其中19号为空号),就墓葬长度和出土随葬品来说,该墓均为贵州汉墓中最大和最丰富者(图3-20)。有学者认为其在贵州汉墓中"显得卓尔不群,令人生疑"[①],可能是两座有打破关系的独立墓葬,但即便将其分成两座墓葬,墓葬规模和出土随葬品尤其是青铜器的种类和数量在贵州汉墓中仍是最多的。前室共存76个编号的随葬品,包括青铜器40件、铁器14件、陶器8件、漆器3件和其他类12件。青铜器有铜钵1件(M8:45)、铜釜1件(M8:46)、铜泡2件(M8:47、M8:60)、铜烹炉1件(M8:48)、铜镰斗2件(M8:49、M8:53)、铜唾壶1件(M8:50)、三足铜盒1件(M8:51)、提梁铜壶1件(M8:52)、铜碗2件(M8:54、M8:64)、铜耳杯1件(M8:55)、铜豆1件(M8:57)、铜甑1件(M8:58)、立耳铜釜2件(M8:59、M8:67)、铜盘1件(M8:65)、铜镞1件(M8:66)、带把铜杯1件(M8:68)、铜弩机3件(M8:69、M8:70、M8:71)、铜带钩1件(M8:72)、铜勺1件(M8:73)、铜箅1件(M8:74)、铜铃1件(M8:77)、铜镜1件(M8:79)、铜环1件(M8:80)、铜车饰5件(M8:81、M8:82、M8:103、M8:105、M8:117)、铜蒺藜1件(M8:83)、铜望山1件

---

① 李飞:《质疑可乐八号墓——兼论贵州汉代合葬墓》,《贵州文物工作》2006年第3期。

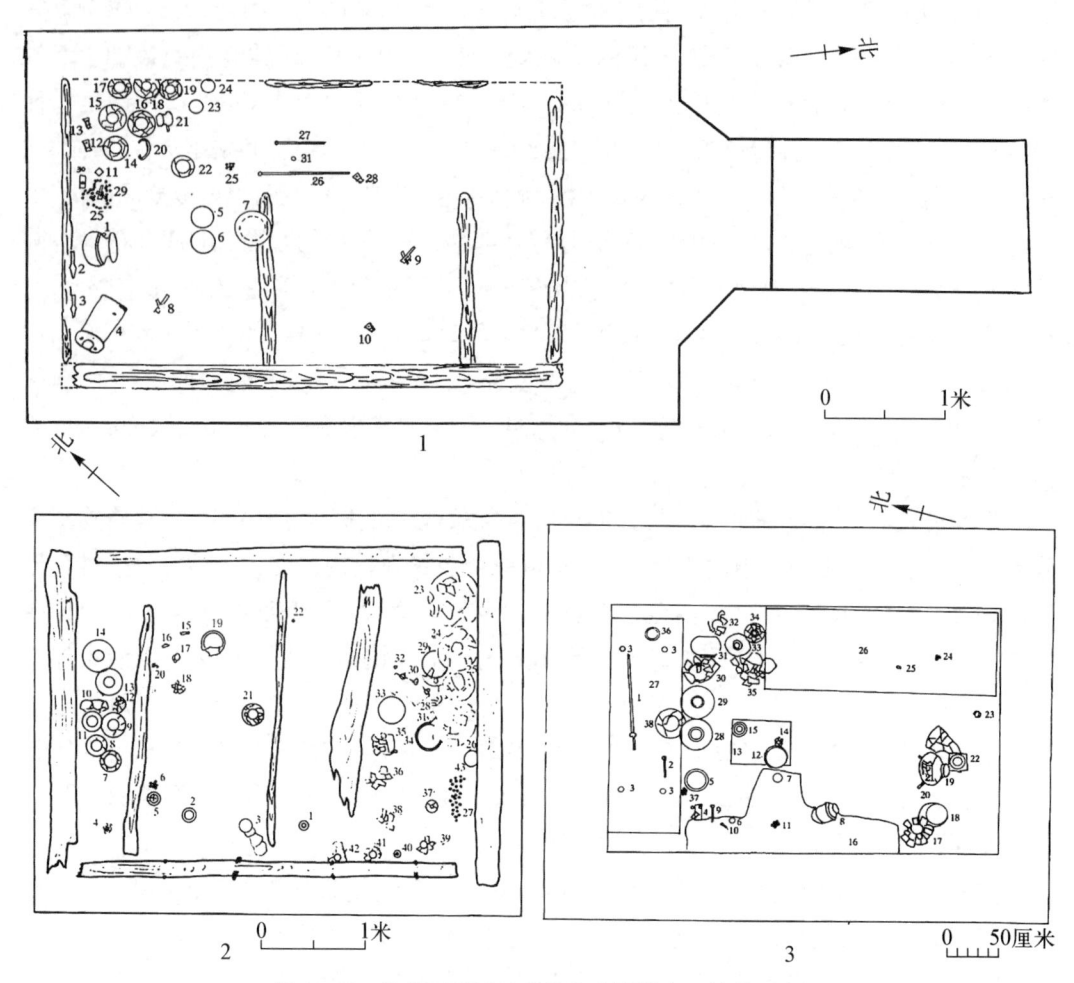

图 3-19 赫章可乐汉系土坑墓青铜器出土情境观察
1. M21   2. M48   3. M178

（M8：84）、铜熨斗1件（M8：113）、鎏金铜泡钉1件（M8：116）、铜洗1件（M8：123）和不明器形残铜器1件（M8：119）。后室共计51个编号，其中青铜器36件，包括铜壶2件（M8：1、M8：2）、铜甗2件（M8：3、M8：6）、铜盉1件（M8：4）、铜釜1件（M8：5）、铜钵3件（M8：7、M8：11、M8：18）、带把铜釜2件（M8：8、M8：9）、铜鍪1件（M8：10）、铜洗1件（M8：12）、立耳铜釜4件（M8：13、M8：14、M8：15、M8：16）、熨斗1件（M8：17）、铜矛2件（M8：20、M8：21）、鎏金铜车饰1件（M8：23）、铜镜1件（M8：28）、铜长颈瓶1件（M8：29）、铜灯1件（M8：30）、铜车轸1件（M8：31）、鎏金铜泡1件（M8：32）、铜盖弓帽1件（M8：33）、五铢钱2组（M8：37、M8：38）、铜盘1件（M8：39）、漆器铜饰1件（M8：40）、铜釜1件（M8：41）、铜鍪1件（M8：42）、铜洗1件（M8：43）、铜饰1件（M8：102）、盖弓帽1件（M8：103）、泡钉1件（M8：103）、车饰2件（M8：109、M8：110）等。

第三章 青铜器出土情境及地域特征观察

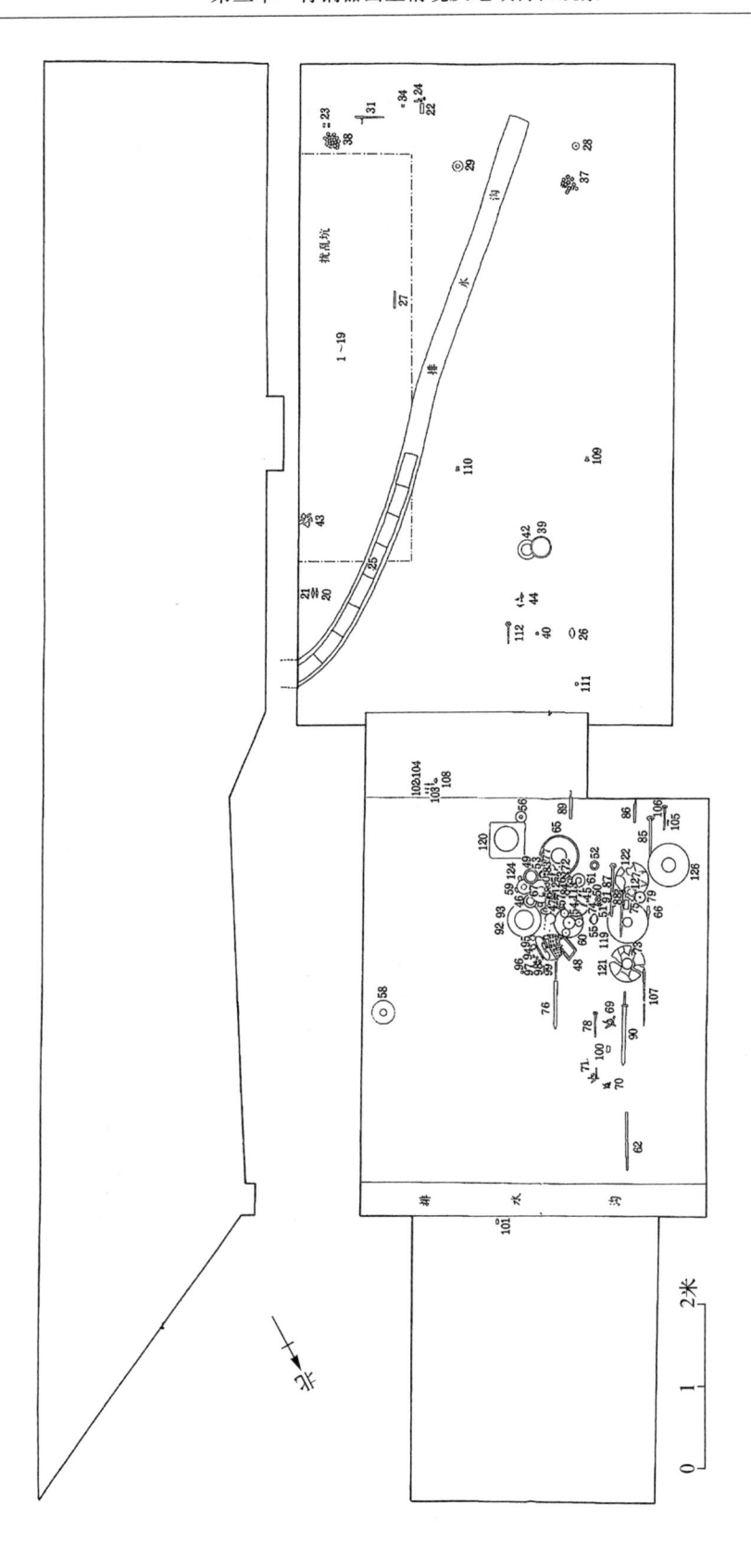

图 3-20 赫章可乐 M8 青铜器出土情况

从对可乐 M8 前后室出土青铜器的不完全统计可以看出,尽管 M8 后室受到盗扰,残存随葬品总数比前室少,但青铜器数量(36 件)却同前室(40 件)基本相当,而且两个墓室出土的青铜器种类也基本相同——都以青铜容器为主体,还有青铜兵器、钱币、车马饰件和少量装饰器,两墓室出土的相同青铜容器如釜、洗、簋、盘等也不少,因而从墓内出土青铜器的情况观察,将前后室独立成两个具有打破关系的墓葬显然是最合理的。

务川大坪洪渡河两岸的江边、官学一带是贵州境内汉代遗存分布的又一集中区域,20 世纪 60 年代以来,这一带不断有铜蒜头壶、铜洗、铜钫壶、铜镜等出土。1987 年 11 月,贵州省博物馆清理汉墓 6 座,出土铜钵、铜耳杯、钱币和朱砂等。2007 年至 2010 年,为配合洪渡河石垭子水电站工程建设,贵州省文物考古研究所在这一带共发掘汉墓 47 座,包括土坑墓 29 座(含 4 座岩坑墓)和砖室墓 18 座——土坑墓规模稍小,一般集中分布,砖室墓规模较大,分散分布;但在河东泡桐树清理的 5 座墓葬(M6、M24、M25、M28、M29),包括土坑墓 2 座(M28、M29)与砖墓 3 座(M6、M24、M25),东侧有一呈弓形,残长 44 米的土沟,"5 座墓葬因被沟半环而成为一个整体,它们很可能是一组家族墓葬"①。土坑墓出土器物除陶器外,还有一定数量的青铜器,由于发掘资料未整理刊行,我们无法观察到整个墓地青铜器出土情况,但从 M23 随葬品的放置情况来看,墓葬中青铜器多同陶器一道放置在墓主头侧,随葬青铜器为蒜头壶、釜(鍪)、洗和钱币,其中蒜头壶、釜等体现出浓厚的秦文化因素(图 3-21)。

图 3-21 务川大坪 M23 随葬品(含青铜器)出土情况
(青铜器有蒜头壶、釜、铜洗和钱币等)

---

① 李飞:《务川大坪汉墓》,《2003~2013 贵州基建考古重要发现》,科学出版社,2015 年,第 143 页。

习水土城黄金湾遗址文化内涵复杂,包括新石器时代、商周至汉晋等不同时期遗存,尤以汉代遗存最为丰富,有房址、灰坑和墓葬,墓葬包括婴幼儿圆坑墓、瓮棺墓和土坑墓等,遗址附近还分布着一定数量的砖室墓和崖墓。土坑墓墓坑宽大,葬式复杂,根据所葬死者数量可分为单人葬墓、单人葬加合葬墓但以单人葬为主、单人葬加合葬但以合葬为主等,随葬品按墓主分开放置,以陶器为大宗,多数墓葬随葬陶器,仅部分墓葬有少量青铜器和钱币——如M11为双人合葬墓,墓坑两侧各有人骨架一具,骨架中间放置随葬陶器,但在一具骨架腰部放一青铜带钩,一端放一小铜镜(图3-22)。总的来说,该墓地多数墓葬不出土青铜器,青铜器仅有少量的釜、带钩、手镯、铜镜、印章和钱币等,数量少而单一,同赫章可乐、务川大坪汉墓随葬青铜器数量和种类都较多的特征不同;土城黄金湾西汉土坑墓随葬青铜容器仅釜、洗等,装饰器仅手镯、带钩和指环等,显示墓主人生前对青铜器的占有相当稀少。

图3-22 习水土城黄金湾M11

黔西县的甘棠、林泉、城关、罗布垮一带有大量汉代石室墓和土坑墓分布。土坑墓多为长方形竖穴土坑,基本不见墓道,墓内随葬品不多,从几件到十几件不等,以陶器为大宗,青铜器一墓内出土1至3件。如M13墓坑长方形,有随葬品8件(图3-23,1),铜器仅铜镜1件(M13:1);M36墓坑长方形,有随葬品8件(图3-23,2),青铜器仅釜1件(M36:1);M37墓坑近方形,有随葬品17件(图3-23,3),铜器有碗1件(M37:1)、釜1件(M37:11)和铜钩形器1件(M37:17)。黔西汉墓多数墓葬仅出1件青铜器,且以日常生活用具铜釜为主。

清镇平坝至西秀区一带黔中腹地是贵州汉代遗存分布范围最广的地区,汉墓包括土坑墓、砖室墓、石室墓和少量砖石混合墓,其中土坑墓有近方形土坑墓、长方形土坑墓和带墓道土坑墓等,墓内随葬品较多,放置似无规律。清M18为长方形土坑墓,坑内偏北侧放置陶、铜、铁和银等各类随葬品36件,青铜器有剑1件(M18:1)、五铢钱若干(M18:12-

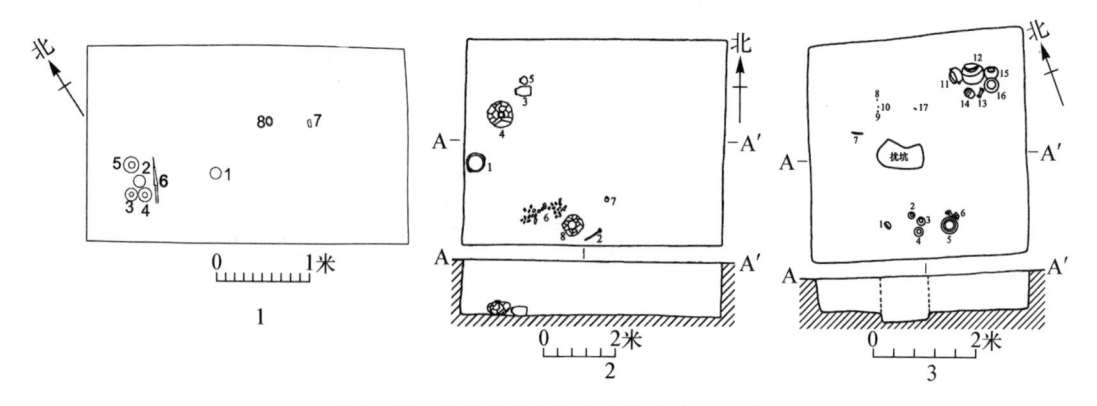

图 3-23　黔西汉代土坑墓青铜器出土观察
1. M13平面图(M13:1为铜镜)　2. M36平剖面图(M36:1为铜釜)
3. M37平剖面图[M37:1为铜碗、M37:11为铜釜(报告称鍪)、M37:17为铜钩形器]

17、26)、铜洗1件(M18:20)、铜碗1件(M18:27)、铜锅1件(M18:31)、铜斧1件(M18:33)等(图3-24,1)。清M15为近方形土坑墓,在墓坑中部偏西放置陶、铜、铁、漆和银等各种质地随葬品35件(图3-24,2),其中青铜器有斧2件(M15:1、M15:7)、铜锅(釜)2件(M15:4、M15:34)、铜洗3件(M15:5、M15:6、M15:26)、铜瓶1件(M15:8)、铜豆5件(M15:15、M15:17、M15:20、M15:22、M15:23)、铜碗1件(M15:18)、铜羊1件(M15:19)、铜盂1件(M15:21)、铜马1件(M15:25)、铜朱雀1件(M15:31)、小铜饰2件(M15:32、M15:33)、铜灯1件(M15:35),总数21件,占随葬品总数一半以上;器类多,有容器、生产工具和模型器等,有的同一器类放置数件,如铜豆有5件,有的器形精美,如铜瓶、铜灯等,而且墓中所出的漆耳杯和漆盘口沿还有元始三年蜀郡或广汉郡制的铭文。清M13为长方形带墓道土坑墓,墓坑狭长如M18,墓内出土陶、漆、铜、铁、银等各类随葬品49件(图3-24,3),其中青铜器有铜扁壶1件(M13:3)、铜壶1件(M13:4)、铜鐎斗1件(M13:5)、鎏金铜片5件(M13:7、M13:8、M13:10、M13:24、M13:29)、五铢2组(M13:9、M13:17)、货泉1枚(M13:15)、铜器皿1件(M13:16)、残铜器1件(M13:22)、铜锅2件(M13:26、M13:36)、大泉五十1枚(M13:27)、铜洗1件(M13:39)、铜饰1件(M13:41)、货布1件(M13:42)、铜斧1件(M13:43),共20件,占全部随葬品的近一半。

2. 砖室墓

汉代砖室墓在贵州境内分布范围也很宽,沿河洪渡、务川大坪、习水土城、仁怀合马、赫章可乐、威宁中水、清镇平坝、西秀宁谷、兴仁交乐和兴义万屯等广大地区均有发现,除赫章可乐和兴义万屯、兴仁交乐等地区发现结构较复杂的多室砖墓外,大部分地区砖室墓结构简单,均为带一甬道的长方形券顶结构,多数墓葬被盗严重,顶部垮塌,随葬品所剩无几,我们以赫章可乐、平坝、西秀区和兴仁交乐等地的数例墓葬进行简单观察。

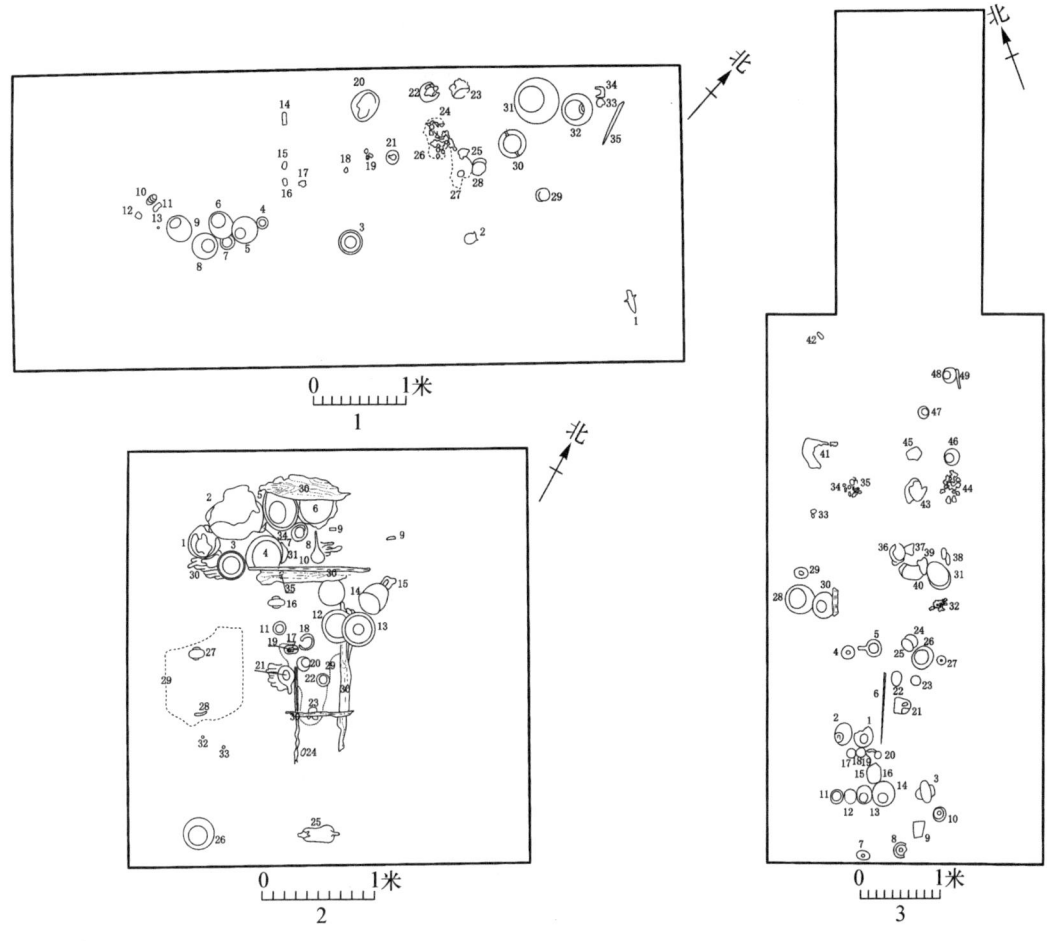

第三章　青铜器出土情境及地域特征观察　　·267·

图 3-24　清镇平坝汉土坑墓出土青铜器观察
1. 清 M18　2. 清 M15　3. 清 M13

赫章可乐清理砖室墓 7 座,包括单室和多室墓:单室砖墓破坏严重,墓砖所剩无几;双室或多室墓顶多垮塌,墓室内残存有多少不一的随葬品。如 M3 由甬道、前室和双后室组成,全长 8.8 米,墓顶及四壁多已不存,前室残存少量陶器和青铜器,青铜器有铜钱(M3:1、M3:5)、铜孔雀(M3:2)、铜灯(M3:3、M3:12)、摇钱树残枝(M3:4)、铜釜残件(M3:11)和铜铃(M3:18)等(图 3-25,1)。M20 为 4 室砖墓,分东西两列,每列均前、后两室,后室较长,前室较短,前室前端伸出一短凸形甬道,各室之间有拱形门道相通,前室及甬道中残存少许陶器和青铜器残件,青铜器为钱币和车马器残件(图 3-25,2)。

目前在清镇、平坝至西秀区一带清理的砖室墓均为结构简单的单室墓,但墓室形制有方形、长方形、铲形和凸字形等,许多墓葬空无一物,在西秀区宁谷跑马地清理的一座残砖室墓平面凸字形,室内残存有随葬品 10 余件(图 3-25,4),其中青铜器有环首刀 1 件(M28:1)、铜灯 1 件(M28:2)、铜马 1 件(M28:1)、铜弩机残件 1 件(M28:4)、铜釜 3 件(M28:6、M28:7、M28:9)和铜洗 1 件(M28:8)等。

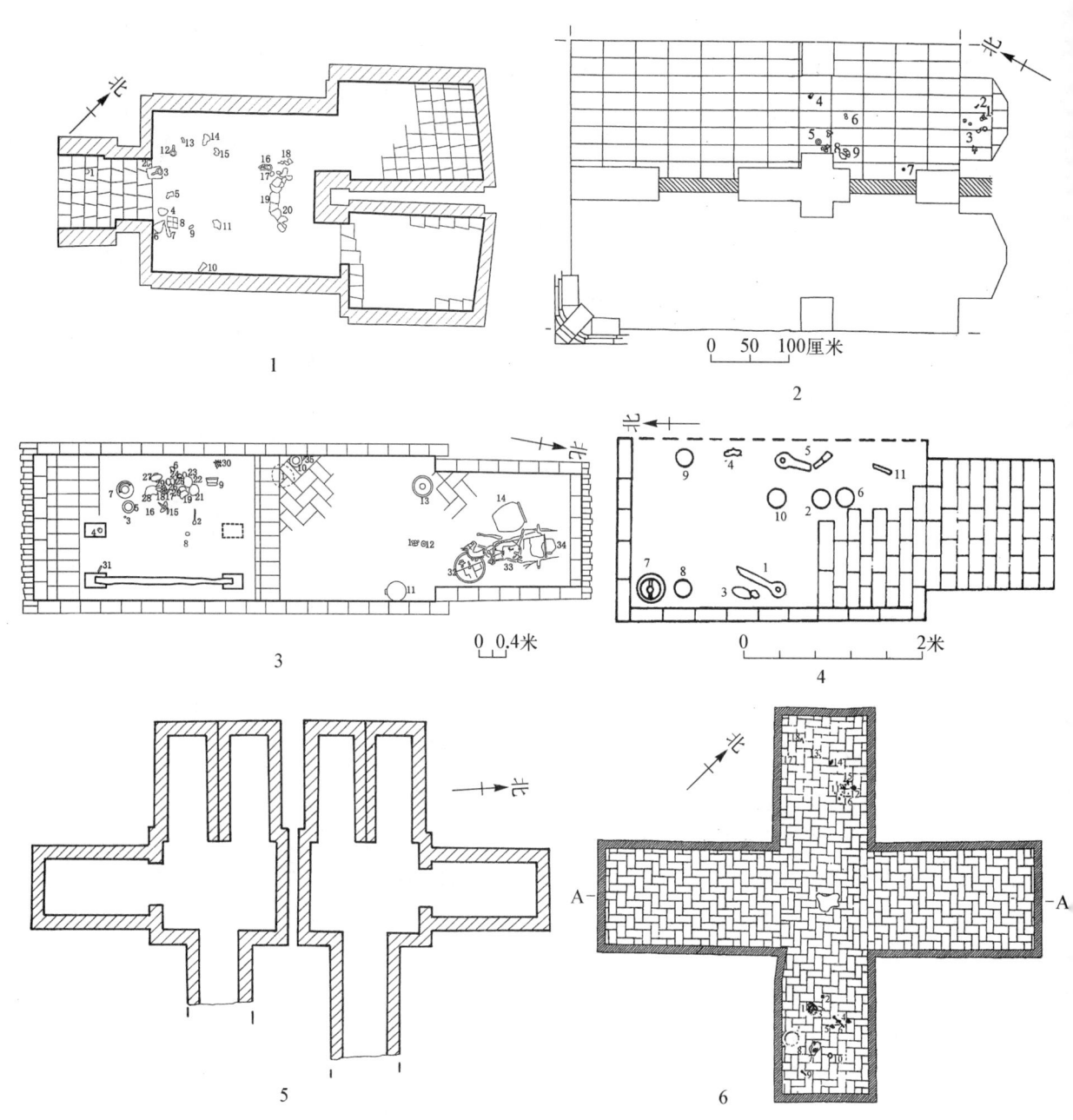

图 3-25 贵州汉代砖室墓出土青铜器观察
1. 可乐 M3 2. 可乐 M20 3. 万屯 M8 4. 宁谷 M28 5. 交乐 M14 6. 交乐 M19

兴义万屯和兴仁交乐是基本相连成片的大型汉墓群,包括土坑墓、砖室墓、石室墓和少量砖石混合墓,以石室墓数量居多,砖室墓规模最大,结构最复杂。如万屯M8为带甬道的前后室砖墓,后室底部高出前室和甬道0.23米,东侧放棺,棺底四角各垫汉砖2块,棺西侧放置以酒器为主的生活用具,前室和甬道底用砖铺成人字形,主要放置各种随葬器物,铜车马放置在甬道内。整个墓室残存陶器、青铜器、铁器和漆器等随葬品35件(图3-25,3),其中青铜器有摇钱树残枝(M8:1)、铜顶针(M8:3)、铜碗(M8:5)、铜提梁壶(M8:7)、铜盒(M8:8)、铜豆(M8:9)、铜釜(M8:10)、铜洗(M8:13)、铜耳杯7件(M8:15、M8:23、M8:24、M8:25、M8:26、M8:27、M8:29)、铜盘5件(M8:16、M8:19、M8:20、M8:22、M8:28)、镂空铜豆(M8:17)、铜量(M8:21)、铜五铢钱(M8:30)和铜车马(M8:33)等,共计23件编号,占总数一半以上,不仅种类多,部分青铜器如铜盒、铜提梁壶、镂空豆等装饰精美,尤其铜车马全国罕见,系贵州省博物馆镇馆之宝。

交乐M14是由两个紧挨在一起的墓葬组成,每一墓葬均为甬道、前堂、双后室和侧室组成的大型多室砖墓,占地面积100余平方米,其结构复杂为目前贵州汉墓所仅见(图3-25,5;彩版五,2)。墓葬虽多次被盗,仍出土铜车马残件、摇钱树残件、铜驾车俑、"巴郡守丞"铜印等随葬件50余件。尽管简报未标明随葬品出土位置,随葬品有哪些也未一一说明,但从该墓出土的铜车马个体大于兴义万屯M8所出铜车马且墓葬中还出土有"巴郡守丞"铜印看,墓主生前当具有较高的政治地位。同一墓地清理的M19为呈十字形的多室砖墓,由前、中、后、左、右五室组成,前后、左右室长近10米,占地面积约100平方米。墓室虽被盗严重,顶壁基本不存,但墓内仍残留有陶、青铜器、银器、琥珀等各类随葬品30件(图3-25,6),部分随葬品系被盗出公安追缴而来,已不清楚其在墓中的位置。青铜器有簋1件(M19:1)、耳杯2件(M19:2、M19:14)、簪1件(M19:3)、镜1件(M19:10)、鎏金泡钉2件(M19:17-1、M19:17-2)、鎏金铜饰1件(M19:18)、鎏金残铜器1件(M19:13)车马器1套[包括驾车俑1件(M19:24-1)、伞盖1件(M19:24-2)、盖弓帽3件(M19:24-3~5)、车轮辐条7根(M19:24-6~12)等]和摇钱树残片若干(M19:26),此外,在左右室不同位置还出土被扰乱的汉五铢钱60余枚,可能各室功能有所不同。

3. 石室墓

石室墓分布范围没有土坑墓和砖室墓宽广,它主要从贵州东北部经贵州中部地区向西南方向延伸,在贵州西部地区的赫章、威宁等地目前没有发现石室墓,石室墓在东北地区的务川大坪、沿河洪渡等地,形制同重庆地区石室墓,从清镇、西秀往西南至兴义、兴仁一带,石室墓用外表粗糙的薄石板砌筑,内壁修整平整,但外表凹凸如刺猬,形成贵州石室墓的地域特征。

石室墓同砖室墓一样,受盗扰严重,墓内随葬品所剩无几,沿河洪渡、务川大坪一带偏北部地区清理的石室墓很少有青铜器残留,黔西、西秀和兴仁等地清理的部分石室墓中有多少不一的青铜器残留,可作为我们观察石室墓中出土青铜器的对象。

黔西 M33 为一长方形石室墓,墓室上部和部分底板石均被破坏,但在墓室后端,仍残存陶器和青铜器 20 余件,青铜器有铜泡钉 2 件(M33∶2、M33∶19)、铜铺首 2 件(M33∶4)、铜摇钱树残片(M33∶18)和铜镜残件 1 件(M33∶21)等(图 3-26,2)。M34 为刀形石室墓,墓内残存各种随葬品 20 余件,包括铜带钩 1 件(M34∶13)、铜夹子 1 件(M34∶13)和五铢钱数枚(图 3-26,1)。

西秀区宁谷 M29 亦为刀形石墓,在甬道和墓室散落有陶、铜和铁等随葬品近 20 件(图 3-26,3),其中青铜器有摇钱树残枝(M29∶4)、龟盂(M29∶10)、圆饼形饰(M29∶13)、铜泡钉(M29∶14、M29∶15)、铜鸟(M29∶17)等。

兴仁交乐和兴义万屯一带清理了 10 余座石室墓,分为长方形单室墓、凸字形石室墓和刀字形石室墓等,共同特征是墓室均狭长。如 M6 和 M7 为同一封土下的异室合葬墓,M6 墓室呈狭长方形,长 7.72 米,宽 2 米,底有排水暗沟,墓室出土陶、铜和铁等不同质地随葬品 40 余件,其中青铜器有车马 1 套(M6∶1)、铜銮 1 件(M6∶2)、提梁壶 1 件(M6∶3)、铜釜 1 件(M6∶4)、铜量 1 件(M6∶5)、铜车条辐残件 1 件(M6∶6)、铜簋 1 件(M6∶9)、龙首柄铜釜 1 件(M6∶10)、刻花铜瓶 1 件(M6∶11)、铜多枝灯 1 件(M6∶13)、负瓶铜鸟 1 件(M6∶16)、碗 1 件(M6∶17)、铜鸟饰 2 件(M6∶18、M6∶19)、耳杯 1 件(M6∶20)、铜甑 1 件(M6∶22)、铜臼 1 件(M6∶25)、铜勺 1 件(M6∶23)、铜圆饼饰 1 件(M6∶24)、铜泡钉 1 件(M6∶26)、铜器盖 2 件(M6∶21、M6∶26)、铜镂空豆 1 件(M6∶29)、铜铺首 2 件(M6∶12、M6∶33)、铜人俑 1 件(M6∶34)、摇钱树主干 2 件(M6∶30、M6∶32)、半两钱 1 枚(M6∶36)等,总数近 30 件。不过需要特别指出的是,在简报所绘制的 M6 墓室平面图中(图 3-26,4),只有编号 33 个,其中青铜器仅数件,且编号与简报中 M6 上述青铜器编号多有冲突——如图中 4 号为铜灯,文本中 4 号为铜釜;图中 11 号为铜洗,文本中为铜瓶;图中 20 号为铜马耳,文本中为耳杯,造成这种极大混乱状况的原因可能是平面图中的编号与青铜器实物的编号采取了不同的方式。

二、地域特征

尽管汉墓出土的青铜器表现出鲜明的共性特征,但由于受地域限制或时代早晚的影响,不同地区出土的青铜器在具体器类组合和器形特征上也存在一定的地域性差异,尽管这种差异可能不构成汉文化系统青铜器的主体特征。

1. 务川大坪汉墓

务川大坪出土的青铜器有蒜头口圆壶、蒜头口扁壶、洗、鼎、釜、镜、带钩、印章、俑、车马残件和摇钱树残件等(图 3-27)。铜蒜头圆壶(M23∶6)形制同陶蒜头壶,长颈高圈足。蒜头口扁壶(M31∶7)壶身扁平,圈足。铜洗(M9∶1)和铜鼎残损严重,但形制基本

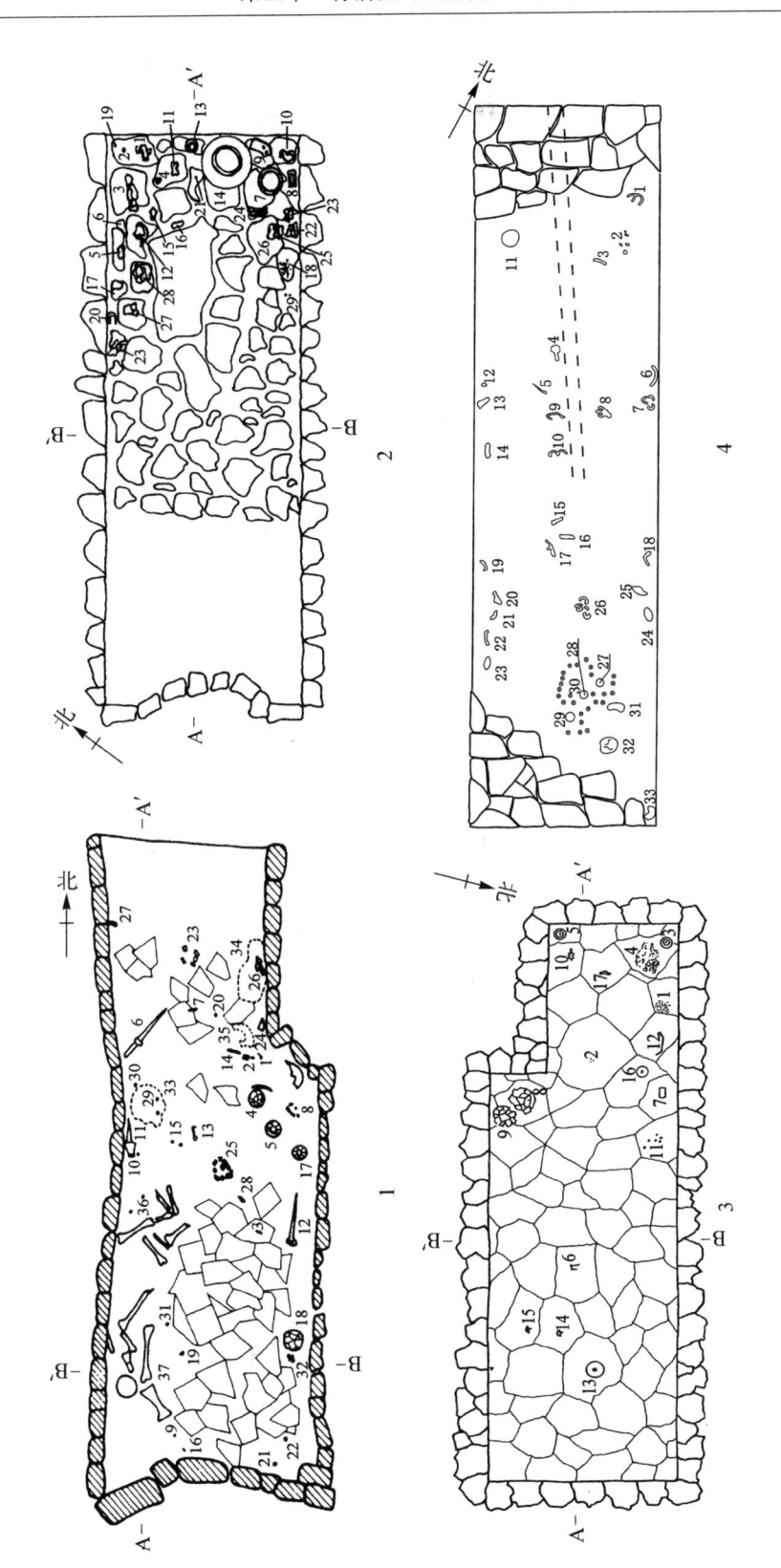

第三章 青铜器出土情境及地域特征观察

图 3-26 贵州汉代石室墓出土青铜器观察
1. 黔西 M34　2. 黔西 M33　3. 西秀宁谷 M29　4. 兴仁交乐 M6

同过去零星出土者。铜釜主要是 F 型,呈侈口,高领,鼓腹,圜底,肩部双耳一大一小,有的腹侧有方柄,变成 H 型。铜钫壶基本同可乐所出,但可乐仅出土 1 件(M200:7),在务川大坪墓地铜钫壶则同铜蒜头口圆壶、蒜头口扁壶一起形成该地域西汉早中期最有特点的青铜器群。众所周知,铜蒜头壶是秦文化的典型器物,流行在战国秦西汉时期,目前在贵州境内,出土蒜头壶的墓葬就集中发现在务川大坪一带,而这一带已清理的墓葬,超过半数在墓底放置有朱砂,因而不排除这是一群为了开采朱砂而进入到大坪一带的秦人或秦人后裔。

图 3-27 务川大坪汉墓出土部分青铜器
(取自《2003～2013 贵州基建考古重要发现》第 145 页)

2. 赫章可乐汉墓

可乐汉墓出土的青铜器数量和种类比较多,一些器形较有地方特征,如托盘底多枝灯(图 3-28,1)、博山炉(图 3-28,2)和温炉(图 3-28,4)等不少青铜器底部有一托盘,形成不同于贵州其他地区汉墓青铜器的地域特色。另外,可乐出土的铜钫(图 3-28,5)、铜鼎等接近务川大坪所出,但鼎、钫均只 1 件,出土不如务川大坪频繁,且可乐不见务川大坪常出的蒜头口圆壶和蒜头口扁壶,表明两地的青铜器有相同器类但差异明显;可乐的铜盉(图 3-28,3)、铜瓶(残)、长颈壶(图 3-28,12)、提梁壶(图 3-28,6)等在清镇平坝、兴仁交乐等地有相似器形,但器形和装饰各不相同;可乐出土的铜釜包括带柄釜(图 3-28,7)许多还具有铜鍪的造型特征,铜甗更是直接由深腹盆(鉴)改造而来(图 3-28,8);唾壶(图 3-28,11)、杵臼(图 3-28,10)、镞(图 3-28,9)和铜勺(图 3-28,13)等在贵州其他地区汉墓中亦不常见,既体现出鲜明的时代性,也体现有一定的地域性。

第三章　青铜器出土情境及地域特征观察 ·273·

图3-28　赫章可乐汉墓出土部分青铜器
1. 托盘多枝灯(M8:47)　2. 博山炉(M10:3)　3. 盉(M177:11)　4. 温炉(M8:48)　5. 钫(M200:7)
6. 提梁壶(M8:52)　7. 带柄釜(M183:6)　8. 铜甑(M8:58)　9. 铜鍑(M49:1)　10. 杵臼(M10:1)
11. 唾壶(M8:50)　12. 长颈壶(M216:1)　13. 勺(M8:73)

3. 习水黄金湾汉墓

习水黄金湾汉代墓群无论土坑墓、砖室墓还是崖墓随葬品均以陶器为主,青铜器和铁器等数量和种类少,尤其是青铜器仅见少量的釜、带钩、手镯和铜镜等,器类不仅单一而且是重庆峡江地区以及贵州境内汉墓中经常出现的器类,少见本地特色青铜器(图3-29)。

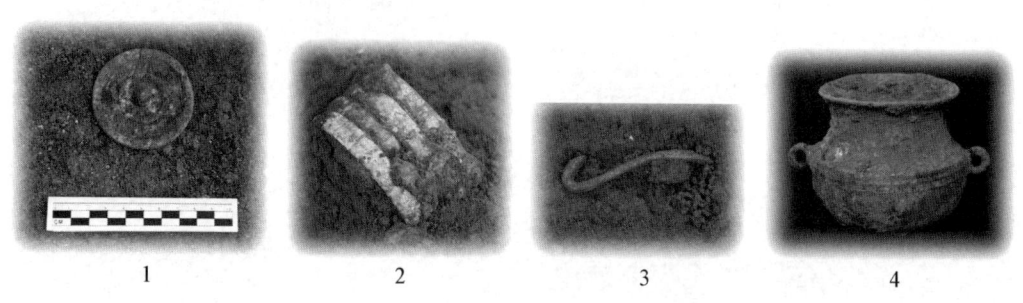

图3-29 习水土城黄金湾出土部分青铜器
1. 铜镜 2. 铜手镯 3. 铜带钩 4. 铜釜

4. 黔西汉墓

在黔西县境内以县城所在地的城关镇为中心,其西侧的林泉镇、东侧的甘棠镇、北侧的洪水镇、南侧的绿化乡等地均发现汉墓,并出土有包括青铜器在内的随葬品。青铜器种类有铜镜、耳杯、铜釜、铜洗、指环、带钩及铺首等(图3-30),均是其他地区汉墓常见之物,如F型铜釜、耳杯等在全省均有出土,铜豆形制也接近兴仁交乐等地出土者。不过,该地域出土的一些青铜器如E型铜釜(图3-30,1)、狮形铜带钩(图3-30,4)、铜铺首(图3-30,5)和摇钱树叶片(图3-30,10～13),与安顺、黔西南兴仁交乐等地出土者不同,具有一定的地域特征。

5. 清镇、平坝至西秀区汉墓

从清镇、平坝到西秀宁谷一带的贵州中部,是汉移民由北往南发展的重要节点,因而从贵阳西南侧的清镇市往西南方向的安顺市平坝区、西秀区一带的广大地区,分布着大规模的汉墓群,墓葬种类多,包括土坑墓、石室墓和砖室墓,通常几种墓葬共处一个墓地,石室墓和砖室墓多被盗扰,部分墓葬残存有一定数量的随葬品,青铜器虽然不多,但部分器形很有特色。这一地区还出土有同普安铜鼓山遗址相同的一字格曲刃短剑(图3-31,1)和靴形钺,这在其他地区汉墓中是少有的;其他如带提梁铜扁壶(图3-31,7)在贵州其他地区汉墓也少见;该区域出土的提梁长颈壶(图3-31,2)、铜瓶(图3-31,4)、铜镜(图3-31,5)、龟座人像高枝灯(图3-31,3)、龙首柄行灯(图3-31,8)、背物铜鸟(图3-31,6)、铜龟盂(图3-31,9)和铜釜(图3-31,10)等虽然同黔西南兴仁交乐等地出土同类器接

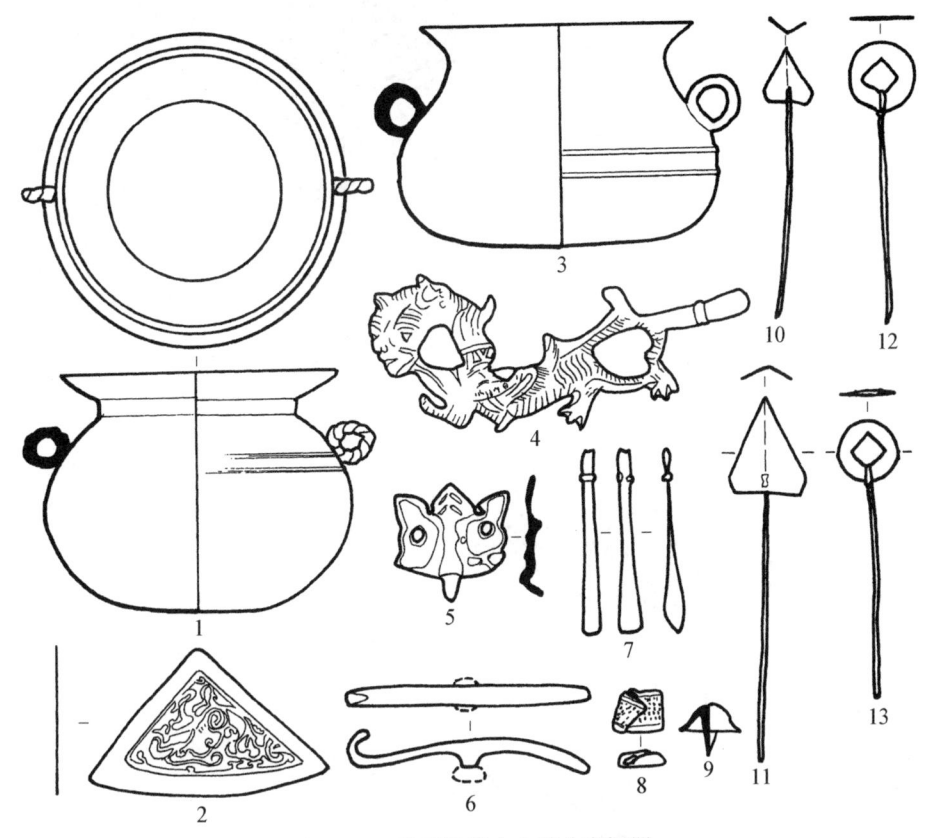

图 3-30 黔西汉墓出土部分青铜器
(取自《考古》2006年第8期)
1、3. 釜(M36:6、M37:11鍪) 2. 铜饰(M32:1) 4. 狮形带钩(M34:13) 5. 铺首(M33:4-1)
6. 曲棒形带钩(M35:10) 7. 夹子(M34:120) 8. 顶针(M28:3)
9. 泡钉(M32:2-1) 10~13. 摇钱树残科片(M33:18)

近,但造型和纹饰等还是具有地域特征。墓地中出土的具有夜郎青铜器风格的一字格曲刃短剑和靴形钺等,为我们全面探讨夜郎文化的分布范围及夜郎文化与汉文化的相互融合等提供了极为重要的线索。

6. 兴仁交乐和兴义万屯汉墓

地处黔西南的兴仁交乐和兴义万屯汉墓群,是贵州境内目前发现最南端的大型汉代遗存,墓葬分布以兴仁县交乐和兴义市万屯为核心,范围涵盖顶效、郑屯等周边乡镇,包括石室墓、砖室墓和土坑墓,以砖室墓规模最为宏大,出土有一批精美的青铜器,部分青铜器极具个性。盘口鼎(图 3-32,1)、带柄镶壶(图 3-32,2、5)、提梁三足圆腹罐(图 3-32,9)、铜鋞(又叫温酒樽,图 3-32,4)等具有岭南青铜器的一定特征。提梁式挂灯(图 3-32,3)、鸟形饰件等目前尚少见于贵州其他地区汉墓。一些青铜器在贵州汉墓中常见,但造型也具有一定的地域风格。如 M6:16 铜鸟呈站立状,鸟喙尖,内含一尖状物(报告称

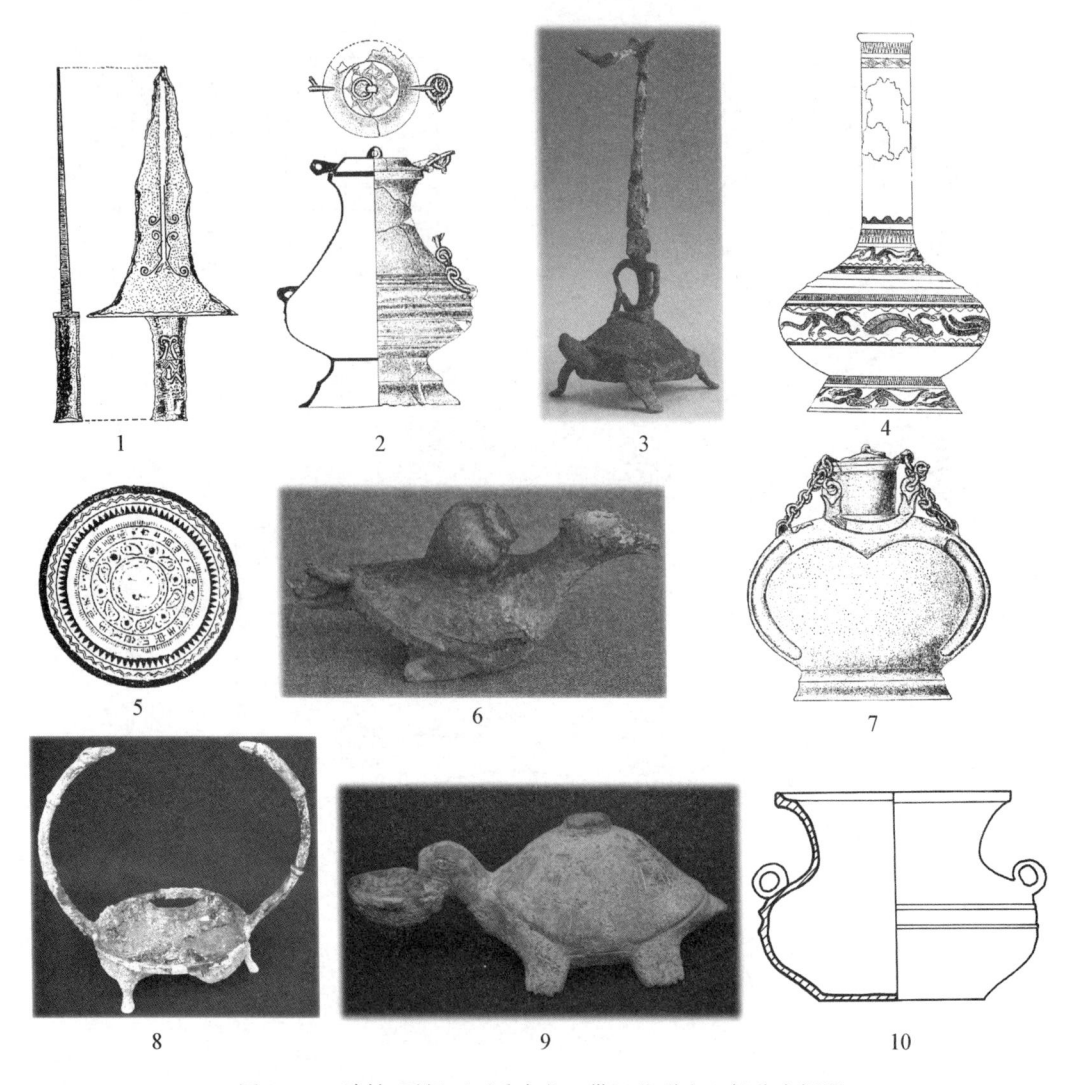

图 3-31　清镇、平坝至西秀宁谷一带汉墓群出土部分青铜器
1. 一字格曲刃短剑(清 M18)　2. 提梁壶(清 M2)　3. 龟座人像高枝灯(清 M15)　4. 瓶(清 M15)
5. 铜镜(清 M12)　6. 负罐鸟(清 M1)　7. 扁壶(清 M13)　8. 提梁灯(宁谷 M31：3)
9. 龟盂(宁谷 M29：10)　10. 釜(宁谷 M28：6)

为鱼),背负一立着的罐状物,其造型与清镇平坝一带汉墓所出铜鸟不同;M6：11 铜瓶与清镇 M15 出土铜瓶相近但花纹更繁缛(图 3-32,8);M6：10 龙首柄铜釜虽在水城黄土坡等有零星出土,但以兴仁交乐最为集中;M6：13 连枝灯底座亦为一人坐在一爬行的乌龟背上,同清镇 M15 所出铜灯底座相近,但 M6：13 连枝灯乌龟外侧还有二龙绕行,整个造型呈神树状,更充满神秘气息(图 3-32,7);墓地集中出土的铜车马和铜人俑(图 3-32,10)也是贵州境内其他地区汉墓所不见的。

总之,贵州汉墓青铜器的特点是大同之下有小异,不同地域不同时代的青铜器差异大,如务川大坪汉墓、赫章可乐等西汉时期青铜器与兴仁交乐等东汉中晚期青铜器无论器类组

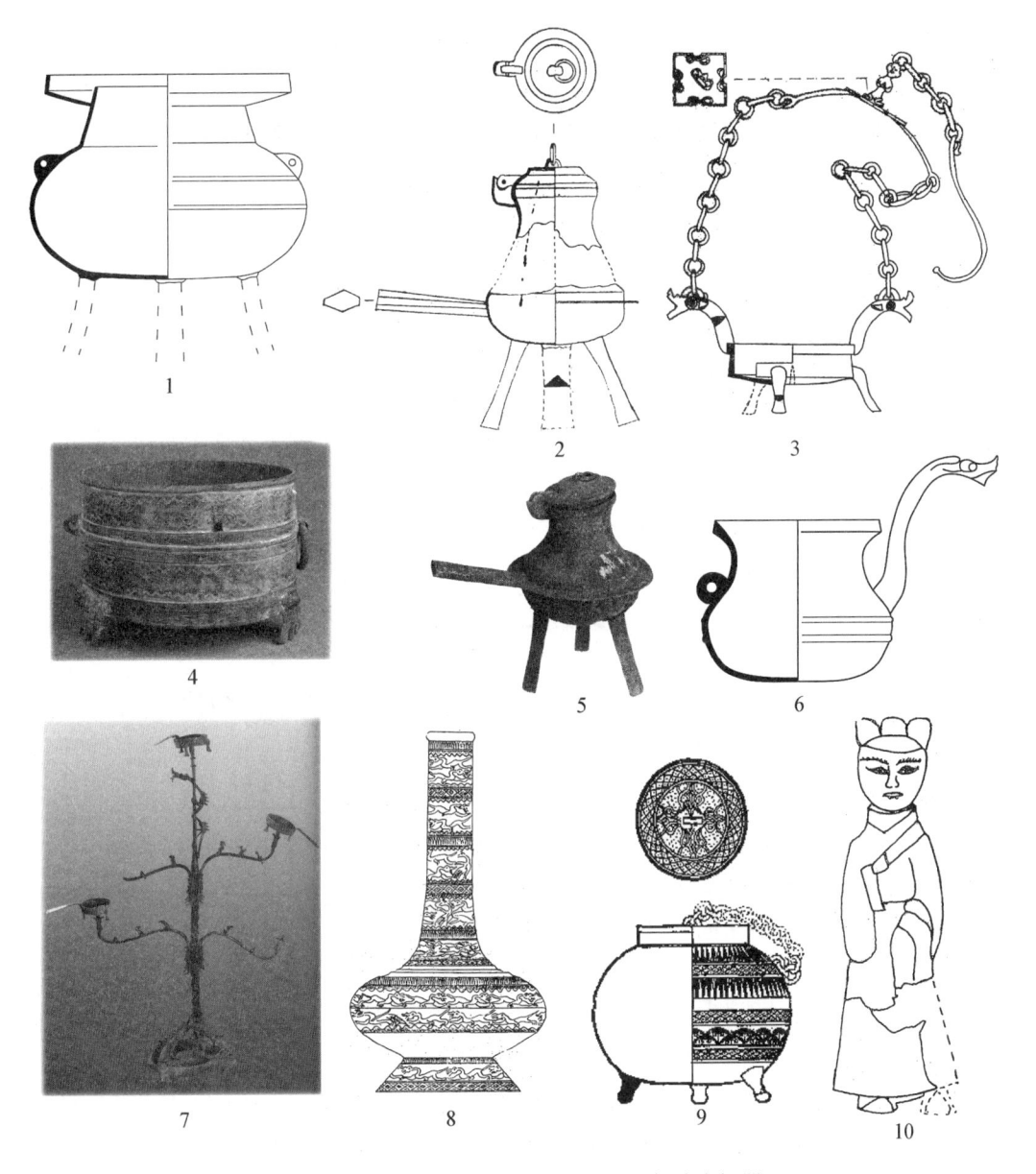

图 3-32 黔西南兴仁交乐等汉墓出土部分青铜器
1. 盘口鼎(兴仁交乐盗掘,公安追缴) 2、5. 带柄镌壶(兴仁交乐、顶效出土) 3. 提梁式挂灯(M15:7)
4. 铜奁(酒樽,M6:2) 6. 龙首柄铜釜(M7:4) 7. 树形多枝灯(M6:13) 8. 铜瓶(M6:11)
9. 提梁圆腹三足罐(兴义 M8:8) 10. 铜立俑(M6:34)

合还是器形特征都差异显著,就是同一地域如务川大坪西汉前期、西汉晚期土坑墓和东汉时期砖室墓、石室墓的差异也非常明显。因此,要准确认识贵州汉墓青铜器的地域差异,首先需对各小地域出土青铜器进行时代区分——只是目前贵州不少地域汉墓资料公布零星或没有公布,还无法从事更细致的研究,只能在大的时空范围笼统观察,得到的认识也不免存在误差。不过不管怎样,由于地理环境不同出现的地域性差异却是客观存在的,如务川大坪因地理位置上接近巴蜀地区,其西汉前期墓葬中表现出的浓厚秦文化因素是贵州其他地区汉墓所不见的,而地处黔西南地区的交乐等地汉墓群,由于与两广相邻,因而墓地出现有反映岭南青铜器特征的盘口鼎、盘口圜底釜、带柄镶壶等器类,形成另一地域特征。

三、贵州汉代遗存的层级

通过对贵州境内汉墓规模、墓室结构的繁简、出土青铜器的数量种类及其在随葬品中的比重,参考墓地周边其他重要遗存和出土遗物,我们可初步将贵州境内已发现的汉代遗存分为下列几个层级:

1. 赫章可乐、清镇平坝至西秀区、兴仁交乐和兴义万屯等为第一层级。这些地区发现的汉代遗存最为丰富,出土青铜器也最多最精美,可能是汉代某一行政中心所在:其中可乐汉代土坑墓最早年代可到西汉中期偏晚,可能是西汉中期设置的犍为郡汉阳县所在;清镇市至西秀区宁谷一带汉土坑墓年代稍晚,可能与西汉中央政府"平南夷置牂柯郡"有关,清镇平坝和西秀宁谷一带极有可能为牂柯郡郡治;兴义万屯和兴仁交乐一带汉墓群年代最晚,目前清理的墓葬年代没有早到西汉时期的,主要是东汉时期尤其以东汉晚期为主,可能与兴古郡的设置有关。

可乐汉墓(报告称甲类墓)主要分布在可乐坝子中可乐河北侧的缓坡和土丘上,自西向东在官山、园田、中寨、猪市包、老医院、水营、雄所屋基、沟边等地清理土坑墓和砖室墓32座,另在可乐河南侧夜郎系墓葬(报告称乙类墓)分布区域内的锅落包等地清理出被认为属汉文化的墓葬22座[1]。不过,从出土随葬品分析,笔者认为分布在可乐河南侧乙类墓地中的"汉式墓葬"更可能是汉化了的地方族群甚至是汉化后的上层人物或富有者的墓葬[2],至于分布在可乐河北侧的汉墓,根据墓葬规模大小和随葬品分析,墓主可能包括有官吏和军事统领、属吏和兵卒等。

在可乐山间坝子中,目前发现有三处战国秦汉时期的居住遗址,分别是粮管所遗址、柳家沟遗址和廖家坪子遗址。柳家沟遗址位于可乐河北侧一较高坡地上,1978年进行过小范围试掘,出土有陶器、石器和少量铜器,文化面貌与汉墓出土陶器、青铜器风格迥异,而与夜郎系地方族群墓葬出土物具有一些联系,可能是地方族群一居址。廖家坪子遗址位于可乐坝子东北侧阶地,距可乐河床仅数米,2012年发掘表明,它是一处性质单一的汉代小型居址。

粮管所遗址位于可乐坝子中部可乐河与麻腮河交界处的三角形高地,是现在可乐主要居民居住区,钻探表明围绕遗址边缘有似城墙的遗迹存在,遗址中出土有大量的汉代板瓦、筒瓦、瓦当、车马画像砖、铜器、陶器和钱币等,尤其重要的是遗址中出土有一定数量的铭文瓦当,可辨者有"建始"、"四年"、"建"等(图3-33)[3],铭文瓦当直径达20厘米,说明筒瓦和板瓦也较大。《赫章可乐二〇〇〇年发掘报告》认为"这样大筒瓦的房屋应当具有

---

[1] 贵州省文物考古研究所:《赫章可乐二〇〇〇年发掘报告》,文物出版社,2008年,第396页。
[2] 张合荣:《夜郎文明的考古学观察——滇东黔西先秦至两汉时期遗存研究》,科学出版社,2014年,第260页。
[3] 张元:《贵州赫章可乐出土的西汉纪年铭文瓦当》,《文物》2008年第8期。

相当规模,恐非普通民居。将年号铭文烧制于瓦当上,在已出土的西汉瓦当中未见报道,这可能是迄今考古发现中国古代最早的纪年瓦当。年号瓦当出现于偏远的"西南夷"地区,当有特别意义,或许特为凸显建筑的重要性。汉成帝建始年上距武帝设置汉阳县虽已百余年,但这时所存的大型重要建筑与汉武帝开发"西南夷"时所作的行政、军事布局必然有直接联系"[1],从对可乐汉墓出土青铜器的种类和数量观察,亦为可乐在汉代可能是汉阳县治所在的观点提供了重要旁证。

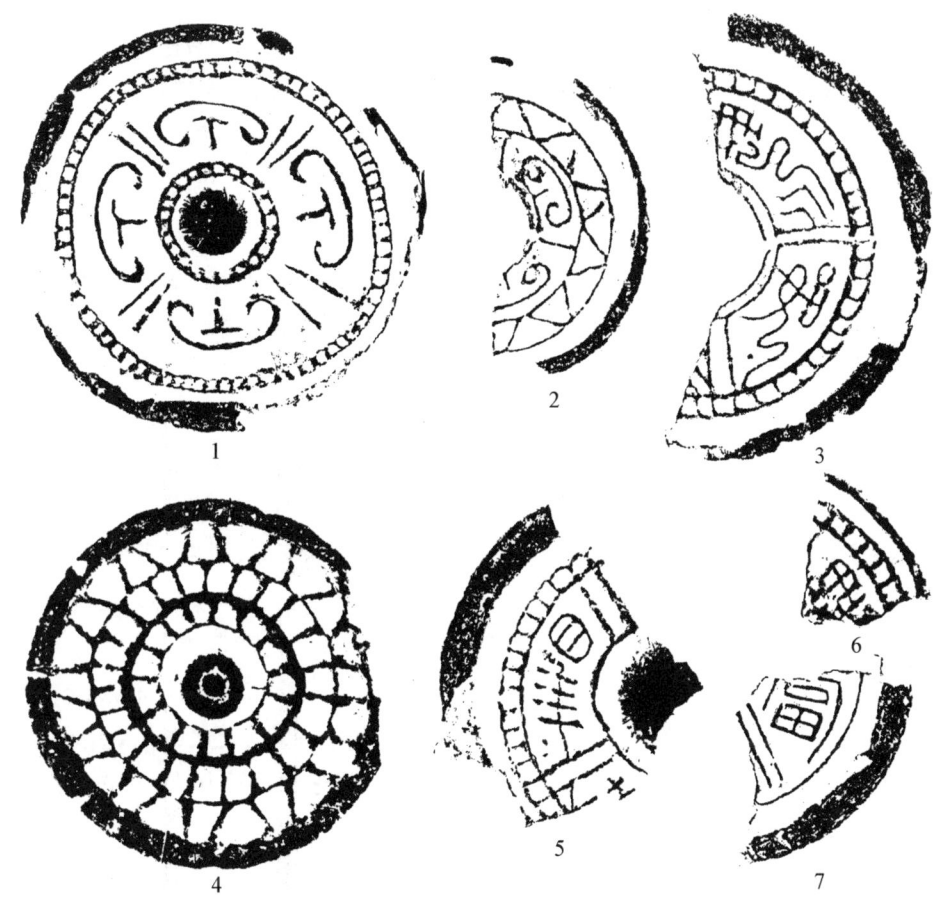

图 3-33 可乐粮管所遗址出土瓦当

(取自《文物》2008 年第 8 期)

1、2. 云纹瓦当(1988 年 T3 出土)　3. "建始"铭残瓦当(1992 年 H4)　4. 网格纹瓦当(1988 年 T5④)
5. "四年"铭残瓦当(1988 年 T5④)　6. "建"铭残瓦当(1988 年 T6④)　7. "富"铭残瓦当(1988 年采集)

西汉武帝元鼎六年(公元前 111 年),汉王朝在平定南越的过程中,顺势诛灭了夜郎旁反叛的"且兰(头兰)","斩首数万",夜郎主动内附被封为夜郎王,汉王朝遂"平南夷置牂柯郡",将原本属"西南夷"中的夜郎活动地域纳入汉帝国的行政管理体系。对于牂柯郡郡治所在的"故且兰",自清以来的多数历史学者依据《汉书·地理志》"故且兰,沅水东南

---

[1] 贵州省文物考古研究所:《赫章可乐二〇〇〇年发掘报告》,文物出版社,2008 年,第 394 页。

至益阳入江,过郡二,行二千五百三十里"①的记载,将"故且兰"地望考订在凯里、黄平和福泉等沅水上游的清水江附近,但在这一区域,至今仍没有发现汉代文化遗存,没有考古学材料证据。随着清镇市、平坝区至西秀区一带汉文化遗存的大量发现,部分历史学者和多数考古学者认为汉牂牁郡郡治应该在清镇、平坝至西秀一带黔中腹地。早在 1954 年 3 月,贵州省博物馆筹备处配合羊昌河水利工程时,在平坝县金银乡金家大坪发现并清理了实为两座汉墓的两坑汉代器物,并发现金家大坪及其附近的平庄、老鸡场、新铺、尹关皆有汉墓分布。1956 年又发现在清镇县的新桥、琊珑坝、余家桥、放牛坡、牛垭口、张家大山、萧家院等地有汉墓分布,遂于 1956 年春至 1958 年 2 月,共在平坝县和清镇县清理了 28 座汉墓,包括土坑墓 18 座、砖室墓 8 座、石室墓 2 座,出土有丰富的陶器、漆器、青铜器、铁器、银器、钱币和料器等,尤其重要的是墓中出土有广汉郡、蜀郡制造的耳杯、漆盘等漆器。发掘者认为"这一批墓葬的出土,也有可能说明牂牁郡治即在清镇、平坝地区,所以出土物才如此丰富,而随葬品中的漆器铭文,明确指出系广汉郡、蜀郡制造的,这对研究汉代各郡之间的经济文化交流,以及有关的历史问题,提供了新的线索"②,首次依考古发现实物将汉牂牁郡治推定在清镇、平坝一带。著名考古学家苏秉琦先生根据清镇、平坝一带发现的汉墓指出"这是且兰国的故地,武帝以后的牂牁郡的故址"③,"这些墓葬大概是汉人官吏的墓葬。这些发现,表明了清镇、平坝地区约即牂牁郡治的所在地"④。毕生在贵州从事战国秦汉考古工作的宋世坤先生更明确提出"且兰的方位,前人考证均认为在今贵阳与贵阳以东地区,且以福泉一带为其中心区域。根据文献记载与考古材料综合研究,这种看法更不全面,其中心地域更不在福泉"⑤,"将且兰的范围延伸至安顺、平坝、清镇更为合理,并且政治、经济中心就是这一带"⑥。

  清镇市、平坝县(现为平坝区)至西秀区一带发现的汉文化遗存成大面积连片广泛分布,并分别在贵阳西南侧的清镇市与平坝区相连地区以羊昌河流域为中心形成一个汉文化遗存集中分布区,西秀区东南侧以宁谷镇为中心形成另一个汉文化遗存集中分布区,两区之间通过平坝区天龙镇和西秀区大西桥镇一带的汉代遗存连接起来,共同形成贵州境内分布范围最宽、遗存数量最多、规模最大的汉代古文化集中区。两个区域除出土有重要的青铜器外,还出土有其他反映这一带在汉代为某一政治、经济中心的遗物:宁谷遗址出土的"长乐未央"铭瓦当(图 3-34,1)、大板瓦(图 3-34,3)、筒瓦(图 3-34,2)、木楔、木板等建筑构件和木牍(图 3-34,4),表明这一带应有衙署类大型建筑,而清镇、平坝一带汉墓中出土的元始三年蜀郡或广汉郡制造的漆盘(图 3-34,6)、漆耳杯(图 3-34,7)和永元十六年纪年陶罐(图 3-34,5)等,也是反映这一地区在汉代有着重要地位的典型物品。

---

① 《汉书·地理志第八》,中华书局,1962 年,第 1602 页。
② 贵州省博物馆:《贵州清镇平坝汉墓发掘报告》,《考古学报》1959 年第 1 期。
③ 苏秉琦:《战国秦汉考古》,上海古籍出版社,2014 年,第 234 页。
④ 苏秉琦:《战国秦汉考古》,上海古籍出版社,2014 年,第 234 页。
⑤ 宋世坤:《贵州考古论文集》,贵州人民出版社,2000 年,第 144 页。
⑥ 宋世坤:《贵州考古论文集》,贵州人民出版社,2000 年,第 144 页。

图 3-34 清镇、平坝至西秀区宁谷汉代遗存出土部分遗物
1. 宁谷遗址出土"长乐未央"瓦当(T971⑤:3) 2. 宁谷遗址出土筒瓦(T971④:1)
3. 宁谷遗址出土大板瓦(T971④:4) 4. 宁谷遗址出土木牍(T972⑥:3)
5. 平坝马场 M37 出土陶罐腹部纪年铭文 6. 清镇 M15 出土漆盘 7. 清镇 M15、M17 出土漆耳杯

兴义万屯和兴仁交乐汉墓群分布范围虽不及清镇平坝一带宽广，但这一区域的汉墓尤其是砖室墓不仅规模宏大，而且出土有反映墓主身份的特殊青铜器。如万屯 M8 和交乐 M19、M14 三墓规模和年代相当，墓中都出土有铜车马，发掘者推测 M8 墓主应为县令和其妻妾一类；M14 墓内出土有"巴郡守丞"鎏金铜子母印，表明墓主身份为县郡一级行政机构统治者；M19 墓主身份当与 M14 相当，"可能为郡或县中的高级官吏。在交乐不大的范围内，目前已发现汉墓 50 余座，并都具备一定级别，可以推测，该地在汉魏时期可能有着不同寻常的地位"①。除此之外，交乐汉墓出土的一些青铜器物如神树形高枝灯等所

---

① 贵州省文物考古研究所：《贵州兴仁交乐十九号汉墓》，《考古》2004 年第 3 期。

反映出的亦是"一种强势文化现象"①,这种结构复杂、造型精美的"多枝灯的使用者大多是宫廷和贵族,地位较高"②,因而出土多枝灯的 M6 墓主亦极为可能是某级别的官员之类,如此多的官员或富家大姓集中在一起埋葬,说明墓群所在地附近应该就是汉代某一行政中心所在地。

蜀汉建兴三年(225 年),分牂柯郡西南部和益州郡东部置"兴古郡",原属牂柯郡的"宛温、镡封、漏卧、句町"等县并入兴古郡。从地理位置看,兴古郡管辖范围应大致包括今黔西南、桂西北和滇东南相连地带,其郡治宛温即原牂柯郡的宛温县,从黔中腹地的平坝、西秀往西南,越过北盘江,在黔西南境发现的最大规模汉代遗存就是兴义万屯和兴仁交乐汉墓群,而在两地之间的北盘江岸边发现有镇宁田脚脚遗址③和贞丰者相汉代城址④:镇宁田脚脚遗址发掘出土有不少铜质或铁质的兵器,还有一定数量的封泥;贞丰者相汉代城址平面呈长方形,长宽均 150 米左右,城内地层浅但有板瓦等遗物,推测可能是蜀汉时期的一个重要军事据点。从这些发现观察,我们认为兴仁交乐至兴义万屯一带极为可能为汉牂柯郡宛温县治,蜀汉之后为兴古郡郡治所在⑤。

2. 务川大坪、黔西城关等可能形成第二层级,极有可能是以矿产或汉代交通节点等形成的重要汉文化中心,甚至有可能是稍低的汉代行政中心。

秦汉时期,今贵州境内的沿河、务川、赤水和习水等地在巴郡或黔中郡境内,西汉中期"分巴割蜀"设置犍为郡时,部分地区可能划归犍为郡管辖,虽然这一带地方不是严格意义上的"西南夷"地区,但汉中央王朝开发"西南夷",是以巴蜀之地(今四川盆地)为支撑,采取由北往南推进的方略,因而处于开发前沿或交通节点上的地区就形成非常重要的汉文化中心。

沿河洪渡位于乌江与洪渡河交汇处,发现有较丰富的汉代遗存,包括遗址、窑址和墓葬群,但从洪渡往乌江顺干流上溯,却没有汉代遗存发现,而由此沿洪渡河上行,在务川大坪、镇南等地分布着异常密集的汉代遗存,尤其从洪渡河两岸的江边、官学一带清理的大规模汉代土坑墓、岩坑墓、砖室墓和石室墓来看,其整体文化风格同重庆峡江地区,存在着秦和巴蜀两种文化因素,与贵州多数地区汉墓存在明显的地域性差异,可以认为它们是自峡江地区沿乌江或乌江支流进入的。在这批汉墓中,在将近 50%的墓坑底部发现有朱砂,"朱砂或呈颗粒状,或呈粉末状,多成堆与钱币混出,置于墓底(彩版六,2)。颗粒状者如玉米粒或胡豆大小,最多一墓出土 100 余粒"⑥。对出土朱砂的硫同位素检测表明,墓内朱砂即出自当地,务川大坪一带的朱砂开采可能早至秦汉时期,"当地丰富的朱砂蕴藏可

---

① 何志国:《论摇钱树与多枝灯的关系》,《考古》2010 年第 1 期。
② 何志国:《论摇钱树与多枝灯的关系》,《考古》2010 年第 1 期。
③ 贵州省文物考古研究所编著:《贵州董箐考古发掘报告》,文物出版社,2012 年。
④ 贵州考古研究所勘探资料。
⑤ 张合荣:《夜郎文明的考古学观察——滇东黔西先秦至两汉时期遗存研究》,科学出版社,2014 年,第 303 页。
⑥ 李飞:《务川大坪汉墓的新发现与新认识》,贵州省文物局、贵州省文物博物馆学会编:《文博与发展——贵州文化遗产保护文集(一)》,贵州科技出版社,2010 年,第 65 页。

能是促使这一人群进入该地区的重要原因。……汉王朝对边疆的经营,除却政治、军事等因素外,对重要资源的控制也应该是一个重要方面"①,大规模朱砂的开采,似乎表明当时生活在大坪一带的汉移民已成为贵州境内最早的产业工人。与贵州务川大坪类似,云南个旧也发现有较为集中的西汉时期汉墓,出土有大量精美青铜器,墓主人亦可能是开采锡矿资源的产业工人或商贾之类。

除大坪外,在贵州汉文化遗存中,黔西汉墓群亦占有非常重要的地位,以今黔西县城所在的城关镇为中心,其周边分布着大规模的汉墓群,从汉对"西南夷"的开发、汉移民进入贵州的路线方向分析,这一带刚好位于汉移民南下和西进的交通节点——往北经过金沙、仁怀等地汉代遗存同赤水河流域的仁怀、习水、赤水等地汉代遗存相连,往南则跨过乌江即同清镇、平坝和宁谷等地汉代遗存相连,往西经过毕节同赫章和威宁等地汉代遗存相连。过去不少学者将牂柯郡的"鳖"县地望考订在今遵义市,但在遵义市周边却少有汉代遗存发现,从汉遗存发现的规模观察,我们觉得将"鳖"县地望放在黔西一带似更合适。

3. 其他一些小型汉代遗存如务川喻家、习水土城、平坝夏云等为第三层级,主要是普通汉移民形成的小型聚邑之类,多呈线性分布在行政中心的周边或交通方便的地方。

为更加有效地控制新内附的夜郎等"西南夷",汉中央王朝采取"募豪民田南夷"、"募徙死罪奸豪实之"等措施,将大量中原汉族移民迁入这一地区。目前在贵州的沿河县、务川县、道真县、赤水市、习水县、仁怀市、遵义县(现改为播州区)、金沙县、黔西县、七星关区、威宁县、赫章县、水城县、清镇市、平坝区、西秀区、兴仁县、兴义市等近20个县市区均发现有规模不等的汉代遗存,这些汉遗存除上述数处有可能为当时的行政、经济中心外,大多数便是普通移民形成的小型聚落,其特点一是规模小,二是墓葬随葬品只有少量陶器,如在务川喻家清理的几座汉墓②,随葬品皆为陶器,没有一件青铜器,反映的是普通汉人的生活状况。

贵州汉代遗存的分布具有下列几个鲜明特点:一是主要分布在贵州中西部尤其是西部沿乌蒙山一线,在贵州中东部地区汉代遗存发现很少,这种格局应同"西南夷"在云贵高原的地理分布有关;二是基本由北往南呈线状分布,南北走向包括东西两线,东线在贵州北端从乌江或赤水河等方向进入,在遵义和黔西等地汇合后往南在清镇、平坝和兴仁、兴义相连地带各自形成庞大的汉文化中心区,西线顺"南夷道"南下,主要在赫章可乐等乌蒙山核心区形成汉文化中心区,东西两线由毕节、黔西等地汉墓横向连接成一个整体;三是在中心区周边广泛分布,在赫章可乐、清镇平坝、兴仁交乐等可能是郡或县等行政中心的周边地区,就分布着数量较多的汉代遗存,如可乐周边地区的辅处、财神、安乐等乡

---

① 李飞:《务川大坪汉墓的新发现与新认识》,贵州省文物局、贵州省文物博物馆学会编:《文博与发展——贵州文化遗产保护文集(一)》,贵州科技出版社,2010年,第73页。
② 贵州省文物考古研究所、务川县文化遗产保护中心:《务川县喻家汉墓发掘简报》,贵州省文物考古研究所编著:《贵州田野考古报告集(2003～2013)》,科学出版社,2014年。

镇,都发现有汉墓或汉代遗物,平坝县的夏云、马场、羊昌、白云、天龙等乡镇都发现有汉墓群,表明这些地区在汉代已形成相当密集的汉人聚落,这些汉移民的到来,极大地促进了汉文化与原地方族群文化的交流与融合,并逐渐成为中央王朝控制这一地区的一支重要力量。

第四章　青铜器阶段性特征和社会现象观察

就目前的考古材料来看，贵州境内的一些商周时期遗存中发现有少量青铜器，包括生产工具和装饰器等，青铜器开始被当时的人群所注意和关注，但在相当长一段时间，无论是冶铸技术还是青铜器种类，都没有取得多少进步，比起周边地区，长期处于严重的滞后状态。

战国晚期至西汉前期，也就是文献记载的古夜郎族群活动时期，在巴蜀和滇等周边青铜文化的影响下，贵州境内的青铜文化取得明显进步，相继在赫章可乐、威宁中水和普安铜鼓山等小区域出现具有一定地域特征的青铜器类组合，但自西汉中期开始，这种地域性青铜文明在汉文化大潮的冲击下迅即衰退，汉文化系统的青铜器成为主体，贵州进入大一统华夏文化圈。

两晋南朝时期，分崩离析的中原王朝对贵州的控制减弱，贵州境内的原地方族群文化似又呈复兴趋势，这一时期发现的遗存主要是墓葬，且主要集中在贵阳至安顺一带的黔中腹地，同汉遗存相比，收缩趋势相当明显，不过墓葬中仍出土有一定数量的青铜器，这些青铜器一部分还继承了汉代青铜器的器类和器型，另一部分则具有新的时代特征。尽管这一时期青铜器已总体衰退，但也具有一定地位，一些推陈出新的青铜器，可视为两汉时期青铜文化的延续和创新。

在分析贵州战国秦汉时期青铜器总体特征时，亦将贵州出土的商周和两晋南朝时期青铜器纳入，对贵州古代青铜器各阶段特征进行长时段的总体观察，借以反映贵州古代青铜器产生、发展、成熟到逐步衰退的发展历程。

第一节　商周时期青铜器特征

随着国家西部大开发战略的实施与推进，贵州在配合水电站等大型基本建设项目的考古工作中，加强考古课题意识，先后在乌江、清水江、北盘江、牛栏江、锦江和赤水河等流域发现并发掘了一批重要的商周时期遗存，这些遗存出土遗物主要是石器和陶器，但部分遗存也出土有少量青铜器，为我们探讨商周时期贵州青铜器初始阶段的特征提供了重要线索。

一、商周时期青铜器发现概况

1. 威宁中水鸡公山文化遗存青铜器

威宁中水鸡公山文化遗址地处乌蒙山西缘的云贵两省交界处一山间盆地,除贵州境内发现有鸡公山、吴家大坪和营盘山等遗址外,在相连成片的云南昭通市境的昭鲁盆坝中亦发现过山洞、闸心场、野石山和马厂等遗址,部分遗址经过发掘,清理出大量的房址、灰坑、祭坑、沟、墓葬和窑等遗迹,出土有数量众多的陶器、玉石器、骨器等。陶器器形独特、组合固定,是最能代表滇东黔西山间地带新石器时代晚期至青铜时代早期的古文化遗址群。以鸡公山为典型遗址命名的"鸡公山文化"①,在学界受到普遍关注。

长期以来,该类遗存一直被当作新石器时代遗存,云南学者还将该类遗存划分为云南新石器文化的闸心场类型②,不过在进行过较大规模发掘的贵州威宁中水鸡公山和云南鲁甸野石山遗址中③,都出土有少量的青铜器,且数个遗址的碳14测定年代均在距今3000年左右,表明鸡公山文化遗址的主体年代在商周时期,已进入到青铜器发展初始阶段。

鸡公山遗址青铜器包括有段铜锛1件(图4-1,1)、铜凿1件(图4-1,2)和铜耳饰数件(图4-1,3),铜耳饰均出自墓葬,系用细铜条卷成一至三圈圆环状佩戴在墓主耳部。铜锛和铜凿与遗址中出土的有段石锛和长条状石凿接近,应是当地仿石锛和石凿造型的生产工具。野石山遗址出土的铜锛呈长条梯形(图4-1,4),铜凿呈平顶锥状(图4-1,5),均与遗址中出土的石锛和石凿造型相同,亦系仿石器造型。

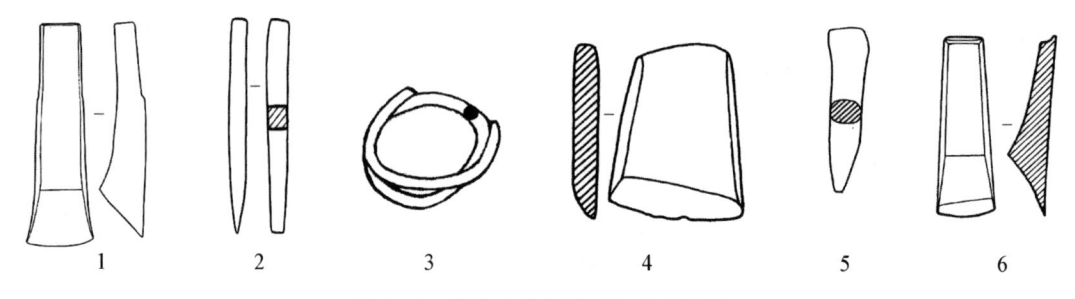

图4-1 鸡公山文化遗存出土青铜器
1. 有段铜锛(鸡公山 K66∶3) 2. 铜凿(鸡公山 K110∶1) 3. 铜耳饰(鸡公山 M4∶1)
4. 梯形铜锛(野石山 DT1013③中∶7) 5. 铜凿(野石山 DT0917③下∶12) 6. 铜锛(水果站出土)

---

① 张合荣、罗二虎:《试论鸡公山文化》,《考古》2006年第8期。
② 李昆声:《试论云南新石器时代文化》,李昆声:《云南考古学论集》,云南人民出版社,1998年;阚勇:《试论云南新石器文化》,云南省博物馆编:《云南省博物馆建馆三十周年纪念文集》(内部文集)1981年,第49页;王大道:《再论云南新石器时代文化的类型》,云南省文物考古研究所编:《云南考古文集》,云南民族出版社,1998年,第41~42页。
③ 贵州省文物考古研究所、四川大学历史文化学院考古系、威宁县文物管理所:《贵州威宁县鸡公山遗址2004年发掘简报》,《考古》2006年第8期;云南省文物考古研究所等:《云南鲁甸县野石山遗址发掘简报》,《考古》2009年第8期。

2. 毕节青场瓦窑遗址青铜器①

瓦窑遗址位于毕节市七星关区青场镇瓦窑村,地处乌江上游重要支流六冲河的末端吴家屯河河岸一山间坝子中,1978年调查发现,1984年进行第一次发掘,2008年进行第二次发掘。清理出房屋、火塘、灰坑、沟、窑等遗迹,出土有陶器、石器、骨器和青铜器等遗物,青铜器数量少,且多小件器,包括铜手镯残件1件、铜条1件、铜片1件和铜粒3件,除手镯外,余皆不辨器形。

3. 天柱江东溪口遗址青铜器②

溪口遗址位于天柱县江东乡江东村东北侧,地处清水江东岸阶地,2004年为配合清水江托口水电站工程调查发现,2010年对其进行抢救性发掘。遗址受砖瓦窑取土严重破坏,清理的房址、灰坑、窑和沟等遗迹多不完整,出土遗物主要是石器和陶器,陶器皆残,以夹砂陶为主,纹饰丰富,施纹方法有拍印、压印、刻画和锥刺等,有绳纹、方格纹、弦纹、波折纹、三角纹等,多见几种纹饰组合施放在口沿至颈肩部,腹以下多素面。器形可辨者有罐、缸、鼎、器盖和网坠等。遗址中出土有少量青铜器,包括青铜镞3件、铜簪1件和少量铜渣,铜镞包括2件双翼镞和1件圆锥形镞:双翼镞中脊隆成菱状,侧刃锋利,一镞器身细长,翼尖(图4-2,1),一镞身较宽,翼短而钝(图4-2,3);圆锥形镞尾端圆弧无翼(图4-2,4);铜簪扁平条状,一端弯折(图4-2,2)。发掘者认为,溪口遗址出土陶器同湘西永顺不二门商周遗址十分相似,应属于一个基本接近的地理单元和文化系统,不二门遗址上层亦出土有少量青铜器,反映着这一地区由新石器时代向青铜时代早期过渡的文化面貌。

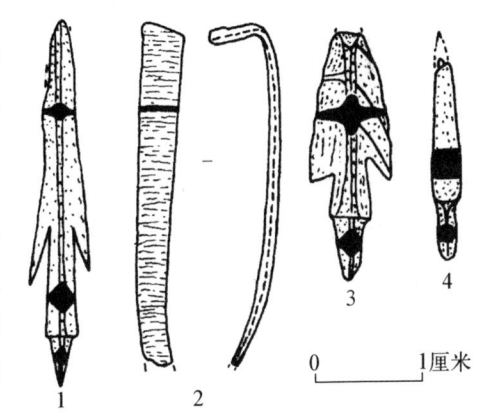

图4-2 江东溪口遗址出土青铜器
(1、3、4. 铜镞 2. 铜簪)

4. 沿河洪渡中锥堡遗址青铜器③

中锥堡遗址位于沿河县洪渡镇东侧洪渡河与乌江交汇处一级阶地。2006年为配合乌江流域彭水水电站工程建设对其进行了抢救性发掘,发掘面积2000余平方米,包括新石器时代、商周、汉代和明清等不同时期遗存,以商周时期遗存为主,清理的遗迹有灰坑、沟等,出土遗物主要是石器和陶器:石器多磨制,相当部分石器系从河滩获取光滑砾石石

---

① 席克定、宋先世:《贵州毕节青场瓦窑遗址发掘简报》,《考古》1987年第4期。
② 贵州省文物考古研究所、天柱县文物局:《贵州天柱县溪口遗址商周时期遗存发掘简报》,《四川文物》2015年第2期。
③ 笔者领队发掘项目,资料现存贵州省文物考古研究所。

图 4-3 沿河洪渡中锥堡遗址出土青铜器
（1~4 皆铜镞残件）

材,然后在一端进行磨制形成刃部,通体磨制的不多,器类有石锛、石凿、石镞、石矛等;陶器多残,除夹砂褐陶外,还有较多泥质灰陶、泥质黑皮陶,纹饰以绳纹、交错绳纹、方格纹、附加堆纹等为主,器类有罐、豆、碗和尖底器等。总体来看,这一遗存与重庆峡江地区忠县哨棚嘴等商周时期遗存的文化面貌接近,应是峡江地区古文化顺乌江发展的反映,遗址中出土有少量的青铜镞残件,镞的型式存在差异(图 4-3)。

二、商周时期青铜器冶铸

1. 鸡公山遗址青铜器的铸造

长期以来,贵州仅在毕节青场瓦窑遗址中出土少许商周时期青铜器残件,近年来虽然商周时期遗存有较多发现,但出土的青铜器异常零星,因而对这一阶段的青铜铸造关注不多,目前仅对威宁中水鸡公山遗址出土青铜器铸造工艺进行了初步观察。

通过对鸡公山遗址出土的有段铜锛、铜凿和铜耳环等部分青铜器化学成分和显微组织的观察可知(表 4-1),鸡公山遗址出土的铜器主要是天然的红铜,虽含有微量的铁和锡,但比例很低且不固定,可能非人为配比。由于在鸡公山遗存周边地理范围内可找到较为丰富的铜矿资源,遗址中又出土有大量造型与青铜器相似的玉石器如有段石锛、条状石凿和环状玉玦等,因而可以肯定鸡公山铜器系当地仿石器铸造,遗址中未发现坩埚、范、炼炉等炼铜工具和铜渣等炼铜废料,推测这些铜器是热锻自然铜产品,技术相当原始,铜锛和铜凿上还留有明显的锻打痕。尽管鸡公山铜器铸造技术落后,但是青铜产品开始进入人们的生活,代表着贵州已进入青铜器使用的初始阶段。

表 4-1 鸡公山遗址铜器的化学成分和显微组织检测表

实验编号 器物编号	器物名称 取样部位	主要元素含量(Wt%)					显微组织	材质 加工方式	时代
		Cu	Sn	Pb	Fe	S			
JGS01 04ZJM6:1	铜耳饰 横断处	98.2	—	—	—	—	基体为再结晶晶粒和孪晶组织,有大量氧化亚铜夹杂。	Cu 热锻	商周时期
JGS02 04ZJM22	铜耳饰 横断处	99.8	—	—	0.2*	—	基体为再结晶晶粒和孪晶组织,有少量氧化亚铜夹杂。	Cu 热锻	商周时期

续表

实验编号 器物编号	器物名称 取样部位	主要元素含量(Wt%) Cu	Sn	Pb	Fe	S	显微组织	材质 加工方式	时代
JGS03 04ZJK66②:4	铜锛 刃缘部	99.8	—	—	0.2*	—	基体为再结晶晶粒和孪晶组织,有较多氧化亚铜夹杂。	Cu 热锻	西周早中期
JGS04 05ZJK110:1	铜凿 身部	99.7	0.2*	—	—	—	基体为再结晶晶粒和孪晶组织,有较多氧化亚铜夹杂。	Cu 热锻	商周时期

2. 毕节青场瓦窑遗址出土的石范

瓦窑遗址出土的青铜器不多,除一件残铜环外,余皆不辨器形。但难得的是,遗址中出土有数件冶铸青铜器的石范,为我们探讨贵州商周时期青铜器冶铸技艺提供了珍贵实物资料。

84BQT9④B:56残长5.5、宽5厘米,石范上刻三道凹槽,下面两道凹槽之间刻三角齿状纹饰,可能是手镯之范(图4-4,1)。

图4-4 毕节青场瓦窑遗址出土石范
1、2. 手镯范(?) 3、4. 簪、钗等残范(?) 5. 镞范(?)

84BQT10④B：21 残长7.5厘米，残宽5.5厘米，厚4厘米，范上刻二道凹槽，凹槽下刻数排W形纹饰，因残损严重，不清楚所铸之器（图4-4,2）。

84BQT10④B：22 残长8.5厘米，残宽6厘米，厚4厘米，背面半圆形，范面半凹，范上刻数道尖锥状浅槽，可能系铸铜发簪之类石范（图4-4,3）。

84BQT9④B：29 残长6.6厘米，宽4.5厘米，厚4厘米，石范背面圆弧形，范面凹平，上有三道锥状浅槽，亦可能系铸铜发簪之类石范（图4-4,4）。

84BQT9④A：28 残长8厘米，残宽4.5厘米，厚3厘米，半圆形石柱状，一端平，另一端有凹陷浇口，浇口下有镞形三叉形范，可能系冶铸青铜镞（图4-4,5）。

从出土残石范看，当时的青场居民已掌握比较先进的青铜器冶铸技术，脱离鸡公山居民利用天然铜低温煅打的初始阶段，进入利用范模浇铸青铜器的较成熟冶铸时期，但从这一时期贵州各地出土的青铜器仅为小件的镞、手镯、泡钉和发簪等看，当时铸造的青铜器亦主要为小型远射武器和装饰器等，目前尚未发现较大型的青铜容器和兵器等，贵州商周时期青铜器总体发展水平很低。

三、反映的社会现象

1. 具有一定特征的地域文化圈开始形成

通过近年的调查和田野发掘，贵州商周时期考古取得显著成效，反映着从新石器时代中晚期开始，人们逐步走向旷野，将家园安置在河流两侧阶地的新的生活模式逐渐形成。贵州境内几条比较大的江河，目前都发现有一定数量的商周时期遗址群，开始形成具有独特地域特征的文化圈。如牛栏江流域的威宁中水山间小盆坝发现的鸡公山、吴家大坪、营盘山、水果站、金鸡梁子、窄沟等遗址群同滇东北昭鲁坝子中发现的闸心场、野石山等遗址群，形成黔西北滇东北文化圈；南、北盘江尤其北盘江流域干流两岸发现的沙坝、拉它、天生桥、坝油等十余处先秦时期遗址群形成黔西南文化圈，该文化圈同广西红水河流域遗址群文化内涵具有较多同一性；清水江流域发现的溪口、辞兵洲、盘塘、坡脚、月山背等遗址群形成黔东文化圈，该文化圈文化内涵与湘西的高庙文化基本相同；乌江上游支流六冲河发现的青场瓦窑、青坝、马场大寨、维新塘边等遗址群，乌江中下游发现的洪渡中锥堡、黑獭大河嘴、神坝渡、李家坪、和平小河口等遗址群，赤水河流域发现的黄金湾、周家坝、福禄台、庙坝等遗址群则形成一个文化内涵大同小异的黔北文化圈，该文化圈与四川盆地尤其是峡江地区有着密不可分的联系；近年来在一些比较小的江河如铜仁锦江两岸阶地亦发现20余处先秦时期遗址[①]，分布还异常密集，其格局与现代村寨基本一致（图4-5），亦逐渐形成具有一定地域特征的文化圈。不过，尽管商周时期遗存数量发现不少，但从目前已做过考古调查的区域看，这时期的遗址面积多在几千平方米至万余平方米之间，少见面积

[①] 张改课、李飞：《铜仁锦江流域先秦时期遗址发掘的主要收获》，《贵州文史丛刊》2013年第2期。

超过5万平方米的大型遗址,更没有超过10万平方米的特大型遗址。遗址中清理的房址面积多在10平方米左右,出土遗物以石器和陶器为主:石器原料多从河滩采集,打制石器和磨制石器并存;陶器数量不多,且多细碎无法复原。整体感觉是当时的人类群体还从事捕捞和采集等活动,农业虽有一定发展但整体水平较低,制陶业和其他手工业不发达,各文化圈内居民过着的是"小国寡民"的松散生活,看不出明显的贫富分化,更没有出现复杂的社会组织。

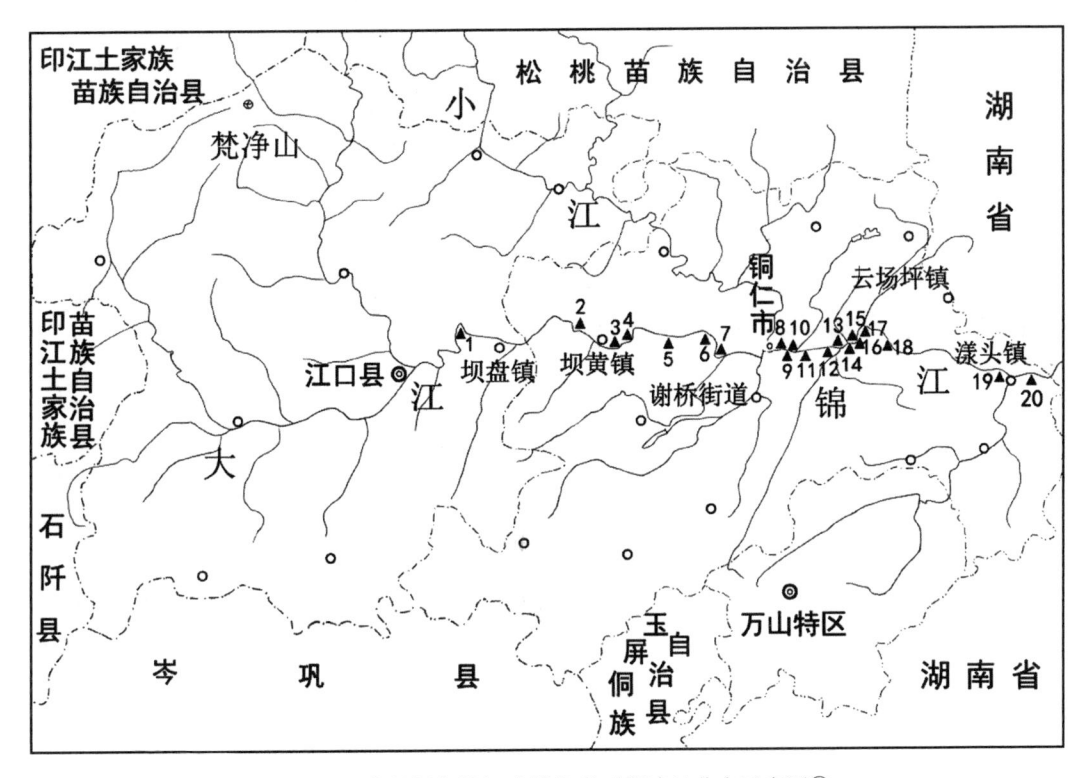

图4-5 贵州铜仁锦江流域先秦时期遗址分布示意图①
1. 寨坝遗址 2. 龙井遗址 3. 方田坝铜钲采集点 4. 方田坝遗址 5. 宋家坝遗址 6. 锡堡遗址 7. 茅溪遗址 8. 磨刀湾遗址 9. 笔架冲遗址 10. 纸厂陶器、磨制石器采集点 11. 坝皂遗址 12. 新屋遗址 13. 坳上坪陶器采集点 14. 落箭坪遗址 15. 黄蜡关遗址 16. 坳田董遗址 17. 岩董遗址 18. 落鹅遗址 19. 漾头遗址 20. 施滩遗址

2. 青铜器器类和种类均较少,没有形成"礼器"现象

从已发掘的资料看,贵州商周时期出土的青铜器数量和种类均很少,仅威宁中水鸡公山遗址、毕节青场瓦窑遗址、赤水福禄台遗址和天柱江东溪口等遗址有少量出土,总数不过20件。除鸡公山遗址出土有铜锛、铜凿等生产工具外,其他遗址都是小型的镞和手镯、发簪等,类型单一,没有青铜容器和乐器等,更没有像中原地区那样形成青铜礼器。这些

---

① 取自《贵州文史丛刊》2013年第2期。

青铜器虽已开始进入人们的生活,但影响很小,没能改变人们的生产生活方式,这种状况在很长时期都没能改变,其受外界的影响总体来看偏北部地域比南部地域大,也就是说贵州商周时期青铜器受四川盆地青铜器的影响较大,而战国时期蜀人南下,可能更是贵州高原"夜郎"等"西南夷"各族群青铜文化得以发展的一个重要原因。

第二节 战国至西汉中期青铜器特征

尽管早在商周之际,贵州高原已出现青铜器,人们已开始进入青铜器制造和使用的初始阶段,但在此后相当长时期,贵州境内的古人类群体在青铜器的制造和使用上没有取得多少进步,贵州高原的青铜文化基本处于长期停滞的状态,未能取得明显发展。

战国至西汉中晚期,包括贵州在内的云贵高原发展出夜郎、滇、昆明等众多被称为"西南夷"的地方族群,这些地方族群在自身文化发展基础上,通过对周边巴蜀、氐羌和百越等青铜文化的吸收,相继在云贵高原各区域创造出独具地域特征的青铜文明,因而这一时期是贵州地域性青铜文化得以发展并逐渐形成自身特色的时期,代表着贵州青铜文化走向成熟。

贵州战国秦汉时期夜郎系青铜文明的发展经历三个较大的发展阶段:在战国早中期,青铜器开始取得一定发展,逐步形成以兵器和装饰器为代表的器类组合;战国晚期至西汉中期,青铜器不仅数量多、种类复杂,而且除兵器和装饰器外,青铜容器、乐器和生产工具等也取得了一定进展且形成较稳定的器类组合,标志着贵州古代青铜文化的发展进入成熟阶段;西汉中晚期,随着西汉中央帝国掀起的开发"西南夷"大潮,中原汉文化系统青铜器纷纷涌入,原来极具地域特征的夜郎系青铜器在汉系青铜器和铁器的冲击下迅即减少甚至消失,因而西汉中晚期可以说是夜郎系青铜文明的衰落时期。

一、战国早中期青铜器

1. 威宁中水红营盘墓地青铜器

红营盘墓地位于中水盆地南端前河与中河之间的一道东西向土梁东侧,1978年曾在此清理残墓6座,出土有青铜剑3件和饰件2件;2004年10月至2005年1月,对该墓地展开了进一步钻探与发掘,清理狭长方形竖穴土坑墓葬26座,其中16座有随葬品,包括陶器、青铜器、骨器和玉石器等54件[1]。青铜器主要有剑、镞和刀等兵器和手镯、指环等装饰器,此外村民还在墓地中挖出青铜钺(图4-6,12)和盔状铜饰(图4-6,18)等;兵器中的剑皆柳叶状,茎短,与剑身分界不明显,部分剑茎有突脊,有的铸1~2个穿孔(图4-6,1~

---

[1] 贵州省文物考古研究所、四川大学历史文化学院考古系、威宁县文物管理所:《贵州威宁县红营盘东周墓地》,《考古》2007年第2期。

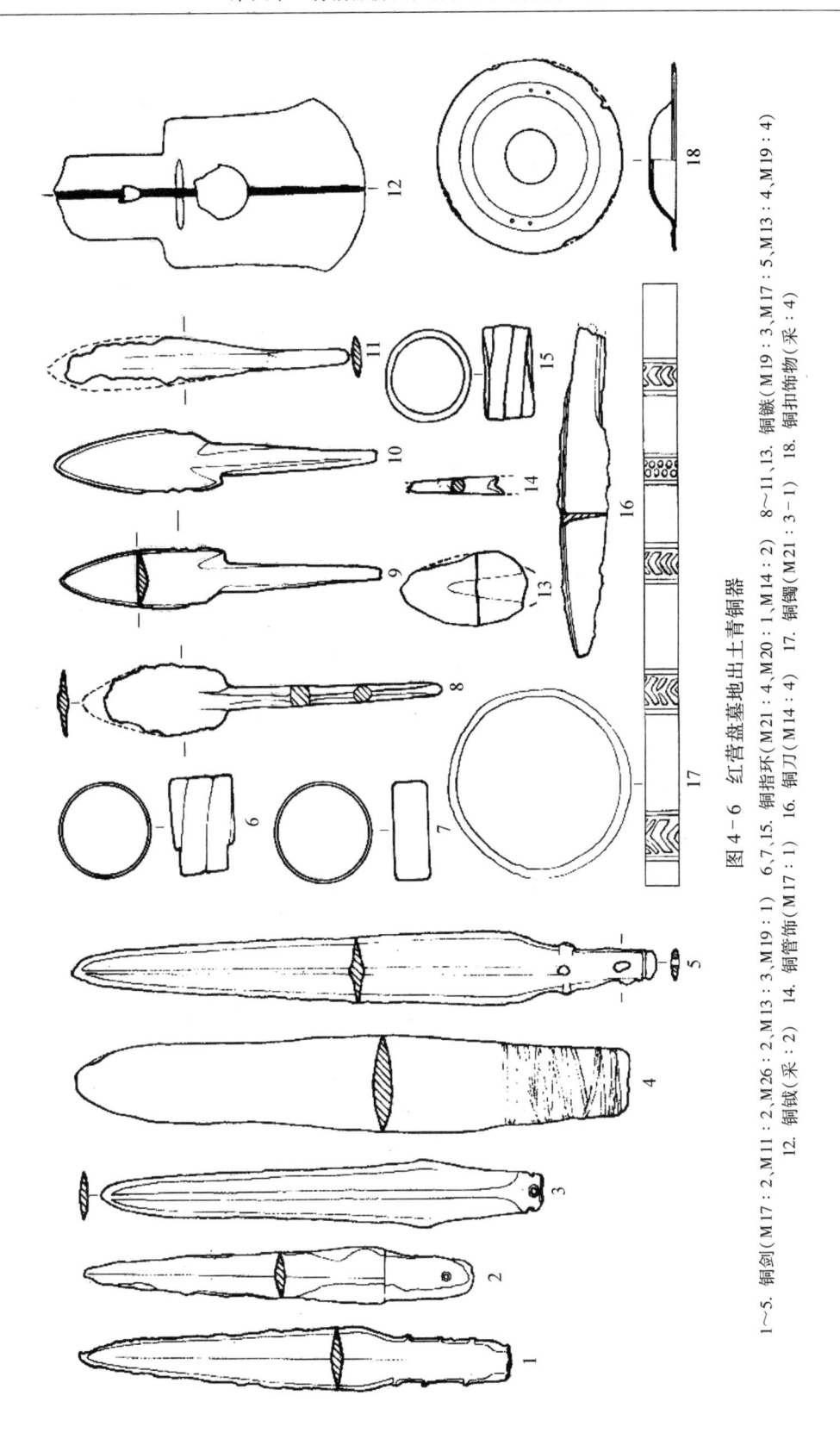

第四章　青铜器阶段性特征和社会现象观察

图4-6　红营盘墓地出土青铜器

1~5. 铜剑(M17:2,M11:2,M26:2,M13:3,M19:1)　6,7,15. 铜指环(M21:4,M20:1,M14:2)　8~11,13. 铜镞(M19:3,M17:5,M13:4,M19:4)　12. 铜钺(采)　14. 铜管饰(M17:1)　16. 铜刀(M14:4)　17. 铜镯(M21:3-1)　18. 铜扣饰物(采:4)

5);镞皆宽叶状,中部起脊不明显,无尾翼,铤圆形(图4-6,8~11、13);装饰品全是手饰,不管指环还是手镯皆用铜片铸成,指环有的用铜片卷成2至3圈(图4-6,6、7、15),手镯一组4件,完全相同,系用同一圆圈铜片切割而成,切痕仍可拼合(图4-6,17)。总体来看,红营盘墓地出土的青铜器铸造比较粗糙,器形仍不稳定。

2. 赫章可乐战国早中期青铜器

大约比红营盘墓地略晚、地处乌蒙山偏东峡谷地带中的赫章可乐,青铜文化突然开始兴盛起来,《赫章可乐二〇〇〇年发掘报告》整理者通过对2000年可乐清理的108座墓葬分析,提出将有随葬品的墓葬分为三期。第一期墓葬年代为"战国早期至战国中期"[1],出土随葬品包括柳叶形剑、铜柄铜剑、A~C型铜戈、琵琶形带钩、U形和簪首形铜发钗和各种型式的铜镯等。笔者依据墓葬打破关系和出土青铜器的类型学分析,提出可将可乐乙类墓地分为六期,第一期年代约在战国中期或中期偏早阶段[2],这一时期墓葬全部集中在罗德成地,数量还比较少,随葬青铜器数量和种类都比较少,以随葬1至2件青铜兵器或装饰器为主,流行柳叶形剑、A型铜戈、A型铜发钗、A型铜手镯和C型琵琶形带钩等(图4-7)。总体来看,这一时期是可乐青铜文化发展的初期,铜器主要流行青铜兵器和装饰器,同红营盘墓地不同的是,可乐青铜器器类虽简单但铸造比较精美,并已开始形成戈、剑的固定兵器组合。

二、战国晚期至西汉中期青铜器

1. 赫章可乐墓地青铜器

战国晚期至西汉前期,赫章可乐地区的青铜文化迅速发展,不仅继续流行兵器和装饰器,还新增加容器、乐器和生产工具等器类,部分器类开始形成独自特征。

大型青铜容器的出现是可乐青铜文化逐渐成熟的重要标志。就目前材料来看,可乐最早出现的青铜容器是Aa型浅腹圜底洗(图4-8,4)和Ab型浅腹平底洗(图4-8,5),以Aa型浅腹圜底洗出现最早,它在墓中用于垫头或盖脸,稍晚于墓地中出现的A型(图4-8,1)、B型(图4-8,2)和D型(图4-8,3)等用于套头的大型青铜釜,洗多用于垫臂或垫脚。除这两种用途比较特殊的容器外,可乐墓地中还出土有一定数量的铜鍪,有的单耳(图4-8,6),有的双耳且一大一小(图4-8,7)。总的来看,可乐出土的青铜容器数量和种类都不是很多,且都能在邻近地区找到相同或相近的器形,Aa型洗、Ab型洗和D型釜、铜鍪等与四川盆地战国秦汉时期巴蜀文化遗存中的洗、釜和鍪基本相同,A型、B型釜则大量出土在滇青铜文化遗存中。可见,可乐墓地的青铜容器是不同文化相互交流和传播的反映,在发展过程中融入一些地方文化因素,如在釜口沿加铸立虎、鍪腹下加铸三只蹄形足等,便形成自己独特的地域特征。

---

[1] 贵州省文物考古研究所编:《赫章可乐二〇〇〇年发掘报告》,文物出版社,2008年,第126页。
[2] 张合荣:《贵州赫章可乐乙类墓的分期与年代》,《中国考古学会第十二次年会论文集》,文物出版社,2010年。

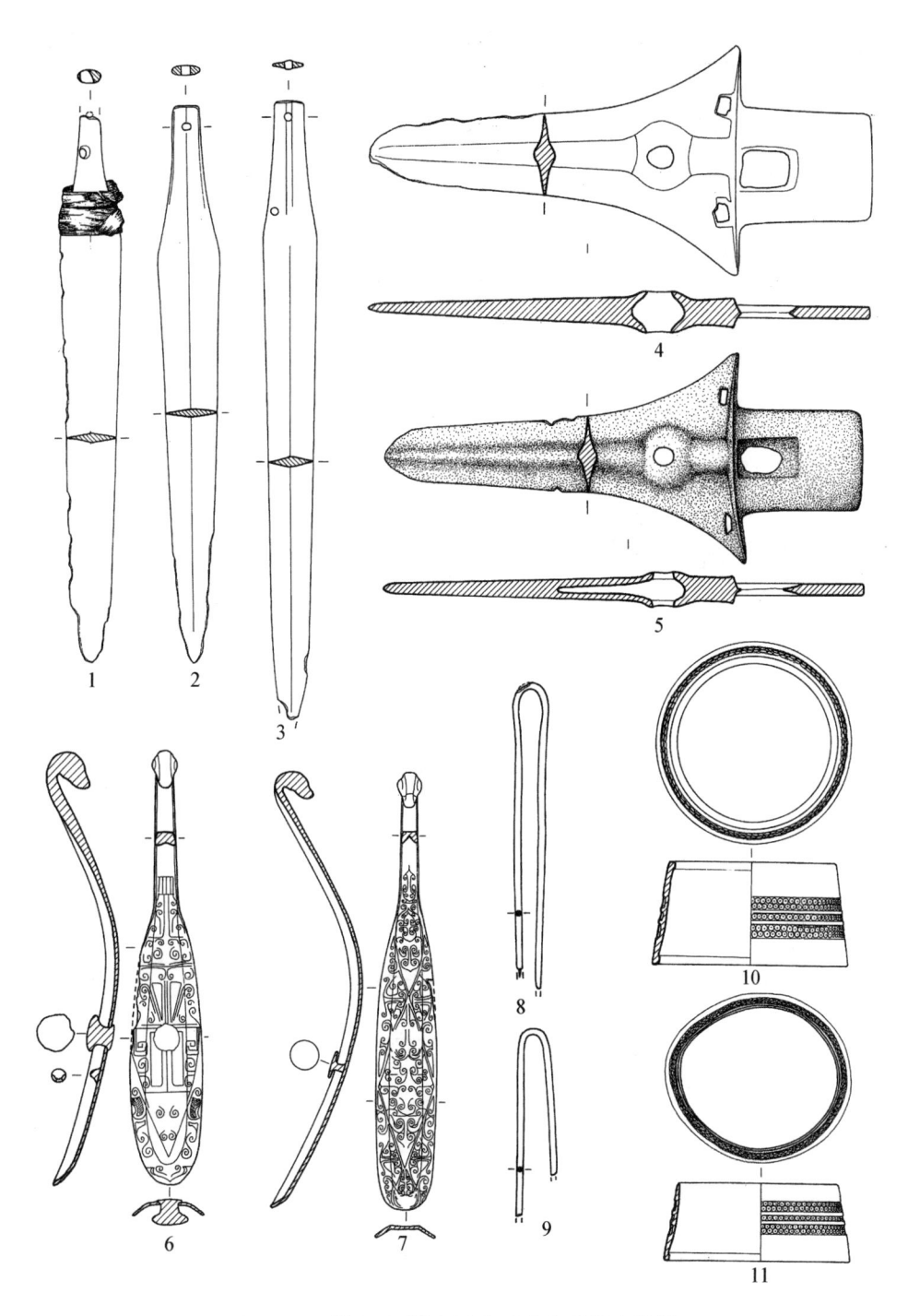

图 4-7 赫章可乐战国中期或中期偏早青铜器

1~3. 柳叶形剑(M301:1、M309:2、M356:1) 4、5. A 型铜戈(M334:1、M356:3)
6、7. 琵琶形带钩(M309:1、M356:2) 8、9. A 型发钗(M356:6、M309:3)
10、11. 宽边铜手镯(M356:5、M334:2)

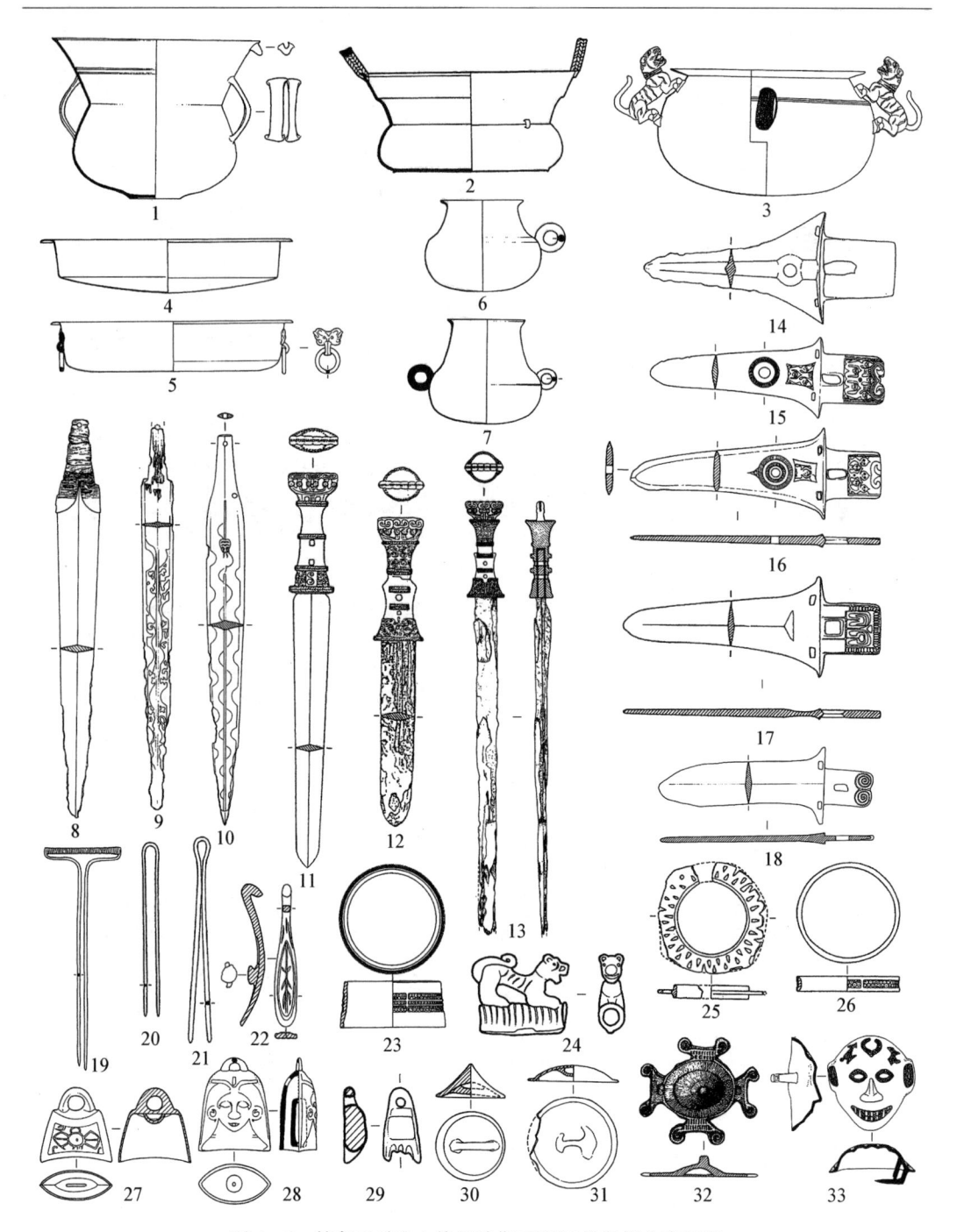

图 4-8　赫章可乐出土战国晚期至西汉前期部分青铜器

1. A 型铜釜（M277：1）　2. B 型铜釜（M19：1）　3. D 型铜釜（M274：87）　4. Aa 型洗（M298：1）
5. Ab 型洗（M273：2）　6. 单耳鍪（M312：1）　7. 双耳鍪（M277：2）　8～10. 柳叶形剑（M298：7、M277：5、M350：1）
11. 铜柄铜剑（M365：5）　12. 铜柄铁短剑（M324：1）　13. 铜柄铁长剑（M274：92）　14. A 型铜戈（M325：2）
15、16. B 型铜戈（M317：1、M318：1）　17. C 型铜戈（M341：3）　18. D 型铜戈（M299：1）　19. 簧首发钗（M350：4）
20、21. U 型发钗（M348：3、M274：88）　22. 琵琶形带钩（M287：2）　23. 宽边手镯（M365：6）　24. 虎形挂饰（M274：79）
25. 有领手镯（M343：2）　26. 窄边手镯（M341：7）　27. 铜铃（M274：5）　28. C 型铜铃（M373：5）
29. 齿状挂饰（M274：90）　30、31. 圆片形扣饰（M271：30、M292：4）　32. 扣饰（M292：3）　33. 人面扣饰（M373：3）

兵器一直沿用戈、剑组合,不过这一时期戈、剑的数量和种类都大大增加,戈除 A 型戈外,还出现 B 型、C 型和 D 型(图4-8,14~18),铜剑主要是柳叶形剑(图4-8,8~10)和镂空人物图案首铜柄铜剑(图4-8,11)、镂空人物图案首铜柄铁剑(图4-8,12、13)等。从器形看,两种兵器都能在巴蜀文化和滇文化中找到大量相同或相近的器形,如 B 型、D 型戈和蛇头形茎首剑来自滇文化系统,A 型戈和柳叶形剑则是在吸收巴蜀三角援戈和柳叶形剑的基础上改造而成,真正具有可乐地方风格的镂空人物图案首铜剑,剑身亦是柳叶形,只剑首为当地独创。

就出土数量和种类来说,装饰器是最多的,种类有发钗、发簪、耳环、手镯、戒指、扣饰、铃、带钩、挂饰等(图4-8,19~33)。在众多的装饰器中,不少器类如各种型式的手镯、带钩、扣饰和虎形挂饰等都能在巴蜀文化和滇文化中找到相同或相似产品,但部分器类如簧首形发钗、弧形口合瓦状铜铃、圆钮四面出角状扣饰等具有鲜明的地方特征,是最能代表可乐青铜文化特征的器物。

2. 威宁中水银子坛墓地青铜器

银子坛墓地紧邻红营盘,战国晚期至西汉中期青铜器以兵器和装饰器为主,虽然墓地也出土在一定数量的青铜容器,包括釜、洗和碗等,但它们多与汉式青铜容器接近,应是西汉中期以后汉文化影响的产物。

兵器种类多于可乐,除戈、剑外,还有矛、镞和弩机等。剑有柳叶形剑(图4-9,4)、蛇头形茎首剑(图4-9,1、2)和短茎带芒无格剑(图4-9,3)等。柳叶形剑没有可乐数量多,精美程度也不及可乐,蛇头形茎首剑数量远多于可乐,成为这一时期的主要青铜兵器,短茎带芒剑可能是从红营盘带芒剑发展而来,极具地方特征。戈有三角援直内戈和内首呈 W 形的长条形援戈,三角援直内戈可能受蜀式三角援戈一定程度的影响,而 W 形内首长条形援戈则可能受到川西南盐源盆地或滇北一带相似铜戈的影响,或直接由这些地方传入。

装饰器种类有发钗(图4-9,16、17)、扣饰(图4-9,8、14、15)、带钩(图4-9,9、10)、手镯(图4-9,20~22)、臂钏(图4-9,13)、铃(图4-9,11)、管(图4-9,18)、泡钉(图4-9,12)、帽形饰(图4-9,19)等。中水和可乐都使用 U 形发钗,但可乐出土的簧首长脚发钗在中水没有出土,中水出土有少量簧首形发钗,但钗脚短而细。中水出土扣饰主要是圆帽形和半球形,并有少许动物如虎形等,种类较可乐为多。带钩除仿动物的鹅头形、牛头形、鱼形等,还有部分水禽形,没有可乐的琵琶形嵌金银丝带钩,这一区域出土的扣饰和带钩等装饰器受滇池地区青铜文化的影响远大于可乐。

3. 普安铜鼓山遗存青铜器

位于黔西南山地中的铜鼓山类遗存,由于至今未发现墓地,因而虽然在铜鼓山遗址及周邻地区都出土有一定数量的青铜器,遗址中还发现许多冶铸这些青铜器的模、范,但同

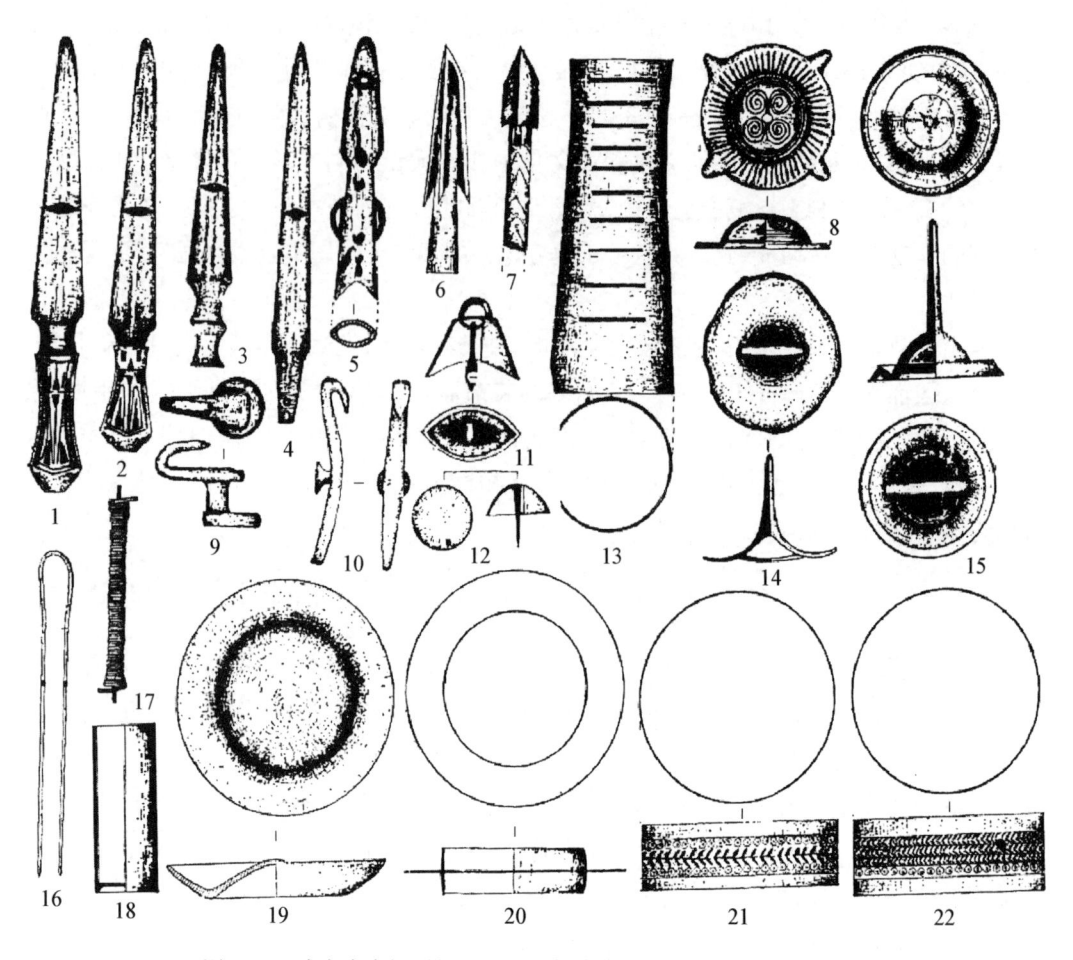

图 4-9　威宁中水银子坛墓地出土部分战国晚期至西汉中期青铜器
(取自《文物资料丛刊》1987年第10辑)
1、2. B型剑(M34:1、M35:1)　3、4. A型剑(T19:6、M33:7)　5. 矛(M49:2)　6、7. 镞(M44:6-1、M44:6-2)
8、14、15. 扣饰(M42:13、M28:2、M42:18)　9. B型带钩(M29:7)　10. A型带钩(M42:6)
11. 铃(M42:14)　12. 泡钉(M44:4)　13. 铜钏(M43:1)　16、17. 发钗(M41:2、M40:7)
18. 管饰(M44:8)　19. 帽形饰(M40:6)　20~22. 手镯(采集、T42:7、M33:1)

赫章可乐和威宁中水相比，青铜器的种类和数量都要少许多。目前这一区域出土的青铜器除兵器和装饰器外，还有一定数量的生产工具如双斜肩铜锄(图4-10,5、6)，未发现大型容器。

兵器有剑、戈、钺、矛和带柄刀等。剑主要有喇叭状空首一字格曲刃剑(图4-10,7、8)、T形首一字格曲刃剑(图4-10,9)和扁圆茎变形蛇首剑(图4-10,10)，不见赫章可乐最常见的柳叶形剑、镂空人物图案茎首铜柄铜剑和镂空人物图案茎首铜柄铁剑，也不见中水的短茎带芒无格剑，其喇叭状空首一字格曲刃剑同滇文化中的一字格剑存在一定差异，是在滇文化一字格剑基础上形成的具有地域特色的器类。戈使用B型和D型，内首图案与可乐出土B型戈接近，戈援近阑处装饰图案分两部分，前为一似鹰眼的椭圆形，后一框

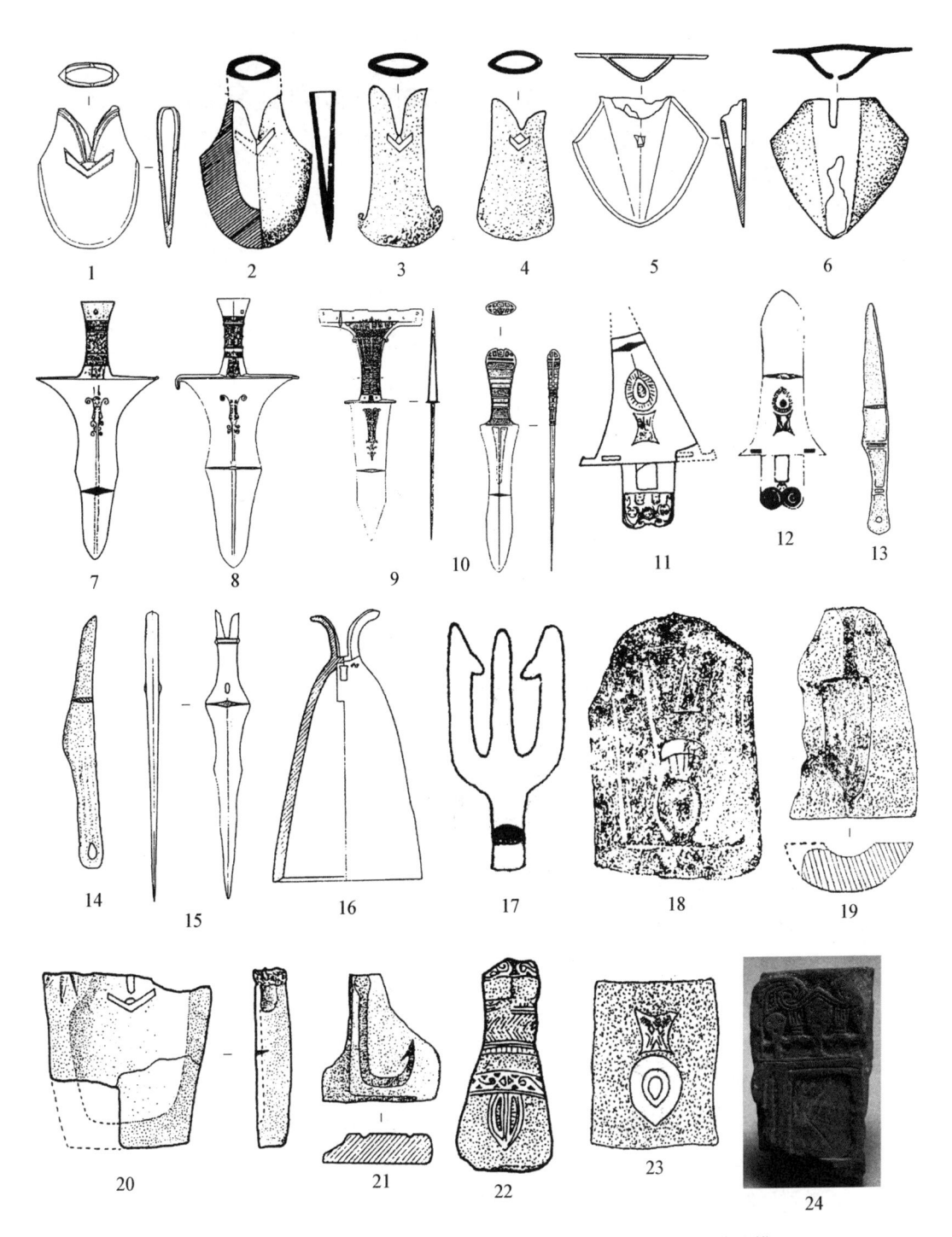

图 4-10　铜鼓山类遗存出土战国至西汉时期部分青铜器及冶铸范模
（取自《夜郎文明的考古学观察》）

1. A 型铜钺（铜鼓山 T71 出土）　2. A 型铜钺（兴义市出土）　3. BⅠ式铜钺（铜鼓山出土）　4. BⅡ式铜钺（铜鼓山出土）　5. 铜锄（铜鼓山 T71 出土）　6. 铜锄（兴义市出土）　7. 一字格曲刃剑（铜鼓山出土）　8. 一字格曲刃剑（安龙县出土）　9. T 形首一字格剑（安龙县龙广出土）　10. 扁圆首剑（安龙县出土）　11、12. 铜戈（兴义市出土）　13、14. 铜削刀（铜鼓山 T5）　15. 铜矛（兴义市出土）　16. 羊角钮钟（安龙县出土）　17. 三叉形器（铜鼓山出土）　18. 铜铃范（铜鼓山 T23）　19. 剑范（铜鼓山 T40）　20. 钺范（铜鼓山 79 年试掘）　21. 鱼钩范（铜鼓山 T40）　22. 剑茎范（铜鼓山 T57）　23. 戈援模（铜鼓山 T28）　24. 戈内模（铜鼓山 T110）

内刻双手上举的二立人(图4-10,11、12)。与这种图案相同或相近的戈在滇东南到滇池地区的青铜文化遗存中有大量发现,在可乐墓地也有一定数量出土,但戈援差异大,可乐戈主要为条形援,铜鼓山遗存戈则为三角援。

除戈、剑外,铜鼓山遗存出土的钺、矛、带柄刀和三叉形器造型更具地方性,是该遗存的代表性器物。铜钺器形独特如风字,V形銎,部分在銎下铸"〰"符号(图4-10,1~4)。铜矛有细穿耳,刃亦呈曲刃(图4-10,15)。铜带柄刀,刀柄背与刀锋背弧直连成一线,但刀锋至刀柄处有一折弧,刀尖或平直或上翘,刀柄首端有一心形圆穿,柄上有弦纹等(图4-10,13、14)。

另外,铜鼓山类遗存中出土的羊角钮钟(图4-10,16)、三叉形器(图4-10,17)和铜鱼钩及鱼钩范(图4-10,21)等,亦是较为独特的器类。

出土的装饰器不多,主要有各地零星出土的铜铃、铜镯等,但铜鼓山遗址中却发现有铸造铜铃、戒指、手镯和扣饰等的范模,说明这一区域广泛使用各种青铜装饰器也是不争的事实。

三、战国至西汉中期青铜器特征

战国早中期,在贵州西北部赫章可乐和威宁中水等同四川盆地地缘比较接近的局部地区,青铜文化开始取得一定的进展,形成以兵器与装饰器两大类别为主体的青铜器群组合,兵器中的剑基本为巴蜀柳叶形剑,戈亦接近巴蜀地区的三角援戈,因此可以肯定这一时期青铜器的发展主要得益于周边地区尤其是北部四川盆地巴蜀青铜器的影响。有学者指出这一时期"可能有外来居民进入了这一群体的高层,导致了该地区的文化发生了较大的变化"[①],这种变化极突出的表现就是青铜器类和加工工艺仿巴蜀化。

不过,比较赫章可乐和威宁中水红营盘,两个地区青铜器的发展虽然都明显受到来自四川盆地青铜器的影响,但两地却存在较大差异。可乐柳叶形剑铸造精美,整个器形同四川盆地战国时期柳叶形剑几乎完全相同,除剑外,该地区还在吸收四川盆地三角援无胡戈的基础上创造出了具有地域性特征的A型戈,同时四川盆地中的错金银琵琶形带钩也进入可乐,成为耀眼的青铜装饰器之一;反观红营盘墓地,虽然柳叶形剑亦成为这一时期最重要的青铜器,但却同四川盆地流行的剑差异很大,剑身短小,铸工粗糙,不少剑茎身不分,茎两侧有突脊或凹槽,穿孔少而不规则,与剑配套的是镞而不是戈。总体上中水红营盘的柳叶形剑更像是当地族群的仿制品,而可乐青铜器则直接从四川盆地输入或蜀人进入可乐地区生产制造,工艺较红营盘优良。

战国晚期至西汉中期,贵州西部的许多地方都发现有青铜器,除赫章可乐、威宁中水继续得到较大发展外,地处黔西南山地的铜鼓山类遗存青铜器铸冶也达到较高水平。尽管由于地理环境闭塞,各小区域之间青铜器呈现出鲜明的个性,但共性特征也相当明

---

① 王红光:《贵州考古的新发现与新认识》,《考古》2006年第8期。

显——这一时期各地青铜器均以青铜兵器和装饰器为主,青铜兵器又以戈、剑为基本组合,装饰器主要以带钩、铜铃、扣饰、手镯等墓主生前佩戴的小型饰品为特征,显示着战国秦汉时期生活在贵州高原的夜郎等"西南夷"族群尚武而爱美的文化特征。

尽管这一阶段族群相互之间的交流更加频繁,对周边其他族群青铜文化的吸收更加广泛,但由于受周边不同青铜文明影响的比重不同,各地区之间的差异亦十分明显。赫章可乐不仅铜兵器和装饰器,而且铜容器都一直保持着浓厚的巴蜀青铜器色彩,尽管也受到滇文化的影响,如部分釜形器、滇式剑、镶绿松石手镯等,但滇文化因素的影响没有强过巴蜀文化;相反威宁中水银子坛战国晚期至西汉中期青铜器中虽还保留有部分巴蜀文化青铜器如柳叶形剑等,但受滇文化影响却远大于可乐,蛇头形剑、矛、扣饰、动物形带钩等无不显示出滇青铜文化特征。从中水银子坛墓地晚期发现有数量众多的广泛使用在滇池周边地区的多人二次合葬、叠葬(原报告称为排葬、乱葬)等葬式看,不排除这一时期涌入有相当数量的滇族群居民。

铜鼓山遗存青铜器至今未发现大型容器,以兵器和装饰品为主,还有一定数量的生产工具。生产工具和兵器造型独具一格,部分有双肩,明显保留早期南方百越文化双肩形器的基因,形成不同于可乐也不同于中水的又一区域性青铜文化特征。

四、战国至西汉中期青铜器铸造技术

在贵州西部地区,不仅出土有数量较多的青铜器,还发现有一些冶铸青铜器的遗存。在赫章可乐遗址附近发现的大山冶铸遗址,调查者认为该冶铸遗址年代在战国秦汉时期,可乐出土的青铜器可能与该遗址有着内在联系[①],而威宁中水距离云南东北部的富铜区会泽和东川等较近,比较容易获得铜矿资源,为当时各地青铜冶铸技术的发展提供了可能。

红营盘墓地出土青铜器不多,2004年发掘的26座墓葬仅出土青铜剑、手镯等26件,我们选择了17件铜器——包括11件兵器(剑5、镞4、刀1、钺1)和6件装饰品(指环4、管饰1、扣饰1)进行金相和铸造技术分析,结果显示部分青铜剑的锡含量"集中在10.6%~10.8%",但铜刀和部分镞锡含量却小于2%,指环和手镯锡含量在"5%~10%"(表4-2),"制作技术以热冷加工为主,不同器类或相同器类的不同部位几乎没有区别"[②]。当时还没有根据器物类型选择不同的制作手段,不论是兵器还是装饰品,也不论是器物的使用部位(如剑刃或尖锋)还是非使用部位(如剑肩或柄),均以锻造为主,并配合冷加工工艺。虽然未在所有兵器刃部和尖锋部取样检测,但可以推知它们应该有热冷加工痕迹,铸造工艺与四川盆地巴蜀风格铜器区别明显,红营盘出土的柳叶形剑应是当地仿制。

---

① 殷其昌:《大山古代炼铜遗址》,贵州省文物考古研究所编著:《贵州田野考古四十年》,贵州民族出版社,1993年。
② 赵凤杰、李晓岑、张合荣:《贵州红营盘墓地铜器技术研究》,《中原文物》2012年第3期。

表 4-2 红营盘墓地出土铜器的化学成分和显微组织统计表

实验编号 器名编号、 名称	主要元素含量(Wt%)						显微组织	材质 加工方式
	Cu	Sn	Pb	Fe	S	其他		
HYP01 M11:2 铜剑	88.4	10.8	0.5*	0.2*	—	—	基体为再结晶晶粒和孪晶组织；中心区域的晶粒大于边部；有大量滑移带，晶界弯曲、晶粒变形；有铜铁硫化物夹杂，局部沿加工方向变形；有高铁相。	Cu-Sn 热冷加工
HYP02 M13:3 铜剑	96.3	1.7	1.9	—	—	—	基体为细小的再结晶晶粒和孪晶组织；中心区域的晶粒大于边部；有(α+δ)共析体；有滑移带，边部晶界弯曲、晶粒变形；可见铅呈球状、椭球状或岛屿状分布，局部沿加工方向变形。	Cu(SnPb) 热冷加工
HYP06 M17:2 铜剑	95.8	2.1	1.7	—	—	—	基体为再结晶晶粒和孪晶组织；中心区域的晶粒大于边部；边部（一侧）有少量滑移带，晶界弯曲、晶粒变形；中心区域偶见滑移带；有少量铜的硫化物夹杂；可见铅呈球状或椭球状分布，边部沿加工方向变形。	Cu-Sn(Pb) 热冷加工
HYP08 M19:1 铜剑	89.9	10.0	—	—	—	—	基体为α固溶体树枝状偏析铸态组织；有(α+δ)共析体；偶见孪晶；有滑移带，部边枝晶变形；有铜的硫化物夹杂，成分接近硫化亚铜。	Cu-Sn 铸后热 冷加工
HYP12 M26:2 铜剑	89.3	10.6	—	0.1*	—	—	基体为再结晶晶粒和孪晶组织；有大量滑移带；大量铜铁硫化物夹杂沿加工方向变形。	Cu-Sn 热冷加工
HYP17 M13:4 铜镞	96.8	1.7	1.0*	0.1*	0.1*	—	边部自然腐蚀，枝晶。浸蚀后，基体为红铜铸造组织，少量锡溶入铜中形成网状偏析结构；有滑移带；有少量极细小的铜的硫化物夹杂；可见少量铅呈球形、椭球形或岛屿状均匀分布；偶见高锡颗粒。	Cu(Sn) 铸造
HYP07 M17:5 铜镞	91.8	5.6	0.1*	0.1*	—	Nb 1.1 Sb 1.4	基体一侧为α固溶体树枝状偏析铸态组织；另一侧为铸后受热组织，枝晶消失，偏析基本消失，伴有大量滑移带，晶粒变形；有铜的硫化物夹杂。	Cu-Sn 铸后(受热) 冷加工

续表

实验编号 器名编号、名称	主要元素含量(Wt%)						显微组织	材质 加工方式
	Cu	Sn	Pb	Fe	S	其他		
HYP09 M19：3 铜镞	98.8	1.1	—	—	—	—	基体为细小的再结晶晶粒和孪晶组织；中心区域的晶粒大于边部；有滑移带，晶界弯曲，晶粒变形；铜的硫化物夹杂沿加工方向变形；有富锡颗粒。	Cu(Sn) 热冷加工
HYP10 M19：4 铜镞	93.3	4.5	0.3*	—	—	Nb 1.4	基体为细小的再结晶晶粒和孪晶组织；背景有较深的枝晶偏析铸态组织痕迹（俗称"鬼影"）；有滑移带；有铜的硫化物夹杂；偶见铅呈球状分布。	Cu–Sn 铸后热冷加工
HYP16 M14：4 铜刀	99.4	0.3*	—	0.1*	—	—	基体为红铜铸造组织，微量锡溶入铜中形成网状偏析结构；有氧化亚铜夹杂；有高锡颗粒。	Cu 铸造
HYP14 采：2 铜钺	99.0	0.2*	0.6*	0.1*	0.1*	—	基体为纯铜和氧化亚铜共晶组织；有铜的硫化物夹杂；有富铁相；有较多大小不等的铸造缩孔。	Cu 铸造
HYP15 M18：2 铜指环	91.8	7.8	0.1*	—	—	—	基体为再结晶晶粒和孪晶组织；晶粒大小不一；有少量铜的硫化物夹杂；偶见铅呈极细小球状弥散分布。	Cu–Sn 锻造
HYP11 M20：1 铜指环	92.5	6.2	0.7*	—	—	—	基体为细小的再结晶晶粒和孪晶组织；中心区域的晶粒大于边部；有少量滑移带，边部晶界弯曲、晶粒变形；可见大量铅呈球状弥散分布；有富铁颗粒。	Cu–Sn(Pb) 热冷加工
HYP03 M14：2 铜指环	87.5	9.0	0.8*	0.1*	—	Nb 2.4	基体为再结晶晶粒和孪晶组织；偶见滑移带；有铜的硫化物夹杂，成分接近硫化亚铜；有富铁颗粒。	Cu–Sn 热锻
HYP04 M15：3 铜指环	92.2	7.4	—	0.2*	—	—	基体为再结晶晶粒和孪晶组织；有滑移带；铜的硫化物夹杂沿加工方向变形，成分接近硫化亚铜。	Cu–Sn 热冷加工
HYP05 M17：1 铜管饰	89.4	9.7	0.5*	—	—	—	基体为再结晶晶粒和孪晶组织；有大量滑移带；铜的硫化物夹杂沿加工方向变形；可见少量铅呈球状分布；枝晶间有富铁相存在。	Cu–Sn 热冷加工

续表

实验编号 器名编号、名称	主要元素含量(Wt%)						显微组织	材质加工方式
	Cu	Sn	Pb	Fe	S	其他		
HYP13 采：4 铜帽饰	76.6	7.3	14.7	—	—	Sb 1.4	基体为α固溶体树枝状偏析铸态组织；有大量(α+δ)共析体；有铜的硫化物夹杂；可见大量铅呈球状、椭球状或树枝状不均匀分布，与硫化物伴生。	Cu-Sn-Pb 铸造

注："*"表示该元素含量小于精确测量的限度，数据仅供参考；"—"表示该元素未被检测出来。

银子坛墓地出土金属器成分和冶铸工艺分析的15件样品[1]（含13件青铜器，2件锡器）多数为2004年发掘出土，少数为20世纪70年代末至80年代初发掘的样品（表4-3）。13件青铜样品包括红铜样品1件、锡青铜样品9件、铅锡青铜样品3件，以锡青铜为主，且锡含量相对稳定，50%铜器的锡含量在6%～10.2%，整体锡含量主要集中在8%～9%，生活用具的铜釜，锡、铅含量分别为16.7%和4.8%。这说明当时的人们已有意识地将铅运用于铜器冶铸，能根据不同器物类别进行不同的锡铅配比，合金配比已具有一定水平，与同一地域时代稍早的红营盘墓地青铜器相比，其合金成分类型更加丰富。

在铸造工艺方面，银子坛墓地青铜器的制作技术以锻造为主，并能应用冷热加工技艺。制作工艺存在着战国中晚期以锻造为主、西汉时期至东汉初期以铸造为主的特点，可能与不同时期对器物有不同的使用有关。通过对红营盘和银子坛出土铜器的检测发现，两地之间的兵器制作明显不同，红营盘的兵器主要是铸造制作，而银子坛的兵器主要是锻造而成，这除了时代早晚区别外，可能还有不同族群文化形成的差异。

20世纪80年代，北京钢铁学院冶金史研究室曾对可乐出土的2件铜釜和1件铜鼓进行合金成分检测，结果是一件铜釜（M91：1，被称为铜鼓改装的釜）为含锡5.2%的低锡青铜，另一件铜釜（M161：1，被称为鼓形铜釜）为红铜，铜鼓（M153：3）则为含铅高达23%的铅锡青铜[2]。对2000年可乐发掘出土的战国至西汉前期青铜器化学成分和冶铸工艺的检测分析则进行得较为充分，2005年至2006年，中国社会科学院考古研究所的刘煜和吉林省文物考古研究的贾莹共同对可乐出土的16件青铜样品进行检测，结果表明这批样品以低锡含量的二元和三元合金类型为主，"容器多为锡、铅含量中等的铅锡青铜，锡含量从6.96%～14.23%，铅含量从2.95%～7.93%，锡铅比从0.94%～3.2%，锡含量大多高于铅含量，同时还有两件纯铜制品；兵器均为锡青铜，锡含量从3.70%～15.22%；装饰品大多为锡青铜，锡含量从5.92%～21.13%，其中发钗的锡含量远远低于手镯的锡含量，一个扣

---

[1] 李晓岑、赵凤杰、李飞、张合荣：《贵州银子坛墓地出土铜锡器的初步分析》，《中国文物科学研究》2013年第2期（总第30期）。

[2] 贵州省博物馆考古组、贵州省赫章县文化馆：《赫章可乐发掘报告》，《考古学报》1986年第2期。

表 4-3 银子坛墓地金属器的化学成分和显微组织

实验编号	器物名称	主要元素含量 (W/%)					显 微 组 织	材质	时代
器物编号	取样部位	Cu	Sn	Pb	Fe	S		加工方式	
YZT09 04银M66:1	铜剑 格部	89.5	8.3	2	0	0.1	基体为再结晶晶粒和孪晶组织；一侧晶粒较大，无滑移带；另一侧晶粒较小，有滑移带；中间区域局部晶界变形；晶界弯曲，晶粒变形；可见细小的铜的硫化物夹杂，部分为硫化亚铜；可见铝呈颗粒状或不规则状弥散分布；中间区域局部硫化物和铝颗粒沿加工方向变形。	Cu-Sn-Pb 热锻	战国中期
YZT11 04银M75:5	铜剑 茎部	86.3	13.2	0	0	0	基体为再结晶晶粒和孪晶组织；中心区域晶粒大于边部；有滑移带，边部晶界弯曲，晶粒变形；边部含少量铁；有铜的硫化物夹杂，部分与硫化物沿加工方向变形。	Cu-Sn 热锻	战国中期
YZT12 04银M75:4	铜矛 柄顶部	84.6	14.8	0	0.1	0	基体为铸后受热组织，伴有结晶晶粒；晶粒一侧明显大于另一侧；有(α+δ)共析体残存；有大量滑移带；有铜的硫化物夹杂；局部沿加工方向变形。	Cu-Sn 热冷加工	战国中期
YZT06 04银M41:8	铜矛 柄顶部	89.3	8	2.1	0.1	0.2	基体为铸后受热组织，偏析基本消失，边部分布有颗粒状铜的硫化物夹杂，部分含有铁；可见大量硫化物弥散分布，部分与硫化物伴生。	Cu-Sn-Pb 铸后受热	战国晚期至西汉初
B.1.15937 79梨M34:2	铜铠甲 残片	85.1	14.3	0.2	0.1	0.1	基体为再结晶晶粒和孪晶组织，中心区域晶粒大于边部；有滑移带，边部晶界多于中心区域，含铁的硫化物夹杂呈颗粒状弥散分布。	锻造	西汉末至东汉
YZT13 04银征:1	铜剑鞘 残断处	80.3	18.9	0	0	0.1	基体为α固溶体析枝状偏析铸态组织；大量(α+δ)共析出；有滑移带；可见大量铝呈颗粒状弥散分布，与(α+δ)共析伴生于晶界。	Cu-Sn 铸造	待定

续表

实验编号	器物编号	器物名称	取样部位	主要元素含量(Wt%) Cu	Sn	Pb	Fe	S	显微组织	材质	加工方式	时代
YZT03	04银M35:1	铜釜	残处	99.6	0.1	0.1	0	0.1	基体为纯铜和氧化亚铜共晶组织;有较多铜的硫化物夹杂,不规则状,较大,主要集中于边部;有较多大小不等的铸造缩孔。	Cu	铸造	西汉初至西汉中晚期
YZT05	04银M37:5	铜碗	侧壁	77.1	16.7	4.8	0	0	浸蚀前,自然腐蚀,程度较轻,已呈枝晶组织;晶界处有大量氧化亚铜颗粒,边部锈蚀中有富砷相存在。浸蚀后,基体为α固溶体枝状偏析铸态组织,局部枝晶内有滑移后,可见大量铅呈颗粒分布。	Cu-Sn-Pb	铸造	西汉中晚期至东汉初
YZT01	04银M15:5-2	铜镯	残断处	89.7	7.9	1.8	0.1	0	基体为铸后受热组织;晶内偏析基本消失;局部有滑移带;有含铁的硫化物夹杂;可见铅呈颗粒状弥散分布。	Cu-Sn(Pb)	铸造受热	西汉初至西汉中晚期
YZT02	04银M33:1	铜镯	残断处	73.6	25.2	0.2	0.2	0.1	基体为α固溶体枝状铸态组织,枝晶粗大;偏析基本消失;有(α+δ)共析体析出;可见铅小颗粒弥散分布;有少量含铁的硫化物夹杂;与(α+δ)共析体伴生于晶界;铅颗粒伴生于晶界。	Cu-Sn	铸造(高温)	西汉初至西汉中晚期
YZT04	04银M35:6	铜镯	残断处	89.3	9.2	0	0.6	0.3	基体中心区域为铸态受热组织,有少量滑移带,有滑移带,偶见孪晶;晶粒大小不等,局部沿晶界锈蚀,两侧为再结晶粒和孪晶组织,细小的含铁硫化物夹杂状弥散分布;可见铅呈颗粒状弥散分布。	Cu-Sn	铸后热加工	西汉初至西汉中晚期
B.1.13999	78梨M15	铜铃	铃身	87.8	10.2	1	0	0.2	基体为α固溶体枝状偏析铸态组织;枝晶细小;有(α+δ)共析体析出;有铜的硫化物夹杂,含铁,可见铅呈颗粒状弥散分布于晶界。	Cu-Sn	铸造	西汉早中期

第四章 青铜器阶段性特征和社会现象观察

续表

实验编号	器物编号	器物名称	取样部位	主要元素含量(Wt%)					显微组织	材质 加工方式	时代
				Cu	Sn	Pb	Fe	S			
B.1.14000	78梨	铜条脱	残端	92.9	6.1	0.4	0.1	0.1	基体为细碎再结晶晶粒和孪晶,中心区域晶粒大于边部;有滑移带,主要集中于一侧边部;细小的铜的硫化物夹杂弥散分布,边部夹杂沿加工方向变形为狭长;可见铝呈颗粒状弥散状分布。	Cu-Sn 锻造	西汉早中期
M15:5 YZT08	04银M56:1	锡耳环	残断处		98.6				基体为纯锡单相α晶粒,晶粒大小不均匀;有锡的氧化物夹杂;局部为α固溶体再结晶晶粒,偶见孪晶,晶粒大小不均匀;有锡铁硫化物夹杂;有大量富铁相和富砷相存在;偶见较大铁的氧化物颗粒。	Sn 铸造	战国中期
YZT10	04银M75:6	锡耳环	残断处	0	90.3	7.3	0.1	0	样品锈蚀严重,显微镜下偶见未被腐蚀的金属小颗粒;有硫化物夹杂;可见铝呈不规则块状分布;有较多自由铜沉淀;组织已无法辨。	Sn-Pb 不明	战国中期

(本表取自《中国文物科学研究》2013年第2期)

饰为锡铅含量中等的铅锡青铜"(表4-4)①。可乐墓地出土青铜器锡含量基本集中在4%~16%,特别集中在8%附近(图4-11),符合青铜器的性能要求,但不同类型青铜器锡含量有明显差异,兵器的锡含量高于装饰器和容器,这是实用要求兵器需要更高的强度。铜釜分为两类:一类为D型釜(辫索纹铜釜),体形大,铸造精良,为锡铅含量中等的锡铅青铜;另一类为A型釜(鼓形铜釜),制作工艺粗糙,有两件为纯铜制品,与云南滇文化中红铜器如万家坝型铜鼓比较接近。装饰器中的锡含量也不相同,如发钗使用中等锡含量的合金锻打,高锡的手镯则由铸造而成,尽管"当时的工匠已经熟练掌握了铸造和锻打的金属技术,能够根据器物不同的用途来选择成形工艺",但所有器物的锡含量都比中原地区常用的合金要低,制作技术也具有相对原始的特点,比较接近邻近地区的滇文化。

2009年至2011年,北京科技大学冶金与材料史研究所的李晓岑、赵凤杰等又对可乐墓地2000年发掘出土的33件铜器进行了检测分析②,认为可乐铜器材质有红铜、锡青铜和铅锡青铜,以锡青铜为主,铅锡青铜为辅,33件样品有红铜2件、锡青铜18件、铅锡青铜13件。铜釜中A型釜(鼓形铜釜)使用红铜铸造,釜壁内大量缩孔肉眼可见,D型釜(辫索纹耳铜釜)、洗、鍪、铃、扣饰等主要使用铅锡青铜,偶尔使用锡青铜铸造,而兵器中的戈、剑和装饰品中的发钗主要使用锡青铜热锻或局部热锻方法制造。总体来看,在战国早期至西汉前期,可乐地区铜器材质从以锡青铜为主向以铅锡青铜为主过渡,含锡量一直稳定在9%~17%。战国早中期,可乐地区的铜锡配比技术已进入相对成熟阶段;战国晚期,可乐地区开始规范甚至批量化生产铜器;战国末期至西汉前期,铜锡铅合金的配比技术进入较成熟阶段。从战国中晚期开始,可乐地区已能自行生产巴蜀、石寨山风格铜器,且与两地青铜技术水平相近。

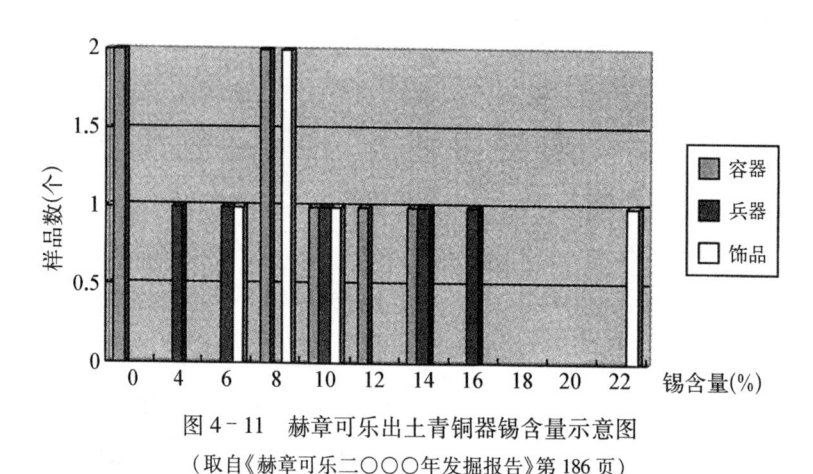

图4-11 赫章可乐出土青铜器锡含量示意图
(取自《赫章可乐二〇〇〇年发掘报告》第186页)

---

① 刘煜、贾莹:《赫章可乐墓地出土青铜器的检测分析》,贵州省文物考古研究所编著:《赫章可乐二〇〇〇年发掘报告》,文物出版社,2008年。
② 赵凤杰、李晓岑、张元:《贵州可乐墓地出土铜器的技术研究》,《中国文物科学技术》2012年第3期(总第27期)。

表4-4 可乐墓地出土铜器化学成分检测结果

序号	器号	器名	Cu	Sn	Pb	Fe	Bi	As	Ni	Si	其他杂质	总和(100%)	合金种类	锡铅比
1	M273:1	铜釜	85.16	6.96	7.37	1.25	0.02	0.59	0.18	0.05	(Na, Ca, Se) 0.01	101.59	IV	0.94
2	M281:17	铜釜	72.18	12.17	7.93	0.07	0.12	0.44	0.10	0.01	(Al, Ca, Cr, Mg, Na, Se) 0.05	93.07	IV$_s$	1.53
3	M274:86	铜釜	77.84	9.04	4.61	0.32	0.04	0.25	0.12	0.03	(Na, Ca, Se) 0.01	92.26	IV	1.97
4	M274:37	铜釜	80.12	9.45	2.95	0.29	0.03	0.22	0.10	0.05	(Na, Ca, Se) 0.01	93.22	IV	3.20
5	M272:1	铜釜	91.76	0.40	0.08	0.08	0.19	0.19	0.02	0.00	(Al, Ca, Cr, Mg, Na, Se) 0.03	92.56	I a	
6	M264:1	铜釜	92.52	0.02	0.02	0.01	0.13	0.05	0.01	0.02	(Na, Ca, Se) 0.01	92.66	I a	
7	M273:3	铜洗	71.40	14.23	7.35	0.17	0.00	0.18	0.12	0.02	(Al, Ca, Cr, Mg, Na, Se) 0.02	93.59	IV$_s$	1.94
8	M302:1	铜戈	91.31	3.70	1.37	0.01	0.21	0.21	0.02	0.01	(Al, Ca, Cr, Mg, Na, Se) 0.07	96.70	II	

续表

序号	器号	器名	Cu	Sn	Pb	Fe	Bi	As	Ni	Si	其他杂质	总和（100%）	合金种类	锡铅比
9	M317:1	铜戈	77.71	15.22	0.09	1.20	0.00	0.32	0.03	0.02	(Al, Ca, Cr, Mg, Na, Se) 0.04	94.63	II$_H$	
10	M331:1	铜戈	85.28	6.73	1.30	0.12	0.00	0.30	0.02	0.05	(Al, Ca, Cr, Mg, Na, Se) 0.05	93.85	II	
11	M268:2	铜戈	82.49	9.86	0.97	0.02	0.00	0.19	0.02	0.01	(Al, Ca, Cr, Mg, Na, Se) 0.02	93.58	II	
12	M301:1	铜剑（巴蜀）	80.72	14.19	0.18	0.05	0.00	0.30	0.05	0.02	(Al, Ca, Cr, Mg, Na, Se) 0.05	95.56	II$_H$	
13	M308:8	发钗	89.19	5.92	0.35	0.03	0.01	0.28	0.02	0.02	(Na, Ca, Se) 0.01	95.83	II	
14	M341:1	发钗	87.48	7.24	1.45	0.04	0.01	0.15	0.03	0.01	(Na, Ca, Se) 0.01	96.42	II	
15	M264:3	铜镯	73.69	21.13	0.34	0.02	0.01	0.18	0.02	0.00	(Al, Ca, Cr, Mg, Na, Se) 0.01	95.40	II$_H$	
16	M338:16	扣饰	77.85	8.76	4.30	0.25	0.05	0.43	0.09	0.03	(Al, Ca, Cr, Mg, Na, Se) 0.03	91.79	IV	2.03

（取自《赫章可乐二〇〇〇年发掘报告》）

普安铜鼓山遗址是一个以冶铸青铜器为主的矿冶作坊遗址,遗址中出土有大量的冶铸青铜器的范模、坩埚和铜矿渣以及工具刻刀、铜凿等。范模以石质为主,少量陶模,虽多残,但数量和种类均比较多,包括曲刃剑范(图4-10,19)、钺范(图4-10,20)、剑茎模(图4-10,22)、戈内模(图4-10,24)和戈援图案模(图4-10,23)、手镯模、铃范(图4-10,18)、鱼钩范(图4-10,21)、扣饰范(图3-18,1)、戒指模(图3-18,3)等,不少范模有浇铸口,模面留冶铸痕,部分还有残铜锈蚀物,遗址及周邻地区出土的青铜器有的可与模范完整套合,表明流通在这一区域相当数量的青铜器产自铜鼓山。

对铜鼓山出土部分青铜器合金成分初步检测结果表明,铜鼓山铜器的主要材质为铜锡合金,只有极少的红铜器和含铅器,当时人们已掌握铜锡配比技术,但合金成分比赫章可乐、威宁中水都要单一。铜器制作技术以铸造为主,也能采用铸后冷热加工工艺,除部分小件青铜器采用锻打工艺外,多数可能采取"浑铸法"铸造(表4-5)。

表4-5　铜鼓山遗址 SEM-EDS 分析和金相分析铜器结果简表

实验编号	器物编号	器物名称	取样部位	形制	材质	制作工艺	时代
TGS01	T3:1:1	铜钺	刃部	Ⅰ式	Cu-Sn	热锻	战国至西汉时期
TGS12	探沟Ⅲ:4	铜钺	銎口	Ⅰ式	Cu-Sn	铸后冷加工	
TGS13	T12:3:19	铜镞	铤后端	Ⅲ式	Cu-Sn	锻后冷加工	
TGS02	T1:1:2	铜刀	身部	无记录	Cu-Sn	铸造	
TGS09	T30:4:1	铜刀	身部	无记录	Cu-Sn	铸后热冷加工	
TGS07	T39:2:8	铜削	刃部	未分式	Cu-Sn	铸后热冷加工	
TGS05	试T1:1:3	铜叉	叉条	未分	Cu-Sn	铸造(受热)	
TGS08	T30:3:12	铜钻	横断处	未分	Cu-Sn	铸造	
TGS03	T11:1:1	铜凿报告:铜条	横断处	未分	Cu-Sn-Pb	铸造	
TGS10	T5:5:1	铜环(扁条)	横断处	未分	Cu-Sn	铸造	
TGS04	T54:1:5	铜镞形器	身部	未分	Cu	铸造(受热)	

(李晓岑先生提供)

五、反映的社会现象观察

1. 战国秦汉时期夜郎系青铜器的发展更多表现是在外力作用下相互交流的结果。贵州从商周时期开始进入青铜器的初始阶段,但由于文化发展的相对缓慢,此后相当长时期,青铜器的冶铸和使用并没有取得长足进展,各地发现的少量青铜器均限于小件的装饰器和镞等兵器,只有到了春秋晚期和战国时期,随着蜀人南迁、滇中高原青铜文化等外来影响加强，贵州高原青铜器才迅速发展起来，形成以兵器和装饰器为主体，容器、生产工具和乐器为次的青铜器器类。这些青铜器绝大多数均能在邻近地区的巴蜀、滇和百越等族群的青铜文化中找到相同或异常相近的器形，因此，比起文化内部自身发展的动力来说，来自外部其他文明的影响尤其突出。

2. 青铜铸造技术虽然取得一定发展，但比起周边地区来说还较原始和落后。战国秦汉时期，贵州西部许多地区随着青铜器的广泛使用，冶铸技术取得了显著进步。这一阶段各地的青铜器绝大多数均采用铜锡合金或铜锡铅合金，合金配比技术已比较成熟，人们能根据器物的使用功能采取不同的合金配比，如兵器要加强其硬度，锡的比重较大，手镯要其光泽度和美感，铅的比重又较大。冶铸技术中热锻、铸造、冷热加工工艺等均能熟练掌握，因而各地均能铸造一些形体复杂、装饰精美的青铜器。但是当时的青铜冶铸技术不仅比中原、四川和两湖等地落后，甚至与同属"西南夷"的云南高原相比也略显落后，这在考古材料上的表现就是具有独自特征的青铜器器类和数量均不如周边地区。

3. 受地理环境等的影响，青铜器的地域特征仍较深厚，反映了"西南夷"族群林立的实际。由于贵州西部地区正好处于乌蒙山核心区，受高大山脉的切割，生活在乌蒙山偏东山地中的赫章可乐居民和乌蒙山西缘昭鲁盆坝东侧的威宁中水银子坛居民相互之间交往并不频繁，它们同乌蒙山东南缘黔西南山间盆坝中的铜鼓山类遗存更是少有交往，因而各地域生产和使用的青铜器也就具有相当浓厚的地域特征。当时的情况应该是可乐、中水和铜鼓山等地皆有青铜冶铸工场，但这些青铜冶铸工场的生产和辐射能力有相当的局限性，生产的青铜器多数集中在一个小区域范围内使用，如可乐生产的镂空牌首铜柄铜剑、镂空牌首铜柄铁剑均不见于中水和铜鼓山，铜鼓山生产的一字格曲刃短剑、V形銎铜钺等又不见于可乐和中水，中水的带芒扁茎无格剑、双耳矛等也不见于可乐等地区，这种情况反映的应该就是"西南夷君长以什数"、族群林立的社会实际。

第三节　西汉中晚期至东汉时期青铜器特征

西汉武帝时期，汉中央王朝对夜郎等"西南夷"进行了大规模开发，先是派唐蒙出使夜郎会见夜郎王多同，得以在夜郎及周边"旁小邑"境内设县，中央政府采取"分巴割蜀"方略设置了犍为郡[1]；接着征发巴蜀、广汉等地人力和物力，在秦"五尺道"基础上，修通从僰道（今四川宜宾）直抵牂柯江的"南夷道（亦称夜郎道）"。夜郎内附后，设置牂柯郡，完成对夜郎等地区的行政管理。

为更加有效地控制新内附的夜郎等"西南夷"，汉中央王朝还采取"募豪民田南夷"[2]

---

[1]（晋）常璩撰、刘琳校注：《华阳国志校注》，巴蜀书社，1984年，第217、218页。
[2]（汉）司马迁：《史记》卷三十《平准书》，中华书局，1959年，第1421页。

和"募徙死罪奸豪实之"[①]等措施,将大量中原和巴蜀地区的汉族移民迁入夜郎等地区。这些外来移民依托新设置的郡县,在云贵高原各地生存发展,极大地促进了汉文化与原地方族群文化的交流与融合,表现在青铜器的变化上就是一方面西汉前期发展起来的夜郎系青铜器(包括兵器、装饰器、生产工具等)迅即减少甚至消失,另一方面随着汉移民的到来而传入或在当地制造的汉式青铜器(包括容器、车马器、铜镜和钱币)等迅速取代原有的地方族群青铜器,成为西汉中期以后青铜器的主要器类,因而西汉中晚期亦可称为贵州青铜文化的变革时期或融入汉文化系统时期。

一、西汉中晚期青铜器特征

1. 逐步汉化的夜郎系青铜器特征

西汉中晚期,夜郎系族群迅速吸收汉式青铜器的情况在贵州偏北部地区的赫章可乐和威宁中水墓地遗存中有明显反映,可乐地方族群墓葬(报告称为乙类墓)中的"西汉晚期墓,出土铜釜、铜镜、铜带钩、铁剑等汉式器物和汉朝颁发的四铢半两、五铢钱,证实汉武帝建元六年于此设置郡县后,汉人大批进入,从而为当地文化增添了新内容"[②]。原先具有地域特征的青铜器如 D 型釜(图4-12,3)、铜铃、A 型铜柄铁剑(图4-12,9)、B 型铜柄铁剑(图4-12,10)继续使用,甚至这一时期还使用有石寨山型铜鼓(图4-12,1),但是汉文化系统的青铜器类如 C 型立耳釜(图4-12,2)、深腹折沿洗(图4-12,4)、汉日光镜(M33:1)、H 型带柄釜(报告称镰斗)、曲棒形带钩(图4-12,18)、水禽型带钩(图4-12,19)、兽形带钩(图4-12,20)和半两、五铢钱币(图4-12、14~17)等日益成为人们的生活必需品。威宁银子坛墓地也经历着大致同步的不断吸收汉文化的过程,西汉中晚期以后的墓葬,不仅保留有原土著民族风格的动物形铜带钩(图4-12,21)、管状耳铜钟(图4-12,23)和铜扣饰等青铜器,还出现大量汉文化风格的器物如 C 型铜釜(图4-12,5)、F 型釜(图4-12,12)、H 型带柄釜(图4-12,13)、铜洗(图4-12,7)、铜碗(图4-12,8)、五铢钱等。该墓地 M19 出土的一件鱼形带钩(M19:12)上,铸刻有"日利八千万"五个汉字(图4-12,22),表明汉人崇尚财富,希望日进斗金的心理已扎根在当地民族的心里。这一时期的墓葬中,还出土有大量的西汉晚期五铢钱和"大泉五十"等新莽时期钱币,发掘者指出"西汉中期'西南夷'地区郡县制建立后,汉族人民前往边远少数民族地区者日益增多,而当地的少数民族也逐渐汉化。这种民族融合的象征,可能表现在墓葬中随葬汉式器物的增多和使用汉族的名字上。以张 M2、梨 M19 为代表的 I 型墓墓主,可能便属于这一情况。……西汉中期以后,'西南夷'地区民族融合的问题,恐怕是一个突出的问题"[③]。

[①] (晋)常璩撰、刘琳校注:《华阳国志校注》卷四《南中志》,巴蜀书社,1984年,第393、394页
[②] 贵州省博物馆考古组、贵州省赫章县文化馆:《赫章可乐发掘报告》,《考古学报》1986年第2期。
[③] 贵州省博物馆考古组、威宁县文化局:《威宁中水汉墓》,《考古学报》1981年第2期;贵州省博物馆考古组:《贵州威宁中水汉墓第二次发掘》,《文物资料丛刊》1987年第10辑。

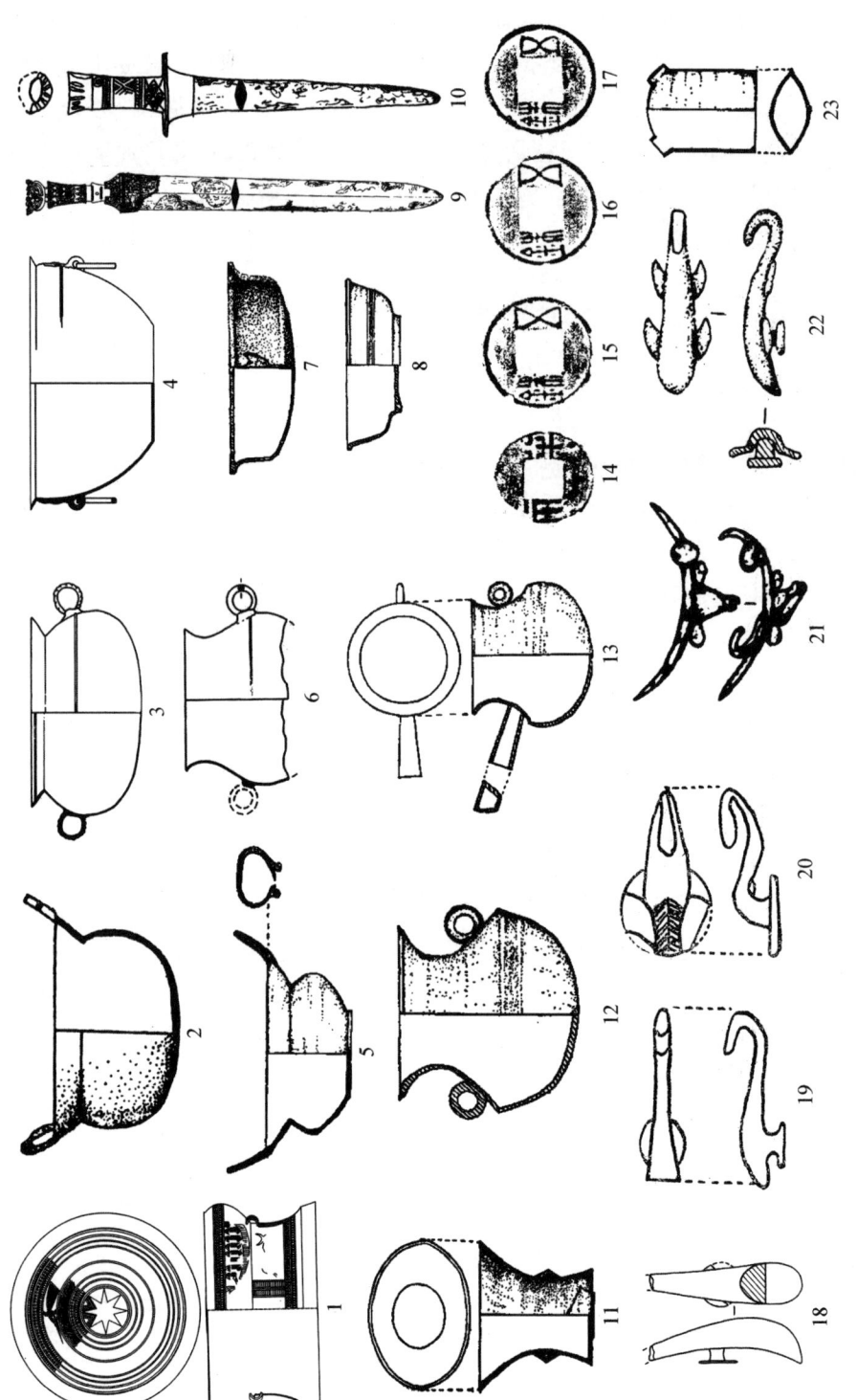

图 4-12 西汉中晚期夜郎系青铜器

1. 铜鼓(可乐 M153：1) 2、5. C 型铜釜(中水张 M1：2) 3. D 型釜(可乐 M283：1) 4. B 型洗(可乐 M136：1) 6. 鍪(可乐 M58：5,中水采：40) 7. A 型洗(中水张 M1：1) 8. 碗(中水张 M1：1) 9. A 型铜柄铁剑(可乐 M67：2) 10. B 型铜柄铁剑(可乐 M194：2) 11. A 型釜(中水 M27：1 贮贝器) 12. F 型釜(中水 M24：1) 13. H 型釜(可乐 M281：13) 14~17. 钱币(出土墓葬不明) 18. 曲棒形带钩(可乐 M281：17) 19. 水禽形带钩(可乐 M124：1) 20. 兽形带钩(可乐 M126：5) 21. 牛头形带钩(中水 M7：1) 22. 鱼形带钩(中水 M19：12) 23. 管状耳铜钟(中水张 M2：1)

这些"西南夷"族群,在吸收和融入汉文化的同时,也就不断丧失了原来的青铜器传统,因而从西汉中晚期开始,从外来输入或当地冶铸作坊仿制的汉式青铜器就逐渐进入人们生活的各个领域,在西汉末至东汉初期,汉系青铜器就基本完全取代了原地方族群系统青铜器。

2. 外来汉移民青铜器特征

由于西汉中央政府开发"西南夷"采取以巴蜀地区(今四川盆地)为支撑、自北向南逐步推进的方略,再加之贵州北部边缘的习水、务川等地在秦汉时期本就属巴郡南部地,因此从务川大坪发掘的汉代遗存看,可能早在秦或西汉早期,汉人已生活在这一地区。西汉中期以后,随着郡县的初步建立,汉移民逐步进入今贵州腹地,目前在赫章可乐、仁怀合马、黔西甘棠等地均发现有多少不一的西汉中晚期土坑墓,出土青铜器数百件,主要有生活用具、杂具、兵器、车马饰、装饰器、铜镜和钱币等。其中生活用具种类和数量最多,是这一阶段最主要的青铜器,包括鼎、釜、鍪、甑、瓶、壶、盉、洗、碗、盆、耳杯、簠、豆、唾壶等(图4-13);杂器有熏炉、铜灯、温炉和印章等;兵器有矛、削、镞和弩机等;装饰器有带钩、手镯、指环、铃等;铜镜有星云纹镜、四乳纹镜、昭明镜、日光镜等;车马饰有当卢、车辖、盖弓帽、马衔等;钱币数量很多,仅可乐就出土 5 000 余枚,多为五铢,少量为"大泉五十"、"货泉"等新莽时期钱币(图 4-14)。

在出土地域上,贵州西汉中晚期汉系青铜器主要出土在贵州偏北部地区,尤以赫章可乐较为集中,除可乐外,在务川大坪、习水土城、仁怀合马、黔西以及清镇平坝等地都发现有一定数量的西汉中晚期墓葬,出土有多少不一的青铜器,但这些地区要么出土青铜器数量很少,要么出土材料未整理刊发,因而我们考察西汉中晚期汉系青铜器特征时,便以赫章可乐为主要观察对象。而可乐在西汉中晚期能集中出土数量众多的青铜器,当与西汉武帝时期开发"西南夷",派郎中将唐蒙带领"将千人,食重万余人"的强大使团出使夜郎会见夜郎王多同及旁小邑诸君长,"蒙厚赐,喻以威德,约为置吏,使其子为令。夜郎旁小邑皆贪汉缯帛,以为汉道险,终不能有也,乃且听蒙约。还报,乃以为犍为郡"[①]的历史有关。在犍为郡所辖 12 个县中,有一部分系从巴郡或广汉郡划入,有一部分为在夜郎及其旁小邑境所设,其中亦是都尉治的汉阳县县治被多数历史和考古学者认为就在赫章可乐,也就是说在西汉中晚期,赫章可乐地区生活着相当数量的外来汉族官吏、兵卒和汉移民,是当时中央政府控制和开发"西南夷"的一个重要据点和中心,正是这些具有一定政治身份和经济实力的汉人集团将大量精美青铜器甚至一些昂贵奢侈品带入了可乐。

在器形方面,西汉中晚期青铜器具有一定的时代特征:一是铜瓶、铜壶、铜簠等圈足器的圈足还呈矮筒状,外撇不厉害;二是铜釜虽类型多样,一些釜腹部出现长柄,但相当部分釜身还接近战国秦汉时期的巴蜀式铜釜或铜鍪;三是树形铜灯、铜熏炉、铜温炉等不少

---

① 《史记》卷一百一十六《西南夷列传》,中华书局,1959 年,第 2994 页。

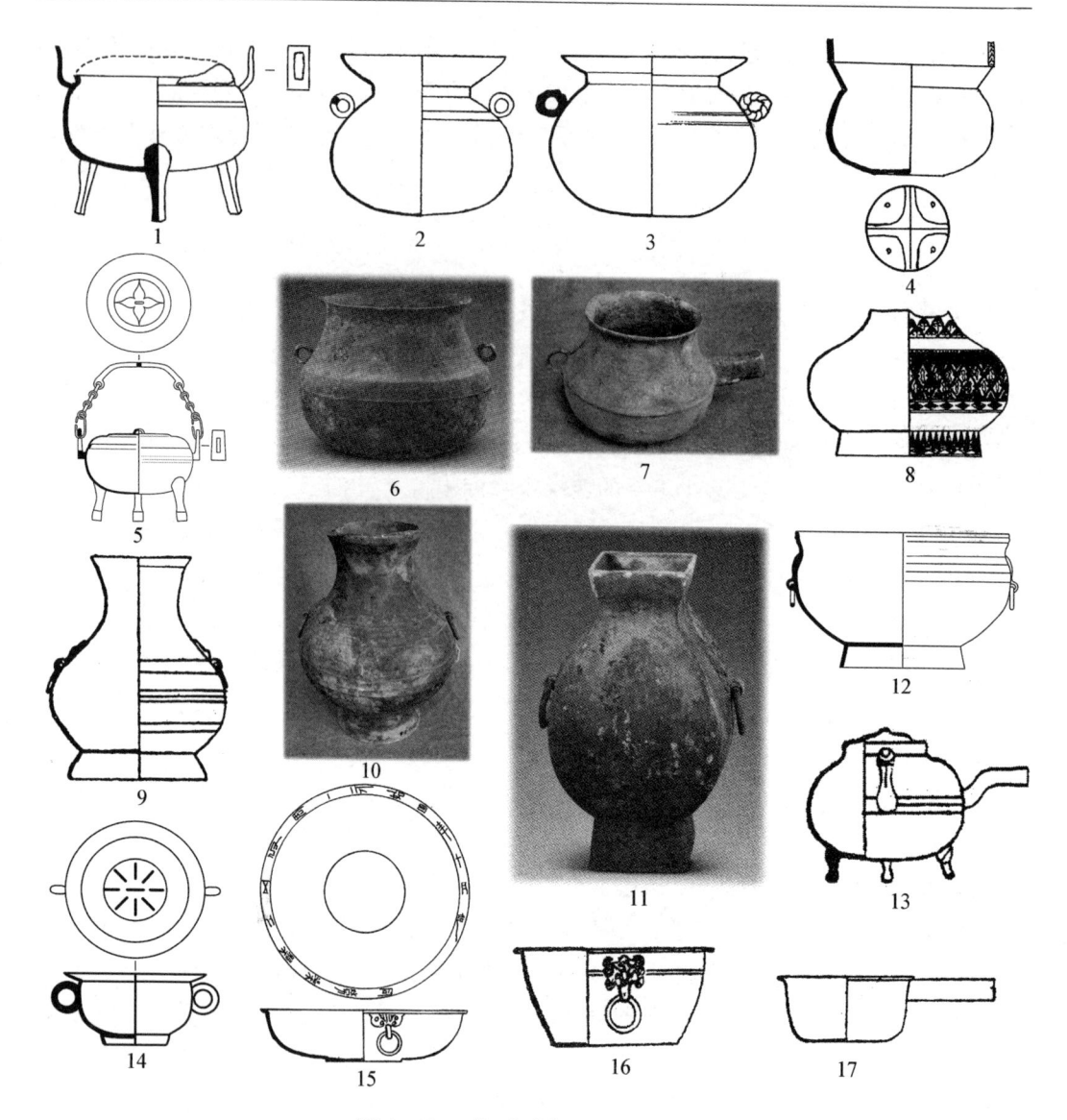

图 4-13 西汉中晚期汉系青铜容器

1. 鼎(可乐 M48：29) 2、3. 釜(可乐 M8：5、黔西 M31：6) 4. C型釜(可乐 M49：16) 5. 提梁鼎(务川大坪 M7：1)
6. 釜(可乐 M22：6) 7. 带柄釜(可乐 M183：6) 8. 瓶(可乐 M8：29) 9、10. 铜长颈壶(可乐 M8：1、M216：2)
11. 钫壶(可乐 M200：7) 12. 簋(可乐 M8：10) 13. 铜盉(可乐 M177：11) 14. 甑(务川大坪采：003)
15. 洗(可乐 M8：39 盘) 16. 洗(可乐 M216：2) 17. 铜瓢(可乐 M8：13 熨斗)

青铜器底部置一托盘；四是装饰品中的带钩以曲棒形、水禽形为多，琵琶形和动物形带钩还有保留但已很少；五是有较多车马器零件出土，但还没出现完整的车马模型。

二、东汉时期青铜器特征

东汉时期，汉移民分布范围空前扩大，涵盖贵州中西部20余个县市的广大地区，不仅在贵州中北部地区，在黔西南等地也有较多发现。这一时期此地区的墓葬除土坑墓外，还

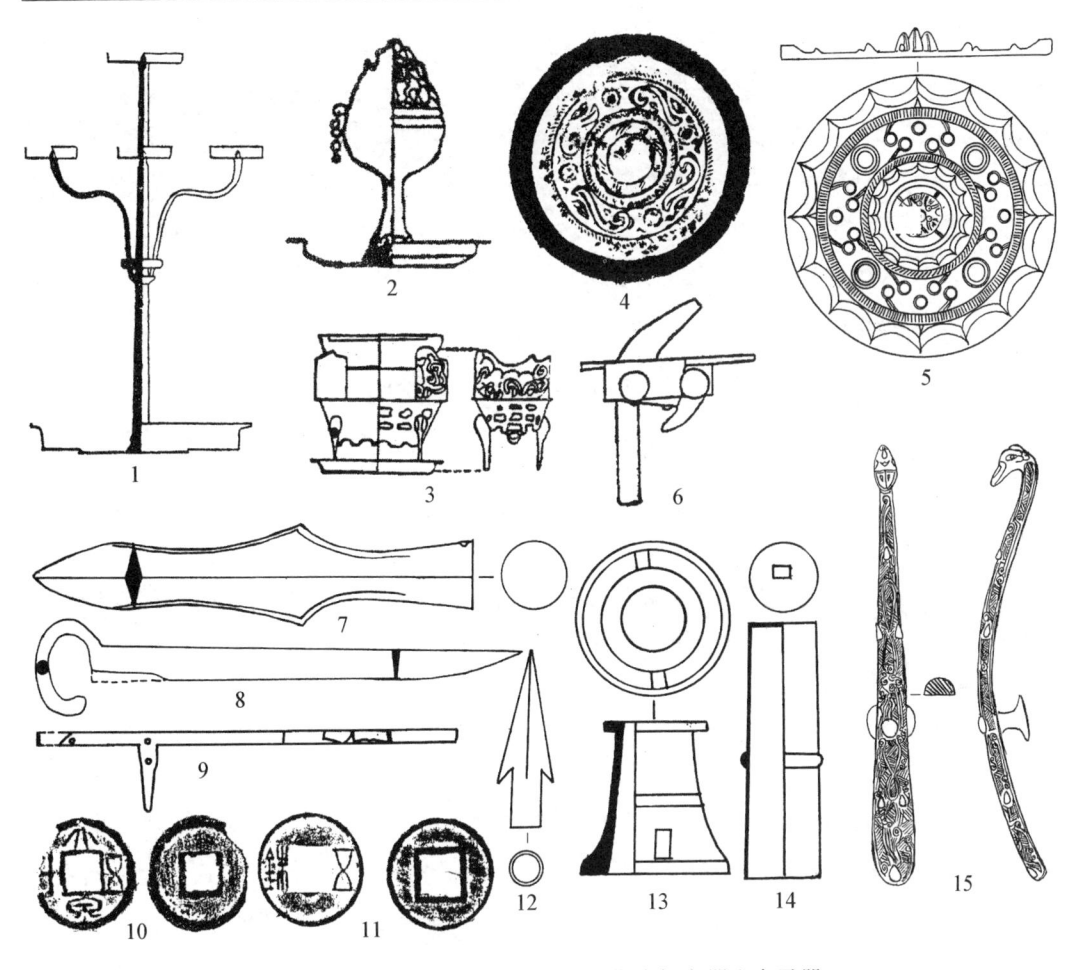

第四章　青铜器阶段性特征和社会现象观察

图4-14　赫章可乐出土西汉中晚期青铜杂器和车马器
1. 树形灯（M8：47）　2. 熏炉（M10：3）　3. 温炉（M8：48）　4、5. 镜（M10：2、M199：1）　6. 弩机（M8：69）
7. 矛（M8：21）　8. 环首刀（M176：11削）　9. 锌（M8：31）　10. 大泉五十（M20 出土）　11. 五铢（出土不详）
12. 镞（M10：18）　13、14. 车饰（M48：22、M8：23）　15. 带钩（M22：1）

有大量的砖室墓、石室墓和崖墓等，尽管东汉时期的砖室墓、石室墓和崖墓等被盗严重，我们还未能清理一座未被盗的东汉墓葬，但这些类型墓葬中残留的青铜器已达两百余件，主要有生活用具、杂器、模型器、装饰器、铜镜和钱币等：生活用具有釜、鍪、甑、瓶、壶、盉、洗、碗、盆、耳杯、簋、豆、镎斗等；杂器有树形灯、行灯、印章等；装饰器有带钩、手镯、指环等；铜镜有四乳四鸟纹镜、尚方铭文镜、规矩镜等；模型器有铜车马、铜人俑、摇钱树、铜鸡、铜马、铜羊、铜鸟等；钱币数量很多，以东汉剪轮五铢为主，残存少量西汉五铢和"大泉五十"、"货泉"、"货布"等新莽时期钱币。

在出土地域上，东汉时期可乐青铜器衰退迹象明显，发现的墓葬不多，出土青铜器已远不如西汉中晚期那么发达，这一时期发现的青铜器主要集中在清镇、平坝至西秀区一带的黔中地区和兴仁交乐、兴义万屯一带的黔西南地区，尤其是黔西南的兴仁交乐一带不仅出土青铜器数量和种类都比较多，而且一些大型青铜器如铜车马的集中出土，似乎表明在东汉中晚期以后,这一地域开始成为一个新的重要政治、经济和文化中心。

与西汉中晚期青铜器相比,贵州东汉时期继续大量使用各种青铜容器,但器形有了一些变化:如簋、瓶、壶等的圈足变高且外撇如喇叭状;釜形制仍较多,但主要流行圜底和平底的F形釜、G型盘口立耳釜(又称锅);灯具既有树形灯、行灯、提梁灯,还有挂灯、人物座灯等,其中树形灯、高枝灯等已没有底盘;青铜模型明器数量和种类大增是这一阶段最显著的特征,流行的模型器有车马器、摇钱树、人物俑像、动物俑像和鸟等,以摇钱树和车马、动物模型使用最为普遍(图4-15)。

三、反映的社会现象

1. 西汉中晚期,汉移民迅速涌入今贵州境内,成为贵州新主人,他们的到来,快速冲击着原先生活在这一地域内的族群文化:赫章可乐、威宁中水等偏北部地区,对汉文化的吸收就很迅速,两种文化因素并存了一段时间后,在东汉初期基本融入汉文化中;偏南部地区的铜鼓山等遗存,在西汉中晚期受汉移民文化的影响相对较弱,东汉时期仍保持着相当程度的地方文化特征。另外,外来汉移民内部也体现出一定的地域性文化特征,如可乐汉墓出土西汉时期青铜器与务川大坪汉墓出土大约同时青铜器就存在明显差异,务川大坪汉墓中的铜蒜头壶在可乐及其他地区均不见踪迹,反映西汉时期各小地域的汉文化也具有一定的多样化特征。

2. 东汉时期各地的汉文化遗存文化内涵日趋相同,原来极具地域特征的青铜器消失,汉移民文化取代了林林总总的地方族群文化,大一统汉帝国行政格局和文化体系在贵州高原得以最终形成,贵州历史进入新的发展阶段。战国秦汉时期,包括贵州在内的云贵高原及四川盆地西部横断山区为"西南夷"族群活动区,由于这些族群来源不同,加之相对封闭又复杂的地理环境,使得"西南夷"各族群文化具有鲜明的地域文化色彩,反映在青铜器上即是各小地域范围内的青铜器在器类组合和器形特征上均各有其特点——不仅贵州西部地区发现的赫章可乐、威宁中水和普安铜鼓山如此,就是云南境内滇东北昭鲁盆地、滇东曲靖盆地、滇东南广南盆地、滇中滇池盆地和滇西北洱源盆地等也都具有鲜明的地域色彩。汉移民进入云贵高原,强势而发达的汉文化迅即扩散开来,逐步取代林林总总的地方族群文化,汉帝国在政治、经济和文化等各方面基本控制了"西南夷"地区,云贵高原的众多地方族群逐步华夏化。

3. 从汉遗存的分布和出土青铜器观察,东汉以后,一些具有影响力的"南中大姓"开始形成。自西汉中期开始的开发"西南夷"大潮,受西汉末期王莽篡汉的影响,中央政府已不能有效管控这一地区,"王莽更名牂柯曰同亭,郡不服。会公孙述(时)〔据〕三蜀,大姓龙、傅、尹、董氏与功曹谢暹保郡。闻汉世祖在河北,乃远使使由番禺江出,奉贡汉朝。世祖嘉之,号为'义郎'"[1],东汉政府常依靠这些大姓协助治理这些边疆地区,"南中大

---

[1] (晋)常璩撰、刘琳校注:《华阳国志校注》(修订版)卷四《南中志》,成都时代出版社,2007年,第196页。

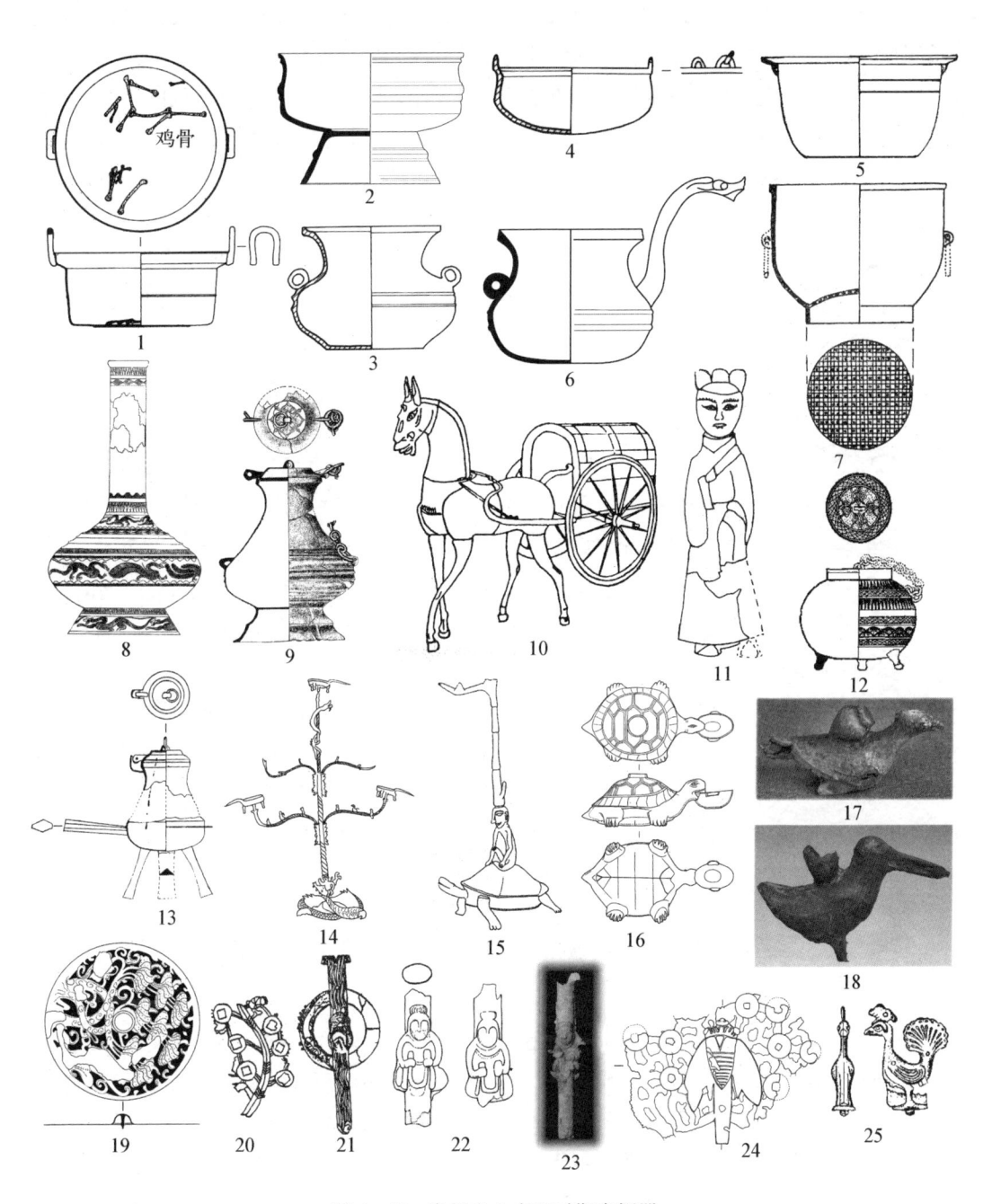

第四章 青铜器阶段性特征和社会现象观察

图 4-15 贵州出土东汉时期青铜器

1. 铜釜(黔西 M27∶1) 2. 铜簋(交乐 M7∶16) 3. 铜釜(宁谷 M28∶6) 4. 铜锅(宁谷 M28∶7)
5. 铜洗(交乐出土) 6. 带柄铜釜(交乐 M7∶4) 7. 铜甑(交乐 M6∶22) 8. 铜瓶(清镇 M15 出土)
9. 铜提梁壶(清镇 M2 出土) 10. 铜车马(万屯 M8∶33) 11. 铜人俑(交乐 M6∶34) 12. 铜罐(万屯 M8∶8 铜盒)
13. 铜鐎壶(交乐出土) 14. 树形铜灯(交乐 M6∶13) 15. 龟座高枝灯(清镇 M15) 16. 铜龟盂(宁谷 M29∶10)
17. 背瓶铜鸟(清 M1) 18. 负瓶铜鸟(交乐 M6∶16) 19. 铜圆牌饰(宁谷 M29∶13) 20. 摇钱枝枝(清镇 M1)
21~23. 摇钱枝杆(清 M1、清 M11、大坪 M10) 24. 摇钱树枝(宁谷 M29∶4-1) 25. 铜孔雀(可乐 M3∶2)

姓"遂逐渐成为有影响力的一股势力集团,两晋南朝以后"羁縻"制的施行在相当程度上亦得益于这些地方大姓或以这些地方大姓为主。

"南中大姓"主要分布在贵州中西部至云南中东部这一广大的"南中"地区,目前在这一地区发现的汉代墓葬材料,不仅墓葬规模较大、随葬品较为丰富,而且不少墓葬还出土有印章,如在昭通桂家院子清理的东汉大型砖墓,墓中就出土有"孟滕之印"等印章,被认为可能是汉晋时期"南中大姓"孟姓的家族墓葬①。据清代出土于昭通的东汉孟孝琚碑记载,孟氏家族大约在两汉时期进入昭通,其先人本是川西的地方族群,但在东汉时期已基本汉化,成为南中豪族大姓;另外昭通后海子清理的东晋壁画墓,"此墓墓主姓霍,是从三国蜀霍弋时兴起的'南中大姓'之一"②。

在贵州清理的汉晋时期考古遗存,以赫章可乐为核心的黔西北区和清镇、平坝至西秀区宁谷为中心的黔中区及兴仁交乐、兴义万屯为代表的黔西南区最为集中。这些地区清理的汉墓,墓葬数量多、规模大,出土的随葬品包括青铜器等不仅种类繁多、规格较高,尤其难得的是这些地区都出土有一定数量的铜印章——赫章可乐出土有"毕赣印"、"毕宗私印"等,显示这可能是一处毕姓家族墓地;清镇平坝汉墓出土有"谢买印","南中大姓"中谢氏家族即可能生活在这一带;兴仁交乐则出土有"巴郡守丞"、"巨王千万"等印章。这三个区域极为可能就是南中"牂柯大姓"活动区域(图4-16)。这些南中大姓"有部曲,其民好学",如牂柯"毋敛人尹珍,字道真,以生遐裔,未渐庠序,乃远从汝南许叔重受五经,又师事应世叔学图纬,通三材;还以教授,于是南域始有学焉"③;此外同郡的"平夷傅宝、夜郎尹贡亦有名德"④,他们成为最早在云贵高原传播和传承汉文化的先贤,后世学人将尹珍推崇为贵州古代教育的鼻祖,认为贵州教育自汉代始,当与汉代开发"西南夷"、云贵高原文教初兴密不可分。

第四节 两晋南朝时期青铜器特征

同两汉时期遗存广泛分布在贵州北部及中西部广大地区的格局不同,贵州目前发现的两晋南朝时期遗存分布范围明显变窄,主要集中在贵阳西南侧至安顺一带黔中腹地,红枫湖东南侧的马场(原平坝县马场镇,现属贵安新区)形成密集的分布中心,马场镇东侧几个东西向土梁南坡自北向南发现万人坟、熊家坡、杨家桥、大松山和沙坡等墓地,位于红枫湖西侧的平坝区尹关和清镇市的芦荻哨、老鸡场、琊珑坝等地亦曾发现多少不一的汉两晋南朝时期墓葬(图4-17)。

---

① 云南省文物工作队:《云南昭通桂家院子东汉墓发掘》,《考古》1962年第8期;又见昭通市文物管理所编:《昭通田野考古之一》,云南人民出版社,2012年。
② 云南省文物工作队:《云南省昭通后海子东晋壁画墓清理简报》,《文物》1963年第12期。
③ (晋)常璩撰、刘琳校注:《华阳国志校注》(修订版)卷四《南中志》,成都时代出版社,2007年,第197页。
④ (晋)常璩撰、刘琳校注:《华阳国志校注》(修订版)卷四《南中志》,成都时代出版社,2007年,第197页。

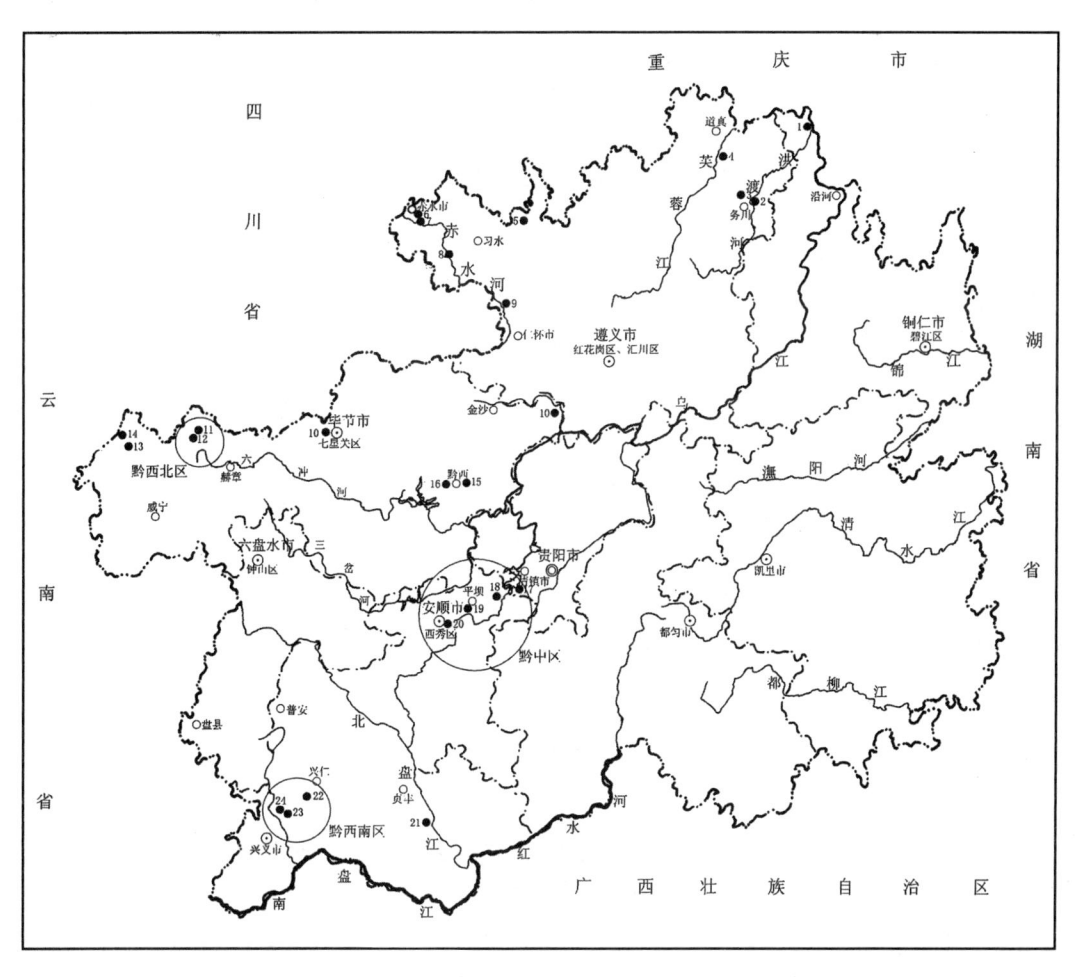

图 4-16 贵州汉文化遗存及汉晋时期"牂柯大姓"可能分布的地区
1. 沿河洪渡 2. 道真旧城 3. 务川镇南 4. 务川大坪 5. 习水三岔河 6. 赤水望城 7. 赤水复兴马鞍山
8. 习水土城 9. 仁怀合马 10. 金沙后山 11. 赫章可乐 12. 赫章辅处 13. 威宁观风海 14. 威宁中水
15. 黔西甘棠 16. 黔西林泉 17. 水城黄土坡 18. 清镇琊珑坝 19. 平坝马场
20. 西秀宁谷 21. 贞丰浪更燃山 22. 兴仁交乐 23. 兴义万屯 24. 兴义阿红

一、两晋南朝时期墓葬清理概况

1957年,在平坝县尹关清理了4座南朝墓(编号M7~M10)[①],其中M7、M9为狭长形石室墓,墓室用灰白色石块砌成,墓底未铺石板。墓内发现有铁棺钉,随葬品集中分布在墓室南北两端,包括釉陶罐8件、铜釜3件、鐎斗1件、三足铜洗1件、铜托杯1件、金发钗7件、帽钉状金饰6件、大小薄金片2件、银发钗2件、银手镯2件、戒指2件,此外还有铜手镯、玛瑙、琥珀、琉璃等各种装饰器。

1958年12月至1959年4月,在清镇市与平坝县相连地带的尹关、琊珑坝、芦荻哨、下

---

① 贵州省博物馆:《贵州平坝县尹关六朝墓》,《考古》1959年第1期。

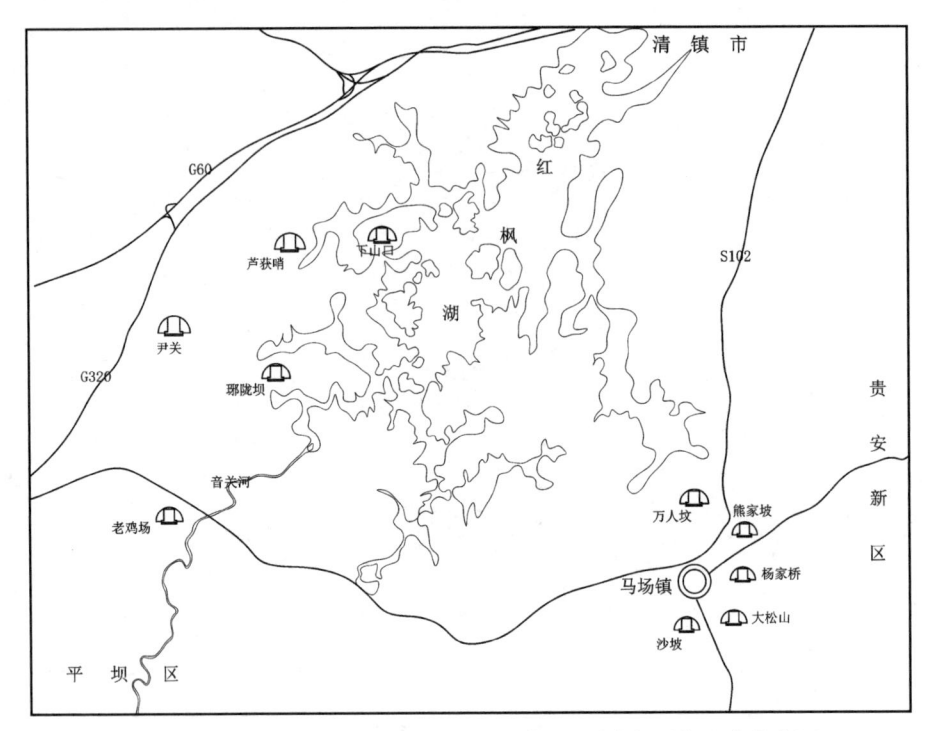

图 4-17 平坝马场镇(现属贵安新区)周边汉晋南朝时期墓葬分布图

山口、余家龙滩、牧马场等地清理了汉至宋墓140座,其中三国至南朝墓约占13%,墓葬分石室墓和土坑墓两种①。石室墓有铲形和长方形两种,有的墓中设石台和壁龛,结构较汉墓复杂,出土物包括陶器、青瓷器、青铜器、铁器、料珠、玛瑙和金银发钗等:陶器有陶罐、陶釜和纺轮等;青瓷器有砚、三系罐等;青铜器有铜洗、铜水注、铜盘、铜灯和钱币等;铁器有铁刀、铁剑、铁三脚架、铁剪等;玛瑙数量较多,有椭圆、圆形和动物形等;金银发钗有的呈W形,系由一中间宽两端尖之扁条弯曲而成,有的呈U形,系由两端呈针状的扁条弯曲而成。

1965年至1966年,在平坝马场万人坟、熊家坡、大松山等地清理了34座古墓,包括有汉墓1座、东晋墓2座、南朝墓14座、唐墓3座②。汉墓呈刀字形,被盗严重,墓内仅出土汉代五铢钱数枚。16座东晋南朝墓葬包括土坑墓2座、石室墓14座。2座土坑墓均在万人坟,尚存高大封土,为带长条形墓道的长方形竖穴土坑墓,墓室底和壁均夯打,棺床南北有二层台,北侧二层台置随葬品,棺木与四壁之间有排水沟并入前室和墓道中部,排水沟高度与棺床略同(图4-18)。石室墓包括长方形券顶和凸字形券顶墓,墓室狭长,石壁内侧规整,外侧未作修整,共出土各类随葬品700余件,有陶器、青瓷器、青铜器、铁器、漆器、金银器和玛瑙、琥珀、水晶、琉璃等:陶器22件,包括陶罐21件和陶坛1件,陶罐中有1

---

① 贵州省博物馆:《贵州清镇平坝汉至宋墓发掘简报》,《考古》1961年第4期。
② 贵州省博物馆考古组:《贵州平坝马场东晋南朝墓发掘简报》,《考古》1973年第6期。

件腹下部有"永元十六年"纪年;青瓷器数量较多,器形精美,包括壶2件、鸡首壶5件、唾壶1件、带系罐14件、碗5件、杯1件、盘1件、器盖1件、蛙形水注1件等;青铜器有洗4件、托杯2件、釜17件、镣壶1件、镣斗6件、镜4件等;铁器有鼎2件、三脚或四脚架10件、剪4件和大量的铁棺钉;漆器多朽,能辨器形者有漆盘4件、漆盒3件、漆托3件、漆器盖1件和漆碗1件等;金银铜饰多出土于头部,系头部装饰物,包括金饰148件、银饰116件、铜饰146件,以发钗、发簪等组合成较复杂的头饰;此外,墓内出土玛瑙器185件、琥珀饰21件、水晶饰6件、玉饰1件和琉璃珠饰数百枚。装饰器数量多,各种不同质地装饰器组合使用,成为这批墓葬的显著特点。

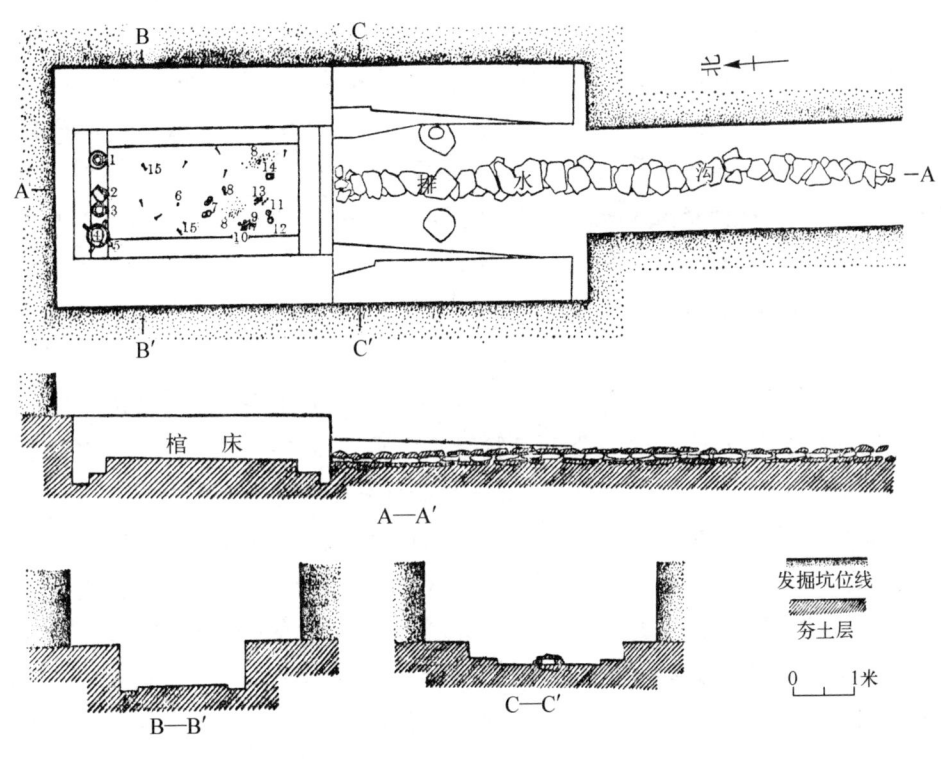

图4-18 马场清理的M35平剖面图

(取自《考古》1973年6期)

2014年3至5月,为配合吕马(吕庄至马场)公路建设,文物部门对公路建设用地进行了考古调查,零星清理了3座南朝时期石室墓,并在马场镇杨家桥新发现一大型墓地,钻探发现石室墓70余座,除少量为宋明时期的墓葬外,多数为魏晋南朝时期,墓葬多成排分布,显系经过规划长期使用的墓地。在该墓地试掘的1座墓葬(编号M1),亦为狭长方形石室墓,由排水沟、墓门和墓室组成,方向192°。排水沟位于墓门外右侧,先挖一条土沟,沟壁和顶用石板砌筑,沟长4.2米,宽0.3米。墓室用薄石板平砌,石板内壁加工平整,外壁参差不一,墓口平放一排排石块,形成象征性券顶。墓内出土有陶器、漆器、铁器、铜器、玛瑙珠、料珠、圆形金片等各类文物数十件。

二、青铜器的器类和器形特征

据不完全统计,贵州两晋南朝时期墓葬中出土有青铜器190余件,这些青铜器可大致分为如下三类:

第一类,延续和保留着两汉时期青铜器器类。南朝墓中,铜釜、铜洗、铜杯、铜簋(图4-19,8)、鸟首流铜盉(图4-19,9)、龙首提梁铜灯(图4-19,10)、铜洗(图4-19,13)和五铢钱币等汉墓常见器物均有保留,但器形有了新的时代特征。如两汉墓葬中流行的F型釜仍有大量保留,但口沿有的呈盘状(图4-19,7),有的略内敛,颈部缚一长铁柄(图4-19,4),铜镜中的神兽镜(图4-19,16)、神兽铭文镜(图4-19,17)和连弧纹"长宜子孙"铭文镜(图4-19,18)等同汉代铜镜造型比较接近,但图案有新的时代特征。

第二类,在汉代器物基础上产生的新器类,包括宽折沿大口深腹釜、带盖托杯、三足带柄鐎斗、三足洗、三足圆形水盂等。带盖托杯是贵州南朝墓葬中新出现的代表器物,非常接近现代四川等地的"盖碗茶"具,马场出土者(图4-19,12)与尹关出土者(图4-19,15)在器形上略有不同,这种器物的样式已复杂化,可能说明当时饮茶习俗已比较兴盛。墓地中出现的大量三足带柄鐎斗、三足洗、三足圆形水盂等反映着当时带足青铜器的流行情况。三足洗是在铜洗底部加铸三只蹄状兽足而成,马场三足洗口沿略外侈,内底铸鱼纹(图4-19,3),尹关三足洗口沿平折,腹部饰对称的鼻形钮(图4-19,13)。三足带柄鐎斗亦是这一时期很有特征的器类,极似在洗形器底部加铸三只或四只马腿状高足而成,洗口沿伸出一断面呈U形的长流,颈肩部向右伸出一长柄,长柄多为铜柄(图4-19,1、2),少数为铁柄(图4-19,5)。尹关墓葬中还出土一种器身呈圆球形、顶端一小直口、腹部对称三个圆管形饰件、底部铸三兽足的铜水注(图4-19,14),有观点认为这种铜器是古代书写毛笔字时,便于随时向砚内加水的盛水工具,腹间三个管形耳既是装饰,又可临时插放毛笔[①]。

第三类,新出现数量众多的铜饰件。贵州战国至西汉中晚期地方族群的墓葬中,出土有大量的头饰、项饰、手饰和衣饰物,青铜装饰器数量繁多、种类复杂,可能是"西南夷"地方族群青铜文化的一大特点。在西汉中晚期至东汉晚期的汉文化墓葬中,青铜装饰器仅有少量手镯、指圈、顶针等,种类少而单一,而两晋南朝时期墓葬中又新出现了战国至西汉时期墓葬中青铜装饰器多的特点,仅马场墓地就出土各类铜饰146件,包括发钗33件(形制同银发钗)、发簪4件、铜条托1件、铜手镯20件、戒指24件、漆器饰件28件、镂孔饰1件、带链铜铗1件、链1件、月形牌饰2件和不明器形和用途者13件,这些青铜饰件同金、银、玛瑙饰等组合使用,体现出鲜明的时代和地域特征(图4-20)。

三、反映的社会现象观察

1. 分布范围的紧缩可能与南朝时期牂柯郡管辖范围缩小有关。

与贵州遗存广泛分布在贵州北部、中西部广大区域的情况不同,目前贵州境内发现的

---

① 贵州省文化厅主编:《贵州文物精华》,贵州人民出版社,2000年,第95页。

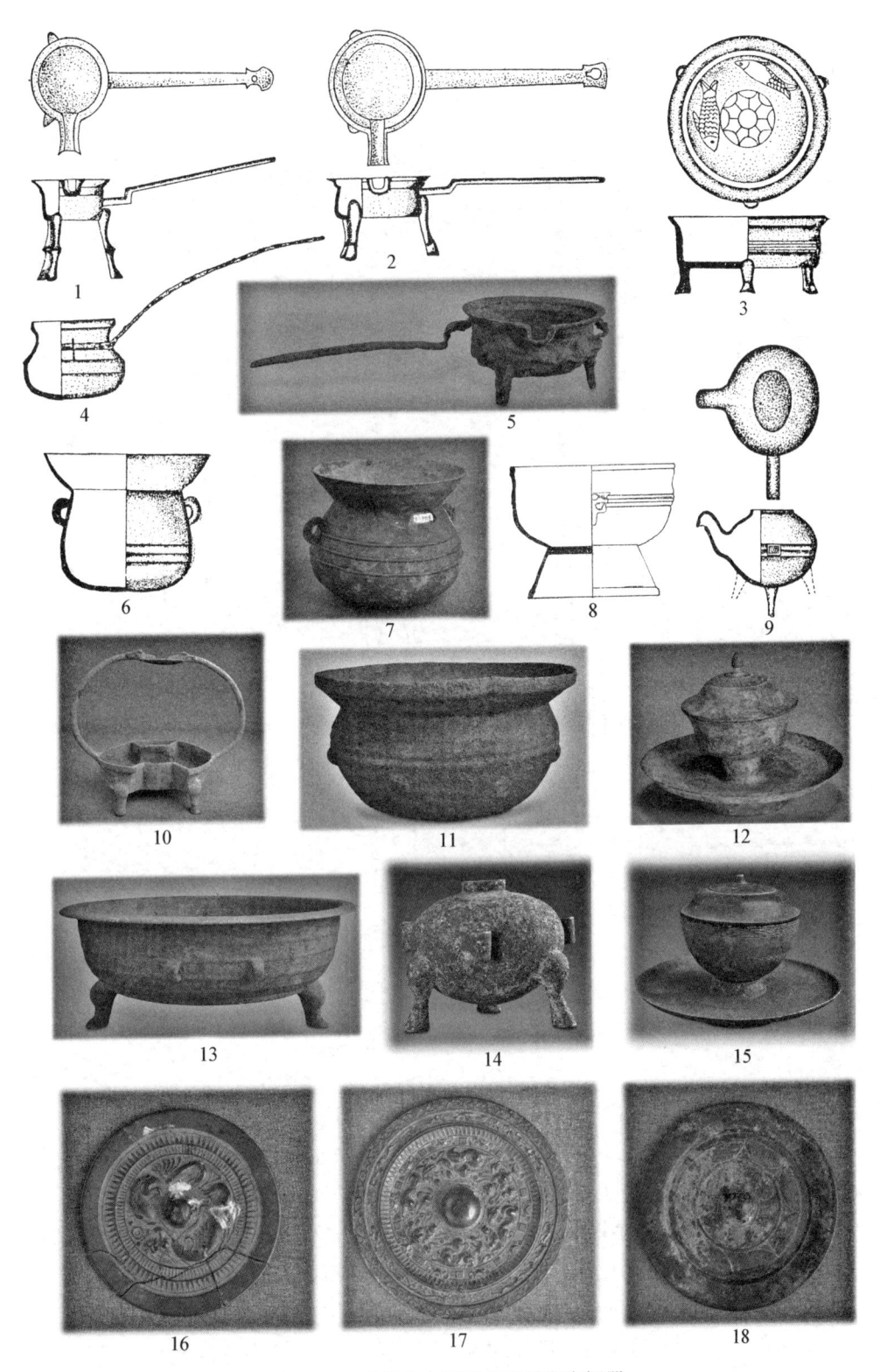

图 4-19　贵州出土两晋南朝时期青铜器

1、2. 三足铜柄鐎斗（马场熊家坡 M55：8、M37：14）　3. 三足鱼纹铜洗（马场万人坟 M34：23）
4. 带铁柄铜釜（马场 M42：31）　5. 三足铁柄鐎斗（马场 M37）　6. 宽沿盘口深腹釜（马场 M34：25）
7. 铜釜（马场 M48 出土）　8. 铜簋（原名铜灯，不确，清镇 M83 出土）　9. 铜盉（马场 M38：9）
10. 铜提梁灯（清 M83 出土）　11. 盘口釜（平坝尹关 M9）　12. 铜托杯（马场 M36：9）
13. 三足铜洗（平坝尹关 M7 出土）　14. 铜水盂（平坝尹关 M16 出土）　15. 铜托杯（平坝尹关 M7 出土）
16. 神兽镜（清镇 M83 出土）　17. 四神铭文镜（马场 M37 出土）　18. "长宜子孙"铭文镜（马场 M34 出土）

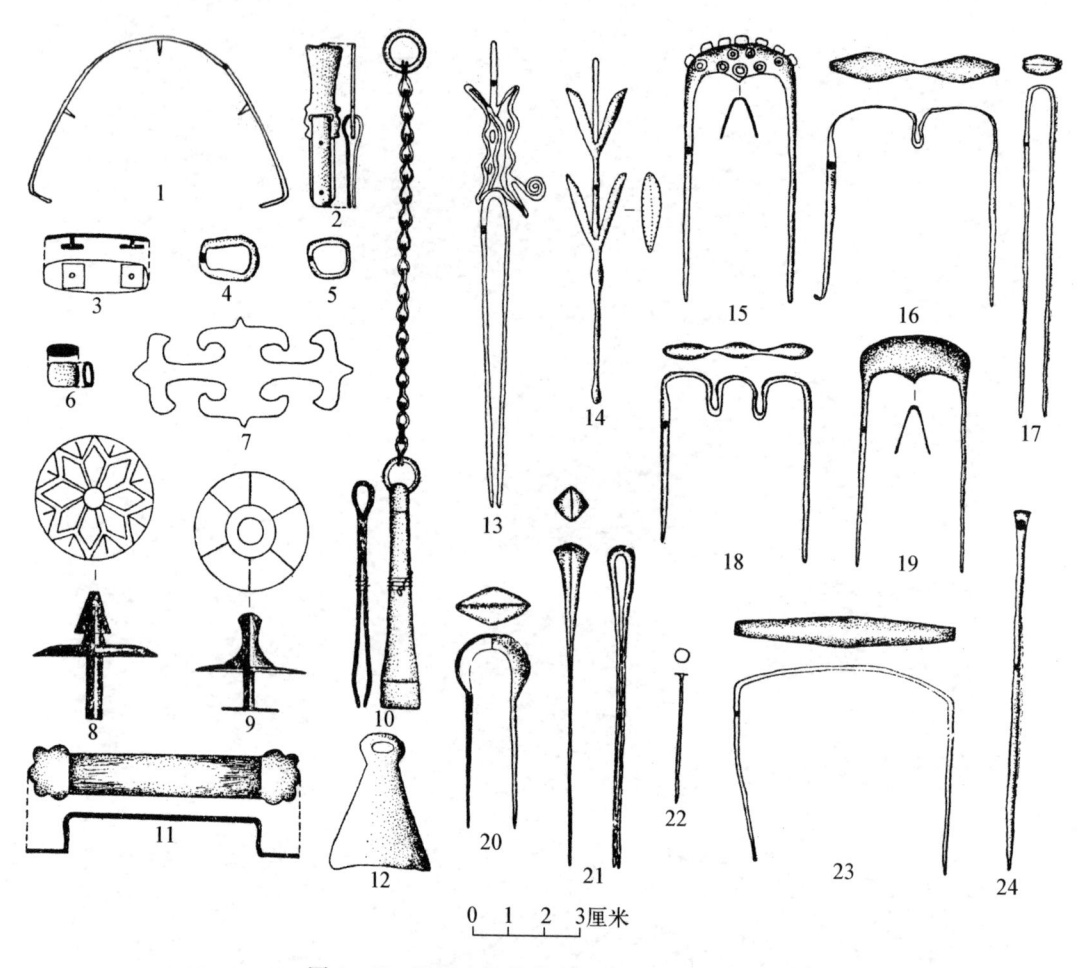

图 4-20 马场南朝墓葬出土的铜、金银装饰器
(取自《考古》1973 年第 6 期)
1~13. 铜饰件 14~24. 金银饰件

两晋南朝时期遗存主要紧缩在贵阳西南侧的马场周边这一较小地域环境中,同黔中一带的汉代遗存相比,其遗存数量和分布范围都有大幅度减小。西秀区东南侧宁谷一带目前仅见少量的魏晋时期墓葬,这一地域从汉到南朝时期的文化表现出一种由兴盛到衰落的现象。南朝时期的遗存主要集中在贵阳西南侧的平坝与清镇相连区域。汉文化遗存并不多见的贵安新区马场镇此时成为遗存最集中的地区,且墓地分布具有相当鲜明的特点,即主要分布在东西走向的小土山南坡,相当数量的墓葬地表还保存有封土,从这一带汉至南朝时期遗存数量的变化一方面似可看到牂柯郡政治、经济、文化中心有逐渐东移的现象,另一方面亦可看到两晋南朝时期中原王朝对贵州等边远地区的控制和管理不断减弱的实际。

2. 具有地域特征的独特青铜器群再次出现,可能反映着地方土著族群文化的再次回归。

贵州南朝时期墓葬出土物仍流行汉墓中常见的陶器、青铜器、铁器、漆器等,但也有明显的变化：首先，墓内出土有较多的青瓷器，包括四系或六系的莲花纹罐、瓷壶、鸡首壶、水注、碗等，数量多而集中，成为迄今为止贵州境内早期瓷器的代表性器物；其次青铜器中镌斗、铜托杯、带足鼎形器等器形独特，成为新的代表性青铜器；再次，墓葬中的装饰品数量和种类均远大于汉墓，青铜和金银质的发钗、发簪、手镯、戒指等数量众多，尤其是用多种质地的钗、簪和花饰组成的头饰（图4-21）成为这一时期最典型的文化现象。这样的随葬品特点在典型汉墓中少见，却同战国秦汉时期原本就生活在云

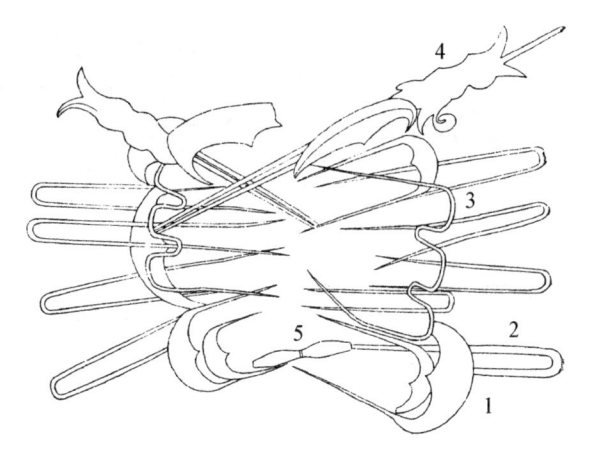

图4-21　马场南朝墓葬出土头饰
（取自《考古》1973年第6期）
1~3、5. 铜发钗　4. 铜发簪

贵高原的夜郎、滇等"西南夷"族群相似，是土著族群文化因素回归的表现。

云贵高原一直是多族群整合之地，战国秦汉时期生活在这一带的夜郎等"西南夷"族群，文化的突出主要表现就是流行各种装饰器，随着汉对这一地域的开发，郡县制的建立，汉文化的大规模涌入，原本独具地方特色的族群文化不断融入汉文化系统中，原先流行的青铜装饰器亦迅即消失，但随之而来的两晋南朝时期，中原王朝对这一带管理越来越弱，形成所谓的"羁縻制"。从东汉晚期到南朝时期，汉文化阵营萎缩，原有的地方族群文化又得以复兴和回归，甚至那些由外地移民到云贵高原的汉移民，也同当地族群融合不断地夷化自己，形成所谓的"南中大姓"，成为一股重要的政治力量。

3. 从出土的宽折沿铜釜、玻璃器等观察，这一时期受南方百越文化的影响似在加深。马场南朝墓中出土有一种盘状宽口沿、深腹的圜底釜（图4-19,6），这种釜在贵州黔西南等地亦有少量零星发现（图4-22），其器形应是从百越文化遗存中的盘口圜底陶釜借鉴而来，具有鲜明的越系青铜器特点。

图4-22　册亨出土宽沿深腹铜釜

总体来看，由于贵州古代青铜器的产生、发展与衰退过程均与周边文化施加的影响有重大关系，因而也就走上了一条具有相当地域特征的青铜文明发展之路：战国中晚期，在中原青铜文明业已开始衰退的时期，云贵高原却发展出比较具有地域特征的青铜文化；但随着西汉中期汉中央王朝推行的开发"西南夷"政策，汉文化的涌入使这种地域青铜文明迅速消失，但进入云贵高原的汉族移民和接收汉文明不断汉化了的原地方族群，在两汉时期仍保留并延续着

大量使用青铜器的传统,因而在贵州和云南等地发现的两汉时期墓葬中,都出土有种类繁多、器型精美的青铜器群,相反在四川、湖南和广州等与中原文化接触较早、汉文化较发达地区发现的汉墓,随葬品主要是陶器和铁器,青铜器器类和数量在随葬品中的比例要小于云贵高原等地同时期遗存,这是异常独特而有趣的现象。

第五章　夜郎青铜文化区的形成及其通道作用

笔者曾经提出："夜郎文明既是本地区原有地方文明不断发展壮大的结果，也是不断吸收其他外来族群文明、相互之间不断整合的结晶，它是一个复合式文明，在古夜郎文明体系中，我们除见到非常浓厚的本地原始文化因素外，还可以见到明显的外来文化因素如氐羌、巴蜀、滇和百越等不同族群文明的文化特征。"[①]在对周边族群文明文化因素的吸收上，青铜器的表现尤为明显，目前在夜郎活动地域范围内发现的青铜器，绝大多数可在周边的族群文明中找到相同或相似器形，夜郎族群青铜器正是在吸收周边族群青铜器的基础上加以改造使之地方化，形成一组具有一定地域特征的青铜兵器、容器、生产工具和装饰器，这样一来，一个有别于其他族群文化的夜郎青铜文化区在战国中晚期至西汉前期得以形成。

第一节　夜郎青铜文化区的形成

一、夜郎文化区典型青铜器

1. 青铜兵器及其组合

在贵州西部的夜郎系文化遗存中，青铜兵器是非常流行的典型器物，种类和数量均比较多，反映着当时的"西南夷"族群"好相攻击"的尚武精神及其与周边族群之间可能存在比较紧张的对立，青铜兵器成为当时武士的基本配备。

夜郎文化区的青铜兵器是在吸收周边巴蜀、滇和百越等族群青铜兵器的基础上加以改造而形成的地域化产品，种类主要有剑、戈、矛和钺等，在器类组合上，可分为下列几种：

第一种，赫章可乐的戈、剑组合。主要集中出土在乌蒙山核心区偏东侧的可乐文化遗存，以戈和剑为大宗，其他青铜兵器如矛、镞等很少发现，形成较为稳定的戈、剑组合。这里的戈、剑受巴蜀文化青铜兵器影响较大，是在吸收巴蜀柳叶形剑和三角援戈的基础上改

---

① 张合荣：《夜郎文明的考古学观察——滇东黔西先秦至两汉时期遗存研究》，科学出版社，2014年，第87页。

造而来的,具体说主要由 AⅠ式戈(图5-1,1)、AⅡ式戈(图5-1,2)、C型戈(图5-1,3)、Ac型剑(图5-1,4)、B型剑(图5-1,5)和 A 型Ⅰ式、Ⅱ式铜柄铁剑组成(图5-1,6、7)。

第二种,戈、剑和矛组合。主要集中出土在乌蒙山西缘的威宁中水遗存及邻近的云南昭鲁盆坝中,除戈、剑外,还有相当数量的矛,这一区域的青铜兵器除受四川盆地青铜兵器影响外,还受到来自可乐遗存、滇青铜文化及西北氐羌文化青铜器的影响,数量不多但比较复杂,是多种文化交汇的产物。青铜戈除少量的 AⅢ式外,主要使用 E 型戈(图5-1,8、9)。剑除使用仿巴蜀柳叶形剑的带芒剑外(图5-1,10、11),还较多使用滇文化的蛇头茎首剑(图5-1,12)。矛的形制也有不同,部分接近滇文化青铜矛(图5-1,13),部分则与巴蜀文化青铜矛(图5-1,14)类似。

第三种,戈、剑、矛、钺组合。主要集中出土在乌蒙山东南缘以普安铜鼓山遗址为核心的黔西南及邻近的滇东、桂西北等地区,这一区域的青铜兵器除戈、剑外,还有相当数量的矛、钺,器形特征已基本看不到受四川盆地青铜器的影响,其影响主要来自滇青铜文化和岭南百越系青铜文化。尽管目前在贵州境内还未能发现这种兵器组合的墓地遗存,不少青铜器为零星出土,但铜鼓山遗址中出土有冶铸这类青铜兵器的范模,说明这一区域使用的相当数量青铜兵器就产自铜鼓山。青铜戈主要流行 B 型和 D 型戈(图5-1,17、18)。剑除使用 D 型一字格曲刃短剑(图5-1,21)外,还使用 F 型扁圆茎变体蛇首剑(图5-1,16)和 E 型 T 形首一字格短剑(图5-1,22)。矛主要使用一种带细耳的曲刃矛(图5-1,15)。钺主要为 V 形銎口下带"⌵"符号钺,有的刃圆弧(图5-1,19),有的刃端两侧有倒钩(图5-1,20)。

2. 装饰器

在云贵高原发现的青铜文化遗存中,装饰器是数量和种类最多的器类,包括头饰、项饰、手饰、腰饰和其他用途装饰物,可以说包括夜郎在内的"西南夷"族群都是相当爱美的族群。

头饰主要有钗、簪和针、笄等,以钗数量最多也最有特色,流行 U 型发钗(图3-15,1、2)和簪首形发钗,以簪首形发钗最有特色,是夜郎文化区的独特发饰物。不过赫章可乐簪首发钗钗脚长,有的还折成直角(图3-15,6),威宁中水钗脚短(图3-17,2)。发钗出土时置于头顶,可证《史记·西南夷列传》记夜郎等为"魋结"和《后汉书·南蛮西南夷列传》记夜郎国"其人皆椎结左衽"的族群文化特征。

项饰以可乐地区出土最多,包括虎形挂饰、齿状挂饰、铃状挂饰等。铜铃有筒状桥钮铃、弧形口合瓦状桥钮铃,以弧形口合瓦状桥钮铃为多(图5-2),有的一墓内出土十数件,如 M271 就出土铜铃14件,M274出土铜铃19件,M373出土铜铃17件,成为最有特征的一组随葬品。

腰饰以各种带钩为主,可乐主要流行水禽形和琵琶形,以琵琶形带钩为特征。中水除水禽形外,更以各种仿动物造型的带钩为特色,如牛头形、鱼形、狮形、鸟形等,带钩虽受巴蜀或滇青铜文化器形的影响,但已形成独自风格,可作为夜郎文化区的典型器类之一。

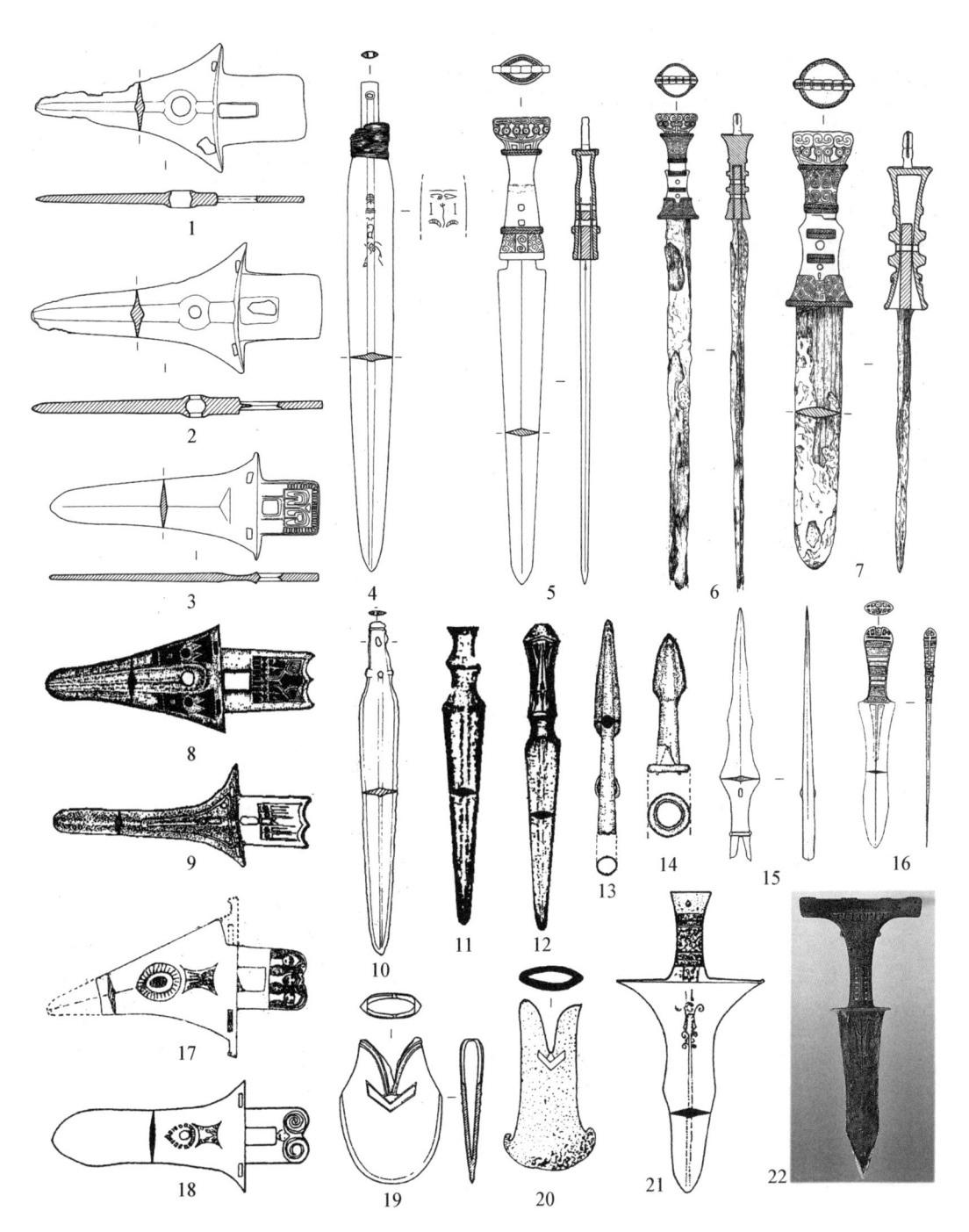

图 5-1 夜郎青铜文化区典型兵器

1. 可乐采集 2. 可乐 M310:1 3. 可乐 M341:3 4. 可乐 M296:3 5. 可乐 M341:3 6. 可乐 M274:92
7. 可乐 M324:1 8. 中水采:12 9. 78梨 M26:1 10. 红 M19:1 11. 中水 T19:6
12. 梨 M34:1 13. 中水采19 14. 中水采:20 15. 兴义市出土 16. 安龙出土
17. 兴义市出土 18~21. 铜鼓山出土 22. 安龙龙广出土

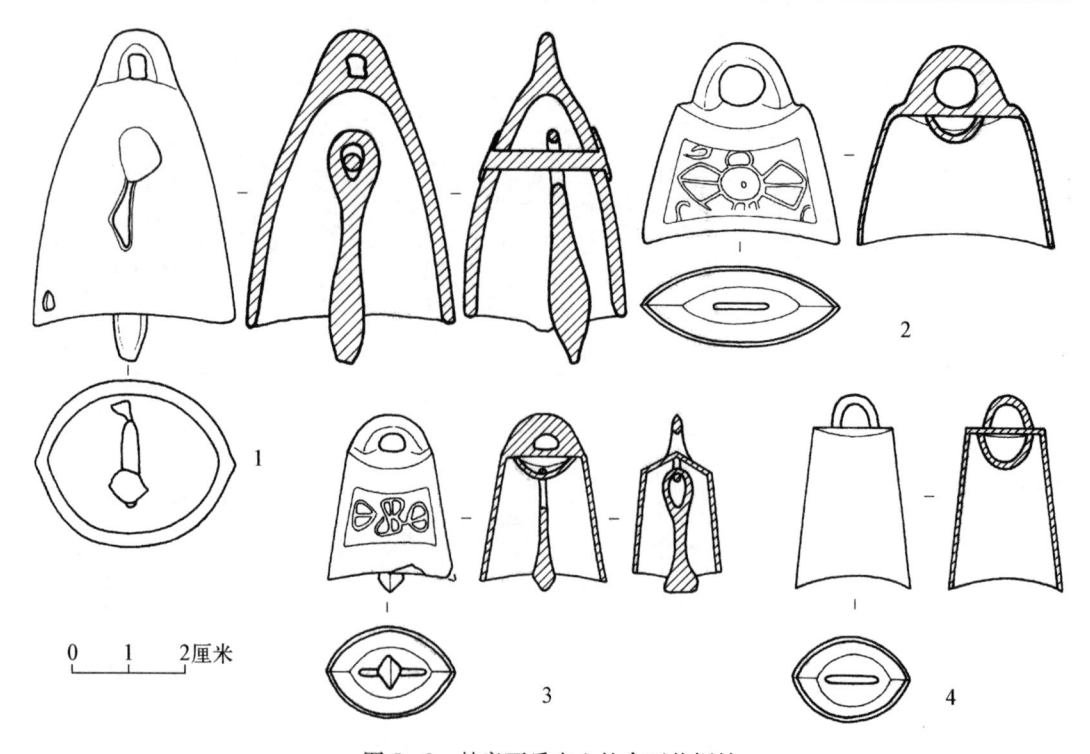

图 5-2　赫章可乐出土的合瓦状铜铃
1. M310:1　2. M274:5　3. M271:13　4. M342:58
(取自《赫章可乐二〇〇〇年发掘报告》图三七)

手饰有臂钏、手镯、戒指等,以手镯数量和种类最多,包括 A 型有领镯、B 型筒状镯、C 型弹簧形镯、D 型宽边镶绿松石镯、E 型环状镯和 F 型条形镯等,其中 A 型、B 型和 C 型等具有一定的地域性。

3. 容器

夜郎系文化遗存中出土的青铜容器数量和种类都很少,目前仅在赫章可乐和威宁中水墓地有出土,普安铜鼓山遗址及其周边地区尚未发现。赫章可乐出土有 AⅠ式、B 型、CⅠ式和 D 型釜,A 型鍪,AaⅠ式和 Ab 型洗等(图 3-7),其中釜在墓中多数侧置墓主头端以套头,少数侧置脚端以套脚,洗或垫在头下、脚下,或盖在脸部,在用釜套头的墓葬中,洗多垫在手臂下,它们在墓中的用途都比较特殊。就器形特征来说,无论是釜、鍪还是洗,相同或相似器形多数在其北方的四川盆地,少数在西侧的滇文化遗存中有大量出土,是源自四川盆地或滇青铜文化遗存青铜器,不过经当地工匠的改造并融入一些地方因素后——如在釜肩部饰立虎装饰(图 3-7,4),或在鍪下铸三蹄足(图 3-7,15),便形成代表地方文化的器物。威宁中水出土有 AⅡ式、CⅡ式、F 型和 H 型釜,AaⅢ式洗和碗等(图 3-8,6),除 AⅡ式釜(图 3-8,1)极具西南本地特征外,其他型式的釜、洗、碗等都是西汉时期常见的汉式青铜器,可以说依目前材料,威宁中水一带还没有发展出具有典型地方风格的青铜容器。

二、夜郎青铜文化区的分布范围

夜郎系族群位于以滇为最大的滇系(靡莫之属)族群的东侧,在夜郎系族群中,除夜郎外,还有众多"旁小邑",见于史籍记载者有鳖、且兰、句町、漏卧、同劳等,目前发现的数处分散而独特的青铜文化遗存正好可对应夜郎及其旁小邑文明,他们的分布范围大致就是夜郎青铜文化区的分布范围。在地理空间上,夜郎青铜文化区应主要集中在云贵高原偏东地带的乌蒙山脉东西两侧,包括贵州的毕节市、六盘水市、安顺市、黔西南州和云南的昭通市、曲靖市、文山州北部等滇东黔西地区,从贵阳以东地区就没有发现青铜文化遗存来看,贵阳西南侧的安顺一带应该就是夜郎东边小邑"且兰"活动区域,横亘于贵州中部的苗岭可能就是夜郎青铜文化区的东界。

由于受乌蒙山脉封闭地理的影响,夜郎青铜文化区内部各小区域发现的青铜文化遗存可大致依地理环境将其分为赫章可乐和威宁中水至昭鲁盆地、曲靖盆地及周邻地区、黔西南地区等几个亚区,部分亚区内的文化遗存可能对应的是夜郎"旁小邑"。如云南泸西石洞村大逸圃墓地和师宗大圆子墓地遗存就被发掘者认为可能是"漏卧"遗存[1];昭通盆地的遗存被认为是"僰人"遗存[2],而僰正好处在从蜀入夜郎的前沿要冲;曲靖盆地的遗存则被认为是同滇"同姓相扶"的劳浸、靡莫之属的遗存。曲靖盆地在地理上已接近以滇池为核心的滇青铜文化区,两者之间在青铜器上体现出的差异很小,反映着滇与夜郎之间可能没有明显的分界,文化上可能有交叉,已开始形成多族群大聚集小分居的生存格局。

三、夜郎青铜器与周边族群青铜器的关系

1. 与巴蜀青铜器的关系

巴蜀青铜器主要分布在中国西南的四川盆地及其周边地区,它是位于盆地西侧古蜀族和位于盆地东侧古巴族所创造青铜器的统称,有学者认为"巴蜀文化铜器是以先前的新一村文化铜器工艺传统、器类组合和形制纹饰为基础,并吸收邻近楚文化部分因素形成的风格独特的铜器"[3],为区别于四川盆地商周时期的三星堆文化青铜器,学界常将战国秦汉时期的巴蜀文化称为晚期巴蜀文化,而将三星堆—十二桥文化称为早期蜀文化[4]。尽管与中原地区及邻近的楚国青铜器相比,晚期巴蜀文化青铜器也表现出明显的滞后现象,但它对夜郎青铜器的发展影响却很大,夜郎文化区不少青铜器都是借鉴或仿制巴蜀青铜器而来。

---

[1] 主持泸西石洞村大逸圃墓地发掘的领队杨帆和主持师宗大圆子墓地发掘的领队杨勇等均提出这一类遗存可能是"漏卧"遗存。
[2] 彭长林:《云贵高原的青铜时代》,广西科技出版社,2008年。
[3] 孙华:《四川盆地的青铜时代》,科学出版社,2000年,第281页。
[4] 宋治民:《蜀文化》,文物出版社,2008年,第6页。

四川盆地发现的许多战国秦汉时期巴蜀文化遗存中都出土有与夜郎青铜器相同或相似的器类，可为夜郎族群吸收巴蜀青铜器找到直接证据。巴县冬笋坝和昭化宝轮院船棺墓①、涪陵小田溪②、新都九联墩③、什邡城关④、荥经同心村⑤、重庆云阳李家坝⑥等战国秦汉墓地许多墓葬中出土的釜、鍪等青铜容器和戈、剑等青铜兵器以及错金银琵琶形带钩等装饰器，都与贵州赫章可乐夜郎墓地遗存出土者非常接近，而有些墓地出土的青铜器，不仅在夜郎墓地遗存中有相似器形，在贵州的一些西汉时期汉式墓葬中亦有不少相似器形，表明一方面地方族群吸收巴蜀文化青铜器，另一方面巴蜀青铜器随着汉移民进入新内附的夜郎等"西南夷"地区。如渠县城坝出土的铜釜（01106，M2∶19）、带柄铜釜（M2∶6镌斗）、错金丝的琵琶形带钩（M2∶13）等与可乐乙类墓出土者相似，而其出土的另一种铜鍪（01118）、铜甗等则与务川大坪所出相同，说明川东战国至西汉时期对贵州偏北部地区影响较大，务川大坪青铜器极有可能来自四川东部地区⑦。

战国至西汉时期，巴蜀文化往南发展，已到达金沙江南岸一带。云南水富张滩和绥江回头湾均发现有典型巴蜀文化墓地⑧；在可乐文化区、昭中（云南昭通至贵州中水）文化区发现的战国秦汉时期遗存亦具有浓厚的巴蜀青铜文化特征，这一区域受巴蜀文化的影响最大；往南曲靖文化区的八塔台类青铜文化遗存中，亦可见到一定的巴蜀文化因素，如还发现一定数量的柳叶形剑（报告称铍）、釜、鍪等，但已远没有黔西北的赫章可乐文化区明显；黔西南铜鼓山文化区及邻近的滇东南等地区发现的青铜时代遗存，就基本上看不到巴蜀青铜器的影响，可见巴蜀文化对云贵高原"南夷"族群的影响由北向南逐渐变弱。

巴蜀青铜文化对夜郎等"西南夷"族群青铜文化的影响是广泛而深远的，在西南地区各地理单元内的遗存，包括岷江上游地区、青衣江中上游河谷地带、安宁河河谷、盐源盆地、黔西北山地、滇东北昭鲁盆地、滇西北洱源盆地等属战国秦汉时期"西南夷"各族群活动而留下的遗存中⑨，均出土有多少不一的巴蜀式铜釜、铜鍪、铜洗、三角援铜戈、柳叶形剑和琵琶形带钩等，表明接近巴蜀地区的"西南夷"各族群，其文化在发展过程中都或多或少受到巴蜀青铜文化的影响。

巴蜀青铜器种类繁多，包括有容器、乐器、兵器、生产工具、装饰器和印章等，各种青铜器器类也很复杂，但夜郎系族群对巴蜀文化青铜器的吸收和改造却是有选择性的，主要表

---

① 冯汉骥、杨有润、王家祐：《四川古代的船棺葬》，《考古学报》1958年第2期；四川省文物考古研究所、广元市文物管理所：《广元市昭化宝轮院船棺葬发掘简报》，四川省文物考古研究所编：《四川考古报告集》，文物出版社，1998年。
② 四川省博物馆等：《四川涪陵地区小田溪战国土坑墓清理简报》，《文物》1974年第5期；四川省文物考古研究所等：《涪陵市小田溪9号墓发掘简报》，四川省文物考古研究所编：《四川考古报告集》，文物出版社，1998年。
③ 四川省博物馆等：《四川新都战国木椁墓》，《文物》1980年第6期。
④ 四川省文物考古研究院、德阳市文物考古研究所、什邡市博物馆：《什邡城关战国秦汉墓地》，文物出版社，2006年。
⑤ 荥经严道古城遗址博物馆：《四川荥经县同心村巴蜀墓的清理》，《考古》1996年第7期。
⑥ 四川大学历史文化学院考古系：《重庆云阳李家坝东周墓地1997年发掘报告》，《考古学报》2002年第1期。
⑦ 四川省文物考古研究院、渠县博物馆编：《城坝遗址出土文物》，上海古籍出版社，2014年，第16、103页。
⑧ 昭通市文物管理所编：《昭通田野考古之一》，云南人民出版社，2012年。
⑨ 刘弘：《巴蜀文化在西南地区的辐射与影响》，段渝主编：《南方丝绸之路研究论集》，巴蜀书社，2008年。

现在以下三个方面:

一是青铜容器,主要是生活用具釜、鍪和洗等,种类少而单一,这些青铜容器生前作为炊器在生活中使用,死后用作套头或盖脸、垫头等器具放入墓内,当具有特殊含义。

二是装饰器,主要是传入错金银丝琵琶形带钩和曲棒形带钩,其他装饰器虽偶有传入但很少,琵琶形带钩经当地改造后,形成地域特色。

三是兵器,主要输入和改造戈和剑,其他的如钺、矛等就很少输入,戈、剑很少直接输入蜀式三角援戈和虎斑纹柳叶形剑,而是在当地仿制,并在此基础上创造出铜柄铜剑和铜柄铁剑等独有的青铜兵器。

2. 与滇青铜器的关系

位于夜郎西侧滇中高原以滇池周边为核心活动区域的滇族群,由于其活动区域"河土平敞,多出鹦鹉、孔雀,有盐池田渔之饶,金银畜产之富。人俗豪忲,居官者皆富及累世"[1],具有这种得天独厚的优越地理环境,加之周边有丰富的铜、锡等矿藏资源,于是在战国秦汉之际,古滇人便在滇中高原一带创造出别具一格的地域性青铜文明。从考古发掘材料看,滇青铜文明以独具一格的兵器、生产工具、装饰器、鼓和鼓形贮贝器、容器、乐器、葬仪器等为主要特征,器类复杂,造型多样,青铜器的发达和丰富程度在整个"西南夷"地区首屈一指。

不仅云南境内发现的战国秦汉时期"西南夷"遗存皆受滇青铜文明的影响,贵州中西部地区发现的夜郎系青铜文化遗存也受滇青铜文明的影响较大,只是地理位置不同,各地吸收滇青铜文明也有侧重。

地处乌蒙山偏东山间的赫章可乐墓地虽距滇文化核心区较远,但仍出土相当数量的滇青铜器,兵器有蛇头形首铜剑、喇叭首空心圆柱一字格铜柄铁剑等,容器有鼓形铜釜、鼓改装的釜等,乐器有石寨山型铜鼓,装饰品有嵌绿松石宽边铜手镯、圆形钮铜铃和人面形扣饰等,大量流行在滇青铜文化核心区,出土在上层贵族墓葬中的海贝,在赫章可乐和威宁中水都有一定数量的出土。

乌蒙山西缘的贵州威宁中水与云南昭通同处一个相同的地理环境中,两地发现的青铜文化遗存文化面貌惊人一致——昭通营盘山乙区墓地与中水红营盘墓地相同,昭通营盘山甲区、白沙地、水井湾文家脑包墓地[2]与中水银子坛墓地相同。在中水红营盘和昭通营盘山乙区墓地遗存中,出土青铜器还看不出多少滇青铜文化因素,但在中水银子坛墓地和昭通白沙地墓地、水井湾文家脑包墓地遗存中,滇文化风格的青铜器大量出现并占据了主要地位——兵器中的蛇头形茎首剑、人物图案直内戈、双耳铜矛、圆帽形扣饰、各种仿动物造型的带钩、镶绿松石宽窄手镯等,无不都直接来自滇池地区或当地仿制,显示着滇文化对该地域青铜文化的巨大影响。

---

[1] 《后汉书》卷八十六《南蛮西南夷列传》,中华书局,1965年,第2846页。
[2] 昭通市文物管理所编:《昭通田野考古之一》,云南人民出版社,2012年。

铜鼓山类遗存尽管没有发现墓地，青铜器的出土比较零星，但从各地零星出土的青铜器看，受滇青铜器影响也是明显的——一字格曲刃短剑、T形首短剑、扁圆茎无格剑等借鉴了滇青铜文化中的一字格剑、横銎兵器和蛇头形剑等，装饰品中的手镯、扣饰和铜铃等也具有一定的滇文化特征。与其他区域不同的是，由于铜鼓山类遗存青铜器多产自铜鼓山，当地工匠在冶铸这些青铜器的同时，经过改造还融入了不少当地文化因素以及来自岭南的百越系文化因素，形成不同于滇的地域性青铜文化特征，所以一些学者认为铜鼓山类遗存分布地域与史籍记载的夜郎更为吻合①。

3. 与邛都青铜器的关系

按《史记·西南夷列传》的记载，邛活动在邛海周边，目前学界各数学者将川西南安宁河流域发现的大石墓遗存视作为古邛都国的遗留。

川西南大石墓遗存②中出土的青铜器数量不多，且多以装饰器、生产工具和小型兵器为主，尚未发现大型的青铜容器之类，不过这些小型青铜器同贵州西部地区先秦时期青铜器具有较密切的联系，其中最突出的共性是两地都流行手镯、铃和耳环、发饰等各种装饰器，青铜兵器仅少量剑、矛、镞等。

在威宁中水鸡公山商周时期遗址清理的墓葬中，发现有用细圆铜条圈成的耳饰，其形状与安宁河流域大石墓中出土的铜环（图5-3,1、2）很近似；另外鸡公山遗址中出土的有领玉石镯的形制也较多见于安宁河流域大石墓中；安宁河大石墓中出土的铜削刀（图5-3,3~6）、有领镯（图5-3,16）、宽片状镯（图5-3,17）、镞（图5-3,10、11）、圆帽形宽沿扣饰（图5-3,14）等铜器和骨耳玦、簧形饰、长条石穿孔饰等，与威宁中水战国早中期红营盘墓地出土同类器异常接近，而大石墓中出土的条形铜手镯（图5-3,15）、铜铃（图5-3,7、8）和片状铜扣饰（图5-3,12、13）等也是赫章可乐和威宁中水等遗存的常见物；大石墓中常见的铜梳（图5-3,9）在可乐墓地也有发现。因而从两地出土青铜器看，古邛都族群与夜郎族群之间确实存在着一定的文化交流，有学者通过分析川西南与黔西北至滇东北的考古材料，认为早在先秦时期，从川西南"存在一条通往昭鲁盆地的繁华通道，川西南和滇东黔西地区的古代居民可能很早就已经存在着频繁的文化交流，由西溪河（昭觉、布拖）至金沙江再经牛栏江的通道可能也是该地区古代居民进行文化互动的一条重要纽带"③。不过，尽管这条文化通道在先秦至两汉时期一直存在，但受地理环境的制约，两地之间的交流一直处于较弱的层次，相互间的交流并没能改变各自所具有的独特地域性文化特征，这在陶器和青铜器上均有明显体现。

---

① 彭长林：《关于"夜郎文化"的思考》，《贵州文史丛刊》2006年第4期。
② 四川省文物考古研究院、凉山彝族自治州博物馆、西昌市文物管理所编著：《安宁河流域大石墓》，文物出版社，2006年。
③ 周志清：《滇东黔西青铜时代的居民》，科学出版社，2014年，第93页。

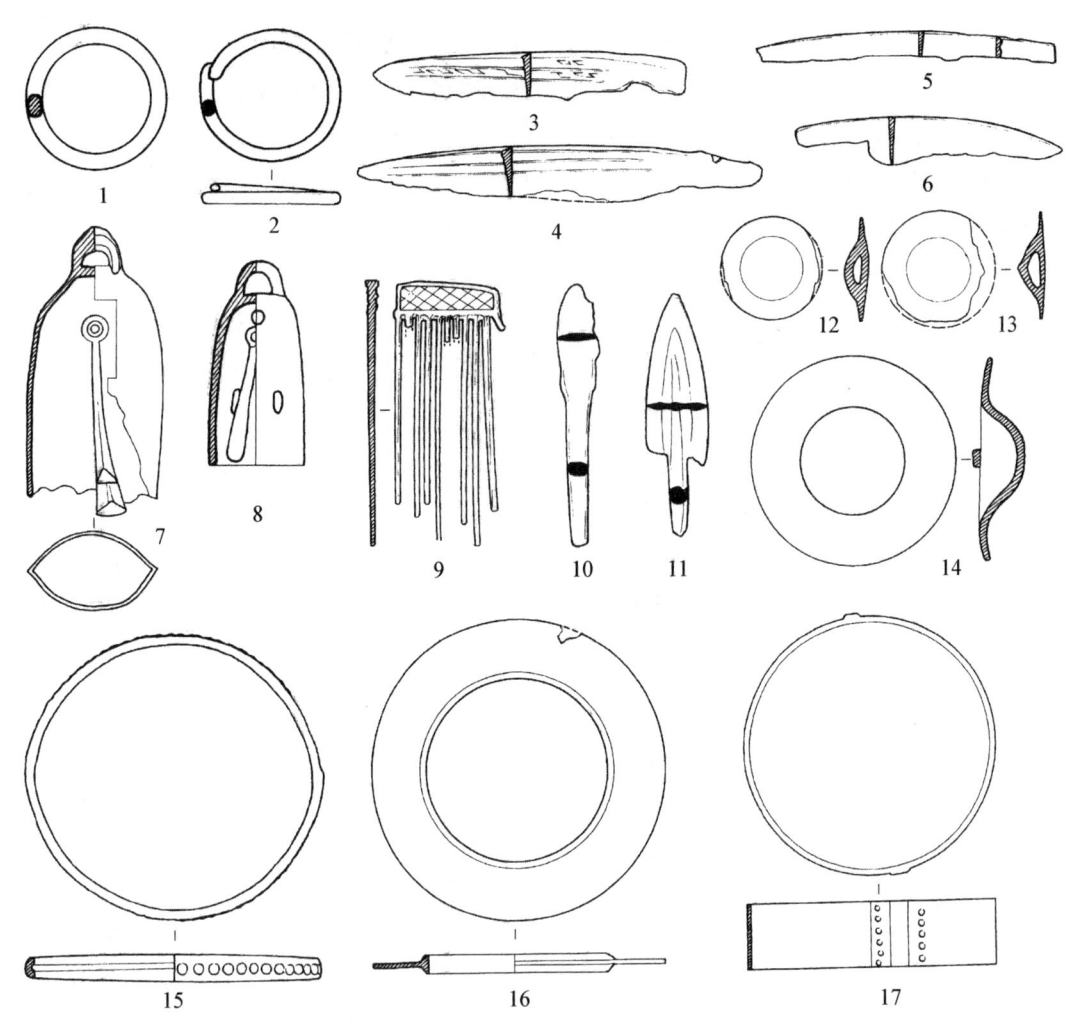

图 5-3 安宁河大石墓出土邛都青铜器
1、2. 铜环　3~6. 铜削刀　7、8. 铜铃　9. 铜梳　10、11. 铜镞　12~14. 铜扣饰　15~17. 铜手镯

4. 与百越青铜器的关系

"百越"是对古代活动在中国长江以南甚至东南半岛众多古代族群的笼统称谓,其内部族群构成相当复杂,但具有鲜明的文化共性。早在新石器时代至商周时期,古百越族群即沿南、北盘江等珠江上游支流向云贵高原发展,影响到达黔西北、滇东北等金沙江以南广大地区,发现于贵州威宁中水和云南昭通境内的"鸡公山文化"遗存中,就发现有较多的百越文化因素,包括有段、有肩石器和屈肢葬、水稻等①。尽管随着蜀人和氐羌系族群的往南发展,百越族群对云贵高原的影响有所减弱,但经过长期不断的融合,到战国秦汉

---
① 张合荣:《先秦时期百越文化在贵州的传播与发展》,中国百越史研究会编:《百越研究》第三辑,暨南大学出版社,2012年。

时期,百越文化基因深入到了"西南夷"广大地区,对"西南夷"文化的形成与发展产生了重大影响,有学者就认为"滇东、滇东北及与之相邻的黔西地区,滇东南与广西、越南相邻的地区,滇池地区,澜沧江流域等皆百越系统文化的分布区域"①。

云南东部偏南地区发现有大量与黔西南铜鼓山类遗存基本相同的青铜时代遗存,出土有大量铜鼓山文化遗存典型青铜器,经过正式发掘的遗存如云南师宗大圆子墓地②和泸西石洞村、大逸圃墓地③皆出土有较多的人物图案戈、风字形铜钺、一字格曲刃短剑和曲刃铜矛等,这些青铜器的造型与器类组合同黔西南发现者几乎完全相同。另据云南文物部门调查,在文山州和红河州境内零星出土有大量青铜器④,如广南县八宝出土的一字格铜短剑,麻栗坡县征集的一字格曲刃剑、人物图案戈、羊角钮钟,丘北县出土的一字格剑、扁圆茎无格剑和舌形铜钺等,这些青铜器亦经常零星出土在贵州黔西南境内。

广西西北红水河以及右江流域亦发现有大量同铜鼓山文化遗存相同或相似的青铜器,如西林普驮铜鼓墓中出土的羊角钮钟,田林县平塘、田东县罗卜洲和锅盖岭等地发现的V形銎钺,田东县锅盖岭、田阳七联村、隆平村和百育沙场等地出土的一字格曲刃短剑、铜矛等(图5-4)。这些青铜器的创造和使用者被认为是古代百越中的"骆越"族群⑤,其造型和组合与贵州黔西南等地所出基本相同。

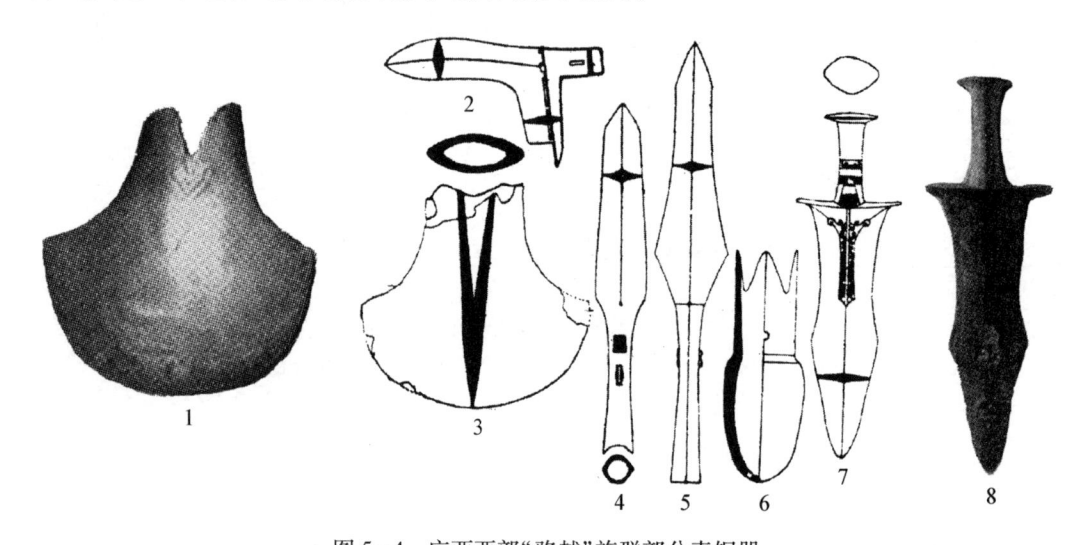

图5-4 广西西部"骆越"族群部分青铜器
1、3. 风字形铜钺(罗卜洲、锅盖岭M1:5) 2. 戈(锅盖岭M1:3)
4、5. 矛(锅盖岭M1:2、M2:1) 6. 镦(锅盖岭M1:4) 7、8. 一字格曲刃剑(锅盖岭M1:8)

---

① 翟国强:《先秦西南民族史论》,黑龙江教育出版社,2012年,第180页。
② 师宗大圆子墓地由中国社会科学院考古研究所进行发掘,资料尚未刊发。据笔者在发掘工地观察,该墓地所出青铜器多数可在紧邻的贵州黔西南地区找到相同或相似器物。
③ 云南省文物考古研究所等:《泸西石洞村大逸圃墓地》,云南科技出版社,2009年。
④ 云南省文物考古研究所、文山州文物管理所、红河州文物管理所编著:《云南边境地区(文山州和红河州)考古调查报告》,云南科技出版社,2008年。
⑤ 蒋廷瑜:《右江流域青铜文化族属试探》,《桂岭考古论文集》,科学出版社,2009年。

据史料记载,夜郎族群与其南边的句町、漏卧等族群经常"更相攻击",相互之间在地理位置上应比较接近,从广泛流行于黔西南、滇东、滇东南、桂西北甚至越南北部的 V 形銎钺、一字格曲刃剑、人物图案戈、铜削刀、箭镞等青铜器的范、模在铜鼓山遗址中大量发现来看,说明当时的族群整合与文化交流范围已很广,夜郎南侧的铜鼓山文化分布区吸收有较多来自南方的百越文化因素,在历史发展长河中逐渐融入到了百越文化体系。

5. 与楚青铜器的关系

在夜郎族系东边的楚国,战国时期就同夜郎等"西南夷"发生关系,据文献记载,楚曾将夜郎、且兰、靡莫和滇等征服,这就是著名的楚将"庄蹻王滇"的典故。尽管"庄蹻王滇"是否真正发生过,"庄蹻王滇"的路线是顺沅水走清水江还是逆长江而上进入秦楚争夺的黔中郡一带,再顺乌江等进入"西南夷"地,后世史家一直存在争议,但"庄蹻王滇"后采取的却是"变服,从其俗",将自己及带来的楚人融入到当地族群中,即夷化了自身。

虽然庄蹻一路诛灭了且兰、夜郎、靡莫和滇,最后在滇地称王,但目前在贵州中西部甚至云南东部地区发现的考古材料,却见不到楚系青铜器的文化因素,可以说楚系青铜器对夜郎文化区的影响可以忽略不计,这是相当奇怪的现象。按理来说,作为中国南方最强大的方国,楚创造了极为发达的青铜文化,其对周边地区的影响也是明显的,但在今贵州境内,目前仅在最东侧的清水江流域零星出土有属于楚文化系统的青铜剑等兵器,不过这一带同地处贵州中西部的夜郎活动区之间还存在相当宽广的空白区,两者之间还找不到相互之间有交流联系的证据。湘西不少地区如沅陵窑头(图 5-5,1)和贵州清水江流域(图 5-5,2)都出土有一种宽格剑,系柳叶形剑身与米字纹宽格的剑柄套接而成,这种青铜剑被湖南一些学者认为是留存在楚地的濮人所造,而有一部分濮人则因为楚的挤压西迁云贵高原。贵州西部的赫章可乐在战国晚期至西汉前期亦生产出一种独特的铜柄铜剑(图 5-5,3)和铜柄铁剑(图 5-5,4),系用柳叶形剑身和镂空人物图案首的剑柄相套接而成,制作工艺与湘西一带发现的宽格剑具有相似性,但柄部形状和装饰风格差异太大,尚看不出两者有无族群文化上的联系。另外尚可关注者,在黔西南、滇东南及桂西北一带,出土有一种扁圆茎首无格剑(图 5-5,5),其扁圆形茎首及首上装饰与湘西宽格剑剑柄有一些相似,都像变形的蛇首,联系到湘西及清水江一带出土有不少越文化因素的青铜器——如清水江河床及永顺不二门遗址出土的双肩不对称形铜钺等,越文化青铜器传播到湘西一带的可能性是存在的。因而可否认为流行在湘西及贵州东部清水江一带的青铜剑是吸收巴蜀、"西南夷"和百越等各种文化因素的产品?因为沅水流域(上游为清水江)本就是各种文化交流和汇集之通道。

6. 与汉系青铜器的关系

西汉中期以前,汉系青铜器(或称中原青铜器)的影响主要通过巴蜀地区间接产

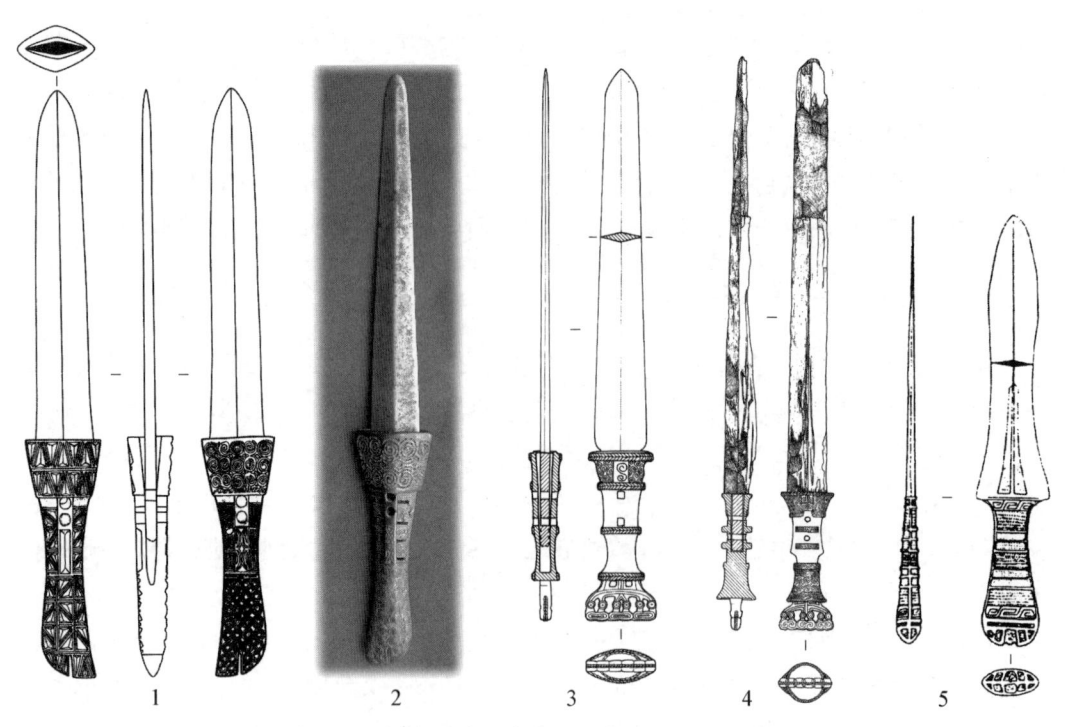

图 5-5　湘西、清水江宽格剑与贵州西部铜剑比较
1. 沅陵窑头（M1144∶2）　2. 天柱清水江　3. 赫章可乐（M365∶2）　4. 赫章可乐（M273∶6）　5. 安龙龙广

生,如陕西关中等地秦文化中常见的敛口圜底带盖鼎、单耳或双耳铜鍪、带柄铜釜、蒜头口长颈壶、蒜头口扁壶、钫壶、曲棒形带钩、错金银丝带钩、柿蒂形棺饰、铺首等在四川盆地战国秦汉墓中亦大量存在。深受四川盆地影响的贵州高原偏北部地区的赫章可乐、务川大坪等地区出土的战国秦汉时期青铜器,相当器类就不仅同四川盆地青铜器相同或相近,也同关中一带遗存出土青铜器相同或相似。贵州战国秦汉时期青铜器反映出的中原文化特征并不表明与中原有直接的文化交流,它更多可能是通过巴蜀地区作为中介产生的。

　　西汉中期以后,随着开发"西南夷"大幕的拉开,原本族群林立、文化多样的云贵高原"西南夷"广大地域被逐步纳入汉帝国的行政体系。尽管在相当长一段时期,汉中央政府在采取设置郡县、派驻官吏和军队、大规模移民政策的同时,还保留并赐封原地方族群首领为王或侯——如夜郎和滇都被封为王并赐金质王印,让他们"复长其民",形成郡县守令与地方王侯并存的时期,但是强势汉文化的进入,对原地方青铜文化的影响和打击是致命的,原本蓬勃发展的"西南夷"青铜文明在汉文化大潮席卷下迅即衰退甚至消失,至西汉晚期,各地均流行使用汉系青铜器及铁器,已很难见到原地方特征鲜明的青铜器群了。因而同巴蜀、滇和百越等族群青铜器对夜郎青铜器的传入和吸收情况不同,汉系青铜器对夜郎青铜器的影响更多体现的是一种替代关系,它们的进入直接或间接地阻断了夜郎等地方青铜文明的发展进程。

第二节 夜郎与南越的商贸

一、西汉初期"西南夷"地区的政治形势

依"巴、蜀、广汉本南夷,秦并以为郡,土地肥美,有江水沃野、山林竹木疏食果实之饶"①的记载,位于四川盆地的巴、蜀、广汉等地在先秦时期中原观念里,亦同"夜郎"一样,同属于"南夷"之地,只是秦灭巴蜀行郡县制后,巴蜀之地脱离"南夷",得以率先融入中原汉文化圈;经过战国晚期的有效治理,到秦汉时期,巴蜀地区的经济文化迅速发展,成为闻名天下的"天府"之地,作为蜀郡郡治的成都发展成为繁华的大都市,成为当时西南甚至整个南方地区的政治、经济和文化中心,汉统治者便将位于其西侧横断山区、南侧云贵高原的许多还未进入华夏文化圈的地方族群统称为"西南夷",司马迁在《史记·西南夷列传》中对这些"西南夷"作了较为详细的记载:"西南夷君长以什数,夜郎最大;其西靡莫之属以什数,滇最大;自滇以北君长以什数,邛都最大:此皆魋结,耕田,有邑聚。其外西自同师以东,北至楪榆,名为巂、昆明,皆编发,随畜迁徙,毋常处,毋君长,地方可数千里。自巂以东北,君长以什数,徙、筰都最大;自筰以东北,君长以什数,冉駹最大。其俗或土箸,或移徙,在蜀之西。自冉駹以东北,君长以什数,白马最大,皆氐类也。此皆巴蜀西南外蛮夷也。"②在数量众多的"西南夷"中,位于蜀郡南侧的夜郎、滇和邛成为最有代表性的"蛮夷"古国,他们在政治、经济和文化上尚处于"小国寡民"的分散状态,而地处滇国东侧的夜郎正好处于蜀与南越之间的交通节点上(图5-6),从蜀地南下到达夜郎,即可顺牂柯江(今珠江上游南北盘江)直达南越国都城番禺(今广州市)。

二、夜郎与南越之间的商贸通道

西汉初年,盘踞岭南一带的南越国曾一度想控制"夜郎"等"西南夷"地区,"南越以财物役属夜郎,西至同师,然亦不能臣使也"③。尽管政治上占领夜郎的愿望没有达到,但两者之间的商贸往来却比较兴盛,这主要是因为一方面由于政治上的原因,汉中央王朝采取封锁政策,关闭了与南越国之间的贸易联系,阻断了南越往北经过长沙或南昌(汉称豫章)等与中原联系的通道;另一方面,秦汉时期位于夜郎北侧的巴蜀发展迅速,成都成为各种商品生产与流通的中心,巴蜀地区生产的枸酱、丝绸、铜器、铁器和漆器等各种商品经过

---

① 《汉书》卷二十八下《地理志·第八下》,中华书局,1962年,第1645页。
② 《史记》卷一百一十六《西南夷列传》,中华书局,1959年,第2991页。
③ 《史记》卷一百一十六《西南夷列传》,中华书局,1959年,第2991页。

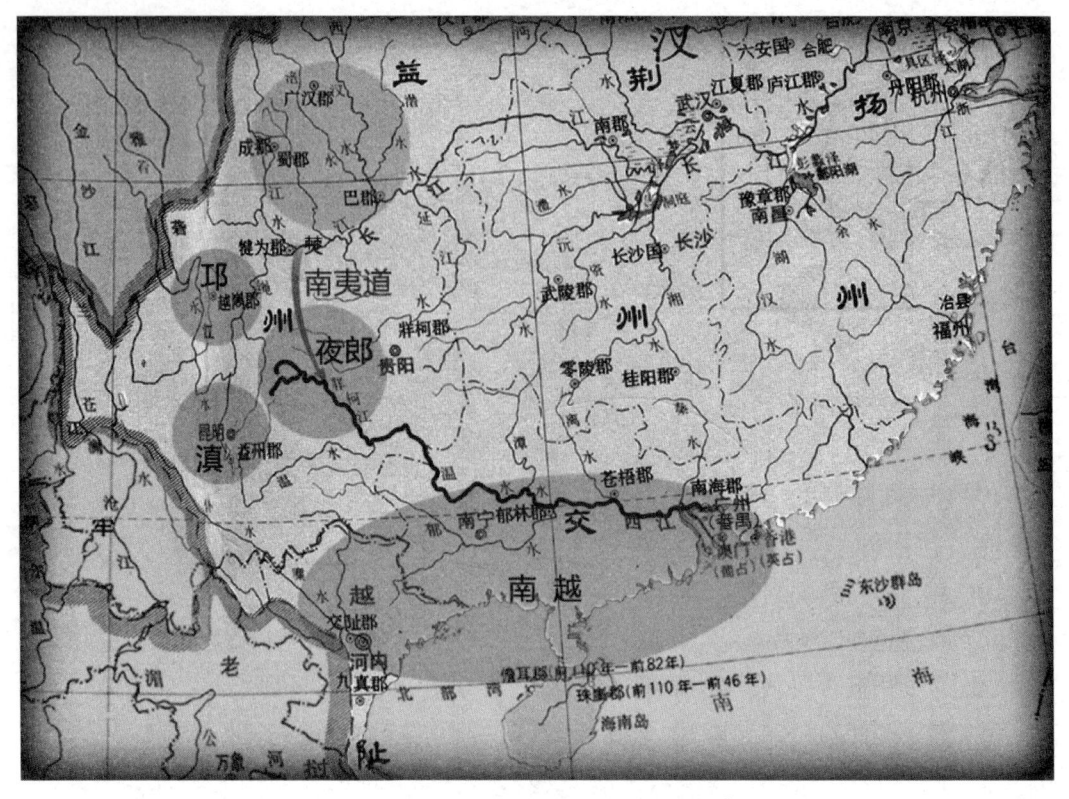

图 5-6　西汉初期"西南夷"政治形制①

蜀商人"窃出市夜郎",再由夜郎顺牂柯江商贸通道转贩南越,著名学者余英时指出"在汉代,不仅内地商人到边境地区贸易,就是边境地区与边境地区之间的贸易也很发达,最著名的实例就是夜郎与南越之间的枸酱贸易"②。出使南越的番阳令唐蒙正是在南越吃到产自巴蜀的"枸酱",并了解到这些产自巴蜀的商品是从位于南越西北端的夜郎顺牂柯江这条商贸通道而来的,夜郎的重要性遂引起西汉统治者的重视,开发"西南夷"才成为转变云贵高原历史发展进程的重大历史事件。商贸经济在汉政府对"西南夷"的开发中起到巨大影响,"在汉帝国向西南扩张的过程中,中国商人起了相似的作用。四川的商人经常非法越过边境去和夜郎进行贸易,他们的贸易行动最终使汉朝政府注意到夜郎地区的军事、政治重要性。结果是,整个西南(今四川之一部及云南和贵州)重新向中国开放,好几个蛮夷国家转化成了中国的郡"③,其中的夜郎及其"旁小邑"变成了犍为郡和牂柯郡,邛都变成了越嶲郡,滇变成了益州郡,《汉书·地理志》说"犍为、牂柯、越嶲,皆西南外夷,武帝初开置。民俗略与巴、蜀同"④。

---

① 取自谭其骧主编《中国历史地图集》第二册,中国地图出版社,1982年。
② 余英时著、邬文玲等译:《汉代贸易与扩张》,上海古籍出版社,2005年,第83页。
③ 余英时著、邬文玲等译:《汉代贸易与扩张》,上海古籍出版社,2005年,第83页。
④ 《汉书》卷二十八下《地理志第八下》,中华书局,1962年,第1646页。

三、可能经夜郎到南越的巴蜀式青铜器

巴蜀商人从"西南夷"地输入"筰马、僰僮、髦牛,以此巴蜀殷富"[①],而向"西南夷"地区输入枸酱、丝绸、缯帛、青铜器、漆器和铁器等,出使夜郎的汉使唐蒙正是利用夜郎及其周边旁小邑"皆贪汉缯帛,以为汉道险,终不能有也,乃且听蒙约"[②]的心理采取恩威并用的措施,得以在"西南夷"地置县,将统治伸入到"西南夷"地区。

从巴蜀经夜郎转运到南越一带的商品除了著名的"枸酱"外,应该还包括丝绸、青铜器等东西。丝绸等难以保存,发现不多,但在岭南地区包括广州南越王墓在内的一些西汉前期墓中,出土有一定数量的巴蜀风格青铜器,其中南越王墓内出土的青铜器包括东耳室出土的铜钫壶(图5-7,12),东侧室出土的铜洗(图5-7,6),后藏室出土的铜釜甑、铜鍪(图5-7,8~10)、铜蒜头壶(图5-7,15)等[③],尤其铜鍪和釜甑不仅数量多,而且与铁三脚架配套使用(图5-8),造型和用法均同巴蜀或夜郎地区同类器物,极有可能来自巴蜀地区。

除南越王墓外,在广州及邻近地区还发现数量众多的西汉前期墓,这些墓葬的随葬品中也包含有一定数量的青铜器,尽管青铜器在随葬品中的比例不高,但器类多样,来源复杂,既包括本地越式青铜器,也包括来自中原、湖南、巴蜀甚至"西南夷"等地的部分产品。如广州先烈南路6号墓(图5-7,13)和广州1175号墓(图5-7,14)出土的铜蒜头口壶[④],广州华桥西村1号墓(图5-7,2)[⑤]和淘金坑25号(图5-7,3)[⑥]等墓中出土的铜鍪,广西贵县罗泊湾1号墓出土的带柄釜(图5-7,5)、铜洗(图5-7,7),广西合浦文昌塔汉墓出土的铜鍪(图5-7,11),都能在巴蜀或夜郎地区找到大量相同或相似器物。

在岭南一带汉墓出土的青铜器中,最能代表巴蜀风格的首推广州M1175墓中出土的铜釜[⑦]。该釜造型呈侈口、束颈、圆鼓腹、圜底,肩部对称辫索纹环耳(图5-7,1),这种釜在岭南出土极少,但它是四川盆地战国秦汉时期最常见炊器,通过仔细比较可以发现,岭南地区包括南越王墓出土的鍪、洗(盘)等,造型与贵州赫章可乐夜郎墓中出土的同类器(图5-9)更为接近,它极有可能是从夜郎地区流通去的。

先秦至两汉时期,岭南地区鼎比较发达,包括越式鼎、楚式鼎及中原式鼎等,形成以鼎、甑为主的炊器组合,而在中国西南的四川盆地及云贵高原等地区,鼎的数量和形制就要少得多,这一区域主要使用各种形制的釜(鍪)、甑,形成釜、甑和三脚架的炊器组合。

---

① 《史记》卷一百一十六《西南夷列传》,中华书局,1959年,第2993页。
② 《史记》卷一百一十六《西南夷列传》,中华书局,1959年,第2994页。
③ 广州市文物管理委员会、中国社会科学院考古研究所、广东省博物馆:《西汉南越王墓》,文物出版社,1991年。
④ 广州市文物考古研究所:《广州市先烈南路汉晋南朝墓葬》,《羊城考古发现与研究(一)》,文物出版社,2005年,第52页。
⑤ 麦英豪:《广州华侨新村的西汉墓》,《考古学报》1958年第2期。
⑥ 麦英豪:《广州淘金村的西汉墓》,《考古学报》1974年第1期。
⑦ 广州市文物管理委员会、广州市博物馆:《广州汉墓》,文物出版社,1981年。

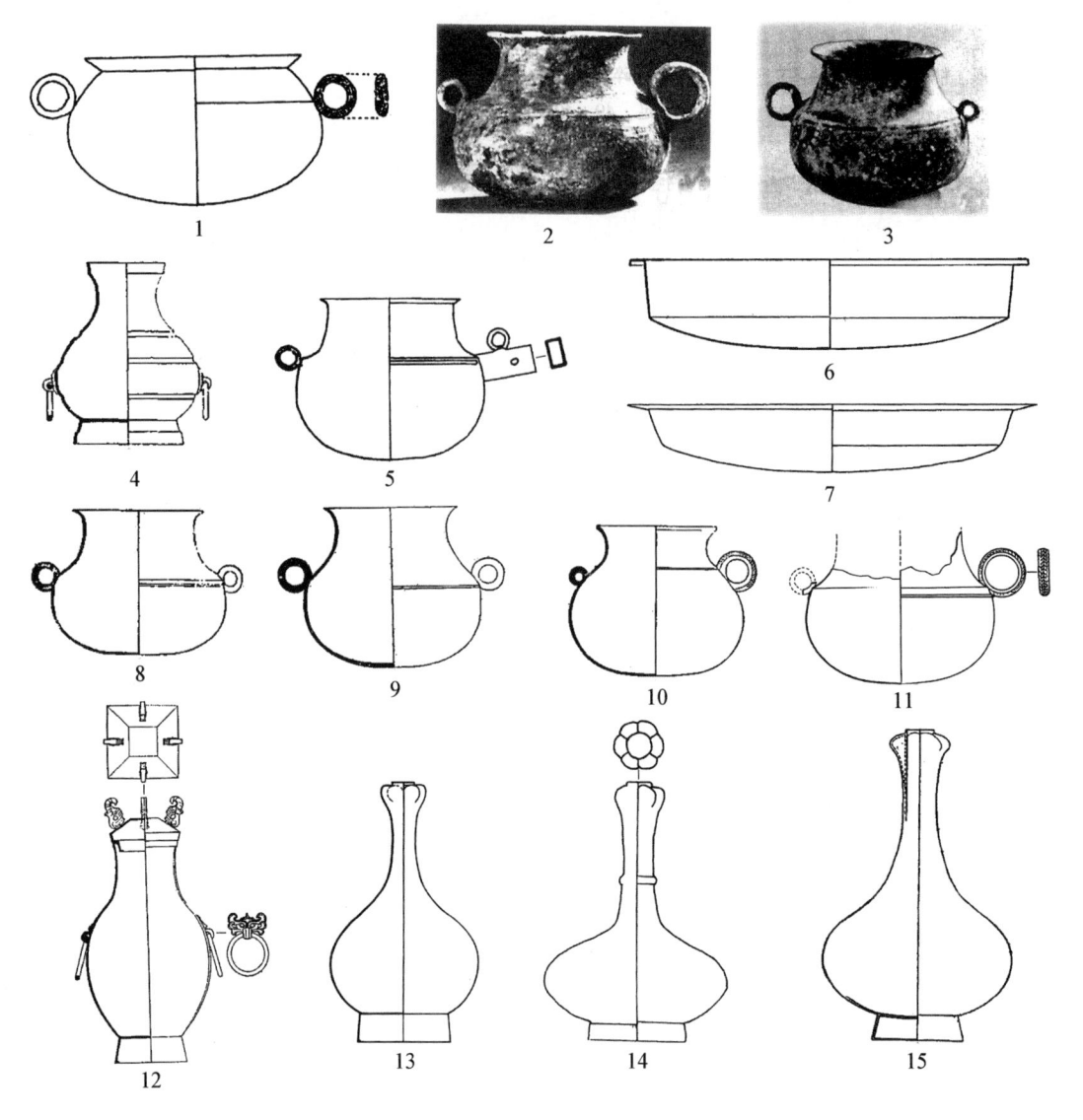

图 5-7 岭南出土部分可能来自巴蜀地区青铜器
1. 釜（广州汉墓 M1175：65） 2. 鍪（华桥西村 M1：10） 3. 鍪（淘金村 M25：1） 4. 长颈壶（南越王墓 C84）
5. 带柄釜（贵县罗泊湾 M1：38 鐎壶） 6、7. 铜洗（南越王墓 E82、贵县罗泊湾 M1：27）
8～10. 铜鍪（南越王墓 G76、C7、G67） 11. 铜鍪（合浦文昌塔 M79：5）
12. 铜钫（南越王墓 B78） 13～15. 蒜头壶（广州先烈南路 M6：1、广州汉墓 M1175：43、南越王墓 G56）

西汉前期，在岭南一带发现较多具有巴蜀风格青铜器尤其是青铜炊器，这可能与西汉中央政府对南越国采取封锁政策、中原及楚等地的青铜器不易流通至岭南，而从巴蜀经夜郎等的商贸通道却比较通畅有关。西汉中晚期以后巴蜀式青铜器在岭南迅即减少甚至消失的现象，也可能跟汉灭南越后，从长沙、南昌（汉豫章）南下岭南的通道得以重新开通，岭南与中原的联系取道向北的交通大道后，不用绕道"西南夷"地（此时夜郎等"西南夷"地已悉数成为汉代的郡县），走边远且难行的牂柯江水道有关。

图 5-8　广州南越王墓出土青铜鍪及铁三脚架
（取自《广州秦汉考古三大发现》第 353 页）

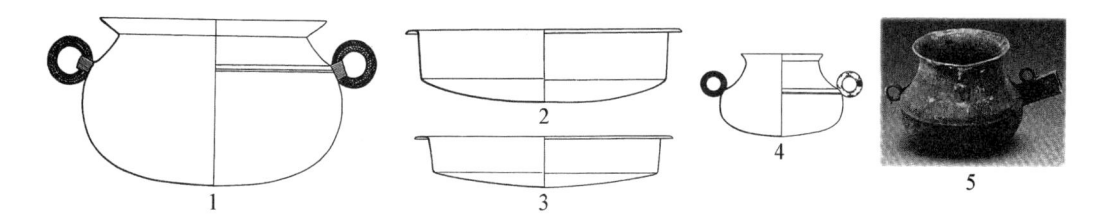

图 5-9　赫章可乐出土与岭南地区相同青铜器
1. 铜釜（可乐 M274∶86）　2、3. 铜洗（可乐 M298∶1、M296∶1）
4. 铜鍪（可乐 M373∶1）　5. 带柄釜（可乐 M183∶6）

第三节　南夷道与海上丝绸之路

一、"南夷道"开通的意义

尽管从巴蜀经夜郎到南越之间有一条"早已存在的交通要道"[1]，但这条商贸通道是民间性质的。秦时曾想将统治势力伸入"西南夷"地区，"常頞略通五尺道，诸此国颇置吏焉"[2]，但随着秦王朝的灭亡，"五尺道"的修筑便不了了之。西汉初年，汉中央政府更是采取"皆弃此国而开蜀故徼"的方针，将巴蜀与"西南夷"分隔。

唐蒙第一次出使"西南夷"，即取得夜郎及其旁小邑同意设县的重大成果，为保证郡县制在"西南夷"地区的顺利施行，达到长久征服"西南夷"并由此顺江而下一举消灭南越

---

[1]　广州市文物管理委员会、中国社会科学院考古研究所、广东省博物馆：《西汉南越王墓》，文物出版社，1991年，第 348 页。
[2]　《史记》卷一百一十六《西南夷列传》，中华书局，1959 年，第 2993 页。

的目的,便"发巴蜀卒治道,自僰道指牂柯江",这条"自僰道指牂柯江"的南北向通道(称南夷道或夜郎道)虽有秦"五尺道"作为基础,但工程艰巨,"数岁,道不通,士罢饿离湿,死者甚众;西南夷又数反,发兵兴击,耗费无功"①。尽管如此,但作为从四川盆地进入云贵高原的第一条"官道","南夷道"的开通具有十分重要的意义,它不仅加强了汉政府对"西南夷"地区的行政统治,有利于汉文化在"西南夷"地区的传播,更为重要的是这条官道基本联通了四川盆地经云贵高原通往岭南的水道,使原来的民间商贸通道发展成为政府主导下的康庄大道(国道),贵州到岭南甚至越南等东南半道的经贸联系更加紧密,以今贵州为主体设置的汉牂柯郡(郡治或认为在凯里、黄平一带的清水江附近,或认为在平坝至西秀一带汉遗存集中分布地)便成为沟通四川盆地与海上丝绸之路的重要支撑点,这在安顺一带发现的考古遗存上有鲜明的反映。

二、南方(西南)丝绸之路的交通走向

汉代对外交往的经贸通道,除从汉长安(今西安)出发,经河西走廊沿天山南北到达西亚和地中海一带的"北方丝绸之路"和从汉番禺(今广州)、合浦(今北海)一带港口出发,经东南半岛到达南亚、西亚甚至东非一带的海上丝绸之路外,近年来对"西南丝绸之路(或称南方丝绸之路)"与"草原丝绸之路"的研究也比较兴盛,尤其"南方丝绸之路"由于它具有连接"北方丝绸之路"和"海上丝绸之路"的作用,因而更受学界关注。

多数学者认为"南方丝绸之路"的起点是成都,但有学者提出它的起点也应是当时的都城长安(今西安市),成都只是这条通道上"一个重要的据点"②。其实它最先也只是"西南夷"地区与"身毒国"之间的民间商贸通道,汉中央王朝对这条通道的了解源于出使"西域"的张骞,张骞回到长安向武帝报告说他在大夏国时曾见到产自成都一带的蜀布、邛杖,并打听到这是商人从"西南夷"地贩运到身毒国(今缅甸至印度一带),再由身毒转运到大夏去的;由于从长安走河西走廊的通道常被匈奴阻断,因而建议寻找并开通这条新的"身毒国"道,汉武帝便派遣王然于、柏始昌、吕越人等人组成寻路团队从成都出发,到"西南夷"地寻找这条通往身毒国的道路,王然于等人虽到达"西南夷"中重要的滇国和夜郎,"至滇,滇王尝羌乃留,为求道西十余辈。岁余,皆闭昆明,莫能通身毒国"③;王然于等人此行虽引发出"夜郎自大"的成语典故,但开通"身毒"道的目的并没有达到,及汉灭滇,"后复遣使,竟不得通"(《史记·张骞传》),西汉政府打通"身毒"道的努力受到部分"西南夷"(如昆明、哀牢)的抵制,"即西南夷有意识地封锁汉朝使者,可能是因为他们担心汉朝政府对贸易通道的干预和控制会不可避免地剥夺他们在有利可图的对外贸易中所享有的特殊地位"④。

尽管这条从成都出发,往西南方向经雅安(汉时的严道或青衣道)、西昌(汉时邛都)

---

① 《史记》卷一百一十六《西南夷列传》,中华书局,1959年,第2995页。
② 高大伦:《关于"南方丝绸之路"的几点思考》,《中国史研究》1995年第2期。
③ 《史记》卷一百一十六《西南夷列传》,中华书局,1959年,第2996页。
④ 余英时著、邬文玲等译:《汉代贸易与扩张》,上海古籍出版社,2005年,第99页。

到达"西南夷"中的"昆明"(今大理),再由此向西经保山(汉哀牢)进入南亚大陆的通道由于受到"西南夷"的封锁而长期停留在民间通道的层面,但丝毫没有影响中国西南与缅甸、印度之间经贸联系——中国内地生产的丝绸等商品远销南亚、印度洋一带,"通过这条道路输入汉地的物质,则有玛瑙、琉璃、珠饰、海贝等"①,西南丝绸之路"将印度和中国的西南地区以及西北地区衔接起来,成为千百年来中印交通的大动脉"②。地处乌蒙山核心地带的赫章可乐和威宁中水墓地均出土有来自印度洋等海上丝绸之路的产品,尤其可乐M373出土的海贝(图5-10,1)、饰花铅玻璃珠(图5-10,3)、孔雀石玻璃珠③(图5-10,2)等,极有可能就是从这条交通动脉上传入的。

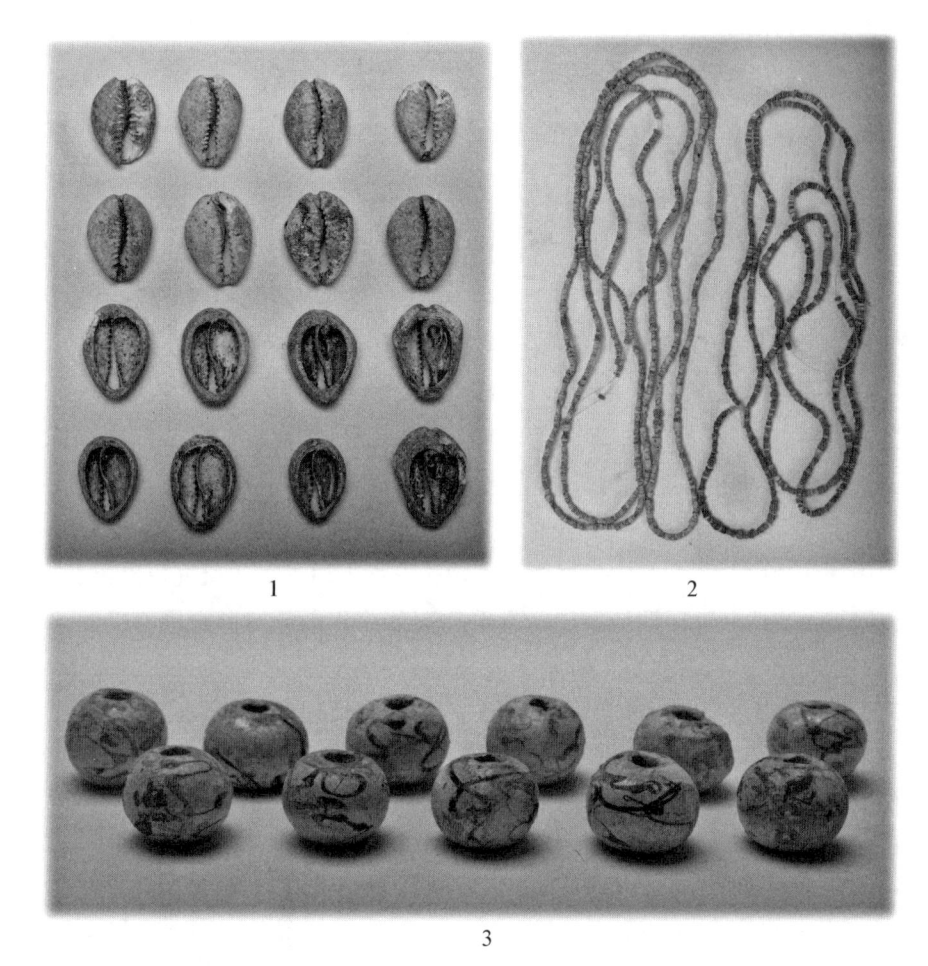

图5-10 赫章可乐M373出土部分外来产品(吴小华供图)
1. 海贝(M373:2、M373:47、M373:62) 2. 孔雀石玻璃珠(M373:48、M373:55)
3. 饰花铅玻璃珠(M373:37大石串珠)

---

① 王子今著:《秦汉交通史稿》(增订版),中国人民大学出版社,2013年,第493页。
② 沈福伟:《中西文化交流史》,上海人民出版社,2014年,第50页。
③ 贵州省文物考古研究所编:《贵州赫章县可乐墓地两座汉代墓葬的发掘》(《考古》2015年第2期)对上述珠饰定名有误,此据中国科学院上海光学精密机械研究所李青会研究员意见订正。

三、南夷道在南方丝绸之路和海上丝绸之路的节点作用

就汉代成都与海上丝绸之路的连接来说,从巴蜀南侧通往夜郎和滇等"西南夷"地区的"南夷道"无疑具有非常重要的节点作用,这主要表现在下列几个方面:1. 从巴蜀顺南夷道南下到达夜郎后,向西便能很容易地联通滇、昆明等其他"西南夷"族群,进而与西线的"青衣道"交汇,进入西向的"西南丝绸之路";2. 从夜郎地往东南走牂柯江水道能方便直达番禺城下,巴蜀的枸酱等正是通过这条商贸通道到达南越地区的;3. 从夜郎地一路往南,可方便直达合浦郡(今广西北海)和交趾郡(今越南红河三角洲一带)等海上丝绸之路港口。因此应将南方丝绸之路理解为一个商贸网络,这张网络上不同方向的重要通道便是其显性表现,其中尤以"南夷道(或称夜郎道)"表现得最为突出。

"南夷道"的开通,让贵州历史发展进入新的时期,这一时期既是夜郎等"西南夷"族群融入大一统汉帝国的时期,也是生存在贵州高原的各族群通过西南丝绸之路(亦称南方丝绸之路)和海上丝绸之路逐步融入外部世界的重要时期。

由于有了南夷道所串起的西南商贸网络,成都生产的丝绸、织锦、邛杖、枸酱等商品的远销除部分往西经过西藏等高原丝绸之路外,更多的是从南方经过贵州高原到达广东广州(汉番禺)、广西北海(汉合浦郡)和越南河内(汉交趾)等海上丝绸之路港口后,汇入海上丝绸之路将商品销往东南亚、南亚、西亚甚至东非一带。

在考古材料上,战国秦汉时期的夜郎国同东南亚等地的经济文化交流已取得一定进展,可乐流行的套头葬俗在越南北部的清化省和柬埔寨东南部的波赫(图5-11,1)均可能存在[①],而且最具可乐青铜文化特征的镂空人物图案首铜柄铁剑(图5-11,2)、立耳铜釜和铜带钩等在越南北部有不少相似器形发现。有学者通过对比研究指出:"东山文化红河流域类型与贵州西北地区两地发现的青铜剑在茎首和剑身的形制更趋接近,故追溯红河流域青铜剑的流变,也需要考虑贵州西北地区。"[②] 贵州西北地区的可乐文化因素出现在越南甚至柬埔寨东南半岛,可能曾有部分可乐人在西汉时期的夷汉互动关系大潮中南迁到东南半岛一带,而人群的迁徙路线应当沿当时的经贸通道进行。

汉代设置郡县后,还采取"募豪民田南夷"和"募徙死罪及奸豪实之"等措施,向云贵高原大规模移民,开启贵州历史上第一次大规模移民浪潮,随着这些汉移民的到来,中原先进的文化和生产技术随之传入贵州,贵州的文化教育和经济发展进入新的发展阶段。一方面,贵州不仅连接着四川盆地与海上丝绸之路,而且本地生产的一些青铜器、陶瓷器等亦成为当时流通的重要商品;另一方面,来自岭南或海外的一些商品亦流入贵州,黔西南兴义万屯、兴仁交乐等地汉墓中出土的铜盘口鼎、铜樵壶、铜樽等就可能是来自岭南的青铜器,墓中发现的仿龟、兽、狮虎或鸳鸯等各种辟邪类琥珀饰品(图5-12),则应该是从

---

① 杨勇:《可乐文化因素在中南半岛的发现及其认识》,《考古》2013年第9期。
② 卢智基:《滇文化与东山文化的互动关系——以昆明羊甫头与义安鼎乡遗址出土青铜器研究为例》,四川大学硕士学位论文,2007年。

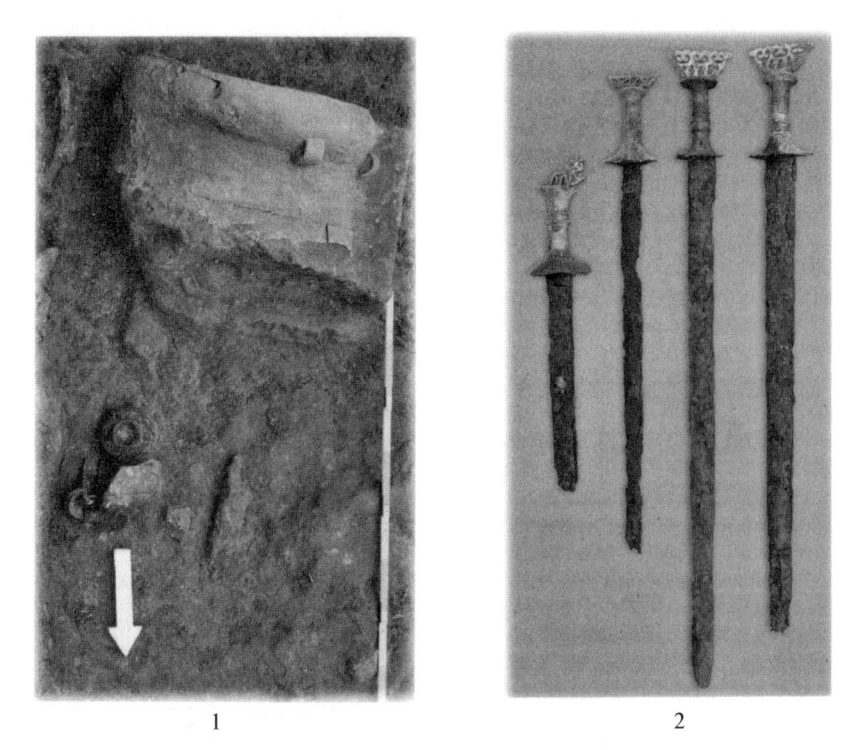

图 5-11 东南半岛发现的可乐文化因素
(取自《考古》2013 年第 9 期)
1. 柬埔寨波赫 M4 铜鼓套头葬 2. 越南北部发现的铜柄铁剑

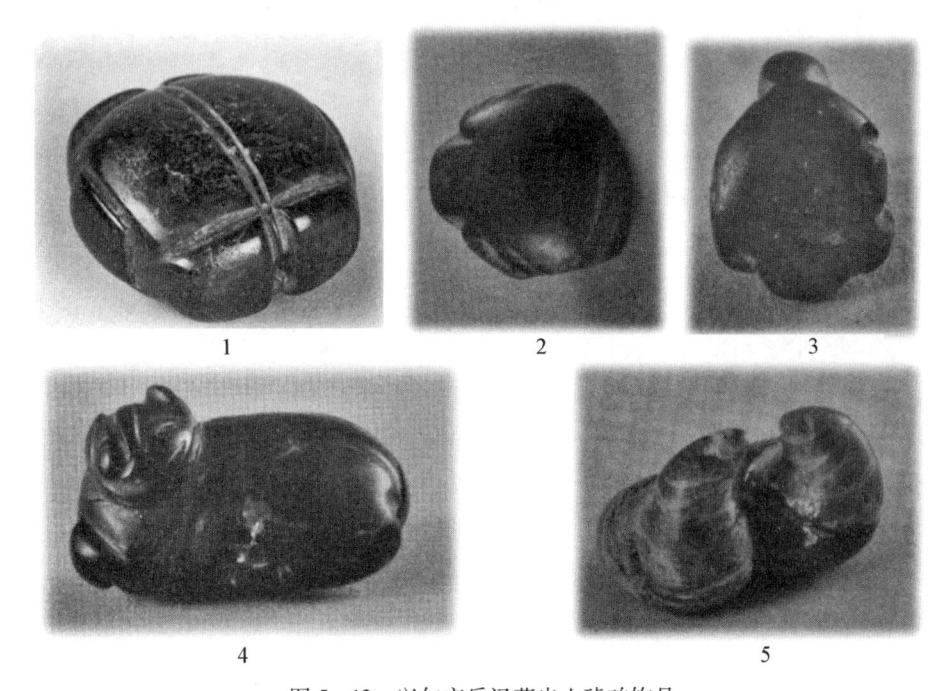

图 5-12 兴仁交乐汉墓出土琥珀饰品
1~3. 琥珀龟(1. 交乐 M14 2、3. 交乐 M19) 4. 琥珀虎(交乐 M19) 5. 琥珀鸳鸯(交乐 M19)

海上丝绸之路传入岭南后,再由岭南一带向北传入云贵高原。

在贵州清镇平坝一带汉墓中,出土有相当数量的玻璃器,包括玻璃羊坠、白玻璃串珠(7颗)、耳珰(一组3件)、六方形玻璃珠(一串5颗)等。在马场、尹关清理的两晋南朝墓中,出土的玻璃、玛瑙和琥珀等装饰器就更多,包括玛瑙饰185件、琥珀饰21件、水晶饰6件和玻璃珠饰数百件,重要的如马场M34出土的四色玻璃串珠,M35出土的四色玻璃珠,尹关M9出土的五色玻璃串珠两串(一串110颗,一串213颗),清镇M104出土的杂色玻璃串珠(128颗),马场熊家坡M49出土的玛瑙、玻璃串珠,M37出土的玛瑙、琥珀和玻璃串珠(图5-13,1),M42出土的玛瑙、玻璃串珠等[①]。除琥珀多做成狮形、卧兽形、蝉形、猪形(图5-13,2)等动物形态外,余皆做成球形、圆形、菱形、梭形、圆柱形、纺轮形、脊柱形、算珠形等各种几何形,而玻璃珠饰在汉晋时期多从海上丝绸之路传入我国南方地区,在两广地区和西南地区的相当汉墓中多有发现,以两广汉墓尤其合浦汉墓发现最多,地处黔中腹心地带的清镇、平坝一带,地理位置正处在两广地区同四川盆地文化交通线的关键节点上。

图5-13 马场汉晋墓葬出土琥珀等外来产品
1. M37出土玻璃、玛瑙和琥珀饰品 2. 猪形琥珀

目前发现的贵州战国秦汉时期"西南夷"地方族群考古遗存多集中分布在贵州西部地区,汉文化遗存多由北向南呈线状分布,这种分布格局同当时郡县设置和交通道路的走向有密切联系,因为人类群体的生存发展,离不开同外界的沟通与交往,沿着南北向交通大道定居,通过通道联通自身与外界是当时人类群体的优先选择。

两千多年前,生活在贵州高原山间峡谷中的古夜郎族群,已在不断努力打通北与四川盆地(巴蜀)、南与岭南甚至东南半岛之间的商贸通道,融入宽广的经济文化圈;2 000年后

---

① 刘明琼:《贵州省博物馆馆藏玻璃器略述》,干福熹主编:《中国南方古玻璃研究——2002年南宁中国南方古玻璃研讨会论文集》,上海科学技术出版社,2003年。

的今天,贵州水、陆、空立体交通网络已完全形成,制约贵州经济发展的交通瓶颈已完全打通,现在正是借鉴历史发展经验,努力融入国家"一带一路"发展战略格局的最佳时机,回望"南夷道"开通对贵州历史发展的影响,无疑具有非常重要的现实意义。

第六章 结 语

一、夜郎系遗存的地域文化个性

贵州西部至云南东部地区(俗称滇东黔西)是高海拔山区,基本呈南北向的乌蒙山脉将这一区位的地理环境切割得支离破碎,但这样的环境不仅是战国秦汉时期夜郎系族群的活动地带,也是汉开发"西南夷"的重要对象,是反映贵州战国秦汉时期风云变化历史的舞台。

早在距今约3000年的商周之际,乌蒙山脉东、西、南各侧便开始出现区域性的考古文化遗存——偏东侧以毕节青场瓦窑类遗存为代表,偏西侧以威宁中水鸡公山文化遗存为代表,偏东南侧以贞丰北盘江沙坝类遗存为代表,这些遗存中开始出现少量的生产工具和装饰器等青铜器,已进入到云贵高原青铜时代的初始阶段,但这一阶段的青铜器器类和数量均很少,冶铸工艺还比较原始,青铜器开始干预人们的生活但还不起重要作用,比起周边地区,青铜器的发展显示出相当的滞后性。

春秋晚期至战国早中期,可能是受到来自北方四川盆地巴蜀文化的影响,乌蒙山脉北端东西侧接近四川盆地地区的青铜文化开始发展起来。乌蒙山西侧以威宁中水红营盘和云南昭通营盘山乙区墓地为代表,出现相当数量的巴蜀柳叶形剑和宽叶形镞、矛等青铜兵器及手镯等装饰器,由于系当地仿制,这些青铜兵器铸造比较粗糙,类型也简单;而在乌蒙山脉偏东侧的赫章可乐,青铜文化也发展起来,出现铜洗等少量容器和较多的柳叶形剑、三角援直内戈等兵器和发钗、带钩等装饰器。与乌蒙山西脉红营盘等地出土的青铜器相比,赫章可乐地区的青铜器从一开始铸造即比较精良,无论是容器洗,还是青铜兵器戈、剑,抑或是装饰器铜带钩等,都能在四川盆地巴蜀文化遗存中找到异常接近的材料,因而就文化因素分析,可乐地区的青铜器更接近四川盆地,东西两侧青铜器器类和工艺的不同可能反映着受影响的程度不同,可乐地区青铜器极有可能系来自四川盆地的工匠生产。

战国晚期至西汉前期,贵州西部乌蒙山脉各个区域的青铜文化都得到了较大发展,相继进入到地方青铜文化的成熟期,但由于受周边各族群影响的不同,各地区相继在吸收周边青铜器群的基础上形成了体现自己地域文化特征的青铜器器类组合,文化个性逐步形成。

可乐自始至终受巴蜀青铜器影响一直很深,从容器、兵器到装饰器多具有巴蜀青铜文化因素,另外这一时期,从滇中高原传入有一些容器、兵器、装饰器和海贝等,两者相互整合便创造出铜柄铜剑、铜柄铁剑等地域性青铜器类,文化个性通过诸如套头葬、陶器、青铜器等体现出来。

威宁中水地处昭鲁盆地东侧,北接四川盆地,西北隔金沙江与川西南安宁河谷和盐源盆地相望,西南则与滇中、滇东高原相连,易受多种文化因素的影响,形成更加复杂的文化类别。这从青铜器的器类也可看到:红营盘墓地出土的兵器、装饰器不少与川西南安宁河大石墓青铜器相似,显示着从商周时代两地就存在的文化联系一直存在;银子坛墓地尽管与红营盘紧连,但两者葬俗、随葬陶器、青铜器等均明显不同,银子坛墓地的青铜器虽还保留有一定数量的柳叶形剑,但来自滇中高原的蛇头茎首剑、人物图案戈、双耳矛和可能来自盐源盆地的W形内首长条形戈等成为这一时期兵器的主体,装饰器方面这里少见可乐流行的琵琶形带钩,而以各种仿动物造型的带钩引人注目,这些动物形带钩应是从滇中高原盛行的各种动物形扣饰借鉴改造而来,形成彰显自己文化个性的器物。

地处乌蒙山东南侧黔西南山地中的铜鼓山类文化遗存,由于距四川盆地较远,因而这一区域内的青铜器已基本不见巴蜀文化青铜器的影响。这一地域范围内的青铜器主要受来自西侧的滇青铜文化和来自岭南的百越青铜文化的影响:来自滇青铜文化的影响体现在铜鼓山及周边地区流行的主要兵器和装饰器上,兵器中的曲刃一字格剑、扁圆茎变形蛇首剑、曲刃矛和装饰器中的铃、手镯、扣饰等都可找到滇青铜器的影子;而来自南方百越文化的影响体现在兵器、生产工具和乐器等方面,兵器中的"风"字形钺、斜刃双肩钺、靴形钺,生产工具中的双斜肩锄、铲,乐器中的羊角钮钟、铙,等等。由于铜鼓山发现大量冶铸各种青铜器的范模,因而铜鼓山类遗存青铜器使用范围不仅包括黔西南地区,还包括滇东南、桂西北珠江上游南北盘江流域区,影响所及可能到达南宁甚至越南北部一带。

二、汉遗存分布的线性特征

由于乌蒙山呈南北走向,因而滇东黔西地区战国秦汉时期地方族群文化遗存的分布也多在其东西缘——西缘由北往南有昭鲁盆地、曲靖盆地和广南盆地内的众多青铜文化遗存;东缘地貌更加破碎,没有西缘那样的高原平坝,但也有赫章可乐、安顺宁谷和铜鼓山等众多大大小小的遗存分布。也就是说,当时的族群活动主要围绕在乌蒙山周边展开,受这种族群分布特征的影响,在西汉中期开始的开发"西南夷"大潮中,自巴蜀进入云南东部至贵州西部(南夷地区)的汉移民,便主要形成两纵的南北走向格局。乌蒙山西缘南进路线是从川南宜宾(汉南夷道的起点)开始顺南广河或筠连河峡谷南下,到达昭通和威宁、赫章一带,再由此南下进入曲靖盆地,也就是说西缘主要走南夷道,在曲靖盆地以后分成两个方向:一个往东南方向到达滇东南的广南、个旧等地,一个往西南方向进入滇中高原即滇文化族群活动核心区的昆明、玉溪一带。乌蒙山东侧主要是从峡江地区或顺赤水河进入贵州北部,南下到达清镇、平坝至西秀一带黔中腹地,再由此往南越过北盘江到达黔西南滇东南一带,最后两线重合南抵越南北部红河三角洲一带。形成这种以南北走向为主要交通格局的另一重要原因可能是要打通位于西南地区的益州与位于今岭南至越南北部的交州之间的通道,因为西汉帝国的政治、经济和文化中心在西安,益州的文化经济中心成都与交州刺史部的行政中心河内形成南北向分布格局,况且此通道也是西南地区连接海上丝绸之路的重要通道,因而从成都南下夜郎再到广州,或从成都南下到达昆明,再从昆明经所谓的滇越道到达今越南河内的交通网络,在两汉时期是异常重要的。

我很久前即注意到,从巴蜀进入贵州的汉移民,经南夷道而来者主要集中在黔西北的威宁、赫章等地,绝大部分是从东侧经赤水河等方向进入的,虽然东侧的通道一直未经官府修筑,没有变成官道,文献也没有记载,但这条通道对贵州汉文化的形成影响不亚于南夷道[1]。

汉文化遗存呈线状分布的特征不仅在滇东黔西,在川西南和滇中西部表现也很明显,川西南"凉山地区的各类汉代文化遗存在地理分布上基本上呈线性分布,一条从北向南,从汉源经越西、喜德、泸沽、西昌、德昌而至会理;另一条由东向西,从美姑经昭觉而到西昌。这两条道路即著名的南方丝绸之路凉山段"[2]。由此线路继续南下进入大理等地后,与从昆明而来的线路合而为一,向西经保山进入缅甸,这就是南方(或称西南)丝绸之路的主体,也是汉政府派使者寻找的"身毒"道,因此在昆明、大理和保山等沿线地区就留下较为丰富的汉代遗存,包括城址、居住址和墓葬等。

由于各地汉文化遗存表现出空前的一致性,因而其地域差异往往被忽略,其实认真分析也能看到不同地域的汉文化遗存各自还体现出一定的地域性:贵州赫章可乐等地的汉文化遗存同安顺平坝、兴仁交乐等地的汉文化遗存内涵并不完全等同,即便是同一类型的青铜器,器形都存在着一定的差异;赫章可乐更多体现出同四川盆地西部及滇东北等地的一致,而平坝、清镇一带更多体现出同四川盆地东部重庆峡江地区的一致性;在清镇、安顺等汉墓中出土的绝大部分青铜器,都可在峡江地区汉墓中找到相同或非常相似者;兴仁交乐和兴义万屯一带的汉墓,除表现出与四川盆地的诸多相同之处外,还体现出一定的与岭南地区汉墓如广西合浦等地汉墓的联系。

由于西汉中央王朝开发"西南夷"采取的是自北而南的经营方略,因而贵州汉文化遗存在南北不同地域之间的出现也存在一定的时间早晚顺序:地处贵州最北端的务川大坪、习水土城等地,地处四川盆地南缘地带,秦汉时期其行政区划亦属巴郡或广汉郡,因而汉人进入这一区域很早,发现有一定数量的西汉早期墓葬;而西汉武帝时期将黔西北、滇东北和川南等相连地区纳入新设置的犍为郡管辖范围,赫章可乐还可能是该郡汉阳县县治所在,因而赫章可乐及其周边的汉文化遗存以西汉中期前后的长方形土坑墓为最早;随着汉平南越并顺势诛灭了反叛的"西南夷"小国"且兰",夜郎等主动内附,汉中央王朝得以"平南夷置牂柯郡",汉移民进入今贵州清镇、平坝和西秀区等黔中腹心地带,目前在清镇、安顺西秀区等地发现的汉文化墓葬以西汉中晚期至东汉时期为最多;由此继续往南推

---

[1] 张合荣:《从考古材料论贵州汉代的交通与文化》,《贵州民族研究》1996年第1期。
[2] 凉山彝族自治州博物馆、凉山彝族自治州文物管理所编著:《一个考古学文化交汇区的发现——凉山考古四十年》,科学出版社,2015年。

进,汉移民进入黔西南等就主要在西汉晚期以后,兴仁交乐、兴义万屯等地汉墓就主要是东汉时期的,尤以东汉中晚期为多。

三、"西南夷"遗存的对应问题

司马迁在《史记·西南夷列传》中,依头饰和经济不同将众多"西南夷"族群初步划分为三个类别,并对各族群的活动地域有一个大体框定。按司马迁的划分,地处今川南、滇东和黔西一带的夜郎、滇和邛等是"此皆魋结,耕田,有邑聚"的农耕定居族群,地处滇西北的嶲、昆明等是"皆编发,随畜迁徙,毋常处,毋君长"的游牧族群,而地处川西横断山区的徙、筰、冉駹和白马等则是"或土著,或移徙"的游牧定居混杂族群,因而根据族群的文化特征和活动地域,将在云贵高原和川西横断山地带发现的考古遗存同"西南夷"各族群对应从而进行族群文化的解读成为现今学者较为通行的做法。依云南肖明华先生的划分①,夜郎活动地域在今贵州中西部至云南东北部,滇活动中心在今环滇池一带,靡莫活动中心在今曲靖一带,邛都活动中心在以今西昌为中心的安宁河谷,夜郎旁小邑漏卧活动中心在今罗平、师宗和泸西一带,句町活动中心在今贵州黔西南和滇东南广南和桂西北一带(图6-1)。尽管这种划分不一定准确,但至少说明一个古国或古族群活动地域具有一定的空间范围,它不等同于一个小范围内的考古遗存或一个考古学文化遗存,更不能以晚出的省界来划分其范围,笼统将夜郎划入贵州境内,而不关注滇东和桂西北等相连地区。

学界多认为,夜郎活动主体在今贵州境内,因而贵州西部地区发现的赫章可乐、威宁中水和普安铜鼓山等遗存便成为探讨古夜郎文明的最重要实物资料。但对这些遗存的认识上,学者之间也是有歧义的——有学者认为位于黔西北的赫章可乐、威宁中水是古夜郎遗存,但有学者认为位于黔西南地区的普安铜鼓山类遗存才是夜郎遗存,有学者则提出它们都是夜郎遗存,区别只是中心区在哪里,谁最能代表夜郎文化。但这样一来出现的问题是,在与贵州山水相连的滇东高原,包括滇东北的昭通、滇东的曲靖和滇东南的文山等地区,都发现有同贵州西部遗存完全或基本相同的重要遗存:滇东北昭通境内发现的营盘山、白沙地、水井湾等与威宁中水遗存完全相同;曲靖盆地的八塔台、横大路等遗存同赫章可乐类遗存也有密切联系;泸西石洞村和大逸圃墓地、师宗大圆子墓地以及桂西北田东县、田阳县和西林县等发现的遗存同普安铜鼓山基本相同,皆流行一字格曲刃短剑、带图案的铜戈和曲刃矛等,且文献记载夜郎王(或称竹王)诞生的"遯水"属珠江水系,它是流入广西境内的郁林郡的,因而考证夜郎文明诚不可"固步自封","南盘江南岸的广西部分应该考虑在夜郎范围内",而云南东部地区"不但应该纳入夜郎考虑的范围,而且还应与重点注意"②。因此我们将夜郎活动的北界大致框定在金沙江以南、南盘江以北以乌蒙山为核心的滇东黔西地区,自北向南包括有文化内涵大同小异的多个区域文化遗存,这些遗存对应的大致就是夜郎及其周边"旁小邑"。

---

① 肖明华:《"西南夷"与西南地区青铜文化》,《四川文物》2012年第5期。
② 唐文言:《试探夜郎文化研究的新途径》,《夜郎重释》,作家出版社,2004年。

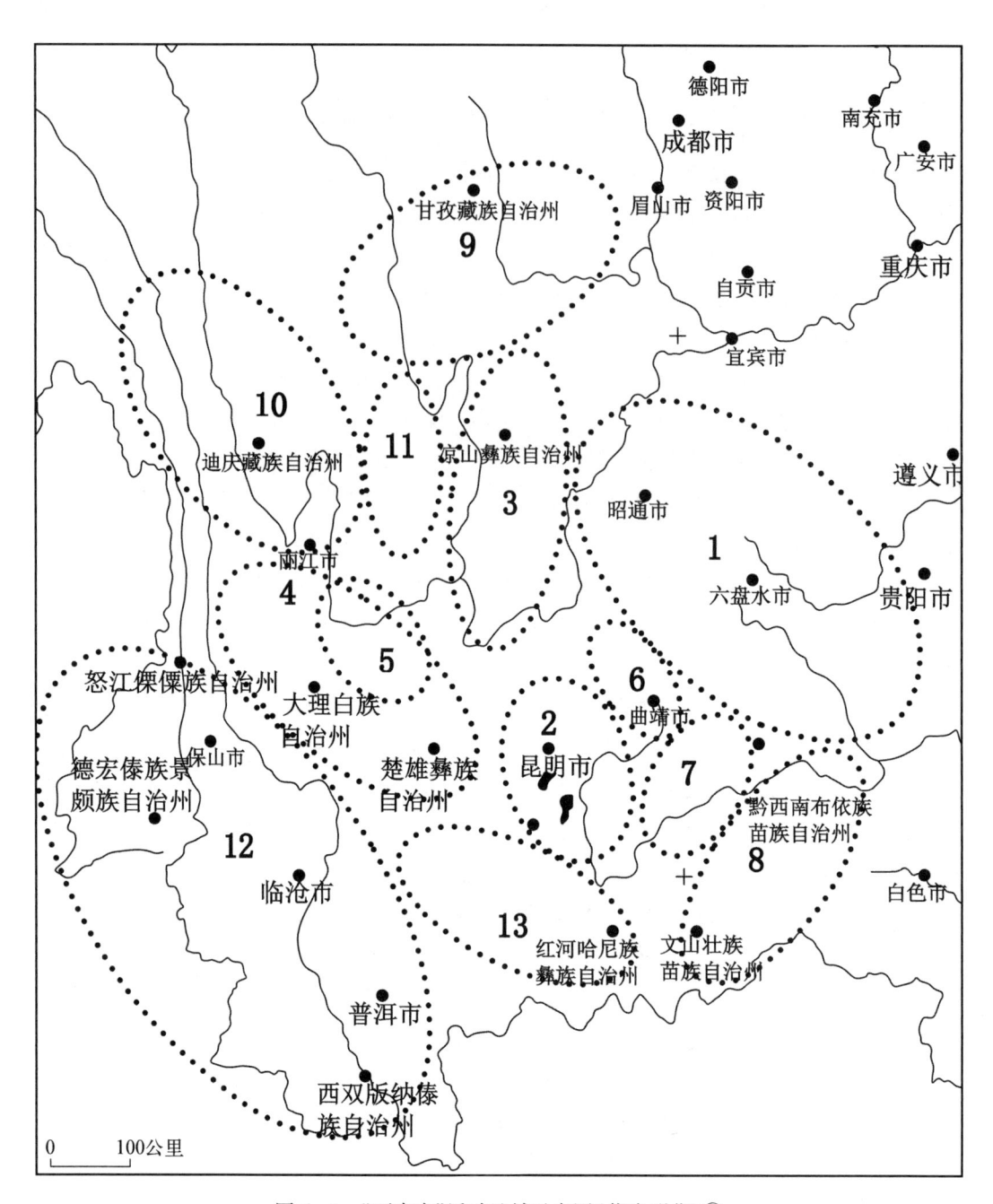

图6-1 "西南夷"活动地域示意图(依肖明华)①

1. 夜郎 2. 滇 3. 邛都 4. 昆明 5. 嶲 6. 劳浸、靡莫 7. 漏卧 8. 句町
9. 冉駹、白马 10. 白狼、盘木等 11. 徙、筰 12. 哀牢 13. 元江流域族群

---

① 肖明华:《"西南夷"与西南地区青铜文化》,《四川文物》2012年第5期。

在夜郎及旁小邑活动地域,目前揭示出的考古遗存体现出的文化内涵既有密切联系但又存在差异,这是因为一方面一定地域内活动的族群不可能是单一的,另一方面即便同一族群的文化,因地理环境差异也会发生区域性的变异。夜郎族群以乌蒙山脉为其活动空间,而乌蒙山脉地理环境相当复杂,山区分割严重,河流流向不同,分属长江和珠江两大水系,不同区域受不同方向文化的影响,因而在发展中就形成鲜明的区域个性,这是夜郎文化多样化的立体呈现,我们不能单纯地认为夜郎文化只是一种单一的考古学文化或一个小区域内的文化,这与其作为"西南夷"中最大的"君长"不符。因此,将滇东黔西这一较大区域内的战国秦汉时期考古遗存一并作为探讨夜郎的基础资料,更能接近历史实际。

四、关于"朱提夷"及其遗存

"朱提夷"是东汉时期出现在文献中的新名称,它同过去以"夜郎、滇、邛、昆明"等称谓不同,另以新置县名来称呼归附汉政权后的地方族群。据《后汉书·南蛮西南夷列传》记载,东汉建武十八年(公元42年),"夷渠帅栋蚕与姑复、楪榆、梇栋、连然、滇池、建伶、昆明诸种反叛,杀长吏。益州太守繁胜与战而败,退保朱提。十九年,遣武威将军刘尚等发广汉、犍为、蜀郡人及朱提夷,合万三千人击之。……群夷闻大兵至,皆弃垒奔走,尚(刘尚)获其羸弱、谷畜。二十年,进兵与栋蚕等连战数月,皆破之。明年正月,追至不韦,斩栋蚕帅,凡首虏七千余人,得生口五千七百人,马三千匹,牛羊三万余头,诸夷悉平"[1]。面对"西南夷"一些族群的反叛,东汉王朝征发"广汉、犍为、蜀郡人及朱提夷"前往平叛,在这些前往平叛的队伍中,不仅有来自四川盆地的巴蜀人,还包括一些归顺汉王朝的地方族群,因这些族群主要生活在汉"朱提"县,便被称为朱提夷,这是较早"以夷制夷"的实例。

朱提最初为犍为郡辖县,其地望在今昭通市,因其距离蜀地最近,成为最早并入华夏行政版图的地区,所以他们对汉文化的吸收和依附也最强——不仅这一带比较安宁,还常被征调参加评定其他族群的反叛。那么从考古材料看,哪种遗存最有可能是"朱提夷"的遗存呢?

在云南东北地区发现的两汉时期遗存中,以昭通境内的砖室墓和崖墓、曲靖会泽水城的汉代土坑墓群规模最大。昭通境内的砖室墓和崖墓,墓葬形制和出土陶、铜、铁器均与巴蜀地区基本相同,看不到多少地方文化因素,这些遗存的所有者应该是最早汉化的"僰"人或从巴蜀一带移民的汉人,有些后来还发展成为"南中大姓",因而他们应该不是文献中的"朱提夷"或至少不是主体。

在昭通东南沿的贵州威宁中水和昭通境内的营盘山、白沙地等地,发现有规模较大的地方族群遗存,论者或认为它们是夜郎遗存,或认为是夜郎旁小邑遗存,在这些墓地的西汉晚期到东汉早期墓葬中,出现了越来越多的汉文化因素,不仅出土汉铜釜、铜洗、铜碗和

---

[1] 《后汉书》卷八十六《南蛮西南夷列传》,中华书局,1962年,第2846、2847页。

钱币等,还出现汉式印章等,表明墓地主人对汉文化的吸收逐步加强,而这一地域正好处在汉朱提的核心区,因而它们应该就是东汉时期所称的"朱提夷"之一部分。

在会泽水城一带,分布有大规模汉代土坑墓,墓葬形制与普通汉墓区别不大,值得关注的是这批汉墓的随葬品可分为两大类:一类为普通汉式器物,包括陶器、青铜器和铁器等,陶器有陶罐、陶缸、陶碗、陶井、陶壶、陶甑、陶屋等,青铜器有釜、洗、盆、碗、壶、带钩、镜、印章、车马器和五铢钱等,铁器有釜、刀(削)、夹子、锯和钉等,显示着浓厚的汉文化因素;另一类主要是大量的陶器和铜铃、手镯等少量青铜装饰器,陶器包括侈口罐、单耳侈口罐、折沿罐、大双耳罐、小双耳罐、乳钉纹罐、圜底壶等,均为夹砂陶,陶色以褐陶为主但较斑驳,造型独特具有鲜明的地方特征,器类和器形同普通汉式陶器差异较大,而同该地域商周时期的鸡公山等遗存陶器还比较接近(图6-2),显然墓主虽吸收了大量的汉文化,但非普通汉移民,发掘者将整个汉墓分为三期,第一期年代在西汉中晚期,大致在汉武帝晚期至昭宣时期,第二期在西汉晚期,大致在元、成、哀、平时期,第三期在西汉末

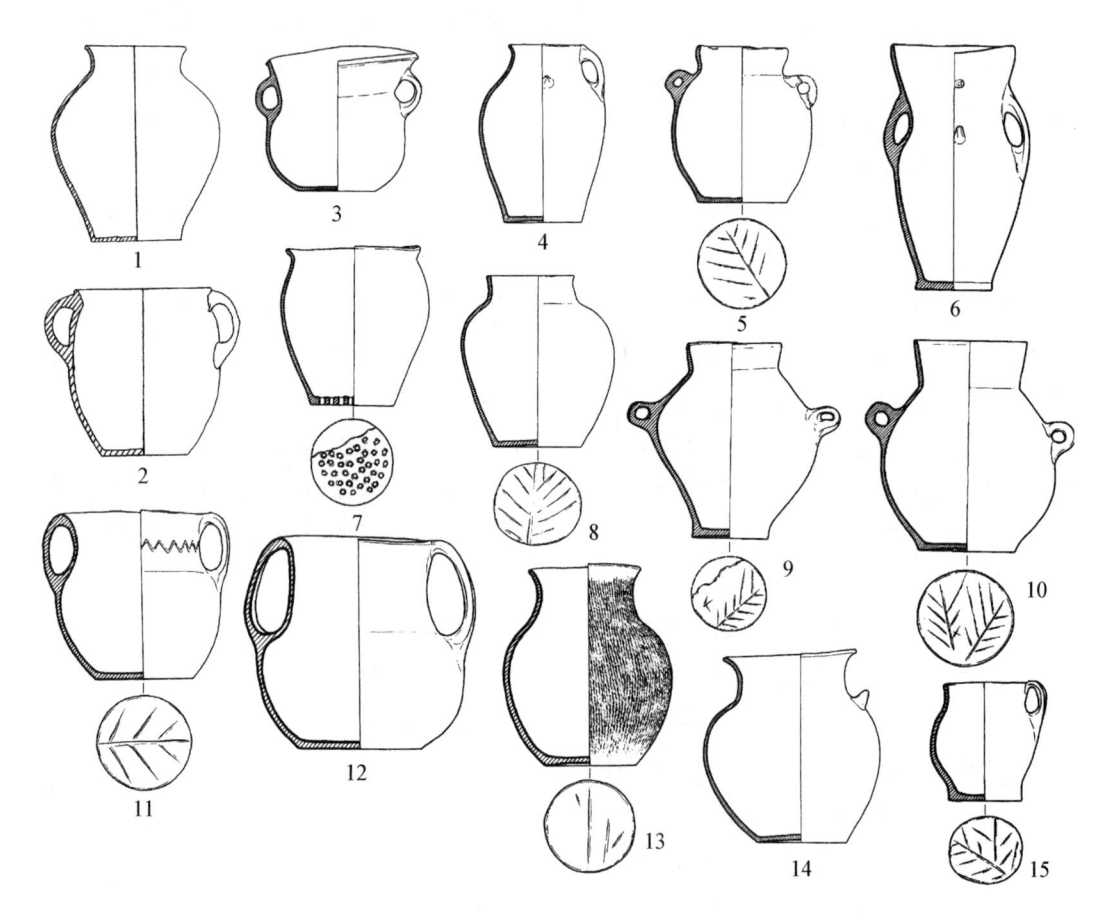

图6-2 会泽水城汉墓出土地方风格陶器

1. 折沿罐(M25:15) 2、11、12. 大双耳罐(M25:2、M1:36、M18:6) 3. 双耳斜口罐(M7:35)
4. 单耳罐(M8:6) 5、6、9、10. 双耳罐(M8:9、M8:17 M8:18、M8:20) 7. 甑(M8:13)
8. 有领罐(M8:22) 13. 侈口罐(M18:9) 14. 乳钉罐(M9:23) 15. 单耳小罐(M1013)

至东汉初期。

在《会泽水城古墓群发掘报告》中，编著者将上述极具地方特征的陶器分为 A 组器物，指出"A 组器物的形制具有明显的地域性和地方特色，是研究水城汉墓墓主族属及地方文化的代表性实物"[1]，并注意到 A 组器物从第一期到第三期，呈由多到少的递减趋势，与汉式器物（报告称为 B 组器物）从第一期到第三期，从无到有、从少到多的发展趋势正好相反。因而他们认为"水城汉墓不是汉人墓葬，而为当地原住民或土著人的墓葬"，"墓主可能为与氐羌系族系有密切关系的氏族"[2]，甚至"可能为以夜郎为首的部落联盟中的一个部族"[3]。

从水城汉墓陶器体现出与昭通营盘山、贵州威宁中水等墓地出土器物具有相似性分析，这批墓葬的墓主显然不是普通汉移民，但它们已采用常见的汉墓葬俗，有宽大的墓坑，坑内放置棺椁，甚至合葬占有一定比例，随葬品中具有汉文化风格的器物比例越来越大，显然墓主已吸收相当程度的汉文化，墓葬年代处在西汉中晚期到东汉初期，同汉开发"西南夷"最早在夜郎及旁小邑地设置犍为郡所辖朱提县的地理位置比较吻合，因而这批墓葬的主人应该也是文献所称"朱提夷"的一部分。

赫章可乐的锅落包也发现有一些西汉晚期至东汉早期土坑墓，墓坑形制和随葬品与普通汉墓相差不大，发掘者将这批墓葬归入普通汉墓，但部分墓内还保存着一定数量的地方风格陶器，每墓 2~3 件不等。论者或认为它们是外来汉移民，或认为他们是吸收汉文化逐步汉化了的原地方族群，但可乐在汉代属犍为郡汉阳县所辖，与朱提县之间有乌蒙山脉相隔，这种地理环境对古代的族群来说，无疑是难于跨越的，因而东汉早期文献中记载的"朱提夷"当不包括乌蒙山偏东地区的赫章可乐等遗存。

西汉晚期，不仅"西南夷"与汉统治者之间经常发生冲突，就是地方不同族群集团相互之间也经常发生矛盾冲突。汉成帝河平年间，"夜郎王兴与句町王禹、漏卧侯俞更举兵相攻"[4]。汉派太中大夫蜀郡张匡持节调解，"兴等不从命，刻木象汉吏，立道旁射之"[5]。到陈立为牂柯太守诱杀夜郎王兴，"兴妻父翁指与兴子邪务收余兵，迫胁旁二十二邑反"[6]。在平定这场夜郎族群最后的反叛中，参加者就有一同归顺汉王朝的句町，其首领因"率其邑君长人民击反者，斩首捕虏有功"而被升格为王，但后来在王莽时期又被贬为侯，心怀不满引发了长时间大规模的反叛。

"朱提夷"是当时对"朱提县"范围内的地方族群的笼统称呼，当时被认为是"朱提夷"的族群一方面是原地方族群，另一方面他们又吸收了一定程度的汉文化，表现出对汉王朝行政管理体系的认同甚至已完全融入汉王朝行政管理体系，已没有了诸如夜郎、句町等原

---

[1] 云南省文物考古研究所编著：《会泽水城古墓群发掘报告》，科学出版社，2014 年，第 123 页。
[2] 云南省文物考古研究所编著：《会泽水城古墓群发掘报告》，科学出版社，2014 年，第 125 页。
[3] 云南省文物考古研究所编著：《会泽水城古墓群发掘报告》，科学出版社，2014 年，第 126 页。
[4] 《汉书》卷九十五《西南夷两粤朝鲜传第六十五》，第十一册，第 3843 页。
[5] 《汉书》卷九十五《西南夷两粤朝鲜传第六十五》，第十一册，第 3843~3844 页。
[6] 《汉书》卷九十五《西南夷两粤朝鲜传第六十五》，第十一册，第 3845 页。

地方族群称谓,汉王朝统治者便以行政地域将他们笼统称之为"朱提夷"。这种利用地方族群参与甚至作为主体平定另一地方族群反叛的行为贯穿整个西南边疆历史发展进程,明清时期对西南地区土司辖地进行的"改土归流",也不断征调一些土司集团参与镇压另一土司集团,以达到"一石二鸟"之功效。

参 考 资 料

一、文 献

（汉）班固撰：《汉书》，中华书局，1962年。
（晋）常璩撰、刘琳校注：《华阳国志校注》，巴蜀书社，1984年。
（晋）常璩撰、任乃强校注：《华阳国志校补图注》，上海古籍出版社，1987年。
（宋）范晔撰：《后汉书》，中华书局，1965年。
（汉）司马迁撰：《史记》，中华书局，1959年。

二、简报或简讯

成都市文物考古工作队、青白江区文物管理所：《成都市青白江区跃进村汉墓清理简报》，《文物》1999年第8期。
程学忠：《平坝天龙汉墓》，《文物资料丛刊》第4辑，文物出版社，1983年。
程学忠：《普安铜鼓山遗址首次试掘》，《贵州文物》1985年第2期。
冯汉骥、杨有润、王家佑：《四川古代的船棺葬》，《考古学报》1958年第2期。
高英民：《四川简阳出土的战国青铜器》，《文物资料丛刊》1980年第3辑。
广西文物考古研究所、贵港市博物馆：《广西贵港市孔屋岭汉墓2009年发掘报告》，《考古》2013年第9期。
广西壮族自治区文物工作队：《广西贵港市马鞍岭东汉墓》，《考古》2002年第3期。
广西壮族自治区文物工作队：《广西合浦县禁山七星岭东汉墓葬》，《考古》2004年第4期。
广西壮族自治区文物工作队：《广西西林普驮铜鼓墓葬》，《文物》1978年第9期。
广西壮族自治区文物工作队、合浦县博物馆：《广西合浦九只岭东汉墓》，《考古》2003年第10期。
广西壮族自治区文物工作队、合浦县博物馆：《广西凸鬼岭汉墓发掘简报》，《广西考古文集》，文物出版社，2004年。
广西壮族自治区文物工作队、南宁市文物管理委员会、武鸣县文物管理所：《广西武鸣马头等秧山战国墓群发掘简报》，《文物》1988年第12期。
广西壮族自治区文物工作队、兴安县博物馆：《兴安石马坪汉墓》，《广西考古文集》，文物出版社，2004年。
广西壮族自治区文物考古写作小组：《广西合浦西汉木椁墓》，《考古》1972年第4期。
贵州省博物馆：《贵州赫章县汉墓发掘简报》，《考古》1966年第1期。
贵州省博物馆：《贵州黔西县汉墓发掘简报》，《文物》1972年第11期。

贵州省博物馆：《贵州清镇平坝汉墓发掘报告》，《考古学报》1959年第1期。
贵州省博物馆：《贵州清镇平坝汉至宋墓发掘简报》，《考古》1961年第4期。
贵州省博物馆考古组：《贵州威宁中水汉墓第二次发掘》，《文物资料丛刊》第10辑，文物出版社，1987年。
贵州省博物馆考古组：《贵州兴义、兴仁汉墓》，《文物》1979年第5期。
贵州省博物馆考古组、贵州省赫章县文化馆：《赫章可乐发掘报告》，《考古学报》1986年第2期。
贵州省博物馆考古组、威宁县文化局：《威宁中水汉墓》，《考古学报》1981年第2期。
贵州省文物考古研究所：《贵州安顺市宁谷汉代遗址与墓葬的发掘》，《考古》2004年第6期。
贵州省文物考古研究所：《贵州兴仁交乐汉墓发掘报告》，《贵州田野考古四十年》，贵州民族出版社，1993年。
贵州省文物考古研究所：《贵州兴仁县交乐十九号汉墓》，《考古》2004年第3期。
贵州省文物考古研究所：《兴仁县交乐二十号汉墓清理简报》，《贵州田野考古报告集（2003—2013）》，科学出版社，2014年。
贵州省文物考古研究所、安顺市博物馆、西秀区文物管理所：《贵州安顺宁谷龙滩汉墓清理简报》，《考古与文物》2012年第1期。
贵州省文物考古研究所、赤水市文体广电旅游局：《赤水市万友号崖墓清理》，《贵州田野考古报告集（2003—2013）》科学出版社，2014年。
贵州省文物考古研究所、赤水市文物管理所：《贵州赤水市马鞍山崖墓》，《考古》2005年第9期。
贵州省文物考古研究所、赫章县文物局：《贵州赫章县可乐墓地两座汉代墓葬的发掘》，《考古》2015年第2期。
贵州省文物考古研究所、平坝县文化局：《贵州平坝县夏云镇汉墓的发掘》，《考古》2017年第1期。
贵州省文物考古研究所、黔西县文物管理所：《贵州黔西县汉墓的发掘》，《考古》2006年第8期。
贵州省文物考古研究所、黔西县文物管理所：《黔西绿化乡汉墓发掘报告》，《贵州文物工作》2004年第1期（内刊）。
贵州省文物考古研究所、四川大学历史文化学院考古系、威宁县文物管理所：《贵州威宁县红营盘东周墓地》，《考古》2007年第2期。
贵州省文物考古研究所、贞丰县文物管理所：《贵州贞丰县浪更燃山汉代石板墓》，《考古》2013年第6期。
贵州省文物考古研究所等：《六盘水市钟山区石洞村战国秦汉遗存试掘简报》，《贵州文物工作》2000年第2期（内刊）。
胡昌国、刘文锁、冯筱媛：《清水江水下出土部分文物资料汇编》，贵州省文物局、贵州省博物馆学会编：《文博与发展——贵州文化遗产保护文集（二）》，贵州大学出版社，2014年。
蒋志龙等：《云南澄江学山聚落遗址》，国家文物局主编：《2011中国重要考古发现》，文物出版社，2012年，第65~71页。
昆明市文物管理委员会：《呈贡天子庙滇墓》，《考古学报》1985年第4期。
昆明市文物管理委员会：《呈贡天子庙古墓群第三次发掘简报》，《云南文物》1994年第3期。
昆明市文物管理委员会：《昆明呈贡石碑村古墓群第二次清理简报》，《考古》1984年第3期。
李小瑞：《云南江川光坟头遗址》，国家文物局主编：《2011中国重要考古发现》，文物出版社，2013年，第

参 考 资 料

70～73页。

李衍垣：《贵州安顺宁谷发现东汉墓》，《考古》1972年第2期。

李衍垣：《贵州省松桃出土的虎钮錞于》，《文物》1984年第4期。

刘恩元：《安顺宁谷古墓》，《贵州文物》1983年第3、4期合刊（内刊）。

刘恩元、熊水富：《普安铜鼓山遗址发掘报告》，《贵州田野考古四十年》，贵州民族出版社，1993年。

茂县羌族博物馆、阿坝藏族羌族自治州文物管理所：《四川茂县牟托一号石棺墓及陪葬坑清理简报》，《文物》1994年第3期。

曲靖地区文物管理所：《云南宣威市发现青铜器等文物》，《考古》1996年第5期。

四川凉山彝族自治州博物馆：《四川西昌市杨家山一号东汉墓》，《考古》2007年第5期。

四川省博物馆、新都县文物管理所：《四川新都战国木椁墓》，《文物》1981年第6期。

四川省博物馆等：《四川涪陵地区小田溪战国土坑墓清理简报》，《文物》1974年第5期。

四川省文管会、雅安地区文管所、宝兴县文管所：《四川宝兴汉塔山战国土坑积石墓发掘报告》，《考古学报》1999年第3期。

四川省文物管理委员会：《成都羊子山第172号墓发掘简报》，《考古学报》1956年第4期。

宋先世、程学忠：《略述贵州务川新出两汉铜器》，《考古与文物》1991年第2期。

唐文元：《黔西甘棠汉墓群》，《贵州文物》1982年第1期。

万扬等：《云南宁蒗干坝子青铜时代墓地》，国家文物局主编：《2014中国重要考古发现》，文物出版社，2015年，第57～59页。

王大道：《云南曲靖珠街八塔台古墓群发掘简报》，《云南考古文集》，云南民族出版社，1998年。

王涵：《云南昭通营盘山古墓群发掘简报》，《云南文物》1995年第41期。

王燕子：《交乐汉墓出土铜器补》，《贵州田野考古四十年》，贵州民族出版社，1993年。

吴小华：《贵州赫章可乐发掘取得重要收获》，《中国文物报》2012年10月6日第8版。

熊水富：《锦屏亮江出土一批战国青铜器》，《贵州田野考古四十年》，贵州民族出版社，1993年。

熊正益：《云南东川普车河古墓葬》，《云南文物》1989年第26期（内刊）。

严平：《贵州安顺宁谷汉墓》，《文物资料丛刊》第4辑，文物出版社，1983年。

杨帆等：《云南文山州广南县牡宜句町贵族墓地》，国家文物局主编：《2011中国重要考古发现》，文物出版社，2012年，第94～99页。

杨益清：《大理市博物馆收藏的青铜器介绍》，《云南文物》1993年第35期。

玉溪市文管所、江川县文管所：《江川李家山第86号墓清理发掘简报》，《云南文物》2003年第1期。

玉溪市文管所、江川县文管所：《江川李家山新近出土文物调查》，《云南文物》1992年第32期。

云南省博物馆：《云南江川李家山古墓群发掘报告》，《考古学报》1975年第2期。

云南省博物馆：《云南江川李家山古墓群发掘简报》，《文物》1972年第8期。

云南省博物馆：《云南晋宁石寨山第三次发掘简报》，《考古》1959年第9期。

云南省博物馆：《云南晋宁石寨山古墓第四次发掘简报》，《考古》1963年第9期。

云南省博物馆考古发掘工作组：《云南晋宁石寨山遗址及墓葬》，《考古学报》1956年第1期。

云南省博物馆考古工作队、四川大学历史系考古专业七四级学员：《云南省楚雄县万家坝古墓群发掘简报》，《文物》1978年第10期。

云南省博物馆文物工作队：《云南昭通象鼻岭崖墓发掘简报》，《考古》1981年第3期。

云南省文物考古研究所:《云南泸西县大逸圃秦汉墓地发掘简报》,《四川文物》2009年第3期。
云南省文物考古研究所:《云南元江县洼垤打篙陡青铜时代墓地》,《文物》1992年第7期。
云南省文物考古研究所、红河州文物管理所、个旧市文物管理所:《云南个旧市麻玉田青铜时代墓葬的发掘》,《考古》2013年第3期。
云南省文物考古研究所、昆明市文物管理委员会、晋宁县文物管理所:《云南晋宁石寨山第五次抢救性清理发掘简报》,《文物》1998年第6期。
云南省文物考古研究所、昆明市文物管理委员会、宜良县文物管理委员会:《云南宜良纱帽山滇文化墓地发掘报告》,《南方民族考古》第8辑,科学出版社,2012年。
云南省文物考古研究所、曲靖市麒麟区文物管理所:《曲靖市麒麟区潇湘平坡墓地发掘报告》,《云南考古报告集(之二)》,云南科技出版社,2006年。
云南省文物考古研究所、玉溪市文物管理所、澄江县文物管理所、吉林大学边疆考古研究中心:《云南澄江县金莲山墓地2008～2009年发掘简报》,《考古》2011年第1期。
云南省文物考古研究所、玉溪市文物管理所、江川县文化局:《云南江川县李家山古墓群第二次发掘》,《考古》2001年第12期。
张元:《普安铜鼓山遗址》,《2002中国重要考古发现》,文物出版社,2003年。
昭通地区文物管理所:《昭通文家老包古墓群调查报告》,《云南文物》1984年第15期。
中国社会科学院考古研究所、云南省文物考古研究所、曲靖市文物管理所、陆良县文物管理所:《云南陆良县薛官堡墓地发掘简报》,《考古》2015年第4期。
中国社会科学院考古研究所汉长安城工作队:《汉长安城发现西汉窖藏铜器》,《考古》1985年第5期。
重庆市文物考古所:《重庆市忠县将军村墓群汉墓的清理》,《考古》2011年第1期。
株洲市博物馆:《湖南攸县网岭东周墓发掘简报》,《湖南考古集刊(第12集)》,科学出版社,2016年。

三、考古报告、报告集和图册

成都文物考古研究所编著:《成都考古发现(2009)》,科学出版社,2011年。
成都文物考古研究所编著:《成都考古发现(2012)》,科学出版社,2014年。
成都文物考古研究所、凉山彝族自治州博物馆:《老龙头墓地与盐源青铜器》,文物出版社,2009年。
广西文物保护与考古研究所编:《广西考古文集(第五辑)》,科学出版社,2013年。
广西文物保护与考古研究所编著:《广西合浦文昌塔汉墓》,文物出版社,2017年。
广西文物保护与考古研究所、合浦县文物管理局编著:《2009～2013合浦汉晋墓发掘报告》,文物出版社,2016年。
广西文物考古研究所编:《广西考古文集(第三辑)》,文物出版社,2007年。
广西文物考古研究所编:《广西考古文集(第四辑)》,科学出版社,2010年。
广西文物考古研究所编:《广西文物考古报告集(1991～2010)》,科学出版社,2012年。
广西文物考古研究所等编著:《广西先秦岩洞葬》,科学出版社,2007年。
广西壮族自治区文物工作队编:《广西考古文集(第二辑)——纪念广西考古七十周年专集》,科学出版社,2006年。
广西壮族自治区文物工作队编:《广西文物考古报告集(1950—1990)》,广西人民出版社,1993年。
广西壮族自治区文物工作队、合浦县博物馆:《合浦风门岭汉墓——2003～2005年发掘报告》,科学出版社,2006年。

广州市文化局编:《广州秦汉考古三大发现》,广州出版社,1999年。

广州市文物管理委员会、广州市博物馆:《广州汉墓》,文物出版社,1981年。

广州市文物管理委员会、中国社会科学院考古研究所、广东省博物馆:《西汉南越王墓》,文物出版社,1991年。

广州市文物考古研究所编:《广州考古五十年文选》,广州出版社,2003年。

广州市文物考古研究所编:《羊城考古发现与研究(一)》,文物出版社,2005年。

广州市文物考古研究所、广州市番禺区文管会办公室编:《番禺汉墓》,科学出版社,2006年。

《贵州省博物馆藏品志》编辑委员会编:《贵州省博物馆藏品志一》,贵州人民出版社,1990年。

贵州省博物馆考古研究所编著:《贵州田野考古四十年》,贵州民族出版社,1993年。

贵州省文化厅:《贵州文物精华》,贵州人民出版社,2006年。

贵州省文物局、贵州省文物考古研究所、六盘水市文物局编:《夜郎寻根——六盘水市史前至夜郎时期考古调查新发现》,贵州人民出版社,2013年。

贵州省文物考古研究所编:《2003—2013年贵州基建考古重要发现》,科学出版社,2015年。

贵州省文物考古研究所编著:《贵州董箐考古发掘报告》,文物出版社,2012年。

贵州省文物考古研究所编著:《贵州田野考古报告集(1993—2013)》,科学出版社,2014年。

贵州省文物考古研究所编著:《赫章可乐二〇〇〇年发掘报告》,文物出版社,2008年

贵州省文物考古研究所等:《黔中遗珍——贵安新区出土文物精粹》,科学出版社,2016年。

湖南省文物考古研究所编著:《沅陵窑头发掘报告——战国至汉代城址及墓葬》,文物出版社,2015年。

李黔滨主编:《贵州省博物馆藏品集》,贵州人民出版社,2013年。

凉山彝族自治州博物馆、凉山彝族自治州文物管理所编著:《一个考古学文化交汇区的发现—凉山考古四十年》,科学出版社,2015年。

茂县羌族博物馆、成都文物考古研究所、阿坝藏族羌族自治州文物管理所编著:《茂县牟托一号石棺墓》,文物出版社,2012年。

黔西南州文物局编:《历史的辉煌——兴仁交乐汉墓》和《夜郎国的疑问——黔西南州古代文物精品展》图册(内部资料)。

四川省博物馆编:《四川船棺葬发掘报告》,文物出版社,1960年。

四川省文物考古研究所编:《四川考古报告集》,文物出版社,1998年。

四川省文物考古研究院、达州市文物管理所、宣汉县文物管理所编著:《宣汉罗家坝》,文物出版社,2015年。

四川省文物考古研究院、德阳市文物考古研究所、什邡市博物馆:《什邡城关战国秦汉墓地》,文物出版社,2006年。

四川省文物考古研究院、凉山彝族自治州博物馆、西昌市文物管理所编著:《安宁河流域大石墓》,文物出版社,2006年。

四川省文物考古研究院、绵阳博物馆编著:《绵阳双包山汉墓》,文物出版社,2006年。

熊建华主编:《湖南出土殷商西周青铜器》,岳麓书社,2007年。

杨帆、万扬、胡长城编著:《云南考古(1979—2009)》,云南人民出版社,2010年。

宜宾市博物院编著:《酒都瑰宝:宜宾市不可移动文物精粹》,文物出版社,2015年。

云南省文物考古研究所编：《八塔台与横大路》，科学出版社，2003年。
云南省文物考古研究所编：《会泽水城》，科学出版社，2014年。
云南省文物考古研究所编：《江川李家山——第二次发掘报告》，文物出版社，2007年。
云南省文物考古研究所编：《晋宁石寨山——第五次发掘报告》，文物出版社，2007年。
云南省文物考古研究所编：《云南考古报告集（之二）》，云南科技出版社，2006年。
云南省文物考古研究所编：《云南考古报告集（之一）》，内部资料。
云南省文物考古研究所等编：《泸西石洞村大逸圃墓地》，云南科技出版社，2009年。
云南省文物考古研究所等编：《石寨山文化考古发掘报告集》，科学出版社，2016年。
云南省文物考古研究所等编著：《个旧市黑玛井墓地第四次发掘报告》，科学出版社，2013年。
云南省文物考古研究所等编著：《昆明羊甫头墓地》，科学出版社，2005年。
云南省文物考古研究所等编著：《云南西部边境地区考古调查报告》，上海古籍出版社，2017年。
云南省文物考古研究所、文山州文物管理所、红河州文物管理所编著：《云南边境地区（文山州和红河州）考古调查报告》，云南科技出版社，2008年。
云南省文物考古研究所、玉溪市文物管理所、华宁县文物管理所编：《华宁小直坡墓地》，云南人民出版社，2014年。
昭通市文物管理所等：《昭通田野考古之一》，云南人民出版社，2012年。
中国社会科学院考古研究所、云南省文物考古研究所、曲靖市文物管理所、陆良县文物管理所编著：《陆良薛官堡墓地》，文物出版社，2017年。
重庆市文化遗产研究院、重庆市文化遗产保护中心编著：《丰都镇江汉至六朝墓群》，科学出版社，2013年。
重庆市文化遗产研究院、重庆市文化遗产保护中心编著：《嘉陵江下游考古报告集》，科学出版社，2015年。
重庆市文物考古研究所、重庆文化遗产保护中心编著：《重庆公路考古报告集》，科学出版社，2010年。

四、专著和论文集

柴焕波：《湘西古文化钩沉》，岳麓书社，2007年。
杜迺松：《吉金文字与青铜文化论集》，紫禁城出版社，2003年。
杜迺松：《中国青铜器发展史》，紫禁城出版社，1995年。
段渝主编：《巴蜀文化研究集刊》第10辑，四川师范大学电子出版社，2015年。
段渝主编：《南方丝绸之路研究论集》，巴蜀书社，2008年。
方国瑜：《云南民族史讲义》，云南人民出版社，2013年。
方国瑜：《中国西南历史地理考释》，中华书局，1987年。
冯汉骥：《冯汉骥考古学论文集》，文物出版社，1985年。
高崇文、安田喜宪主编：《长江流域青铜文化研究》，科学出版社，2002年。
贵州民族学院西南夜郎文化研究院编：《中国西南夜郎文化研究文集（卷二）》，贵州民族出版社，2008年。
贵州民族学院西南夜郎文化研究院编：《中国西南夜郎文化研究文集（卷一）》，贵州民族出版社，2005年。

贵州年鉴社编：《解析夜郎千古之谜》，中共党史出版社，2007年。
贵州省社会科学院历史研究所：《夜郎考——讨论文集之二》，贵州人民出版社，1982年。
贵州省社会科学院历史研究所：《夜郎史探》，贵州人民出版社，1988年。
《汉代考古与汉文化国际学术研讨会论文集》编委会编：《汉代考古与汉文化国际学术研讨会论文集》，齐鲁书社，2006年。
何介均：《湖南先秦考古学研究》岳麓书社，1996年。
何志国：《汉魏摇钱树初步研究》，科学出版社，2007年。
侯绍庄：《黔史论丛》，贵州民族出版社，2005年。
侯绍庄、史继忠、翁家烈：《贵州古代民族关系史》，贵州民族出版社，1991年。
黄晓芬：《汉墓的考古学研究》，岳麓书社，2003年。
黄展岳：《南越国考古学研究》，中国社会学科出版社，2015年。
霍巍：《西南考古与中华文明》，巴蜀书社，2011年。
霍巍、赵德云：《战国秦汉时期中国西南的对外文化交流》，巴蜀书社，2007年。
蒋廷瑜：《古代铜鼓通论》，上海古籍出版社，2006年。
蒋廷瑜：《广西考古通论》，广西科学技术出版社，2012年。
蒋廷瑜：《桂岭考古论文集》，科学出版社，2009年。
蒋小春：《三峡地区秦汉墓研究》，巴蜀书社，2010年。
井中伟：《早期中国青铜戈、戟研究》，科学出版社，2011年。
［越］黎文兰、范文耿、阮灵编著，梁志明译：《越南青铜时代的第一批遗迹》（内部资料），中国铜鼓研究会，1982年。
李伯谦：《中国青铜文化结构体系研究》，科学出版社，1998年。
李纯一：《中国上古出土乐器综论》，文物出版社，1996年。
李昆声、陈果：《中国云南与越南的青铜文明》，社会科学文献出版社，2013年。
李昆声、黄德荣：《中国与东南亚的古代铜鼓》，云南美术出版社，2008年。
李龙章：《岭南地区出土青铜器研究》，文物出版社，2006年。
李衍垣：《贵州高原的古代文明》，广东人民出版社，1990年。
林向：《童心求真集——林向考古文物选集》，科学出版社，2010年。
罗二虎：《秦汉时代的中国西南》，天地出版社，2000年。
马承源：《中国古代青铜器》，上海人民出版社，2008年。
马承源：《中国青铜器》，上海古籍出版社，1988年。
马承源：《中国青铜器研究》，上海古籍出版社，2002年。
彭长林：《云贵高原的青铜时代》，广西科技出版社，2008年。
彭适凡：《中国南方青铜器研究》，中国辞书出版社，2011年。
施劲松：《长江流域青铜器研究》，文物出版社，2003年。
四川省文物考古研究院编：《四川省文物考古研究院青年考古文集》，科学出版社，2013年。
宋世坤：《贵州考古论文集》，贵州人民出版社，2000年。
宋治民：《战国秦汉考古》，四川大学出版社，1993年。
苏秉琦：《战国秦汉考古》，上海古籍出版社，2014年。

孙华：《四川盆地的青铜时代》，科学出版社，2000年。
孙机：《汉代物质文化资料图说》（增订本），上海古籍出版社，2008年。
童恩正：《南方文明》，重庆出版社，1998年。
汪宁生：《汪宁生论著萃编》，云南民族出版社，2001年。
王明珂：《华夏边缘—历史记忆与族群认同》（增订本），浙江人民出版社，2013年。
王子今：《秦汉交通史稿》（增订版），中国人民大学出版社，2013年。
文物出版社编辑部编：《文物与考古论集》，文物出版社，1986年。
吴小平：《汉代青铜容器的考古学研究》，岳麓书社，2005年。
吴小平、蒋璐：《汉代刻纹铜器考古研究》，浙江大学出版社，2015年。
席克定：《贵州民族考古论丛》，贵州民族出版社，2009年。
席克定：《灵魂安息的地区——贵州古代民族墓葬》，贵州民族出版社，1993年。
肖明华：《云南古代官印集释》，文物出版社，2015年。
熊建华：《湖南商周青铜器研究》，岳麓书社，2013年。
熊昭明：《汉代合浦港考古与海上丝绸之路》，文物出版社，2015年。
徐坚：《时维礼崇——东周之前青铜兵器的物质文化研究》，上海古籍出版社，2014年。
徐鹏章：《四川历史考古文集》，四川大学出版社，2005年。
徐中舒：《古器物中的文化制度》，商务印书馆，2015年。
杨帆：《中国南方古代民族》，云南人民出版社，2014年。
杨杰：《岭南地区青铜时期文化研究》，社会科学文献出版社，2011年。
杨小刚：《三峡地区春秋战国至汉代青铜器科技研究》，科学出版社，2013年。
杨勇：《战国秦汉时期云贵高原考古学文化研究》，科学出版社，2011年。
《夜郎重释》编委会编：《夜郎重释》，作家出版社，2004年。
余英时：《汉代贸易与扩张》，上海古籍出版社，2005年。
《云南青铜器论丛》编辑组：《云南青铜器论丛》，文物出版社，1981年。
云南省博物馆编：《云南省博物馆建馆三十周年纪念文集》（内部资料）。
云南省文物考古研究所编：《云南考古文集》，云南民族出版社，1998年。
翟国强：《先秦西南民族史论》，黑龙江教育出版社，2012年。
张合荣：《夜郎文明的考古学观察—滇东黔西先秦至两汉时期遗存研究》，科学出版社，2014年。
张勋燎：《中国历史考古学论文集》，科学出版社，2013年。
张增祺：《中国西南民族考古》，云南人民出版社，1990年。
赵德云：《西周至汉晋时期中国外来珠饰研究》，科学出版社，2016年。
赵平安：《秦西汉印章研究》，上海古籍出版社，2012年。
中国古代铜鼓研究会编：《铜鼓和青铜文化的新探索——中国南方及东南亚地区古代铜鼓和青铜文化第二次国际学术研讨会论文集》，广西民族出版社，1993年。
中国古代铜鼓研究会编：《铜鼓和青铜文化研究——中国南方及东南亚地区古代铜鼓和青铜文化第四次国际学术研讨会论文集》，贵州人民出版社，2001年。
中国考古学会编：《中国考古学会第十二次年会论文集》，文物出版社，2010年。
中国社会科学院考古研究所编著：《中国考古学·秦汉卷》，中国社会科学出版社，2010年。

中国社会科学院考古研究所、新疆文物考古研究所编:《汉代西域考古与汉文化》,科学出版社,2014年。
中国社会科学院考古研究所、徐州博物馆编:《汉代陵墓考古与汉文化》,科学出版社,2016年。
周克林:《东汉六朝钱树研究》,巴蜀书社,2012年。
周志清:《滇东黔西青铜时代的居民》,科学出版社,2014年。
朱凤瀚:《中国青铜器综论》,上海古籍出版社,2009年。

五、论　　文

程学忠:《天柱出土青铜器探源》,《贵州文史丛刊》2006年第3期。
程学忠:《务川出土青铜器与贵州先秦遗风》,《贵州文史丛刊》2003年第6期。
崔剑锋等:《古滇国青铜器表面镀锡和鎏金银技术的分析》,《古代文明》第4卷,文物出版社,2005年。
丁长芬:《昭通青铜文化初论》,《云南文物》2002年第1期。
段渝:《中国西南早期对外交通——先秦两汉的南方丝绸之路》,《历史研究》2009年第1期。
范勇:《云南青铜文化的年代与分期》,《四川文物》2007年第4期。
范勇:《云南青铜文化的区系类型研究》,《四川文物》2007年第2期。
冯汉骥:《云南晋宁出土铜鼓研究》,《文物》1974年第1期。
高成林:《商周时期湖南与岭南的交通——以出土铜器为中心》,湖南省文物考古研究所编:《湖南考古集刊》第12辑,科学出版社,2016年。
黄德荣:《滇国青铜器上的线刻技术》,《古代文明》第6卷,文物出版社,2007年。
黄德荣:《云南羊角钮钟初探》,《四川文物》2007年第5期。
霍巍、黄伟:《试论无胡蜀式戈的几个问题》,《考古》1989年第3期。
霍巍:《试论西藏及西南地区出土的双圆饼形剑首青铜短剑》,《庆祝张忠培先生七十岁论文集》,科学出版社,2004年。
江章华:《巴蜀柳叶形剑研究》,《考古》1996年第9期。
蒋廷瑜:《羊角钮钟初论》,《文物》1984年第5期。
蒋志龙、万曼:《从滇池区域的汉代遗存看其与土著的融合》,中国社会科学院考古研究所、新疆文物考古研究所编:《汉代西域考古与汉文化》,科学出版社,2014年。
蒋志龙、吴敬:《金莲山墓地初探》,《边疆考古研究》第10辑,科学出版社,2011年。
井中伟:《川渝地区出土铜戈及相关问题研究》,《边疆考古研究》第5辑,科学出版社,2006年。
井中伟:《关于三角援铜戈起源问题的新认识》,《边疆考古研究》第4辑,科学出版社,2006年。
李飞:《贵州安龙新出铜器——兼论贵州西南地区的青铜文化》,《四川文物》2009年第3期。
李飞:《贵州夜郎时期青铜兵器综述》,《夜郎研究》,贵州民族出版社,2000年。
李飞:《夷汉之间——从考古材料看贵州战国秦汉时代的文化格局》,《贵州民族研究》2009年第6期。
李健民:《云南青铜矛》,《考古学报》1995年第2期。
李映福等:《云贵高原出土战国秦汉时期铁器研究》,《江汉考古》2014年第6期。
梁太鹤:《贵州夜郎地区出土的巴蜀式铜兵器》,《中华文化论坛》2008年第2期。
梁太鹤:《赫章可乐墓地套头葬研究》,《考古》2009年第12期。
刘弘:《论蜀式戈的南传——西南地区青铜戈的再研究》,《四川文物》2007年第5期。
刘明琼:《贵州出土的古代灯具》,《贵州文史丛刊》1998年第1期。

刘明琼:《贵州铜镜研究》,《贵州民族研究》1997年第4期。
罗二虎:《汉晋时期的中国"西南丝绸之路"》,《四川大学学报》哲学社会科学版2000年第1期。
罗二虎:《略论贵州清镇汉墓出土的早期佛像》,《四川文物》2001年第2期。
彭书琳:《广西早期崖洞葬的青铜器》,《彭书琳论文集》,广西科学技术出版社,2010年。
宋世坤:《贵州青铜戈、剑的分类与断代》,《中国考古学会第四次年会论文集》,文物出版社,1985年。
宋世坤:《我国西南地区铜柄铁剑研究》,《中国考古学会第三次年会论文集》,文物出版社,1984年。
苏奎:《"西南夷"地区A型曲柄短剑的功能、使用方式及命名》,《四川文物》2007年第2期。
孙华:《滇东黔西青铜文化初探——以云南昭通和贵州毕节地区的考古材料为中心》,《四川文物》2007年第5期。
覃义生:《珠江流域青铜文化初探》,张镇洪主编:《岭南考古论文集(一)》,岭南美术出版社,2001年。
童恩正:《试论我国从东北至西南的边地半月形文化传播带》,《文物与考古论集》,文物出版社,1987年。
童恩正:《我国西南地区青铜戈的研究》,《考古学报》1979年第4期。
童恩正:《我国西南地区青铜剑的研究》,《考古学报》1977年第2期。
万辅彬等:《古夜郎国铜釜的铅同位素考证》,《广西民族学院学报》(自然科学版)1998年第2期。
万靖:《云贵高原汉墓研究》,四川省文物考古研究院编:《四川省文物考古研究院青年考古文集》,科学出版社,2013年。
汪宁生:《云南青铜器丛考》,《考古》1981年第2期。
王大道:《云南滇池区域青铜时代的金属农业生产工具》,《考古》1977年第2期。
王涵:《云南青铜斧的类型、分布与源流》,《云南文物》1983年第13期。
王有鹏:《犍为巴蜀墓的发掘与蜀人的南迁》,《考古》1984年第12期。
王子今:《岭南移民与汉文化的扩张——考古资料与文献资料的综合考察》,《中山大学学报》社会科学版2010年第4期。
吴敬:《以滇文化塑牛青铜器看滇国社会的发展与演进》,《边疆考古研究》第10辑,科学出版社,2011年。
吴小平:《汉代滇系刻纹铜器研究》,《边疆考古研究》第12辑,科学出版社,2012年。
吴小平:《六朝青铜容器的考古学研究》,《考古学报》2009年第2期。
吴小平:《战国秦汉时期云贵地区青铜炊具的考古学研究》,《考古》2015年第3期。
吴晓秋:《初探铸 ⌵ 符号的铜钺》,《夜郎研究》,贵州人民出版社,2000年。
席克定:《从考古材料探寻夜郎》,《贵州文史丛刊》1993年第3期。
席克定:《威宁、赫章汉墓为古夜郎墓考》,《考古》1992年第4期。
萧明华:《青铜时代滇人的青铜扣饰》,《考古学报》1999年第4期。
肖明华:《"西南夷"与西南地区青铜文化》,《四川文物》2012年第5期。
徐中舒:《四川涪陵小田溪出土的虎钮錞于》,《文物》1974年第5期。
杨帆:《试论云南及周边相关青铜文化的区系类型》,《云南文物》2002年第1期。
杨勇:《滇东八塔台墓地的特征和年代及相关问题》,中国社会科学院考古研究所、浙江省文物考古研究所编:《秦汉土墩墓考古发现与研究——秦汉土墩墓国际学术研讨会论文集》,文物出版社,2013年。
杨勇:《滇西横断山区汉代考古发现与研究》,中国社会科学院考古研究所、新疆文物考古研究所编:《汉代西域考古与汉文化》,科学出版社,2014年。

杨勇:《可乐文化因素在中南半岛的发现及其认识》,《考古》2013年第9期。
杨勇:《试论可乐文化》,《考古》2010年第9期。
杨勇:《云贵高原出土汉代印章述论》,《考古》2016年第10期。
杨勇:《云贵高原出土青铜扣饰研究》,《考古学报》2011年第3期。
叶成勇:《贵州西部青铜文化发展的阶段性特征及其格局变迁》,《贵州民族研究》2007年第6期。
余静:《两广地区两汉墓葬的文化因素分析及文化变化过程》,《边疆考古研究》第15辑,科学出版社,2014年。
张合荣:《从考古材料论贵州汉代的交通与文化》,《贵州民族研究》1996年第1期。
张合荣:《贵州出土汉代灯具与郡县地理考察》,《中国历史文物》2011年第5期。
张元:《贵州秦汉时期的铜铃》,《贵州文史丛刊》1998年第5期。
张元:《望谟出土的夜郎青铜器》,《夜郎研究》,贵州人民出版社,2000年。
张增祺:《略论滇西地区的青铜剑》,《考古》1973年第7期。
张增祺:《云南铜柄铁剑及其有关问题的初步探讨》,《考古》1982年第1期。
赵小帆:《试论贵州出土的铜带钩》,重庆中国三峡博物馆等编:《长江文明》第十七辑,重庆出版社,2014年,第11~20页。
周儒凤:《夜郎文化与滇文化青铜手镯的初步研究》,《文博与发展——贵州文化遗产保护文集(一)》,贵州科技出版社,2010年。
周世荣:《湖南商周秦汉青铜兵器研究(之一)》,《湖南考古集刊》第4辑,岳麓书社,1987年。
周志清:《滇东黔西地区青铜时代族群刍议》,《成都考古研究(一)》,科学出版社,2009年。
周志清:《浅论滇文化与夜郎文化的关系》,《考古与文物》2004年增刊。

后　　记

　　1991年春节刚过，我在返校途中顺便来到位于贵阳市北京路168号的贵州省博物馆，在博物馆后院红砖房四楼办公室见到熊水富所长、刘恩元副所长和万光云主任，谈及毕业后想到考古所工作，看有无这种可能，慈祥的熊所长问我是哪里的，我说是盘县农村的，家里很穷，吃了很多苦，熊所长说考古工作也很辛苦，农村长大的孩子更适合干考古。因正逢考古队升格为贵州省文物考古研究所（当时未独立，内部仍称博物馆考古研究所），他们也想充实一点新鲜力量，便答应接收我来所工作，这样7月一毕业，我就打包前来报到，成为贵州考古队更名考古研究所后加入的一位新成员，现在想来还深感荣幸！

　　90年代初期，正是国家经济转型的重要时期，国家允许机关和事业单位职工停薪另谋出路，那时的博物馆生存异常艰难，很多时候连工资都不能按时发放，更不要说有多余经费从事考古工作，因而不少职工先后停薪下海打工，留在单位上的人员除尽可能从国家文物局申请点项目经费外（如我们申请的宁谷汉代遗址和贞丰者相汉代城址等的钻探、试掘项目），更多的是找一些基本建设工程谈点调查经费，尽管能成功的很少，但毕竟也做成了乌江电站、南昆铁路、兴（兴义）天（天生桥）公路和瓮福磷矿等一些工程的考古工作，因为有了这些，所以我能在岗位上坚持下来。但那时的工作是抓到什么做什么，根本谈不到个人发展方向之类，不过这样做的好处是让我对贵州各时段的考古材料都有一些了解和掌握，为后来的研究奠定了一定基础。

　　1995年，贵州省编制委员会下文同意省文物考古研究所从省博物馆独立出来，为文化厅下辖正处级全额拨款事业单位。1996年，贵州省人民政府牵头成立了以分管副省长龚贤永为组长的"贵州夜郎考古领导小组"，每年拨付10万元夜郎考古专项经费给省考古所从事夜郎考古调查工作。自1997年至2002年，我便多次参加了所里组织的在黔西南州各市县开展的夜郎考古田野调查，并参加了2000年赫章可乐夜郎时期墓地（荣获2001年度全国十大考古新发现）、2002年普安铜鼓山遗址的发掘（入选2002年全国重要考古发现）和2002年威宁中水吴家大坪遗址的钻探和中水盆地的调查工作（发现鸡公山等数处重要遗址），逐步走入夜郎考古的殿堂。

　　随着《中华人民共和国文物保护法》的修订和国家西部大开发战略的顺利实施，贵州考古工作迎来了发展机遇，但也面临着巨大挑战。考古工作逐步变为以配合基本建设项目为主的调查和发掘，通过对贵州境内乌江、北盘江、清水江等江河梯级水电站和贵州境内高速公路、铁器等线路网络建设用地的考古工作，贵州考古取得了巨大成果，积累起丰富的调查和发掘资料,我本人也领队进行了大大小小数十个基本建设项目的田野考古工作,足迹遍及贵州各村寨,工作中不断思索,兴趣逐步转移到贵州先秦至两汉这一时期,并对这一时期的考古遗存有了一些新的认识和体会,这些认识和体会通过拙著《夜郎文明的考古学观察——滇东黔西先秦至两汉时期遗存研究》得以集中展示,书中开始涉及这一时期贵州境内出土的包括青铜器在内的各类遗物,但不系统,实有必要进一步深入分析和梳理。

相较贵州周边的四川、重庆、云南、广西和湖南等省区(市),贵州境内出土的青铜器一直比较零碎,更无大型青铜礼器之类出土,因而长期被外界所忽略或不受重视,贵州青铜器材料仍有深藏闺中人不识之感,实有必要进行系统整理,向外界展示。

自2014年10月始,我被抽去参加贵州省博物馆新馆"历史贵州"部分的展陈工作,得以触摸贵州省博物馆库房内的部分青铜实物,对贵州出土的青铜器有了更加感性的直观认识,因此想将数十年来出土的各类青铜器材料进行分类整理,作一些基础性的研究工作,便向贵州省委宣传部申请了2014年度"甲秀文化人才"课题项目,得到5万元经费资助,这里呈现的便是课题研究最终成果。

战国秦汉时期是贵州历史发展的关键时期,它既是以夜郎为代表的"西南夷"地方族群文化得以迅速发展的时期,也是西汉中央王朝掀起开发"西南夷"大潮,将云贵高原逐步纳入统一的汉中央王朝的时期。夜郎等"西南夷"族群创造的地域性青铜文明在融入大一统汉帝国后,成为中华文化多元一体格局的重要组成部分。因而自20世纪50年代贵州境内率先在清镇、平坝等汉墓中出土一批重要的青铜器后,不少学者尤其是贵州境内学者开始关注这些青铜器资料,在一些器类如青铜兵器、青铜容器的研究上取得了许多突破,为我从整体上观察贵州战国秦汉时期青铜文化面貌提供了一定的基础和前提。

本研究除了将贵州境内出土的所有青铜器按容器、兵器、生产工具、乐器、装饰器和杂器等进行类型学排比分析外,还将每一类青铜器同周邻地区出土者进行比较分析,以便将其放在更大的空间范围观察,因而研究范围和涉及的材料实出贵州许多。但这样一来,就给研究资料的收集和材料的梳理增加了不少困难,因为一方面我对周边青铜器不是十分熟悉,另一方面对卷帙繁杂的青铜器资料,依靠我个人的能力实在无法悉数收入,对比分析可能存在挂一漏万之不足,带有一定的片面性和局限性,这是要特别提出并请求原谅的!

我自小体弱多病,加之长期野外工作对肠胃的伤害,使得我近两年身体更差,不仅经常闹胃病拉肚子,还神经衰弱耳鸣,时常感到烦躁,研究中间曾一度想放弃,尽管硬着头皮做完,仍觉粗糙了些。这些粗浅的认识如能对今后其他学者的研究起到一些资料检索便利和抛砖引玉的效果,心愿即足!

本课题能够顺利进行,首先要特别感谢贵州省委宣传部,我于2009年入选贵州省委宣传文化系统第二批"四个一批(甲秀)人才",先后申请的《贵州西部青铜时代遗存研究》和《贵州战国秦汉时期青铜器研究》都得到批准立项支持,这使我近些年能较为系统地对贵州先秦至两汉时期的考古资料进行梳理，在夜郎文化的研究上取得一些成果。我会继续努力，朝着探索贵州夜郎考古的路径坚定地走下去！

研究工作得到所里领导和同事们的关心和支持，周必素所长不仅积极支持我申报课题，在研究期间还尽其所能地给我时间保证，张元副书记、曹波副所长、李飞副所长、赵小帆女士、张兴龙先生、吴小华先生、张改课先生、彭万先生、韦松恒先生、韩继泽先生、党国萍女士、方芳女士、阮喜蓉女士等都从不同方面给予帮助，尤其韩继泽先生，对不少线图和图片进行重新清绘，使书中使用的大量线图和照片变得清晰，因而如果说研究工作取得了一些成绩，也是大家共同努力的结果，是集体智慧的结晶！

尽管一些考古资料已刊发数十年，但由于简报中对出土材料的描述过于简单，许多器物在简报中找不到线图和照片，因而研究期间我趁被抽调到贵州省博物馆新馆参加"历史贵州"展陈工作之际，查阅、收录和使用了不少博物馆文物照片资料，这是要特别提出并致以感谢的！

在川大求学期间，宋治民老师即给我们讲授战国秦汉考古课程，毕业后回到贵州从事与夜郎相关的田野考古调查、发掘工作，也时常从老师的《战国秦汉考古》专著中学习资料收集和研究方法。拙稿草成即将出版之际，老师不顾年事已高，在学生提出想请他在前面写几句话以示鼓励时，欣然应允，并在极短时间内通过文献与考古实物材料相结合对"西南夷"中的夜郎文化进行解读，殷殷教诲之情感铭腑内！

作为一名考古人，将大半时间用在田野调查和发掘上是必须和无法避免的，对于家庭着实亏欠很多，夫人伍健不仅长期支持我的工作，在我进行野外工作期间以瘦弱身躯承担了照顾家庭和教育孩子的重任，在拙著即将出版之际，谨致愧疚之情！

上海古籍出版社编辑石帅帅等对本书出版倾注了大量心血，他们严谨认真的编排和校对使本书错误大为减少，得以精美呈献！

张合荣
2018 年 3 月

图书在版编目(CIP)数据

夜郎青铜文明探微：贵州战国秦汉时期青铜器研究／张合荣著．—上海：上海古籍出版社，2018.8
ISBN 978-7-5325-8933-3

Ⅰ.①夜… Ⅱ.①张… Ⅲ.①青铜器(考古)-研究-贵州-战国时代 ②青铜器(考古)-研究-贵州-秦汉时代 Ⅳ.①K876.414

中国版本图书馆 CIP 数据核字(2018)第 147227 号

夜郎青铜文明探微
——贵州战国秦汉时期青铜器研究
张合荣　著
上海古籍出版社出版发行

(上海瑞金二路 272 号　邮政编码 200020)

(1) 网址：www.guji.com.cn
(2) E-mail：guji1@guji.com.cn
(3) 易文网网址：www.ewen.co

苏州市越洋印刷有限公司印刷

开本 787×1092　1/16　印张 24.75　插页 8　字数 527,000
2018 年 8 月第 1 版　2018 年 8 月第 1 次印刷
印数：1—2,300
ISBN 978-7-5325-8933-3
K·2524　定价：108.00 元
如有质量问题，请与承印公司联系